2021

福建统计年鉴

Fujian Statistical Yearbook

福　建　省　统　计　局
国家统计局福建调查总队　编

图书在版编目（CIP）数据

福建统计年鉴. 2021 = Fujian Statistical Yearbook 2021 : 汉英对照 / 福建省统计局, 国家统计局福建调查总队编. -- 北京 : 中国统计出版社, 2021.8
ISBN 978-7-5037-9510-7

Ⅰ. ①福… Ⅱ. ①福… ②国… Ⅲ. ①统计资料－福建－2021－年鉴－汉、英 Ⅳ. ①C832.57-54

中国版本图书馆 CIP 数据核字(2021)第 117547 号

福建统计年鉴—2021

作　　者/ 福建省统计局　国家统计局福建调查总队
责任编辑/ 钟钰
装帧设计/ 王风鹏
出版发行/ 中国统计出版社有限公司
地　　址/ 北京市丰台区西三环南路甲 6 号
邮政编码/ 100073
电　　话/ 邮购（010）63376909　书店（010）68783171
网　　址/ http://www.zgtjcbs.com
印　　刷/ 福州万紫千红印刷有限公司
经　　销/ 新华书店
开　　本/ 890mm×1240mm　1/16
字　　数/ 1330 千字
印　　张/ 33.5 印张
版　　别/ 2021 年 8 月第 1 版
版　　次/ 2021 年 8 月第 1 次印刷
定　　价/ 360.00 元　Price:360.00yuan(RMB)

本书附同版本 CD-ROM 一张，光盘内容以书面文字为准。
如有印装差错，由本社发行部调换。

编委会及编辑人员

EDITORIAL BOARD AND STAFF

编者说明

一、《福建统计年鉴—2021》，是一部信息高度密集的统计资料书。全书系统收录了2020年福建省全省及各地区、各部门经济和社会发展各方面的统计数据，以及重要年份福建国民经济主要指标的统计数据，是一部全面反映福建经济和社会发展情况的资料性年刊。

二、全书内容分为21个部分：1.综合；2.国民经济核算；3.人口、就业和职工工资；4.对外经济；5.能源；6.人民生活；7.价格指数；8.城市概况；9.财政金融；10.农业；11.工业；12.建筑业和房地产投资；13.交通运输和邮电通信业；14.批发零售、住宿餐饮和旅游业；15.科学和教育；16.文化和体育；17.卫生事业；18.环境保护；19.公共管理和其他社会活动；20.企业调查；21.市县国民经济主要指标。各篇末均附有《主要统计指标解释》。

三、与《福建统计年鉴—2020》相比较，本年鉴在统计内容和编辑上主要做了如下修订：1.主要年份统一调整为2000、2005、2010、2019、2020等五个年份。2.根据年报制度变化的新情况，某些篇章的统计指标进行了规范和调整。

四、金门县统计资料除另有注明外，暂未列入本年鉴。

五、本年鉴重要统计数据的资料来源、计算口径等均在各篇另有注明。

六、本年鉴使用的度量衡单位均采用国家统一的标准计量单位。

七、本年鉴对过去发布的统计资料重新进行了核实，凡与本年鉴数据有出入的，以本年鉴为准。

八、本年鉴中部分合计数或相对数由于单位取舍不同而产生的计算误差，均不做机械调整。

九、本年鉴符号使用说明：“空格”表示没有、未掌握该指标数据或不足小数位的数据；“＃”表示其中项。

十、本年鉴产值总量指标按当年价格计算，增长速度和产值指数按可比价格计算。

十一、本年鉴计算增长速度、指数均采用“水平法”。

Editor's Notes

Ⅰ.*Fujian Statistical Yearbook2021* is an annual statistic publication of comprehensive information with highly density. The yearbook covers very comprehensive data in 2020 and some selected data series in important years of provincial and regional levels and in different departments , reflects various aspects of Fujian social and economic development.

Ⅱ.The yearbook contains 21 chapters: 1.General Survey; 2.National Economy Accounting; 3. Population,Employment and Wages; 4.Foreign Trade; 5. Energy; 6. People's Living Conditions; 7.Price Indices; 8.General Survey of Cities; 9.Finance; 10.Agriculture; 11.Industry; 12.Construction and Real Estate; 13. Transportation, Postal and Telecommunication Services; 14.Wholesale,Retail Trades, Hotels, Catering Services and Tourism; 15.Science and Education; 16.Culture and Sports; 17.Health; 18. Environment Protection; 19.Publish Administration and Others; 20. Enterprise Survey; 21.Main Economic Indicators of City Prefecture and County. At the end of each chapter, Explanatory Notes on Main Statistical Indicators are included.

Ⅲ. In comparison with the *Fujian Statistical Yearbook 2020* following revisions have been made in this new version in terms of the statistical contents and in editing:

1.Years mainly uniformed justment 2000、2005、2010、2019、2020 five years. 2. According to the new situation of the annual report system changes, some statistical indexes of the text and the adjustment of the standard.

Ⅳ.The data of Jinmen county are not included in this yearbook except for some additional notes on it.

Ⅴ.Data source, calculation scope for important statistical data in this yearbook are noted in each chapter.

Ⅵ.The units of measurement used in this yearbook are national standard measurement units.

Ⅶ. The statistics data published in the past is re-verified in this book. Any discrepancy between the data of this book, it prevails.

Ⅷ. As a result of the different unit choices,part of the total or relative data produce calculation error in the yearbook,we do not mechanical adjustment.

Ⅸ. Notations used in the yearbook: “Blank Space” indicates absence or ignorance or insufficient decimal place of data indicator; “#” indicates a major breakdown of the total.

Ⅹ.The indicator of production value in this yearbook is calculated according to prices of the year. Growth rate and indices of production value is calculated according to comparable prices.

Ⅺ.Growth rates and indices in this yearbook are calculated by “level approach”.

目　　录

Contents

特　　载
ESPECIALLY PRINTED HERE ARE

统 计 表
STATISTICAL TABLE

第一篇　综合
General Survey

第二篇　国民经济核算
National Economy Accounts

第三篇　人口、就业和职工工资
Population,Employment and Wages

第四篇 对外经济
Foreign Trade

第五篇　能源
Energy

第六篇　人民生活
People's Living Conditions

第七篇　价格指数
Price Indices

第八篇　城市概况
General Survey of Cities

第九篇　财政金融保险
Finance,Financial Intermediation and Insurance

第十篇　农业
Agriculture

第十一篇　工业
Industry

第十二篇　建筑业和房地产投资
Construction and Real Estate

第十三篇　交通运输和邮电通信业
Transportation, Postal and Telecommunication Services

第十四篇　批发零售、住宿餐饮和旅游业
Wholesale,Retail Trades, Hotels, Catering Services and Tourism

第十五篇 科学和教育
Science and Education

第十六篇　文化和体育
Culture and Sports

第十七篇 卫生事业
Health

第十八篇 环境保护
Environment Protection

第十九篇　公共管理和其他社会活动
Publish Administration and Others

第二十篇　企业调查
Enterprise Survey

第二十一篇　市县国民经济主要指标
Main Economic Indicators of City Prefecture and County

政府工作报告

——2021 年 1 月 24 日在福建省第十三届人民代表大会第五次会议上

福建省人民政府省长 王宁

各位代表：

现在，我代表福建省人民政府，向大会报告政府工作，请予审议，并请省政协各位委员和其他列席人员提出意见。

一、2020 年和“十三五”时期工作回顾

2020 年是极不平凡的一年，是众志成城、共克时艰的一年。新冠肺炎疫情突如其来，经济发展备受冲击，外部环境严峻复杂，我们在以习近平同志为核心的党中央坚强领导下，坚持以习近平新时代中国特色社会主义思想为指导，全面贯彻党的十九大和十九届二中、三中、四中、五中全会精神，认真落实党中央、国务院决策部署和省委工作要求，增强“四个意识”、坚定“四个自信”、做到“两个维护”，奋力战疫情、保民生、稳经济、促发展，夺取了疫情防控和经济社会发展“双胜利”。

这一年，习近平总书记亲自作出系列重要指示批示，赋予福建全方位推动高质量发展超越的重大使命，亲自向第三届数字中国建设峰会等致贺信，亲自宣布建立厦门金砖国家新工业革命伙伴关系创新基地，给予福建极大关怀，为我们进一步指明了前进方向，增添了巨大动力。

这一年，我们坚持把人民群众生命安全和身体健康放在第一位，在省委领导下，打赢了新冠肺炎疫情防控的人民战争、总体战、阻击战。从公布首例确诊病例到住院患者清零只用了 46 天。先后派出 12 批 1393 名医护人员，圆满完成驰援湖北武汉、宜昌任务，组建 2 支医疗专家组赴意大利、菲律宾协助抗疫，组建 1 支核酸检测队赴香港协助新冠病毒核酸检测工作，为抗疫大局作出积极贡献。

这一年，我们取得了决战脱贫攻坚的决定性胜利。现行标准下 45.2 万农村建档立卡贫困人口全部脱贫，2201 个建档立卡贫困村全部退出，23 个省级扶贫开发工作重点县全部摘帽。闽宁对口扶贫协作援宁群体被中宣部授予“时代楷模”称号，福州•定西东西部扶贫协作入选“联合国全球减贫案例”。

这一年，我们扎实做好“六稳”工作、全面落实“六保”任务，深入实施“八项行动”，保持了经济社会持续健康发展。初步统计，全省生产总值 43903.9 亿元，增长 3.3%；一般公共预算总收入 5158.4 亿元，增长 0.2%；地方一般公共预算收入 3079 亿元，增长 0.9%；居民消费价格总水平上涨 2.2%；城镇登记失业率 3.8%；城镇居民人均可支配收入 47160 元，增长 3.4%；农村居民人均可支配收入 20880 元，增长 6.7%；节能减排任务全面完成。

一年来的主要工作和成效是：

（一）坚持创新发展，内生动力持续增强

创新支撑更加有力。4 家省创新实验室和 10 家制造业创新中心加快建设，新增国家高新技术企业 1400 家、企业技术中心 7 家、工程研究中心 9 家，新增省级新型研发机构 54 家。省创新研究院正式启动运转。发明专利授权量增长 14.4%，厦门大学研发

的新冠肺炎疫苗获批开展临床试验。新增省级以上技术转移机构 26 家，技术合同成交额增长 25.9%。省级科技特派员创业和技术服务实现乡镇全覆盖。

产业发展提质增效。新型显示、集成电路、半导体照明等全产业链加快发展，新增省级以上制造业单项冠军企业 47 家，工业战略性新兴产业增加值占规上工业增加值的 25.6%。加快数字产业化、产业数字化，数字经济增加值增长 15%。推进特色现代农业高质量发展“968”工程，十大乡村特色产业全产业链总产值突破 2 万亿元。新增国家全域旅游示范区 4 家，湄洲岛成功创建国家 5A 级旅游景区，实现“市市有 5A 景区”，平潭国际旅游岛影响力持续增强，“全福游、有全福”品牌效应进一步扩大。

内需潜力有效释放。深化“五个一批”，突出“两新一重”，推动设立 500 亿元稳投资补短板应急专项融资资金，发行 1353 亿元地方政府专项债，集中开工建设 997 个重大项目、总投资 7640 亿元。新增高速公路里程 468 公里、铁路运营里程 264 公里，新建改造城市道路和各类市政管网 7300 公里。5G 基站实现县级以上城区全覆盖，“海丝一号”遥感卫星成功发射升空，实现了福建卫星零的突破。福清核电“华龙一号”全球首堆并网成功，白濑水利枢纽工程大坝开建。开展“全闽乐购”等系列活动，发放消费券 3.4 亿元、撬动千亿消费，大力培育夜间经济，发展直播经济、网红经济，网络零售额增长 24.7%。

营商环境不断优化。全省依申请审批服务事项网上可办率超过 97%，“一趟不用跑”“最多跑一趟”占比达到 98%，企业开办实现“一网通办”，工程建设项目审批制度改革评估获得全国第一名。“政企直通车”企业来件办结率达 100%。着力帮扶企业，设立 200 亿元中小微企业纾困专项资金和 600 亿元稳外贸专项贷款，普惠型小微企业贷款余额增长 31.9%。新增减税降费超过 600 亿元，累计减轻企业负担超过 1300 亿元，新登记市场主体增长 40.3%。

（二）坚持协调发展，城乡区域统筹更加均衡

闽东北、闽西南协同发展区加快建设。加强基础设施互联互通，衢宁铁路、福平铁路开通运营，平潭海峡公铁大桥建成通车，漳汕高铁、温武吉铁路、福莆宁城际铁路、厦漳泉城际铁路等重大项目前期工作扎实推进。福州新区、厦门环东海域新城建设全面提速，南平行政中心搬迁平稳顺利。闽江流域山水林田湖草生态保护修复工作深入推进，九龙江流域启动试点，全流域协同治理水平不断提高。

城乡融合持续深化。加快完善城乡路网体系，建成普通国省干线公路 364 公里，新建、改造农村公路 1886 公里，80%以上陆域乡镇实现 30 分钟内上高速。加快以县城为载体的新型城镇化，10 个县（市）列入国家县城新型城镇化建设示范点。城乡供水一体化全面展开，农村基层政务、商务信息化应用加快普及。推动乡村振兴“百镇千村”试点示范建设，农村人居环境整治三年行动全面收官。

老区苏区加快发展。精准落实帮扶措施，建立“一键报贫”等监测和帮扶机制，有效防止返贫，加快老区苏区、少数民族地区脱贫奔小康。12 个原中央苏区县纳入中央国家机关及有关单位对口支援范围。武夷山机场迁建、龙岩新机场等重大项目加快推进，老区苏区所有县城 15 分钟内上高速。

双拥共建开创新局。成功举办 2020 年“中国航天日”主场活动和中国航天大会，我省成为北斗三号全球卫星导航系统全国首批落地省份。海防建设管理和国防动员成效明显。军人军属、退役军人和其他优抚对象优待工作进一步深化，国防教育全面加强，连续五届实现全国双拥模范城“满堂红”。

（三）坚持绿色发展，经济生态实现良性互动

国家生态文明试验区建设迈出新步伐。39 项改革经验推广全国，数量居全国首位。武夷山国家公园体制改革试点任务全面完成。创新推出“三明林票”“南平生态银行”等改革试点。生态环境损害赔偿制度体系基本健全。排污权、碳排放权、用能权交易总额持续扩大。“三线一单”正式编制实施，生态保护红线评估调整工作基本完成。

污染防治攻坚战成效显著。臭氧污染有效遏制，PM2.5 浓度同比下降 16.7%。主要流域优良水质比例同比提高 1.4 个百分点，小流域优良水质比例同比提高 4.1 个百分点，设区城市建成区基本消除黑臭水体。实施饮用水安全“六个 100%”工程，县级以上集中式生活饮用水水源地 100%达标。土壤环境风险防控试点扎实推进。近岸海域优良水质比例 82.9%，三都澳海上养殖综合整治成为养殖产业绿色转型的样板。

绿色生产生活方式加快形成。严格能耗总量和强度“双控”。坚持节约集约用地，超额完成国家下达的批而未供、闲置土地处置任务，连续 21 年实现耕地占补平衡。推进农业绿色发展，畜禽粪污综合利用率达 90%。扎实开展绿色生活创建行动，城市公交车中新能源汽车占 80%，城镇新增建筑中绿色建筑面积占比达 77%，设区城市建成区生活垃圾分类全面铺开。

（四）坚持开放发展，以开放促改革促发展

开放水平不断提升。与共建“一带一路”国家和地区贸易额增长 7.2%，东盟成为第一大贸易伙伴，丝路海运航线达 70 条，中欧（厦门）班列发运 271 列。自贸试验区新增 6 项成果在全国复制推广，上线国际贸易单一窗口 4.0 版。成功举办厦洽会、海交会，全省服务业实际使用外资增长 37.2%。积极参加第三届进博会，采购商规模和采购金额双增长。闽港闽澳合作持续深化，闽籍侨亲、侨商作用进一步发挥。深化泛珠三角区域合作，闽粤电力联网工程获批建设。加强粮食产销合作，成功举办第三届中国粮食交易大会。援疆援藏援宁援甘工作成效显著。

闽台融合发展取得新进展。闽台贸易额增长 10.9%，实际使用台资增长 77.3%。首家两岸合资全牌照证券公司揭牌开业。向金门日均供水超万吨，向金马供气福建侧已基本具备条件。平潭率先构建覆盖职业资格、企业资质、商品检验的全链条采信体系，我省直接采认台湾地区部分技能人员职业资格改革事项在全国推广。厦门、泉州、莆田等地设立台胞医保服务中心。实施亲情乡情延续工程，海峡论坛、海峡青年节、两岸企业家峰会等重大活动成功举办。

重点领域改革扎实推进。公立医院运行机制改革等多项经验在全国推广，4 个设区市纳入国家城市医联体建设试点，26 个县（市、区）纳入国家紧密型县域医共体试点，率先开展省疾控中心综合改革。统筹推进宁德、龙岩国家级普惠金融改革试验区和三明、南平绿色金融改革试验区建设。政府债务余额控制在限额以内，隐性债务存量有效化解，网贷机构全部退出市场。省属企业整合重组全面铺开，省港口集团顺利组建。农村集体产权制度改革整省试点任务全面完成。全域土地综合整治试点深入开展。三明获批建设全国首个林业改革发展综合试点市。审计常态化“经济体检”作用有效发挥。

（五）坚持共享发展，人民群众获得感不断提升

民生福祉日益增进。28 件省委省政府为民办实事全面完成。坚持减负稳岗扩就业保就业并举，实施“1234”稳就业工作法，城镇新增就业 54.6 万人，失业人员再就业 24 万人。开工棚户区改造 4 万套、公租房 2.4 万套、老旧小区改造 24 万户。城乡居民基础养老金省定最低标准提高到 130 元、高出国家标准 37 元，城镇职工退休人员基本养

老金增长 5%。省级稻谷储备增加 40 万吨，主要农产品量足质优价稳。

公共服务不断完善。新开工建设 226 所公办幼儿园，学前三年入园率达 98.8%，随迁子女公办学校就读率保持在 90%以上。高考综合改革稳步推进，职业教育产教融合、校企合作不断深化，高等教育内涵式发展迈出新步伐。省儿童医院建成投用，省疾控中心、福州新区滨海新城综合医院基本建成，全省 11752 个村卫生所开通医保服务。居家社区养老服务照料中心实现街道和中心城区全覆盖，农村养老设施覆盖率达 72%。公共法律服务三大平台实现城乡全覆盖。文化和自然遗产保护利用、城乡面貌品质“两个新提升”成效明显。“送王船”项目列入联合国非物质文化遗产代表作名录。成功举办第 33 届中国电影金鸡奖颁奖活动。全民健身活动大力开展，竞技体育竞争力不断提升，体育产业逆势增长。社会福利和慈善事业持续提升。妇女儿童、老龄、残疾人等事业不断推进，民族团结宗教和睦。

社会大局保持稳定。平安建设向更高水平迈进，群众安全感率达 99%。扫黑除恶专项斗争持续深化，信访制度改革深入推进。深刻汲取泉州欣佳酒店“3·7”坍塌事故教训，扎实开展安全生产专项整治三年行动和各领域安全隐患大排查大整治，各类事故起数和死亡人数持续下降。严格食品药品安全监管，食品评价性抽检、药品抽检合格率分别为 99.4%、99.8%。全面完成第七次全国人口普查现场登记工作。扎实做好防汛防台风抗旱工作，综合防灾减灾能力进一步提高，人民群众生命财产安全得到有效保障。

过去一年，我们巩固深化“不忘初心、牢记使命”主题教育成果，严格落实中央八项规定及其实施细则精神和我省实施办法，政府系统全面从严治党向纵深推进，风清气正、干事创业、担当作为的氛围更加浓厚。我们加快法治政府建设，提请审议地方性法规 22 件，制定修改废止政府规章 9 件，办理人大代表建议 822 件、政协提案 848 件，办结率均为 100%。我们持续深化机关效能建设，统筹督查增效和基层减负，力戒形式主义、官僚主义，政府行政效能和服务水平进一步提升。

2020 年是“十三五”规划收官之年，也是具有里程碑意义的一年。“十三五”时期，全省生产总值接连跃上 3 万亿元、4 万亿元台阶，人均生产总值接近 11 万元，新时代新福建建设迈出了新步伐。

五年来，我们围绕“机制活”，坚持深化改革扩大开放，发展活力潜力充分激发。自贸试验区累计推出 196 项全国首创举措，各方面建设取得积极成效，获得习近平总书记批示肯定。圆满完成金砖国家领导人厦门会晤筹备和服务保障任务，海丝核心区建设走深走实，进口规模提升到全国第 7 位，出口规模保持全国第 6 位，实际使用外资、对外投资年均增长 5.9%和 7.4%，国际友城达 115 对。台胞台企登陆的第一家园加快建设，台湾百大企业超过一半在闽落户，农业利用台资项目数和实际到资规模保持大陆首位，台胞入闽超过 1400 万人次。省域治理体系和治理能力现代化“四梁八柱”基本确立，营商环境明显改善。医改、林改、农村承包地确权登记颁证、河湖长制、农村公路路长制等工作走在全国前列。

五年来，我们围绕“产业优”，坚持优化结构转型升级，现代产业体系加快构建。国家创新型省份、福厦泉国家自主创新示范区获批建设，国家高新技术企业突破 6200 家，是 2015 年的 3 倍多。特色现代农业产业体系更加完善，农产品质量安全合格率稳定在 98%以上。工业增加值跃升至全国第 6 位，三大主导产业增加值年均增长 8.4%，实现“机器换工”约 7 万台（套）。厦航荣获第二届中国质量奖，实现全省零的突破。数字经济增加值突破 2 万亿元、占 GDP 比重 45%左右。海洋生产总值年均增长 10%左右。第三产业高质量发展，占 GDP 比重从 41.6%提高到 47.5%。

五年来，我们围绕“百姓富”，坚持改善民生补齐短板，人民生活水平明显提高。城镇累计新增就业 299.94 万人，居民人均可支配收入从 2015 年的 25404 元增加到 37202 元，最低工资标准平均水平从 2015 年的 1123 元提高到 1628 元。医疗机构床位总数增加 4.1 万张，常住人口人均预期寿命达 78.4 岁、比全国水平高 0.8 岁，居民主要健康指标稳居全国前列。所有县成为“全国义务教育发展基本均衡县”，基本消除大班额。厦门大学、福州大学入选国家“双一流”建设高校。建成“两纵三横”综合交通运输大通道，福州、厦门迈入“地铁新时代”，所有建制村通客车。新建改造城市道路、绿道及各类市政管网 4 万多公里，70 万户居民搬出棚户区（旧屋区）住进新房，27.9 万户居民住进公租房。

五年来，我们围绕“生态美”，坚持人与自然和谐共生，生态环境质量保持全国领先。获批建设首个国家生态文明试验区，生态文明体制机制创新走在全国前列。设区城市空气优良天数比例 98.8%、高于全国平均水平 11.8 个百分点，主要流域优良水质比例 97.9%、高于全国平均水平 14.5 个百分点，水质综合合格率 99.9%，市县生活垃圾无害化处理率 100%、污水处理率 94.9%。森林覆盖率 66.8%、继续保持全国首位，九市一区全部晋级国家森林城市。

各位代表！“十三五”改革发展成就来之不易，这是习近平同志作为党中央的核心、全党的核心领航掌舵的结果，是习近平新时代中国特色社会主义思想科学指引的结果，是全省人民攻坚克难、团结奋斗和各方面大力支持的结果。我代表省人民政府，向全省人民，向人大代表、政协委员、各民主党派、工商联、人民团体和社会各界人士，向中央驻闽单位、驻闽人民解放军、武警部队官兵、公安干警和消防救援队伍，向所有关心支持福建发展的台港澳同胞、海外乡亲和国际友人，表示衷心感谢！

我们也清醒地认识到，我省经济社会发展中仍然存在不少困难和问题，主要是：创新能力不适应高质量发展要求，全社会研发投入水平偏低，产业结构不优，产业链发展水平不高，重大项目接续不足，重点领域关键环节改革仍需突破，城乡区域发展不够平衡，居民收入水平有待提升，基本公共服务供给任务较重，生态环境保护和社会治理亟待进一步加强，少数干部不担当、不作为的现象仍然存在。我们必须坚持问题导向，发扬斗争精神，切实加以解决，努力把工作做得更好。

二、实施“十四五”规划，奋力谱写全面建设社会主义现代化国家的福建篇章

各位代表，“十四五”时期是开启全面建设社会主义现代化国家新征程的第一个五年，也是我省全方位推动高质量发展超越、加快新时代新福建建设的关键五年。

根据省委十届十次、十一次全会的部署，到二〇三五年我国基本实现社会主义现代化之时，我省基本实现全方位高质量发展超越，“机制活、产业优、百姓富、生态美”的新福建展现更加崭新的面貌。这就是，全省经济实力大幅跃升，经济总量和城乡居民人均收入再迈上新的大台阶，基本实现新型工业化、信息化、城镇化、农业现代化；科技创新能力大幅提高，全面建成创新型省份；产业结构全面优化，建成现代产业体系；基本实现省域治理体系和治理能力现代化，人民平等参与、平等发展权利得到充分保障，建成法治福建、法治政府、法治社会；建成文化强省、教育强省、人才强省、体育强省、健康福建，国民素质和社会文明程度达到新高度，文化软实力显著增强；广泛形成绿色生产生活方式，美丽福建基本建成；形成对外开放新格局，在构建更高水平开放型经济新体制上走在全国前列；人民生活更加美好，人均地区生产总值率先达到中等发达国家水平，城乡区域发展差距和居民生活水平差距明显缩小，基本公共服务实现均等化，平安福建建设达到更高水平，人的全面发展、全体人民共同富裕取得更为明显的实

质性进展。

锚定二〇三五年远景目标，我们要立足新发展阶段、贯彻新发展理念、积极服务并深度融入新发展格局，努力在全方位推动高质量发展超越上迈出重要步伐。今后五年我省经济和社会发展的指导思想是：高举习近平新时代中国特色社会主义思想伟大旗帜，深入贯彻党的十九大和十九届二中、三中、四中、五中全会精神，全面贯彻党的基本理论、基本路线、基本方略，紧紧围绕统筹推进“五位一体”总体布局和协调推进“四个全面”战略布局，增强“四个意识”、坚定“四个自信”、做到“两个维护”，坚持党的全面领导，坚持以人民为中心，坚持新发展理念，坚持深化改革开放，坚持系统观念，坚持稳中求进工作总基调，以全方位推动高质量发展超越为主题，以深化供给侧结构性改革为主线，以改革创新为根本动力，以满足人民日益增长的美好生活需要为根本目的，统筹发展和安全，努力在建设现代化经济体系上有新的更大进展，在服务全国构建新发展格局上展现更大作为，在积极探索海峡两岸融合发展新路上迈出更大步伐，在推进省域治理体系和治理能力现代化上取得更大突破，实现经济行稳致远、社会安定和谐，不断增强人民群众获得感、幸福感、安全感，奋力谱写全面建设社会主义现代化国家的福建篇章。

我们要奋力实现更高质量的发展。加快转变经济发展方式，加快新旧动能转换，进一步扩大总量超越优势，推动经济实力更强。强化科技自立自强，深入实施科教兴省、人才强省、创新驱动发展战略，加强知识产权保护，实施一批科技创新重大工程，全面建设创新型省份。深入推进先进制造业强省、质量强省、海洋强省、数字福建建设，做大做强主导产业，提档升级优势产业，培育壮大新兴产业，加快发展现代服务业，打造数字中国样板区和数字经济发展高地，提升产业基础高级化、产业链现代化水平，推动现代化经济体系建设取得重大进展。

我们要奋力实现更有效率的发展。聚焦重点领域和关键环节改革，立足更深层次、更宽领域、更大范围的对外开放，推动改革开放更深入。坚持有效市场和有为政府有机结合，深化“马上就办”，持续优化营商环境。创新发展“晋江经验”，充分激发民营经济活力。发挥区位枢纽优势，全面建设交通强国先行区，科学谋划构建大通道，发展大流通，开拓大市场，依靠拓展内需积极融入国内大循环。发挥多区叠加优势，主动融入共建“一带一路”，充分利用国内国际两个市场两种资源，发挥闽籍侨胞重要力量，促进内需与外需、出口与进口、引进外资与对外投资协调发展。积极探索海峡两岸融合发展新路，为促进两岸关系和平发展、促进祖国统一发挥更大作用。

我们要奋力实现更加公平的发展。坚持以人民为中心，加强普惠性、基础性、兜底性民生建设，推动共同富裕，努力让人民生活更幸福。强化就业优先政策，实现更加充分、更高质量的就业，促进居民收入与经济增长基本同步。构建高质量教育体系，实施健康福建战略，健全多层次社会保障体系，改革完善社会救助制度，努力提高基本公共服务均等化水平。加快建设法治福建，推进科学立法、严格执法、公正司法、全民守法，让人民群众切身感受到公平正义。

我们要奋力实现更可持续的发展。深入贯彻习近平生态文明思想，持续实施生态省战略，围绕碳达峰、碳中和目标，全面树立绿色发展导向，构建现代环境治理体系，努力实现生态环境更优美。落实主体功能区战略，健全省域国土空间治理体系。实施区域协调发展战略，做深做实新时代山海协作，倾情倾力推进老区苏区全面振兴。全面实施乡村振兴战略，做好巩固拓展脱贫攻坚成果同乡村振兴有效衔接，稳步提高土地出让收益用于农业农村的比例，促进农业高质高效、乡村宜居宜业、农民富裕富足。深化闽东北、闽西南协同发展区建设，加快福州都市圈建设和厦漳泉都市圈一体化，促进大中小城市和小城镇协调发展，推进宜居韧性有温度的新型城镇化。坚持以社会主义核心价值观引领文化建设，提升公共文化服务水平，健全现代文化产业体系，延续八闽文脉，推动社会文明程度更高。

我们要奋力实现更为安全的发展。坚持总体国家安全观，统筹发展和安全，建设更高水平的平安福建，筑牢国家安全东南屏障，推动治理体系更完善。完善和落实安全生产责任制，有效遏制重特大生产安全事故。加强生物安全监管和风险防控。持续深化“餐桌污染”治理、建设食品放心工程，提高食品药品安全保障水平。完善应急管理体系，提高防灾、减灾、抗灾、救灾能力。实施粮食安全战略，加强种子库建设，稳定粮食综合生产能力，确保粮食播种面积和产量只增不减，自给率稳步提高。实施能源安全战略，提升能源储备能力和应急保障能力。维护区域金融稳定，守住不发生系统性金融风险的底线。确保生态安全，保障核与辐射安全，维护网络空间安全。完善社会治安防控体系，健全矛盾纠纷多元化解、源头稳控机制，推动扫黑除恶专项斗争长效常治，切实维护社会稳定安全。积极服务国防和军队现代化建设，加强军队后续改革服务保障，完善国防动员体系，持续加强双拥共建工作，巩固军政军民团结。

三、凝心聚力、开拓进取，全力做好2021年工作

2021 年是我国现代化建设进程中具有特殊重要性的一年，做好今年工作意义重大。我们要以习近平新时代中国特色社会主义思想为指导，全面贯彻党的十九大和十九届二中、三中、四中、五中全会精神，坚持稳中求进工作总基调，立足新发展阶段，贯彻新发展理念，积极服务并深度融入新发展格局，以全方位推动高质量发展超越为主题，以深化供给侧结构性改革为主线，以改革创新为根本动力，以满足人民日益增长的美好生活需要为根本目的，坚持系统观念，巩固拓展疫情防控和经济社会发展成果，更好统筹发展和安全，扎实做好“六稳”工作、全面落实“六保”任务，科学精准施策，努力保持经济运行在合理区间，坚持扩大内需战略，强化科技战略支撑，扩大高水平对外开放，以新时代新福建建设的优异成绩庆祝建党 100 周年。

今年经济社会发展的主要预期目标是：全省生产总值增长 7.5%左右；居民消费价格总水平涨幅 3%左右；城镇登记失业率控制在5%以内；城镇居民、农村居民人均可支配收入分别增长 7%和 8%；单位 GDP 能耗控制在国家下达的目标内；粮食总产量稳定在 500万吨。

实现以上目标，必须深入学习贯彻习近平总书记关于统筹疫情防控和经济社会发展重要论述，弘扬伟大抗疫精神，坚持人民至上、生命至上，坚持联防联控、群防群控、人防技防相结合，毫不松懈抓好各项防控工作，积极构建疫情防控和经济社会发展工作中长期协调机制。坚持严字当头、周密部署，科学防控、精准施策，压实“四方责任”，严格落实“四早”要求，守住城市社区防线，突出抓好农村管理和防控，严防出现聚集性疫情，严防散发病例传播扩散。抓紧抓实“外防输入、内防反弹”工作，强化“人”“物”同防，严格实施国内中高风险地区和境外入闽人员闭环管理，加强对进口冷链食品等检测和消毒，落实重点涉疫场所防控措施。严格疫苗全流程管理，有序组织疫苗接种，尽快建立人群免疫屏障。强化监测预警报告，提升核酸检测能力，做好应急物资和人员准备，一旦出现疫情，迅速依法依规、科学精准处置，确保人民生命安全和身体健康，为经济社会发展奠定基础。

今年重点抓好以下九项工作：

（一）大力推进科技创新，加快建设创新型省份

做强高能级创新平台。加快福厦泉国家自创区建设，深化“双自联动”，推动福州建设福建科学城、厦门建设未来科技城、泉

州建设时空科创基地。创建更多国家创新型县市，力争实现省级以上高新区设区市全覆盖。进一步对接高端创新资源，争创国家实验室。高标准建设省创新实验室、省创新研究院，新布局建设省生物医药领域创新实验室、10 家以上省级临床医学研究中心，打造一批工程研究中心、制造业创新中心、企业技术中心，新增省级新型研发机构 30 家以上。深化京闽科技合作，支持三明中关村科技园建设。实施国防科技工业创新工程，推动国家高新技术产业创新示范基地建设。

提升企业技术创新能力。完善高技术企业成长加速机制，大力吸引和培育独角兽企业，力争省级以上高新技术企业突破1万家。完善企业研发投入激励机制，提高规模以上工业企业研发活动和研发机构的比例，力争全社会研发投入增长 20%以上。建立健全产业重点攻关技术目录（库），支持领军企业牵头组建创新联合体，实施 10 个以上省科技重大专项。探索科技型企业金融服务新模式，加大种子企业储备和上市扶持力度。推动大众创业万众创新向纵深发展，新增省级众创空间 20 家以上。

激发人才创新活力和潜力。深入实施引才“百人计划”和“八闽英才”培育工程，实施青年拔尖人才“雏鹰计划”，深化校地人才交流合作，加强基础研究人才培养，以产引才、以才促产。持续提高技能人才待遇，加强技能人才队伍建设。加快实施产业自主知识产权竞争力提升领航计划，用好“知创中国”知识产权公共服务平台，探索建设省市县三级知识产权协同保护体系，推广建设知识产权司法协同中心。大力弘扬科学精神和工匠精神，营造尊重劳动、尊重知识、尊重人才、尊重创造的社会氛围。

完善科技创新体制机制。落实“军令状”“揭榜挂帅”等机制，推广省卫生行业联合基金等资助模式，大力支持基础前沿研究，推进前沿技术和军民两用技术转化，努力突破“卡脖子”技术难题。充分发挥科技奖励政策激励作用，健全科技人才评价体系和服务体系，完善科研人员职务发明成果权益分享机制，让有作为的科技人员“名利双收”。深入实施新时代科技特派员制度，推动科技特派员创业和技术服务行政村全覆盖。

（二）持续优化产业结构，加快发展现代产业体系

大力发展数字经济。深化数字福建建设，加快建设国家数字经济创新发展试验区，办好第四届数字中国建设峰会，推动更多行业领域数字化应用，打造“数字应用第一省”，力争数字经济增加值达 2.3 万亿元。推动省超算中心二期、省区块链主干网、数字福建产业园、福州区块链经济综合试验区、泉州芯谷、厦门国家数字服务出口基地建设。新开通 5G 基站 3 万个。深入实施“上云用数赋智”行动，推动 5000 家企业上云上平台，培育壮大一批工业互联网示范平台和应用标杆企业。加快发展卫星应用、北斗导航产业，积极布局量子信息等未来产业。

做大做强海洋经济。深耕海上福建，抓好六大湾区建设，促进港湾、产业、城市联动发展。加快发展福州、厦门国家海洋经济发展示范区，培育壮大深海养殖、临海工业、海洋生物医药、海水综合利用等产业。积极建设厦门国际航运中心、福州国际深水大港，整体连片开发东吴、江阴、古雷、泉州湾等重点港区。提升自然资源部海岛研究中心、第三海洋研究所等国家级平台功能，建设一批海洋协同创新平台，打造“蓝色硅谷”。

培育壮大绿色经济。创新碳交易市场机制，大力发展碳汇金融。开发绿色能源，完善绿色制造体系，加快建设绿色产业示范基地，实施绿色建筑创建行动。加快漳州、南平国家农业可持续发展试验示范区建设，推进农药化肥减量增效、农业生产废弃物减排降污。大力发展绿色信贷、绿色债券、绿色保险、绿色投资。

加快建设先进制造业强省。实施产业链

提升工程，增强集成电路、新能源汽车、储能等重点产业链韧性和竞争力。实施产业基础再造工程，打牢基础零部件、基础工艺、关键基础材料等产业基础。实施战略性新兴产业发展工程，推进新能源产业创新示范区发展，加快建设国家级战略性新兴产业集群。实施龙头企业培优扶强工程，力争规模超百亿企业达 50 家。实施技术改造升级工程，完成500项以上省重点技改项目。实施园区标准化建设工程，抓好 16 个试点园区建设。

发展壮大现代服务业。大力布局建设智慧物流园，加快打造国家物流枢纽承载城市、国家骨干冷链物流基地和东南沿海航空货运枢纽。深化“清新福建”“全福游、有全福”品牌建设，着力打造武夷山世界级旅游景区、厦门旅游休闲城市、平潭国际旅游岛，提升福州三坊七巷等一批文化旅游休闲街区，激发县域旅游潜力。坚持金融服务实体经济导向，有效保障重点领域、重大项目资金需求。营造良好金融生态，加快发展普惠金融、绿色金融、供应链金融，支持金融机构在闽发展壮大。积极推动住宿餐饮、交通运输等行业加快恢复增长。

加快建设特色现代农业。强化“米袋子”“菜篮子”保障，制止耕地“非农化”、防止耕地“非粮化”，建设高标准农田 135 万亩，确保粮食播种面积稳定在 1250 万亩以上。落实415万吨粮食储备，保持生猪存栏900 万头以上，稳定蔬菜等副食品生产。全面推进30个重点现代农业产业园、20个重点优势特色产业集群、100个农业产业强镇和 2000 个“一村一品”示范村创建，培育更多“福”字号优质绿色农产品。推进新一轮种业创新和产业化工程，支持三明打造“中国稻种基地”，争取突破一批具有自主知识产权的优新品种。大力发展设施农业，实施主要农作物全程机械化行动。培育现代职业农民。

（三）坚持扩大内需战略基点，不断激发经济内生动力

打造国内大循环的重要节点。建设“211”省内交通网，完善铁路网、轨道交通网、公路网，加快推进福州机场二期、厦门新机场、福厦客专、温福高铁、龙龙铁路、昌福（厦）高铁等重大项目，拓宽“陆海空”大通道。加大港口整合力度，大力发展海铁联运、内河航运、港区物流，推广多式联运“一单制”，促进大流通。积极对接京津冀、长三角、泛珠三角、粤港澳大湾区，用好省际合作平台，提高闽货市场占有率，开拓大市场。

积极扩大有效投资。加快“两新一重”建设，深入实施新基建三年行动计划，统筹推进福州和厦门地铁、漳州核电等重大基础设施建设。加快宁德时代锂离子动力电池生产基地、古雷炼化一体化一期、福州申远聚酰胺一体化、永荣石化己内酰胺、厦门天马第6代柔性面板生产线等一批重大产业项目建设。创新多元化投融资机制，用好地方政府专项债，加大用地、用林、用海保障力度，激发社会投资活力。

推动消费扩容提质。持续推进“全闽乐购”促消费行动，做优做活商圈经济、夜间经济，建设一批省级步行街、省级示范商圈，抓好国家文化和旅游消费试点城市建设。支持网红经济、社区电商、农村电商发展。稳定和扩大大宗消费、重点消费，推进家电、电子产品等更新消费，支持新能源汽车消费。落实带薪休假制度，扩大节假日消费。提升乡村商贸水平，扩大乡村消费。强化市场监管，营造放心消费环境。

（四）全面深化改革扩大开放，更好吸引优质生产要素集中集聚

以深化改革激发新发展活力。落实国企改革三年行动实施方案，推动省属企业集团新一轮战略性重组整合，做强做优做大国有资本和国有企业。加强预算收支平衡和绩效管理，扩大零基预算改革实施范围。把推进改革同防范化解重大风险结合起来，多措并举防范化解政府隐性债务、房地产金融、企

业债务违约等风险，严厉打击非法金融活动。坚持“三医联动”，深化公立医院综合改革，健全分级诊疗服务体系，推进支付方式和药品、高值医用耗材集中带量采购改革。深化供销合作社综合改革。

着力打造一流营商环境。深入推进“放管服”改革，持续开展“减证便民”，打破政务数据共享壁垒，推动更多高频政务服务“省内通办”“跨省通办”，实施统一的市场准入负面清单制度，完善要素交易规则和服务体系，让创新创业创造在福建更快捷、更方便、更易成功。全面推行“双随机一公开”监管，更多采用信用监管、大数据监管，完善包容审慎监管，加强公平竞争审查，强化反垄断和防止资本无序扩张。健全企业家恳谈会、服务民营企业“四访四通”等机制，办好企业家活动日，依法平等保护民营企业产权和企业家权益。完善减税降费落实工作机制，推行惠企政策“免申即享”。优化提升“金服云”平台功能。

构建国内国际双循环的重要通道。深入实施“丝路海运”“丝路飞翔”等标志性工程，主动对接中欧投资协定和 RCEP 协定成果，持续扩大“朋友圈”。高标准推进厦门金砖国家新工业革命伙伴关系创新基地建设，打造一批标志性平台和旗舰型项目。积极争取自贸试验区扩区。培育跨境电商、市场采购贸易，壮大服务外包产业聚集区。坚持引资引技引智紧密结合，办好厦洽会、海交会。拓展升级国际贸易“单一窗口”，提升外贸综合服务数字化水平。密切闽港闽澳合作。实施侨资侨智侨力引进工程，鼓励引导侨胞回乡投资兴业，支持新生代侨胞参与共建“一带一路”。

积极探索海峡两岸融合发展新路。加快建设海峡两岸集成电路产业合作试验区、生技和医疗健康产业合作区，推进台湾农民创业园升级发展和闽台农业融合发展产业园建设。促进两岸行业标准共通。支持台资企业在大陆上市，推进海峡股权交易中心“台资板”创新试点。推进“小四通”项目建设，促进厦金、福马率先融合发展。加大平潭对台先行先试力度。落实惠台利民政策措施，扩大台湾地区职业资格采认，在更大范围、更宽领域为台胞台企提供同等待遇。加强民间基层交流交往，支持台湾青年参与闽台乡建乡创、工业设计研发，持续办好海峡论坛、海峡青年节等品牌活动，促进两岸同胞心灵契合。

（五）着力补齐不平衡不充分短板，更大力度推进城乡区域协调发展

念好新时代“山海经”。稳步实施闽东北、闽西南两个协同发展区发展规划，推动重大项目共建、公共资源共享、产业配套协作、生态保护协同、社会治理联动。突出绿色、红色、特色导向，完善促进老区苏区振兴发展机制，加强基础设施建设，支持发展特色农林业、红色旅游、文旅康养，促进群众整体增收，推动社会事业提质升级。扶持少数民族地区、库区发展。深化东西部协作机制，做好援疆援藏援宁工作，提高协作层次和水平。

大力提升城市功能品质。实施城市更新行动，新改造完工城镇老旧小区 15 万户，新建改造各类市政管网 3000 公里，新改扩建城市道路 500 公里，新增公共停车泊位 2 万个，新建提升福道 1000 公里、公园绿地 900 公顷。全面开展城市设计工作，保护好城市山水格局。加快建设改造无障碍设施，确保今年有明显成效。加快福州都市圈建设，推进厦漳泉都市圈一体化，提升综合承载能力和核心竞争力。高标准推进福州新区等新区新城建设，着力打造 15 分钟宜居生活圈。

全面推进乡村振兴。坚决守住脱贫攻坚成果，落实五年过渡期要求，保持现有帮扶政策总体稳定，健全防止返贫动态监测和帮扶机制，加强低收入人口常态化帮扶，接续推进脱贫地区乡村振兴。实施乡村振兴战略“十大行动”，建设 5000 个以上“百镇千村”试点示范项目，打造100条乡村振兴示范线。

实施乡村建设行动，规范村民住宅建设管理，高质量建设“四好农村路”，强化县乡村公共服务、基础设施一体化。开展农村人居环境整治提升五年行动，重点抓好改厕和污水垃圾处理。深化农村基本经营制度、集体产权、林权制度改革，稳妥开展二轮土地承包到期后再延长30年试点，稳慎推进农村宅基地制度改革试点。

（六）持之以恒推进生态省建设，积极为建设美丽中国多做贡献

深化国家生态文明试验区建设。完善国土空间规划和用途管控制度，实施“三线一单”分区管控，健全生态补偿机制。推动生态产品市场化改革，建设全省统一的资源环境权益交易市场。全面推行林长制，开展“三个百千”绿化美化行动。持续深化武夷山国家公园体制改革。推进自然资源资产产权制度改革，开展全民所有自然资源资产所有权委托代理机制试点。加快生态云平台3.0建设。探索新污染物治理机制。

深入打好污染防治攻坚战。持续推进中央生态环境保护督察整改，继续做好第二轮省级例行督察。深入实施“蓝天工程”，强化区域联防联控，提升臭氧和颗粒物协同治理水平。深入实施“碧水工程”，深化河湖长制，推进闽江、九龙江流域山水林田湖草系统治理，开展“美丽河湖”试点建设，基本完成千人以上农村集中供水饮用水水源地生态环境整治。深入实施“净土工程”，加强土壤污染防治，提升垃圾终端处理水平和医疗废物处置能力。深入实施“碧海工程”，加强海漂垃圾综合治理，建设美丽海湾。

促进绿色低碳发展。制定实施二氧化碳排放达峰行动方案，支持厦门、南平等地率先达峰，推进低碳城市、低碳园区、低碳社区试点。强化区域流域水资源“双控”。加大批而未供和闲置土地处置力度，推进城镇低效用地再开发。深化“电动福建”建设。实施工程建设项目“绿色施工”行动，坚决打击盗采河砂、海砂行为。大力倡导光盘行动，革除滥食野生动物等陋习，有序推进县城生活垃圾分类，推广使用降解塑料包装。积极创建节约型机关、绿色家庭、绿色学校。

（七）切实保障和改善民生，不断拓展社会发展新局面

着力提高居民收入。实施“四大群体”增收计划，增加工资性、经营性、财产性、转移性收入。大力发展企业年金、职业年金、个人储蓄性养老保险和商业养老保险，增加退休人员收入来源。落实公务员分类改革工资政策，加大对基层干部关心关爱力度。拓宽低收入群体增收渠道，发展慈善等社会公益事业。

强化就业优先。实施高校毕业生就业创业促进计划和基层成长计划，扎实做好重点群体就业。扶持创业带动就业，鼓励灵活就业，支持发展新就业形态，帮扶残疾人和零就业家庭成员就业，全省城镇新增就业50万人，城镇失业人员再就业10万人。实施“技能福建”行动，全年培训技能人才30万人次。

扎实推进健康福建建设。实施公共卫生应急管理体系建设行动，完善重大疫情防控机制，持续提升卫生应急处置能力，完成省疾控中心搬迁，加快建设3个重大疫情救治基地，深入开展爱国卫生运动。健全重特大疾病医疗保险和救助制度，继续推动医疗“创双高”，加快国家区域医疗中心建设，深化“互联网+医疗健康”示范省建设，加快省妇产医院、省立医院金山院区二期等项目建设，强化中医药服务体系内涵和能力建设，加大全科医生培养力度。

推动教育公平发展和质量提升。扩大普惠性学前教育资源，新增公办幼儿园学位4万个。继续实施高中阶段教育质量提升计划，推动义务教育均衡发展和城乡一体化，提高进城务工人员随迁子女在公办学校就读比例。持续实施“双一流”建设计划，加

快福州大学城、福州新区职教城建设，支持华侨大学高水平发展。继续推进高职扩招，加快发展现代职业教育。支持民办教育健康发展。办好特殊教育、继续教育、老年教育。

加大基本民生保障力度。规范完善企业职工基本养老保险省级统筹制度，推进社会保险参保扩面。发展居家社区养老托育服务，推动医养结合，新增养老床位 1 万张以上。提供更多智能化适老产品和服务，认真解决老年人运用智能技术的困难。健全社会救助体系，关心关爱空巢老人、残疾人等特殊群体。坚持“房住不炒”，全面落实城市主体责任，精准调控，因城施策，培育发展住房租赁市场，提高商品住房全装修成品交房比例。

（八）加快建设文化强省，广泛凝聚人民精神力量

践行社会主义核心价值观。坚持马克思主义在意识形态领域的指导地位，深入开展习近平新时代中国特色社会主义思想学习教育。推进理想信念教育常态化制度化，加强党史、新中国史、改革开放史、社会主义发展史教育，加强爱国主义、集体主义、社会主义和全民国防教育。加强新时代公民道德建设。广泛开展群众性精神文明创建活动，推进新时代文明实践中心和县级融媒体中心建设。健全志愿服务体系。

保护传承历史文化。高水平办好第 44 届世界遗产大会，推动“泉州：宋元中国的世界海洋商贸中心”申遗。加强文物建筑、历史建筑和传统风貌建筑保护。开展史前遗址、南岛语族文化遗址、水下文化遗址等重大考古项目研究。高起点高标准规划建设长征国家文化公园福建段，提升万寿岩国家考古遗址公园。加大非遗资源普查力度，实施一批非遗保护传承示范项目，大力打造建盏、白瓷、漆器等艺术品牌。

加快发展文化事业和文化产业。繁荣文化艺术产品创作生产，推出一批精品力作。加快发展新闻出版和广播影视事业，打响“视听福建”海外播映品牌。办好第八届丝绸之路国际电影节、第五届海上丝绸之路国际艺术节、第 34 届中国电影金鸡奖颁奖活动和首届中国电视剧大会，加快打造一批特色影视基地，建设影视强省。加快建设省美术馆、艺术馆、仓储式图书馆、地方戏曲博物馆，支持非国有博物馆发展。加强和改进新时代学校体育工作，精心筹办第 18 届世界中学生运动会、第十七届省运动会，激发全民健身新热潮。加强哲学社会科学、档案、地方志等工作，做强做优新型智库。

（九）加强和创新社会治理，加快建设更高水平平安福建

推进法治社会建设。健全公共法律服务体系，完善人民调解、行政调解、司法调解联动工作体系，构建大调解工作格局。完善守法诚信褒奖机制和违法失信惩戒机制，建设诚信社会。充分发挥村规民约等作用，推进法治乡村建设。积极探索建设中央法务区，打造有影响力的法治平台。依法治理网络空间，发展积极健康的网络文化。加强社区矫正工作，完善法律援助和司法救助。实施“八五”普法规划，推进民法典实施，增强全社会法治观念。

完善社会治理体系。坚持发展新时代“枫桥经验”，大力推行“四门四访”和信访评理机制，强化信访积案化解。学习推广新时代“漳州 110”精神，完善社会治安防控体系，建立扫黑除恶专项斗争常态化长效机制。严密防范和坚决打击各种渗透颠覆破坏及暴恐犯罪活动。提升劳动关系治理能力。加强城乡社区网格化服务管理标准化建设。编制新一轮妇女、儿童发展纲要，深入实施福建省中长期青年发展规划，推动老龄、残疾人事业健康发展，支持工青妇等群团组织更好发挥作用。推进民族团结进步事业发展，引导各宗教坚持中国化方向。

持续深化双拥共建。积极支持配合军队政策制度改革，巩固深化双拥模范城创建成

果，全面落实各项拥军优属政策措施，积极为驻闽部队排忧解难，不断拓展军政军民团结良好局面。深化国防动员体制改革，推动构建一体化国家战略体系和能力。

切实维护公共安全。持续开展安全生产专项整治三年行动，坚决遏制重特大事故发生。严密防范应对各类自然灾害，抓好森林防灭火、防病虫害工作，健全防汛防台风工作机制。落实“四个最严”要求，深入开展食品生产质量安全提升行动，完善“一品一码”追溯体系，持续治理“餐桌污染”，坚决守住食品药品安全底线。

四、切实加强政府自身建设，以更加奋发有为的精神状态抓好各项工作

全省各级政府和政府工作人员要全面贯彻习近平法治思想，始终牢记政府前面的“人民”二字，不断提高政治判断力、政治领悟力、政治执行力，加快建设法治政府，推动各项工作在法治轨道上落地落实，以实际成效做到“两个维护”。

敢于担当作为。知责于心、担责于身、履责于行，不折不扣落实习近平总书记重要讲话重要指示批示精神和党中央、国务院决策部署。再学习、再调研、再落实，发扬“滴水穿石”精神，攻坚克难，啃下“硬骨头”，创出新业绩。完善容错纠错、正向激励机制，旗帜鲜明地为担当者担当，让履职者尽责。

勤于为民服务。坚持一心为百姓、全力惠民生，确保完成 29 件为民办实事项目。大力弘扬“四下基层”等优良作风，深入一线、深入群众，了解群众所思所盼，千方百计解决好群众的“急难愁盼”。持续深化机关效能建设，强化督查督办，优化提升“12345 热线”功能，让老百姓感受到政府就在身边、服务就在身边。

勇于改革创新。解放思想、与时俱进，自觉运用系统观念、改革思维、创新办法来解决问题、推动发展。善于借鉴他山之石，大力推动政府治理理念创新、行政方式创新、体制机制创新。尊重基层首创精神，鼓励八仙过海、各显其能，进一步营造比学赶超、勇当先进的浓厚氛围。

善于真抓实干。牢固树立正确政绩观，力戒形式主义、官僚主义，坚持马上就办，出实招、办实事、重实效，以干事创业、发展实绩论英雄。坚持任务项目化、项目清单化、清单具体化，定人定岗定责定时，确保事事有人抓、件件都落实。持续深化拓展基层减负工作，让干部集中精力抓落实。

严于清正廉洁。落实全面从严治党要求，把党的政治建设摆在首位，严格执行中央八项规定及其实施细则精神和我省实施办法。自觉接受人大监督、民主监督、监察监督，高度重视行政监督、司法监督、群众监督、舆论监督，充分发挥审计监督、统计监督作用。艰苦奋斗、勤俭节约，用人民政府的“紧日子”换来人民群众的“好日子”。

各位代表！今年是我们进入新发展阶段的第一年，任务艰巨，责任重大，使命光荣。让我们更加紧密地团结在以习近平同志为核心的党中央周围，高举中国特色社会主义伟大旗帜，在省委的领导下，同心同德、顽强奋斗，全方位推动高质量发展超越，加快新时代新福建建设，为促进祖国统一、实现中华民族伟大复兴的中国梦作出新的更大贡献！

关于福建省2020年国民经济和社会发展计划执行情况及2021年国民经济和社会发展计划草案的报告

——2021年1月24日在福建省第十三届人民代表大会第五次会议上

福建省发展和改革委员会

各位代表：

受福建省人民政府委托，现将福建省2020年国民经济和社会发展计划执行情况及2021年国民经济和社会发展计划草案提请省十三届人大五次会议审议，并请省政协各位委员和其他列席人员提出意见。

一、2020年国民经济和社会发展计划执行情况

2020年，面对严峻复杂的国际形势、艰巨繁重的改革发展稳定任务，特别是新冠肺炎疫情的严重冲击，全省各级各部门坚持以习近平新时代中国特色社会主义思想为指导，全面贯彻党的十九大和十九届二中、三中、四中、五中全会精神，深入贯彻落实习近平总书记重要讲话重要指示批示精神，按照党中央、国务院决策部署，落实省委工作要求，增强“四个意识”、坚定“四个自信”、做到“两个维护”，统筹疫情防控和经济社会发展，认真执行省十三届人大三次会议审议批准的《政府工作报告》和2020年国民经济和社会发展计划，落实省人大财政经济委员会的审查意见，扎实做好“六稳”工作、全面落实“六保”任务，“十三五”规划主要目标全面完成，疫情防控有力有效，经济社会发展呈现持续向上向好态势。

初步统计，全省生产总值43903亿元，增长3.3%，其中一、二、三产业增加值分别增长3.1%、2.5%、4.1%；一般公共预算总收入增长0.2%，地方一般公共预算收入增长0.9%；固定资产投资下降0.4%；进出口增长5.5%；实际使用外资增长10.3%；社会消费品零售总额下降1.4%；居民消费价格总水平上涨2.2%；城镇登记失业率3.8%；城镇居民人均可支配收入增长3.4%，农村居民人均可支配收入增长6.7%；节能减排降碳年度目标可以实现。

一年来国民经济和社会发展成效主要体现在六个方面：

（一）积极抗疫情，全力以赴打好疫情防控阻击战

疫情防控取得重大战略成果。坚持把人民群众生命安全和身体健康放在第一位，早部署、早落实，坚持依法科学精准防控，迅速建立统一高效的指挥体系，及时科学制定防控政策举措，完善社区防控措施，严守“四道关口”，筑牢“三道防线”，织密“五张网”，3月7日，我省成为全国第三个新冠肺炎住院患者清零的省份，截至2021年1月22日，全省已累计331天无新增本土确诊病例。开发上线全国首个省级健康码“八闽健康码”，在线制码超过3600万人，亮码超过4.6亿次，入选全国十大优秀创新案例。用好“新冠肺炎疫情防控便民服务平台”等数字防疫手段，推动全省285家机构具备核酸检测能力，医用口罩、防护服等重要防疫物资供应有效保障，口罩产能从疫情前的最高日产量不足30万个在2个月内提高到3000万个以上，国家下达的调拨任务全部完成。完成8批次5.4万件抗疫应急物资调运。累计派出12批

1393名医护人员支援湖北、对口支援宜昌抗击疫情，累计治愈出院2013人，实现出院患者“零回头”、病区“零投诉”、医务人员“零感染”、安全管理“零事故”；按照国家部署，先后选派2支医疗专家组赴意大利、菲律宾协助抗疫，以实际行动传递了同舟共济、守望相助的中国情怀。

复工复产推动实体经济恢复发展。扎实推进重大项目重点产业复工复产、满产达产，相继作出全力打通“五难”操作链、深入实施“八项行动”等工作部署，及时出台复工稳岗、稳外贸稳外资促消费等扶持政策，上半年基本实现重大项目和主要行业企业复工复产，社会经济秩序基本恢复正常。通过包飞机包动车包客车等“点对点”一站式服务，畅通省外务工人员复工返岗路径；设立200亿元省中小微企业纾困专项资金，保障企业资金需求；落实“一难一策、一事一策、一业一策、一企一策”，全力稳定供应链产业链。认真落实减税降费和惠企纾困政策，不完全统计，全省累计减轻企业负担超过1300亿元，其中新增减税降费超过600亿元（含阶段性减免社会保险费261.15亿元）。

（二）强化创新支撑，产业链供应链保持稳定

创新能力不断增强。实施科技创新行动计划，加快福厦泉国家自主创新示范区建设，持续推进高水平科技创新平台建设，光电信息、能源材料、化学工程、能源器件4家省创新实验室全面启动建设，争创先进光伏国家工程研究中心、精准靶向药物国家工程研究中心等创新平台。国家发展改革委批复我省创建新能源产业创新示范区。宁德时代储能微网、福建晋江100MWh级储能电站列入国家首批科技创新（储能）试点示范。启动实施省级战略性新兴产业集群发展工程，推动福州新型功能材料、厦门新型功能材料、厦门生物医药及莆田新型功能材料等四个集群纳入国家战略性新兴产业集群发展工程。获批7家国家企业技术中心，数量居全国第二。全省高新技术企业突破6000家，技术合同成交金额突破183亿元。推进福州、厦门国家级海洋经济发展示范区建设，强化海洋科技创新对区域经济发展带动作用。泉州晋江、福州软件园、东侨经开区等6家双创主体列入第三批国家级双创示范基地。发挥“知创中国”“知创福建”知识产权公共服务平台综合效应，加快实施产业自主知识产权竞争力提升领航计划，在全国率先探索建设覆盖省市县三级知识产权协同保护体系。

制造业高质量发展取得新进展。实施优化产业结构行动和企业技术改造行动，以智能制造为主攻方向，做大做强主导产业，改造提升传统产业。实施一二三产业“百千”增产增效行动，加快畅通产业循环，打通产业链供应链堵点断点。全省规上工业增加值增长2.0%，38个工业大类行业中有21个实现正增长。实施制造业优势龙头企业和小巨人企业高质量发展三年行动计划，产业转型升级取得新进展，钧石能源“二代异质结太阳能电池生产装备”、通尼斯新能源“V型10MW级垂直轴海上风力发电机组”纳入国家能源领域首台（套）重大技术装备项目清单。电子信息、机械装备、石油化工和高技术产业增加值分别增长6.6%、1.1%、10.6%、8.0%，产值超千亿产业集群达20个，规模超百亿元企业达47家。

数字经济持续发展壮大。成功举办第三届数字中国建设峰会，签约数字经济重点项目426个，总投资3316亿元。深入实施新型基础设施建设三年行动计划，制定出台促进5G产业、线上经济、平台经济、区块链、信息消费等一系列政策措施，京东数字经济产业园、百度人工智能、比特大陆区域总部等一批重大项目加快建设，美图、网龙等6家企业上榜2020年全国互联网百强名单，6家企业入围2020年度中国软件企业竞争力百强，全省数字经济增加值突破2万亿元。推动5G网络建设和应用创新，建成5G基站2.2万个、NB-IoT基站3.6万个，基本实现县级以上城区全覆盖。

服务业转型升级有序推进。制定实施服务业重点领域高质量发展行动方案，深入推进千家服务业企业增产增效，服务业增加值增长 4.1%。现代商贸流通体系加快建设，福州市列入国家首批骨干冷链物流基地，国家 A 级物流企业达 413 家，居全国第四位。金融业增加值增长 6.4%，本外币各项存贷款余额分别增长 13.1%、13.7%。全省新增 32 家境内外上市企业（含过会），其中台资企业 5 家，创历史新高，全省境内上市公司达 151 家，居全国第七位。“清新福建”“全福游、有全福”品牌持续打响，福州、厦门、三明入选第一批国家文化和旅游消费试点城市名单，新增湄洲岛妈祖文化旅游区为国家 5A 级旅游景区，实现“市市有 5A 景区”，三明市泰宁县、三明市尤溪县、泉州市德化县和厦门市集美区等 4 地入选第二批国家全域旅游示范区，13 个文旅融合示范项目列入国家文旅部典型案例，晋江市围头村等 26 个村入选第二批全国乡村旅游重点村。

特色现代农业加快发展。深入实施特色现代农业高质量发展“968”工程和农业“百千”增产增效行动，建成一批现代农业产业园、优势特色农业产业集群和农业产业强镇强村，十大乡村特色产业全产业链总产值突破 2 万亿元。农产品精深加工加快推进，新建改造农产品产地初加工和商品化处理中心 370 个，农产品加工转化率提高到 72%。创建优质农产品标准化示范基地 301 个，累计认证“三品一标”农产品 5016 个，评选年度十大福建农产品区域公用品牌和 30 个福建名牌农产品。全面推进闽台农业融合发展，6 个国家级台创园连续 3 年包揽国家年度综合考评前六名，首批 9 个闽台农业融合发展产业园建设加速推进，农业利用台资数量和规模保持全国第一。

粮食能源安全保障有力。农产品有效供给，粮食播种面积 1251.65 万亩、总产量 502.32 万吨，生猪存栏 910.90 万头，完成国家下达目标；蔬菜产量 1492 万吨，家禽出栏 10.31 亿只、增长 3.7%，主要禽蛋产量 53.66 万吨、增长 10.5%，水产品产量 830.34 万吨、增长 1.9%。压实粮食安全主体责任，连续四年在全国粮食安全省长责任制考核中获得优秀等级。粮食和救灾物资保障基础进一步夯实，新增省级稻谷储备 40 万吨、应急大米储备 1.7 万吨、食用油储备 2 千吨。石油、天然气、电力、煤炭等能源基础设施项目加快推进，互联互通福州联络线、海西管网二期福州-福鼎段、华龙一号全球首堆福清核电 5 号机组等项目建成投产，电力新增装机 578 万千瓦，能源保障能力进一步增强。

（三）稳投资促消费，内需市场稳步复苏

投资结构调整优化。出台实施稳投资政策措施，发行地方政府专项债 1353 亿元，占全国的 3.6%；争取中央专项再贷款 73.31 亿元，775 家企业被纳入全国名单，居全国第二位。加大基础设施等领域补短板投资力度，设立 500 亿元稳投资补短板应急专项融资资金，投放额达 550 亿元。工业投资增长 0.7%，其中改建和技改投资增长 4.1%，高技术制造业投资增长 16.2%。民间投资增长 1.0%。社会领域投资增势较好，教育、卫生、文化体育娱乐业投资分别增长 2.1%、8.0%、4.1%。

项目支撑作用增强。深化“五个一批”项目推进机制，加强重大项目攻坚，1257 个在建重点项目完成投资 5494 亿元，超额完成年度计划 489 亿元。分 4 批次集中开工重大项目 997 个，总投资 7640 亿元。积极筹划新基建项目，省级数字经济项目库已入库 1725 个，总投资 1.35 万亿元。重大招商项目“云签约”391 个，总投资 7836 亿元。中化泉州乙烯及炼油改扩建、泉州百宏 PTA、金龙汽车龙海迁建、晋南热电联等项目基本建成。福厦客专、福州和厦门地铁、厦门钨业稀土永磁电机、三安半导体研发生产、省妇产医院、省疾控中心等一批项目顺利推进。一批重大项目前期工作取得新突破，福州机场二期可研获批，福州、厦门地铁第二期建设规划调整方案获批。

消费增长点不断拓展。落实促进消费相关政策举措，持续开展“全闽乐购”“闽山闽水物华新”“八闽美食嘉年华”等促消费活动，福州、厦门等多地推出消费券，社会消费品零售总额18626.45亿元。线上线下融合的消费新模式新业态不断呈现，网络零售额增长24.7%，体育娱乐用品类商品零售额增长6.3%。

（四）纵深推进改革开放，发展活力不断增强

营商环境持续优化。持续减环节减时限减负担，企业开办时间压缩至3个工作日内；不动产一般登记时限压缩至5个工作日，抵押登记办理时限压缩至3个工作日；贸易通关时间压缩2/3以上。市场主体活力加速释放，新登记市场主体137.45万户，增长40%。“信易贷”平台帮助全省1.9万余家中小微企业获得3.7万笔、919亿元贷款。全面实施市场准入负面清单制度，推动“非禁即入”普遍落实。厦门、福州在国家发展改革委2019年全国营商环境评价中，分别有12个和4个指标被列为标杆指标，经验在全国复制推广。实现“双随机、一公开”跨部门联合抽查常态化，以信用为基础的新型监管机制逐步建立。全面建成省、市两级政务数据汇聚共享平台。数字政府建设总指数位居全国前列，政府网站名列省级政府第二名，数字政府服务能力位居全国优秀档次。依托全省行政审批“一张网”实现97%以上行政审批和服务事项可网上办理，“一趟不用跑”“最多跑一趟”占比达到98%。“闽政通APP”基本实现高频便民事项“马上办、掌上办”。建立政务服务“好差评”制度，推行“政府做的好不好群众来打分”，推动实现行政审批服务事项“五级十五同”。

重点领域改革扎实推进。深入推进财税体制改革，扎实推进交通运输、教育、生态环境、科技等领域省与市县财政事权和支出责任划分改革。上线运行省“金服云”平台，实施普惠金融“百千万”工程，助力中小微企业融资纾困。推进公共资源交易“应进必进”，提高资源市场化配置效率。推动国资国企改革，推动全省港口资源一体化整合重组，剥离企业办社会职能等历史遗留问题等基本解决。出台支持民营企业改革发展的政策措施，完善“政企直通车”平台，实现省市县三级促进中小企业发展工作协调机制全覆盖。稳步推进电力体制改革，目前全省共有17个试点项目。持续推进价格改革，完成第二监管周期电网输配电价核定和电价调整。完成整省推进农村集体产权制度改革试点任务，比全国提前一年。

重点领域风险防控有力。加强对企业信贷、上市公司股票质押、债券违约、房地产债务风险等重点企业流动性风险关注，对相关风险点做到早发现、早识别、早预警、早处置。不良贷款率1.09%，下降0.05个百分点。高风险农合机构化险处置取得阶段性成果，有序推动网贷风险出清，非法集资陈案积案化解提前超额完成三年攻坚总目标。深入实施房地产精准调控，房地产市场总体平稳。

国家生态文明试验区建设取得阶段性成效。中央部署的38项改革成果全面完成，部分成果处于全国首创或领先水平。加强凝练福建经验，39项改革举措和经验做法入选国家发展改革委推广清单，居四个试验区推广总数首位。新增同安区、武夷山市等6个生态产品市场化改革试点，引导探索多元化生态产品价值实现路径。全面完成污染防治攻坚战阶段性目标，生态环境质量保持全优、领先全国，中央生态环境保护督察问题整改取得显著成效。加强能耗“双控”工作，国家下达我省“十三五”能耗“双控”目标预计可以全面完成。积极推进绿色生活创建，进一步加强塑料污染治理，禁止、限制部分塑料制品的生产、销售和使用。污水垃圾处理能力提质增效，医疗废物收集处置设施短板加快补齐。宁德三都澳海上养殖综合整治取得良好成效。

稳住外贸外资基本盘。落实落细稳外贸稳外资各项政策措施，建立我省外贸外资协

调机制，支持外贸企业线上线下结合抢订单，进出口14035.7亿元、增长5.5%，其中出口8474.4亿元、增长2.3%，进口5561.2亿元、增长10.6%。培育壮大外贸主体，深化工贸对接，加快市场采购全省推广扩容，晋江国际鞋纺城获批新试点。创新招商引资方式，强化“不见面”招商，开展“福建投资促进季”等活动，稳定外资企业供应链，推动现有外资企业增资扩产，一批外资龙头企业陆续增资、到资，实际使用外资347.9亿元、增长10.3%。稳步推进重大外资项目，推动厦门电气硝子玻璃基板三期项目列入国家重大外资项目专班。2020厦洽会共签约合同项目282项，总投资152.4亿美元。有序推进采矿业、制造业等领域国际产能合作，对外投资项目220个，中方协议投资额52.3亿美元，增长36.4%。

海丝核心区建设走深走实。积极融入共建“一带一路”，深入实施“丝路海运”“丝路飞翔”“数字丝路”等标志性工程，成功举办2020“丝路海运”国际合作论坛，“丝路海运”命名航线达70条，开行超过2400航次，联盟成员超过200家。成功举办21世纪海上丝绸之路博览会。中欧（厦门）班列扩线增量，累计发运271列、货值67.9亿元。福州至洛杉矶跨境电商包机航班开通。与共建“一带一路”国家和地区进出口增长7.2%。积极推动“两国双园”建设。

福建自贸区建设加快推进。成功举办福建自贸试验区高端论坛等系列活动。福州出口加工区、福州保税港区、厦门象屿保税物流园区、厦门海沧保税港区等4个海关特殊监管区获国务院批准整合优化为综合保税区；深化方案136项重点试验任务已实施126项；新推出70项制度创新举措，其中全国首创39项、对台13项。滨海新城累计启动270余项重点项目建设，完成投资超1700亿元。厦门片区率先实施跨境电商B2B出口监管试点业务。平潭国际旅游岛建设加快推进，累计接待游客459万人次。闽港、闽澳交流合作持续深化，闽澳合作第三次会议举行。

深化闽台各领域融合。健全完善各项惠台政策措施，加快建设台胞台企登陆的第一家园。两岸应通尽通步伐加快，向金门日均供水超万吨，向金马供气福建侧已基本具备条件，通电、通桥有序推进。两岸标准共通实现突破，由两岸共同研制的台式乌龙茶4项国家标准和地方标准获批发布。首家两岸合资全牌照证券公司挂牌经营，在全国首创银行直联两岸电商平台跨境人民币服务，扩大台商台胞金融信用证书颁发试点。举办海峡论坛、两岸企业家峰会、海峡影视季等300多场“线上+线下”活动，累计参与台胞超过500万人次。

（五）优化区域布局，城乡区域发展更加均衡

闽东北、闽西南协同发展区建设取得重要进展。发展规划实施稳步推进，重点领域协作持续深化，区域联动发展成效显现。一批重大协作项目取得重要进展，闽东北区域京台高速公路长乐至平潭段建成通车，衢宁铁路、福平铁路开通运营，平潭海峡公铁大桥建成通车；福州至长乐机场城际铁路F1线、厦门轨道交通6号线角美延伸段工程等项目开工建设。闽西南区域厦漳泉城市联盟路全线贯通，福莆宁城际铁路F2线、F3线和厦漳泉城际铁路R1线前期工作扎实推进。

决战脱贫攻坚取得决定性胜利。建立完善“一键报贫”等防止返贫监测帮扶机制，全省现行标准下农村建档立卡贫困人口全部脱贫，2201个建档立卡贫困村全部退出，23个省级扶贫开发工作重点县全部摘帽。扎实做好易地扶贫搬迁，全省20666户、65138人国定贫困人口易地扶贫搬迁任务全面完成。积极克服疫情影响，多渠道帮助贫困人口发展生产稳岗就业，强化城乡居民基本医疗保险、大病保险、医疗救助、精准扶贫医疗叠加保险等健康扶贫政策落实。着力实施农村饮水安全巩固提升工程，“两不愁”质量水平持续提升，“三保障”和饮水安全总体保障到位。中宣部授予闽宁对口扶贫协作

援宁群体“时代楷模”称号，对口支援新疆西藏工作在国家绩效综合考核中被评为优秀等次。

推动老区苏区振兴发展。龙岩、三明12个原中央苏区县纳入中央国家机关及有关单位对口支援范围。基础设施持续改善，漳汕高铁、温武吉铁路、温福高铁、武夷山机场迁建、龙岩新机场等项目前期工作持续推进。加快泉州白濑、连城福地、罗源昌西等大中型水库工程建设。积极发展金铜、稀土、石墨烯新材料等精深加工，发展新能源汽车、环保装备、林产加工、生物医药等产业，打造特色优势产业集群。实施教育现代化推进工程、全民健康保障工程，加快补齐公共卫生服务、应急物资保障领域短板，民生福祉持续提升。

深入实施乡村振兴战略。编制完成省市县三级实施乡村振兴战略规划。深入实施“一革命四行动”，农村公厕建制村全覆盖，户用厕所无害化普及率98.6%；完成79个乡镇生活垃圾转运系统提升，乡镇生活垃圾转运系统全面建成；实现乡镇生活污水处理设施全覆盖，农村生活污水治理率72.1%；建设改造农村公路1886公里，村容村貌明显改善，农村人居环境整治三年目标任务全面完成。渔港建设加快推进，推动在建渔港项目28个，新开工建设渔港57个。

加快推进新型城镇化建设。国家发展改革委将福州都市圈列入国家年度新型城镇化建设重点工作，批复《福州临空经济示范区总体方案》。推进城乡融合发展试验区建设，晋江、闽侯等10个县（市）列入国家发展改革委县城新型城镇化建设示范名单。持续推进特色小镇高质量发展，长乐东湖数字小镇促进产城人文融合等经验入围国家发展改革委“第二轮全国特色小镇典型经验”。

（六）民生保障有力有效，人民群众获得感幸福感持续提升

增进民生福祉。28件省委省政府为民办实事项目全面完成。民生相关支出占一般公共预算支出比重为75.2%。全省13.39万名建档立卡贫困人口纳入兜底保障范围。将城乡低保标准由每人每年平均7350元提高到8260元；城乡居民基础养老金省定最低标准提高到130元、高于国家标准；城乡居民医保财政补助标准提高到每人每年不低于550元。持续实施保障性安居工程建设，完成棚户区改造4.01万套。

就业总体保持稳定。实施援企稳岗行动，惠及企业23.58万家、职工410.21万人。组织实施“十个一批”扩岗行动，千方百计拓宽高校毕业生就业渠道，推动农民工转移就业，抓好退役军人扶持安置，实施就业扶贫“挂图作战”，强化失业风险防控，落实就业困难人员兜底安置。城镇登记失业率3.8%，稳定在预期目标以内；全省城镇新增就业54.6万人。重点群体就业保持稳定，失业人员再就业24万人，就业困难人员实现就业3.34万人；高校毕业生就业率达88.86%。

教育事业稳步发展。组织实施学前教育推进、义务教育提升、职业院校基础能力建设等工程。加大普惠性民办幼儿园支持补助力度，城镇小区配套幼儿园整治完成率达100%。持续推进义务教育学校管理标准化建设，统筹做好城镇中小学扩容建设、消除大班额和随迁子女入学，全省乡村小规模学校全部达到省定基本办学标准。启动实施普通高中新课程，加快职业教育与区域发展、行业企业深度融合，做好泉州市国家产教融合型城市试点建设。推进高等教育内涵发展，加快厦门大学、福州大学“双一流”高校建设。推动教育部支持闽南师范大学申报博士学位授予点，支持龙岩学院等申报硕士学位授予点。加快新工科、新医科、新农科、新文科试点建设，推进人工智能、生物医药等高水平学科创新平台建设。

医疗健康服务更加完善。持续深化医药卫生体制改革，深化公立医院综合改革，推

进“三医联动”向“全联、深动”迈进。加快补齐公共卫生短板，稳步推进省疾控中心综合改革试点，加强公共卫生防控救治能力建设。第一批区域医疗中心试点福州滨海新城综合医院、复旦大学附属中山医院厦门医院项目建设方案获批实施，继续推动医疗“创双高”，持续提升县域医疗服务能力。省儿童医院建成投入使用，推进重大疫情救治基地、国家重点中医医院、县级中医医院建设，持续推进“互联网+医疗健康”示范省建设。加快国家临床医学研究中心分中心和省级中心建设，在心血管系统疾病、神经系统疾病、恶性肿瘤等领域布局建设一批临床研究中心，推动重大传染病临床救治技术研究。

养老、文化、旅游、体育等社会事业加快发展。扎实推进养老服务高质量发展，支持养老、社会福利等领域 81 个基础设施项目建设，养老机构和设施总数达 1.4 万个，各类养老床位总数达 24.75 万张，养老服务设施基本覆盖城市社区和 72.1%建制村，每千名老年人拥有养老床位数达 37.1 张。支持普惠托育服务机构项目 24 个，推进婴幼儿照护试点建设。加快文化强省和全域生态旅游省建设，世遗大会筹备工作稳步推进，成功举办福建—东盟友城大会文化旅游交流合作分论坛、第六届海上丝绸之路（福州）国际旅游节、第十六届海峡旅游博览会等大型活动。省图书馆升级改造工程有效推进，新建 18 个智慧体育公园、3 个全民健身中心，漳州、南安、霞浦列入全国社会足球场地设施建设专项行动重点推进城市。实施公共体育普及工程，新增社会足球场地276片，全省人均体育场地面积达 2.28 平方米。

保供稳价工作取得实效。持续启动平价商店销售机制，累计销售粮油肉蛋菜等平价商品 3 万多吨，有效减轻人民群众“米袋子”“菜篮子”负担。实施“优质粮食工程”，承办第三届中国粮食交易大会，进一步巩固拓展引粮入闽渠道。落实社会救助和保障标准与物价上涨挂钩联动机制，价格临时补贴阶段性提标扩围，累计发放 4.86 亿元，惠及 737 万余人次。全省居民消费价格总水平上涨 2.2%，控制在 3.5%左右的目标内。

总的看，2020 年全省经济运行保持基本稳定，主要指标回升情况好于全国，就业、物价、节能减排等主要预期指标进展顺利，“十三五”规划实施取得丰硕成果。但同时我们也要清醒认识到，新冠肺炎疫情对我省经济社会发展带来明显影响，地区生产总值、固定资产投资、社会消费品零售总额等主要指标与省十三届人大三次会议审议通过的国民经济和社会发展计划目标任务还有较大差距，经济社会发展还面临不少困难和问题。一是创新能力不足，产业发展水平有待提高。研发经费投入强度低于全国平均水平；受传统工业产业占比较大且恢复较慢等因素影响，工业下行压力仍然较大，娱乐、旅游、餐饮、住宿等行业增长仍较缓慢。二是重大项目储备接续不足。受要素保障制约等因素影响，部分项目推进难度较大，投资增长仍存压力。三是外贸出口受疫情影响较大。受产业结构影响，出口恢复慢于全国，鞋服箱包等我省优势商品出口仍低于去年同期。四是财政收支平衡压力较大。财政收入持续回升的基础还不够稳固。“六稳”“六保”等重点支出保障压力大，特别是基层财政收支矛盾仍然突出。同时，民生社会事业领域仍存在不少短板等等。面对这些困难和问题，我们要高度重视，采取有力措施积极应对。

二、2021 年国民经济和社会发展主要预期目标和任务

2021 年经济社会发展的主要预期目标是：

一是经济保持稳定增长。预期全省生产总值增长 7.5%左右；固定资产投资增长 8%左右；社会消费品零售总额增长 8%左右；出口增长 7.5%左右，实际使用外资增长 6%。主要考虑：2021 年是“十四五”开局年，是进入新发展阶段的第一年，也是建党一百周年的重要年份，我省面临全方位推动高质量

发展超越带来的历史机遇，主要预期目标与省委十届十一次全会精神和“十四五”规划目标相衔接，经济运行仍将保持在合理区间。

二是现代产业体系加快构建。供给侧结构性改革进一步深化，结构升级继续提速，创新驱动、产业转型升级步伐加快，新经济新动能加快培育，日益成为经济发展的重要支撑力，预期R&D经费支出占地区生产总值比重达到2.09%。

三是民生福祉持续增加。始终坚持以人民为中心的发展思想，促进全体人民共同富裕的相关政策举措得到较好贯彻落实，居民收入稳定增长的基础较稳固，预期城镇居民人均可支配收入增长7%，农村居民人均可支配收入增长8%；公共服务供给能力进一步提升，预期一般公共预算总收入增长4.5%左右，地方一般公共预算收入增长4.5%左右；城镇登记失业率控制在5%以内；居民消费价格总水平涨幅3%左右；每千人口拥有执业（助理）医师数达到2.67人，每千人口医疗机构床位数达到5.41张；每十万人口高等教育在校生数达到2959人；保持生态环境质量优良，完成节能减排降碳任务。

为实现上述目标，我们要以习近平新时代中国特色社会主义思想为指导，全面贯彻党的十九大和十九届二中、三中、四中、五中全会精神，深入贯彻落实习近平总书记对福建工作的重要讲话重要指示批示精神，坚持稳中求进工作总基调，立足新发展阶段，贯彻新发展理念，积极服务并深度融入新发展格局，以全方位推动高质量发展超越为主题，以深化供给侧结构性改革为主线，以改革创新为根本动力，以满足人民日益增长的美好生活需要为根本目的，坚持系统观念，巩固拓展疫情防控和经济社会发展成果，更好统筹发展和安全，扎实做好“六稳”工作、全面落实“六保”任务，确保“十四五”开好局、起好步，以优异成绩庆祝建党100周年。重点要组织实施好七个方面工作：

（一）深入实施创新驱动发展战略，加快构建现代产业体系

大力提升科技创新能力。发挥福厦泉国家自主创新示范区先行优势，推动福州建设福建科学城、厦门建设未来科技城、泉州建设时空科创基地。加快省创新研究院建设，推动4家省创新实验室发展壮大，在能源材料等领域争创国家实验室。建立健全产业重点攻关技术目录（库），围绕人工智能、集成电路、生物医药等领域，实施10个以上省科技重大专项，开展核心技术产学研联合攻坚。实施高新技术企业“双倍增”专项行动，加强以企业为主体的创新能力建设，健全高新技术企业培育库，完善科技型中小企业备案和服务机制，大力吸引和培育独角兽企业，扶持一批有潜力的科技型企业加速成长为国家高新技术企业、科技小巨人企业，紧盯有基础、有潜力、有条件的优质企业精准施策、精准服务，力争国家高新技术企业突破6500家。支持领军企业组建创新联合体，带动中小企业创新活动。深入实施高端人才聚集计划、“八闽英才”培育工程，健全科技人才评价体系和服务体系。开展科技成果转化应用行动，完善激励机制和科技评价机制，探索实施与科技成果应用挂钩的分配制度，落实好攻关任务“揭榜挂帅”等机制，扩大科研机构和人员自主权。办好第19届创新项目成果交易会。推动海峡两岸共建一批高水平科技成果产业化基地和产学研合作示范基地，支持两岸信息技术、农业技术、新材料技术等领域重大科技成果转移转化。

大力发展数字经济。加快国家数字经济创新发展试验区建设，进一步推动数字经济和实体经济深度融合，精心筹办好第四届数字中国建设峰会，全力打造“数字应用第一省”，力争数字经济增加值达2.3万亿元。抓紧成立省大数据公司，承担全省公共数据资源一级开发和授权开放任务。加快5G、工业互联网等建设，培育扶持优质企业做大做强，形成一批未来领军型创新企业。加快数字产业化和产业数字化，发展网络视听和超

高清视频等产业，深入推进“上云用数赋智”行动，建设一批中小企业数字化转型促进中心，推动传统产业高端化、智能化、绿色化。实施数字经济园区提升行动计划，重点推进福建省区块链主干网、工业互联网标识解析二级节点、城市大脑、智能视觉AI开放平台、海洋大数据中心（一期）等项目建设。

培育“三新”经济增强新动能。积极发展以新产业、新业态、新商业模式为主体的“三新”经济。推动一批创新型产业“落地生根”，大力推动平台经济、共享经济、楼宇经济、街区经济、总部经济等发展。发挥福州、厦门等主要城市的总部经济效应，集聚大型企业和高端人才等要素，辐射带动区域经济发展。有序推广“社区电商”“社区生活管家”等新模式，支持发展网红经济、在线教育培训等新业态。

增强产业链供应链自主可控能力。强化“六四五”产业体系建设，做大做强电子信息和数字产业、先进装备制造、石油化工、现代纺织服装等主导产业，提挡升级特色现代农业与食品加工、冶金、建材等优势产业。实施龙头企业“培优扶强”工程，力争规模超百亿企业达50家。统筹推进补短板，加强制造业创新中心和企业技术中心建设，发挥行业技术开发基地作用，实施一批产业重大技术攻关课题，突破一些产业发展技术瓶颈，推动重点产业龙头企业原材料、设备国产化。完成500项以上省重点技改项目，推动传统产业向数字化、智能化升级。加快培育和发展新兴产业，加快建设新能源产业创新示范区，加快建设新型功能材料、生物医药产业等4个国家级战略性新兴产业发展集群，支持生物医药、医疗器械、精密仪器设备研究制造，布局人工智能、前沿材料、量子科技、智能机器人、生物创新药、空天科技等未来产业。实施军民融合工程，大力发展国防科技工业，服务国防和军队现代化建设。加快发展海洋经济，做大做强海上福建，持续推动福州、厦门国家海洋经济发展示范区建设，加快“海上牧场”、海上风电场、海上生态智慧养殖等项目建设。

深入挖掘服务业发展新增长点。实施现代服务业提升工程，持续推进千家服务业企业增产增效，做大做强现代物流、旅游等主导产业，加快发展文创服务、商贸服务、健康养老等产业。加快交通与物流融合发展，培育全产业链供应服务平台企业，提升港口物流和冷链物流基础设施，推进国家物流枢纽承载城市和国家冷链物流基地建设。加快发展普惠金融，持续实施“引金入闽”工程，做大做强地方法人金融机构。深化“清新福建”“全福游、有全福”品牌建设，组织实施数字文化产业加速行动、文化科技创新行动、文化和旅游深度融合行动等六个重点专项行动，高标准、高起点推进建设长征国家文化公园，建设提升一批高品质旅游景区和度假区。

实施农业质量效益和竞争力提升工程。全力保障重要农产品有效供给，粮食播种面积稳定在1250万亩以上、总产量稳定在500万吨，生猪存栏保持900万头以上，水产品总产量保持800万吨以上。实施新一轮种业创新工程，加快培育一批具有自主知识产权的优新品种，高水平建设“中国稻种基地”。实施特色现代农业高质量发展“3212”工程，做强做优做大十大乡村特色产业。促进农产品一二三产业融合发展，大力发展农村电商、冷链物流，实施“互联网+”农产品出村进城工程，积极培育休闲农业等新产业新业态。推进农业品牌建设，创建优质农产品标准化示范基地250个，培育“三品一标”农产品240个以上，创建一批农产品区域公用品牌和福建名牌农产品。

（二）注重需求侧管理，促进形成强大内需市场

培育和扩大消费需求。坚持扩大内需这个战略基点，打通堵点，补齐短板，继续开展“全闽乐购”促消费行动，激发居民消费潜力。加快冷链物流、港口物流、快递物流建设，推动供应链应用与创新试点。支持生活性服务类商贸流通设施改造升级、提挡发展，推进数字化、智能化改造和跨界融合。

培育服务消费热点，促进线上会诊、线上课堂、远程办公等消费新业态加快发展。稳定和扩大大宗消费，扩大乡村消费。支持龙头企业在知名第三方电商平台建设传统优势产品网店。促进旅游消费加快恢复，推进全域生态旅游省建设，大力发展夜间经济，打造一批文化旅游演艺项目，建设一批高端民宿和精品主题酒店，更好地满足多样化、多层次的旅游消费需求。

推动“五个一批”项目良性接续。用好“五个一批”工作机制，发挥中央预算内投资在外溢性强、社会效益高领域的引导和撬动作用，在新基建与数字经济发展、新型城镇化建设、传统基础设施提升、战略性新兴产业集群发展、生态文明建设、民生保障等“八大工程”领域，谋划一批大项目好项目，加快推动实施。加强与央企、民企、外企对接，实施招商引资专项行动，对接招引一批产业链缺失项目、升级项目。扩大制造业设备更新和技术改造投资。建立健全重大项目前期工作推进机制，努力实现早开工多开工。及时帮助解决项目推进中存在的梗阻问题，全力加快在建重大重点项目进度，多形成实物投资量。

强化重点项目支撑。初步安排省重点项目1557个、年度投资5239亿元。推进兴泉铁路、浦梅铁路（建宁至冠豸山段）、莆炎高速公路、古雷炼化一体化一期、省委党校、省妇产医院等重大项目建成投用，加快建设福厦客专、漳州核电、福州和厦门地铁、江阴万华MDI、厦门天马第6代柔性面板生产线等在建重点项目，积极争取厦门新机场、福州机场二期、漳汕高铁、中沙古雷150万吨乙烯、闽粤电力联网工程、长汀金龙高性能稀土永磁材料扩建等重大项目开工建设，加快温福高铁、中石油福建LNG接收站、宁德核电5、6号机组等项目前期工作，争取昌福（厦）高铁纳入国家“十四五”规划。

补好投资短板。聚焦交通、能源、市政、水利、环保等关键领域和薄弱环节，加大基础设施领域补短板力度，深入实施新基建三年行动计划，加快基础设施投资企稳回升。实施城市更新行动，新改造完工15万户城镇老旧小区。综合考虑行政区划、人口分布、现有设施情况等因素，加强公共服务领域设施建设。聚焦县城补短板强弱项4大方面17个公共领域，针对医疗、教育、养老等领域民生短板，加快建设一批社会事业重大项目，推动民生改善与扩大内需有机衔接。

（三）建设开放新高地，推进更高水平对外开放

高质量建设“海丝”核心区。深入实施“丝路海运”“丝路飞翔”“数字丝路”“生态海丝”等重大工程，构建国内国际双循环的重要节点、重要通道。高标准高水平规划建设厦门金砖国家新工业革命伙伴关系创新基地，深化金砖国家在工业化、数字化、创新、包容增长、投资领域合作。加快建设“两国双园”和境外经贸合作区，深化国际产能合作。提升空港口岸竞争力，推进通关便利化，完善单一窗口4.0版功能，推动中欧班列提质增效。

深化自贸试验区建设。积极争取扩区，进一步推进投资、贸易、金融、运输、人员往来的便利化自由化。积极推动规则标准等制度型开放，争取电信、医疗、金融等服务业领域率先扩大开放，把自贸试验区打造成吸引外资新高地。坚持制度创新与功能培育相结合，推动物联网、航空维修、集成电路设计研发、进口商品等重点平台建设，打造具有国际竞争力的产业高地。

增强外贸综合竞争力。优化市场布局，深化工贸、科贸、产贸合作，支持企业出口转内销，加快市场采购贸易方式全省复制推广。推进跨境电商综合试验区建设，鼓励建设高水平海外仓。推动重点企业开展海空快运业务，壮大货运航线、对台专线、跨境电商物流业务。深入对接中欧投资协定和《区域全面经济伙伴关系协定》（RCEP），帮助企业用好降低关税、开放市场、区域累积原产地规则等政策，鼓励纺织服装等传统产业

转型升级。推进全面深化服务贸易创新发展试点，推动福州、厦门、平潭国家级服务外包示范城市加快培育产业聚集区。推进跨境贸易提效降费减时。

提高利用外资水平。强化服务业、制造业等重点领域招商，推动“五个一批”、重点外资、“云签约”、厦洽会签约项目落地见效，推动网上招商常态化。落实鼓励类外商投资项目相关优惠政策，引导外资投向先进制造业、新兴产业、高新技术产业等领域。积极吸引知名跨国企业来闽设立总部，鼓励外商来闽投资设立研发中心。

积极探索海峡两岸融合发展新路。推进闽台产业、科技、教育、医疗等领域深度融合，努力打造两岸共同市场。推动落实同等待遇，提升经贸合作畅通、行业标准共通，提升科技创新合作水平，联手打造高水平创新平台。推动基础设施互联互通，探索建设两岸融合发展的台海通道工程，打造两岸往来综合枢纽。持续推进金门、马祖同福建沿海地区通水、通电、通气、通桥。加大平潭对台先行先试力度。完善保障台湾同胞福祉和享受同等待遇的政策和制度，持续实施亲情乡情延续工程，增进台湾同胞对民族、对国家的认知和感情，吸引台湾青年来闽发展。围绕半导体、现代服务业等产业，加大对台湾百大企业、龙头企业招商力度，加强与台湾“专精特新”中小企业对接合作。加快海峡两岸集成电路产业合作试验区、生技与医疗健康产业合作区、台湾农民创业园、闽台农业融合发展产业园等平台建设。

持续深化闽港澳侨合作交流。密切闽港闽澳合作，聚焦新开放领域及生物和新医药、环保等新兴产业，加大招商力度，提升利用港澳资水平。充分发挥香港和澳门作为国际经贸合作桥梁纽带作用，推进闽港澳“并船出海”。发挥侨胞桥梁纽带作用，用好闽商大会、世界福建同乡恳亲大会等交流合作平台，推动闽商闽企走出去，实施侨资侨智侨力引进工程，鼓励侨资侨胞回闽创新创业发展，把侨的传统优势转化为新福建建设的重要力量。

（四）全面深化改革，进一步激发市场主体活力

持续深化“放管服”改革。全面推行行政审批服务标准化规范化，实现全省同一事项无差别受理、同标准办理，“一趟不用跑”事项比例提高到70%以上。实现工程建设项目全流程在线审批。全省各地企业开办时间压缩至1个工作日内。编制公布省级行政许可事项清单，全面推行证明事项和涉企经营许可告知承诺制，推行证照分离改革全省全覆盖。完善“双随机、一公开”监管、“互联网+监管”和以信用为基础的新型监管机制，对重点领域实行重点监管。推出更多“一事一次办”改革服务事项。打响数字福建“一网好办”数字政府服务品牌，加快推进企业生产经营和个人服务高频事项“跨省通办”，在厦漳泉都市圈开展一批高频事项“省内通办”试点。

深入推进重点领域改革。在省级预算编制中全面实施零基预算改革，切实提高财政资金配置效率和使用效益。持续推进公共资源交易平台建设，完善各类公共资源交易监管规则。落实国企改革三年行动实施方案，推动集团层面新一轮战略性重组整合，积极培育上市后备企业，加快推进员工持股试点、科技型企业股权和分红激励。努力促进第三支柱养老保险健康发展，加快发展专业化经营市场主体，加大养老保险产品创新。推进价格机制改革，落实2021-2022年输配电价和销售电价调整方案，完善气价疏导方案，扎实推进农业水价综合改革。持续稳妥推进电力体制改革。

加快营造良好营商环境。加快推进我省营商环境立法，强化营商环境评估与督导，加大典型经验和创新做法的总结、宣传和复制推广力度。精准落实惠企政策，推行惠企政策“免申即享”，确保政策资金兑现到位，让创新创业创造在福建更快捷、更方便、更易成功。助力实体经济特别是制造业发展，

加快完善“金服云”平台功能，加大对中小企业的上市孵化培育力度。稳步推进区域金融改革创新，完善金融风险监测、评估和处置机制。强化反垄断和防止资本无序扩张，加快社会信用体系建设，出台省社会信用条例，拓展信用信息在政务服务等方面的运用，加快培育第三方信用服务机构。继续打好防范化解重大金融风险攻坚战，维护我省经济金融稳定。

促进民营经济健康发展。传承创新“晋江经验”，鼓励引导民营企业做实业，推动新一轮创新创业大潮。落实支持民营企业改革发展的措施，继续加大金融、财政等支持力度，切实清理与企业性质挂钩的歧视性规定和做法，健全企业家恳谈会等机制，把亲清政商关系体现在具体服务中，优化民营经济发展环境。健全公平竞争规则，让更多的民营企业健康成长。

（五）突出城乡融合，优化城乡区域发展格局

做深做实新时代山海协作。以福州都市圈、厦漳泉都市圈为引擎，持续推进两大协同发展区重点领域深度协作，进一步促进基础设施联通、产业配套协作、公共资源共享和生态保护协同。加快福州至长乐机场城际铁路 F1 线、厦门轨道交通 6 号线角美延伸段工程等项目建设，加快推进厦漳泉城际铁路 R1 线、福莆宁城际铁路 F2 线、F3 线等项目前期工作，打造设区市中心城区至县城 1 小时交通圈。强化区域产业上下游联动和产品购销合作，精准策划一批产业链缺失项目、延伸项目和升级项目。加快建立公共资源服务共享平台，促进中心城市优质资源向周边地区辐射延伸。建立健全跨区域环境治理跟踪机制、协商机制和仲裁机制，形成一体化的科学考核体系和生态环境监督体系。

全面实施乡村振兴战略。实施乡村建设行动，加快基础设施提挡升级、公共服务扩面提标，谋划开展农村人居环境整治提升五年行动，改善农村生产生活条件。实施乡风文明提升工程，推动乡村治理体系和治理能力现代化。支持老区苏区加快推进产业、基础设施和公共服务设施建设。推动巩固拓展脱贫攻坚成果同乡村振兴有效衔接，严格落实五年过渡期要求，保持帮扶政策总体稳定，对脱贫地区和脱贫人口继续在产业、就业、金融、教育等方面予以扶持，增强可持续发展能力。

推进宜居宜业的新型城镇化。编制实施福建省新型城镇化规划（2021-2035 年）。推进城乡融合发展试验区建设，加快形成工农互促、城乡互补、全面融合、共同繁荣的新型工农城乡关系，为东部沿海地区乃至全国城乡融合发展提供可复制可推广典型经验。促进特色小镇规范健康发展，做精做强主导产业，完善产业配套设施，打造宜居宜业宜游的新型空间。

（六）坚持绿色发展，深入推进生态文明试验区建设

促进生态文明试验区建设成果新突破。继续推广 39 项国家生态文明试验区典型经验和做法，学习借鉴其他试验区实践成果，研究出台“十四五”深化国家生态文明试验区建设实施方案，扎实推动试验区建设往广度深度拓展。推广连江、顺昌等试点市场运作模式，引导沿海和山区根据不同资源禀赋培育发展生态资源运营平台，建立特色化发展模式和收益分配机制。健全多元化生态补偿机制，对森林、湿地、耕地、海洋等自然生态系统和重点生态功能区予以保护补偿。健全生态司法保护机制，总结推广共建共治的“生态司法+”工作机制，探索建立生态环境损害赔偿制度与环境公益诉讼有效衔接机制。

培育壮大绿色经济。实施绿色产业指导目录，推进市场导向的绿色技术创新。建设绿色产业示范基地，持续推动生态产品市场化改革试点。推进绿色制造体系建设，培育壮大节能环保、清洁生产、清洁能源等产业。建设农业绿色发展先行区，组织实施化肥农

药减量增效等专项行动，推进水产养殖业绿色发展，开展海上养殖综合整治。开展绿色建筑创建行动。制定实施二氧化碳排放达峰行动方案，支持厦门、南平等地率先达峰，推动碳排放权、排污权、用能权交易，加强能源消费双控工作。完善绿色金融支持保障机制，推进三明、南平省级绿色金融改革试验区建设。加快推行生活垃圾分类，完善绿色产品消费激励措施，推行绿色产品政府采购制度。

巩固提升环境治理。完善国土空间规划和用途统筹协调管控制度，建立以“三线一单”为核心的生态环境分区管控体系。实施生态环境监管能力提升行动。深入打好污染防治攻坚战，持续实施“蓝天、碧水、碧海、净土”四大工程。推广木兰溪治理和长汀水土流失治理经验，推进闽江、九龙江等主要流域大保护和可持续发展。加强城市建成区黑臭水体治理，推进农村生活垃圾处理和污水治理。严守农用地和建设用地土壤环境安全，进一步优化危废医废集中处置能力。探索建立“湾（滩）长制”，推进美丽海湾、美丽海岸带建设。实施重要湿地生态系统保护修复工程，推进武夷山国家公园体制改革试点建设和管理机制创新，建立以国家公园为主体的自然保护地体系。

（七）强化民生兜底，持续提升群众获得感幸福感安全感

努力增加居民收入。增加低收入群体收入、增大中等收入群体。实施城镇职工、农民、困难群体、高端人才等四大群体增收计划，增加工资性、经营性、财产性、转移性收入，扎实推进共同富裕，争创国家共同富裕示范区。

强化就业优先政策。落实“十个一批”扩岗行动，切实做好高校毕业生、退役军人和农民工等群体就业工作，紧紧兜住就业困难群体，确保就业局势总体稳定。加强人力资源培训，提高劳动者技能水平，推动更高质量就业。全年城镇新增就业 50 万人，城镇失业人员再就业 10 万人，城镇登记失业率控制在 5%以内。

补好民生社会事业短板。继续推进医疗卫生补短板强弱项，推进构建强大的公共卫生体系和优质高效的医疗服务体系。加强国家区域医疗中心项目建设，积极争取省儿童医院、晋江市医院、四川大学华西厦门医院等列为国家第二批区域医疗中心建设试点，推进省属优质医疗资源扩容提升，加强基层医疗服务体系建设。完善居家社区养老服务网络，改造提升养老机构护理能力，鼓励社会资本投资兴办养老机构。实施普惠养老城企联动专项行动，推出更多适老化数字产品和服务，认真解决老年人运用智能技术的困难。实施普惠托育服务专项行动，发展 3 岁以下婴幼儿照护服务。持续治理“餐桌污染”，建设食品放心工程。完善普惠性学前教育和特殊教育保障机制，新增 4 万个公办幼儿园学位。推进义务教育城乡一体化、提高均衡发展水平，提高义务教育服务能力，鼓励普通高中特色多样发展。深化产教融合、校企合作，实施高水平职业院校和专业建设计划，提升职业院校服务产业发展能力。加快“双一流”建设，支持天津大学—新加坡国立大学福州联合学院建设，引进国内国外知名高校开展合作办学。实施全民健身设施补短板工程，完善全民健身设施网络。实施社会服务设施兜底线工程，推动区域性儿童福利设施、未成年人保护设施、流浪乞讨人员救助（管理）站、殡葬服务设施、精神卫生福利设施、残疾人无障碍通道等社会福利服务体系建设。

促进房地产市场平稳健康发展。坚持房子是用来住的、不是用来炒的定位，精准调控、因城施策。加快保障性租赁住房建设，完善长租房政策，逐步使租购住房在享受公共服务上具有同等权利。培育发展长租房市场，新增各类租赁住房 2 万套。降低租赁住房税费负担，整顿租赁市场秩序，规范市场行为。

全力做好粮食安全保障和保供稳价工

作。落实藏粮于地，藏粮于技战略，加强种质资源保护和利用，有序推进生物育种产业化应用。坚决遏制耕地“非农化”、防止耕地“非粮化”，规范耕地占补平衡，加强高标准农田建设，加强农田水利建设。提高粮食和重要农副产品供给保障能力，落实粮食安全省长责任制，实施引粮入闽奖励政策，办好第十七届粮食产销协作福建洽谈会，确保省内粮油市场供应充足；强化价格监测预警，持续做好重要民生商品价格调控工作，保持价格总水平基本稳定。

各位代表，做好 2021 年经济社会发展工作意义重大、任务艰巨、使命光荣。我们要更加紧密地团结在以习近平同志为核心的党中央周围，以习近平新时代中国特色社会主义思想为指导，不折不扣贯彻落实党中央、国务院决策部署，认真落实省委工作要求，落实省十三届人大五次会议决议，自觉接受省人大的监督，认真听取省政协的意见和建议，强化机遇意识、风险意识，改革创新、锐意进取，为全面建设社会主义现代化国家、全方位推动高质量发展超越、加快推进新时代新福建建设而努力奋斗！

第一篇　综合

Chapter 1　General Survey

资料整理：林宇 林春银 叶春山 张洪峰

Database Editor:Linyu Linchunyin Yechunshan Zhanghongfeng

简 要 说 明

本篇资料的主要内容及来源

本篇包括全省行政区划及国民经济和社会发展综合资料二部分。

行政区划划分资料由福建省民政厅提供。国民经济和社会发展综合部分来源于本年鉴各篇章中的资料，由省统计局综合统计处、省统计局普查中心加工整理。

Brief Introduction

Main Content and Source of Data

This chapter mainly covers two parts: the data of divisions of administrative areas and general survey of economy and society development.

Data on divisions of administrative areas are provided by the Bureau of Civil Affairs of Fujian Provincial Department. Data on general survey of eco-nomy and society development are compiled and processed by the Division of Comprehensive Statistics of the Fujian Provincial Bureau of Statistics and the Division of General Survey Centre of the Fujian Provincial Bureau of Statistics.

1-1 全省行政区划（2020年底）

Division of Administrative Areas in Fujian(End of 2020)

设区市名称 Cities	县级行政单位数(个) Number of Administrative Units at County Lever				县级行政单位名称 Name of Administrative Units at County Level
	合计 Total	县 County	县级市 Cities at County Level	市辖区 District	
总计 Total	85	44	12	29	
福州市 Fuzhou	13	6	1	6	鼓楼区 仓山区 台江区 马尾区 晋安区 长乐区 福清市 闽侯县 连江县 罗源县 闽清县 永泰县 平潭县 Gulou Cangshan Taijiang Mawei Jin'an Changle Fuqing Minhou Lianjiang Luoyuan Minqing Yongtai Pintan
厦门市 Xiamen	6			6	思明区 海沧区 湖里区 集美区 同安区 翔安区 Siming Haicang Huli Jimei Tongan Xiang'an
莆田市 Putian	5	1		4	城厢区 涵江区 荔城区 秀屿区 仙游县 Chengxiang Hanjiang Licheng Xiuyu Xianyou
三明市 Sanming	12	9	1	2	三元区 梅列区 永安市 明溪县 清流县 宁化县 大田县 尤溪县 沙县 将乐县 泰宁县 建宁县 Sanyuan Meilie Yong'an Mingxi Qingliu Ninghua Datian Youxi Shaxian Jiangle Taining Jianning
泉州市 Quanzhou	12	5	3	4	鲤城区 丰泽区 洛江区 泉港区 石狮市 晋江市 南安市 惠安县 安溪县 永春县 德化县 金门县 Licheng Fengze Luojiang Quangang Shishi Jinjiang Nan'an Huian Anxi Yongchun Dehua Jinmen
漳州市 Zhangzhou	11	8	1	2	芗城区 龙文区 龙海市 云霄县 诏安县 漳浦县 长泰县 东山县 南靖县 平和县 华安县 Xiangcheng Longwen Longhai Yunxiao Zhao'an Zhangpu Changtai Dongshan Nanjing Pinghe Hua'an
南平市 Nanping	10	5	3	2	延平区 建阳区 邵武市 武夷山市 建瓯市 顺昌县 浦城县 光泽县 松溪县 政和县 Yanping Jianyang Shaowu Wuyishan Jian’ou Shunchang Pucheng Guangze Songxi Zhenghe
龙岩市 Longyan	7	4	1	2	新罗区 永定区 漳平市 长汀县 上杭县 武平县 连城县 Xinluo Yongding Zhangping Changting Shanghang Wuping Liancheng
宁德市 Ningde	9	6	2	1	蕉城区 福安市 福鼎市 霞浦县 古田县 屏南县 寿宁县 周宁县 柘荣县 Jiaocheng Fu'an Fuding Xiapu Gutian Pingnan Shouning Zhouning Zherong

注：县级数包括金门县。

Note: Cities at County Level include Jinmen.

1-2 国民经济和社会发展总量和速度指标

项目 Item	总量指标 Aggregate Data			
	1978	1990	2000	2010
人口与就业				
Population and Employment				
年末总人口（万人）	**2446**	**3037**	**3410**	**3693**
Population at Year-end(10000 persons)				
#城镇人口		642	1432	2109
Urban				
年末从业人员（万人）	**924**	**1496**	**1794**	**2114**
Employment at Year-end(10000 persons)				
城镇登记失业人员（万人）	20.82	9.00	9.10	14.49
Registered Unemployed Persons in Urban Areas(10000 persons)				
城镇单位在岗职工平均工资（元）	**567**	**2162**	**10584**	**32647**
Average Wage of Staff and Workers on the Job(yuan)				
国民经济核算				
National Accounts				
地区生产总值（亿元）	**66.37**	**522.28**	**3764.54**	**15002.51**
Gross Domestic Product(100 million yuan)				
第一产业	23.93	147.01	616.37	1269.87
Primary Industry				
第二产业	28.19	174.47	1622.33	7705.25
Secondary Industry				
第三产业	14.25	200.80	1525.83	6027.39
Tertiary Industry				
主要行业				
Major Industry				
工业	23.85	150.55	1422.34	6532.27
Industry				
建筑业	4.34	23.92	206.11	1201.07
Construction				
人均地区生产总值（元）	**273**	**1763**	**11194**	**40773**
Per Capita GDP(yuan)				
固定资产投资				
Investment in Fixed Assets				
固定资产投资（亿元）	9.45	90.51	995.38	8067.33
Investment in Fixed Assets(100 million yuan)				
项目投资		77.04	788.01	6248.48
Projects Investment				
房地产投资		13.47	207.37	1818.86
Real Estate Development				

Principal Aggregate Indicators on National Economic and Social Development and Growth Rates

		平均增长速度(%) Average Annual Growth Rate(%)				2020年比上年增长(%) 2020 as Percentage of the last Years(%)
2019	2020	1979-2020	1991-2020	2001-2020	2011-2020	
4137	**4161**	**1.27**	**1.06**	**1.00**	**1.20**	**0.58**
2808	2861		5.11	3.52	3.10	1.89
2210	**2206**	**2.09**	**1.30**	**1.04**	**0.43**	**-0.18**
16.81	35.74	1.29	4.70	7.08	9.45	112.61
84374	**91072**	**12.9**	**13.3**	**11.4**	**10.8**	**7.9**
42326.58	**43903.89**	**11.8**	**12.0**	**10.6**	**8.9**	**3.3**
2595.53	2732.32	5.3	4.8	3.2	3.3	3.1
20065.48	20328.80	14.2	14.6	12.2	9.5	2.5
19665.57	20842.78	12.3	11.4	10.3	9.0	4.1
15654.00	15745.55	14.6	14.9	12.2	9.5	1.7
4482.03	4654.13	8.5	12.6	11.8	9.6	5.8
102722	**105818**	**10.5**	**10.8**	**9.4**	**7.6**	**2.5**
		21.2	21.5	18.7	14.3	-0.4
			21.2	18.7	14.6	-3.4
5673.13	6026.80		22.6	18.3	12.7	6.2

1-2 续表1

项目 Item	总量指标 Aggregate Data			
	1978	1990	2000	2010
能源生产与消费				
Production and Consumption of Energy				
一次能源生产总量（万吨标准煤） Total Energy Production(10000 tons of SCE)	461.00	966.52	1654.17	3260.42
能源消费总量（万吨标准煤） Total Energy Consumption(10000 tons of SCE)	688.00	1458.30	2942.60	9189.42
财政				
Revenue				
一般公共预算总收入（亿元） Budgtary Revenue of Local Government(100 million yuan)	15.13	57.06	369.67	2056.01
地方一般公共预算收入（亿元） Budgtary Revenue of Local Government(100 million yuan)			234.11	1151.49
一般公共预算支出（亿元） Government Expenditure(100 million yuan)	15.14	68.45	324.18	1695.09
金融				
Finance				
金融机构人民币各项存款余额（亿元） **Deposits RMB of Financial System(100 million yuan)**	**25.95**	**359.45**	**3114.32**	**18309.45**
#财政存款 Fiscal Deposits			39.59	678.08
金融机构人民币各项贷款余额（亿元） **Loans RMB of Financial System(100 million yuan)**	**31.43**	**381.93**	**2438.82**	**15231.36**
#短期贷款 Short-term Loans			1728.01	6594.50
中长期贷款 Medium-term &Long-term Loans			510.32	8372.64
保险公司赔款及给付金额（亿元） **Payment of Insurance Companies(100 million yuan)**			**17.76**	**102.90**
价格指数（上年=100）				
Price Indices(preceding year=100)				
居民消费价格指数 Consumer Price Index	100.2	99.3	102.1	103.2
工业生产者出厂价格指数 Producer Price Index			100.5	103.2
工业生产者购进价格指数 Purchasing Price Index forRaw Material,Fuel and Power			112.4	107.7
农业				
Agriculture				
农林牧渔业总产值（亿元） **Gross Output Value of Agriculture,Forestry,Animal Husbandry and Fishery(100 million yuan)**	**36.33**	**227.12**	**1037.27**	**2226.41**

		平均增长速度(%) Average Annual Growth Rate(%)				2020年比上年增长(%) 2020as Percentage of the last Years(%)
2019	2020	1979–2020	1991–2020	2001–2020	2011–2020	
4353.87	3997.99	5.3	4.8	4.5	2.1	-8.2
13718.31	13905.19	7.4	7.8	8.1	4.2	1.4
5147.25	5158.43	14.9	16.2	14.1	9.6	0.2
3052.93	3079.04			13.7	10.3	0.9
5077.93	5216.10	14.9	15.5	14.9	11.9	2.7
48754.92	**55160.49**	**20.0**	**18.3**	**15.5**	**11.7**	**13.1**
1017.18	1053.15			17.8	4.5	3.5
51396.64	**58589.49**	**19.6**	**18.3**	**17.2**	**14.4**	**14.0**
16552.98	17843.60			12.4	10.5	7.8
32205.10	37789.19			24.0	16.3	17.3
364.19	**393.23**			**16.8**	**14.3**	**8.0**
102.6	102.2	4.7	3.7	2.0	2.3	2.2
100.6	98.4			0.1	0.1	-1.6
99.0	98.6			2.0	0.2	-1.4
4636.56	**4901.07**	**5.7**	**5.3**	**3.4**	**3.5**	**3.3**

1-2 续表2

项目 Item	总量指标 Aggregate Data			
	1978	1990	2000	2010
主要农产品产量（万吨） Output of Major Farm Products(10000 tons)				
粮食 Grain	744.90	879.64	854.68	584.65
油料 Oil-bearing Crops	13.80	17.66	25.79	22.08
甘蔗 Sugar Cane	288.03	344.28	82.71	55.69
烤烟 Tobacco	1.23	4.26	9.14	11.52
茶叶 Tea	2.03	5.82	12.60	25.83
园林水果 Fruits	10.10	75.78	356.44	495.03
肉类 Meat	24.27	71.83	145.92	192.61
禽蛋 Poultry Eggs		12.94	40.69	30.54
奶类 Milk	0.93	4.87	9.91	13.24
水产品 Aquatic Products	54.44	145.59	527.89	587.42
食用菌 Edible Fungus		18.24	46.25	76.27
造林面积（万亩） Areas of Afforestation(10000 mu)	**292.07**	**455.87**	**36.75**	**44.81**
工业 Industry				
工业总产值（亿元） Gross Industrial Output Value(100 million yuan)	63.14	531.49	3994.86	23805.32
规模以上工业主要产品产量 Output of Major Industrial Products				
原煤(万吨) Coal(10000 tons)	423.05	925.37	375.03	2442.73
原盐(万吨) Salt(10000 tons)	94.67	67.21	28.37	33.39
罐头(万吨) Canned Food(10000 tons)	4.10	14.41	26.78	203.21
布(亿米) Cloth(100 million meters)	1.12	2.26	5.59	31.20
纱(万吨) Yarn(10000 tons)	1.84	5.48	14.36	184.74
机制纸及纸板(万吨) Machine-made Paper and Paperboard(10000 tons)	20.08	52.09	85.07	432.06

		平均增长速度(%) Average Annual Growth Rate(%)				2020年比上年增长(%) 2020as Percentage of the last Years(%)
2019	2020	1979-2020	1991-2020	2001-2020	2011-2020	
493.90	502.32	-0.9	-1.9	-2.6	-1.5	1.7
22.03	22.73	1.2	0.8	-0.6	0.3	3.2
26.25	26.98	-5.5	-8.1	-5.4	-7.0	2.8
9.40	10.03	5.1	2.9	0.5	-1.4	6.7
43.99	46.14	7.7	7.1	6.7	6.0	4.9
681.61	717.05	10.7	7.8	3.6	3.8	5.2
255.15	259.39	5.8	4.4	2.9	3.0	1.7
48.58	53.66		4.9	1.4	5.8	10.5
14.99	17.48	7.2	4.4	2.9	2.8	16.6
814.58	830.34	6.7	6.0	2.3	3.5	1.9
133.36	137.88		7.0	5.6	6.1	3.4
14.97	**7.34**	**-8.4**	**-12.9**	**-7.7**	**-16.6**	**-51.0**
63172.56	63476.68	17.2	17.5	14.2	10.4	2.0
831.72	645.85	1.0	-1.2	2.8	-12.5	-22.3
21.83	26.54	-3.0	-3.0	-0.3	-2.3	21.6
297.96	281.80	10.6	10.4	12.5	3.3	-5.4
102.75	74.49	10.5	12.4	13.8	9.1	-27.5
580.91	543.45	14.5	16.6	19.9	11.4	-6.4
805.13	798.49	9.2	9.5	11.8	6.3	-0.8

1-2 续表3

项目 Item	总量指标 Aggregate Data			
	1978	1990	2000	2010
农用化肥(万吨) Chemical Fertilizers(10000 tons)	16.40	43.64	61.38	57.87
烧碱(万吨) Caustic Soda(10000 tons)	4.32	8.70	15.64	20.11
水泥(万吨) Cement(10000 tons)	120.45	540.04	1513.64	5921.20
平板玻璃(万重量箱) Plain Glass(10000 cases)	43.59	66.06	479.87	2765.35
生铁(万吨) Pig Iron(10000 tons)	26.57	62.60	149.37	558.81
钢材(万吨) Rolled Steel(10000 tons)	13.82	56.28	283.79	1340.56
彩色电视机(万台) Color TV(10000 units)		123.14	204.19	903.10
微型电子计算机（万台） Micro-computers(10000 units)			88.77	738.27
汽车(万辆) Motor Vehicles(10000 sets)	0.09	0.07	2.96	19.50
发电量(亿千瓦小时) Electricity(100 million kwh)	40.69	136.65	403.73	1356.32
规模以上工业企业主要经济指标（亿元） **Principal Indicators of Industrial Enterprises above Designated Size(100 million yuan)**				
资产总计 Original Value of Fixed Assets			3368.64	16058.70
主营业务收入 Revenue from Principal Business		352.56	2468.69	21479.37
利润总额 Total Profits	6.75	16.09	110.80	1754.18
建筑业 **Construction**				
建筑业企业从业人员（万人） Number of Employed Persons(10000 persons)	4.54	30.98	41.37	229.57
建筑业总产值（亿元） Gross Output Value(100 million yuan)	3.31	32.54	271.15	3062.17
房屋施工面积（万平方米） Under Construction(10000 sq.m)	416.57	969.35	4085.40	28406.86
房屋竣工面积（万平方米） Completed Construction(10000 sq.m)	183.40	499.30	1729.00	9095.78
交通运输邮电 **Transportation,Postal and Telecommunication**				
铁路营业里程（公里） Length of Railways in Operation(km)	1009	1021	1454	2110
公路通车里程（公里） Length of Highways in Operation(km)	29109	41011	53506	91015

		平均增长速度(%) Average Annual Growth Rate(%)				2020年比上年增长(%) 2020as Percentage of the last Years(%)
2019	2020	1979–2020	1991–2020	2001–2020	2011–2020	
90.27	86.25	4.0	2.3	1.7	4.1	-4.5
38.98	35.90	5.2	4.8	4.2	6.0	-7.9
9443.13	9686.90	11.0	10.1	9.7	5.0	2.6
5113.94	5361.63	12.1	15.8	12.8	6.8	4.8
1038.08	1106.21	9.3	10.0	10.5	7.1	6.6
3737.66	3861.65	14.4	15.1	13.9	11.2	3.3
790.85	1330.02		8.3	9.8	3.9	68.2
2192.40	1493.63			15.2	7.3	-31.9
16.95	18.04	13.5	20.3	9.5	-0.8	6.4
2406.44	2537.12	10.3	10.2	9.6	6.5	5.4
39551.81	41995.99			13.4	10.1	6.2
56787.62	53220.66		18.2	16.6	9.5	-6.3
4326.54	3949.87	16.4	20.1	19.6	8.5	-8.7
457.00	483.79	11.8	9.6	13.1	7.7	5.9
13164.44	14117.80	22.0	22.4	21.9	16.5	7.2
76606.34	82671.20	13.4	16.0	16.2	11.3	7.9
17810.53	18231.74	11.6	12.7	12.5	7.2	2.4
3509	3774	3.2	4.5	4.9	6.0	7.6
109785	110118	3.2	3.3	3.7	1.9	0.3

1-2 续表4

项目 Item	总量指标 Aggregate Data			
	1978	1990	2000	2010
#高速公路 Expressway			351	2351
内河通航里程（公里） Length of Navigable Inland Waterways in Operation(km)	3629	3888	3701	3245
客运量（万人） **Passenger Traffic(10000 persons)**	**7928**	**39495**	**44203**	**77153**
铁路 Railways	718	1234	1428	3640
公路 Highways	6285	36639	41696	70714
水运 Waterways	924	1567	726	1444
民航 Civil Aviation	1	55	353	1356
货运量（万吨） **Freight Traffic(10000 tons)**	**4871**	**20321**	**29483**	**66159**
铁路 Railways	1261	1902	2475	3765
公路 Highways	2671	16710	22924	45575
水运 Waterways	929	1708	4078	16803
民航 Civil Aviation	0.02	0.83	5.84	15.81
沿海主要港口货物吞吐量（万吨） **Volume of Freight Handled at Major Coastal Ports (10000 tons)**	**408.13**	**1496.50**	**6944.17**	**32687.01**
邮电业务 **Business Volume of Postal and Telecommunication Services**				
函件（万件） Number of Letters Delivered(10000 piece)	8790	16228	24163	25198
移动电话年末用户（万户） Number of Mobile Telephone Subscribers at Year-end (10000 household)			441.00	3022.00
固定电话年末用户（万户） Number of Fixed Telephone Subscribers at Year-end (10000 household)	5.88	22.82	562.70	1046.00
国内贸易 **Domestic Trade**				
社会消费品零售总额（亿元） Total Retail Sales of Consumer Goods(100 million yuan)	30.56	207.74	1393.93	6015.22
进出口 **Exports and Imports**				
海关进出口总额（亿美元） Total Exports and Imports(customs)	2.03	43.39	212.23	1087.80

		平均增长速度(%) Average Annual Growth Rate(%)				2020年比上年增长(%)
2019	2020	1979–2020	1991–2020	2001–2020	2011–2020	2020as Percentage of the last Years(%)
5347	5635			14.9	9.1	5.4
3245	3245	-0.3	-0.6	-0.7	0.0	0.0
49379	**25490**	**2.8**	**-1.4**	**-2.7**	**-10.5**	**-48.4**
12741	7539	5.8	6.2	8.7	7.6	-40.8
31199	14882	2.1	-3.0	-5.0	-14.4	-52.3
1821	742	−0.5	−2.5	0.1	−6.4	−59.3
3618	2327	19.9	13.3	9.9	5.5	-35.7
133693	**139927**	**8.3**	**6.6**	**8.1**	**7.8**	**4.7**
4086	3750	2.6	2.3	2.1	0.0	-8.2
87317	91137	8.8	5.8	7.1	7.2	4.4
42263	45018	9.7	11.5	12.8	10.4	6.5
27.71	22.80	18.2	11.7	7.0	3.7	-17.7
59483.99	**62132.47**	**12.7**	**13.2**	**11.6**	**6.6**	**4.5**
4755	3268	-2.3	-5.2	-9.5	-18.5	-31.3
4720.32	4739.28			12.6	4.6	0.4
763.71	733.07	12.2	12.3	1.3	-3.5	-4.0
18896.83	18626.45	16.5	16.2	13.8	12.0	-1.4
1930.86	2033.17	17.9	13.7	12.0	6.5	5.3

1-2 续表5

项目 Item	总量指标 Aggregate Data			
	1978	1990	2000	2010
出口总额 Total Exports	1.90	24.49	129.08	714.93
进口总额 Total Imports	0.13	18.90	83.15	372.87
旅游 **Tourism**				
接待入境游客人数（万人次） **Number of Tourists (Overnight Visitors)**		**70.79**	**161.33**	**368.14**
外国人 Foreigner		10.54	49.75	115.27
台湾同胞 Compatriots from Taiwan		36.28	47.79	156.92
港澳同胞 Compatriots from Hong Kong,Macao		23.97	63.80	95.94
国际旅游外汇收入（亿美元） **Foreign Exchange Earnings from Internationa Tourism (100 million USD)**			**8.94**	**29.78**
教育 **Education**				
在校学生数（万人） **Students Enrollment(10000 persons)**				
普通高等学校 Regular Institutions of Higher Education	2.05	5.56	13.14	64.78
普通中等学校 Regular Secondary Schools	119.98	120.69	269.46	260.22
普通小学 Primary Schools	370.23	337.08	369.10	238.89
科技 **Science and Technology**				
研究与试验发展经费内部支出（亿元） Expenditures on Research and Development (100 million yuan)			21.19	170.90
技术市场成交额（亿元） Volume of Transaction in Technical Markets (100 million yuan)		0.44	17.26	38.12
专利情况（项） Patent				
申请量 Number of Applicated		540	4211	21994
授权量 Number of Granted		276	3003	18063
发明专利拥有量 The Ownership of Invention Patents(unit)				3295
文化 **Culture**				
图书出版总印数（万份） Number of Books Published(10000 copies)	6818	16312	20298	7749

		平均增长速度(%) Average Annual Growth Rate(%)				2020年比上年增长(%) 2020as Percentage of the last Years(%)
2019	2020	1979-2020	1991-2020	2001-2020	2011-2020	
1201.83	1223.87	16.6	13.9	11.9	5.5	1.8
729.03	809.30	23.1	13.3	12.1	8.1	11.0
958.28	**229.67**		**4.0**	**1.8**	**-4.6**	**-76.0**
373.23	93.92		7.6	3.2	-2.0	-74.8
387.64	83.02		2.8	2.8	-6.2	-78.6
197.40	52.73		2.7	-0.9	-5.8	-73.3
102.43	**20.69**			**4.3**	**-3.6**	**-79.8**
86.12	94.72	9.6	9.9	10.4	3.9	10.0
242.69	257.68	1.8	2.6	-0.2	-0.1	6.2
334.40	343.61	-0.2	0.1	-0.4	3.7	2.8
753.75						
145.94	183.86		22.3	12.6	17.0	26.0
153279	180399		21.4	20.7	23.4	17.7
98955	145929		23.2	21.4	23.2	47.5
43791	50756				31.5	15.9
14385	13620	1.7	-0.6	-2.0	5.8	-5.3

1-2 续表6

项目 Item	总量指标 Aggregate Data			
	1978	1990	2000	2010
期刊出版总印数（万份） Number of Magazines Issued(10000 copies)	388	3157	4463	2940
报纸出版总印数（万份） Number of Newspaper Issued(10000 copies)	14784	41455	68897	99982
电视节目制作时间（小时） Time for TV Programs Production			16519	55424
公共图书馆（座） Libraries(set)	23	74	81	86
博物馆（个） Museums(unit)	13	58	81	94
居民生活 **People's Living Conditions**				
城镇居民人均可支配收入（元） **Per Capita Annual Disposable Income of Urban Households (yuan)**	**371**	**1749**	**7432**	**21781**
城镇居民人均消费支出（元） Per Capita Consumption in Urban Areas	285	1431	5639	14750
城镇居民人均住房建筑面积（平方米） Per Capita Floor Space of Residential Buildings(sq.m)		18.1	28.0	38.5
农村居民人均可支配（纯）收入（元） **Per Capita Net Income of Rural Residents(yuan)**	**138**	**764**	**3230**	**7427**
农村居民人均生活消费支出(元) Peasants'per Capita Living Consumption Expenditure(yuan)	113	708	2410	5498
卫生 **Health Care**				
卫生机构数（个） Number of Health Institutions(unit)	3809	4885	9807	6999
#医院、卫生院 Hospitals	1111	1198	1323	1325
卫生技人员数（人） Medical Technical Personnel(person)	54855	86772	97569	140133
医生 Doctor	22097	35696	41461	55402
卫生机构床位数（张） Number of Hospital Beds(set)	51505	68073	90091	112334
#医院、卫生院 Hospitals	45331	60664	82389	103933

		平均增长速度(%) Average Annual Growth Rate(%)				2020年比上年增长(%) 2020as Percentage of the last Years(%)
2019	2020	1979-2020	1991-2020	2001-2020	2011-2020	
2158	2017	4.0	-1.5	-3.9	-3.7	-6.5
73810	69515	3.8	1.7	0.0	-3.6	-5.8
70246	55417			6.2	0.0	-21.1
93	97	3.5	0.9	0.9	1.2	4.3
130	132	5.7	2.8	2.5	3.5	1.5
45620	**47160**	**12.2**	**11.6**	**9.7**	**8.0**	**3.4**
30946	30487	11.8	10.7	8.8	7.5	-1.5
43.5	43.8		3.0	2.3	1.3	0.7
19568	**20880**	**12.7**	**11.7**	**9.8**	**10.9**	**6.7**
16281	16339	12.6	11.0	10.0	11.5	0.4
10192	10979	2.6	2.7	0.6	4.6	7.7
1560	1585	0.8	0.9	0.9	1.8	1.6
263427	278397	3.9	4.0	5.4	7.1	5.7
99532	105546	3.8	3.7	4.8	6.7	6.0
202374	216753	3.5	3.9	4.5	6.8	7.1
188416	202189	3.6	4.1	4.6	6.9	7.3

1-3 国民经济和社会发展结构指标

Composition Indicators on National Economic and Social Development

单位：%　　　　(%)

项目 Item	1978	1990	2000	2010	2019	2020
一、人口						
Population						
（一）性别结构						
Sexual Composition						
男	51.7	51.4	51.5	51.4	50.9	51.7
Male						
女	48.3	48.6	48.5	48.6	49.1	48.3
Female						
（二）城乡结构						
Urban and Rural Composition						
城镇			42.0	57.1	67.9	68.8
Urban						
乡村			58.0	42.9	32.1	31.2
Rural						
二、就业产业结构						
Employment Industrial Composition						
第一产业	75.1	58.4	46.8	28.4	16.7	14.6
Primary Industry						
第二产业	13.4	20.5	24.5	36.6	33.7	32.6
Secondary Industry						
第三产业	11.4	21.1	28.7	35.0	49.6	52.8
Tertiary Industry						
三、国民经济核算						
National Accounting						
地区生产总值产业结构						
Industrial Composition						
第一产业	36.0	28.1	16.4	8.5	6.1	6.2
Primary Industry						
第二产业	42.5	33.4	43.1	51.4	47.4	46.3
Secondary Industry						
第三产业	21.5	38.4	40.5	40.2	46.5	47.5
Tertiary Industry						
四、固定资产投资						
Investment in Fixed Assets						
（一）产业结构						
Industrial Composition						
第一产业				1.6	1.8	1.7
Primary Industry						
第二产业				35.8	30.5	30.8
Secondary Industry						
第三产业				62.6	67.7	67.5
Tertiary Industry						

1-3 续表1

Continued

单位：%　　(%)

项目 Item	1978	1990	2000	2010	2019	2020
（二）登记注册类型结构						
Registration type Composition						
#国有企业 Stated-owned				32.9	13.2	7.2
集体企业 Collective-owned				2.8	1.0	0.6
私营企业 Private economy				24.5	32.3	41.8
外商及港澳台投资企业 Enterprises with Funds from HongKong, Macao,TaiWan and Foreign				13.3	6.0	6.8
五、能源						
Energy						
能源消费结构						
Composition of Total Energy Consumption						
#煤炭 Coal	63.7	67.0	54.4	55.4	47.3	48.3
石油 Petroleum	12.9	12.1	23.3	24.8	23.0	23.6
天然气 Natural Gas				4.2	4.8	4.7
水电 Hydro power	23.4	20.9	22.3	15.2	9.6	6.2
核电 Nuclear power					13.5	13.9
六、农业						
Agriculture						
（一）农林牧渔业产值结构						
Composition of Gross Output Value of Agriculture						
农业 Farming	77.7	52.1	40.6	40.4	38.3	37.1
林业 Forestry	6.4	9.5	7.9	8.5	9.0	8.0
牧业 Animal Husbandry	10.5	22.9	20.1	18.6	19.7	23.3
渔业 Fishery	5.5	15.6	31.4	28.8	29.4	28.0
农林牧渔服务业 Services of Agriculture , Forestry , Animal Husbandry and Fishery				3.7	3.6	3.6
（二）农作物播种面积						
Total Sown Areas of Farm Crops						
粮食作物 Grain Crops	81.9	75.8	65.5	55.3	49.9	49.6
非粮作物 Non-Grain Crops	19.1	24.2	34.5	44.7	50.1	50.4
七、工业						
Industry						
规模以上工业企业资产结构 Composition of Capital of Industrial Enterprises						
大型企业 Large Enterprises			22.0	23.7	38.5	38.5

1-3 续表2

Continued

单位：%　　(%)

项目　Item	1978	1990	2000	2010	2019	2020
中型企业 Medium-sized Enterprises			13.5	40.9	27.9	27.0
小微企业 Small Enterprises			64.5	35.4	33.6	34.6
八、建筑业 **Construction**						
建筑业总产值结构 **Composition of Gross Output Value ofConstruction Industry**						
国有企业 State-owned Enterprise	56.8	41.1	48.6	14.6	5.6	5.7
集体企业 Collective-owned Enterprises	39.9	34.7	33.0	2.0	1.3	1.3
港澳台商投资企业 Enterprises with Funds from Hong Kong, Macao & Taiwan				1.1	0.2	0.8
外商投资企业 Foreign Funded Enterprises				0.08	0.01	0.20
其他 Other Enterprises				82.2	92.8	92.0
九、交通运输业 **Transportation**						
（一）货运量结构 **Composition of Freight Traffic**						
铁路 Railways	25.9	9.4	8.4	5.7	3.1	2.7
公路 Highways	54.8	82.2	77.8	68.9	65.3	65.1
水运 Waterways	19.1	8.4	13.8	25.4	31.6	32.2
民航 Civil Aviation			0.020	0.024	0.021	0.016
（二）客运量结构 **Composition of Passenger Traffic**						
铁路 Railways	9.1	3.1	3.2	4.7	25.8	29.6
公路 Highways	79.3	92.8	94.3	91.7	63.2	58.4
水运 Waterways	11.7	4.0	1.6	1.9	3.7	2.9
民航 Civil Aviation	0.0	0.1	0.8	1.8	7.3	9.1

1-3 续表3

Continued

单位：%　(%)

项目 Item	1978	1990	2000	2010	2019	2020
十、国内贸易						
Domestic Trade						
社会消费品零售总额结构						
Composition of Retail Sales of Consumer Goods						
按销售单位所在地分组						
By Place of Sales Unit						
城镇 Urban				86.8	86.6	86.9
乡村 Rural				13.2	13.4	13.1
按商品形态分						
By Commodity Form						
餐饮收入额 Catering Income					11.0	9.3
商品零售额 Retail Sale					89.0	90.7
十一、海关货物进出口						
Imports and Exports of Goods						
（一）进口货物总额						
Composition of Imports						
初级产品 Primary Goods			12.3	27.5	56.1	58.0
工业制成品 Manufactured Goods			87.7	72.5	43.9	42.0
（二）出口货物总额						
Composition of Exports						
初级产品 Primary Goods			10.6	7.4	8.3	8.2
工业制成品 Manufactured Goods			89.4	92.6	91.7	91.8
十二、国际旅游						
International Tourism						
来华旅游人数结构						
Composition of Tourists Visiting China						
外国人 Foreigners		14.9	30.8	31.3	38.9	40.9
台湾同胞 Taiwan Compatriots		51.3	29.6	42.6	40.5	36.1
港澳同胞 Hong Kong and Macao Compatriots		33.9	39.5	26.1	20.6	23.0
十三、科技						
Science and Technology						
（一）研究与试验发展经费来源						
Composition of Funds for Scientific andTechnological Activities						
#政府资金 Government Funds			14.6	10.3	11.1	
企业资金 Enterprises Funds			74.5	86.9	86.9	

1-3 续表4

Continued

单位：%　　(%)

项目　Item	1978	1990	2000	2010	2019	2020
国外资金 Abroad Funds			1.7	0.8		
（二）研究与试验发展经费支出 Composition of Expenditure onR&D						
基础研究 Basic Research			3.1	2.5	4.8	
应用研究 Applied Research			6.7	5.6	6.7	
试验发展 Experimental Development			86.4	92.0	88.5	
十四、居民消费 People's Consumption Conditions						
（一）城镇居民消费结构 Consumption Composition of Urban Residents						
食品烟酒 Food			44.7	39.3	30.8	31.7
衣着 Clothing			8.7	8.7	5.4	4.7
居住 Residence			9.4	10.9	28.9	30.7
生活用品及服务 Household Appliances and Service			8.6	6.6	5.0	5.0
交通通信 Transport and Communications			8.6	14.9	12.0	12.3
教育文化娱乐服务 Education, Cultural and Recreation Services			10.4	12.1	9.9	7.5
医疗保健 Health Care and Medical Services			4.7	4.2	5.5	5.8
其他用品及服务 Other Goods and Services			4.9	3.4	2.5	2.2
（二）农村居民消费结构 Consumption Composition of Rural Residents						
食品烟酒 Food			48.7	46.1	35.5	38.4
衣着 Clothing			4.9	5.6	4.8	4.6
居住 Residence			14.6	15.7	23.3	24.1
生活用品及服务 Household Appliances and Services			4.6	5.3	5.0	5.3
交通通信 Transport and Telecommunications			8.6	11.6	11.7	10.3
教育文化娱乐服务 Education, Cultural and Recreation and Services			10.6	8.4	9.9	7.5
医疗保健 Health Care and Medical Services			3.6	4.6	7.4	7.8
其他用品及服务 Other Goods and Services			4.6	2.6	2.4	1.8

1-4 国民经济和社会发展比例和效益指标

Indicators on National Economic and Social Development

项目 Item	1978	1990	2000	2010	2019	2020
一、人口与就业						
Population and Employment						
出生率（‰）	25.35	24.44	11.60	11.27	12.90	9.20
Birth Rate(‰)						
死亡率（‰）	6.31	6.71	5.85	5.16	6.10	5.10
Death Rate(‰)						
自然增长率（‰）	19.04	17.73	5.75	6.11	6.80	4.10
Natural Growth Rate(‰)						
城镇登记失业率（%）	9.10	2.60	2.60	3.77	3.50	3.82
Registered Unemployment Rate in Urban Areas(%)						
二、国民经济核算						
National Accounting						
工业增加值占地区生产总值比重(%)	35.9	28.8	37.8	43.5	37.0	35.9
Proportion of Value added of Industry to GDP(%)						
人均地区生产总值（元）	273	1763	11194	40773	102722	105818
Per Capita GDP(yuan)						
全员劳动生产率（元/人）		3733	21149	71731	191004	198840
Labor Productivity(yuan/person)						
三、财政金融						
Finance						
一般公共预算总收入相当于地区生产总值比例（%）	22.8	10.9	9.8	13.7	12.2	11.7
Proportion of Government Revenue to GDP（%）						
一般公共预算支出相当于地区生产总值比例（%）	22.8	13.1	8.6	11.3	12.0	11.9
Proportion of Government Expenditures to GDP（%）						
金融机构年末人民币存款余额相当于地区生产总值比例（%）	39.1	68.8	82.7	122.0	115.2	125.6
Bank Deposits as Percentage of GDP（%）						
金融机构年末人民币贷款余额相当于地区生产总值比例（%）	47.4	73.1	64.8	101.5	121.4	133.4
Bank Loans as Percentage of GDP（%）						
四、能源						
Energy						
能源消费弹性系数		0.52	0.66	0.72	0.59	0.42
Elasticity Ratio of Energy Consumption						
电力消费弹性系数		0.73	1.45	1.14	0.51	1.03
Elasticity Ratio of Electricity Consumption						

1-4 续表1

Continued

项目 Item	1978	1990	2000	2010	2019	2020
单位地区生产总值能耗上升或下降(±%)				-3.42	-2.78	-1.83
Energy Consumption per Unit of GDP（ton of SCE/ 10 000 yuan)						
五、农业						
Agriculture						
每亩农产品产量（千克）						
Output of Farm Crops per Hectare of Sown Area(kg)						
粮食	219	282	312	363	400	401
Grain						
油料	85	105	138	160	190	191
Oil-bearing Crops						
六、工业						
Industry						
规模以上工业						
Industrial Enterprises above Designated Size						
总资产贡献率（%）			9.26	18.80	15.55	12.93
Ratio of Total Assets to Industrial Output Value(%)						
资产负债率（%）			57.52	52.74	50.65	50.68
Assets-LiabilityRatio(%)						
流动资产周转次数（次）			1.89	2.87	2.87	2.62
Number of Times of Annual of TurnoverCirculating Funds (time)						
成本费用利润率（%）			4.76	8.83	8.17	7.74
Ratio of Profits to Industrial Cost(%)						
产品销售率（%）			96.95	97.76	97.15	96.53
Proportion of Products Sold(%)						
七、建筑业						
Construction						
建筑业劳动生产率(按产值计算)（元/人）			64884	134520	269231	285578
Overall Labor Productivity(in terms of value-added per employee)(yuan/person)						
产值利税率（%）		1.5	5.2	6.4	6.1	5.7
Ratio of Pre-tax Profit to Gross Output Value(%)						
八、交通运输业						
Transportation						
铁路网密度（公里/万平方公里）	81.37	82.34	117.26	170.24	282.98	304.35
Railway Density(km/sq.km)						
公路网密度（公里/万平方公里）	2347.5	3307.34	4315.00	7339.92	8853.63	8880.48
Highway Density(km/sq.km)						

1-4 续表2

Continued

项目 Item	1978	1990	2000	2010	2019	2020
九、对外贸易						
Trade						
进出口总额相当于地区生产总值比例		43.4	46.7	49.1	31.4	32.1
Proportion of Total Value of Imports & Exports to GDP						
#出口总额相当于地区生产总值比例（%）		24.5	28.4	32.3	19.6	19.3
Proportion of Total Value of Exports to GDP(%)						
机电产品出口占出口总额的比重（%）				41.1	36.4	37.8
Proportion of Total Value of Mechanical and Electrical Products to Total Exports(%)						
高新技术产品出口占出口总额的比重（%）				18.4	11.8	12.0
Proportion of Total Value of High and New-tech Products to Total Exports(%)						
十、自然资源						
Natural Resources						
森林覆盖率（%）	39.50	43.20	60.50	63.10	66.80	66.80
Forest Coverage(%)						
十一、居民生活						
People's Living Conditions						
全体居民人均可支配收入（元）					35616	37202
Annual Per Capita Disposable Income of Households						
城镇居民人均可支配收入与农村居民人均可支配（纯）收入之比（以农民人均纯收入为1）	2.69	2.29	2.30	2.93	2.33	2.26
Proportion of Income in Urban Areas to in Rural Areas (Rural=1)						
十二、科技教育卫生						
Science and Technology ,Education,Health Care						
每万人口发明专利拥有量（件）				0.89	10.59	12.20
The Ownership of Invention Patents per 10000 Persons(piece)						
学龄前儿童毛入学率（%）		99.10	99.86	100.00	98.53	
Rough Enrollment Rate of Pre-primary Schools(%)						
小学毕业生升学率（%）		64.96	97.27	96.70	99.05	99.28
Graduation Rate of Primary Schools(%)						
初中毕业生升学率（%）		49.71	49.97	92.90	88.12	83.86
Graduation Rate of Junior high schools(%)						
每千人口拥有卫生技术人员数（人）	2.23	2.92	2.82	3.79	6.39	6.71
Number of Licensed(Assistant) Doctors per 1000 Population (person)						
#医生	0.9	1.2	1.2	1.5	2.4	2.5
Doctor						
每千人口拥有卫生机构床位数（张）	2.1	2.2	2.6	3.0	4.9	5.2
Number of Hospital Beds per 1000 Population(set)						

1-5 平均每天主要社会经济活动

Selected Indicators on Average Daily Social and Economic Activities

项目　Item	1978	1990	2000	2010	2019	2020
一、全省每天创造的财富 **Daily Provice Production**						
地区生产总值（亿元） Gross Domestic Product(100 million yuan)	0.18	1.43	10.29	41.10	115.96	119.96
农林牧渔总产值（亿元） Gross Output Value of Farming,Forestry, AnimalHusbandry and Fishery(100 million yuan)	0.10	0.62	2.83	6.10	12.70	13.43
工业总产值（亿元） Gross Output Value of Industry(100 million yuan)	0.17	1.46	10.91	65.22	173.08	169.32
一般公共预算总收入（亿元） Government Revenue(100 million yuan)	0.04	0.16	1.01	5.63	14.10	14.09
#地方一般公共预算收入 Local Government Revenue			0.64	3.15	8.36	8.41
一般公共预算支出（亿元） Government Expenditure(100 million yuan)	0.04	0.19	0.89	4.64	13.91	14.25
原煤(吨) Coal(ton)	11590	25353	10247	66924	22787	17646
原盐(吨) Salt(ton)	2594	1841	775	915	598	725
发电量(万千瓦时) Electricity(10000 kwh)	1114.79	3743.84	11030.87	37159.45	65929.86	69320.22
粗钢(吨) Crude Steel(ton)	443	1415	3414	29778	65487	67391
钢材(吨) Rolled Steel(ton)	379	1542	7754	36728	102402	105509
生铁(吨) Pig Iron(ton)	728	1715	4081	15310	28441	30224
水泥(吨) Cement(ton)	3300	14796	41356	158718	258716	264669
平板玻璃(重量箱) Plain Glass(weigh case)	1194	1810	13111	74385	140108	146493
布(万米) Cloth(10000 m)	30.68	61.92	152.64	854.80	2815.20	2035.22
纱(吨) Yarn(ton)	50	150	392	5061	15915	14848
服装(万件) Clothes(10000 pcs)		30.46	108.95	800.75	1452.06	1505.74
机制纸及纸板(吨) Machine-made Paper and Paperboard(ton)	550	1427	2324	11837	22058	21817
农用化肥(吨) Chemical Fertilizers(ton)	449	1196	1677	1586	2473	2356
烧碱(吨) Caustic Soda(ton)	118	238	427	551	1068	981

1-5 续表1

Continued

项目 Item	1978	1990	2000	2010	2019	2020
彩色电视机(台)		3374	5579	24742	21667	36339
Color TV(set)						
卷烟(箱)	558	2093	2695	4623	4816	4844
Tobacco(unit)						
罐头(吨)	112	395	732	5567	8163	7700
Canned Food(ton)						
粮食(吨)	20408	24100	23352	16018	13532	13725
Grain(ton)						
油料(吨)	378	484	705	605	604	621
Oil-bearing Crops(ton)						
甘蔗(吨)	7891	9432	2260	1526	719	737
Sugar Cane(ton)						
茶叶(吨)	56	159	344	747	1205	1261
Tea(ton)						
水果(吨)	277	2076	9765	13993	18674	19592
Fruits(ton)						
肉类（吨）		1968	3987	5277	6990	7087
Meat(ton)						
水产品（吨）	1492	3989	14423	16094	22317	22687
Aquatic Products(ton)						
食用菌（吨）		500	1264	2090	3654	3767
Edible Fungus(ton)						
二、全省每天消费量						
Daily Provice Consumption						
能源消费量（万吨标准煤）	1.88	4.00	8.04	25.18	37.58	37.99
Energy Consumption(10000 tons of SCE)						
社会消费品零售总额（亿元）	0.08	0.57	3.81	16.48	51.77	50.89
Total Retail Sales of Consumer Goods(100 million yuan)						
三、每天其他经济活动						
Other Daily Economic Activities						

1-5 续表2

Continued

项目　Item	1978	1990	2000	2010	2019	2020
国际旅游外汇收入（万美元）			244.21	815.96	2806.43	565.20
Foreign Exchange Earnings from International Tourism(USD 10000)						
能源生产总量（万吨标准煤）	1.26	2.65	4.52	8.93	11.93	10.92
Total Energy Production(10000 tons of SCE)						
货运周转量（亿吨公里）	0.20	0.75	1.88	8.17	22.73	24.65
Freight Traffic(100 million ton-km)						
客运周转量（万人公里）	978.90	4805.48	9124.86	17774.25	32603.29	18086.61
Passenger Traffic(10000 person-km)						
货物进出口总额（万美元）	55.62	1188.79	5798.72	29802.81	52900.35	55551.19
Total Value of Imports and Exports(USD 10000)						
出口总额（万美元）	52.05	670.98	3526.85	19587.16	32926.90	33439.08
Total Exports						
进口总额（万美元）	3.56	517.81	2271.87	10215.66	19973.45	22112.11
Total Imports						
主要港口货物吞吐量（万吨）	1.12	4.10	18.97	89.55	162.97	169.76
Freight Handled at Principal Seaports(10000 tons)						
邮电业务总量（万元）	27.67	200.55	6730.60	32717.53	106322.19	130189.62
Business Volume of Postal and Telecommunication Services(10000 yuan)						
邮寄函件（万件）	24.08	44.46	66.02	69.04	13.03	8.93
Number of Letters(10000 piece)						
图书出版总印数（万份）	18.68	44.69	55.46	21.23	39.41	37.21
Books(10000 copies)						
杂志出版总印数（万份）	1.06	8.65	12.19	8.06	5.91	5.51
Magazines(10000 copies)						
报纸出版总印数（万份）	40.50	113.58	188.24	273.92	202.22	189.93
Newspapers(10000 copies)						
四、全省每天婚姻变动						
Daily Marriages Changes						
结婚对数（对）			714	1038	658	562
Marriages(couples)						
离婚对数（对）			33	120	267	255
Divorces(couples)						

1-6 全省法人单位数和从业人员数（2020年）

Number of Legal Entities and Employed(2020)

单位：个 (unit)

项目	Item	法人单位数 Number of Legal Entities	单产业法人 Single Industry	多产业法人 Multi-Industry
按登记注册类型分	**Grouped by Status of Registration**	**1156978**	**1133545**	**23433**
内资	Domestically funded enterprises	1140856	1118080	22776
国有	State-owned Enterprises	39931	36609	3322
集体	Collective-owned Enterprises	8493	7819	674
股份合作	Cooperative Enterprises	418	365	53
联营	Joint Ownership Enterprises	313	310	3
国有联营	State-owned	37	36	1
集体联营	Collective-owned	94	93	1
国有与集体联营	State-owned and Collective-owned	28	28	
其他联营	Others	154	153	1
有限责任公司	Limited-Liability Corporations	23671	22252	1419
国有独资公司	Limited-Liability Corporations	2309	2048	261
其他责任有限公司	State-owned	21362	20204	1158
股份有限公司	Share Holding Corporations Ltd.	1765	1375	390
私营	Private Enterprises	989691	974173	15518
私营独资	Private-owned	65677	65218	459
私营合伙	Private-cooperative	13067	13001	66
私营有限责任公司	Private-limited liability	906699	891998	14701
私营股份有限公司	Private-share holding	4248	3956	292
其他	Other Enterprises	76574	75177	1397
港澳台商投资	Funds from HongKong, Macao,TaiWan	10780	10408	372
合资经营（港或澳、台资）	Joint Venture	2480	2378	102
合作经营（港或澳、台资）	Cooperative Operation	83	80	3
港、澳、台商独资经营	Venture Exclusively	7946	7702	244
港、澳、台商投资股份有限公司	Share Holding	154	133	21
其他港澳台商投资	Others	117	115	2
外商投资	Foreign Funded Enterprises	5342	5057	285
中外合资	Joint Venture	1411	1339	72
中外合作	Cooperative Operation	33	32	1
外商独资	Venture Exclusively with Foreign Investment	3739	3541	198
外商投资股份有限公司	Share Holding with Foreign Investment	75	64	11
其他外商投资	Others	84	81	3
按机构类型分	**Grouped by Type of Institution**	**1156978**	**1133545**	**23433**
企业	Enterprise	1031865	1012895	18970
事业单位	Institution	26700	25526	1174
机关	Agencies Organizations	7706	5859	1847
社会团体	Community Organization	18154	18106	48
其他	Others	72553	71159	1394
按行业分	**Grouped by Sector**	**1156978**	**1133545**	**23433**
农、林、牧、渔业	Farming, Forestry, Animal Husbandy and Fishery	59673	59503	170
农业	Agriculture	31690	31618	72
林业	Forestry	6301	6264	37
畜牧业	Animal Husbandry	8700	8677	23
渔业	Fishery	7312	7294	18

1-6 续表1

Continued

单位：个 (unit)

项目	Item	法人单位数 Number of Legal Entities	单产业法人 Single Industry	多产业法人 Multi-Industry
农、林、牧、渔服务业	Service of Farming,Forestry,Animal Husbandy and Fishery	5670	5650	20
采矿业	Mining	1811	1770	41
煤炭开采和洗选业	Coal Mining and Dressing	142	136	6
石油和天然气开采业	Petroleum and Natural Gas Mining			
黑色金属矿采选业	Ferrous Metals Mining and Dressing	237	224	13
有色金属矿采选业	Nonferrous Metals Mining and Dressing	185	180	5
非金属矿采选业	Nonmetal Minerals Mining and Dressing	1177	1160	17
开采辅助活动	Subsidiary Action	41	41	
其他采矿业	Others Mining and Quarrying	29	29	
制造业	Manufacturing	158080	156392	1688
农副食品加工业	Agricultural and Sideline Products Processing	6177	6072	105
食品制造业	Food Manufacturing	4795	4708	87
酒、饮料和精制茶制造业	Wine，Drink and Tea Manufacturing	6474	6362	112
烟草制品业	Tobacco Processing	12	11	1
纺织业	Textile Industry	5821	5761	60
纺织服装、服饰业	Textile Garments Products	10831	10694	137
皮革、毛皮、羽毛及其制品和制鞋业	Leather , Furs , Down and Relate Products	11686	11597	89
木材加工和木、竹、藤、棕、草制品业	Timber Processing,Bamboo,Cane,Palm Fiber and Straw Products	6427	6367	60
家具制造业	Furniture Manufacturing	5585	5540	45
造纸和纸制品业	Papermaking and Paper Products	4063	4036	27
印刷和记录媒介复制业	Printing and Record Medium Reproduction	3237	3191	46
文教、工美、体育和娱乐用品制造业	Cultural , Educational and Sports Goods	10598	10512	86
石油加工、炼焦和核燃料加工业	Petroleum Processing , Coking and Nuclear Fuel Processing	289	282	7
化学原料和化学制品制造业	Raw Chemical Materials and Chemical Products	3962	3896	66
医药制造业	Medical and Pharmaceutical Products	1297	1269	28
化学纤维制造业	Chemical Fiber	274	271	3
橡胶和塑料制品业	Rubber and Plastic Products	8404	8345	59
非金属矿物制品业	Nonmetal Minerals Products	19460	19283	177
黑色金属冶炼和压延加工业	Smelting and Pressing of Ferrous Metals	564	558	6
有色金属冶炼和压延加工业	Smelting and Pressing of Nonferrous Metals	727	717	10
金属制品业	Metal Products	13018	12920	98
通用设备制造业	General Equipment	8497	8416	81
专用设备制造业	Special Purpose Equipment	8075	8009	66
汽车制造业	Car Manufacturing	1860	1836	24
铁路、船舶、航空航天和其他运输设备制造业	Railway,Watercraft,Aviation and others transportation Manufacturing	1023	1013	10
电气机械和器材制造业	Electric Equipment and Machinery	5325	5257	68
计算机、通信和其他电子设备制造业	Computer,Communication and other Electronic Equipment	3946	3883	63

1-6 续表2

Continued

单位：个 (unit)

项目	Item	法人单位数 Number of Legal Entities	单产业法人 Single Industry	多产业法人 Multi-Industry
仪器仪表制造业	Instruments and Meters Machinery	1160	1140	20
其他制造业	Others Manufacturing	2348	2335	13
废弃资源综合利用业	Waste Resources and Materials Recovering	880	866	14
金属制品、机械和设备修理业	Metals,Machinery and Equipment maintenance	1265	1245	20
电力、热力、燃气及水生产和供应业	Production and Supply of Electric Power and Hot Power	6853	6640	213
电力、热力生产和供应业	Production and Supply of Electric Power and Hot Power	5488	5340	148
燃气生产和供应业	Production and Supply of Gas	179	145	34
水的生产和供应业	Production and Supply of Water	1186	1155	31
建筑业	Construction	55581	51329	4252
房屋建筑业	Building Engineering	17425	15054	2371
土木工程建筑业	Civil Engineering	10652	9409	1243
建筑安装业	Installation	4375	4184	191
建筑装饰和其他建筑业	Building Decontion and Others	23129	22682	447
批发和零售业	Wholesale and Retail Trade	404677	399969	4708
批发业	Wholesale	224222	222217	2005
零售业	Retail Trade	180455	177752	2703
交通运输、仓储和邮政业	Transport,Storage and Post	23530	22724	806
铁路运输业	Railways	73	71	2
道路运输业	Highways	13585	13235	350
水上运输业	Waterways	1421	1373	48
航空运输业	Civil Aviation	148	140	8
管道运输业	Pipeline	8	8	
多式联运和运输代理业	Multimodal Transport	5243	5135	108
装卸搬运和仓储业	Handing and Storages	1988	1945	43
邮政业	Posts	1064	817	247
住宿和餐饮业	Hotels and Catering Services	16900	16177	723
住宿业	Hotels	5455	5291	164
餐饮业	Catering Services	11445	10886	559
信息传输、软件和信息技术服务业	Information Transmission,Software and Information Technology Services	70248	69699	549
电信、广播电视和卫星传输服务	Telecommuni-cations and Others	861	782	79
互联网和相关服务	Internet Services	21107	20992	115
软件和信息技术服务业	Software and Information Technology Services	48280	47925	355
金融业	Financial Intermediation	4734	4204	530
货币金融服务	Monetary and Financial Services	1422	1157	265
资本市场服务	Monetary Market Services	2136	2123	13
保险业	Insurances	531	289	242
其他金融业	Others	645	635	10

1-6 续表3
Continued

单位：个 (unit)

项目	Item	法人单位数 Number of Legal Entities	单产业法人 Single Industry	多产业法人 Multi-Industry
房地产业	Real Estate	26042	24738	1304
房地产业	Real Estate	26042	24738	1304
租赁和商务服务业	Leasing and Business Services	124636	122824	1812
租赁业	Leasing	9370	9244	126
商务服务业	Business Services	115266	113580	1686
科学研究和技术服务业	Scientific Research, Technical Service	54197	53077	1120
研究和试验发展	Research and Development	10602	10539	63
专业技术服务业	Professional and Technical Services	20978	20063	915
科技推广和应用服务业	Science and Technology Exchange and Promotion Services	22617	22475	142
水利、环境和公共设施管理业	Management of Water Conservancy, Environment and Public Facilities	7619	7468	151
水利管理业	Water resources management	657	634	23
生态保护和环境治理业	Environmental management	1178	1159	19
公共设施管理业	Public Facilities Management	4769	4670	99
土地管理业	Land Management	1015	1005	10
居民服务、修理和其他服务业	Services to Households and Other Services	20506	20065	441
居民服务业	Residents service	9047	8819	228
机动车、电子产品和日用产品修理业	Repair Services of Vehicle,Electronic Products and Daily Necessities	7867	7722	145
其他服务业	Others	3592	3524	68
教育	Education	23600	22593	1007
教育	Education	23600	22593	1007
卫生和社会工作	Health, Social Security	8314	8141	173
卫生	Health	5840	5689	151
社会工作	Social Security	2474	2452	22
文化、体育和娱乐业	Culture, Sports and Entertainment	30424	30072	352
新闻和出版业	News Publish	342	332	10
广播、电视、电影和影视录音制作业	Radio,Television,Film,Phonotape and Videotape	4698	4645	53
文化艺术业	Culture art Industry	10621	10530	91
体育	Sports	3670	3567	103
娱乐业	Entertainment	11093	10998	95
公共管理、社会保障和社会组织	Public Management and Social Organizations	59553	56160	3393
中国共产党机关	The Communist Party of China	1550	1415	135
国家机构	National Organization	14967	13117	1850
人民政协、民主党派	People's Political Consultative and Democratic Party	272	260	12
社会保障	Social Security	265	259	6
群众团体、社会团体和其他成员组织	Mass Organizations,Social Organizations and Religious Organizations	25138	25074	64
基层群众自治组织	Grassroots Autonomous Organization of The People	17361	16035	1326

1-7 各设区市按行业门类分的法人单位数（2020年）

Number of Legal Entities by Region and Sector(2020)

单位：个 (unit)

项目 Item	福建省 Fujian	福州市 Fuzhou	厦门市 Xiamen	莆田市 Putian	三明市 Sanming	泉州市 Quanzhou	漳州市 Zhangzhou	南平市 Nanping	龙岩市 Longyan	宁德市 Ningde
农、林、牧、渔业 Farming, Forestry, Animal Husbandy and Fishery	59673	7697	1389	2417	7677	6974	8597	8436	5508	10978
采矿业 Mining	1811	69	14	18	551	260	153	170	469	107
制造业 Manufacturing	158080	15518	23233	7770	5852	66710	14702	8103	5964	10228
电力、热力、燃气及水生产和供应业 Production and Supply of Electric Power and Hot Power	6853	693	176	161	1294	869	911	871	1155	723
建筑业 Construction	55581	14295	10077	2948	2416	11233	5016	3174	3469	2953
批发和零售业 Wholesale and Retail Trade	404677	64092	76151	42475	12127	125299	28333	18755	19918	17527
交通运输、仓储和邮政业 Transport,Storage and Post	23530	4963	5641	855	1264	4367	2457	1477	1238	1268
住宿和餐饮业 Lodgings and Catering Services	16900	3670	4286	930	568	3389	1443	723	1051	840
信息传输、软件和信息技术服务业 Information Transmission,Software,Information Technology Services	70248	16792	17574	2773	1474	21288	3325	2159	2853	2010
金融业 Financial Intermediation	4734	1729	1494	94	157	537	211	141	200	171
房地产业 Real Estate	26042	5569	5208	1348	1246	5210	2473	1533	1620	1835
租赁和商务服务业 Leasing and Business Services	124636	30189	26630	5179	3524	31582	8683	5848	4925	8076
科学研究和技术服务业 Scientific Research, Technical Service	54197	12854	12814	2419	1836	12139	4609	2248	2879	2399
水利、环境和公共设施管理业 Management of Water Conservancy,Environment and Public Facilities	7619	1224	1035	430	675	1229	1121	670	598	637
居民服务、修理和其他服务业 Services to Households and Other Services	20506	4557	5452	991	697	4107	1693	972	1079	958
教育 Education	23600	4169	4727	1630	1251	4237	3130	1448	1687	1321
卫生和社会工作 Health, Social Security	8314	2327	963	347	1184	1107	647	759	487	493
文化、体育和娱乐业 Culture, Sports and Entertainment	30424	5882	7511	1418	1208	7011	2340	1772	1930	1352
公共管理、社会保障和社会组织 Public Management and Social Organizations	59553	11378	2760	4113	6161	9531	6706	6967	5237	6700
国际组织 International Organizations										

1-8 各设区市按机构类型分的法人单位数（2020年）

Number of Legal Entities by Type of Institutions and Region(2020)

单位：个 (unit)

地区	Region	法人单位数 Number of Legal Entities	企业法人 Business Entity	事业法人 Institution Entity	机关法人 Government Entity	社团法人 Social Organization	其他法人 Others
福建省	Fujian	1156978	1031865	26700	7706	18154	72553
福州市	Fuzhou	207667	187013	4509	1289	4146	10710
厦门市	Xiamen	207135	201110	1223	405	1330	3067
莆田市	Putian	78316	71213	1995	459	817	3832
三明市	Sanming	51162	36720	2956	1004	1684	8798
泉州市	Quanzhou	317079	298087	4157	1091	3734	10010
漳州市	Zhangzhou	96550	80820	3915	1088	1406	9321
南平市	Nanping	66226	50297	3729	868	2329	9003
龙岩市	Longyan	62267	51479	1994	685	1538	6571
宁德市	Ningde	70576	55126	2222	817	1170	11241

1-9 各设区市按营业状态分的企业法人单位数（2020年）

Number of Business Entities by Region and Operation Status(2020)

单位：个 (unit)

地区	Region	企业法人单位数 Number of Business Entities	营业 In Business or Operating	停业(歇业) Closed	筹建 In Preparation	其他 Others
福建省	Fujian	1031865	823653	38561	167643	2008
福州市	Fuzhou	187013	145480	6848	34216	469
厦门市	Xiamen	201110	171955	9319	19829	7
莆田市	Putian	71213	47178	957	23071	7
三明市	Sanming	36720	31343	2053	3206	118
泉州市	Quanzhou	298087	236554	8817	51628	1088
漳州市	Zhangzhou	80820	60486	2297	17870	167
南平市	Nanping	50297	39575	2540	8047	135
龙岩市	Longyan	51479	47158	1890	2425	6
宁德市	Ningde	55126	43924	3840	7351	11

1-10 各设区市按登记注册类型分的企业法人单位数（2020年）

Number of Business Entities by Region and Status of Registration(2020)

单位：个 (unit)

地区	Region	企业法人单位数 Number of Business Entities	内资企业 Domestic Funded Enterprises	#国有企业 State-owned Enterprises	#集体企业 Collective-owned Enterprises	#股份合作企业 Cooperative Enterprises
福建省	Fujian	1031865	1015748	2644	4132	382
福州市	Fuzhou	187013	183762	610	986	57
厦门市	Xiamen	201110	195165	167	194	67
莆田市	Putian	71213	70781	78	195	19
三明市	Sanming	36720	36423	262	476	27
泉州市	Quanzhou	298087	294213	372	719	45
漳州市	Zhangzhou	80820	79361	352	465	71
南平市	Nanping	50297	50030	422	483	25
龙岩市	Longyan	51479	51063	179	336	45
宁德市	Ningde	55126	54950	202	278	26

1-10 续表

Continued

单位：个 (unit)

地区	Region	#联营企业 Joint Ownership	#有限责任公司 Limited-Liability Corporations	#股份有限公司 Share Holding Corporations Ltd.	#私营企业 Private Enterprises	港澳台商投资企业 Funds from HongKong, Macao,TaiWan	外商投资企业 Foreign Funded Enterprises
福建省	Fujian	99	23506	1756	983054	10775	5342
福州市	Fuzhou	28	4852	461	176717	2170	1081
厦门市	Xiamen	15	5138	414	189170	3745	2200
莆田市	Putian	5	2060	95	68324	291	141
三明市	Sanming	7	1423	101	34126	214	83
泉州市	Quanzhou	17	3845	196	289005	2816	1058
漳州市	Zhangzhou	7	1978	138	76336	985	474
南平市	Nanping	11	1232	98	47742	167	100
龙岩市	Longyan	4	1461	155	48835	299	117
宁德市	Ningde	5	1517	98	52799	88	88

主要统计指标解释

行政区划　指国家对行政区域的划分.根据宪法规定,我国的行政区域划分如下:(1)全国分为省、自治区、直辖市;(2)省、自治区分为自治州、县、自治县、市;(3)自治州分为县、自治县、市;(4)县、自治县分为乡、民族乡、镇;(5)直辖市和较大的市分为区、县;(6)国家在必要时设立的特别行政区。

平均增长速度　我国计算平均增长速度有两种方法:一种是习惯上经常使用的“水平法”,又称几何平均法,是以间隔期最后一年的水平同基期水平对比来计算平均每年增长(或下降)速度;另一种是“累计法”,又称代数平均法或方程法,是以间隔期内各年水平的总和同基期水平对比来计算平均每年增长(或下降)速度。在一般正常情况下,两种方法计算的平均每年增长速度比较接近;但在经济发展不平衡、出现大起大落时,两种方法计算的结果差别较大。

本《年鉴》所列的平均增长速度,均用“水平法”计算。从某年到某年平均增长速度的年份,均不包括基期年在内。如建国四十三年的平均增长速度是以1949年为基期计算的,则写为1950-1992年平均增长速度,其余类推。

国民经济行业分类　自2003年定期报表开始使用新的《国民经济行业分类》(GB/T4754-2002),该分类是由国家统计局组织修订,经国家质量监督检验检疫总局批准,于2002年5月10日发布实施。这次修订是在1994年分类标准的基础上,参照联合国《全部经济活动的国际标准产业分类》(ISIC/Rev.3)进行的。修订后的《国民经济行业分类》(GB/T4754-2002)共有门类20个,大类95个,中类396个,小类913个。新增门类4个,大类增加3个,中类增加28个,小类增加67个。2017年,国家统计局发布了新修订的国家标准《国民经济行业分类》(GB/T4754-2017)。

企业(单位)登记注册类型　是以在工商行政管理机关登记注册的各类企业为划分对象,以工商行政管理部门对企业登记注册的类型为依据,将企业登记注册类型分为内资企业、港澳台商投资企业和外商投资企业三大类。内资企业包括国有企业、集体企业、股份合作企业、联营企业、有限责任公司、股份有限公司、私营公司和其他企业;港澳台商投资企业和外商投资企业分别包括合资经营企业、合作经营企业、独资经营企业和股份有限公司。对不在工商行政管理部门进行登记注册的行政机关、事业单位和社会团体,主要按其经费来源和管理方式进行划分。

国有企业　指企业全部资产归国家所有,并按《中华人民共和国企业法人登记管理条例》规定登记注册的非公司制的经济组织。不包括有限责任公司中的国有独资公司。

集体企业　指企业资产归集体所有,并按《中华人民共和国企业法人登记管理条例》规定登记注册的经济组织。

股份合作企业　指以合作制为基础,由企业职工共同出资入股,吸收一定比例的社会资产投资组建,实行自主经营,自负盈亏,共同劳动,民主管理,按劳分配与按股分红相结合的一种集体经济组织。

联营企业　指两个及两个以上相同或不同所有制性质的企业法人或事业单位法人,按自愿、平等、互利的原则,共同投资组成的经济组织。联营企业包括国有联营企业、集体联营企业、国有与集体联营企业和其他联营企业。

有限责任公司　指根据《中华人民共和国公司登记管理条例》规定登记注册,由两个以上、五十个以下的股东共同出资,每个股东以其所认缴的出资额对公司承担有限责任,公司以其全部资产对其债务承担责任的经济组织。有限责任公司包括国有独资公司以及其他有限责任公司。

股份有限公司　指根据《中华人民共和国公司登记管理条例》规定登记注册,其全部注册资本由等额股份构成并通过发行股票筹集资本,股东以其认购的股份对公司承担有限责任,公司以其全部资产对其债务承担责任的经济组织。

私营企业　指由自然人投资设立或由自然人控股,以雇佣劳动为基础的营利性经济组织。包括按照《公司法》、《合伙企业法》、《私营企业暂行条例》规定登记注册的私营有限责任公司、私营股份有限公司、私营合伙企业和私营独资企业。

其他内资企业　指上述企业之外的其他内资经济组织。

与港澳台商合资经营企业　指港澳台地区投资者与内地企业依照《中华人民共和国中外合资经营企业法》及有关法律的规定，按合同规定的比例投资设立、分享利润和分担风险的企业。

与港澳台商合作经营企业　指港澳台地区投资者与内地企业依照《中华人民共和国中外合作经营企业法》及有关法律的规定，依照合作合同的约定进行投资或提供条件设立、分配利润和分担风险的企业。

港澳台商独资经营企业　指依照《中华人民共和国外资企业法》及有关法律的规定，在内地由港澳台地区投资者全额投资设立的企业。

港澳台商投资股份有限公司　指根据国家有关规定，经外经贸部依法批准设立，其中港、澳、台商的股本占公司注册资本的比例达25% 以上的股份有限公司。凡其中港、澳、台商的股本占公司注册资本的比例小于 25%的，属于内资企业中的股份有限公司。

中外合资经营企业　指外国企业或外国人与中国内地企业依照《中华人民共和国中外合资经营企业法》及有关法律的规定，按合同规定的比例投资设立、分享利润和分担风险的企业。

中外合作经营企业　指外国企业或外国人与中国内地企业依照《中华人民共和国中外合作经营企业法》及有关法律的规定，依照合作合同的约定进行投资或提供条件设立、分配利润和分担风险的企业。

外资企业　指依照《中华人民共和国外资企业法》及有关法律的规定，在中国内地由外国投资者全额投资设立的企业。

外商投资股份有限公司　指根据国家有关规定，经外经贸部依法批准设立，其中外资的股本占公司注册资本的比例达25% 以上的股份有限公司。凡其中外资股本占公司注册资本的比例小于25%的，属于内资企业中的股份有限公司。

行政机关、事业单位和社会团体　参照企业登记注册类型，主要按其经费来源和管理方式划分。具体规定如下：

⑴行政机关：包括国家机关和政党机关，原则上均列为“国有”。但有特殊规定的，如供销社等，则列为“集体”。

⑵事业单位：包括经国家机构编制部门和有关业务主管部门批准成立的各类事业单位，不包括实行企业化管理的事业单位。事业单位的划分办法如下：

①由国家财政预算拨款或列入财政预算外资金管理以及经费主要来源于国有主管部门或国有上级单位的事业单位，列为“国有”。

②经费主要来源于集体单位的事业单位，列为“集体”。

③公民个人(或个人合伙)开办的事业单位，列为“私营”。

④上述以外的其他事业单位，如果其经费来源不明确，按管理方式进行归类。

⑶社会团体：包括经民政部门批准成立以及未纳入社会团体管理条例范围的工会、妇联等各类社会团体。社会团体的划分办法如下：

①未纳入民政部社会团体管理条例范围的工会、妇联、共青团、青联、工商联、科协、侨联等社会团体，国家拨款设立的基金会或基金管理组织以及经费主要来源于国有业务主管部门或国有上级单位的社会团体，列为“国有”。

②经费主要来源于集体单位的社会团体，列为“集体”。

③公民个人(或个人合伙)开办的社会团体，划为“私营”。

④上述以外的其他社会团体，如果其经费来源不明确，改按管理方式进行归类。

Explanatory Notes on Main Statistical Indicators

Administrative Division refers to the division of administrative areas by the state. The Constitution of the People's Republic of China stipulates that the administrative areas in China are divided as:1) The whole Country is divided into provinces, autonomous regions and municipalities directly under the central government; 2) Provinces and autonomous regions are divided into autonomous prefectures, counties, autonomous counties and cities; 3) Autonomous prefectures are divided into counties, autonomous counties and cities; 4) Counties and autonomous counties are divided into townships, nationality townships and towns; 5) Municipalities and large cities are divided into districts and counties, 6) The state shall, when necessary, establish special administrative regions.

Average Annual Growth Rate Two methods for calculating average annual growth rate are applied in China,one is often called level approachor the method of calculating geometric average,which is derived by comparing the level of the last year of the interval with that of the beginning year;the other is calledaccumulative approach or algebraic average or equation method,which is derived by the summation of the actual figure of each year in the interval divided by the figure in the base year.Usually the results calculated by the two methods are fairly close, but they differed sharply when uneven economic development occurred with striking fluctuations in growth.

The average annual growth rates listed in this statistical yearbook are calculated by level approach except for the growth rate of investment in fixed assets. The base years are not listed when the years are listed for average annual growth rates. For instance,the average annual growth rate of 43 years since 1949 is listed as average annual growth rate of 1950-1992 without listing the base year 1949.And the analogy of this is also the same for the rest of the years.

Industrial Classification of the National Economy The new *Industrial Classification of the National Economy* (GB/T 4754-2002) is introduced starting from the compilation of 2003 annual statistics. The new revision was based on the 1994 classification and organized by the National Bureau of Statistics taking into consideration of the *International Standards of the Industrial Classification of All Economic Activities* (ISIC/Rev.3) of the United Nations, and the new Classification was promulgated by the National Administration of Quality Supervision, Inspection and Quarantine on May 10, 2002. The revised version of the *Industrial Classification of the National Economy* (GB/T 4754-2002) is composed of 20 major divisions, 95 divisions, 396 major groups and 913 groups, including 4 new major divisions, 3 new divisions, 28 major groups and 67 groups.In 2017, the National Bureau of Statistics inspected *Industrial Classification of the National Economy* (GB/T 4754-2017).

Registration Status of Enterprises Enterprises are classified into 3 categories, namely domestic-funded enterprises, enterprises with investment from Hong Kong, Macau and Taiwan, and enterprises with foreign investment, in the light of the registration status of an enterprise in industrial and commercial administration agencies. Domestic-funded enterprises include state-owned enterprises, collective-owned enterprises, cooperative enterprises, joint ownership enterprises, limited liability corporations, share-holding corporations Ltd., private enterprises and other enterprises. Included in the enterprises with investment from Hong Kong, Macau and Taiwan and enterprises with foreign investment are joint-venture enterprises, cooperative enterprises, sole investment enterprises and share-holding corporations Ltd. For government agencies, institutions and social organizations which are not requested to be registered in industrial and commercial administration agencies, they are classified mainly by their sources of funds and way of management.

State-owned Enterprises refer to

registered in accordance with the *Regulation of the Peoples Republic of China on the Management of Registration of Corporate Enterprises*. Excluded from this category are sole state-funded corporations in the limited liability corporations.

Collective-owned Enterprises refer to economic units where the assets are owned collectively and which have registered in accordance with the *Regulation of the Peoples Republic of China on the Management of Registration of Corporate Enterprises*.

Cooperative Enterprises refer to a form of collective economic units (enterprises) where capitals come mainly from employees as their shares, with certain proportion of capital from the outside, where production is organized on the basis of independent operation, independent accounting for profits and losses, joint work, democratic management, and a distribution system that integrates remuneration according to work with dividend according to capital share.

Joint Ownership Enterprises refer to economic units established by two or more corporate enterprises or corporate institutions of the same or different ownership, through joint investment on the basis of equality, voluntary participation and mutual benefits. They include state joint ownership enterprises, collective joint ownership enterprises, joint state-collective enterprises, other joint ownership enterprises.

Limited Liability Corporations refer to economic units established with investment from 2-50 investors and registered in accordance with the *Regulation of the Peoples Republic of China on the Management of Registration of Corporations*, each investor bearing limited liability to the corporation depending on its share of investment, and the corporation bearing liability to its debt to the maximum of its total assets. Limited liability corporations include exclusive state-funded limited liability corporations and other limited liability corporations.

Share-holding Corporations Ltd. refer to economic units registered in accordance with the *Regulation of the Peoples Republic of China on the Management of Registration of Corporations*, with total registered capitals divided into equal shares and raised through issuing stocks. Each investor bears limited liability to the corporation depending on the holding of shares, and the corporation bears liability to its debt to the maximum of its total assets.

Private Enterprises refer to profit-making economic units invested and established by natural persons, or controlled by natural persons using employed labour. Included in this category are private limited liability corporations, private share-holding corporations Ltd., private partnership enterprises and private-funded enterprises registered in accordance with the *Corporation Law, Partnership Enterprises Law and Interim Regulations on Private Enterprises*.

Other Domestic-funded Enterprises refer to domestic-funded economic units other than those mentioned above.

Joint-venture Enterprises with Funds from Hong Kong, Macau and Taiwan refer to enterprises jointly established by investors from Hong Kong, Macau and Taiwan with enterprises in the mainland of China in accordance with the *Law of the Peoples Republic of China on Sino-foreign Joint Venture Enterprises* and other relevant laws, where the share of investment, profits and risks is stipulated in the contract.

Cooperative Enterprises with Funds from Hong Kong Macau and Taiwan established by investors from Hong Kong, Macau and Taiwan with enterprises in the mainland of China in accordance with the *Law of the Peoples Republic of China on Sino-foreign Cooperative Enterprises* and other relevant laws, where the investment or provision of facilities, and the share of profits and risks is stipulated in the cooperative contract.

Enterprises with Sole (exclusive) Investment from Hong Kong, Macau and Taiwan refer to enterprises established in the mainland of China with exclusive investment from investors from Hong Kong, Macau and Taiwan in accordance with the *Law of the Peoples Republic of China on Foreign-Funded Enterprises* and other relevant laws.

Share-holding Corporations Ltd. with Investment from Hong Kong, Macau and Taiwan refer to share-holding corporations Ltd. established with the approval from the Ministry of Foreign Trades and Economic Relations in line with relevant state regulations, where the share of investment from Hong Kong, Macau or Taiwan businessmen exceeds 25% of the total registered capital of the corporation. In case the share of investment from Hong Kong, Macau or Taiwan is less than 25% of the total registered capital, the enterprise is to be classified as domestic-funded share-holding corporation Ltd.

Joint-venture Enterprises with Foreign Investment refer to enterprises jointly established by foreign enterprises or foreigners with enterprises in the mainland of China in accordance with the *Law of the Peoples Republic of China on Sino-foreign Joint Venture Enterprises* and other relevant laws, where the share of investment, profits and risks is stipulated in the contract.

Cooperation Enterprises with Foreign Investment refer to enterprises jointly established by foreign enterprises or foreigners with enterprises in the mainland of China in accordance with the *Law of the Peoples Republic of China on Sino-foreign Cooperative Enterprises* and other relevant laws,where the investment or provision of facilities, and the share of profits and risks is stipulated in the cooperative contract.

Enterprises with Sole (exclusive) Foreign Investment refer to enterprises established in the mainland of China with exclusive investment from foreign investors in accordance with the *Law of the Peoples Republic of China on Foreign-Funded Enterprises* and other relevant laws.

Share-holding Corporations Ltd. with Foreign Investment refer to share-holding corporations Ltd. established with the approval from the Ministry of Foreign Trades and Economic Relations in line with relevant state regulations, where the share of investment from foreign investors exceeds 25% of the total registered capital of the corporation. In case the share of foreign investment is less than 25% of the total registered capital, the enterprise is to be classified as domestic-funded share-holding corporation Ltd.

Government Agencies, Institutions and Social Organizations are classified into following categories by source of funds and way of management taking reference of the registration status of enterprises:

(1) Government Agencies: include state and party agencies, classified in principle as “state-owned”. There are exceptions, such as supply and marketing cooperatives which are classified as “collective”.

(2) Institutions: include institutions of various types established with the approval by organization and staffing departments of the government, but exclude institutions where enterprise management system is introduced. Institutions are further classified as follows:

(a) Institutions whose main budget is listed in the government budget appropriations or extra-budget funds, or allocated from the budget of their competent government agencies. Such institutions are classified as “state-owned”.

(b) Institutions whose budget mainly comes from collective units. Such institutions are classified as “collective”.

(c) Institutions other than those mentioned above whose source of budget is not clear. Such institutions are classified by way of management.

(3) Social Organizations: include social organizations established with the approval from the Ministry of Civil Affairs, and organizations that are not covered by social organization management regulations such as Trades unions, women’s federations etc.. Social organizations are further classified as follows:

(a) Social organizations that are not covered by social organization management regulations of the Ministry of Civil Affairs such as Trades unions, women’s federations, communist youth leagues, youth associations, industrial and commerce associations, scientists associations, overseas

Chinese associations, etc., foundations and fund management organizations established with funds from the state, and social organizations whose funds mainly come from the budget of their competent government agencies. Such institutions are classified as “state-owned”.

(b) Social organizations whose budget mainly comes from collective units. Such institutions are classified as “collective”.

(c) Social organizations established by individual or a group of citizens, which are classified as “private”.

(d) Social organizations other than those mentioned above whose source of budget is not clear. Such organizations are classified by manner of management.

第二篇　国民经济核算

Chapter 2　National Economy Accounting

资料整理：张凌远 孙晶洁

Database Editor: Zhanglingyuan Sunjingjie

简 要 说 明

本篇资料的主要内容及来源

国民经济核算篇主要包括福建省地区生产总值及其增长、结构、三次产业对经济增长的贡献等方面的资料。

1992 年及以后福建省地区生产总值的数据已按照国家统计局制定的统一方案，根据第四次经济普查结果进行了历史数据修订。

Brief Introduction

Main Content and Source of Data

Data in the chapter reflect the overall situation and development of economy on the macro level, including growth rate and components of GDP, share of the three industries to the increase of GDP.

Since 1992,Historical data of GDP were recompiled in accordance with the 4th economic census.

2-1 主要社会经济效益指标

Main Indicators on Economic Efficiency

项目 Item	2000	2005	2010	2015	2018
全员劳动生产率（元/人） Labor Productivity(yuan/person)	**21149**	**33686**	**71731**	**119890**	**173566**
总产出中间投入率（%） Ratio of Input to Total Output(%)	**62.0**	**61.3**	**61.9**	**65.0**	**62.1**
第一产业 Primary Industry	38.2	39.7	40.8	41.0	41.7
第二产业 Secondary Industry	73.5	71.9	71.5	74.6	72.3
第三产业 Tertiary Industy	45.2	40.3	41.3	41.8	41.7
按主要行业分 By Sector					
工业 Industry	73.9	72.0	72.1	75.4	73.4
建筑业 Construction	70.9	71.7	67.5	71.0	67.9
交通运输、仓储和邮政业 Transport,Storage and Post Services	47.2	46.9	55.5	59.5	57.9
批发和零售业 Wholesale,Retail Trade	44.0	23.0	26.9	30.9	34.8
增加值率（%） Value-added Rate(%)	**38.0**	**38.8**	**38.1**	**35.0**	**37.9**
第一产业 Primary Industry	61.8	60.4	59.2	59.0	58.3
第二产业 Secondary Industry	26.5	28.1	28.6	25.4	27.7
第三产业 Tertiary Industy	54.8	59.7	58.8	58.2	58.4
按主要行业分 By Sector					
工业 Industry	26.1	28.0	27.9	24.6	26.6
建筑业 Construction	29.1	28.3	32.5	29.0	32.1
交通运输、仓储和邮政业 Transport,Storage and Post Services	52.8	53.1	44.5	40.5	42.1
批发和零售业 Wholesale and Retail Trade	56.0	77.0	73.1	69.1	65.2

注：1.本表均按当年价格计算。2.全员劳动生产率数据根据第七次人口普查数据进行修订。

Note:a)Data in this table are caculated at current prices.b)the Data of Labor Productivity are adjusted according to the seventh population census.

2-2 地区生产总值

Gross Domestic Product

单位：亿元　　(100 million yuan)

年份 Year	地区生产总值 Gross Domestic Product	第一产业 Primary Industry	第二产业 Secondary Industry	第三产业 Tertiary Industy	工业 Industry	建筑业 Construction	人均GDP（元） Per Capita GDP (yuan)
1952	12.73	8.39	2.42	1.92	2.17	0.25	102
1957	22.03	12.31	5.20	4.52	4.23	0.97	154
1962	22.12	10.26	5.12	6.74	4.00	1.12	137
1965	28.81	13.48	8.31	7.02	6.55	1.76	166
1970	34.70	15.34	10.64	8.72	8.56	2.08	173
1975	46.48	19.43	17.81	9.24	14.29	3.52	203
1978	66.37	23.93	28.19	14.25	23.85	4.34	273
1979	74.11	27.97	31.37	14.77	26.20	5.17	300
1980	87.06	31.95	35.68	19.43	29.55	6.13	348
1981	105.62	39.30	39.75	26.57	33.16	6.59	416
1982	117.81	44.24	42.92	30.65	35.25	7.67	457
1983	127.76	47.27	46.05	34.44	37.76	8.29	487
1984	157.06	55.72	56.39	44.95	44.47	11.92	591
1985	200.48	68.13	72.56	59.79	62.09	10.47	737
1986	222.54	72.24	82.19	68.11	67.06	15.13	809
1987	279.24	89.24	101.28	88.72	82.69	18.59	999
1988	383.21	118.16	141.82	123.23	120.45	21.37	1349
1989	458.40	135.77	163.82	158.81	142.45	21.37	1589
1990	522.28	147.01	174.47	200.80	150.55	23.92	1763
1991	619.87	168.64	217.74	233.49	188.29	29.45	2041
1992	784.68	188.70	290.56	305.42	241.78	49.82	2533
1993	1114.20	246.25	454.15	413.80	381.95	73.84	3556
1994	1644.39	351.24	718.31	574.84	618.06	102.91	5193
1995	2094.90	449.77	879.12	766.01	748.92	133.42	6536
1996	2484.25	519.84	1022.88	941.53	875.50	151.14	7658
1997	2870.90	556.45	1210.34	1104.11	1039.62	175.19	8775
1998	3159.91	586.99	1330.18	1242.75	1132.79	202.26	9603
1999	3414.19	607.07	1429.01	1378.11	1230.22	204.08	10323
2000	3764.54	616.37	1622.33	1525.83	1422.34	206.11	11194
2001	4072.85	624.15	1796.68	1652.02	1586.48	217.02	11883
2002	4467.55	659.51	2029.19	1778.85	1808.95	228.02	12910
2003	4999.59	682.06	2329.67	1987.86	2059.30	279.24	14330
2004	5712.08	762.85	2738.71	2210.52	2422.22	326.91	16248
2005	6415.47	792.53	3095.92	2527.02	2744.68	363.03	18107
2006	7468.57	828.83	3629.68	3010.06	3189.45	453.94	20915
2007	9325.62	951.21	4521.78	3852.63	3956.44	582.36	25915
2008	10931.80	1096.10	5386.98	4448.72	4676.93	730.16	30153
2009	12418.09	1108.80	6129.07	5180.22	5218.63	932.88	33999
2010	15002.51	1269.87	7705.25	6027.39	6532.27	1201.07	40773
2011	17917.70	1492.21	9316.55	7108.94	7823.21	1526.98	47928
2012	20190.73	1628.94	10527.00	8034.79	8711.23	1853.23	52959
2013	22503.84	1745.18	11805.50	8953.16	9650.19	2196.81	58255
2014	24942.07	1855.85	13165.07	9921.15	10682.19	2528.81	63709
2015	26819.46	1932.84	13735.68	11150.94	11008.70	2774.37	67649
2016	29609.43	2145.10	14683.72	12780.61	11711.98	3022.46	74024
2017	33842.44	2215.12	16290.02	15337.30	12864.85	3481.15	83758
2018	38687.77	2379.02	18847.75	17461.00	14781.03	4131.38	94719
2019	42326.58	2595.53	20065.48	19665.57	15654.00	4482.03	102722
2020	43903.89	2732.32	20328.80	20842.78	15745.55	4654.13	105818

2-3 地区生产总值构成

Composition of Gross Domestic Product

单位：% (%)

年份 Year	地区生产总值 Gross Domestic Product	第一产业 Primary Industry	第二产业 Secondary Industry	第三产业 Tertiary Industy	工业 Industry	建筑业 Construction
1952	100.0	65.9	19.0	15.1	17.0	2.0
1957	100.0	55.9	23.6	20.5	19.2	4.4
1962	100.0	46.4	23.1	30.5	18.1	5.1
1965	100.0	46.8	28.8	24.4	22.8	6.1
1970	100.0	44.2	30.7	25.1	24.7	6.0
1975	100.0	41.8	38.3	19.9	30.7	7.6
1978	100.0	36.0	42.5	21.5	35.9	6.5
1979	100.0	37.8	42.3	19.9	35.4	7.0
1980	100.0	36.7	41.0	22.3	33.9	7.0
1981	100.0	37.2	37.6	25.2	31.4	6.2
1982	100.0	37.6	36.4	26.0	29.9	6.5
1983	100.0	37.0	36.0	27.0	29.6	6.5
1984	100.0	35.5	35.9	28.6	28.3	7.6
1985	100.0	34.0	36.2	29.8	31.0	5.2
1986	100.0	32.5	36.9	30.6	30.1	6.8
1987	100.0	31.9	36.3	31.8	29.6	6.7
1988	100.0	30.8	37.0	32.2	31.4	5.6
1989	100.0	29.6	35.7	34.7	31.1	4.7
1990	100.0	28.1	33.4	38.4	28.8	4.6
1991	100.0	27.2	35.1	37.7	30.4	4.8
1992	100.0	24.0	37.0	38.9	30.8	6.3
1993	100.0	22.1	40.8	37.1	34.3	6.6
1994	100.0	21.4	43.7	35.0	37.6	6.3
1995	100.0	21.5	42.0	36.6	35.7	6.4
1996	100.0	20.9	41.2	37.9	35.2	6.1
1997	100.0	19.4	42.2	38.5	36.2	6.1
1998	100.0	18.6	42.1	39.3	35.8	6.4
1999	100.0	17.8	41.9	40.4	36.0	6.0
2000	100.0	16.4	43.1	40.5	37.8	5.5
2001	100.0	15.3	44.1	40.6	39.0	5.3
2002	100.0	14.8	45.4	39.8	40.5	5.1
2003	100.0	13.6	46.6	39.8	41.2	5.6
2004	100.0	13.4	47.9	38.7	42.4	5.7
2005	100.0	12.4	48.3	39.4	42.8	5.7
2006	100.0	11.1	48.6	40.3	42.7	6.1
2007	100.0	10.2	48.5	41.3	42.4	6.2
2008	100.0	10.0	49.3	40.7	42.8	6.7
2009	100.0	8.9	49.4	41.7	42.0	7.5
2010	100.0	8.5	51.4	40.2	43.5	8.0
2011	100.0	8.3	52.0	39.7	43.7	8.5
2012	100.0	8.1	52.1	39.8	43.1	9.2
2013	100.0	7.8	52.5	39.8	42.9	9.8
2014	100.0	7.4	52.8	39.8	42.8	10.1
2015	100.0	7.2	51.2	41.6	41.0	10.3
2016	100.0	7.2	49.6	43.2	39.6	10.2
2017	100.0	6.5	48.1	45.3	38.0	10.3
2018	100.0	6.1	48.7	45.1	38.2	10.7
2019	100.0	6.1	47.4	46.5	37.0	10.6
2020	100.0	6.2	46.3	47.5	35.9	10.6

2-4 分行业地区生产总值

Gross Domestic Product by Sector

单位：亿元 (100 million yuan)

项目　Item	2000	2005	2010	2019	2020
地区生产总值 Gross Domestic Product	**3764.54**	**6415.47**	**15002.51**	**42326.58**	**43903.89**
第一产业 Primary Industry	616.37	792.53	1269.87	2595.53	2732.32
第二产业 Secondary Industry	1622.33	3095.92	7705.25	20065.48	20328.8
第三产业 Tertiary Industy	1525.83	2527.02	6027.39	19665.57	20842.78
按主要行业分 By Sector					
农、林、牧、渔业 Agriculture , Forestry , Animal Husbandry and Fishery	640.57	827.36	1317.45	2691.13	2833.33
工业 Industry	1422.34	2744.68	6532.27	15654.00	15745.55
采矿业 Mining and Quarrying		81.56	287.94	238.70	246.00
制造业 Manufacturing		2445.76	5885.09	14679.53	14747.50
电力、热力、燃气及水生产和供应业 Supply of Electric Power, Gas,Water		217.36	359.24	735.77	752.05
建筑业 Construction	206.11	363.03	1201.07	4482.03	4654.13
交通运输、仓储和邮政业 Transport, Storage and Post Services	348.32	435.33	846.83	1482.18	1497.31
信息传输、软件和信息技术服务业 Information Transmission, Software and Information Technology Services		180.05	315.50	961.41	1047.59
批发和零售业 Wholesale and Retail Trade	356.68	554.12	1464.87	4422.91	4667.6
住宿和餐饮业 Lodgings and Catering Services	67.70	117.22	286.33	655.59	614.44
金融业 Finance	118.85	180.53	742.19	3040.51	3418.36
房地产业 Real Estate	147.60	321.83	714.38	2697.75	2904.8
租赁和商务服务业 Rent and Business Services		79.86	237.82	1261.13	1339.46
科学研究和技术服务业 Scientific Reseach, Ploytechnic Services		37.18	105.86	557.30	596.95
水利、环境和公共设施管理业 Water Conservancy, Environment and Public Facilities Management		17.73	46.70	160.77	181.17
居民服务、修理和其他服务业 Resident Services,Repairing and Others		110.24	247.16	810.51	802.22
教育 Education		165.93	276.53	1175.30	1247.17
卫生和社会工作 Health Care, Social Ensure		65.98	170.92	557.71	586.21
文化、体育和娱乐业 Culture, Sports and Entertainment		44.55	103.89	340.26	330.00
公共管理、社会保障和社会组织 Public Management and Social Organizations		169.86	392.74	1376.09	1437.61

2-5 地区生产总值指数（上年=100）

Indices of Gross Domestic Product(preceding year=100)

单位：以上年为100 (preceding year=100)

年份 Year	地区生产总值 Gross Domestic Product	第一产业 Primary Industry	第二产业 Secondary Industry	第三产业 Tertiary Industy	工业 Industry	建筑业 Construction	人均GDP Per Capita GDP
1952	123.3	112.1	131.5	119.3	145.7	138.9	121.1
1957	106.7	109.5	95.3	117.3	124.2	50.4	103.0
1962	98.6	107.6	94.2	94.6	79.4	155.7	96.4
1965	110.9	111.5	120.3	100.4	126.2	101.2	107.5
1970	109.9	105.0	123.2	101.0	112.9	101.9	105.7
1975	102.9	100.5	106.6	101.1	108.7	98.2	100.5
1978	117.8	101.5	132.4	121.5	138.7	90.4	115.6
1979	105.5	104.9	109.7	99.0	107.0	137.4	103.9
1980	118.4	113.9	118.1	125.7	113.5	155.1	117.2
1981	115.5	108.5	110.3	136.3	113.8	91.0	114.0
1982	109.3	106.8	108.2	114.2	104.5	134.9	107.5
1983	106.2	104.7	107.3	106.5	107.4	106.7	104.4
1984	117.9	110.1	120.3	124.3	124.9	93.7	116.3
1985	117.6	105.3	123.3	123.5	124.2	115.8	114.9
1986	105.7	102.1	113.0	99.4	105.2	177.0	104.5
1987	113.6	110.5	110.0	121.9	117.1	75.4	111.8
1988	114.3	102.6	125.1	109.7	132.7	67.6	112.6
1989	107.8	109.7	104.9	110.7	108.5	51.2	106.1
1990	107.5	101.7	108.1	111.4	109.3	63.6	104.7
1991	114.2	109.1	122.0	111.5	123.7	111.2	111.4
1992	120.3	110.5	128.5	120.0	126.8	140.6	119.0
1993	122.6	109.4	135.5	118.1	139.1	112.8	121.2
1994	120.3	109.3	132.4	113.0	133.8	122.0	119.0
1995	114.6	109.5	117.1	114.1	116.2	125.2	113.2
1996	113.3	108.8	114.2	114.5	115.0	107.6	111.9
1997	114.0	108.0	116.0	114.4	116.3	113.4	113.0
1998	110.8	106.7	112.3	110.7	112.4	111.6	110.2
1999	109.9	105.7	111.3	109.8	112.4	101.9	109.3
2000	109.3	102.6	111.0	109.9	112.1	100.4	107.5
2001	108.7	103.5	110.2	109.3	110.8	105.6	106.7
2002	110.2	102.7	113.8	109.1	115.1	104.2	109.1
2003	111.5	103.3	115.6	109.8	115.4	117.7	110.6
2004	111.4	104.4	115.7	108.7	116.3	111.4	110.6
2005	111.6	102.7	112.3	113.6	112.4	111.6	110.7
2006	114.9	100.8	116.8	116.9	116.1	121.5	114.0
2007	115.1	102.9	118.2	114.5	118.4	116.4	114.2
2008	112.9	104.1	115.2	112.2	115.1	115.6	112.1
2009	112.3	103.3	113.9	112.3	113.2	118.8	111.5
2010	113.9	103.1	118.2	110.6	118.0	119.3	113.1
2011	112.3	103.1	116.3	109.2	116.9	113.3	110.6
2012	111.5	103.8	114.4	109.2	113.9	117.3	109.4
2013	111.0	103.1	113.2	109.3	112.8	115.1	109.5
2014	109.9	103.6	111.9	108.1	112.1	111.0	108.5
2015	108.9	103.2	108.7	110.1	108.5	110.0	107.5
2016	108.4	103.0	107.2	111.0	107.2	107.0	107.5
2017	108.1	103.7	107.2	110.0	108.0	104.1	107.1
2018	108.3	103.4	108.8	108.6	109.2	106.9	107.2
2019	107.5	103.5	105.4	110.4	105.2	106.4	106.5
2020	103.3	103.1	102.5	104.1	101.7	105.8	102.5

2-6 地区生产总值指数（1952年=100）

Indices of Gross Domestic Product(year of 1952=100)

单位：以1952年为100　　(year of 1952=100)

年份 Year	地区生产总值 Gross Domestic Product	第一产业 Primary Industry	第二产业 Secondary Industry	第三产业 Tertiary Industy	工业 Industry	建筑业 Construction	人均GDP Per Capita GDP
1952	100.0	100.0	100.0	100.0	100.0	100.0	100.0
1957	172.0	137.1	226.0	233.3	200.7	452.0	150.0
1962	159.8	86.4	259.5	317.5	193.1	885.4	122.3
1965	215.1	132.1	363.8	348.9	319.7	759.5	153.2
1970	255.9	146.5	480.3	400.0	425.5	969.2	157.4
1975	331.5	171.0	810.3	423.9	723.4	1495.8	179.7
1978	451.2	188.5	1207.1	698.2	1197.8	1095.1	229.5
1979	476.1	197.7	1324.7	690.9	1282.1	1505.1	238.3
1980	563.9	225.3	1564.4	868.4	1455.1	2334.6	279.3
1981	651.1	244.4	1725.4	1183.8	1655.8	2124.0	318.2
1982	711.6	261.1	1866.4	1351.6	1731.0	2865.6	342.1
1983	755.3	273.2	2002.4	1439.1	1858.8	3057.8	357.2
1984	890.7	300.8	2408.9	1788.3	2321.9	2865.6	415.3
1985	1047.5	316.7	2968.2	2207.8	2884.7	3318.8	477.4
1986	1107.3	323.4	3354.0	2194.6	3033.9	5873.0	498.8
1987	1257.9	357.5	3689.9	2674.7	3554.0	4426.5	557.7
1988	1437.6	366.7	4616.0	2933.4	4716.4	2993.7	627.7
1989	1549.3	402.3	4842.1	3246.6	5118.2	1533.5	665.9
1990	1665.8	409.0	5233.3	3615.6	5595.3	975.0	696.9
1991	1902.8	446.1	6384.1	4030.9	6919.7	1084.3	776.4
1992	2288.8	492.8	8205.4	4835.4	8776.3	1524.9	924.1
1993	2806.1	539.1	11118.3	5710.6	12207.8	1720.1	1120.0
1994	3375.7	589.3	14720.7	6453.0	16334.1	2098.5	1332.8
1995	3868.6	645.2	17237.9	7362.9	18980.2	2627.3	1508.7
1996	4383.1	702.0	19685.7	8430.5	21827.2	2827.0	1688.3
1997	4996.7	758.2	22835.4	9644.5	25385.1	3205.8	1907.8
1998	5536.3	809.0	25644.1	10676.4	28532.8	3577.7	2102.4
1999	6084.4	855.1	28541.9	11722.7	32070.9	3645.7	2297.9
2000	6650.3	877.3	31681.5	12883.3	35951.5	3660.3	2470.2
2001	7228.9	908.0	34913.0	14081.4	39834.2	3865.2	2635.7
2002	7966.2	932.6	39731.0	15362.8	45849.2	4027.6	2875.6
2003	8882.3	963.3	45929.1	16868.4	52910.0	4740.5	3180.4
2004	9894.9	1005.7	53139.9	18335.9	61534.3	5280.9	3517.5
2005	11042.7	1032.9	59676.1	20829.6	69164.5	5893.4	3893.9
2006	12688.1	1041.1	69701.7	24349.8	80300.0	7160.5	4439.0
2007	14604.0	1071.3	82387.4	27880.5	95075.2	8334.9	5069.3
2008	16487.9	1115.2	94910.3	31281.9	109431.6	9635.1	5682.7
2009	18515.9	1152.0	108102.9	35129.6	123876.6	11446.5	6336.2
2010	21089.6	1187.8	127777.6	38853.3	146174.4	13655.7	7166.3
2011	23683.7	1224.6	148605.3	42427.9	170877.8	15471.9	7925.9
2012	26407.3	1271.1	170004.5	46331.3	194629.8	18148.5	8670.9
2013	29312.1	1310.5	192445.1	50640.1	219542.4	20888.9	9494.6
2014	32214.0	1357.7	215346.1	54741.9	246107.0	23186.7	10301.6
2015	35081.0	1401.1	234081.2	60270.8	267026.1	25505.4	11074.2
2016	38027.8	1443.1	250935.0	66900.6	286252.0	27290.8	11904.8
2017	41108.1	1496.5	269002.3	73590.7	309152.2	28409.7	12750.0
2018	44520.1	1547.4	292674.5	79919.5	337594.2	30370.0	13668.0
2019	47859.1	1601.6	308478.9	88231.1	355149.1	32313.7	14556.4
2020	49438.5	1651.2	316190.9	91848.6	361186.6	34187.9	14920.3

2-7 三次产业对经济增长的贡献及拉动

Contribution of the Three Strata of Industry to GDP Growth

单位：% (%)

年份 Year	贡献率 Contribution Share				地区生产总值增长率 Gross Domestic Product Growth Rate	拉动（百分点） Contribution(percentage point)			
	第一产业 Primary Industry	第二产业 Secondary Industry	第三产业 Tertiary Industry	工业 Industry		第一产业 Primary Industry	第二产业 Secondary Industry	第三产业 Tertiary Industry	工业 Industry
1980	25.1	43.2	31.7	28.6	18.4	4.6	8.0	5.8	5.3
1981	20.6	26.6	52.8	29.9	15.5	3.2	4.1	8.2	4.6
1982	26.0	33.5	40.5	16.3	9.3	2.4	3.1	3.8	1.5
1983	26.1	44.7	29.2	38.6	6.2	1.6	2.8	1.8	2.4
1984	19.2	43.1	37.7	45.1	17.9	3.4	7.7	6.8	8.1
1985	9.5	51.4	39.1	47.3	17.6	1.7	9.0	6.9	8.3
1986	10.4	92.8	-3.2	32.9	5.7	0.6	5.3	-0.2	1.9
1987	21.3	32.1	46.6	45.6	13.6	2.9	4.4	6.3	6.2
1988	4.9	74.1	21.0	85.3	14.3	0.7	10.6	3.0	12.2
1989	29.9	29.1	41.0	47.4	7.8	2.3	2.3	3.2	3.7
1990	5.4	48.3	46.3	55.0	7.7	0.4	3.6	3.5	4.1
1991	19.0	50.9	30.1	47.4	14.4	2.7	7.2	4.3	6.7
1992	14.7	49.5	35.8	40.8	20.3	3.0	10.0	7.3	8.3
1993	9.8	59.2	31.0	56.5	22.6	2.2	13.4	7.0	12.8
1994	9.7	66.5	23.8	61.6	20.3	2.0	13.5	4.8	12.5
1995	12.5	53.8	33.8	45.6	14.6	1.8	7.9	4.9	6.7
1996	12.1	50.0	37.9	47.2	13.3	1.6	6.7	5.0	6.3
1997	10.0	53.9	36.1	49.2	14.0	1.4	7.5	5.1	6.9
1998	10.3	54.6	35.0	49.4	10.8	1.1	5.9	3.8	5.3
1999	9.2	55.7	35.0	55.0	9.9	0.9	5.5	3.5	5.4
2000	4.3	58.3	37.4	58.3	9.3	0.4	5.4	3.5	5.4
2001	6.5	50.3	43.2	47.0	8.7	0.6	4.4	3.8	4.1
2002	4.1	59.2	36.6	57.3	10.2	0.4	6.0	3.7	5.8
2003	4.2	61.4	34.5	53.9	11.5	0.5	7.1	4.0	6.2
2004	5.2	64.6	30.2	59.6	11.4	0.6	7.4	3.4	6.8
2005	2.9	51.6	45.5	46.5	11.6	0.3	6.0	5.3	5.4
2006	0.6	54.5	44.9	46.5	14.9	0.1	8.1	6.7	6.9
2007	2.1	59.3	38.6	53.0	15.1	0.3	9.0	5.8	8.0
2008	3.1	59.2	37.7	52.1	12.9	0.4	7.6	4.9	6.7
2009	2.4	58.1	39.6	48.8	12.3	0.3	7.1	4.9	6.0
2010	1.8	68.0	30.2	59.2	13.9	0.3	9.5	4.2	8.2
2011	2.1	68.0	29.9	59.6	12.3	0.3	8.4	3.7	7.3
2012	2.5	66.5	31.0	54.6	11.5	0.3	7.6	3.6	6.3
2013	2.0	65.5	32.5	54.0	11.0	0.2	7.2	3.6	5.9
2014	2.4	66.9	30.7	57.3	9.9	0.2	6.6	3.0	5.7
2015	2.3	55.6	42.2	45.8	8.9	0.2	4.9	3.8	4.1
2016	2.5	43.4	54.1	35.0	8.4	0.2	3.6	4.5	2.9
2017	3.1	44.6	52.3	39.6	8.1	0.3	3.6	4.2	3.2
2018	2.7	52.6	44.7	44.7	8.3	0.2	4.4	3.7	3.7
2019	2.9	36.4	60.7	28.3	7.5	0.2	2.7	4.6	2.1
2020	5.7	37.7	56.6	20.7	3.3	0.2	1.2	1.9	0.7

2-8 按收入法计算的地区生产总值

Gross Domestic Product by Income Approach

单位：亿元　　(100 million yuan)

年份 Year	地区生产总值 Gross Domestic Product	劳动者报酬 Compensation of Employees	生产税净额 Net Taxes on Production	固定资产折旧 Depreciation of Fixed Assets	营业盈余 Operating Surplus	占地区生产总值比重（%）Ratio(%) 劳动者报酬 Compensation of Employees	生产税净额 Net Taxes on Production	固定资产折旧 Depreciation of Fixed Assets	营业盈余 Operating Surplus
1978	66.37	42.16	7.07	5.85	11.29	63.5	10.7	8.8	17.0
1979	74.11	47.78	7.75	6.48	12.10	64.5	10.5	8.7	16.3
1980	87.06	55.96	8.97	7.55	14.58	64.3	10.3	8.7	16.7
1981	105.62	68.13	10.45	9.22	17.82	64.5	9.9	8.7	16.9
1982	117.81	76.46	11.34	10.21	19.80	64.9	9.6	8.7	16.8
1983	127.76	82.74	12.24	11.12	21.66	64.8	9.6	8.7	17.0
1984	157.06	101.47	14.80	13.84	26.95	64.6	9.4	8.8	17.2
1985	200.48	126.06	19.89	18.38	36.15	62.9	9.9	9.2	18.0
1986	222.54	139.73	21.78	20.54	40.49	62.8	9.8	9.2	18.2
1987	279.24	175.22	27.25	25.84	50.93	62.7	9.8	9.3	18.2
1988	383.21	241.25	39.27	35.49	67.20	63.0	10.2	9.3	17.5
1989	458.40	281.50	46.73	43.13	87.04	61.4	10.2	9.4	19.0
1990	522.28	322.04	50.90	51.24	98.10	61.7	9.7	9.8	18.8
1991	619.87	376.87	62.25	63.31	117.44	60.8	10.0	10.2	18.9
1992	784.68	423.94	70.30	87.01	203.43	54.0	9.0	11.1	25.9
1993	1114.20	576.48	121.21	103.45	313.06	51.7	10.9	9.3	28.1
1994	1644.39	858.45	171.81	178.81	435.33	52.2	10.4	10.9	26.5
1995	2094.90	1094.20	211.90	237.18	551.63	52.2	10.1	11.3	26.3
1996	2484.25	1311.17	237.22	291.85	644.00	52.8	9.5	11.7	25.9
1997	2870.90	1507.84	288.60	344.54	729.92	52.5	10.1	12.0	25.4
1998	3159.91	1652.74	320.90	383.87	802.40	52.3	10.2	12.1	25.4
1999	3414.19	1688.61	335.12	431.62	958.85	49.5	9.8	12.6	28.1
2000	3764.54	1835.51	361.92	502.41	1064.70	48.8	9.6	13.3	28.3
2001	4072.85	2008.75	395.85	561.56	1106.69	49.3	9.7	13.8	27.2
2002	4467.55	2188.96	466.07	646.12	1166.40	49.0	10.4	14.5	26.1
2003	4999.59	2248.49	667.47	605.60	1478.03	45.0	13.4	12.1	29.6
2004	5712.08	2542.52	759.03	703.49	1707.04	44.5	13.3	12.3	29.9
2005	6415.47	2870.91	824.43	899.17	1820.96	44.7	12.9	14.0	28.4
2006	7468.57	3330.79	966.38	981.57	2189.84	44.6	12.9	13.1	29.3
2007	9325.62	4082.61	1273.04	1095.24	2874.73	43.8	13.7	11.7	30.8
2008	10931.80	5802.55	1295.52	1356.17	2477.56	53.1	11.9	12.4	22.7
2009	12418.09	6633.42	1483.13	1470.66	2830.87	53.4	11.9	11.8	22.8
2010	15002.51	7576.97	1790.95	1623.59	4011.00	50.5	11.9	10.8	26.7
2011	17917.70	8953.11	2209.26	1892.74	4862.58	50.0	12.3	10.6	27.1
2012	20190.73	10259.51	2725.27	2190.35	5015.59	50.8	13.5	10.8	24.8
2013	22503.84	11663.06	2967.55	2340.36	5532.87	51.8	13.2	10.4	24.6
2014	24942.07	13084.03	3520.22	2619.74	5718.09	52.5	14.1	10.5	22.9
2015	26819.46	14606.66	3639.92	2990.69	5582.19	54.5	13.6	11.2	20.8
2016	29609.43	16300.08	3583.90	3165.68	6559.77	55.1	12.1	10.7	22.2
2017	33842.44	18497.50	3808.55	3365.72	8170.68	54.7	11.3	9.9	24.1
2018	38687.77	20515.33	4204.66	4272.15	9695.63	53.0	10.9	11.0	25.1

2-9 第三产业增加值

Value-added of the Tertiary Industry

单位：亿元 (100 million yuan)

年份 Year	第三产业 Tertiary Industy	#批发和零售业 Wholesale and Retail Trade	#交通运输、仓储和邮政业 Transport, Storage and Post Services	#金融业 Finance	#房地产业 Real Estate
1952	1.92	1.00	0.27		
1957	4.52	2.21	0.64		
1962	6.74	2.29	0.88		
1965	7.02	1.57	1.10		
1970	8.72	2.23	1.47		
1975	9.24	1.15	1.85		
1978	14.25	3.47	3.35	3.01	0.69
1979	14.77	3.29	3.32	3.08	0.81
1980	19.43	5.08	4.40	4.03	0.92
1981	26.57	7.01	6.01	5.49	1.26
1982	30.65	8.12	6.85	6.34	1.46
1983	34.44	9.38	7.29	7.19	1.65
1984	44.95	11.82	9.69	9.48	2.18
1985	59.79	15.17	12.35	13.00	2.98
1986	68.11	16.53	14.54	14.98	3.43
1987	88.72	23.14	19.37	18.71	4.29
1988	123.23	40.58	32.50	17.40	4.40
1989	158.81	41.31	42.60	29.06	5.23
1990	200.80	49.53	48.56	34.40	8.31
1991	233.49	60.46	55.05	40.52	12.50
1992	305.42	71.17	60.09	48.34	18.89
1993	413.80	103.66	84.37	53.76	33.66
1994	574.84	131.28	114.38	90.76	52.70
1995	766.01	181.50	160.66	93.76	71.37
1996	941.53	229.70	199.36	105.58	83.47
1997	1104.11	273.66	240.35	109.07	93.27
1998	1242.75	304.92	276.85	114.01	105.50
1999	1378.11	326.17	310.87	113.40	126.22
2000	1525.83	356.68	348.32	118.85	147.60
2001	1652.02	383.89	364.80	124.84	165.31
2002	1778.85	416.38	379.09	138.28	188.09
2003	1987.86	464.76	408.85	149.94	215.63
2004	2210.52	515.89	412.54	168.30	244.52
2005	2527.02	554.12	435.33	180.53	321.83
2006	3010.06	626.07	510.94	238.19	425.01
2007	3852.63	772.25	631.40	387.41	513.57
2008	4448.72	921.91	729.46	465.69	533.73
2009	5180.22	1127.55	778.27	569.89	656.58
2010	6027.39	1464.87	846.83	742.19	714.38
2011	7108.94	1776.18	885.84	889.34	942.21
2012	8034.79	2025.75	943.01	1130.26	1064.95
2013	8953.16	2256.55	979.59	1411.50	1108.78
2014	9921.15	2531.31	1037.93	1605.90	1184.69
2015	11150.94	2747.38	1110.20	1852.64	1258.60
2016	12780.61	3043.35	1184.67	2082.39	1508.06
2017	15337.30	3426.45	1309.33	2343.43	2155.67
2018	17461.00	3891.85	1376.22	2581.10	2435.96
2019	19665.57	4422.91	1482.18	3040.51	2697.75
2020	20842.78	4667.60	1497.31	3418.36	2904.80

2-10 第三产业增加值构成

Composition of Value-added of the Tertiary Industry

单位：%　　(%)

年份 Year	第三产业 Tertiary Industy	#批发和零售业 Wholesale and Retail Trade	#交通运输、仓储和邮政业 Transport,Storage and Post	#金融业 Finance	#房地产业 Real Estate
1978	100.0	23.5	24.4	21.1	4.8
1979	100.0	22.5	22.3	20.9	5.5
1980	100.0	22.6	26.1	20.7	4.7
1981	100.0	22.6	26.4	20.7	4.7
1982	100.0	22.3	26.5	20.7	4.8
1983	100.0	21.2	27.2	20.9	4.8
1984	100.0	21.6	26.3	21.1	4.8
1985	100.0	20.7	25.4	21.7	5.0
1986	100.0	21.3	24.3	22.0	5.0
1987	100.0	21.8	26.1	21.1	4.8
1988	100.0	26.4	32.9	14.1	3.6
1989	100.0	26.8	26.0	18.3	3.3
1990	100.0	24.2	24.7	17.1	4.1
1991	100.0	23.6	25.9	17.4	5.4
1992	100.0	23.3	19.7	15.8	6.2
1993	100.0	25.1	20.4	13.0	8.1
1994	100.0	22.8	19.9	15.8	9.2
1995	100.0	23.7	21.0	12.2	9.3
1996	100.0	24.4	21.2	11.2	8.9
1997	100.0	24.8	21.8	9.9	8.4
1998	100.0	24.5	22.3	9.2	8.5
1999	100.0	23.7	22.6	8.2	9.2
2000	100.0	23.4	22.8	7.8	9.7
2001	100.0	23.2	22.1	7.6	10.0
2002	100.0	23.4	21.3	7.8	10.6
2003	100.0	23.4	20.6	7.5	10.8
2004	100.0	23.3	18.7	7.6	11.1
2005	100.0	21.9	17.2	7.1	12.7
2006	100.0	20.8	17.0	7.9	14.1
2007	100.0	20.0	16.4	10.1	13.3
2008	100.0	20.7	16.4	10.5	12.0
2009	100.0	21.8	15.0	11.0	12.7
2010	100.0	24.3	14.0	12.3	11.9
2011	100.0	25.0	12.5	12.5	13.3
2012	100.0	25.2	11.7	14.1	13.3
2013	100.0	25.2	10.9	15.8	12.4
2014	100.0	25.5	10.5	16.2	11.9
2015	100.0	24.6	10.0	16.6	11.3
2016	100.0	23.8	9.3	16.3	11.8
2017	100.0	22.3	8.5	15.3	14.1
2018	100.0	22.3	7.9	14.8	14.0
2019	100.0	22.5	7.5	15.5	13.7
2020	100.0	22.4	7.2	16.4	13.9

2-11 第三产业增加值指数（上年=100）

Indices of Value-added of the Tertiary Industry(preceding year=100)

单位：以上年为100 (preceding year=100)

年份 Year	第三产业 Tertiary Industy	#交通运输、仓储和邮政业 Transport,Storage and Post	#批发和零售业 Wholesale and Retail Trade	#金融业 Finance	#房地产业 Real Estate
1979	99.0	93.8	86.8	100.0	114.3
1980	125.7	132.5	143.7	124.5	108.0
1981	136.3	136.4	136.4	136.2	136.8
1982	114.2	114.2	114.1	114.1	114.6
1983	106.5	106.4	106.4	106.5	106.0
1984	124.3	124.3	124.2	124.3	124.7
1985	123.5	123.5	123.5	123.4	123.4
1986	99.4	100.5	96.7	100.1	100.0
1987	121.9	120.4	125.2	121.0	121.0
1988	109.7	135.7	129.5	76.1	84.0
1989	110.7	110.2	90.8	140.2	99.6
1990	111.4	98.2	110.4	103.1	138.2
1991	111.5	107.2	116.7	113.8	145.4
1992	120.0	120.1	127.1	113.5	139.2
1993	118.1	121.2	121.7	99.1	164.5
1994	113.0	110.5	108.4	122.8	115.3
1995	114.1	126.4	120.8	99.9	117.2
1996	114.5	118.6	118.6	104.5	108.7
1997	114.4	118.9	117.9	104.6	109.1
1998	110.7	116.0	114.8	102.4	103.7
1999	109.8	114.2	111.1	97.8	116.4
2000	109.9	111.1	110.5	106.0	116.8
2001	109.3	107.2	109.8	106.5	113.1
2002	109.1	104.7	109.3	110.9	112.4
2003	109.8	108.3	111.5	107.8	112.5
2004	108.7	108.8	111.4	109.8	108.7
2005	113.6	106.6	108.6	107.4	130.3
2006	116.9	112.7	111.9	129.5	126.2
2007	114.5	110.0	112.6	121.7	110.2
2008	112.2	108.1	110.5	118.1	99.9
2009	112.3	104.9	116.1	122.5	112.7
2010	110.6	111.6	114.7	115.0	103.0
2011	109.2	105.2	109.3	110.5	109.2
2012	109.2	107.4	106.7	121.7	107.6
2013	109.3	108.2	107.6	116.1	103.7
2014	108.1	110.8	107.3	114.4	99.0
2015	110.1	108.7	106.4	113.1	106.3
2016	111.0	107.3	107.0	110.0	108.4
2017	110.0	108.4	107.6	106.7	107.7
2018	108.6	105.0	106.9	103.3	107.0
2019	110.4	109.3	112.3	116.7	109.1
2020	104.1	104.8	105.3	106.4	103.0

2-12 第三产业增加值指数（1978年=100）

Indices of Value-added of the Tertiary Industry(year of 1978=100)

单位：以1978年为100 (year of 1978=100)

年份 Year	第三产业 Tertiary Industy	#批发和零售业 Wholesale and Retail Trade	#交通运输、仓储和邮政业 Transport,Storage and Post	#金融业 Finance	#房地产业 Real Estate
1979	99.0	86.8	93.8	100.0	114.3
1980	124.4	124.7	124.3	124.5	123.4
1981	169.6	170.1	169.5	169.6	168.9
1982	193.7	194.1	193.6	193.5	193.5
1983	206.3	206.5	206.0	206.1	205.1
1984	256.4	256.5	256.0	256.1	255.8
1985	316.7	316.8	316.2	316.1	315.7
1986	314.8	306.4	317.8	316.4	315.7
1987	383.7	383.6	382.6	382.8	382.0
1988	420.9	496.7	519.2	291.3	320.8
1989	466.0	451.0	572.2	408.4	319.6
1990	519.1	498.1	562.0	421.1	441.6
1991	578.8	581.4	602.4	479.4	642.0
1992	694.6	738.9	723.4	543.9	893.9
1993	820.3	899.2	876.8	539.0	1470.5
1994	927.0	974.8	968.8	661.9	1695.4
1995	1057.7	1177.5	1224.6	661.2	1987.1
1996	1211.0	1396.6	1452.4	691.0	2159.9
1997	1385.4	1646.5	1726.9	722.8	2356.5
1998	1533.7	1890.2	2003.2	740.1	2443.7
1999	1684.0	2100.0	2287.6	723.8	2844.4
2000	1850.7	2320.5	2541.5	767.3	3322.3
2001	2022.8	2548.0	2724.5	817.1	3757.5
2002	2206.9	2784.9	2852.6	906.2	4223.5
2003	2423.1	3105.2	3089.3	976.9	4751.4
2004	2633.9	3459.2	3361.2	1072.6	5164.8
2005	2992.1	3756.7	3583.0	1152.0	6729.7
2006	3497.8	4203.7	4038.1	1491.9	8492.9
2007	4005.0	4733.4	4441.9	1815.6	9359.2
2008	4493.6	5230.4	4801.7	2144.2	9349.8
2009	5046.3	6072.5	5037.0	2626.6	10537.2
2010	5581.2	6965.1	5621.3	3020.6	10853.3
2011	6094.7	7612.9	5913.6	3337.8	11851.9
2012	6655.4	8122.9	6351.2	4062.1	12752.6
2013	7274.4	8740.3	6872.0	4716.1	13224.4
2014	7863.6	9378.3	7614.1	5395.2	13092.2
2015	8657.8	9978.5	8276.6	6102.0	13917.0
2016	9610.2	10677.0	8880.7	6712.2	15086.0
2017	10571.2	11488.5	9626.7	7161.9	16247.7
2018	11480.3	12281.2	10108.1	7398.3	17385.0
2019	12674.3	13791.8	11048.1	8633.8	18967.0
2020	13193.9	14522.7	11578.4	9186.4	19536.0

主要统计指标解释

国内生产总值(GDP)　指按市场价格计算的一个国家(或地区)所有常住单位在一定时期内生产活动的最终成果。国内生产总值有三种表现形态，即价值形态、收入形态和产品形态。从价值形态看，它是所有常住单位在一定时期内生产的全部货物和服务价值超过同期投入的全部非固定资产货物和服务价值的差额，即所有常住单位的增加值之和；从收入形态看，它是所有常住单位在一定时期内创造并分配给常住单位和非常住单位的初次收入之和；从产品形态看，它是所有常住单位在一定时期内最终使用的货物和服务价值减去货物和服务进口价值。在实际核算中，国内生产总值有三种计算方法，即生产法、收入法和支出法。三种方法分别从不同的方面反映国内生产总值及其构成。

对于一个地区来说，称为地区生产总值或地区GDP。

三次产业　三次产业的划分是世界上较为常用的产业结构分类，但各国的划分不尽一致。我国的三次产业划分是：

第一产业是指农、林、牧、渔业。

第二产业是指采矿业，制造业，电力、煤气及水的生产和供应业，建筑业。

第三产业是指除第一、二产业以外的其他行业。

劳动者报酬　指劳动者因从事生产活动所获得的全部报酬。包括劳动者获得的各种形式的工资、奖金和津贴，既包括货币形式的，也包括实物形式的，还包括劳动者所享受的公费医疗和医药卫生费、上下班交通补贴、单位支付的社会保险费、住房公积金等。对于个体经济来说，其所有者所获得的劳动报酬和经营利润不易区分，这两部分统一作为劳动者报酬处理。

生产税净额　指生产税减生产补贴后的余额。生产税指政府对生产单位从事生产、销售和经营活动以及因从事生产活动使用某些生产要素(如固定资产、土地、劳动力)所征收的各种税、附加费和规费。生产补贴与生产税相反，指政府对生产单位的单方面转移支出，因此视为负生产税，包括政策亏损补贴、价格补贴等。

固定资产折旧　指一定时期内为弥补固定资产损耗按照规定的固定资产折旧率提取的固定资产折旧，或按国民经济核算统一规定的折旧率虚拟计算的固定资产折旧。它反映了固定资产在当期生产中的转移价值。各类企业和企业化管理的事业单位的固定资产折旧是指实际计提的折旧费；不计提折旧的政府机关、非企业化管理的事业单位和居民住房的固定资产折旧是按照统一规定的折旧率和固定资产原值计算的虚拟折旧。原则上，固定资产折旧应按固定资产当期的重置价值计算，但是目前我国尚不具备对全社会固定资产进行重估价的基础，所以暂时只能采用上述办法。

营业盈余　指常住单位创造的增加值扣除劳动者报酬、生产税净额和固定资产折旧后的余额。它相当于企业的营业利润加上生产补贴，但要扣除从利润中开支的工资和福利等。

支出法国内生产总值　是从最终使用的角度反映一个国家(或地区)一定时期内生产活动最终成果的一种方法，包括最终消费、资本形成总额及货物和服务净出口三部分。计算公式为：

支出法国内生产总值=最终消费+资本形成总额+货物和服务净出口

最终消费　指常住单位为满足物质、文化和精神生活的需要，从本国经济领土和国外购买的货物和服务的支出。它不包括非常住单位在本国经济领土内的消费支出。最终消费分为居民消费和政府消费。

居民消费　指常住住户在一定时期内对于货物和服务的全部最终消费支出。居民消费除了直接以货币形式购买的货物和服务的消费支出外，还包括以其他方式获得的货物和服务的消费支出，即所谓的虚拟消费支出。居民虚拟消费支出包括如下几种类型：单位以实物报酬及实物转移的形式提供给劳动者的货物和服务；住户生产并由本住户消费了的货物和服务，其中的服务仅指住户的自有住房服务和付酬的家庭雇员提供的家庭和个人服务；金融机构提供的金融媒介服务；保险公司提供的保险服务。

政府消费　指政府部门为全社会提供的公共服务的消费支出和免费或以较低的价格向居民住户提供的货物和服务的净支出，前者等于政府服务的产出价值减去政府单位所获得的经营收入的价值，后者等于政府部门免费或以较低价格向居民住户提供的货物和服务的市场价值减去向住户收取的价值。

资本形成总额　指常住单位在一定时期内获得减去处置的固定资产和存货的净额，包括固定资本形成总额和存货增加两部分。

固定资本形成总额　指生产者在一定时期内获得的固定资产减处置的固定资产的价值总额。固定资产是通过生产活动生产出来的，且其使用年限在一年以上、单位价值在规定标准以上的资产，不包括自然资产。可分为有形固定资本形成总额和无形固定资本形成总额。有形固定资本形成总额包括一定时期内完成的建筑工程、安装工程和设备工器具购置(减处置)价值，以及土地改良、新增役、种、奶、毛、娱乐用牲畜和新增经济林木价值。无形固定资本形成总额包括矿藏的勘探、计算机软件等获得减处置。

存货增加　指常住单位在一定时期内存货实物量变动的市场价值，即期末价值减期初价值的差额，再扣除当期由于价格变动而产生的持有收益。存货增加可以是正值，也可以是负值，正值表示存货上升，负值表示存货下降。存货包括生产单位购进的原材料、燃料和储备物资等存货，以及生产单位生产的产成品、在制品和半成品等存货。

货物和服务净出口　指货物和服务出口减货物和服务进口的差额。出口包括常住单位向非常住单位出售或无偿转让的各种货物和服务的价值；进口包括常住单位从非常住单位购买或无偿得到的各种货物和服务的价值。由于服务活动的提供与使用同时发生，一般把常住单位从非常住单位得到的服务作为进口，非常住单位从常住单位得到的服务作为出口。货物的出口和进口都按离岸价格计算。

Explanatory Notes on Main Statistical Indicators

Gross Domestic Product (GDP) refers to the final products at market prices produced by all resident units in a country (or a region) during a certain period of time. Gross domestic product is expressed in three different forms, i.e. value, income, and products respectively. GDP in its value form refers to the total value of all goods and services produced by all resident units during a certain period of time, minus the total value of input of goods and services of the nature of non-fixed assets; in other term, it is the sum of the value-added of all resident units. GDP in the form of income includes the income created by all resident units and distributed to resident and non-resident units. GDP in the form of products refers to the value of all goods and services for final consumption by all resident units minus the imports of goods and services during a given period of time. In the practice of national accounting, gross domestic product is calculated with three approaches, i.e. production approach, income approach and expenditure approach, which reflect gross domestic product and its composition from different aspects.

For a Region, Gross Domestic Product. is called Region GDP.

Three Industries Classification of economic activities into three branches of industries is a common practice in the world, although the grouping varies to some extent form country to country. In China economic activities are categorized into following industries:

Primary industry: refers to agriculture, forestry, animal husbandry and fishery.

Secondary industry: refers to mining and quarrying, manufacturing, production and supply of electricity, water and gas, and construction.

Tertiary industry: refers to all other economic activities not included in primary or secondary industry.

Labourers Remuneration refers to the whole payment of various forms earned by the labourers from the productive activities they are engaged in. It includes wages, bonuses and allowances the labourers earned in monetary form and in kind. It also includes the free medical services provided to the labourers and the medicine expenses, traffic subsidies and social insurance, housing fund paid by the employers. As the individual economy is concerned, since the labourers remuneration is not easily distinguished from the operating profit, both are treated as labourers remuneration.

Net Taxes on Production refers to the difference of the taxes on production minus the subsidies on production. The taxes on production refers to the various taxes, extra charges and fees levied on the production units on their production, sale and business activities as well as on the use of some factors of production, such as fixed assets, land and labour in the production activities they are engaged in. In contrast to the taxes on production, the subsidies on production refer to the unilateral government transfer to the production units and are therefore regarded as negative taxes on production. They include subsidies on the loss due to implementation of government policies, price subsidies, etc.

Depreciation of Fixed Assets refers to the depreciation of fixed assets of a given period, drawn in accordance with the stipulated depreciation rate for the purpose of compensating the wear loss of the fixed assets or the depreciation of fixed assets calculated in a fictitious way in accordance with the stipulated unified depreciation rate in the national economic accounting system. It reflects the value of transfer of the fixed assets in the production of the current period. The depreciation of fixed assets in various enterprises and institutions managed as enterprises refers to the depreciation expenses actually drawn. In government agencies and institutions not managed as enterprises which do not draw the depreciation expenses, as well as for the houses of residents, the depreciation of fixed assets is the imputed depreciation, which is calculated in accordance with the stipulated unified depreciation rate. In principle, the depreciation of fixed assets should be calculated on the basis of the re-purchased value of the fixed assets. However, there is no actual condition to re-evaluate all the fixed assets in China. Therefore, the above-mentioned methods are temporarily adopted at present.

Operating Surplus refers to the balance of the value added created by the resident units after deducting the labourers remuneration, net taxes on production and the depreciation of fixed assets. It is equivalent to the business profit of the enterprises plus subsidies on production, but the wages and welfare expenses paid from the profits should be deducted.

GDP by Expenditure Approach refers to the method of measuring the final results of production activities of a country (region) during a given period from the perspective of final use. It includes final consumption, gross capital formation and net export of goods and services, i.e.:

GDP by expenditure approach = final consumption + gross capital formation + net export of goods and services

Final Consumption refers to the total expenditure of resident units for purchases of goods and services from domestic economic territory and abroad to meet the requirements of material, cultural and spiritual life. It excludes the expenditure of non-resident units on consumption in the economic territory of the country. The final consumption is broken down into household consumption and government consumption.

Households Consumption refers to the total expenditure of resident households on the final consumption of goods and services. In addition to the consumption of goods and services bought by the households directly with money, the households consumption also includes expenditure on goods and services obtained by the households in other ways, i.e. the so-called imputed consumption expenditure, which includes the following: (a) the goods and services provided to the households by the employer in the form of payment in kind and transfer in kind; (b) goods and services produced and consumed by the households themselves, in which the services refer only to the owner-occupied housing and domestic and individual services provided by the paid household workers; (c) financial intermediate services provided by financial institutions; (d) insurance services provided by insurance companies.

Government Consumption refers to the expenditure on the consumption of the public services provided by the government to the whole society and the net expenditure on the goods and services provided by the government to the households free of charge or at low prices. The former equals to the output value of the government services minus the value of operating income obtained by the government departments. The latter equals to the market value of the goods and services provided by the government free of charge or at low prices to the households minus the value received by the government from the households.

Gross Capital Formation refers to the fixed assets acquired minus those disposed of and the net value of inventory, including the gross fixed capital formation and the increase in inventory.

Gross Fixed Capital Formation refers to the value of fixed assets acquired minus those disposals of during a given period. Fixed assets are the assets produced through production activities with specified unit value which could be used for over one year, excluding natural assets. Gross fixed capital formation can be categorized into total tangible capital formation and total intangible capital formation. The total tangible capital formation include the value of the construction projects, installation projects completed and the equipment, apparatus and instruments purchased as well as the value of land improved, the value of draught animals, breeding stock, animals for milk, for wool and for recreational purpose, and the newly increased forest with economic value during a given period. The total intangible capital formation includes the prospecting of minerals, the acquisition of computer software minus the disposal of them.

Increase in Inventory refers to the market value of the change in inventory of resident units during a given period, i.e. the difference of value minus the current gains due to the change in prices. The increase in inventory can be positive or negative. A positive value indicates the increase in inventory while a negative value indicates the decrease in inventory. The inventory includes the raw materials, fuels and reserve materials purchased by the production units as well as the inventory of finished products, semi-finished products, work-in-progress, etc.

Net Export of Goods and Services refers to the difference of the exports of goods and services minus the imports of goods and services. The imports include the value of various goods and services sold or gratuitously transferred by the resident units to the non-resident units. The imports include the value of various goods and services purchased or gratuitously acquired by the resident units from the non-resident units. Because the provision of services and the use of them happen simultaneously, the acquisition of services by the resident units from abroad is usually treated as import while the acquisition of services by non-resident units in this country is usually treated as export. The export and import of goods are calculated at FOB.

第三篇　人口、就业和职工工资

Chapter 3　Population,Employment and wages

资料整理：林增武 徐林 邹宾宇

Database Editor: Linzengwu Xulin Zoubinyu

简 要 说 明

本篇资料的主要内容及来源

本篇主要包括人口、就业、工资等资料。人口资料还包括了建国以来进行的七次人口普查主要数据。

户籍人口数由省公安厅提供；失业统计资料由省人力资源和社会保障厅提供；常住人口数由省统计局根据人口抽样调查推算，人口普查主要数据、就业和工资资料由省统计局提供。

Brief Introduction

Main Content and Source of Data

Data in this chapter show the basic condition of population, employment ,wage of staff and works. Data of population include the seventh national population censuses.

The data on household registered population are provided by Fujian Provincial Department of Public Security. Total region population are estimated by Fujian Provincial Bureau of Statistics in according with the annual national sample survey on population changes. The data of population census, employment and wages are provided by Fujian Provincial Bureau of Statistics.

3-1 年末常住人口及人口变动

Total Population and Changes at the Year-end

年份 Year	常住总人口（万人） Total Population (10000 persons)	按性别分类 By Sex 男 Male	 女 Female	按城乡分 By Rural 城镇 Urban	 乡村 Rural	人口出生率（‰） Birth Rate (‰)	人口死亡率（‰） Death Rate (‰)	人口自然增长率（‰） Natural Growth Rate (‰)	人口密度（人/平方公里） Population of Per Sq.km(Person/Sq.km)
1952	1270					37.92	13.32	24.60	102
1957	1461					37.56	9.80	27.76	118
1962	1602					41.14	11.65	29.49	129
1965	1759					41.19	7.92	33.27	142
1970	2020					34.23	6.98	27.25	163
1975	2297					29.19	6.58	22.61	185
1978	2446					25.35	6.31	19.04	197
1979	2487					22.91	6.28	16.63	201
1980	2519					18.68	6.27	12.41	203
1981	2563					23.40	6.25	17.15	207
1982	2620					27.91	6.35	21.56	211
1983	2668					24.53	6.31	18.22	215
1984	2720					25.68	6.25	19.43	219
1985	2769					23.88	6.18	17.70	223
1986	2820					24.02	5.85	18.17	227
1987	2875					24.91	5.79	19.21	232
1988	2929					24.34	5.81	18.53	236
1989	2984					24.67	6.10	18.57	241
1990	3037					24.44	6.71	17.73	245
1991	3079					20.03	6.26	13.77	248
1992	3116					18.18	6.02	12.16	251
1993	3150					16.72	5.62	11.10	254
1994	3183					16.24	5.95	10.29	257
1995	3227					15.20	5.90	9.30	261
1996	3261					13.22	5.94	7.28	263
1997	3282					12.41	6.09	6.32	265
1998	3299					11.53	6.20	5.33	266
1999	3316					11.06	5.85	5.21	267
2000	3410	1757	1653	1432	1978	11.60	5.85	5.75	275
2001	3445	1775	1670	1473	1972	11.56	5.52	6.04	278
2002	3476	1790	1686	1587	1889	11.35	5.57	5.78	280
2003	3502	1805	1697	1624	1878	11.43	5.58	5.85	282
2004	3529	1818	1711	1681	1848	11.58	5.62	5.96	285
2005	3557	1793	1764	1758	1799	11.60	5.62	5.98	287
2006	3585	1810	1775	1807	1778	12.00	5.75	6.25	289
2007	3612	1824	1788	1856	1756	12.00	5.90	6.10	291
2008	3639	1830	1809	1929	1710	12.20	5.90	6.30	293
2009	3666	1848	1818	2019	1647	12.20	6.00	6.20	296
2010	3693	1900	1793	2109	1584	11.27	5.16	6.11	298
2011	3784	1945	1839	2199	1585	11.41	5.20	6.21	305
2012	3841	1975	1866	2278	1563	12.74	5.73	7.01	310
2013	3885	1995	1890	2362	1523	12.20	6.01	6.19	313
2014	3945	2007	1938	2446	1499	13.70	6.20	7.50	318
2015	3984	2023	1961	2519	1465	13.90	6.10	7.80	321
2016	4016	2042	1974	2586	1430	14.50	6.20	8.30	324
2017	4065	2076	1989	2674	1391	15.00	6.20	8.80	328
2018	4104	2099	2005	2749	1355	13.20	6.20	7.00	331
2019	4137	2014	2033	2808	1329	12.90	6.10	6.80	334
2020	4161	2151	2010	2861	1300	9.20	5.10	4.10	336

注：根据第七次全国人口普查数据，对2011-2019年常住人口数据进行调整。

Note:According to the seventh population census, the permanent resident population data from 2011 to 2019 are adjusted.

3-2 人口年龄构成

Population by Age

单位：%　　(%)

年龄组 Age Group	1990			2000			2010			2019			2020		
	合计 Total	男 Male	女 Female	合计 Total	男 Male	女 Female	合计 Total	男 Male	女 Female	合计 Total	男 Male	女 Female	合计 Total	男 Male	女 Female
总　计 Total	**100.00**	**51.36**	**48.64**	**100.00**	**51.52**	**48.48**	**100.00**	**51.45**	**48.55**	**100.00**	**50.86**	**49.14**	**100.00**	**51.69**	**48.31**
0—4岁 Aged 0-4	11.28	5.91	5.37	4.76	2.63	2.13	5.77	3.20	2.57	6.63	3.49	3.13	6.13	3.32	2.81
5—9岁 Aged 5-9	10.35	5.35	5.00	7.44	4.07	3.37	5.03	2.73	2.30	5.26	2.74	2.53	7.21	3.92	3.29
10—14岁 Aged 10-14	9.84	5.07	4.77	10.80	5.59	5.21	4.67	2.55	2.12	5.01	2.75	2.26	5.97	3.23	2.74
15—19岁 Aged 15-19	11.00	5.63	5.37	9.77	4.91	4.86	7.63	4.03	3.60	4.47	2.41	2.06	4.84	2.60	2.24
20—24岁 Aged 20-24	10.78	5.43	5.35	8.95	4.51	4.44	10.62	5.32	5.30	4.83	2.62	2.21	4.91	2.64	2.27
25—29岁 Aged 25-29	8.91	4.51	4.40	10.60	5.43	5.17	8.94	4.50	4.44	8.49	4.36	4.13	6.89	3.68	3.21
30—34岁 Aged 30-34	7.57	3.93	3.64	10.11	5.18	4.93	8.26	4.23	4.03	9.70	4.81	4.88	9.63	4.93	4.70
35—39岁 Aged 35-39	6.89	3.56	3.33	8.34	4.28	4.06	9.77	5.01	4.76	8.19	4.09	4.09	8.00	4.10	3.90
40—44岁 Aged 40-44	4.73	2.55	2.18	6.49	3.38	3.11	9.29	4.75	4.54	8.39	4.25	4.14	7.25	3.72	3.53
45—49岁 Aged 45-49	3.61	1.98	1.63	6.04	3.11	2.93	7.54	3.85	3.69	9.49	4.79	4.70	8.57	4.38	4.19
50—54岁 Aged 50-54	3.67	1.99	1.68	4.13	2.21	1.92	5.76	2.98	2.78	8.56	4.31	4.25	8.09	4.12	3.97
55—59岁 Aged 55-59	3.35	1.77	1.58	3.02	1.63	1.39	5.30	2.68	2.62	6.35	3.16	3.18	6.51	3.28	3.23
60—64岁 Aged 60-64	2.95	1.52	1.43	2.87	1.52	1.35	3.52	1.83	1.69	5.33	2.66	2.67	4.88	2.46	2.42
65—69岁 Aged 65-69	2.10	1.01	1.09	2.49	1.26	1.23	2.47	1.29	1.18	3.98	1.94	2.05	4.38	2.14	2.24
70—74岁 Aged 70-74	1.44	0.63	0.81	1.99	0.96	1.03	2.16	1.09	1.07	2.26	1.11	1.15	2.73	1.36	1.37
75—79岁 Aged 75-79	0.90	0.34	0.56	1.23	0.53	0.70	1.64	0.77	0.87	1.47	0.70	0.77	1.73	0.84	0.89
80岁及以上 80 and over	0.63	0.18	0.45	0.97	0.33	0.64	1.63	0.65	0.98	1.59	0.67	0.93	2.28	0.96	1.32

注：1990年、2000年、2010年及2020年为人口普查数，2019年为人口抽样调查样本数。
Note:Data in 1990, 2000,2010 and 2020 are census data.Data in 2019 are from Sample Survey Population.

3-3 各年龄组人口占总人口的比重

Percentage of Population Group by Age to Total

单位：%　　　　(%)

年龄组 Age Group	1982	1990	1995	2000	2010	2019	2020
总计 Total	**100.0**	**100.0**	**100.0**	**100.0**	**100.0**	**100.0**	**100.0**
#育龄妇女(15-49岁) Childbearing Age Woman(15-49)	23.5	25.9	26.7	29.5	30.4	26.2	24.0
不满周岁婴儿(0岁) Not-Full-One-Year (0)	2.4	2.3	1.3	1.0	1.1	1.3	0.9
学龄前儿童(1-6岁) Preschool Age(1-6)	13.3	13.3	11.2	6.4	6.8	7.6	8.2
小学学龄组(7-12岁) Primary(7-12)	15.6	11.6	13.4	11.6	5.6	6.1	7.9
初中学龄组(13-15岁) Junior Middle School(13-15)	7.5	6.3	5.5	5.9	3.2	2.9	3.3
劳动年龄组 Laborous							
男(16-59岁) Male (16-59)	28.4	30.3	29.8	33.7	36.7	34.3	32.9
女(16-54岁) Female (16-54)	24.3	26.6	27.6	30.5	32.6	30.0	27.5
超过劳动年龄组 Over-Laborous							
男（60岁及以上） Male（60 and Over）	3.0	3.7	4.5	4.6	5.6	7.1	7.7
女（55岁及以上） Female（55 and Over）	5.5	5.9	6.7	6.3	8.4	10.7	11.5

注：1982年、1990年、2000年、2010年及2020年为人口普查数，1995年和2019年为人口抽样调查样本数。
Note:Data in 1982,1990,2000,2010 and 2020 are Census data,Data in 1995 and 2019 are from Sample Survey Population.

3-4 出生孩次构成

Composition of Women Population by Number of Living Children Born

单位：%　　　　(%)

项目 Item	1981	1989	1995	2000	2010	2019	2020
一孩 1st Birth	40.9	46.2	64.6	74.5	68.2	38.8	41.1
二孩 2nd Birth	29.8	32.2	28.6	23.3	28.7	50.5	47.3
三孩及以上 3rd Birth and Over	29.3	21.6	6.8	2.2	3.1	10.7	11.6

注：1981年、1989年、2000年、2010年及2020年为人口普查数,1995年和2019年为人口抽样调查样本数。
Note:Data in 1981,1989,2000,2010 and 2020 are Census data, Data in 1995 and 2019 are from Sample Survey Population.

3-5 各种受教育程度人口占总人口的比重

Percentage of Population by Educational Attainment

单位：%　　(%)

项目　Item	1982	1990	1995	2000	2010	2019	2020
大专以上 College and Higher Lever	0.6	1.2	1.4	3.0	8.4	11.4	14.1
高中(含中专) Senior Secondary School (Specialized Secondary School)	5.7	7.0	6.7	10.6	13.9	15.8	14.2
初中 Junior Secondary School	12.6	16.9	20.4	33.5	37.9	38.7	32.2
小学 Primary School	36.3	43.2	43.8	37.8	29.8	25.9	28.0

注：1982年、1990年、2000年、2010年及2020年为人口普查数,1995年和2019年为人口抽样调查样本数。
Note:Data in 1982,1990,2000,2010 and 2020 are Census data, Data in 1995 and 2019 are from Sample Survey Population.

3-6 家庭户类型构成

Composition of Family Household

单位：%　　(%)

项目　Item	1982	1990	2000	2010	2020
一人户 One Person	7.7	5.8	9.1	12.1	27.3
二人户 Two Persons	8.2	8.6	15.5	17.2	26.3
三人户 Three Persons	12.2	16.8	25.4	24.3	19.4
四人户 Four Persons	17.1	23.6	24.7	21.7	14.2
五人户 Five Persons	18.4	21.4	15.8	13.7	6.9
六人户 Six Persons	14.7	11.8	5.9	6.4	4.0
七人户 Seven Persons	10.1	5.9	2.2	2.6	1.1
八人户 Eight Persons	11.6	2.9	0.8	1.1	0.4
九人户 Nine Persons		1.4	0.3	0.5	0.2
十人及以上户 Ten Persons and Over		1.8	0.3	0.4	0.2

3-7 劳动年龄人口负担系数

Number of Persons Raised per Capita at Working Age

单位：%　　(%)

项目 Item	1982	1990	1995	2000	2010	2019	2020
总负担系数 Total Dependency Ratio	**69.2**	**57.6**	**57.5**	**42.2**	**30.5**	**35.5**	**37.7**
负担少年系数 The Juvenile and Children Dependency Ratio	61.8	49.6	47.3	32.7	20.2	22.9	24.0
负担老年系数 The Aged Dependency Ratio	7.4	8.0	10.2	9.5	10.3	12.6	13.7

注：1982年、1990年、2000年、2010年及2020年为人口普查数,1995年和2019年为人口抽样调查样本数。
Note:Data in 1982,1990,2000,2010 and 2020 are Census data, Data in 1995 and 2019 are from Sample Survey Population.

3-8 15岁以上人口婚姻状况构成

Composition of Marital Status above Fifteen Age

单位：%　　(%)

项目	Item	1982	1990	1995	2000	2010	2020
未婚	Single	28.4	25.1	22.5	24.1	22.9	18.6
男	Male	33.9	29.7	26.5	27.7	26.1	22.2
女	Female	22.6	20.4	18.5	20.4	19.8	14.8
有配偶	Married	63.4	67.8	70.3	69.6	70.6	73.7
男	Male	61.4	66.1	69.0	68.4	70.0	73.1
女	Female	65.5	69.5	71.6	70.7	71.2	74.4
离婚	Divorce	0.6	0.6	0.6	0.7	1.1	2.2
男	Male	1.0	0.9	1.0	1.0	1.2	2.3
女	Female	0.2	0.2	0.3	0.5	0.9	2.1
丧偶	Wid owed	7.6	6.5	6.6	5.6	5.4	5.5
男	Male	3.7	3.3	3.5	2.9	2.7	2.3
女	Female	11.7	9.9	9.6	8.4	8.1	8.7

3-9 七次全国人口普查人口基本情况

Basic Statistics on National Population Census in 1953,1964,1982,1990,2000,2010 and 2020

项目　Item	1953	1964	1982	1990	2000	2010	2020
一、总户数和总人口 Total Population and Family Household							
家庭户（万户） Family Household(10000 household)	320	360	514	658	874	1121	1437
总人口（万人） Total Population (10000 persons)	1285	1676	2587	3005	3410	3689	4161
男 Male	662	869	1331	1543	1757	1898	2151
女 Female	623	807	1256	1462	1653	1791	2010
性别比（女性=100） Sex Ratio (female=100)	106.4	107.8	105.9	105.6	106.3	106.0	106.9
平均每户人数（人／户） Population by Age Group(person/household)	4.0	4.7	4.9	4.4	3.6	3.0	2.7
二、城乡人口（万人） Population by Residence (10000 persons)							
城镇人口 Urban Population		223	548	642	1432	2106	2861
乡村人口 Rural Population		1453	2039	2363	1978	1583	1300
城镇化率（%） Proportion of Urban Population in Total Population (%)		13.3	21.2	21.4	42.0	57.1	68.8
三、民族人口（万人） Population by Ethnicity(10000 persons)							
汉族人口 Han			2562	2958	3351	3610	4049
占总人口比重(%) Percentage to Total Population(%)			99.0	98.4	98.3	97.8	97.3
少数民族人口 Ethnic Minorities			25	47	59	80	112
占总人口比重(%) Percentage to Total Population(%)			1.0	1.6	1.7	2.2	2.7
四、人口年龄构成 Population by Age Group							
0-14岁人口(万人) Aged 0-14(10000 persons)	460	709	945	946	760	571	803
占总人口比重(%) Percentage to Total Population(%)	35.8	42.3	36.5	31.5	22.3	15.5	19.3
15－64岁人口(万人) Aged 15-64(10000 persons)	782	914	1530	1907	2422	2828	2890
占总人口比重(%) Percentage to Total Population(%)	60.9	54.5	59.1	63.5	71.0	76.7	69.6

3-9 续表1

Continued

项目 Item	1953	1964	1982	1990	2000	2010	2020
65岁及65岁以上人口(万人) Aged 65 and Ovre(10000 persons)	43	53	113	152	228	291	462
占总人口比重(%) Percentage to Total Population(%)	3.3	3.2	4.4	5.0	6.7	7.9	11.1
百岁老年人口(人) Population of 100 and over (persons)	16	14	45	143	373	1058	2342
男 Male	3	2	7	16	46	221	506
女 Female	13	12	38	127	327	837	1836
总抚养比（%） **Total Dependency Ratio(%)**	**64.2**	**83.3**	**69.2**	**57.6**	**42.2**	**30.5**	**43.7**
少儿抚养比 The Juvenile and Children Dependency Ratio	58.8	77.6	61.8	49.6	32.7	20.2	27.8
老年抚养比 The Aged Dependency Ratio	5.4	5.8	7.4	8.0	9.5	10.3	15.9
老少比（%） Population in Juvenile and Children to Aged(%)	9.2	7.4	12.0	16.1	30.1	51.0	57.4
平均预期寿命(岁) **Life Expectancy(year old)**			**68.50**	**70.50**	**72.55**	**75.76**	
男 Male			66.20	68.40	70.30	73.27	
女 Female			70.70	72.60	75.07	78.64	
五、受教育人口 **Population with Various Education Attainments**							
每十万人拥有小学及以上文化程度人口(人) Population with Various Education Attainments Per 100 000 Persons (person)							
小学 Primary School		26716	36334	43213	40200	29801	28031
初中 Junior Secondary School		5070	12601	16891	35700	37886	32218
高中及中专 Senior Secondary School andTechnical Secondary School		1826	5716	6991	11300	13876	14212
大专以上 Junior College and Above		439	608	1228	3200	8361	14148
文盲人口 Illiterate Population			651	477	327	90	97
文盲率（%） Illiterate Rate(%)		58.8	25.2	15.9	9.6	2.4	2.3

3-9 续表2

Continued

项目　Item	1953	1964	1982	1990	2000	2010	2020
六、劳动力和就业状况 Labor and Employment							
劳动适龄人口(万人) Population in suit of Employment	701	816	1364	1710	2188	2556	2511
男(16-59岁) Male (aged 16-59)	367	444	736	911	1148	1353	1367
女(16-54岁) Female(aged 16-54)	335	372	628	799	1040	1203	1144
占总人口比重(%) Percentage to Total Population(%)	54.6	48.7	52.7	56.9	64.2	69.3	60.4
七、各种婚姻人口占15岁及以上人口比重(%) Population Aged 15 and Over(%)			**100**	**100**	**100**	**100**	**100**
未婚 Never Married			28.4	25.1	24.1	22.9	18.6
有配偶 Married			63.4	67.8	69.6	70.6	73.7
离婚 Divorced			0.6	0.6	0.7	1.1	2.2
丧偶 Widowed			7.6	6.5	5.6	5.4	5.5
八、生育 Fertility							
育龄妇女人数（万人） Childbearing Women(10000 person)	319	354	608	778	1006	1121	998
生育旺盛期组(女20－29岁) High Ratio of Childbearing Women	106	109	212	293	328	359	228
生育率（‰） Fertility Rate (‰)			94.4	90.8	32.9	33.0	39.4
总和生育率 Total Fertility Rate			2.70	2.40	1.03	1.12	1.36
九、人口自然变动 Natural Growth							
出生率（‰） Birth Rate(‰)	36.67	38.59	27.91	24.44	11.60	11.27	9.21
死亡率（‰） Death Rate(‰)	12.55	8.68	6.35	6.71	5.85	5.16	5.13
自然增长率（‰） Natural Growth Rate(‰)	24.12	29.91	21.56	17.73	5.75	6.11	4.08

3-10 就业基本情况

Basic Statistics of Employment

项目 Item	2000	2005	2010	2019	2020
就业人员合计（万人） **Number of Employed Persons(10000 persons)**	**1794**	**1923**	**2114**	**2210**	**2206**
第一产业 Primary Industry	840	723	600	369	323
第二产业 Secondary Industry	439	600	774	745	719
第三产业 Tertiary Industry	515	600	740	1096	1164
就业人员构成（%） **Composition in Percentage(%)**					
第一产业 Primary Industry	46.8	37.6	28.4	16.7	14.6
第二产业 Secondary Industry	24.5	31.2	36.6	33.7	32.6
第三产业 Tertiary Industry	28.7	31.2	35.0	49.6	52.8
城镇非私营单位就业人员（万人） **Urban(10000 persons)**	**325.88**	**400.07**	**507.14**	**639.58**	**605.90**
#国有单位 State-Owned Units	170.82	150.88	155.51	147.14	152.27
集体单位 Collective-Owned Units	34.18	19.10	16.58	9.32	8.85
股份合作单位 Cooperative Units	3.64	5.80	8.14	5.47	7.51
联营单位 Ownership Units	3.35	2.67	1.95	0.32	0.40
有限责任公司 Limited Liability Corporations	12.07	35.88	87.40	276.30	245.28
股份有限公司 Share-Holding Corporations Ltd.	9.32	16.19	31.28	52.97	52.65
港澳台商投资单位 Units With Funds From Hong Kong, Macao and Taiwan	51.51	99.45	110.25	84.33	77.82
外商投资单位 Foreign Funded Units	40.26	64.05	81.88	48.58	53.84
城镇非私营单位在岗职工人数（万人） Staff and Workers in Urban Units(10000 persons)	318.00	386.99	485.94	522.82	497.57
国有单位 State-Owned Units	166.78	144.51	145.74	118.99	126.18
城镇集体单位 Collective-Owned Units	33.15	18.19	15.38	6.66	6.32
其他经济 Others	118.07	224.29	324.83	397.16	365.07
城镇私营单位就业人员数（万人） **Urban Private Enterprise and Self-employed Individuals (10000 persons)**			**362.67**	**617.59**	**603.26**
城镇登记失业人数（万人） **Number of Urban Registered Unemployment(10000 persons)**	**9.10**	**14.86**	**14.49**	**16.81**	**35.74**
城镇登记失业率（%） **Rate of Urban Registered Unemployment(%)**	**2.60**	**4.00**	**3.77**	**3.50**	**3.82**

注：2000年、2010年和2019年就业人员数根据第五次、第六次、第七次全国人口普查资料修订。2005年就业人员数据根据年度人口和劳动力抽样调查资料修订。

Note:The data of Employed Persons of 2000、2010 and 2019 are estimated on the basis of the fifth,sixth,seventh Population Census.The data of Employed Persons of 2005 are estimated on the basis of annual Sample Survey on Labour Force.

3-11 全社会就业情况（年底数）

Total Employment(End of Year)

年份 Year	就业人员数（万人） Employed Persons (10000 persons)	城镇非私营单位在岗职工（万人） Staff and Workers (10000 persons)	国有单位 State-Owned Units	城镇集体单位 Urban Collective Owned Units	其他单位 Others	城镇登记失业人数（万人） Number of Urban Registered Unemploy-ment (10000 persons)	城镇登记失业率（%） Rate of Urban Registered Unemploy-ment (%)
1952	474	19.43	19.02	0.41			
1957	532	63.05	51.40	11.65			
1962	583	103.49	77.34	26.15			
1965	633	118.08	83.83	34.25			
1970	759	133.12	93.36	39.75			
1975	854	160.88	111.42	49.47			
1978	924	205.66	148.49	57.17		20.82	9.10
1979	954	217.99	156.70	61.29		23.35	9.60
1980	964	231.12	167.45	63.66		16.76	6.70
1981	1002	242.45	176.35	66.09		14.48	5.60
1982	1028	249.80	183.03	66.77		12.39	4.70
1983	1057	254.02	187.30	66.72		9.10	3.40
1984	1102	262.78	182.82	79.24	0.72		
1985	1152	274.11	191.37	80.93	1.81	16.50	5.40
1986	1189	283.86	198.50	81.79	3.57	17.45	2.50
1987	1238	293.34	205.34	82.26	5.75	5.65	1.80
1988	1281	301.71	211.00	81.93	8.78	7.90	2.40
1989	1302	302.50	211.16	78.49	12.85	9.50	2.90
1990	1496	310.86	214.65	78.12	18.09	9.00	2.60
1991	1580	322.28	219.43	77.43	25.41	7.93	2.20
1992	1631	338.80	222.04	78.67	38.09	7.08	1.90
1993	1671	344.79	220.48	71.32	52.99	7.65	1.90
1994	1692	352.60	218.77	66.25	67.59	7.60	1.90
1995	1705	344.11	217.06	60.30	66.75	7.20	1.90
1996	1731	351.30	217.97	57.47	75.86	8.08	1.90
1997	1749	357.71	215.60	54.80	87.31	7.80	1.90
1998	1757	334.53	187.80	41.36	105.37	7.98	2.10
1999	1766	320.38	175.04	35.71	109.63	7.93	2.30
2000	1794	318.00	166.78	33.15	118.07	9.10	2.60
2001	1805	314.27	158.27	28.91	127.09	13.23	3.80
2002	1840	315.32	149.10	26.54	139.67	14.96	4.20
2003	1858	334.08	147.07	23.13	163.89	14.60	4.10
2004	1886	365.56	145.42	20.96	199.18	14.51	4.00
2005	1923	386.99	144.51	18.19	224.29	14.86	4.00
2006	1958	412.21	144.06	17.23	250.92	15.13	3.93
2007	1999	429.30	142.73	17.24	269.33	14.85	3.90
2008	2033	441.58	144.23	16.70	280.65	14.95	3.86
2009	2069	452.76	142.73	14.41	295.63	15.19	3.90
2010	2114	485.94	145.74	15.38	324.83	14.49	3.77
2011	2181	538.32	142.25	13.60	382.47	14.64	3.69
2012	2202	561.29	143.75	13.17	404.36	14.55	3.63
2013	2210	555.66	133.88	10.69	411.09	14.70	3.55
2014	2219	559.95	135.75	10.32	413.88	14.35	3.47
2015	2255	567.50	132.70	8.94	425.85	15.41	3.66
2016	2248	569.57	133.88	8.11	427.57	16.25	3.86
2017	2236	566.62	133.44	7.62	425.56	17.15	3.87
2018	2222	588.80	128.45	7.55	452.79	17.33	3.71
2019	2210	522.82	118.99	6.66	397.16	16.81	3.50
2020	2206	497.57	126.18	6.32	365.07	35.74	3.82

注：1990-2000年及2010年及以后年份就业人员数根据第四次、第五次、第六次、第七次全国人口普查资料修订。2001-2009年就业人员数据根据年度人口和劳动力抽样调查资料修订。

Note:The data of Employed Persons from 1990 to 2000 and 2010 to 2020 are estimated on the basis of the fourth,fifth,sixth,seventh Population Census.The data of Employed Persons from 2001 to 2009 are estimated on the basis of annual Sample Survey on Labour Force.

3-12 按三次产业分全社会就业人员及构成

Employment and Composition by Three Strata of Industry

年份	就业人员数(万人) Number of Employed Persons (10000 Persons)				构成（%） Composition in Percentage（%）		
Year	合计 Total	第一产业 Primary Industry	第二产业 Secondary Industry	第三产业 Tertiary Industry	第一产业 Primary Industry	第二产业 Secondary Industry	第三产业 Tertiary Industry
1952	474	388	25	61	81.9	5.2	12.8
1978	924	694	124	106	75.1	13.4	11.4
1980	964	703	131	130	72.9	13.6	13.5
1985	1152	709	224	219	61.5	19.4	19.0
1986	1189	723	237	229	60.8	19.9	19.2
1987	1238	742	254	242	59.9	20.5	19.6
1988	1281	756	269	256	59.0	21.0	20.0
1989	1302	765	275	261	58.8	21.2	20.1
1990	1496	873	307	316	58.4	20.5	21.1
1991	1580	913	330	337	57.8	20.9	21.3
1992	1631	918	357	356	56.3	21.9	21.8
1993	1671	894	388	389	53.5	23.2	23.3
1994	1692	866	405	421	51.2	23.9	24.9
1995	1705	858	404	443	50.3	23.7	26.0
1996	1731	853	417	461	49.3	24.1	26.6
1997	1749	847	432	470	48.4	24.7	26.9
1998	1757	850	424	483	48.4	24.1	27.5
1999	1766	853	424	489	48.3	24.0	27.7
2000	1794	840	439	515	46.8	24.5	28.7
2001	1805	825	453	527	45.7	25.1	29.2
2002	1840	823	480	537	44.7	26.1	29.2
2003	1858	788	517	553	42.4	27.8	29.8
2004	1886	758	555	573	40.2	29.4	30.4
2005	1923	723	600	600	37.6	31.2	31.2
2006	1958	689	650	619	35.2	33.2	31.6
2007	1999	654	701	644	32.7	35.1	32.2
2008	2033	632	724	677	31.1	35.6	33.3
2009	2069	608	741	720	29.4	35.8	34.8
2010	2114	600	774	740	28.4	36.6	35.0
2011	2181	574	824	783	26.3	37.8	35.9
2012	2202	551	854	797	25.0	38.8	36.2
2013	2210	511	864	835	23.1	39.1	37.8
2014	2219	493	848	879	22.2	38.2	39.6
2015	2255	480	837	938	21.3	37.1	41.6
2016	2248	450	821	978	20.0	36.5	43.5
2017	2236	418	794	1024	18.7	35.5	45.8
2018	2222	400	782	1040	18.0	35.2	46.8
2019	2210	369	745	1096	16.7	33.7	49.6
2020	2206	323	719	1164	14.6	32.6	52.8

3-13 按产业和注册类型分城镇非私营单位就业人员数

Number of Employed Persons in Urban Non-Private Units by Industry and Status of Registration

单位：万人　　(10000 persons)

行业 Sector	2005	2010	2015	2019	2020
总计 Total	**400.07**	**507.14**	**663.08**	**639.58**	**605.90**
按注册类型分 by Registration Status					
国有单位 State- Owned Units	150.88	155.51	155.18	147.14	152.27
城镇集体单位 Urban Collective- Owned Units	19.10	16.58	11.40	9.32	8.85
其他单位 Others	230.09	335.05	496.50	483.13	444.78
按产业分 by Industry					
第一产业 Primary Industry	7.51	6.68	4.48	1.48	1.11
第二产业 Secondary Industry	243.06	317.63	409.94	347.26	311.59
第三产业 Tertiary Industry	149.49	182.82	248.65	290.84	293.19
按主要行业分 By Sector					
农、林、牧、渔业 Farming, Forestry, Animal Husbandy and Fishery	7.51	6.68	4.48	1.48	1.11
采矿业 Mining and Quarrying	4.22	4.79	2.50	1.40	1.64
制造业 Manufacturing	200.17	241.20	235.47	170.79	162.11
电力、热力、燃气及水生产和供应业 Production and Supply of Electricity Heat Gas and Water	8.08	9.23	9.03	11.38	10.94
建筑业 Construction	30.59	62.40	162.93	163.69	136.91
批发和零售业 Wholesale and Retail Trade	11.05	13.86	28.36	24.73	24.07
交通运输、仓储和邮政业 Transport, Storage and Post Services	15.00	16.66	24.50	22.87	22.76
住宿和餐饮业 Lodgings and Catering Services	4.86	7.58	9.80	9.19	8.82
信息传输、软件和信息技术服务业 Information Transmission,Software and Information Technology Services	3.47	4.65	9.00	10.78	10.34
金融业 Finance	9.88	12.92	17.88	25.16	26.64
房地产业 Real Estate	5.11	9.03	15.29	17.35	16.94
租赁和商务服务业 Rent and Business Services	4.91	12.29	12.56	19.90	18.31
科学研究和技术服务业 Scientific Reseach and Ploytechnic Services	3.94	5.43	8.57	7.88	8.36
水利、环境和公共设施管理业 Water Conservancy, Environment and Public Facilities Management	3.83	4.43	5.53	6.92	7.37
居民服务、修理和其他服务业 Resident Services, Repair and Others	1.20	1.43	1.78	3.47	3.60
教育 Education	42.32	44.71	50.33	60.74	63.49
卫生和社会工作 Health Care and Social Work	12.24	15.75	21.56	25.75	26.49
文化、体育和娱乐业 Culture, Sports and Entertainment	3.20	3.69	4.31	4.19	4.17
公共管理、社会保障和社会组织 Public Management, Social Ensure and Social Organizations	28.49	30.40	39.19	51.91	51.84

3-14 按产业和注册类型分城镇非私营单位在岗职工人数（年底数）

Number of Staff and Workers in Urban Non-Private Units by Industry and Status of Registration(End of Years)

单位：万人 (10000 persons)

行业 Sector	2003	2005	2010	2019	2020
总计 **Total**	**334.08**	**386.99**	**485.94**	**522.82**	**497.57**
按注册类型分 by Registration Status					
国有单位 State- Owned Units	147.07	144.51	145.74	118.99	126.18
城镇集体单位 Urban Collective- Owned Units	23.13	18.19	15.38	6.66	6.32
其他单位 Others	163.89	224.29	324.83	397.16	365.07
按产业分 by Industry					
第一产业 Primary Industry	7.32	7.04	4.47	0.96	0.84
第二产业 Secondary Industry	187.93	237.95	309.03	280.35	252.93
第三产业 Tertiary Industry	138.84	142.00	172.44	241.52	243.80
按主要行业分 By Sector					
农、林、牧、渔业 Farming, Forestry, Animal Husbandy and Fishery	7.32	7.04	4.47	0.96	0.84
采矿业 Mining and Quarrying	3.49	4.14	4.69	1.33	1.55
制造业 Manufacturing	152.14	197.82	238.99	163.32	153.66
电力、热力、燃气及水生产和供应业 Production and Supply of Electricity Heat Gas and Water	7.81	7.79	9.02	9.98	9.55
建筑业 Construction	24.49	28.20	56.33	105.73	88.18
批发和零售业 Wholesale and Retail Trade	11.72	10.54	13.47	22.41	22.20
交通运输、仓储和邮政业 Transport, Storage and Post Services	13.56	13.73	15.55	19.98	20.18
住宿和餐饮业 Lodgings and Catering Services	4.00	4.69	7.45	8.82	8.13
信息传输、软件和信息技术服务业 Information Transmission,Software and Information Technology Services	2.97	2.92	4.18	10.23	9.78
金融业 Finance	8.14	8.33	10.01	13.65	12.95
房地产业 Real Estate	3.31	4.78	8.60	16.08	15.63
租赁和商务服务业 Rent and Business Services	3.41	4.66	12.07	16.97	16.33
科学研究和技术服务业 Scientific Reseach and Ploytechnic Services	3.53	3.70	5.16	7.08	7.58
水利、环境和公共设施管理业 Water Conservancy, Environment and Public Facilities Management	3.11	3.53	4.06	5.72	6.20
居民服务、修理和其他服务业 Resident Services, Repair and Others	1.26	1.16	1.38	3.24	3.32
教育 Education	41.69	41.44	43.24	52.71	54.66
卫生和社会工作 Health Care and Social Work	10.89	11.53	14.56	22.67	23.55
文化、体育和娱乐业 Culture, Sports and Entertainment	3.03	3.04	3.45	3.46	3.52
公共管理、社会保障和社会组织 Public Management, Social Ensure and Social Organizations	28.23	27.95	29.26	38.50	39.77

3-15 按产业分城镇非私营单位女性就业人员数（年底数）

Number of Employed Women in the Urban Units by Sector(End of Years)

单位：万人 (10000 persons)

行业 Sector	2003	2005	2010	2019	2020
总计 Total	**151.30**	**180.04**	**216.84**	**245.73**	**240.82**
第一产业 Primary Industry	2.87	2.66	2.33	0.43	0.28
第二产业 Secondary Industry	92.68	119.19	138.74	107.03	99.08
第三产业 Tertiary Industry	55.76	58.20	75.77	138.27	141.47
按主要行业分 By Sector					
农、林、牧、渔业 Farming, Forestry, Animal Husbandy and Fishery	2.87	2.66	2.33	0.43	0.28
采矿业 Mining and Quarrying	0.95	0.88	0.77	0.24	0.31
制造业 Manufacturing	85.42	111.28	125.70	79.03	73.91
电力、热力、燃气及水生产和供应业 Production and Supply of Electricity Heat Gas and Water	2.43	2.46	2.71	2.99	2.86
建筑业 Construction	3.87	4.58	9.56	24.76	22.00
批发和零售业 Wholesale and Retail Trade	4.96	4.46	6.21	12.78	12.38
交通运输、仓储和邮政业 Transport, Storage and Post Services	4.06	4.08	4.32	5.76	5.73
住宿和餐饮业 Lodgings and Catering Services	2.49	2.84	4.30	5.24	5.01
信息传输、软件和信息技术服务业 Information Transmission,Software and Information Technology Services	1.26	1.27	1.71	3.97	3.88
金融业 Finance	4.39	4.61	6.63	14.54	15.44
房地产业 Real Estate	1.08	1.46	2.88	6.62	6.60
租赁和商务服务业 Rent and Business Services	1.19	1.68	4.87	6.63	6.08
科学研究和技术服务业 Scientific Reseach and Ploytechnic Services	1.06	1.09	1.80	2.29	2.57
水利、环境和公共设施管理业 Water Conservancy, Environment and Public Facilities Management	1.30	1.44	1.70	2.93	3.03
居民服务、修理和其他服务业 Resident Services, Repair and Others	0.57	0.46	0.44	2.26	2.35
教育 Education	19.34	19.75	22.42	38.72	40.74
卫生和社会工作 Health Care and Social Work	6.45	7.07	9.60	17.80	18.33
文化、体育和娱乐业 Culture, Sports and Entertainment	1.24	1.28	1.50	1.99	2.01
公共管理、社会保障和社会组织 Public Management, Social Ensure and Social Organizations	6.38	6.72	7.40	16.76	17.31

3-16 城镇非私营单位企业 事业 机关年末在岗职工人数

Number of Staff and Workers in Enterprises, Institutions and Agencies in Urban Non-Private Units

单位：万人 (10000 persons)

年份 Year	总计 Total	企业 Enterprise	机关和事业 Agencies Organizations and Institution	事业 Institution	机关 Agencies Organizations
1990	310.86	231.35		56.08	23.43
1995	344.11	252.76		64.44	26.91
2000	318.00	221.41		69.62	26.97
2001	314.27	216.69		69.81	27.78
2002	315.32	220.38		67.52	27.42
2003	334.08	238.72		67.09	28.27
2004	365.56	269.41		67.68	28.47
2005	386.99	291.09		67.40	28.51
2006	412.21	315.43		68.14	28.63
2007	429.30	331.12		69.42	28.76
2008	441.58	341.83		70.48	29.27
2009	452.76	361.24		62.52	28.84
2010	485.94	385.88		70.50	29.27
2011	538.32	436.91		72.20	28.12
2012	561.29	457.33		72.60	29.70
2013	555.66	450.40		72.70	31.00
2014	559.95	452.39		74.10	31.50
2015	567.50	459.86		73.78	31.87
2016	569.57	459.61		75.77	32.00
2017	566.62	455.58		76.43	32.19
2018	588.80	477.25		75.75	33.10
2019	522.82	407.65		75.74	33.93
2020	497.57	377.73	115.02		

注：1.1998年起"职工人数"统计口径为"在岗职工人数"；2.2009年起按机构类型分组有变化，企业、事业、机关合计比总计小；3.2020年起，不再细分事业、机关，仅统计两者合并数。

Note:1)Statistic scope of staff and workers from 1998 refers to staff and workers on the job.2)The grouping by institution type has changed since 2009..3)Since 2020,Institutions and organs are no longer subdivided, only the combined amount of the two is counted.

3-17 设区市城镇单位年末就业人员数（2020年）

Persons Employed in Urban Units at Year-end (2020)

单位：万人 (10000 persons)

地区	Area	单位从业人员数 Number of persons Employed in Units	在岗职工（含劳务派遣人员） Number of Staff and Workers on the Job	其他从业人员 Other Employed Persons
全　省	Fujian	605.90	550.13	55.77
福州市	Fuzhou	156.11	134.71	21.41
厦门市	Xiamen	126.70	116.96	9.74
莆田市	Putian	43.56	39.84	3.72
三明市	Sanming	26.80	24.61	2.19
泉州市	Quanzhou	118.30	114.55	3.75
漳州市	Zhangzhou	48.26	43.21	5.06
南平市	Nanping	24.50	21.29	3.21
龙岩市	Longyan	31.59	29.03	2.56
宁德市	Ningde	26.80	22.69	4.11

3-18 按登记注册类型分城镇非私营单位在岗职工含劳务派遣人员平均工资

Average Wage of Staff and Workers in Urban Units by Status of Registration

(yuan)

年份	平均货币工资（元）Average Earning(yuan)				指数(上年=100) Indices (preceding year=100)			
Year	总计 Total	国有单位 State-owned Units	集体单位 Collective-owned Units	其他单位 Others	合计 Total	国有单位 State-owned Units	集体单位 Collective-owned Units	其他单位 Others
1978	567	594	520					
1979	610	642	530		107.6	108.1	101.9	
1980	703	737	613		115.2	114.8	115.7	
1981	715	746	637		101.7	101.2	103.9	
1982	765	792	691		107.0	106.2	108.5	
1983	827	861	730		108.1	108.7	105.6	
1984	921	966	813	1742	111.4	112.2	111.4	
1985	1059	1115	912	1855	115.0	115.4	112.2	106.5
1986	1243	1328	1027	1498	117.4	119.1	112.6	80.8
1987	1319	1402	1097	1571	106.1	105.6	106.8	104.9
1988	1644	1742	1342	2100	124.6	124.3	122.3	133.7
1989	1895	2009	1499	2532	115.3	115.3	111.7	120.6
1990	2162	2288	1704	2674	114.1	113.9	113.7	105.6
1991	2420	2502	1936	3217	111.9	109.4	113.6	120.3
1992	2780	2846	2192	3649	114.9	113.7	113.2	113.4
1993	3480	3506	2735	4420	125.2	123.2	124.8	121.1
1994	4890	5001	3644	5763	140.5	142.6	133.2	130.4
1995	5857	5790	4481	7305	119.8	115.8	123.0	126.8
1996	6683	6608	5078	8076	114.1	114.1	113.3	110.6
1997	7559	7621	5582	8636	113.1	115.3	109.9	106.9
1998	8531	8682	6662	8999	112.9	113.9	119.3	104.2
1999	9490	9867	7320	9587	111.2	113.6	109.9	106.5
2000	10584	11170	8140	10422	111.5	113.2	111.2	108.9
2001	12013	13313	9098	11028	113.5	119.2	111.8	105.6
2002	13306	15026	10119	11987	110.8	112.9	111.2	108.7
2003	14310	16460	11386	12719	107.5	109.5	112.5	106.1
2004	15603	18529	12307	13745	109.0	112.6	108.1	108.1
2005	17146	20897	13811	14947	109.9	112.8	112.2	108.7
2006	19318	23926	15695	16880	112.7	114.5	113.6	112.9
2007	22283	28011	18856	19443	115.3	117.1	120.1	115.2
2008	25702	33097	22108	22205	115.3	118.2	117.2	114.2
2009	28666	37345	25588	24556	111.5	112.8	115.7	110.6
2010	32647	41689	27234	28802	113.9	111.6	106.4	117.3
2011	38989	48587	34527	35550	119.4	116.5	126.8	123.4
2012	44979	55957	39774	41231	115.4	115.2	115.2	116.0
2013	49328	60317	43145	45960	109.7	107.8	108.5	111.5
2014	54235	65170	50570	50796	109.9	108.0	117.2	110.5
2015	58719	73714	54201	54138	108.3	113.1	107.2	106.6
2016	63138	80833	59466	57629	107.5	109.7	109.7	106.4
2017	69029	91651	65427	61790	109.3	113.4	110.0	107.2
2018	76266	103649	74621	68238	110.5	113.1	114.1	110.4
2019	84374	111211	79508	76019	110.6	107.3	106.5	111.4
2020	91072	118298	71975	81536	107.9	106.4	90.5	107.3

注：本表1998年起“职工平均工资”统计口径为“在岗职工平均工资”。1998年以前“国有单位”统计口径为“国有经济单位”，“集体单位”统计口径为“集体经济单位”，“其他单位”统计口径为“其他各种经济类型单位”，不含私营企业。

Note:The statistic scope from 1998 in this table refers to average wages of staff and workers on the job.Before 1998, the statistic scope of state-owned units refers to state-owned economic units, collective-owned units refers to collective economic units, others refer to the various other economic types.This table is not including Private Enterprises.

3-19 城镇非私营单位企业 事业 机关在岗职工含劳务派遣人员平均工资

Average Wage of Staff and Workers in Urban Enterprises, Institution and Government Agencies

(yuan)

年份	平均货币工资（元） Average Wage(yuan)					指数(上年=100) Indices (preceding year=100)				
Year	总计 Total	企业 Enterprises	机关和事业 Agencies Organizations and Institution	事业 Institutions	机关 Agencies & Organizations	合计 Total	企业 Enterprises	机关和事业 Agencies Organizations and Institution	事业 Institutions	机关 Agencies & Organizations
1978	567	565		526	657					
1979	610	609		587	672	107.6	107.8		111.6	102.3
1980	703	691		725	828	115.2	113.5		123.5	123.2
1981	715	710		729	777	101.7	102.8		100.6	93.8
1982	765	752		826	805	107.0	105.9		113.3	103.6
1983	827	807		887	949	108.1	107.3		107.4	117.9
1984	921	866		955	995	111.4	107.3		107.7	104.8
1985	1059	1035		1167	1119	115.0	119.5		122.2	112.5
1986	1243	1217		1343	1334	117.4	117.6		115.1	119.2
1987	1319	1261		1585	1412	106.1	103.6		118.0	105.8
1988	1644	1576		1997	1649	124.6	125.0		126.0	116.8
1989	1895	1834		2408	1960	115.3	116.4		120.6	118.9
1990	2162	2048		2698	2235	114.1	111.7		112.0	114.0
1991	2420	2310		3003	2376	111.9	112.8		111.3	106.3
1992	2780	2656		3439	2723	114.9	115.0		114.5	114.6
1993	3480	3403		4049	3222	125.2	128.1		117.7	118.3
1994	4890	4626		5979	5435	140.5	135.9		147.7	168.7
1995	5857	5983		5470	5605	119.8	129.3		91.5	103.1
1996	6683	6809		6304	6476	114.1	113.8		115.2	115.5
1997	7559	7562		7470	7752	113.1	111.1		118.5	119.7
1998	8531	8555		8302	8922	112.9	113.1		111.1	115.1
1999	9490	9298		9671	10604	111.2	108.7		116.5	118.9
2000	10584	10306		10990	11812	111.5	110.8		113.6	111.4
2001	12013	11468		13000	13794	113.5	111.3		118.3	116.8
2002	13306	12641		14614	15251	110.8	110.2		112.4	110.6
2003	14310	13766		15221	16627	107.5	108.9		104.2	109.0
2004	15603	14900		17151	18416	109.0	108.2		112.7	110.8
2005	17146	16157		19520	21357	109.9	108.4		113.8	116.0
2006	19318	18208		22232	24413	112.7	112.7		113.9	114.3
2007	22283	20822		26501	28809	115.3	114.4		119.2	118.0
2008	25702	23804		31422	34587	115.3	114.3		118.6	120.1
2009	28666	26491		35557	40448	111.5	111.3		113.2	116.9
2010	32647	30488		39905	43063	113.9	115.1		112.2	106.5
2011	38989	37102		47060	48038	119.4	121.7		117.9	111.6
2012	44979	43011		53371	55692	115.4	115.9		113.4	115.9
2013	49328	47338		58392	58983	109.7	110.1		109.4	105.9
2014	54235	52219		63753	62516	109.9	110.3		109.2	106.0
2015	58719	55562		73414	71808	108.3	106.4		115.1	114.9
2016	63138	59167		80308	80540	107.5	106.5		109.4	112.2
2017	69029	63578		90614	93891	109.3	107.5		112.8	116.6
2018	76266	69939		101857	107169	110.5	110.0		112.4	114.1
2019	84374	77020		111146	112462	110.6	110.1		109.1	104.9
2020	91072	81752	121090			107.9	106.1	108.5		

注：1.本表1998年起“职工平均工资”统计口径为“在岗职工平均工资”；2.2020年起，不再细分事业、机关，仅统计两者合并数。

Note:1)The statistic scope from 1998 in this table refers to average wages of staff and workers on the job.2)Since 2020,Institutions and organs are no longer subdivided, only the combined amount of the two is counted.

3-20 城镇非私营单位在岗职工含劳务派遣人员平均工资

Average Wage of Staff and Workers contains Labor dispatch in Urban Units

单位：元　(yuan)

行业　Sector	2005	2010	2015	2019	2020
合　计 Total	**17146**	**32647**	**58719**	**84374**	**91072**
按注册类型分 by Registration Status					
国有单位 Stated-owned units	20897	41689	73714	111211	118298
集体单位 Collective-owned units	13811	27234	54201	79508	71975
其他单位 Others	14947	28802	54138	76019	81536
按国民经济行业分 By Sector					
农、林、牧、渔业 Farming, Forestry, Animal Husbandy and Fishery	10017	22923	45764	61785	65693
采矿业 Mining and Quarrying	16664	29399	44558	61117	57610
制造业 Manufacturing	14229	26383	50514	71297	75846
电力、热力、燃气及水生产和供应业 Production and Supply of Electricity Heat Gas and Water	26695	51335	81889	125627	129474
建筑业 Construction	16161	30344	51191	64935	68481
交通运输、仓储和邮政业 Transport, Storage and Post Services	22623	41046	66657	90909	98433
信息传输、软件和信息技术服务业 Information Transmission,Software and Information Technology Services	40326	61552	85318	124902	132296
批发和零售业 Wholesale and Retail Trade	16491	33155	56162	83311	86686
住宿和餐饮业 Lodgings and Catering Services	12570	22175	39738	46676	46850
金融业 Finance	34993	84307	130422	169030	177525
房地产业 Real Estate	18944	36990	63167	82669	85951
租赁和商务服务业 Rent and Business Services	16986	24595	52281	64124	68637
科学研究和技术服务业 Scientific Reseach and Ploytechnic Services	24346	42553	78987	121195	130546
水利、环境和公共设施管理业 Water Conservancy, Environment and Public Facilities Management	16433	28073	48662	64577	68329
居民服务、修理和其他服务业 Resident Services, Repair and Others	15707	34346	46997	66815	64316
教育 Education	19111	41333	71615	101280	109145
卫生和社会工作 Health Care and Social Work	21733	42629	82945	122947	130854
文化、体育和娱乐业 Culture, Sports and Entertainment	21018	36812	64064	88407	96377
公共管理、社会保障和社会组织 Public Management, Social Ensure and Social Organizations	21616	43077	71704	111509	121712
按三次产业分 By Three Strata of Industry					
第一产业 Primary Industry	10017	22923	45764	61785	65693
第二产业 Secondary Industry	14914	27828	51447	70476	74878
第三产业 Tertiary Industry	21131	41457	70779	100826	107959

注：2020年起，不再细分事业、机关，仅统计两者合并数。

Note:Since 2020,Institutions and organs are no longer subdivided, only the combined amount of the two is counted.

3-21 城镇非私营单位就业人员平均劳动报酬（2020年）
Average Wage of Employed Persons in Urban Non-Private Units(2020)

单位：元 (yuan)

项目 Item	单位从业人员 Persons Employed in Units	在岗职工 Staff and Workers on the Job	劳务派遣人员 Labor dispatch	其他从业人员 Other Employed Persons
合　计 **Total**	**88149**	**94093**	**60658**	**58337**
按企事业机关分 **Grouped by Enterprises, Institutions and Agencies**				
企业 Enterprises	79816	83166	65829	62066
机关和事业 Agencies Organizations and Institution	116030	130832	49718	39398
按国民经济行业分 By Sector				
农、林、牧、渔业 Farming, Forestry, Animal Husbandy and Fishery	59655	69855	33793	21192
采矿业 Mining	56885	57183	76113	36760
制造业 Manufacturing	75992	76352	60317	84950
电力、热力、燃气及水生产和供应业 Production and Supply of Electric Power and Hot Power	123310	132642	68458	53810
建筑业 Construction	68618	68653	67777	69275
批发和零售业 Wholesale and Retail Trade	86482	87638	54170	83018
交通运输、仓储和邮政业 Transport, Storage and Post Services	97558	101901	67896	46761
住宿和餐饮业 Lodgings and Catering Services	45186	46832	47831	19701
信息传输、软件和信息技术服务业 Information Transmission, Software and Information Technology Services	131811	135114	69917	95677
金融业 Finance	113781	181866	91730	50930
房地产业 Real Estate	84869	87471	54922	51761
租赁和商务服务业 Rent and Business Services	65475	69806	46429	21977
科学研究和技术服务业 Scientific Reseach and Ploytechnic Services	128207	133727	83359	61052
水利、环境和公共设施管理业 Water Conservancy, Environment and Public Facilities Management	66565	71000	45916	39156
居民服务、修理和其他服务业 Resident Services and Others	64190	65211	44107	61269
教育 Education	103820	113486	46317	37624
卫生和社会工作 Health Care and Social Work	127830	135865	67075	58142
文化、体育和娱乐业 Culture, Sports and Entertainment	93079	102110	49778	36267
公共管理、社会保障和社会组织 Public Management,Social Ensure and Social Organizations	117688	139015	48271	38707
按三次产业分 **By Three Strata of Industry**				
第一产业 Primary Industry	59655	69855	33793	21192
第二产业 Secondary Industry	74484	75772	66381	70239
第三产业 Tertiary Industry	102294	112969	54156	47453

注：2020年起，不再细分事业、机关，仅统计两者合并数。

Note:Since 2020,Institutions and organs are no longer subdivided, only the combined amount of the two is counted.

3-22 城镇私营单位就业人员平均劳动报酬

Average Wage of Employed Persons in Urban Private Units

单位：元 (yuan)

项目　Item	2010	2019	2020	2020年比上年增长(%)
合　计	**21039**	**57141**	**58631**	**2.6**
Total				
按国民经济行业分				
By Sector				
农、林、牧、渔业	18670	41032	46674	13.8
Farming, Forestry, Animal Husbandy and Fishery				
采矿业	20428	54269	63617	17.2
Mining and Quarrying				
制造业	20082	56924	60593	6.4
Manufacturing				
电力、燃气及水的生产和供应业	21435	44688	51440	15.1
Production and Supply of Electricity Gas and Water				
建筑业	23914	59959	60041	0.1
Construction				
交通运输、仓储和邮政业	21681	58038	58494	-28.1
Transport, Storage and Post Services				
信息传输、计算机服务和软件业	27749	81306	85901	91.8
Information Transmission, Computer Software and Services				
批发和零售业	21512	52206	52577	-9.4
Wholesale and Retail Trade				
住宿和餐饮业	16881	44796	43025	-17.6
Lodgings and Catering Services				
金融业	32156	64487	71411	10.7
Finance				
房地产业	24411	56501	58915	4.3
Real Estate				
租赁和商务服务业	20618	57330	53710	-6.3
Rent and Business Services				
科学研究、技术服务和地质勘查业	23329	64121	57701	-10.0
Scientific Reseach, Ploytechnic Services and Geological Prospecting				
水利、环境和公共设施管理业	18073	46284	50612	9.4
Water Conservancy, Environment and Public Facilities Management				
居民服务和其他服务业	19168	44235	45129	2.0
Resident Services and Others				
教育	24306	43723	43257	-1.1
Education				
卫生、社会保障和社会福利业	23527	59677	67295	12.8
Health Care, Social Ensure and Walfare				
文化、体育和娱乐业	19582	42862	44934	4.8
Culture, Sports and Entertainment				
公共管理和社会组织				
Public Management and Social Organizations				
按三次产业分				
By Three Strata of Industry				
第一产业	18670	41032	46674	13.7
Primary Industry				
第二产业	20940	58417	60292	3.2
Secondary Industry				
第三产业	21502	54882	55513	1.1
Tertiary Industry				

主要统计指标解释

常住人口数 指一定时点、一定地区范围内的有生命的个人的总和。年度统计的年末常住人口数指每年 11 月 1 日 0 时的人口数。

出生率（又称粗出生率） 指在一定时期内(通常为一年)平均每千人所出生的人数的比率，一般用千分率表示。计算公式为：

出生率＝(年出生人数／年平均人数)×1000‰

式中：出生人数指活产婴儿，即胎儿脱离母体时(不管怀孕月数)，有过呼吸或其他生命现象。年平均人数指年初、年底人口数的平均数，也可用年中人口数代替。

死亡率（又称粗死亡率） 指在一定时期内(通常为一年)一定地区的死亡人数与同期平均人数(或期中人数)之比，一般用千分率表示。计算公式为：

死亡率＝(年死亡人数／年平均人数)×1000‰

人口自然增长率 指在一定时期内(通常为一年)人口自然增加数(出生人数减死亡人数)与该时期内平均人数(或期中人数)之比，一般用千分率表示。计算公式为：

人口自然增长率＝[(本年出生人数－本年死亡人数)／年平均人数]×1000‰＝人口出生率－人口死亡率

就业人口 指十五周岁及十五周岁以上人口中从事一定的社会劳动并取得劳动报酬或经营收入的人口。

经济活动人口 指在 16 岁以上，有劳动能力，参加或要求参加社会经济活动的人口；包括就业人员和失业人员。

各单位的就业人员 指在各级国家机关、政党机关、社会团体及企业、事业单位中工作，取得工资或其他形式的劳动报酬的全部人员。包括在岗职工、再就业的离退休人员、民办教师以及在各单位中工作的外方人员和港澳台方人员、兼职人员、借用的外单位人员和第二职业者。不包括离开本单位仍保留劳动关系的职工。各单位的从业人员反映了各单位实际参加生产或工作的全部劳动力。

城镇登记失业人员 指有非农业户口，在一定的劳动年龄内，有劳动能力，无业而要求就业，并在当地就业服务机构进行求职登记的人员。

城镇登记失业率 指城镇登记失业人数同城镇从业人数与城镇登记失业人数之和的比。计算公式为：

城镇登记失业率=城镇登记失业人数／(城镇从业人数+城镇登记失业人数)×100%

国有单位职工 指在国有经济单位及其附属机构工作，并由其支付工资的各类人员。

城镇集体单位职工 指在城镇集体经济单位及其管理部门工作，并由其支付工资的各类人员。

其他单位职工 指在联营经济、股份制经济、外商投资经济、港、澳、台投资经济单位工作，并由其支付工资的各类人员。

在岗职工 指在本单位工作并由单位支付工资的人员，以及有工作岗位，但由于学习、病伤产假等原因暂未工作，仍由单位支付工资的人员。

工资总额 指各单位在一定时期内直接支付给本单位全部职工的劳动报酬总额。工资总额的计算原则应以直接支付给职工的全部劳动报酬为根据。各单位支付给职工的劳动报酬以及其他根据有关规定支付的工资，不论是计入成本的还是不计入成本的，不论是按国家规定列入计征奖金税项目的，还是未列入计征奖金税项目的，不论是以货币形式支付的还是以实物形式支付的，均包括在工资总额内。

奖金 指支付给职工的超额劳动报酬和增收节支的劳动报酬。

津贴和补贴 指为了补偿职工特殊或额外的劳动消耗和因其他特殊原因支付给职工的津贴，以及为了保证职工工资水平不受物价影响支付给职工的物价补贴。

平均工资 指企业、事业、机关单位的职工在一定时期内平均每人所得的货币工资额。它表明一定时期职工工资收入的高低程度，是反映职工工资水平的主要指标。计算公式为：

职工平均工资＝报告期实际支付的全部职工工资总额／报告期全部职工平均人数

平均工资指数 指报告期职工平均工资与基期职工平均工资的比率，是反映不同时期职工货币工资水平变动情况的相对数。计算公式为：

职工平均工资指数＝报告期职工平均工资／基期职工平均工资

平均实际工资指数　指扣除物价变动因素后的职工平均工资。职工平均实际工资指数是反映实际工资变动情况的相对数，表明职工实际工资水平提高或降低的程度。计算公式为：

职工平均实际工资指数＝(报告期职工平均工资指数／报告期城镇居民消费价格指数)×100%

Explanatory Notes on Main Statistical Indicators

Total Population refers to the total number of people alive at a certain point of time within a given area.The annual statistics on total population is taken at midnight,the 3lst of December.

Birth Rate(or Crude Birth Rate) refers to the ratio of the number of births to the average population during a certain period of time(usually a year) which is often expressed in ‰. The following formula is used:

Brith Rate= (Number of Births/Annual Average Number of Population) ×1000‰

Number of births refers to live births i.e. the births when babies had showed any vital phenomena regardless of the length of pregnancy.

Annual average number of population is the average of the number of population at the beginning of the year and that at the end of the year. Sometimes it is substituted for with the mid year population.

Death Rate(or Crude Death Rate) refers to the ratio of the number of deaths to the average population (or mid year population) during a certain period of time (usually a year) which is often expressed in‰. The following formula is used:

Death Rate =(Number of Deaths/ Annual Average Number of Population)×1000‰

Natural Growth Rate of Population refers to the ratio of natural increase in population(number of births minus number of deaths)in a certain period of time(usually a year)to the average population(or mid year population)of the same period which is often expressed in‰. The following formula is applied:

Natural Growth Rate of Population= [(Number of Births-Number of Deaths)/ Average Number of Population]×1000‰

Natural Growth Rate of Population=Birth Rate-Death Rate

Employed Population refers to population aged 15 or over engaging in social labour which generates income.

Economically Active Population refers to the population aged 16 and over who are capable to work, are participating in or willing to participate in economic activities, including employed persons and unemployed persons.

Persons Employed in Various Units refer to all the persons working in government agencies of various levels, political and party organizations, social organizations, enterprises and institutions, and receiving wages or other forms of payment. They include fully-employed staff and workers , re-employed retirees, teachers in schools run by the local people, foreigners and Chinese compatriots from Hong Kong, Macao, and Taiwan working in various units, part-time employees, employees of other units working temporarily at current posts, and employees holding the second job, but exclude staff and workers who have left their working units while keeping their labour contract (employment relation) unchanged. This indicator reflects the total number of laborers actually engaged in production or other operations in various units.

Registered Urban Unemployed Persons The registered unemployed persons in urban areas refer to the persons who are registered as permanent residents in the urban areas engaged in non-agricultural activities, aged within the range of working age, capable to labour, unemployed but desirous to be employed and have been registered at the local employment service agencies to apply for a job.

Registered Urban Unemployment Rate Registered unemployment rate in urban areas refers to the ratio of the number of the registered unemployed persons to the sum of the number of employed persons and the registered unemployed persons . The formula is as follows:

Registered urban unemployment rate = [number of registered urban unemployed persons/(number of urban employed persons + number of registered urban unemployed persons)]×100%

Staff and Workers in State-owned Economic

Units refer to the persons who work in the state-owned economic units or their attached units and are listed in their payrolls.

Staff and Workers of Collective Owned Units in Urban Areas refer to the persons who work in collective owned units in urban areas and their administration departments and receive payment therefrom.

Staff and Workers in Units of Other Types of Ownership refer to those who work in(and receive payment therefrom)enterprises and institutions of joint ownership, share holding, foreign ownership, and ownership by entrepreneurs from Hong Kong, Macao, and Taiwan.

Fully Employed Staff and Workers refer to persons who work in, and receive wages from their working units, as well as persons who have their work posts, but are temporarily absent from work for reasons of study or on sick, injury or maternal leave and still receive wages from their working units.

Total Wages refer to the total remuneration payment to staff and workers in various units during a certain period of time. The calculation of total wages is based on the total remuneration payment to the staff and workers. Therefore, all the wages and salaries and other payments to staff and workers are included in the total wages regardless of their sources, category, and forms (in kind or cash). (Total wages of staff and workers in this yearbook include only total wages of fully employed staff and workers, excluding the living allowances distributed to those who have left their working units while keeping their labour contract/employment relation unchanged).

Bonus refers to remuneration payment to workers for extra work and for increasing earnings and practicing economy.

Subsidies and Allowances refer to subsidies paid to staff and workers for compensating special or extra labour and allowances paid to staff and workers to offset the impact of inflation on real wages.

Average Wage refers to the average wage in money terms per person during a certain period of time for staff and workers in enterprises, institutions, and government agencies, which reflects the general level of wage income during a certain period of time and is calculated as follows:

Average Wage of Staff and Workers =Total Wages of Staff and Workers in Reference Period/Average Number of Staff and Workers in Reference Period

Index of Average Wage refers to the ratio of average wage of staff and workers at the report time to that at the reference time. It reflects the relative changing degree of average wage in money terms at the various of time, which is calculated as following:

Index of Average Wage of Staff and Worker = average wage of staff and workers at the report time/average wage of staff and workers at the reference time

Index of Average Real Wage refers to the average wage which has removed the factor of price change. Index of average real wage of staff and worker reflects the relative changing degree of average real wage, and indicates the degree of the rising or declining degree of real wage of staff and worker, which is calculated as following:

Index of Average Real Wage of Staff and Worker = (Index of Average Wage of Staff and Worker at the Report Time/Urban Consumer Prices Index at the Report Time) ×100%.

第四篇　对外经济

Chapter 4　Foreign Trade

资料整理：叶玲

Database Editor: Yeling

简 要 说 明

本篇资料的主要内容及来源

本篇资料反映了全省外经外贸，主要包括进出口、利用外资、对外承包工程和劳务合作、人民币外汇牌价基本情况等方面的内容。

进、出口数据来源于海关统计，利用外资、对外承包工程和劳务合作等资料来源于省商务厅,外商投资企业工商注册数、资本金、投资总额数据来源于省市场监督管理局。历年人民币对主要外币的年平均汇价资料来源于国家外汇管理局，是根据当年国家外汇管理局提供的每日汇价进行加权平均计算而得出的当年年平均汇价。

自 2018 年起，我省利用外资以商务部外资统计口径为基准，加上外资投资性公司、再投资等的实际投资。外方服务境外贷款等不再纳入统计，以保持与商务部口径的一致性。

本篇资料由省统计局贸易外经统计处整理提供。

Brief Introduction

Main Content and Source of Data

Data in this chapter show the basic conditions of foreign trade and tourism , mainly including imports and exports, utilization of foreign capitals, contracted projects and labor services cooperation, exchange rate of RMB to other currencies etc.

Data on foreign trade are based on the statements made by the Administration of Customs. Data on utilization of foreign capitals, contracted projects and labor services cooperation are provided by Fujian Department Foreign Trade and Economic Cooperation. Data on Registered Foreign Funded Enterprises are provided by Fujian Industrial and Commercial Bureau. Average exchange rates of RMB yuan to other currencies over the years come from the State Administration of Exchange Control. The annual average exchange rate is calculated as the weighted mean of the daily exchange rates provided by the State Administration of Exchange Control.

Since 2018,the statistical caliber of foreign investment is based on the Ministry of Commerce.within the actual investment of foreign investment companies,reinvestments, etc. Foreign services are no longer included in the statistics.

Data in this chapter are collected and compiled by the Division of Trade and External Economic Relations Statistics of Fujian Provincial Bureau of Statistics.

4-1 对外经济基本情况

Basic Statistics on Foreign Trade

项目 Item	2000	2005	2010	2019	2020
海关货物进出口总额（亿元）Total Value of Imports and Exports in Customs (100 million yuan)	**1756.87**	**4457.21**	**7363.88**	**13307.35**	**14080.59**
出口总额 Exports	1068.55	2854.15	4839.73	8281.55	8473.17
进口总额 Imports	688.32	1603.06	2524.15	5025.81	5607.43
进出口差额 Balance	380.23	1251.09	2315.57	3255.74	2865.74
海关货物进出口总额（亿美元）Total Value of Imports and Exports in Customs(USD 100 million)	**212.23**	**544.11**	**1087.80**	**1930.86**	**2033.17**
出口总额 Exports	129.08	348.42	714.93	1201.83	1223.87
初级产品 Primary Goods		21.52	52.98	99.24	100.20
工业制品 Industry Goods		326.90	661.95	1102.59	1123.48
进口总额 Imports	83.15	195.69	372.87	729.03	809.30
初级产品 Primary Goods		33.32	102.41	409.09	469.47
工业制品 Industry Goods		162.37	270.45	319.88	339.82
进出口差额 Balance	45.93	152.73	342.06	472.80	414.57
外商直接投资 Foreign Investment Utilized					
新签合同数（个）Number of Projects for Contracted Foreign Direct Investment(unit)		1988	1139	2391	2234
合同投资金额（亿美元）Total Amount of Contracted Foreign Investment(USD 100 million)		59.57	73.76	160.54	133.51
实际利用外资（亿美元）Foreign Investment Actually Utilized(USD 100 million)		26.08	58.03	46.10	50.23
外商投资企业工商注册情况 Registration Status of Foreign Funded Enterprises					
年末注册数（个）Number of Enterprises(unit)	16013	17854	17886	31608	31637
投资总额（亿美元）Total Investment(USD 100 million)	470.84	753.31	1248.31	2974.71	3152.55
注册资本（亿美元）Registered Capital(USD 100 million)	275.85	430.75	693.58	1765.59	1990.23
对外承包工程（亿美元）Contracted Projects(USD 100 million)					
合同金额 Contracted Value	1.25	2.47	0.86	17.34	7.96
完成营业额 Value of Turnover Fulfilled	1.04	1.95	2.35	10.18	12.89
对外劳务合作（亿美元）Labor Services(USD 100 million)					
劳务人员合同工资总额 Contracted Pay	2.96	3.25	2.06	6.93	6.11
劳务人员实际收入总额 Value of Real Income	3.45	3.10	2.32	8.51	8.63

注：1.劳务人员合同工资总额、劳务人员实际收入总额，2012年以前分别为对外劳务合作合同金额、对外劳务合作完成营业额。2.外商投资企业年末注册数、投资总额、注册资本2013年以前不含其他外商投资企业和外商投资企业分支机构。

Note:a) Before 2012,the Contract Pay is Contracted Value,the Real Income is Value of Turnover Fulfilled. b) Before 2013,Number of Foreign Funded Enterprise Registrations,Total Amount of Investment and Registered Capital Exclude other Foreign Funded Enterprises and Branches.

4-2 进出口总额

Gross Value of Imports and Exports

单位：亿美元

年份 Year	进出口总额（亿美元） Total Imports and Exports(USD 100 million)	出口 Exports	进口 Imports	进出口总额（亿元） Total Imports and Exports (100 million yuan)	出口 Exports	进口 Imports
1981	6.08	4.01	2.07	10.83	7.14	3.68
1982	5.51	3.70	1.80	10.63	7.15	3.48
1983	5.64	3.70	1.94	11.05	7.25	3.80
1984	6.65	3.92	2.73	18.55	10.93	7.62
1985	9.01	5.57	3.44	26.39	16.33	10.07
1986	13.48	6.86	6.61	50.13	25.54	24.60
1987	18.45	9.04	9.41	68.63	33.63	35.01
1988	28.43	14.16	14.27	105.76	52.68	53.08
1989	34.22	18.28	15.94	161.18	86.10	75.08
1990	43.39	24.49	18.90	226.50	127.84	98.66
1991	57.48	31.47	26.00	311.53	170.91	140.62
1992	80.59	43.87	36.72	463.38	252.23	211.14
1993	100.42	51.59	48.83	581.42	298.69	282.73
1994	121.90	64.30	57.59	1039.77	548.50	491.27
1995	144.46	79.08	65.38	1210.55	662.70	547.85
1996	155.20	83.82	71.37	1288.14	695.74	592.40
1997	179.53	102.56	76.97	1486.13	848.96	637.17
1998	171.61	99.64	71.97	1420.56	824.81	595.75
1999	176.20	103.52	72.68	1458.55	856.93	601.61
2000	212.23	129.08	83.15	1756.87	1068.55	688.32
2001	226.26	139.22	87.04	1872.98	1152.49	720.49
2002	283.99	173.71	110.28	2350.85	1437.96	912.89
2003	353.26	211.32	141.94	2924.25	1749.28	1174.96
2004	475.27	293.95	181.32	3933.81	2433.00	1500.81
2005	544.11	348.42	195.69	4457.21	2854.15	1603.06
2006	626.59	412.62	213.97	4937.55	3251.43	1686.12
2007	744.51	499.40	245.10	5661.24	3797.47	1863.77
2008	848.21	569.92	278.29	5890.90	3958.14	1932.76
2009	796.49	533.19	263.30	5440.85	3642.22	1798.63
2010	1087.80	714.93	372.87	7363.88	4839.73	2524.15
2011	1435.22	928.38	506.85	9269.83	5996.21	3273.62
2012	1559.38	978.33	581.05	9843.58	6175.68	3667.90
2013	1693.22	1064.74	628.47	10486.43	6594.17	3892.26
2014	1774.08	1134.52	639.56	10897.33	6968.92	3928.41
2015	1688.46	1126.80	561.66	10478.39	6991.76	3486.62
2016	1568.19	1036.72	531.47	10344.96	6833.66	3511.30
2017	1710.35	1049.32	661.03	11590.98	7113.92	4477.06
2018	1875.76	1156.85	718.90	12357.29	7624.07	4733.21
2019	1930.86	1201.83	729.03	13307.35	8281.55	5025.81
2020	2033.17	1223.87	809.30	14080.59	8473.17	5607.43

4-3 按主要贸易方式分进出口商品贸易额（2020年）

Value of Imports and Exports by Main Trade Mode(2020)

项目 Item	总计（万元） Total(10000 yuan)	总计（万美元） Total(USD 10000)
出口总额 **Total Exports**	**84731650**	**12238704**
#一般贸易 General Trade	60064558	8675034
来料加工贸易 Processing and Assembling with Custorner's Materials	515913	74317
进料加工贸易 Processing and Assembling with Import Materials	12303391	1777331
保税监管场所进出境货物 Import and Export Goods in Bonded Area	2905098	418932
海关特殊监管区域物流货物 Goods in Customs Special Area	5232332	753169
进口总额 **Total Imports**	**56074265**	**8093032**
#一般贸易 General Trade	45446291	6557379
来料加工装配贸易 Processing And Assembling With Custormer's Materials	379351	54721
进料加工贸易 Processing And Assembling With Imports Materials	6145110	887923
加工贸易进口设备 Processing Equipments	960	136
外商投资企业作为投资进口的设备、物品 Foreign Funded Equipments	59728	8590
保税监管场所进出境货物 Import and Export Goods in Bonded Area	2568053	371187
海关特殊监管区域物流货物 Goods in Customs Special Area	1081398	156356
海关特殊监管区域进口设备 Import Equipment in Customs Special Area	2728	393

4-4 按企业性质分进出口商品贸易额（2020年）

Value of of Imports and Exports by Ownership of Enterprises(2020)

项目	Item	总计（万元） Total(10000 yuan)	总计（万美元） Total(USD 10000)
进出口总额	**Total Imports and Exports**	**140805915**	**20331736**
出口总额	**Exports**	**84731650**	**12238704**
#国有企业	State Owned Enterprises	8515923	1226258
集体企业	Collective Owned Enterprises	303056	43753
私营企业	Privited Enterprises	52594645	7601715
外商投资企业	Foreign Funded Enterprises	23182644	3347635
进口总额	**Imports**	**56074265**	**8093032**
#国有企业	State Owned Enterprises	21787749	3140686
集体企业	Collective Owned Enterprises	359322	51935
私营企业	Privited Enterprises	17750636	2566578
外商投资企业	Foreign Funded Enterprises	16010123	2309832

4-5 进出口主要分类情况（2020年）

Value of of Imports and Exports by Major Classification(2020)

(.)

项目	Item	总计（万元） Total(10000 yuan)	总计（万美元） Total(USD 10000)
进出口总额	**Imports and Exports**	**140805915**	**20331736**
出口商品总额	**Exports**	**84731650**	**12238704**
初级产品	Primary Goods	6931506	1002025
工业制品	Manufactured Goods	77787353	11234757
进口商品总额	**Imports**	**56074265**	**8093032**
初级产品	Primary Goods	32549947	4694659
工业制品	Manufactured Goods	23522773	3398151
机电产品进出口	**Total of mechanical and electronic products**	**42299027**	**6111012**
出口总额	Exports	31989130	4621581
进口总额	Imports	10309897	1489431
高新技术产品进出口	**High-tech products**	**17571377**	**2540962**
出口总额	Exports	10163246	1470549
进口总额	Imports	7408131	1070413
外商投资企业进出口	**Foreign-Funded Enterprises**	**39192767**	**5657467**
出口总额	Exports	23182644	3347635
进口总额	Imports	16010123	2309832
一般贸易进出口	**General Trade**	**105510849**	**15232413**
出口总额	Exports	60064558	8675034
进口总额	Imports	45446291	6557379
加工贸易进出口	**Processing and Assembling**	**19343764**	**2794292**
出口总额	Exports	12819304	1851648
进口总额	Imports	6524461	942644

4-6 按主要国别(地区)分进出口商品贸易额（2020年）

Value of Exports by Country (Region)(2020)

(.)

国别(地区)	Country (Region)	出口总额（万元）(10000 yuan)	出口总额（万美元）(USD 10000)	进口总额（万元）(10000 yuan)	进口总额（万美元）(USD 10000)
总计	**Total**	**84731650**	**12238704**	**56074265**	**8093032**
亚洲	Asia	40091331	5792842	26077237	3764629
#中国香港	Hong Kong China	4365803	630746	144018	20733
中国澳门	Macao China	25619	3687	15	2
中国台湾	TaiWan China	3988549	576919	4307364	621632
日本	Japan	4322258	623199	2421408	349964
菲律宾	Philippines	6214441	897913	651933	94545
泰国	Tailand	2331049	336400	1141945	164932
马来西亚	Malaysia	2662885	386268	2038542	293672
新加坡	Singapore	1409266	203980	451796	65155
阿拉伯联合酋长国	United Arab Emirates	955645	138028	193231	27974
欧洲	Europe	16823336	2429793	7020338	1013304
#德国	Germany	2943156	424569	1148957	166488
法国	France	1015016	146405	335074	48324
意大利	Italy	998576	143963	268423	38843
芬兰	Finland	83674	12018	135871	19573
英国	United Kingdom	2573690	374180	189381	27386
丹麦	Denmark	246780	35553	49924	7231
瑞典	Sweden	260221	37451	124565	17928
瑞士	Switzerland	89437	12880	248038	35535
西班牙	Spain	1252552	180909	294685	42550
北美洲	North America	17284628	2494737	4126181	595951
#加拿大	Canada	1650452	238192	1519706	218846
美国	United States	15633379	2256431	2593232	375188
大洋洲	Oceania	2062838	297867	8469506	1220307
#澳大利亚	Australia	1675903	241933	7459331	1074278
拉丁美洲及非洲	Latin and Africa	8469516	1223465	10350133	1494402

4-7 续表1

Continued

(.)

项目 Item	出口总额（万元） (10000 yuan)	出口总额（万美元） (USD 10000)	进口总额（万元） (10000 yuan)	进口总额（万美元） (USD 10000)
煤、焦炭及煤砖 Coal, Coke and Briquette	40471	5849	2333418	334660
石油、石油产品及有关原料 Petroleum, Petroleum Products and Related Materials	18136	2616	3942424	568302
天然气及人造气 Natural Gas and Man-made Gas	1		863027	123751
动植物油、脂及蜡 Animal and Vegetable Oil ,Fats and Wax	25782	3715	494814	71584
动物油、脂 Animal Oil and Fats	10662	1533	18595	2698
植物油、脂 Vegetable Oils and Fats	7978	1137	461994	66816
已加工的动植物油、脂及动植物蜡 Processed Animal and Vegetable Oils,Fats and Wax	7141	1045	14225	2071
二、工业制品 Industry Goods	**77787353**	**11234757**	**23522773**	**3398151**
化学成品及有关产品 Chemicals and Related Products	3686007	534059	4049122	584470
有机化学品 Organic Chemicals	380872	54863	962782	138733
无机化学品 Inorganic Chemicals	481822	69556	123549	17965
染料、鞣料及着色料 Dyestuff , Tanning Extracts and Dye Materials	63265	9152	80916	11683
医药品 Medicines	652326	96590	13819	2013
精油、香料及盥洗、光洁制品 Essential Oils, Perfumed Materials and Cosmetics	334934	48224	178363	25844
肥料 Fertilizer	226711	32619	5	1
初级形状的塑料 Plastics of Primary Pattern	416260	60174	2079877	300082
非初级形状的塑料 Plastics of non Primary Pattern	583989	84328	210830	30464
其他化学原料及产品 Other Chemical Raw and Products	544343	78339	398222	57575
按原料分类的制成品 Products by Raw material	17872279	2578661	7869517	1137424
皮革、皮革制品及已鞣毛皮 Leather, Leather Products and Tanned Hides	137957	19940	132838	19241
橡胶制品 Rubber Products	440558	63587	87274	12631
软木及木制品(家具除外) Cork and Wooden Products	1144438	165153	22225	3230
纸及纸板；纸浆、纸及纸板制品 Paper and Paperboard, Articles of Paper Pulp or Paper and Paperboard Products	856523	123470	538591	78137
纺纱、织物、制成品及有关产品 Spin Textile Products and Related Products	6239363	898990	780656	112637
非金属矿物制品 Non Metal Minerals products	3662493	528806	503831	72775

4-7 续表1

Continued

(.)

项目 Item	出口总额（万元） (10000 yuan)	出口总额（万美元） (USD 10000)	进口总额（万元） (10000 yuan)	进口总额（万美元） (USD 10000)
煤、焦炭及煤砖 Coal, Coke and Briquette	40471	5849	2333418	334660
石油、石油产品及有关原料 Petroleum, Petroleum Products and Related Materials	18136	2616	3942424	568302
天然气及人造气 Natural Gas and Man-made Gas	1	…	863027	123751
动植物油、脂及蜡 Animal and Vegetable Oil ,Fats and Wax	25782	3715	494814	71584
动物油、脂 Animal Oil and Fats	10662	1533	18595	2698
植物油、脂 Vegetable Oils and Fats	7978	1137	461994	66816
已加工的动植物油、脂及动植物蜡 Processed Animal and Vegetable Oils,Fats and Wax	7141	1045	14225	2071
二、工业制品 **Industry Goods**	**77787353**	**11234757**	**23522773**	**3398151**
化学成品及有关产品 Chemicals and Related Products	3686007	534059	4049122	584470
有机化学品 Organic Chemicals	380872	54863	962782	138733
无机化学品 Inorganic Chemicals	481822	69556	123549	17965
染料、鞣料及着色料 Dyestuff , Tanning Extracts and Dye Materials	63265	9152	80916	11683
医药品 Medicines	652326	96590	13819	2013
精油、香料及盥洗、光洁制品 Essential Oils, Perfumed Materials and Cosmetics	334934	48224	178363	25844
肥料 Fertilizer	226711	32619	5	1
初级形状的塑料 Plastics of Primary Pattern	416260	60174	2079877	300082
非初级形状的塑料 Plastics of non Primary Pattern	583989	84328	210830	30464
其他化学原料及产品 Other Chemical Raw and Products	544343	78339	398222	57575
按原料分类的制成品 Products by Raw material	17872279	2578661	7869517	1137424
皮革、皮革制品及已鞣毛皮 Leather, Leather Products and Tanned Hides	137957	19940	132838	19241
橡胶制品 Rubber Products	440558	63587	87274	12631
软木及木制品(家具除外) Cork and Wooden Products	1144438	165153	22225	3230
纸及纸板；纸浆、纸及纸板制品 Paper and Paperboard, Articles of Paper Pulp or Paper and Paperboard Products	856523	123470	538591	78137
纺纱、织物、制成品及有关产品 Spin Textile Products and Related Products	6239363	898990	780656	112637
非金属矿物制品 Non Metal Minerals products	3662493	528806	503831	72775

4-7 续表2

Continued

(.)

项目 Item	出口总额（万元） (10000 yuan)	出口总额（万美元） (USD 10000)	进口总额（万元） (10000 yuan)	进口总额（万美元） (USD 10000)
钢铁 Steel	1269264	183394	4469465	646605
有色金属 Non-ferrous Metal	904873	130661	1149516	165416
金属制品 Metal Products	3216810	464659	185120	26751
机械及运输设备 Machinery and Transport Equipments	21944917	3169962	8200910	1184256
动力机械及设备 Power Machinery and Equipments	1264537	182461	542130	78487
特种工业专用机械 Special Industry Equipment	1440157	208284	899340	129987
金工机械 Metal working Machinery	151035	21729	124244	17880
通用工业机械设备及零件 Ordinary Industry Machinery and Parts	3204789	462705	604500	87401
办公用机械及自动数据处理设备 Clerical Machinery and Automatic Data Processing Equipments	1785526	258053	1077703	155542
电信及声音的录制及重放装置设备 Telecommunications and Sound Record and Replay Equipment	4659166	673290	481788	69755
电力机械、器具及其电气零件 Power Machinery and Parts	7018883	1013483	3879351	559679
陆路车辆(包括气垫式) Land Vehicles	1745999	252403	397017	57280
其他运输设备 Other Transportation Equipment	674824	97555	194837	28244
杂项制品 Miscellaneous Manufactured Articles	33265959	4803994	2560116	370302
活动房屋、卫生、水道、供热及照明装置 Movable Room, Sanitary Equipment, Supply of Hotand Lighting Apparatus	2121788	307056	15554	2238
家具及其零件、褥垫及类似填充制品 Furniture and Related Parts	3526702	509220	88671	12789
旅行用品、手提包及类似品 Tour Goods, Handbags and Related Products	1332979	192186	6483	935
服装及衣着附件 Garments and Related Parts	8716388	1257270	65827	9490
鞋靴 Footwears	6696243	967254	73002	10561
专业、科学及控制用仪器和装置 Special, Scientific and Controlled Instruments and Equipment	2033483	293946	1593855	230746
摄影器材、光学物品及钟表 Photographic, Optical Instruments and Clocks	1127126	162933	507803	73313
未列名杂项制品 Other Miscellaneous Manufactured Articles	7711250	1114130	208921	30230
未分类的商品及交易品 Unclassified Goods	1018190	148081	843108	121698

4-8 人民币汇率（年平均价）

Exchange Rate of RMB(Annual Average Price)

单位：元 (yuan)

年份 Year	100美元 100 US Dollars	100日元 100 Japanese Yen	100港元 100 Hong Kong Dollars	100欧元 100 Euros
1985	293.66	1.25	37.57	
1986	345.28	2.07	44.22	
1987	372.21	2.58	47.74	
1988	372.21	2.91	47.70	
1989	376.51	2.74	48.28	
1990	478.32	3.32	61.39	
1991	532.33	3.96	68.45	
1992	551.46	4.36	71.24	
1993	576.20	5.20	74.41	
1994	861.87	8.44	111.53	
1995	835.10	8.92	107.96	
1996	831.42	7.64	107.51	
1997	828.98	6.86	107.09	
1998	827.91	6.35	106.88	
1999	827.83	7.29	106.66	
2000	827.84	7.69	106.18	
2001	827.70	6.81	106.08	
2002	827.70	6.62	106.07	800.58
2003	827.70	7.15	106.24	936.13
2004	827.68	7.66	106.23	1029.00
2005	819.17	7.45	105.30	1019.53
2006	797.18	6.86	102.62	1001.90
2007	760.40	6.46	97.46	1041.75
2008	694.51	6.74	89.19	1022.27
2009	683.10	7.30	88.12	952.70
2010	676.95	7.73	89.13	897.25
2011	645.88	8.11	82.97	900.11
2012	631.25	7.90	81.38	810.67
2013	619.32	6.33	79.85	822.19
2014	614.28	5.82	79.22	816.51
2015	622.84	5.15	80.34	691.41
2016	664.23	6.12	85.58	734.26
2017	675.18	6.02	86.64	763.03
2018	661.74	5.99	84.43	780.16
2019	689.85	6.33	88.05	772.55
2020	689.76	6.46	88.93	787.55

注：欧元自2002年开始进入市场流通。
Note:Since 2002,the Euros circulates in market.

4-9 按行业分外商直接投资合同数

Number of Signed Contracts for Direct Foreign Investment by Sector

单位：个 (unit)

年份 Year	总计 Total	农业 Agriculture	工业 Industry	建筑业 Construction	交通运输仓储及邮电通信业 Transport, Storage,Post and Telecommunica-tions	批发和零售贸易餐饮业 Wholesale & Retail Trade and Catering Services	其他服务业 Other Services
1979	5	2	1				2
1980	15	1	5	1	3		5
1981	16		5	1	4		6
1982	14		10		1	1	2
1983	18	1	6		2	1	8
1984	236	13	113	15	11	22	62
1985	395	21	266	24	13	63	8
1990	1043	42	930	1	5	10	55
1991	1219	57	1077		6	11	68
1992	3113	134	2520	21	11	22	405
1993	4714	161	3536	67	21	124	805
1994	3026	133	2068	41	22	176	586
1995	2728	166	1973	29	15	130	415
1996	1987	114	1431	14	10	184	234
1997	2298	140	1755	28	6	179	190
1998	2006	168	1482	12	21	98	225
1999	1439	132	1052	11	9	40	195
2000	1463	117	1129	5	4	55	153
2001	1670	102	1304	5	15	34	210
2002	1825	97	1382	14	14	50	268
2003	2274	110	1839	14	25	60	226
2004	2277	93	1837	11	26	100	210
2005	1988	81	1570	4	25	92	216
2006	2164	85	1633	12	34	207	193
2007	1722	69	1204	3	21	234	191
2008	1101	67	627	10	15	229	153
2009	939	73	431	4	39	258	134
2010	1139	79	504	5	23	320	208
2011	1039	69	374	7	22	345	222
2012	916	77	270	7	12	320	230
2013	840	45	200	8	17	353	217
2014	1044	53	190	11	8	475	307
2015	1689	95	199	20	19	790	566
2016	2355	80	229	27	17	934	1068
2017	2041	57	212	33	21	631	1087
2018	2419	107	276	28	26	737	1245
2019	2391	71	276	17	29	745	1253
2020	2234	117	214	26	41	687	1149

4-10 按行业分外商直接投资合同金额

Value of Signed Contracts for Direct Foreign Investment by Sector

单位：万美元 (USD 10000)

年份	Year	总计 Total	农业 Agriculture	工业 Industry	建筑业 Construction	交通运输仓储及邮电通信业 Transport, Storage, Post and Telecommunications	批发和零售贸易餐饮业 Wholesale & Retail Trade and Catering Services	其他服务业 Other Services
1979		105	78	10				17
1980		464	33	247	5	12		167
1981		1906		99	72	206		1529
1982		1612		1542		50	13	7
1983		2120	10	900		62	25	1123
1984		20097	245	7080	918	779	1110	9965
1985		37681	1228	15977	1254	586	12085	6551
1990		116183	3462	90126	91	331	488	21685
1991		144871	5256	98215		978	737	39685
1992		635101	8128	338783	1088	2817	27068	257217
1993		1136617	17482	574966	6931	2692	23151	511395
1994		717946	11607	394043	4132	7683	11583	288898
1995		890647	20790	660166	3187	17270	27927	161307
1996		653572	12678	469257	15031	8825	21286	126495
1997		453751	15932	323558	21977	17486	28839	45959
1998		500150	31810	336922	21773	8597	7308	93740
1999		489996	28748	359611	4806	2161	8877	85793
2000		431373	18083	318217	1666	2038	7481	83888
2001		500717	17589	371725	1464	7915	2420	99604
报表口径	New Scope							
2002		390089	12453	310522	6224	7404	3866	49620
2003		477321	14166	398730	7144	7288	4076	45917
历史可比口径	Old Scope							
2002		694419	19599	581954	11153	8799	4812	68102
全口径	Full Scope							
2004		537299	12674	426684	321	15651	13838	68131
2005		595715	22415	467697	754	21674	15222	67953
2006		862069	17158	659295	6121	26289	38025	115181
2007		867422	16497	648414	-197	12301	36543	153864
2008		715201	27219	444674	3221	36966	56566	146555
2009		536095	23235	316771	1455	31770	38370	124494
2010		737557	24439	452840	813	16826	93832	148807
2011		921880	41513	542046	2571	16260	86200	233290
2012		929083	67531	364064	17019	35616	154028	290825
2013		833644	22851	415880	12501	28152	125156	229104
2014		849079	34766	367882	10625	19551	133299	282956
2015		1446277	71592	411956	653	24364	322761	614951
2016		1566337	60688	377264	53100	167	283161	791957
2017		1487858	25612	397418	99249	18704	102566	844309
2018		1591814	52312	492241	33099	25668	211578	776916
2019		1605398	22265	310031	4758	17487	348630	902227
2020		1335089	85889	241623	9272	44789	239634	713882

4-11 分国别(地区)外商直接投资合同数和合同金额

Number and Value of Contracts for Signed Direct Foreign Investment by Country(Region)

国别(地区)	Country(Region)	2000	2005	2010	2015	2018	2019	2020
合同数（个）	**Number(unit)**	**1463**	**1988**	**1139**	**1689**	**2419**	**2391**	**2234**
#中国香港	Hong Kong China	602	921	446	468	684	531	617
中国澳门	Macao China	28	66	16	19	50	43	83
中国台湾	Taiwan China			408	890	1316	1382	1233
日本	Japan	72	64	22	21	23	16	16
菲律宾	Philippines	60	96	11	7	5	20	4
泰国	Tailand	5	2		2	3	2	4
马来西亚	Malaysia	14	25	18	14	39	33	23
新加坡	Singapore	58	41	27	37	39	53	36
印度尼西亚	Indonesia	9	13	5	10	8	4	10
德国	Germany	8	8	6	11	3	10	6
法国	France	3	7	2	2	4	6	4
英国	United Kingdom	20	9	2	13	16	14	7
加拿大	Canada	15	31	11	10	20	23	16
美国	United States	79	98	33	52	53	40	36
澳大利亚	Australia	18	28	18	27	16	12	15
合同金额（万美元）	**Volume（10000 USD)**	**431373**	**595715**	**737557**	**1446277**	**1591814**	**1605398**	**1335089**
#中国香港	Hong Kong China	212533	286810	559446	765753	945726	1129009	727939
中国澳门	Macao China	4958	15623	8243	8158	4748	7145	18898
中国台湾	Taiwan China			76162	282112	221977	225491	339565
日本	Japan	16943	10575	4135	4676	4257	13038	3027
菲律宾	Philippines	17611	19213	-6765	-421	184	2352	2047
泰国	Thailand	270	292	-85	53	683	-100	9527
马来西亚	Malaysia	4643	7559	5728	6675	1541	19148	5130
新加坡	Singapore	10246	12343	21747	27949	116136	65333	89533
印度尼西亚	Indonesia	1026	1892	730	462	-189	354	2327
德国	Germany	3107	251	261	1428	157	-2637	146
法国	France	102	881	429	31	52	179	2287
英国	United Kingdom	15504	-4364	260	3246	4116	4507	14877
加拿大	Canada	2495	3510	6948	2292	41301	3699	1178
美国	United States	21012	25534	1288	28221	15778	6279	10003
澳大利亚	Austrialia	985	5138	4493	73995	5873	1691	4840

注：当期外商投资企业减资或外商股权转让金额超过当期新批合同外资或外商投资企业增资金额，差额部分用负数表示。

Note:When the data of reduction of Signed Value or the transfer stock value surpass the data of Signed Value or the supplementary value of direct foreigh investment, the discrepancy is expressed by negative number.

4-12 实际利用外商直接投资金额
Direct Foreign Capital Actually Used

单位：万美元 (USD 10000)

年份 Year	合计 Total	年份 Year	合计 Total
1979	83	2005	622984
1980	363	2006	718489
1981	150	2007	813093
1982	121	2008	1002556
1983	1438	2009	1006481
1984	4828	2010	1031552
1985	11782	2011	1104447
1986	6149	2012	1218541
1987	5139	全 口 径 (Full Scope)	
1988	13017	2004	222120
1989	32880	2005	260775
1990	29002	2006	322047
1991	64449	2007	406058
1992	141633	2008	567171
1993	286745	2009	573747
1994	371200	2010	580279
1995	403881	2011	620111
1996	407876	2012	633774
1997	419666	2013	667896
1998	421211	2014	711499
1999	402403	2015	768339
2000	380386	2016	819465
2001	391804	2017	857672
历史可比口径 (Old Scope)		2018	445477
2002	424995	2019	460953
2003	499329	2020	502347
2004	531802		

4-13 分国别(地区)实际利用外商直接投资金额
Direct Foreign Capital Actually Used by Country(Region)

单位：万美元 (USD 10000)

国别(地区)	Country (Region)	2000	2005	2010	2019	2020
总计	**Total**	**380386**	**260775**	**580279**	**460953**	**502347**
亚洲	Asia					
#中国香港	Hong Kong China	151678	121783	354634	298274	355884
中国澳门	Macao China	2689	6162	5156	1588	2779
中国台湾	Taiwan China			23805	9793	16621
印度尼西亚	Indonesia	1760	593	1883	10	
日本	Japan	7655	7445	6287	679	841
新加坡	Singapore	12282	7727	25545	26808	18987
韩国	Korea	410	1069	3254	2342	450
泰国	Tailand	979	662	153	20	110
欧洲	Europe					
#英国	United Kingdom	16179	1352	1007	1167	49
德国	Germany	4553	48	1443	134	38
法国	France	74	708	278		994
俄罗斯	Russian		109			
拉丁美洲	Latin America					
#巴哈马	Bahamas	431		1769		
开曼群岛	Cayman Islands	20552	9242	12662	20361	18929
墨西哥	Mexico			957		
英属维尔京群岛	British Virgin Islands	21766	35134	42153	12081	13484
北美洲	North America					
#加拿大	Canada	1851	424	1099	979	15
美国	United States	64652	17015	5096	2580	203
大洋洲	Oceania					
#澳大利亚	Australia	2212	988	1823	82	121
新西兰	New Zealand		467	336		

4-14 外商投资企业工商注册数

Number of Registered Foreign Funded Enterprises

单位：个　　(unit)

项目　Item	2005	2010	2015	2018	2019	2020
总计 Total	**17854**	**17886**	**25895**	**30144**	**31608**	**31637**
按行业分 Grouped by Sector						
农、林、牧、渔业 Agriculture, Forestry, Animal Husbandryand Fishery	646	596	695	812	826	872
采矿业 Mining	61	46	35	34	34	32
制造业 Manufacturing	13762	13103	11854	10247	9890	9359
电力、燃气及水的生产和供应业 Production and Supply of Electric Power, Gas and Water	169	146	196	218	217	216
建筑业 Construction	152	137	235	291	289	315
交通运输、仓储和邮政业 Transport,Storage and Post	265	205	618	662	675	695
信息传输、计算机服务和软件业 Information Transmission, Computer Software and Services	209	330	958	1399	1434	1424
批发和零售业 Wholesale and Retail Trade	234	1153	5721	7165	7800	7740
住宿和餐饮业 Lodgings and Catering Services	307	300	1146	1387	1435	1461
金融业 Financial Intermediation	6	24	337	505	455	442
房地产业 Real Estate	1283	1057	1105	1070	1076	1084
租赁和商务服务业 Leasing and Business Services	212	415	1780	3150	3472	3588
科学研究、技术服务和地质勘查业 Scientific Research, Technical Service and Geologic Prospecting	117	160	681	2123	2697	2979
水利、环境和公共设施管理业 Management of Water Conservancy,Environment and Public Facilities	54	56	82	116	116	113

注：2013年以前不含其他外商投资企业和外商投资企业分支机构。
Note:Before 2013, Exclude other Foreign Funded Enterprises and Branches.

4-14 续表

Continued

单位：个 (unit)

项目 Item	2005	2010	2015	2018	2019	2020
居民服务和其他服务业 Services to Households and Other Services	119	125	230	242	257	274
教育 Education	11	2	12	53	64	61
卫生、社会保障和社会福利业 Health, Social Security and Social Welfare	9	3	11	46	59	54
文化、体育和娱乐业 Culture, Sports and Entertainment	204	28	196	614	805	923
其他行业 Others	34		3	10	7	5
按国别（地区）分 By Country						
#中国香港 Hong Kong China	8586	8443	8769	9228	9311	9297
中国澳门 Macao China	400	387	403	466	489	545
中国台湾 TaiWan China	3879	3796	4906	8049	9137	9366
日本 Japan	610	558	495	432	419	407
英国 United Kingdom	90	87	83	114	120	121
德国 Germany	51	74	81	76	78	78
加拿大 Canada	148	185	193	200	222	214
美国 United States	706	730	680	651	661	622
澳大利亚 Australia	150	198	210	214	205	212

4-15 外商投资企业工商注册资本金

Registered Capitals of Foreign Funded Enterprises

单位：万美元 (USD 10000)

项目 Item	2005	2010	2015	2018	2019	2020
总计 Total	**4307474**	**6935845**	**11090110**	**16384415**	**17655891**	**19902256**
按行业分 Grouped by Sector						
农、林、牧、渔业 Agriculture,Forestry,Animal Husbandry and Fishery	103957	120696	238271	336736	350585	355570
采矿业 Mining	7155	11496	22900	25936	24270	11349
制造业 Manufacturing	2917604	4681053	5907219	6616701	6770426	6935832
电力、燃气及水的生产和供应业 Production and Supply of Electric Power,Gas and Water	140493	201131	244888	256137	265232	266047
建筑业 Construction	57264	66442	103441	262598	266790	290831
交通运输、仓储和邮政业 Transport,Storage and Post	115210	205581	374779	422068	435148	483093
信息传输、计算机服务和软件业 Information Transmission, Computer Software and Services	27189	132824	221456	331362	445483	501028
批发和零售业 Wholesale and Retail Trade	23880	196146	861339	1411428	1335161	1434256
住宿和餐饮业 Lodgings and Catering Services	87187	116264	149615	199198	318301	370821
金融业 Financial Intermediation	16391	94131	352692	547584	468733	484634
房地产业 Real Estate	662639	793120	1204345	1255992	1564289	1678443
租赁和商务服务业 Leasing and Business Services	28410	153048	806390	2992761	3442412	3729385
科学研究、技术服务和地质勘查业 Scientific Research, Technical Service and Geologic Prospecting	18376	42605	214465	1034122	1301987	2652586
水利、环境和公共设施管理业 Management of Water Conservancy,Environment and Public Facilities	13758	52069	72330	149199	133079	114802

注：2013年以前不含其他外商投资企业和外商投资企业分支机构。

4-15 续表
Continued

单位：万美元 (USD 10000)

项目 Item	2005	2010	2015	2018	2019	2020
居民服务和其他服务业 Services to Households and Other Services	11442	40136	64785	169922	194926	223415
教育 Education	1240	125	617	23664	23784	23068
卫生、社会保障和社会福利业 Health, Social Security and Social Welfare	6603	5189	11527	63985	172391	122532
文化、体育和娱乐业 Culture, Sports and Entertainment	55245	23788	231930	282960	140878	217441
其他行业 Others	13431		7119	2062	2017	7124
按国别（地区）分 By County						
#中国香港 Hong Kong China	2185021	3720362	6428139	9823928	10772879	12401585
中国澳门 Macao China	72789	100150	127430	154852	163969	186889
中国台湾 TaiWan China	574517	527170	949004	1906749	2105367	2301376
日本 Japan	104534	146104	141422	158175	184669	186667
英国 United Kingdom	59149	52014	137182	168490	168300	169934
德国 Germany	24018	31011	32791	53279	48351	46468
加拿大 Canada	28771	44392	41104	95566	101379	101534
美国 United States	220843	195581	224771	235849	223318	219381
澳大利亚 Australia	25066	37420	109590	124470	52428	58076

4-16 外商投资企业工商注册投资总额

Total Registered Investment Value of Foreign-Funded Enterprises

单位：万美元 (USD 10000)

项目 Item	2005	2010	2015	2018	2019	2020
总计 Total	**7533131**	**12483059**	**19671281**	**27869529**	**29747115**	**31525492**
按行业分 Grouped by Sector						
农、林、牧、渔业 Agriculture,Forestry,Animal Husbandry and Fishery	170682	208623	402367	518733	525965	516303
采矿业 Mining	10786	22242	48768	52168	51020	17130
制造业 Manufacturing	4727634	8350872	11277703	12896877	13313063	13229862
电力、燃气及水的生产和供应业 Production and Supply of Electric Power, Gas and Water	444184	617253	751810	775424	715237	715244
建筑业 Construction	89864	133944	203600	482713	482483	523025
交通运输、仓储和邮政业 Transport,Storage and Post	198500	356884	758250	800466	824484	917146
信息传输、计算机服务和软件业 Information Transmission, Computer Software and Services	58572	167493	426674	579414	708278	770648
批发和零售业 Wholesale and Retail Trade	35960	330624	1197492	2149863	1826692	1934999
住宿和餐饮业 Lodgings and Catering Services	157919	212732	258433	393582	454530	474732
金融业 Financial Intermediation	16393	98633	242006	471624	406370	427221
房地产业 Real Estate	1366522	1430093	2063174	2200389	2908038	3030649
租赁和商务服务业 Leasing and Business Services	42397	247703	1042150	3799726	4411616	4488006
科学研究、技术服务和地质勘查业 Scientific Research, Technical Service and Geologic Prospecting	33317	72538	366765	1597948	2021605	3363781
水利、环境和公共设施管理业 Management of Water Conservancy,Environment and Public Facilities	24334	85376	143795	325429	274164	235376

注：2013年以前不含其他外商投资企业和外商投资企业分支机构。

4-16 续表

Continued

单位：万美元 (USD 10000)

项目 Item	2005	2010	2015	2018	2019	2020
居民服务和其他服务业 Services to Households and Other Services	16226	92034	152374	319322	344976	375949
教育 Education	2061	161	961	60912	61031	60301
卫生、社会保障和社会福利业 Health, Social Security and Social Welfare	17165	14907	30486	96026	204605	153835
文化、体育和娱乐业 Culture, Sports and Entertainment	95283	40948	295306	346069	210160	282017
其他行业 Others	25332		9169	2844	2799	9266
按国别（地区）分 By County						
#中国香港 Hong Kong, China	3517597	6484905	11285092	16424954	17996485	19390518
中国澳门 Macao ,China	110177	158195	197072	241278	252677	274423
中国台湾 TaiWan China	996935	860503	1462385	2623998	2878763	3095442
日本 Japan	184722	253939	283398	331363	411151	419965
英国 United Kingdom	131979	110470	169509	237896	235139	236047
德国 Germany	52451	65886	64286	123702	110810	107407
加拿大 Canada	47181	73944	64188	194552	200858	200617
美国 United States	547389	321559	387364	395698	361150	336958
澳大利亚 Austrial	40684	62774	137682	147077	74467	80371

4-17 涉外税收主要指标

Basic Statistics of Taxes on Enterprises with Foreign Capital

单位：万元　　(10000 yuan)

年份 Year	涉外税收 Taxes on Enterprises with Foreign Capital	外商投资企业和外国企业所得税 Income Tax of Foreign Capital Enterprises	个人所得税 Individual Income Tax	城市房地产税 Tax on Urban Real Estate	车船使用牌照税 Tax on License of Vehicle Use
1980	3		1		
1981	15	2	4	1	
1982	100	21	5	2	1
1983	466	51	6	2	1
1984	1595	256	11	3	3
1985	3294	388	48	9	16
1986	5019	1288	119	76	25
1987	7539	570	305	200	32
1988	15201	1552	396	290	35
1989	31979	3557	86	216	33
1990	64361	4310	403	759	74
1991	69004	6008	686	1296	88
1992	96684	10440	796	1928	108
1993	165151	18734	1171	3142	135
1994	241239	33886	2945		195
1995	314491	40346	6433	8221	223
1996	321385	36909	10512	10290	222
1997	399596	49891	16566	10712	143
1998	427978	61466	23612	15188	153
1999	615278	80203	31404	17197	160
2000	805058	128522	41010	20717	137
2001	1185431	149662	58104	24468	324
2002	1752684	259337	59850	31262	295
2003	2083532	310246	73144	35981	233
2004	2750440	396195	93732	37712	129
2005	3297179	451434	117050	47531	149
2006	3762352	550005	126135	54669	158
2007	4432889	662730	164291	63786	146
2008	5583964	915063	199179	70376	677
2009	6352558	1032001	186644	76143	931
2010	7621798	1450124	236470	89401	845
2011	8837795	1890808	279397	115425	920
2012	10367041	1973281	222036	81930	1113
2013	10888732	2051444	242027	197124	3058
2014	11387280	2194065	279574	156912	4100
2015	10951399	2219127	302050	158093	4532
2016	10233969	2146357	391378	152080	4634
2017	11452717	2390552	427001	190182	4928
2018	11866512	2559616	496225	204706	5178
2019	11254806	2501123	537759	208224	5166
2020	10330155	2366176	445447	188311	5325

注：1.1988年后含海关代征税；2.2016年以前，工商统一税含增值税、营业税、消费税。3.2016年以后，工商统一税含增值税、消费税。

Note:a)Tax from 1998 Includes Commissioned Customs Tax .b)Before 2016,The Industrial and Commercial Tax has contained Value-added Tax, Operation Tax and Consumption Tax.c)Since 2016,The Industrial and Commercial Tax has contained Value-added Tax and Consumption Tax.

4-18 对外承包工程和劳务合作主要指标

Contracted Projects and Labor Service Cooperation with Foreign Countries

年份 Year	对外承包工程合同金额（万美元） Contracted Projects(USD 10000)	劳务人员合同工资总额（万美元） Labor Services Cooperation(USD 10000)	年末在外人数（人） Number of Persons Abroad at the Year-end (person)	承包工程 Contracted Projects	劳务合作 Labor Services Cooperation
1980		113	34		34
1981	4	93	213	4	209
1982	7	145	341	6	335
1983	139	632	447	8	439
1984	716	2894	2157	20	2137
1985	3175	1093	2432	72	2360
1986	8232	2331	4134	85	4049
1987	6620	2398	6206	103	6103
1988	9816	6612	8109	189	7920
1989	12884	5753	9144	143	9001
1990	11098	6499	9686	125	9561
1991	16378	15281	16262	66	16196
1992	33190	16627	21439	93	21346
1993	43596	24426	29791	82	29709
1994	48461	22464	34289	85	34204
1995	35641	27544	43859	148	43711
1996	24890	23419	48337	38	48299
1997	14068	28680	55358	137	55221
1998	19436	24356	54618	119	54497
1999	6227	29805	56757	117	56638
2000	12486	29562	53847	162	53685
2001	16262	36934	59688	126	59561
2002	23765	17141	50513	329	50184
2003	27047	39024	52586	239	52347
2004	25013	31770	50478	216	50262
2005	24713	32539	50528	236	50292
2006	26108	31844	50964	335	50629
2007	26395	32003	51371	350	51021
2008	41862	26348	27842	560	27282
2009	14476	27884	28063	223	27840
2010	8607	20580	24240	367	23873
2011	49016	63444	27601	571	27030
2012	49828	52926	35162	1787	33375
2013	31044	58675	41787	2795	38992
2014	35842	113856	56199	4074	52125
2015	57701	67482	59213	3714	55499
2016	58143	85110	60359	3967	56392
2017	131113	63631	75944	4518	71426
2018	64107	78644	64045	3400	60645
2019	173362	69306	68168	2581	65587
2020	79616	61081	57033	3021	54012

注：劳务人员合同工资总额，2012年以前为对外劳务合作合同金额。

Note:Before 2012,Value of Labor Services Cooperation is Labour Services

4-19 各设区市进出口商品总额（2020年）

Total Exports by City(2020)

(.)

年份	Year	进出口总额（万元）(10000 yuan)	进出口总额（万美元）(USD 10000)	出口总额（万元）(10000 yuan)	出口总额（万美元）(USD 10000)	进口总额（万元）(10000 yuan)	进口总额（万美元）(USD 10000)
福州市	Fuzhou	25051493	3613249	17863307	2576740	7188186	1036509
厦门市	Xiamen	69411929	10019739	35720353	5156465	33691576	4863274
莆田市	Putian	6306980	912801	2285940	330749	4021040	582053
三明市	Sanming	1154288	165610	1065876	152874	88412	12736
泉州市	Quanzhou	19713432	2849430	15034095	2175565	4679337	673866
漳州市	Zhangzhou	8103125	1171943	5381288	779107	2721837	392836
南平市	Nanping	1252087	180550	1149611	165774	102477	14775
龙岩市	Longyan	3380694	489080	2286226	330906	1094468	158174
宁德市	Ningde	5097659	735469	3353643	484308	1744017	251160
平潭综合实验区	Pingtan	1334228	193866	591312	86217	742916	107648

4-20 各设区市外商直接投资合同数

Number of Signed Contracts for Direct Foreign Investment by City

单位：项　(Unit)

年份 Year	福州市 Fuzhou	厦门市 Xiamen	莆田市 Putian	三明市 Sanming	泉州市 Quanzhou	漳州市 Zhangzhou	南平市 Nanping	龙岩市 Longyan	宁德市 Ningde
2000	295	259	56	36	416	257	84	29	31
2001	319	343	64	35	513	261	81	30	24
2002	385	380	65	52	578	217	92	24	32
2003	360	374	52	66	904	268	178	40	32
2004	414	435	66	87	776	269	134	58	38
2005	326	364	71	107	561	344	136	47	32
2006	327	569	81	83	524	342	110	88	40
2007	234	472	43	71	394	346	80	64	18
2008	155	355	36	53	140	191	68	84	19
2009	144	325	25	46	103	154	61	64	17
2010	186	398	25	65	156	186	46	58	19
2011	170	368	35	32	170	149	44	28	20
2012	148	331	25	42	106	129	43	16	18
2013	135	331	14	37	111	84	30	17	20
2014	126	416	11	40	126	94	26	18	20
2015	339	726	24	27	102	125	19	25	18
2016	483	1278	26	26	124	115	14	32	10
2017	362	1145	23	27	196	121	10	33	20
2018	514	1215	37	45	280	120	21	54	25
2019	310	1322	41	30	314	109	36	50	20
2020	297	987	29	54	358	104	32	45	27

4-21 各设区市外商直接投资合同金额

Value of Signed Contracts for Direct Foreign Investment by City

单位：万美元 (USD 10000)

年份 Year	福州市 Fuzhou	厦门市 Xiamen	莆田市 Putian	三明市 Sanming	泉州市 Quanzhou	漳州市 Zhangzhou	南平市 Nanping	龙岩市 Longyan	宁德市 Ningde
2000	95479	100400	20744	6596	87014	94420	18586	2601	5533
2005	116672	129492	22852	14594	170025	69657	44437	15978	12008
2008	148883	190847	14216	21470	186888	77214	39325	22556	13802
2009	122969	139531	15034	20401	95910	78500	39067	17567	7116
2010	167297	166157	36294	24499	161089	102339	43001	28321	8560
2011	176966	225037	39283	24513	198154	126049	51542	43336	26963
2012	205643	225010	35891	31682	120592	141580	56251	25335	28747
2013	205700	190805	26725	35644	132803	130555	35294	18653	31653
2014	146368	285337	3666	26113	154609	98080	42784	34039	37301
2015	317473	416303	26662	24286	99498	131223	53806	56501	45068
2016	163075	756798	64730	15610	135553	162953	14532	67468	8624
2017	586287	481683	2002	16026	68777	101942	22974	30317	7944
2018	397233	714111	14901	49253	181596	116530	17471	17304	9200
2019	393993	514164	49154	45768	225256	85587	43710	28380	25580
2020	266757	552310	21415	17200	241468	76600	11380	33713	29134

4-22 各设区市实际利用外商直接投资金额

Direct Foreign Capital Actually Used by City

单位：万美元 (USD 10000)

年份 Year	福州市 Fuzhou	厦门市 Xiamen	莆田市 Putian	三明市 Sanming	泉州市 Quanzhou	漳州市 Zhangzhou	南平市 Nanping	龙岩市 Longyan	宁德市 Ningde
2003	68751	42200	13235	4855	74406	40585	12948	2841	1497
2005	64017	70740	7152	4632	70974	31017	5356	5161	1726
2008	100150	204244	13038	6600	169991	50051	5857	13426	3814
2009	103227	168674	18302	7460	172002	55018	6167	15225	5672
2010	118524	169651	22952	8635	149342	70076	6787	16506	7098
2011	127745	172583	25264	9201	161511	88739	7794	17762	9512
2012	133877	177453	25559	10300	131960	89025	8733	19908	12007
2013	143063	187204	30164	12500	139112	94552	10501	21598	14433
2014	154651	197101	34092	14033	148950	101207	12000	24082	17463
2015	167852	209373	37750	15636	158036	108500	14532	26853	21007
2016	181372	222401	40020	17090	162780	116366	16249	29540	23120
2017	198525	237830	45413	18441	159194	121662	23446	32788	6708
2018	77987	172500	12629	3978	59584	82305	5807	4482	1814
2019	94116	197995	13370	1941	64112	55246	8147	4784	2080
2020	101007	241030	13698	2034	66339	59041	3561	3886	2148

主要统计指标解释

进出口总额　指实际进出我国国境的货物总金额。包括对外贸易实际进出口货物，来料加工装配进出口货物，国家间、联合国及国际组织无偿援助物资和赠送品，华侨、港澳台同胞和外籍华人捐赠品，租赁期满归承租人所有的租赁货物，进料加工进出口货物，边境地方贸易及边境地区小额贸易进出口货物(边民互市贸易除外)，中外合资企业、中外合作经营企业、外商独资经营企业进出口货物和公用物品，到、离岸价格在规定限额以上的进出口货样和广告品(无商业价值、无使用价值和免费提供出口的除外)，从保税仓库提取在中国境内销售的进口货物，以及其他进出口货物。进出口总额用以观察一个国家在对外贸易方面的总规模。我国规定出口货物按离岸价格统计，进口货物按到岸价格统计。

外商直接投资　指外国企业和经济组织或个人(包括华侨、港澳台胞以及我国在境外注册的企业)按我国有关政策、法规，用现汇、实物、技术等在我国境内开办外商独资企业、与我国境内的企业或经济组织共同举办中外合资经营企业、合作经营企业或合作开发资源的投资(包括外商投资收益的再投资)，以及经政府有关部门批准的项目投资总额内企业从境外借入的资金。

对外承包工程　指各对外承包公司以招标议标承包方式承揽的下列业务：(1)承包国外工程建设项目，(2)承包我国对外经援项目，(3)承包我国驻外机构的工程建设项目，(4)承包我国境内利用外资进行建设的工程项目，(5)与外国承包公司合营或联合承包工程项目时我国公司分包部分，(6)对外承包兼营的房屋开发业务。对外承包工程的营业额是以货币表现的本期内完成的对外承包工程的工作量，包括以前年度签订的合同和本年度新签订的合同在报告期内完成的工作量。

对外劳务合作　指以收取工资的形式向业主或承包商提供技术和劳动服务的活动。我国对外承包公司在境外开办的合营企业，中国公司同时又提供劳务的，其劳务部分也纳入劳务合作统计。劳务合作营业额按报告期内向雇主提交的结算数(包括工资、加班费和奖金等)统计。

Explanatory Notes on Main Statistical Indicators

Total Imports and Exports at Customs refer to the value of commodities imported into and exported from the boundary of China. They include the actual imports and exports through foreign Trades, imported and exported goods under the processing and assembling Trades and materials, supplies and gifts as aid given gratis between governments and by the United Nations and other international organizations, and contributions donated by overseas Chinese, compatriots in Hong Kong and Macao and Chinese with foreign citizenship, leasing commodities owned by tenant at the expiration of leasing period, the imported and exported commodities processed with imported materials, commodities trading in border areas(excluding mutual exchange goods), the imported and exported commodities and articles for public use of the Sino-foreign joint ventures, cooperative enterprises and ventures exclusively with foreign own investment .Also included are import or export of samples and advertising goods for whose CIF or FOB value are beyond the permitted ceiling (excluding goods of no trading or use value and free commodities for export),imported goods sold in China from bonded warehouses and other imported or exported goods.The indicator of the total imports and exports at customs can be used to observe the total size of external Trades in a country.In accordance with the stipulation of the Chinese government,imports are calculated at CIF, while exports are calculated at FOB

Foreign Direct Investment refers to the investments inside China by foreign enterprises and economic organizations or individuals(including overseas Chinese,compatriots from Hong Kong and Macao,and Chinese enterprises registered abroad), following the relevant policies and laws of China, for the establishment of ventures exclusively with foreign own investment, Sino-foreign joint ventures and cooperative enterprises or for co-operative exploration of resources with enterprises or economic organizations in China. It includes the re investment of the foreign entrepreneurs with the profits gained from the investment and the funds that enterprises borrow from abroad in the total investment of projects which are approved by the relevant department of the government.

Contracted Projects with Foreign Countries refer to projects undertaken by Chinese contractors (project contracting companies)through bidding process.They include: (1)overseas civil engineering construction projects financed by foreign investors; (2)overseas projects financed by the Chinese government through its foreign aid programs; (3)construction projects of Chinese diplomatic missions,Trades offices and other institutions stationed abroad; (4)construction projects in China financed by foreign investment; (5)sub-contracted projects to be taken by Chinese contractors through a joint umbrella project with foreign contractor(s); (6)housing development projects.The business income from international contracted projects is the work volume of contracted projects completed during the reference period, expressed in monetary terms, including completed work on projects signed in previous years.

Foreign Exchange Earnings from International Tourism refer to the total expenditures of foreigners, overseas Chinese, Chinese compatriots from Hong Kong, Macao and Taiwan during their stay in the mainland of China, which are earnings of foreign exchange from international tourism from the point of view from China.

第五篇　能源

Chapter 5　Energy

资料整理：林红　陈浩明

Database Editor:Linhong Chenhaoming

简 要 说 明

本篇资料的主要内容及来源

本篇资料主要包括能源生产、消费及品种构成，能源和电力消费弹性系数，生活用能源消费量及综合能源平衡表，全省及各设区市主要发展约束性指标，以及规模以上工业分行业能耗情况。

行业分类采用现行统一的国民经济行业分类国家标准。综合能源平衡表中的库存量、进口量、出口量和消费量，根据有关部门和企业提供的数据综合评估得出。本篇出现的“煤炭”，包括原煤、洗精煤、其它洗煤和煤制品（即型煤），不包括焦炭。

本篇资料 2013-2017 年数据，根据全国第四次经济普查资料进行相应调整，相关数据以本年鉴公布数据为准。

本篇资料由省统计局能源统计处依据能源年报整理提供。

Brief Introduction

Main Content and Source of Data

Data in this chapter show the mainly energy production and consumption and their composition of Fujian Province, the elasticity ratio of energy consumption, the consumption of energy for residential use, main binding indicators on development of administrative areas of Fujian, and the energy consumption of industrial enterprises grouped by sector over designated size.

Data by industries in this chapter are based on the new National Industrial Classification of All Economic Activities; In the energy balance, data on stock, imports, exports and consumption are based on data provide by relevant departments and enterprises; Coal includes crude coal, washing coal, other washing coal and coal products and excludes coke.

According to the National Econimic Sensus Ⅳ,the data had been adjusted from 2013 to 2017.

Data on this chapter are provided and processed in accordance with the statistical reporting scheme on energy by the Division of Energy of the Fujian Provincial Bureau of Statistics.

5-1 一次能源生产总量及构成

Total Production of Primary Energy and Its Composition

(.)

年份 Year	能源生产总量（万吨标准煤） Total Energy Production(10000 tons of SCE)	占能源生产总量的比重(%) Percentage of Total Energy Production(%)				
		原煤 Coal	一次电力及其他能源 Primary Power and Others	#水电 Hydro-power	风电 Wind Power	核电 Nuclear Power
1978	461.00	65.5	34.5	34.5		
1979	491.00	69.9	30.1	30.1		
1980	492.00	67.3	32.7	32.7		
1981	493.00	60.2	39.8	39.8		
1982	522.00	60.5	39.5	39.5		
1983	609.00	61.4	38.6	38.6		
1984	641.00	64.3	35.7	35.7		
1985	690.00	62.7	37.3	37.3		
1986	724.00	67.0	33.0	33.0		
1987	806.00	69.7	30.3	30.3		
1988	918.00	67.2	32.8	32.8		
1989	950.00	71.0	29.0	29.0		
1990	966.52	68.4	31.6	31.6		
1991	854.43	71.7	28.3	28.3		
1992	1013.39	64.1	35.9	35.9		
1993	1051.43	66.7	33.3	33.3		
1994	1169.96	59.7	40.3	40.3		
1995	1396.24	58.0	42.0	42.0		
1996	1406.04	59.3	40.7	40.7		
1997	1256.30	44.1	55.9	55.9		
1998	1177.00	44.1	55.9	55.9		
1999	1634.16	59.9	40.1	40.1		
2000	1654.17	60.3	39.7	39.7		
2001	1850.44	49.9	50.1	50.1		
2002	1923.40	61.3	38.7	38.7		
2003	1816.80	68.4	31.6	31.6		
2004	1805.75	72.6	27.4	27.4		
2005	2488.47	61.5	38.5	38.5		
2006	2668.15	57.8	42.2	42.2		
2007	2625.28	61.5	38.5	38.1	0.4	
2008	2989.93	60.1	39.9	39.3	0.6	
2009	2939.48	61.2	38.8	37.9	0.9	
2010	3260.42	56.1	43.9	42.8	1.1	
2011	2802.72	66.8	33.2	30.8	2.4	
2012	2989.65	49.0	51.0	48.2	2.8	
2013	2765.64	44.3	55.7	43.6	3.9	8.1
2014	2948.49	39.3	60.7	42.3	3.9	14.5
2015	3613.52	32.2	67.8	36.7	3.7	24.2
2016	4456.75	23.4	76.6	42.6	3.4	27.5
2017	4162.06	20.5	79.5	29.9	4.6	40.3
2018	4083.65	17.4	82.6	23.8	5.3	47.2
2019	4353.87	14.8	85.2	30.2	6.0	42.4
2020	3997.99	12.2	87.8	21.6	9.1	48.4

注：2015年一次能源生产量包括生物质燃料等其他能源，与往年口径不一致，若不含其他能源，2015年一次能源生产量为3503.91万吨标准煤。

Note:In 2015, Total Production of Primary Energy including biomass fuel and other energy sources, was not the same as in previous years. If there were no other energy sources, otal Production of Primary Energy in 2015 was 3503.91 10thousand tons of SCE.

5-2 能源消费总量及构成

Total Consumption of Energy and Its Composition

(.)

年份 Year	能源消费总量（万吨标准煤） Total Energy Consumption (10000 tons of SCE)	占能源消费总量的比重(%) As Percentage of Total Energy Production(%)					
		原煤 Coal	石油 Crude Oil	天然气 Natural Gas	一次电力及其他能源 Primary Power and Others	#水电 Hydro-power	核电 Nuclear Power
1978	688.00	63.7	12.9		23.4	23.4	
1979	731.00	66.9	13.1		20.0	20.0	
1980	710.00	64.0	13.9		22.1	22.1	
1981	729.00	59.1	13.6		27.3	27.3	
1982	780.00	60.6	12.8		26.6	26.6	
1983	861.00	61.5	11.8		26.7	26.7	
1984	930.00	63.0	12.7		24.3	24.3	
1985	1043.00	64.0	11.2		24.8	24.8	
1986	1114.00	66.3	12.2		21.5	21.5	
1987	1215.00	67.0	12.9		20.1	20.1	
1988	1363.30	65.9	12.0		22.1	22.1	
1989	1404.00	68.3	12.1		19.6	19.6	
1990	1458.30	67.0	12.1		20.9	20.9	
1991	1530.56	70.9	13.3		15.8	15.8	
1992	1624.05	64.1	13.5		22.4	22.4	
1993	1848.00	61.9	19.2		18.9	18.9	
1994	1953.54	59.9	18.7		21.4	21.4	
1995	2279.91	54.8	19.5		25.7	25.7	
1996	2452.18	55.4	21.3		23.3	23.3	
1997	2499.11	50.8	21.1		28.1	28.1	
1998	2578.62	51.9	22.2		25.9	25.9	
1999	2771.64	53.9	22.7		23.4	23.4	
2000	2942.60	54.4	23.3		22.3	22.3	
2001	3163.09	51.4	22.0		26.6	26.6	
2002	3615.33	55.6	23.8		20.6	20.6	
2003	4062.55	61.4	24.5		14.1	14.1	
2004	4527.80	63.8	25.1	0.2	10.9	10.9	
2005	5753.99	59.4	23.8	0.1	16.7	16.7	
2006	6396.85	59.8	22.5	0.1	17.6	17.6	
2007	7109.26	62.9	22.8	0.1	14.2	14.1	
2008	7734.20	62.6	20.1	0.3	17.0	16.8	
2009	8353.67	65.5	19.5	1.4	13.6	13.3	
2010	9189.42	55.4	24.8	4.2	15.6	15.2	
2011	9980.23	62.0	24.0	4.6	9.4	8.7	
2012	10479.44	57.1	23.5	4.8	14.6	13.7	
2013	10898.51	56.8	23.3	5.8	14.1	11.1	2.1
2014	11794.37	53.0	25.8	5.7	15.5	10.6	3.6
2015	11862.79	49.9	24.8	5.1	20.2	11.2	7.4
2016	12035.99	42.9	23.8	5.4	27.9	15.8	10.2
2017	12554.74	45.1	24.1	5.3	25.5	9.9	13.4
2018	13131.01	48.4	22.5	5.1	24.0	7.4	14.6
2019	13718.31	47.3	23.0	4.8	24.9	9.6	13.5
2020	13905.19	48.3	23.6	4.7	23.4	6.2	13.9

注：2013-2017年数据根据第四次全国经济普查资料进行相应调整（下同）。

Note:The data of 2013-2017 are adjusted according to the fourth national economic census,the same as below.

5-3 综合能源平衡表

Overall Energy Balance Sheet

单位：万吨标准煤　　　　(10000 tons of SCE)

项目 Item	2000	2005	2010	2019	2020
可供消费的能源总量 Total Energy Available for Comsumption	**2962.28**	**5752.29**	**9189.40**	**13718.32**	**13905.19**
一次能源生产量 Primary Energy Output	1654.17	2488.47	3260.42	4353.87	3997.99
省外调入量 Take-in Quantity from Outside of the Province	1531.68	3638.98	6726.75	11844.72	12895.92
本省调出量(-) Take-out Quantity from Native Province(-)	246.59	323.32	786.26	2666.75	2953.39
年末年初库存差额 Stock Changes in The Year	23.04	-51.84	-11.51	186.48	-35.33
能源消费总量 Total Energy Consumption	**2942.60**	**5753.99**	**9189.42**	**13718.31**	**13905.19**
在总量中: Consumption by Sector					
1.农、林、牧、渔、水利业 Farming,Forestry,Animal Husbandry,Fishery And water Conservancy	99.36	107.14	179.41	252.57	254.22
2.工业 Industry	1923.19	4030.36	6487.70	9050.14	9206.69
3.建筑业 Construction	30.07	72.48	190.23	311.57	319.84
4.交通运输、仓储和邮政业 Transport,Storage,Post And Telecommunication Services	223.94	469.40	753.38	1389.93	1275.43
5.批发、零售业和住宿、餐饮业 Wholesale and Retail Trades,Hotels and Catering Services	63.80	148.85	228.58	411.46	418.87
6.其他行业 Others Sectors	214.72	286.71	334.50	607.30	630.29
7.生活消费 Residential Consumption	387.52	639.05	1015.62	1695.34	1799.85
在总量中: Consumption by Sector					
1.终端消费 Final Consumption	2833.43	5545.55	9064.35	13699.08	13795.06
#工业 Industy	1814.00	3821.92	6417.98	9030.90	9096.57
2.加工转换损失量 Losses in Processing And Transformation	-7.97	-20.17	126.87	214.56	138.31
#炼焦 Coking	-0.08	-2.45	-14.61	-11.32	-16.42
炼油 Petroleum Refining	-7.55	-16.88	-64.12	-116.45	-185.94
回收能 Recovery of Energy		202.62	236.55	470.76	469.63
3.损失量 Other Losses	101.20	188.27	251.94	233.79	248.43
平衡差额 Balance	**19.67**	**-1.70**	**-0.02**	**0.01**	

注： 1.电力、热力按等价热值折算。2.省外调入量包括进口量，本省调出量包括出口量。

Note:a)Electric Power and Heat are calculated by Caloric Value of Equal Price. b)Take-in quantity from outside of the province includes imports; Take-out quantity from native province includes exports.

5-4 电力平衡表

Electricity Balance Sheet

单位：亿千瓦小时　　(100 million kmh)

项目 Item	2000	2005	2010	2019	2020
可供量 Total Available Energy	**403.01**	**756.59**	**1315.08**	**2402.34**	**2483.00**
生产量 Output	405.21	778.25	1356.32	2572.95	2636.49
火电 Thermal Power	208.45	486.88	890.61	1406.13	1550.52
水电、风电、核电、其它发电 Hydro-power, Wind-Power, Nuclear-Power and Others	196.76	291.37	465.71	1166.82	1085.97
本省调出量(-) Take-out Quantity from Native Province(-)	2.20	26.64	42.95	171.86	154.98
省外调入量 Take-in Quantity from Outside of the Province		4.98	1.71	1.25	1.50
消费量 Consumption	**403.02**	**756.59**	**1315.08**	**2402.34**	**2483.00**
在总量中: Consumption by Sector					
1.农、林、牧、渔业、水利业 1.Agriculture,Forestry,Animal Husbandry, and Fishery	15.91	8.78	13.35	38.35	42.62
2.工业 2.Industry	273.77	537.90	892.81	1503.16	1527.85
3.建筑业 3.Construction	6.06	6.59	20.73	38.54	38.26
4.交通运输.仓储和邮政业 4.Transport, Storage and Post	8.78	11.44	17.43	44.08	42.80
5.批发、零售业和住宿、餐饮业 5.Wholesale and Retail Trades, Hotels and Catering Services	11.83	23.20	48.29	127.11	131.54
6.其他行业 6.Others	21.46	46.71	83.59	186.98	196.46
7.生活消费 7.Household Consumption	65.21	121.97	238.88	464.12	503.47
在总量中: Consumption by Use					
1.终端消费 1.End-use Consumption	372.67	699.43	1233.09	2323.70	2399.16
#工业 Industry	243.42	480.74	810.82	1424.52	1444.01
2.输配电损失量 2.Losses in Transmission	30.35	57.16	81.99	78.64	83.84
平衡差额 Balance	**-0.01**	**-0.35**			

注：本表数据由国网福建省电力有限公司提供。
Note:The data in this table is provided by Fujian Electric Power Co., Ltd.

5-5 能源消费弹性系数

Elasticity Ratio of Energy

年份 Year	能源消费比上年增长(%) Growth Rate of Energy Consumption over Preceding Year (%)	电力消费比上年增长(%) Growth Rate of Electricity Consumption over Preceding Year (%)	能源消费弹性系数 Elasticity Ratio of Energy Consumption	电力消费弹性系数 Elasticity Ratio of Electricity Consumption
1990	3.87	5.48	0.52	0.73
1991	4.96	11.03	0.35	0.78
1992	6.11	16.32	0.30	0.80
1993	13.79	10.63	0.61	0.47
1994	5.71	17.24	0.28	0.85
1995	16.71	14.13	1.14	0.97
1996	7.56	9.03	0.67	0.80
1997	1.91	8.88	0.14	0.63
1998	3.18	3.78	0.29	0.35
1999	7.49	10.36	0.76	1.05
2000	6.17	13.44	0.66	1.45
2001	7.49	9.17	0.86	1.05
2002	14.30	21.74	1.40	2.13
2003	12.37	17.73	1.08	1.54
2004	11.45	5.35	0.97	0.45
2005	13.00	13.88	1.12	1.20
2006	11.17	14.57	0.75	0.98
2007	11.14	15.40	0.73	1.01
2008	8.79	7.32	0.68	0.56
2009	8.01	5.72	0.65	0.47
2010	10.00	15.87	0.72	1.14
2011	8.61	15.27	0.70	1.24
2012	5.00	4.20	0.44	0.37
2013	6.78	7.68	0.62	0.70
2014	8.22	9.12	0.83	0.92
2015	0.58	-0.21	0.06	
2016	1.46	6.30	0.17	0.75
2017	4.31	7.32	0.53	0.91
2018	4.59	9.52	0.55	1.15
2019	4.47	3.83	0.59	0.51
2020	1.36	3.36	0.42	1.03

注：2015年电力消费负增长，无法计算电力消费弹性系数。

Note:Due to the negative Growth Rate of Electricity Consumption,Elasticity Ratio of Electricity Consumption in 2015 can't be calculated.

5-6 能源加工转换效率

Efficiency of Energy Conversion

单位：%　　　　(%)

年份 Year	总效率 Total Efficiency	发电及电站供热 Power Generation and Heating by Power Station	炼焦 Coking	炼油 Petroleum Refining
1985	36.87	25.50	86.40	
1986	34.20	25.98	87.01	
1987	33.32	26.60	88.94	
1988	33.91	27.43	88.19	
1989	35.93	30.50	88.43	
1990	36.74	31.43	87.00	
1991	37.37	31.84	88.25	
1992	38.78	32.01	87.08	
1993	58.38	32.26	87.35	98.00
1994	57.74	32.26	87.70	97.97
1995	61.94	32.43	90.61	94.96
1996	60.54	32.51	91.10	95.41
1997	66.72	33.95	89.31	96.92
1998	59.35	33.95	97.36	96.95
1999	62.08	34.62	95.28	97.69
2000	63.63	36.04	98.01	95.38
2001	62.55	35.94	97.13	93.47
2002	57.24	36.25	97.95	94.74
2003	54.42	37.02	97.90	92.91
2004	54.81	39.65	95.39	96.44
2005	55.00	39.77	97.88	96.61
2006	55.23	39.84	98.32	99.46
2007	53.14	40.52	94.74	99.45
2008	52.21	41.16	96.84	99.15
2009	58.63	42.48	93.88	97.97
2010	63.50	42.72	92.08	96.06
2011	57.39	42.48	94.62	94.12
2012	61.30	43.24	95.83	96.21
2013	57.07	42.91	89.09	92.14
2014	64.40	44.05	93.28	95.19
2015	68.21	44.24	95.98	94.64
2016	71.43	44.69	96.88	96.43
2017	68.79	44.34	95.99	96.29
2018	66.24	44.78	95.96	96.48
2019	69.99	46.23	95.39	97.00
2020	67.45	46.60	93.78	94.99

5-7 平均每天能源消费量

Average Daily Energy Consumption by Type of Energy

年份 Year	合计(万吨标准煤) Total (10000 tons of SCE)	煤炭(万吨) Coal (10000 tons)	焦炭(万吨) Coke (10000 tons)	原油(万吨) Crude Oil (10000 tons)	燃料油(万吨) Fuel Oil (10000 tons)	汽油(万吨) Gasoline (10000 tons)	柴油(万吨) Diesel Oil (10000 tons)	液化石油气(万吨) Liquefied Gas (10000 tons)	天然气(万立方米) Natural Gas (10000 m3)	电力(亿千瓦小时) Electricity (100 million kwh)
1990	4.00	3.57	0.15		0.04	0.11	0.17			0.37
1995	6.25	4.59	0.22	0.62	0.09	0.19	0.43	0.05		0.72
2000	8.06	5.92	0.27	0.98	0.15	0.29	0.58	0.11		1.10
2003	11.13	8.96	0.36	0.99	0.26	0.38	0.73	0.22		1.60
2004	12.40	10.43	0.56	1.07	0.22	0.53	0.89	0.24		1.77
2005	15.76	11.63	0.77	0.95	0.44	0.55	1.01	0.27		2.07
2006	17.53	13.06	0.82	1.03	0.48	0.57	1.07	0.26		2.37
2007	19.48	15.31	0.98	0.97	0.34	0.72	1.30	0.29		2.74
2008	21.19	16.42	1.01	0.85	0.39	0.69	1.19	0.28	41.92	2.94
2009	22.89	17.57	1.79	1.93	0.45	0.72	1.13	0.25	232.60	3.11
2010	25.18	17.76	1.88	3.13	0.50	0.91	1.40	0.23	797.26	3.60
2011	27.34	21.89	2.00	2.64	0.52	1.02	1.46	0.23	1038.08	4.15
2012	28.71	21.01	1.78	3.03	0.51	1.09	1.41	0.22	1027.12	4.33
2013	29.86	22.13	1.80	2.76	0.50	1.12	1.43	0.22	1301.37	4.66
2014	32.31	22.46	1.85	5.60	0.48	1.21	1.32	0.22	1376.99	5.08
2015	32.50	20.99	1.71	5.93	0.48	1.27	1.22	0.17	1243.29	5.07
2016	32.98	18.70	1.67	5.72	0.49	1.36	1.18	0.19	1330.14	5.39
2017	34.40	20.67	1.81	5.71	0.40	1.46	1.19	0.19	1374.25	5.89
2018	35.98	23.45	2.14	5.87	0.48	1.50	1.20	0.16	1422.47	6.34
2019	37.58	23.89	2.39	7.01	0.49	1.54	1.24	0.16	1445.75	6.58
2020	38.10	24.55	2.41	6.93	0.45	1.45	1.11	0.17	1430.68	6.84

5-8 生活能源消费量

Average Annual Energy Consumption for Households

年份 Year	合计(万吨标准煤) Total (10000 tons of SCE)	煤炭(万吨) Coal (10000 tons)	汽油(万吨) Gasoline (10000 tons)	柴油(万吨) Kerosene (10000 tons)	天然气(亿立方米) Natural Gas (100 million tons)	液化石油气(万吨) Liquefied Gas (10000 tons)	电力(亿千瓦小时) Electricity (100 million kwh)
1990	219.38	196.00				1.57	18.48
1995	290.95	181.17				14.22	34.68
2000	387.52	155.00				30.96	65.21
2003	504.29	138.70	6.72			53.80	98.11
2004	558.71	135.98	12.63			58.17	110.12
2005	639.05	145.26	13.65	3.58		53.68	121.97
2006	701.06	139.00	16.95	4.91		57.57	141.12
2007	766.85	124.50	18.07	6.58		61.37	163.08
2008	845.62	112.78	22.33	6.12	0.05	64.14	188.78
2009	912.85	107.79	47.13	6.41	0.25	57.94	209.65
2010	1015.62	106.90	67.52	9.93	0.77	45.24	238.88
2011	1088.21	89.00	68.60	10.50	0.94	50.78	266.09
2012	1157.69	83.00	70.00	10.77	0.96	50.38	289.86
2013	1224.10	54.95	84.50	10.89	1.18	50.37	311.19
2014	1306.86	31.30	89.77	11.20	1.25	45.30	345.03
2015	1324.57	30.10	93.80	13.30	1.43	47.90	344.96
2016	1440.42	26.86	99.80	14.29	1.55	47.60	381.12
2017	1558.37	24.00	104.30	15.40	1.90	47.15	419.70
2018	1620.92	23.00	108.20	16.10	2.06	46.98	439.67
2019	1695.34	21.35	113.40	17.50	2.33	44.11	464.12
2020	1799.85	10.50	115.50	16.60	2.44	43.70	503.47

5-9 人均生活能源消费量

Annual per Capita Energy Consumption of Households

年份 Year	合计（千克标准煤） Total (kg of SCE)	煤炭(千克) Coal(kg)	汽油(千克) Gasoline(kg)	液化石油气(千克) Liquefied Petroleum Gas(kg)	天然气(立方米) Natural Gas(cu.m)	电力(千瓦小时) Electricity(Kwh)
1990	72.87	65.11		0.52		61.39
1991	74.70	62.86		0.59		71.09
1992	84.79	63.92		0.66		95.69
1993	59.66	57.95		2.86		102.23
1994	63.32	57.79		4.19		106.77
1995	90.78	56.53		4.44		108.21
1996	101.97	50.40		8.35		130.02
1997	106.12	50.44		7.46		150.42
1998	114.26	48.97		8.86		171.74
1999	120.30	48.37		8.88		191.56
2000	115.23	46.09		9.21		193.90
2001	127.20	44.93		9.62		209.69
2002	136.03	42.32	1.19	13.49		244.41
2003	144.82	39.83	1.93	15.45		281.75
2004	159.19	38.74	3.60	16.57		313.75
2005	180.37	41.00	3.85	15.15		344.26
2006	196.32	38.92	4.75	16.12		395.18
2007	213.10	34.60	5.02	17.05		453.19
2008	233.24	31.11	6.16	17.69	0.14	520.70
2009	249.92	29.51	12.90	15.86	0.68	573.99
2010	276.02	29.05	18.35	12.30	2.09	649.22
2011	293.02	26.45	18.35	13.58	2.51	711.76
2012	303.66	21.44	18.36	13.21	2.52	760.29
2013	317.28	14.22	21.87	13.04	3.05	805.57
2014	334.01	7.99	22.93	11.57	3.19	881.30
2015	334.11	7.59	23.66	12.08	3.61	870.12
2016	360.11	6.72	24.95	11.90	3.88	952.80
2017	385.69	5.94	25.81	11.67	4.70	1038.74
2018	396.85	5.63	26.49	11.50	5.04	1076.43
2019	411.44	5.18	27.52	10.71	5.65	1126.37
2020	433.80	2.53	27.84	10.53	5.88	1213.47

注：2011-2019年数据根据第七次全国人口普查修订。

Note:The data from 2011 to 2019 are estimated on the basis of the seventh Population Census.

5-10 规模以上工业企业能源购进、消费及库存（2020年）

Purchases, Consumption and Inventory of Energy in Industrial Enterprises above Designated Size(2020)

项目 Item	年初库存 Inventory at the beginning of the Year	购进量 Purchases	工业生产消费量 Consumption	年末库存 Inventory at the Year-end
原煤（万吨） Coal(10000 tons)	431.99	8727.10	8741.05	394.31
洗精煤（万吨） Concentratc Coal Washing(10000 tons)	15.01	182.63	181.23	16.40
其他洗煤（万吨） Other Coal Washing(10000 tons)	0.48	2.11	1.97	0.63
煤制品（万吨） Coal Products(10000 tons)	0.85	24.83	25.34	0.33
焦炭（万吨） Coke(10000 tons)	31.13	843.75	878.05	42.44
焦炉煤气（亿立方米） Coking Gas(100 million cu.m)		1.83	3.93	
高炉煤气（亿立方米） Furnace Gas(100 million cu.m)		15.05	238.87	
其他煤气（亿立方米） Other Gas(100 million cu.m)		3.82	46.22	
天然气（亿立方米） Natural Gas(100 million cu.m)	0.01	48.37	45.19	0.01
液化天然气（万吨） Liquefied Natural Gas(10000 tons)	32.41	299.38	7.54	17.27
氢气（吨） Hydrogen(10000 tons)	0.02	7.20	7.20	0.02
原油（万吨） Crude Oil(10000 tons)	118.97	2529.25	2528.74	119.48
汽油（万吨） Gasoline(10000 tons)	0.05	6.10	5.57	0.03
煤油（万吨） Kerosene(10000 tons)	0.01	0.38	0.37	0.02
柴油（万吨） Diesel Oil(10000 tons)	0.96	25.61	26.96	0.98
燃料油（万吨） Fuel Oil(10000 tons)	15.55	20.15	45.15	13.48
液化石油气（万吨） Liquefied Petroleum Gas(10000 tons)	0.01	2.00	11.23	
其他石油制品（万吨） Other(10000 tons)	17.98	40.91	74.90	17.57
热力（万吉焦） Heat(10000 joule)		6476.17	12818.44	
电力（亿千瓦小时） Electricity(100 million kmh)		1045.82	1334.86	
其他燃料（万吨标准煤） Other(10000 tons of SCE)	2.18	301.16	302.40	2.19

注：本表“规模以上”指“年主营业务收入2000万元及以上工业法人企业”。

Note:Industrial enterprises above designated size are those with annual revenue from principal business over 20 million yuan.

5-11 按行业分规模以上工业企业主要能源产品消费量（2020年）

Consumption of Major Energy in Industrial Enterprises above Designated Size by Industrial sector(2020)

单位：吨 (ton)

行业 Sector	原煤 Coal	焦炭 Coke	汽油 Gasoline	煤油 Kerosene	柴油 Diesel Oil	燃料油 Fuel Oil	电力（万千瓦小时） Electricity (10000 kwh)
合 计 **Total**	**87410540**	**8780469**	**55692**	**3744**	**269600**	**451537**	**13348588**
煤炭开采和洗选业 Coal Mining and Dressing	730003		23		345		18938
石油和天然气开采业 Petroleum and Natural Gas Mining							
黑色金属矿采选业 Ferrous Metals Mining and Dressing	5563	12993	382		8154		39749
有色金属矿采选业 Nonferrous Metals Mining and Dressing			18		2675		22179
非金属矿采选业 Nonmetal Minerals Mining and Dressing	90722		688		13603		22635
开采辅助活动 Subsidiary Action							
其他采矿业 Others Mining and Quarrying							
农副食品加工业 Agricultural and Sideline Products Processing	266946	573	2136	78	6504	911	257245
食品制造业 Food Manufacturing	128644		496		2269	1204	140750
酒、饮料和精制茶制造业 Wine，Drink and Tea Manufacturing	40769	3	1131		456	60	75347
烟草制品业 Tobacco Processing	4259		84		413		12828
纺织业 Textile Industry	758547		1692	14	2216	5448	856931
纺织服装、服饰业 Textile Garments Products	30140		2594		2143	207	151121
皮革、毛皮、羽毛及其制品和制鞋业 Leather , Furs , Down and Relate Products	28418		3766		2646	387	293529
木材加工和木、竹、藤、棕、草制品业 Timber Processing , Bamboo , Cane , Palm Fiber and Straw Products	86343		481		2104		98960
家具制造业 Furniture Manufacturing			381		454		53602
造纸和纸制品业 Papermaking and Paper Products	2059598		999		5894	714	424916
印刷和记录媒介复制业 Printing and Record Medium Reproduction	362		1906		1864		50633
文教、工美、体育和娱乐用品制造业 Cultural , Educational and Sports Goods	8796		2279	6	3785	128	127217
石油加工、炼焦和核燃料加工业 Petroleum Processing , Coking and Nuclear Fuel Processing	1787254		41		22892	344592	392641

5-11 续表

Continued

单位：吨 (ton)

行业 Sector	原煤 Coal	焦炭 Coke	汽油 Gasoline	煤油 Kerosene	柴油 Diesel Oil	燃料油 Fuel Oil	电力（万千瓦小时） Electricity (10000 kwh)
化学原料和化学制品制造业 Raw Chemical Materials and Chemical Products	6031806		5592	2504	6284	645	1071295
医药制造业 Medical and Pharmaceutical Products	79433		633		1876	49	69095
化学纤维制造业 Chemical Fiber	835558		166	93	1251		591495
橡胶和塑料制品业 Rubber and Plastic Products	275290		3234		4083	2458	453236
非金属矿物制品业 Nonmetal Minerals Products	8718740	2241	3118	120	116154	90112	1398555
黑色金属冶炼和压延加工业 Smelting and Pressing of Ferrous Metals	3708370	7564142	181		9298	272	1413674
有色金属冶炼和压延加工业 Smelting and Pressing of Nonferrous Metals	1513172	1188057	578	85	14891	90	1074670
金属制品业 Metal Products	77013	9440	2059		4620	3	361751
通用设备制造业 General Equipment	952	32	2265	375	3859	68	193939
专用设备制造业 Special Purpose Equipment	889		1416	97	2821		99311
汽车制造业 Automobile manufacturing industry	260		1814	17	3724	6	154138
铁路、船舶、航空航天和其他运输设备制造业 Railway,Watercraft,Aviation and others transportation Manufacturing			910	182	3112	73	38695
电气机械和器材制造业 Electric Equipment and Machinery	903	119	2308		1524		368731
计算机、通信和其他电子设备制造业 Computer,Communication and other Electronic Equipment			2706		890	53	681748
仪器仪表制造业 Instruments and Meters Machinery		1	1042	9	75	33	16625
其他制造业 Others Manufacturing	954		473		2294		28405
废弃资源综合利用业 Waste Resources and Materials Recovering	38242	2868	50		2629		40519
金属制品、机械和设备修理业 Metals,Machinery and Equipment maintenance			24	164	1758	1235	10357
电力、热力生产和供应业 Production and Supply of Electric Power and Hot Power	60084593		7597		9840	2791	2142923
燃气生产和供应业 Production and Supply of Gas	18000		208		126		7822
水的生产和供应业 Production and Supply of Water			223		73		92385

5-12 按行业分规模以上工业综合能源消费量（2020年）

Consumption of Energy in Industrial Enterprises above Designated Size by Sector(2020)

单位：吨标准煤 (ton of SCE)

项目	Item	综合能耗 Consumption of Energy	比上年增长(%) Ratio(%)
合计	**Total**	**85994253**	**3.2**
采矿业	Mining and Quarrying	248009	-8.2
煤炭开采和洗选业	Coal Mining and Dressing	23965	-19.0
石油和天然气开采业	Petroleum and Natural Gas Mining		
黑色金属矿采选业	Ferrous Metals Mining and Dressing	78144	-3.6
有色金属矿采选业	Nonferrous Metals Mining and Dressing	31182	-4.6
非金属矿采选业	Nonmetal Minerals Mining and Dressing	114718	-9.6
开采辅助活动	Subsidiary Action		
其他采矿业	Others Mining and Quarrying		
制造业	Manufacturing	58591888	0.3
农副食品加工业	Agricultural and Sideline Products Processing	772440	0.7
食品制造业	Food Manufacturing	480194	-7.3
酒、饮料和精制茶制造业	Wine，Drink and Tea Manufacturing	206414	-4.6
烟草制品业	Tobacco Processing	35121	-1.6
纺织业	Textile Industry	2218472	0.5
纺织服装、服饰业	Textile Garments Products	228734	-10.6
皮革、毛皮、羽毛及其制品和制鞋业	Leather , Furs , Down and Relate Products	459566	-6.8
木材加工和木、竹、藤、棕、草制品业	Timber Processing , Bamboo , Cane , Palm Fiber and Straw Products	344461	-22.4
家具制造业	Furniture Manufacturing	79300	-0.4
造纸和纸制品业	Papermaking and Paper Products	1949476	-7.5
印刷和记录媒介复制业	Printing and Record Medium Reproduction	97772	-3.6
文教、工美、体育和娱乐用品制造业	Cultural , Educational and Sports Goods	240462	-4.5
石油加工、炼焦和核燃料加工业	Petroleum Processing , Coking and Nuclear Fuel Processing	10766020	9.4
化学原料和化学制品制造业	Raw Chemical Materials and Chemical Products	7747035	-2.8
医药制造业	Medical and Pharmaceutical Products	194642	-16.3
化学纤维制造业	Chemical Fiber	1404807	-0.7
橡胶和塑料制品业	Rubber and Plastic Products	1221685	-9.9
非金属矿物制品业	Nonmetal Minerals Products	10989181	-2.4
黑色金属冶炼和压延加工业	Smelting and Pressing of Ferrous Metals	12374868	0.8
有色金属冶炼和压延加工业	Smelting and Pressing of Nonferrous Metals	3858162	1.3
金属制品业	Metal Products	682552	5.7
通用设备制造业	General Equipment	262782	-0.4
专用设备制造业	Special Purpose Equipment	143618	-1.6
汽车制造业	Automobile manufacturing industry	243873	2.0
铁路、船舶、航空航天和其他运输设备制造业	Railway,Watercraft,Aviation and others transportation Manufacturing	63571	2.8
电气机械和器材制造业	Electric Equipment and Machinery	473465	9.6
计算机、通信和其他电子设备制造业	Computer,Communication and other Electronic Equipment	868142	7.3
仪器仪表制造业	Instruments and Meters Machinery	23647	0.3
其他制造业	Others Manufacturing	45493	-9.6
废弃资源综合利用业	Waste Resources and Materials Recovering	97956	7.3
金属制品、机械和设备修理业	Metals,Machinery and Equipment maintenance	17977	-1.0
电力、热力、燃气及水生产和供应业	Production and Supply of Electric Power,Hot Power and Water	27154356	10.3
电力、热力生产和供应业	Production and Supply of Electric Power and Hot Power	27019709	10.4
燃气生产和供应业	Production and Supply of Gas	20371	-37.4
水的生产和供应业	Production and Supply of Water	114276	-0.2

注：1.规模以上工业电力折算标准煤的系数用当量系数1.229。2.本表“比上年增长”以当量值计算。

Note:a)The coefficient for conversion of electric power into SCE is 1.229.b)The ratio of energy is calculated on the basis of the data on average consumption in the same year.

5-13 各设区市万元地区生产总值能耗升降情况

Indicators of Energy Consumption per 10000 yuan of GDP by City

单位: % (%)

地区	Area	2010	2015	2016	2017	2018	2019	2020
全 省	**Total**	**-3.42**	**-7.70**	**-6.45**	**-3.55**	**-3.47**	**-2.78**	**-1.83**
福州市	Fuzhou	-2.78	-7.00	-3.52	-0.12	-1.09	-2.00	-2.11
厦门市	Xiamen	-1.76	-8.33	-1.90	-1.60	-2.52	-4.24	-5.74
莆田市	Putian	-2.14	-5.94	-1.05	-0.13	-1.06	-1.95	-3.42
三明市	Sanming	-3.65	-12.17	-7.55	-3.02	-5.48	-1.25	-5.78
泉州市	Quanzhou	-2.40	-4.78	-6.98	-3.71	-6.95	-5.42	0.55
漳州市	Zhangzhou	-2.21	-27.30	-14.22	-4.48	1.91	13.02	2.34
南平市	Nanping	-3.62	-6.85	-6.18	-4.11	-4.29	-7.97	-5.92
龙岩市	Longyan	-3.19	-6.07	-6.37	-2.08	-4.60	-6.66	-3.41
宁德市	Ningde	-0.48	-1.64	1.41	-6.95	4.09	0.08	-2.49

5-14 各设区市万元地区生产总值电耗升降情况

Indicators of Electricity Consumption per 10000 yuan of GDP by City

单位: % (%)

地区	Area	2010	2015	2016	2017	2018	2019	2020
全 省	**Total**	**1.73**	**-8.42**	**-1.96**	**-0.69**	**1.14**	**-3.86**	**0.11**
福州市	Fuzhou	0.09	-8.23	-0.93	2.51	0.48	-2.77	-2.20
厦门市	Xiamen	1.32	-6.32	0.46	0.73	0.58	-6.71	-2.63
莆田市	Putian	5.69	5.67	5.75	1.69	7.20	0.96	-4.05
三明市	Sanming		-11.02	-7.08		-2.39	-4.76	-1.79
泉州市	Quanzhou	0.86	-8.58	-4.05	-1.03	-2.08	-2.81	0.75
漳州市	Zhangzhou	-1.83	-12.21	-3.94	-1.51	3.26	-2.81	6.67
南平市	Nanping	7.56	-13.43	-3.76	0.98	3.99	-10.02	0.05
龙岩市	Longyan	3.43	-11.20	-6.52	-1.74	-0.02	-3.18	-0.54
宁德市	Ningde	7.11	0.08	8.15	-12.17	3.50	5.22	2.60

5-15 各设区市规模以上工业万元增加值能耗升降情况

Indicators of Energy Consumption per 10000 yuan of Value-added of Industrial Enterprises above Designated Size by City

单位: % (%)

地区	Area	2010	2015	2016	2017	2018	2019	2020
全 省	**Total**	**-6.08**	**-16.43**	**-13.83**	**0.05**	**-1.04**	**-2.86**	**1.20**
福州市	Fuzhou	-11.97	-18.97	-15.24	9.15	3.18	-0.58	3.29
厦门市	Xiamen	-6.42	-16.81	-11.89	-1.54	-1.47	-6.75	-0.24
莆田市	Putian	-6.19	-16.92	-10.53	14.86	35.24	-0.23	1.39
三明市	Sanming	-12.81	-18.19	-9.75	-4.80	-7.11	-2.17	-6.81
泉州市	Quanzhou	13.49	-2.87	-10.39	-3.83	-9.05	-8.01	0.96
漳州市	Zhangzhou	-7.65	-40.34	-28.91	0.63	8.94	17.11	14.06
南平市	Nanping	-5.83	-9.97	-13.03	-9.69	-8.01	-10.67	8.10
龙岩市	Longyan	-4.36	-16.52	-11.95	-1.23	-0.51	-13.92	-1.13
宁德市	Ningde	-7.19	-10.50	-13.53	9.53	5.96	-7.21	-3.49

注：本表以当量值计算。

Note:The data of the table is Equivalent Value calculation.

主要统计指标解释

一次能源生产总量　指一定时期内本地区一次能源生产量的总和。包括原煤、原油、天然气、水电、核电及其他动力能（如风能、地热能等）发电量等。

能源消费总量　指一定地域（行政或地理区域）内，国民经济各行业和居民家庭在一定时期消费的各种能源的总和。能源消费总量在消费环节上包括终端能源消费量、能源加工转换损失量、能源运输和管理过程的损失量；在能源类别上包括全部化石能源，以及作为能源使用、作为商品流通并使用的可再生能源和新能源。

(1)终端能源消费量：指一定时期内生产和生活消费的各种能源在扣除了用于加工转换二次能源消费量和损失量以后的数量。

(2)能源加工转换损失量：指一定时期内投入加工转换的各种能源数量之和与产出各种能源产品之和的差额，是观察能源在加工转换过程中损失量变化的指标。

(3)能源损失量：指一定时期内能源在输送、分配、储存过程中发生的损失和由客观原因造成的各种损失量，不包括各种气体能源放空、放散量。

能源生产弹性系数　指研究能源生产增长速度与国民经济增长速度之间关系的指标。计算公式为：

能源生产弹性系数＝能源生产总量年增长速度／国民经济年增长速度

国民经济年增长速度，可根据不同的目的或需要，用国民生产总值、国内生产总值等指标来计算，本年鉴是采用国内生产总值指标计算的。

电力生产弹性系数　指研究电力生产增长速度与国民经济增长速度之间关系的指标。计算公式为：

电力生产弹性系数＝电力生产量年增长速度／国民经济年增长速度

能源消费弹性系数　指反映能源消费增长速度与国民经济增长速度之间比例关系的指标。计算公式为：

能源消费弹性系数＝能源消费量年增长速度／国民经济年增长速度

电力消费弹性系数　指反映电力消费增长速度与国民经济增长速度之间比例关系的指标。计算公式为：

电力消费弹性系数＝电力消费量年增长速度／国民经济年增长速度

能源加工转换效率　指一定时期内能源经过加工、转换后，产出的各种能源产品的数量与同期内投入加工转换的各种能源数量的比率。它是观察能源加工转换装置和生产工艺先进与落后、管理水平高低等的重要指标。计算公式为：

能源加工转换效率＝(能源加工、转换产出量／能源加工、转换投入量)×100%

单位地区生产总值能耗　指一定时期内，一个国家或地区每生产一个单位的地区生产总值所消耗的能源。计算公式为：

单位地区生产总值能耗=能源消费总量/地区生产总值

单位工业增加值能耗　指一定时期内，一个国家或地区每生产一个单位的工业增加值所消耗的能源。计算公式为：

单位工业增加值能耗=工业能源消费量/工业增加值

单位地区生产总值电耗　指一定时期内，一个国家或地区每生产一个单位的地区生产总值所消耗的电力。计算公式为：

单位地区生产总值电耗=全社会用电量/地区生产总值

Explanatory Notes on Main Statistical Indicators

Total Disposable Energy Production refers to the total production of disposable energy by all energy producing enterprises in the region in a given period of time. It is a comprehensive indicator to show the capacity, scale, composition and development of energy production of the region. The production of primary energy includes that of coal, crude oil, natural gas, hydropower and electricity generated by nuclear energy and other means such as wind power and geothermal power. However, it excludes the production of fuels of low calorific value, bio-energy, solar energy and the secondary energy converted from the primary energy.

Total Domestic Energy Consumption refers to the total consumption of energy of various kinds by material production sectors, non material production sectors and households in the region in a given period of time. It is a comprehensive indicator to show the scale, composition and development of energy consumption. The total energy consumption includes that of coal, crude oil and their products, natural gas and electricity. However it excludes the consumption of fuel of low calorific value, bio-energy and solar energy. Total domestic energy consumption can be divided into three parts:

(1) Final Energy Consumption: It refers to the total energy consumption by material production sectors, non material production sectors and households in the region (region) in a given period of time, but excludes the consumption in conversion of the primary energy into the secondary energy and the loss in the process of energy conversion.

(2) Loss During the Process of Energy Conversion: It refers to the total input of various kinds of energy for conversion, minus the total output of various kinds of energy in the region in a given period of time. It is an indicator to show the loss that occurs during the process of energy conversion.

(3) Energy Loss: It refers to the total of the loss of energy during the course of energy transport, distribution and storage and the loss caused by any objective reason in a given period of time. The loss of various kinds of gas due to gas discharges and stocktaking is excluded.

Elasticity Ratio of Energy Production is an indicator to show the relationship between the growth rate of energy production and the growth rate of the national economy. The formula is:

Elasticity Ratio of Energy Production= Annual Growth Rate of Energy Production/ Annual Growth Rate of National Economy

The annual growthrate of the national economy can be shown by the gross national product, gross domestic product and other indicators, depending upon the purposes or needs. The gross domestic product is used in calculation of the ratio in this chapter.

Elasticity Ratio of Electricity Production is an indicator to show the relationship between the growth rate of electricity production and the growth rate of the national economy. Generally speaking, the growth rate of electricity production should be higher than that of the national economy.The formula is:

Elasticity Ratio of Electricity Production= Annual Growth Rate of Electricity Production/ Annual Growth Rate of National Economy

Elasticity Ratio of Energy Consumption is an indicator to show the relationship between the growth rate of energy consumption and the growth rate of the national economy. The formula is:

Elasticity Ratio of Energy Consumption= Annual Growth Rate of Energy Consumption/ Annual Growth Rate of National Economy

Elasticity Ratio of Electricity Consumption is an indicator to show the relationship between the growth rate of electricity consumption and the growth rate of the national economy. The formula is:

Elasticity Ratio of Electricity Consumption= Annual Growth Rate of Electricity/ Annual Growth Rate of National Economy

Efficiency of Energy Processing and

Conversion refers to the ratio of the total output of energy products of various kinds after processing and conversion and the total input of energy of various kinds for processing and conversion in the same reference period. It is an important indicator to show the current conditions of energy processing and conversion equipment, production technique and management. The formula is:

Efficiency of Energy Processing & Conversion=(Output of Energy After Processing & Conversion/Input of Energy for Processing & Conversion)×100%

Energy Consumption per Unit of GDP refers to the energy consumption per unit of gross domestic production in a country or the gross region production in the same reference period. The formula is:

Energy Consumption per Unit of GDP=Total Energy Consumption/Gross Domestic Production

Electricity Consumption per Unit of Industrial Value-added refers to the energy consumption per unit of industrial value-added in a country or region in the same reference period. The formula is:

Energy Consumption per Unit of Industrial Value-added=Total Energy Consumption/Industrial Value-added

Electricity Consumption per Unit of GDP refers to the electricity consumption per unit of gross domestic production in a country or the gross region production in the same reference period. The formula is:

Electricity Consumption per Unit of GDP=Total Electricity Consumption/Gross Domestic Production

第六篇　人民生活

Chapter 6　People's Living Conditions

资料整理：杨威 范春霞 陈思
Database Editor: Yangwei Fanchunxia Chensi

简 要 说 明

本篇资料的主要内容及来源

本篇资料反映了全省城乡人民生活状况，分为城镇居民生活和农村居民生活两个部分，主要包括居民家庭基本情况，家庭收入、支出情况，主要商品购买数量及支出金额，居住状况和耐用消费品的拥有量等。

城镇居民家庭相关资料来源于城乡住户一体化调查年报，农村居民家庭相关资料来源于城乡住户一体化调查年报，均由国家统计局福建调查总队居民收支调查处整理提供。

Brief Introduction

Main Content and Source of Data

Data in this chapter show the basic conditions of the people’s livelihood in Fujian Province , consisting of two parts on the life of urban and rural households respectively ,including mainly basic condition of people’s household , income and expenditure of the household, the quantity and the expenditure on major commodities purchased, the housing condition and the possession of the durable consumer goods, etc.

Data on the livelihood of urban resident and Data on the livelihood of rural residents are prepared and provided by the Division of Residents Payments Survey of Survey Office of the National Bureau of Statistics in Fujian.

6-1 城乡居民家庭人均收入

Per Capita Income of Urban and Rural Households

单位：元 (yuan)

年份	居民人均可支配收入 Annual Per Capita Disposable Income of Households			城镇居民人均可支配收入 Annual Per Capita Disposable Income of Urban Households			农村居民人均可支配（纯）收入 Annual Per CapitaNet Income of Rural Households		
	数值	比上年增长（%） Ratio(%)		数值	比上年增长（%） Ratio(%)		数值	比上年增长（%） Ratio(%)	
Year	Vaule	名义 Ration	实际 Actual	Vaule	名义 Ration	实际 Actual	Vaule	名义 Ration	实际 Actual
1978				371			138		
1979							142	3.4	0.4
1980				450			172	20.8	15.5
1981				452	0.4	-3.4	232	34.9	32.4
1982				520	15.0	11.6	268	15.8	11.7
1983				573	10.2	8.0	302	12.6	11.6
1984				582	1.6	-1.2	345	14.3	13.0
1985				733	25.9	10.5	396	14.9	6.9
1986				929	26.7	18.6	419	5.6	0.2
1987				1021	9.9	-0.6	485	15.9	7.4
1988				1236	21.1	-4.7	613	26.5	0.4
1989				1555	25.8	5.9	697	13.7	-4.4
1990				1749	12.5	12.4	764	9.6	11.2
1991				1953	11.7	6.8	850	11.2	8.6
1992				2351	20.4	11.5	984	15.8	11.2
1993				2923	24.3	6.4	1211	23.0	7.7
1994				3935	34.6	7.6	1578	30.3	3.9
1995				4853	23.3	6.0	2049	29.8	13.5
1996				5574	14.9	7.4	2492	21.7	15.4
1997				6144	10.2	7.5	2786	11.8	10.3
1998				6486	5.6	5.6	2946	5.8	6.3
1999				6860	5.8	7.2	3091	4.9	5.8
2000				7432	8.3	5.0	3230	4.5	3.2
2001				8313	11.9	13.8	3381	4.7	5.4
2002				9189	10.5	11.4	3539	4.7	4.9
2003				10000	8.8	8.1	3734	5.5	4.5
2004				11175	11.8	7.7	4089	9.5	5.0
2005				12321	10.3	8.2	4450	8.8	5.9
2006				13753	11.6	10.4	4835	8.6	8.3
2007				15505	15.7	10.1	5467	13.1	7.3
2008				17961	15.8	10.8	6196	13.3	8.3
2009				19577	9.0	10.9	6680	7.8	10.1
2010				21781	11.3	8.0	7427	11.2	7.5
2011				24907	14.4	8.7	8779	18.2	12.3
2012				28055	12.6	10.0	9967	13.5	10.8
2013	21218			28174	9.8	7.0	11405	12.2	9.7
2014	23331	10.0	7.8	30722	9.0	6.8	12650	10.9	8.8
2015	25404	8.9	7.1	33275	8.3	6.5	13793	9.0	7.2
2016	27608	8.7	6.9	36014	8.2	6.3	14999	8.7	7.1
2017	30048	8.8	7.5	39001	8.3	6.9	16335	8.9	8.0
2018	32644	8.6	7.0	42121	8.0	6.4	17821	9.1	7.5
2019	35616	9.1	6.3	45620	8.3	5.6	19568	9.8	6.9
2020	37202	4.5	2.2	47160	3.4	1.1	20880	6.7	4.5

注：2012年及以前为老口径数据。

Note:Data before 2012 are adopted Old Scope.

6-2 城镇居民家庭基本情况

Basic Conditions of Urban Households

年份 Year	平均每户家庭人口(人) Number of Average per Household Persons(person)	平均每户就业人数(人) Average Number of Employed Persons Per Household (person)	平均每户就业面(%) Percentage of Employment Per Household(%)	平均每一就业者负担人数(人) Number of Persons Supported By Each Employee(person)	平均每人全年可支配收入(元) Per Capita Annual Disposable Income(yuan)	平均每人消费性支出(元) Per Capita Living Ex- penditures for Consumption (yuan)	平均每人住房建筑面积(平方米) Per Capita Floor Space of Residential Buildings(sq.m)
1952					106	96	
1957					165	131	
1959	4.72	1.40	29.7	3.37	206	190	
1962	5.46	1.72	31.5	3.17	203	186	
1963	5.40	1.50	27.8	3.60	207	189	
1964	5.33	1.53	28.8	3.48	211	194	
1965	5.13	1.65	32.2	3.12	217	201	
1966	5.00	1.40	28.0	3.40	223	186	
1975	4.97	2.05	41.3	2.42	333	297	
1978	3.87	2.40	62.0	1.61	371	285	
1980	4.53	2.32	51.2	1.95	450	392	11.3
1981	4.51	2.40	53.2	1.88	452	405	11.7
1982	4.44	2.48	55.9	1.79	520	466	12.1
1983	4.36	2.41	55.3	1.80	573	504	13.2
1984	4.27	2.37	55.5	1.80	582	494	14.3
1985	4.06	2.25	55.4	1.81	733	675	15.3
1986	4.00	2.23	55.8	1.79	929	790	15.7
1987	3.97	2.25	56.6	1.77	1021	893	16.5
1988	3.77	2.10	55.7	1.79	1236	1077	17.2
1989	3.70	2.09	56.5	1.77	1555	1340	17.6
1990	3.64	2.09	57.4	1.74	1749	1431	18.1
1991	3.43	2.00	58.3	1.72	1953	1659	19.5
1992	3.39	2.03	59.9	1.67	2351	1942	20.9
1993	3.35	2.01	60.0	1.67	2923	2418	21.5
1994	3.29	1.92	58.4	1.71	3935	3351	24.1
1995	3.27	1.93	59.0	1.69	4853	4132	24.3
1996	3.25	1.94	59.7	1.68	5574	4568	24.5
1997	3.28	1.96	59.8	1.67	6144	4936	25.6
1998	3.23	1.90	58.8	1.70	6486	5181	26.8
1999	3.22	1.90	59.0	1.69	6860	5267	27.2
2000	3.23	1.80	55.7	1.79	7432	5639	28.0
2001	3.20	1.80	55.3	1.78	8313	6015	28.2
2002	3.13	1.73	55.3	1.81	9189	6632	28.4
2003	3.08	1.72	55.8	1.79	10000	7356	29.8
2004	3.05	1.58	51.8	1.93	11175	8161	31.1
2005	3.04	1.60	52.6	1.90	12321	8794	31.4
2006	3.04	1.64	53.9	1.86	13753	9808	32.1
2007	3.01	1.60	53.2	1.90	15505	11055	33.5
2008	3.14	1.69	53.8	1.86	17961	12501	37.5
2009	3.12	1.72	55.1	1.81	19577	13451	37.5
2010	3.08	1.71	55.5	1.80	21781	14750	38.5
2011	3.12	1.68	53.8	1.86	24907	16661	37.9
2012	3.10	1.68	54.2	1.85	28055	18593	38.2
2013	2.97	1.58	53.2	1.88	28174	20565	38.7
2014	2.99	1.61	53.8	1.86	30722	22204	40.7
2015	3.08	1.59	51.7	1.93	33275	23520	42.5
2016	3.13	1.62	51.8	1.93	36014	25006	42.7
2017	3.14	1.62	51.6	1.94	39001	25980	43.4
2018	2.93	1.53	52.2	1.92	42121	28145	43.1
2019	3.08	1.56	50.6	1.97	45620	30946	43.5
2020	3.04	1.54	50.7	1.97	47160	30487	43.8

注：2012年及以前为老口径数据。

Note:Data before 2012 are adopted Old Scope.

6-3 城镇居民人均可支配收入及构成

Per Capita Income of Urban Households

项目	Item	2015	2016	2017	2018	2019	2020
可支配收入（元）	**Disposable Income(yuan)**	**33275**	**36014**	**39001**	**42121**	**45620**	**47160**
工资性收入	Wages and Salaries	20714	22213	23886	25891	27992	29119
经营净收入	Net Income from Business	4571	4919	5159	5574	6211	5992
财产净收入	Property Income	3822	4199	4579	4983	5512	6219
转移净收入	Transfer Net Income	4167	4682	5377	5673	5905	5830
可支配收入构成(%)	**Composition(%)**	**100.0**	**100.0**	**100.0**	**100.0**	**100.0**	**100.0**
工资性收入	Wages and Salaries	62.3	61.7	61.2	61.5	61.4	61.7
经营净收入	Net Income from Business	13.7	13.7	13.2	13.2	13.6	12.7
财产净收入	Property Income	11.5	11.7	11.7	11.8	12.1	13.2
转移净收入	Transfer Net Income	12.5	13.0	13.8	13.5	12.9	12.4

6-4 城镇居民按收入五等分分组的人均可支配收入

Per Capita Income of Urban Households of Five Groups Divided Equally by Income Lever

单位：元 (yuan)

项目	Item	2015	2016	2017	2018	2019	2020
低收入户	Low Income	14231	15831	16508	15856	17839	17838
中等偏下户	Lower Middle Income	23307	25304	27090	27959	30099	30922
中等收入户	Middle Income	31234	34091	36653	40408	42289	44082
中等偏上户	Upper Middle Income	41306	45199	49166	55902	58850	61979
高收入户	High Income	69131	73392	80839	99664	107291	111439

6-5 城镇居民人均生活消费支出

Per Capita Expenditure of Urban Households

单位：元 (yuan)

项目	Item	2015	2016	2017	2018	2019	2020
生活消费支出	Total Consumption Expenditures	23520	25006	25980	28145	30946	30487
食品烟酒	Food,Cigarettes and Drinks	7759	8300	8552	9001	9537	9673
衣着	Clothing	1490	1444	1438	1554	1659	1443
居住	Residence	5811	6531	6829	7716	8955	9356
生活用品及服务	Supplies and Services	1337	1393	1478	1516	1557	1519
交通通信	Transport and Communication	3022	3206	3353	3631	3715	3755
教育文化娱乐	Education,Culture and Recreation	2314	2461	2483	2728	3066	2301
医疗保健	Health Care and Medical Services	1165	1178	1235	1375	1692	1774
其他用品及服务	Other Appliances and Services	622	493	612	625	765	665

6-6 城镇居民人均生活消费支出构成

Composition of Per Capita Expenditure of Urban Households

单位：% (%)

项目	Item	2015	2016	2017	2018	2019	2020
生活消费支出	Composition	100.0	100.0	100.0	100.0	100.0	100.0
食品烟酒	Food,Cigarettes and Drinks	33.0	33.2	32.9	32.0	30.8	31.7
衣着	Clothing	6.3	5.8	5.5	5.5	5.4	4.7
居住	Residence	24.7	26.1	26.3	27.4	28.9	30.7
生活用品及服务	Supplies and Services	5.7	5.6	5.7	5.4	5.0	5.0
交通通信	Transport and Communication	12.9	12.8	12.9	12.9	12.0	12.3
教育文化娱乐	Education,Culture and Recreation	9.8	9.8	9.6	9.7	9.9	7.5
医疗保健	Health Care and Medical Services	5.0	4.7	4.8	4.9	5.5	5.8
其他用品及服务	Other Appliances and Services	2.6	2.0	2.4	2.2	2.5	2.2

6-7 城镇居民人均消费主要食品数量

Per Capita Purchases of Daily Consumer Goods of Urban Households

单位：千克 (kg)

项目	Item	2015	2016	2017	2018	2019	2020
粮食类	Grain	105.77	104.32	99.69	100.16	94.07	98.38
油脂类	Oil	9.19	9.61	8.86	8.68	8.21	8.99
蔬菜及菜制品	Vegetables and Vegetable Products	89.51	91.51	88.78	86.16	80.40	85.50
肉类	Meat	32.24	32.52	32.35	34.65	27.95	25.64
禽类	Poultry	9.50	11.26	10.70	10.71	11.67	13.32
水产品类	Aquatic Products	29.97	29.63	28.80	26.01	26.74	27.73
蛋类及蛋制品	Eggs	8.77	9.38	9.22	8.80	9.00	10.67
奶和奶制品(千克)	Milk	13.49	13.53	13.21	14.47	12.26	13.87
干鲜瓜果类	Fresh and Dried Fruits	43.18	45.43	46.87	52.11	48.52	49.49

6-8 城镇居民家庭每百户耐用消费品拥有量

Number of Major Durable Consumer Goods Owned Per 100 Urban Households

项目	Item	2015	2016	2017	2018	2019	2020
家用汽车(辆)	Automobile(unit)	28.30	33.18	36.29	30.91	33.86	36.11
摩托车(辆)	Motorcycle(set)	46.00	45.34	44.63	35.14	35.47	35.54
电冰箱(台)	Refrigerator(set)	94.34	97.43	98.58	96.07	101.13	102.01
洗衣机(台)	Washing Machine(set)	84.51	87.57	89.66	85.58	91.04	92.82
热水器(台)	Shower(unit)	97.53	100.17	102.55	108.72	114.04	117.23
空调机(台)	Air Conditioner(unit)	157.21	165.54	171.06	175.92	193.47	194.11
彩色电视机(台)	Color TV Set(set)	138.74	140.82	142.46	120.74	128.55	128.69
照相机(台)	Camera(set)	29.78	23.01	23.11	15.97	16.63	16.23
计算机(台)	Computer(set)	88.67	89.23	89.17	76.44	77.45	80.26
接入互联网的计算机(台)	Computer Access to the Internet(set)	74.96	77.33	77.25	64.08	66.88	69.68
中高档乐器(件)	Medium and Grade Musical Instrument(unit)	5.12	5.45	6.27	8.48	10.74	10.86
固定电话(部)	Telephone(unit)	54.44	44.48	44.79	23.04	20.56	19.31
移动电话(部)	Mobile Telephone(unit)	240.09	249.07	251.99	245.05	258.65	258.82
接入互联网的移动电话(部)	Mobile Telephone Access to the Internet(unit)	129.42	159.54	170.23	209.74	222.95	239.51

6-9 农村居民家庭基本情况

Basic Conditions of Rural Household

年份 Year	调查户数（户） (household)	平均每户常住人口（人） Average Number of Permanent Residents Per Household (person)	平均每户整半劳动力（人） Average Number of Able-bodied and Semi-able-bodied Laborers Per Household (person)	平均每个劳动力负担人口（人） Average Number of Persons Supported by a Laborer (person)	农村居民人均住房使用面积（平方米） Per Capita Use Living Space (sq.m)	农村居民人均住房建筑面积（平方米） Per Capita Construction Space (sq.m) (sq.m)	农村居民人均可支配（纯）收入（元） Per Capita Net Income (yuan)	农村居民人均生活消费支出（元） Per Capita Living Expenditures (yuan)
1952				2.20			70	68
1957				2.39			112	102
1962				2.38			155	131
1965				2.87			129	114
1970				2.71			121	108
1978		6.50	2.22	2.92			138	113
1979		6.38	2.16	2.88			142	133
1980		6.25	2.06	3.03			172	158
1981		6.23	2.10	2.97	8.30		232	199
1982		6.27	2.27	2.76	7.67		268	231
1983		6.29	2.60	2.42	10.44		302	262
1984	1820	6.19	2.66	2.32	11.73		345	288
1985	1820	5.74	2.95	1.94	14.47		396	351
1986	1820	5.69	2.99	1.90	15.10		419	394
1987	1820	5.51	3.08	1.82	15.86		485	443
1988	1820	5.56	3.09	1.80	16.18		613	571
1989	1820	5.54	3.09	1.79	16.65		697	653
1990	1820	5.50	3.03	1.81	18.47		764	708
1991	1820	5.37	3.03	1.77	19.14		850	747
1992	1820	5.31	3.05	1.74	19.64		984	821
1993	1820	5.24	3.10	1.69	22.38		1211	1070
1994	1820	5.17	3.13	1.65	24.62		1578	1440
1995	1820	4.91	3.02	1.62	22.88		2049	1794
1996	1820	4.87	2.98	1.63	23.37		2492	2034
1997	1820	4.77	2.96	1.61	23.74		2786	2120
1998	1820	4.70	3.00	1.57	24.87		2946	2192
1999	1820	4.62	2.95	1.56	26.40		3091	2252
2000	1820	4.24	2.70	1.57	32.14		3230	2410
2001	1820	4.17	2.68	1.56	33.82		3381	2503
2002	1820	4.07	2.57	1.58	35.68		3539	2583
2003	1820	4.08	2.83	1.44	35.96		3734	2718
2004	1820	4.02	2.71	1.48	38.18		4089	3015
2005	1820	4.05	2.77	1.47	40.15		4450	3293
2006	1820	4.03	2.77	1.45	42.35		4835	3591
2007	1820	4.00	2.77	1.44	44.50		5467	4053
2008	1820	3.98	2.78	1.43	46.13		6196	4662
2009	1820	3.98	2.78	1.43	46.76		6680	5016
2010	1820	3.94	2.77	1.43	47.54		7427	5498
2011	1820	3.84	2.73	1.40	49.82		8779	6541
2012	1820	3.84	2.71	1.41	50.80		9967	7402
2013	1859	3.29	2.22	1.48		63.71	11405	9986
2014	1848	3.25	2.21	1.47		60.83	12650	11056
2015	1883	3.20	2.20	1.45		63.48	13793	11961
2016	1917	3.21	2.24	1.43		66.47	14999	12911
2017	1940	3.17	2.21	1.43		68.00	16335	14003
2018	1690	3.03	2.09	1.45		78.90	17821	14943
2019	1690	3.24	2.17	1.49		76.34	19568	16281
2020	1690	3.04	2.14	1.42		80.70	20880	16339

注：2012年及以前为老口径数据。

Note:Data before 2012 are adopted Old Scope.

6-10 农村居民人均可支配收入及构成

Per Capita Income of Rural Households

项目	Item	2015	2016	2017	2018	2019	2020
人均可支配收入（元）	**Annual Per Capita Disposable Income(yuan)**	**13793**	**14999**	**16335**	**17821**	**19568**	**20880**
工资性收入	Wages and Salaries	6187	6785	7416	8215	8949	9411
经营净收入	Net Income from Business	5456	5821	6276	6706	7179	7510
财产净收入	Property Income	232	256	290	322	345	393
转移净收入	Transfer Net Income	1918	2137	2353	2578	3096	3567
可支配收入构成(%)	**Composition(%)**	**100.0**	**100.0**	**100.0**	**100.0**	**100.0**	**100.0**
工资性收入	Wages and Salaries	44.9	45.2	45.4	46.1	45.7	45.1
经营净收入	Net Income from Business	39.6	38.8	38.4	37.6	36.7	36.0
财产净收入	Property Income	1.7	1.7	1.8	1.8	1.8	1.9
转移净收入	Transfer Net Income	13.9	14.3	14.4	14.5	15.8	17.1

6-11 农村居民按收入五等分分组的人均可支配收入

Per Capita Income of Rural Households of Five Groups Divided Equally by Income Lever

单位：元 (yuan)

项目	Item	2015	2016	2017	2018	2019	2020
低收入户	Low Income	5100	5588	6069	6422	7831	7900
中等偏下户	Lower Middle Income	9700	10168	11228	11575	13790	13217
中等收入户	Middle Income	12868	13797	15103	16539	18119	18772
中等偏上户	Upper Middle Income	17129	18492	20039	22448	23637	26199
高收入户	High Income	27536	31015	33444	37903	36954	45754

6-12 农村居民人均生活消费支出

Per Capita Expenditure of Rural Households

单位：元 (yuan)

项目	Item	2015	2016	2017	2018	2019	2020
生活消费支出	Total Consumption Expenditures	11961	12911	14003	14943	16281	16339
食品烟酒	Food,Cigarettes and Drinks	4494	4818	5162	5340	5784	6274
衣着	Clothing	611	567	631	677	774	755
居住	Residence	2908	3204	3548	3649	3799	3943
生活用品及服务	Supplies and Services	621	688	721	765	809	874
交通通信	Transport and Communication	1249	1452	1555	1817	1903	1688
教育文化娱乐	Education,Culture and Recreation	1004	1071	1175	1359	1615	1232
医疗保健	Health Care and Medical Services	827	867	907	1016	1210	1271
其他用品及服务	Other Appliances and Services	249	243	305	320	386	302

6-13 农村居民人均生活消费支出构成

Composition of Per Capita Expenditure of Rural Households

单位：% (%)

项目	Item	2015	2016	2017	2018	2019	2020
生活消费支出	Total Consumption Expenditures	100.0	100.0	100.0	100.0	100.0	100.0
食品烟酒	Food,Cigarettes and Drinks	37.6	37.3	36.9	35.7	35.5	38.4
衣着	Clothing	5.1	4.4	4.5	4.5	4.8	4.6
居住	Residence	24.3	24.8	25.3	24.4	23.3	24.1
生活用品及服务	Supplies and Services	5.2	5.3	5.2	5.1	5.0	5.3
交通通信	Transport and Communication	10.4	11.3	11.1	12.2	11.7	10.3
教育文化娱乐	Education,Culture and Recreation	8.4	8.3	8.4	9.1	9.9	7.5
医疗保健	Health Care and Medical Services	6.9	6.7	6.5	6.8	7.4	7.8
其他用品及服务	Other Appliances and Services	2.1	1.9	2.2	2.1	2.4	1.8

6-14 农村居民人均消费主要食品数量

Per Capita Purchases of Daily Consumer Goods of Rural Households

单位：千克 (kg)

项目	Item	2015	2016	2017	2018	2019	2020
粮食类	Grain	157.52	164.45	156.24	164.10	162.11	167.12
油脂类	Oil	9.44	10.14	9.53	9.87	9.87	10.55
蔬菜及菜制品	Vegetables and Vegetable Products	87.43	92.09	90.62	98.14	90.27	96.30
肉类	Meat	29.86	30.54	30.91	34.82	27.55	22.80
禽类	Poultry	12.23	13.55	13.60	12.79	15.21	19.49
水产品类	Aquatic Products	20.14	21.95	21.29	20.73	23.04	24.18
蛋类及蛋制品	Eggs	7.30	8.05	7.96	8.41	9.22	10.67
奶和奶制品	Milk	6.88	7.30	7.06	7.49	8.14	8.25
干鲜瓜果类	Fresh and Dried Fruits	28.78	32.17	32.58	39.49	38.75	37.62

6-15 农村居民家庭每百户耐用消费品拥有量

Number of Major Durable Consumer Goods owned per 100 Rural Households

项目	Item	2015	2016	2017	2018	2019	2020
家用汽车(辆)	Automoile(unit)	12.90	16.22	17.83	15.10	16.68	18.47
摩托车(辆)	Motorcycle(unit)	91.50	91.78	90.35	76.22	78.71	75.24
电冰箱(台)	Refrigerator(unit)	93.80	100.12	100.64	101.48	104.04	104.58
洗衣机(台)	Washing Machine(unit)	73.20	79.32	82.10	84.14	89.57	89.72
热水器(台)	Shower(unit)	81.60	88.88	90.40	97.24	103.78	106.57
空调机(台)	Air Conditioner(unit)	54.30	62.33	65.31	78.36	91.55	95.21
彩色电视机(台)	Color TV(unit)	139.30	141.09	140.08	133.71	136.03	134.44
照相机(台)	Camera(unit)	6.30	4.91	4.33	3.00	3.03	3.13
计算机(台)	Computer(unit)	34.90	34.55	33.99	31.93	33.81	35.90
接入互联网的计算机	Computer Access to the Internet	25.60	28.35	26.50	25.45	27.06	29.25
中高档乐器(件)	Medium and High Grade Musical Instrument(unit)	0.60	0.83	1.15	1.21	1.88	2.00
固定电话(部)	Telephone(unit)	48.90	39.36	38.46	24.86	21.17	18.50
移动电话(部)	Mobile Telephone(unit)	246.40	250.09	252.55	249.47	261.49	253.58
接入互联网的移动电话(部)	Mobile Telephone Access to the Internet(unit)	107.90	122.72	130.88	155.89	187.66	213.90

6-16 设区市城镇居民人均可支配收入（2020年）

Per Capita Income of Urban Households by City(2020)

单位：元 (yuan)

地区	Aera	人均可支配收入 Per Capita Annual Disposable Income	工资性收入 Wages and Salaries	经营净收入 Net Income from Business	财产净收入 Property Income	转移净收入 Transfer Net Income
福建省	**Fujian**	**47160**	**29119**	**5992**	**6219**	**5830**
福州市	Fuzhou	49300	31101	4238	6662	7299
厦门市	Xiamen	61331	43901	4956	7681	4793
莆田市	Putian	41007	21771	6741	6357	6139
三明市	Sanming	39259	24685	5688	3221	5665
泉州市	Quanzhou	50968	29755	11535	5934	3744
漳州市	Zhangzhou	40008	23455	6849	3718	5986
南平市	Nanping	36492	21707	4350	3493	6943
龙岩市	Longyan	40190	28057	4210	4438	3485
宁德市	Ningde	37121	17072	11322	3947	4779

6-17 设区市城镇居民人均生活消费支出（2020年）

Per Capita Expenditure of Urban Households by City(2020)

单位：元 (yuan)

地区	Area	生活消费支出 Total Consumption Expenditures	食品烟酒 Food,Cigarettes and Drinks	衣着 Clothing	居住 Residence	生活用品及服务 Supplies and Services	交通通信 Transport and Communication	教育文化娱乐 Education, Culture and Recreation	医疗保健 Health Care and Medical Services	其他用品及服务 Other Appliances and Services
福建省	**Fujian**	**30487**	**9673**	**1444**	**9356**	**1519**	**3755**	**2301**	**1774**	**665**
福州市	Fuzhou	32019	10019	1586	11468	1355	3125	2582	1129	756
厦门市	Xiamen	38069	11469	1689	12846	1865	4736	2644	1919	900
莆田市	Putian	25878	9093	1077	8449	1241	2248	1742	1668	360
三明市	Sanming	26059	9224	1422	6150	1530	3005	2481	1614	634
泉州市	Quanzhou	30114	9635	1720	8599	1890	3744	2284	1425	818
漳州市	Zhangzhou	26015	9218	1238	6663	1439	2896	2237	1749	576
南平市	Nanping	22560	7724	1361	5369	1188	2211	2539	1677	491
龙岩市	Longyan	25547	9124	1363	6225	1425	2695	2799	1384	532
宁德市	Ningde	24495	8871	1776	5806	1526	1923	2213	1903	478

6-18 设区市农村居民人均可支配收入（2020年）

Per Capita Income of Rural Households by City(2020)

单位：元 (yuan)

地区	Area	人均可支配收入 Annual Per Capita Disposable Income	工资性收入 Wages and Salaries	经营净收入 Net Income from Business	财产净收入 Property Income	转移净收入 Transfer Net Income
福建省	**Fujian**	**20880**	**9411**	**7510**	**393**	**3567**
福州市	Fuzhou	22669	11992	5525	1197	3955
厦门市	Xiamen	26612	17726	5504	1235	2147
莆田市	Putian	20823	10751	4269	565	5237
三明市	Sanming	19533	7186	9641	424	2281
泉州市	Quanzhou	23459	12516	8294	363	2286
漳州市	Zhangzhou	21103	10368	8404	195	2137
南平市	Nanping	18557	7024	9629	164	1740
龙岩市	Longyan	20150	7850	9597	245	2458
宁德市	Ningde	19050	5835	11126	205	1884

6-19 设区市农村居民人均生活消费支出（2020年）

Per Capita Expenditure of Rural Households by City(2020)

单位：元 (yuan)

地区	Area	生活消费支出 Total Consumption Expenditures	食品烟酒 Food,Cigarettes and Drinks	衣着 Clothing	居住 Residence	生活用品及服务 Supplies and Services	交通通信 Transport and Communication	教育文化娱乐 Education, Culture and Recreation	医疗保健 Health Care and Medical Services	其他用品及服务 Other Appliances and Services
福建省	**Fujian**	**16339**	**6274**	**755**	**3943**	**874**	**1688**	**1232**	**1271**	**302**
福州市	Fuzhou	17713	6524	1118	4313	1240	1416	1545	1087	471
厦门市	Xiamen	20902	7252	871	5874	1178	2799	1570	1082	276
莆田市	Putian	16165	6853	646	4016	843	1413	1420	640	335
三明市	Sanming	13530	4866	613	3052	660	1627	1569	853	291
泉州市	Quanzhou	16749	7250	685	4204	791	1798	1068	626	326
漳州市	Zhangzhou	13804	5530	560	3706	419	1294	997	986	312
南平市	Nanping	12769	5108	669	2738	660	1492	1199	746	157
龙岩市	Longyan	13649	5563	572	3036	642	1541	1088	870	336
宁德市	Ningde	13666	5532	745	3178	597	853	1100	1377	284

主要统计指标解释

常住人口：指家庭住户成员中，经常在家居住、或者调查期内居住时间超过一半的人员，以及本住户供养的学生。

常住人口是住户收支的调查对象。

可支配收入：指调查户在调查期内获得的、可用于最终消费支出和储蓄的总和，即调查户可以用来自由支配的收入。可支配收入既包括现金，也包括实物收入。按照收入的来源，可支配收入包含四项，分别为：工资性收入、经营净收入、财产净收入和转移净收入。

工资性收入：指就业人员通过各种途径得到的全部劳动报酬和各种福利，包括受雇于单位或个人、从事各种自由职业、兼职和零星劳动得到的全部劳动报酬和福利。

经营净收入：指住户或住户成员从事生产经营活动所获得的净收入，是全部经营收入中扣除经营费用、生产性固定资产折旧和生产税之后得到的净收入。

财产净收入：指住户或住户成员将其所拥有的金融资产、住房等非金融资产和自然资源交由其他机构单位、住户或个人支配而获得的回报并扣除相关的费用之后得到的净收入。

转移净收入：计算公式为：转移净收入=转移性收入-转移性支出

转移性收入：指国家、单位、社会团体对住户的各种经常性转移支付和住户之间的经常性收入转移。

转移性支出：指调查户对国家、单位、住户或个人的经常性或义务性转移支付。包括缴纳的税款、各项社会保障支出、赡养支出、经常性捐赠和赔偿支出以及其他经常转移支出等。

消费支出：指住户用于满足家庭日常生活消费需要的全部支出，包括用于消费品的支出和用于服务性消费的支出。根据用途不同，消费支出可划分为食品烟酒、衣着、居住、生活用品及服务、交通通信、教育文化娱乐、医疗保健、其他用品及服务八大类。根据来源不同，消费支出可划分为现金消费支出、实物消费支出（含自产自用、来自单位、来自政府和其他社会组织）。

Explanatory Notes on Main Statistical Indicators

Number of Dependents per Urban Employee refers to the ratio between number of persons in an urban household and the number of employed persons.

Total Income of Urban Households refers to the sum of wage and salary, net business income, income from properties, and income from transfers of members of the households, excluding income from selling of properties and income from borrowings.

Disposable Income of Urban Households refers to the actual income at the disposal of members of the households which can be used for final consumption, other non-compulsory expenditure and savings. This equals to total income minus income tax, personal contribution to social security and sample household subsidy for keeping diaries. Following formula is used:

Disposable income = total household income - income tax - personal contribution to social security - sample household subsidy for keeping diaries

Consumption Expenditure of Urban Households refers to total expenditure of the sample households for consumption in daily life, including expenditure on eight categories such as food, clothing, household appliances and services, health care and medical services, transport and communications, recreation, education and cultural services, housing, miscellaneous goods and services.

Expenditure of Urban Households on Consumption of Services refers to expenditure of households on services of various kinds provided by the society.

Urban Households by Income Group All households in the sample are grouped, by per capita disposable income of the household, into groups of low income, lower middle income, middle income, upper middle income and high income, each group consisting of 20%, 20%, 20%, 20% and 20% of all households respectively.

Income from Rural Household Operations refers to income by the rural households as units of production and operations. Operations by rural households are classified by economic activities as agriculture, forestry, animal husbandry, fishery, manufacturing, construction, transportation, post and telecommunications, wholesale, retail and catering, social service, culture, education, health, and other household operations.

Income from Properties refers to the income received as returns by owners of financial assets or tangible non-productive assets by providing capitals or tangible non-productive assets to other institutional units.

Income from Transfers refers to the receipt by rural households and their members of goods, services, capital or rights of assets without giving or repaying accordingly, excluding capital provided to them for the formation of fixed assets. In general, it refers to all income received by rural households through redistribution.

Cash Income refers to income received by rural households and their members in the form of cash during the reference period. It is classified, by source of income, into income from wages and salaries, cash income from household operations, income from properties and income from transfers.

Net Income from Rural household refers to the total income of rural households from all sources minus all corresponding expenses. The formula for calculation is as follows:

Net income = total income – taxes and fees paid - household operation expenses – taxes and fees – depreciation of fixed assets for production – subsidy for participating in household survey – gifts to non-rural relatives

Net income is mainly used as input for reproduction and as consumption expenditure of the year, and also used for savings and non-compulsory expenses of various forms.Per capita net income of farmers is the level of net income averaged by population which reflects the average income level of rural households in a given area.

第七篇　价格指数

Chapter 7　Price Indices

资料整理：陈晓兵 王娟 郭晓洁 郑明坤 陈嘉玲

Database Editor: Chenxiaobing Wangjuan Guoxiaojie Zhengmingkun Chenjialing

简要说明

本篇资料的主要内容及来源

本篇资料反映了全省生产、投资、流通、消费等环节价格变动状况，主要包括居民消费、商品零售、生产资料、工业生产者出厂与购进、固定资产投资、农产品生产者等价格指数。

居民消费、商品零售和农业生产资料价格指数来源于流通和消费价格统计调查年报，由国家统计局福建调查总队消费价格调查处整理提供。

工业生产者出厂与购进、固定资产投资、等价格指数来源于工业生产者、固定资产投资价格统计调查，由国家统计局福建调查总队生产价格调查处整理提供。

农产品生产者价格统计调查，由国家统计局福建调查总队农业调查处整理提供。

Brief Introduction

Main Content and Source of Data

Data on the price indices in this chapter show the changing trend in production, investment, circulation and consumption, including mainly consumer price indices of residents, retail price indices, price indices of means of production, production price indices of industrial producers, purchasing price indices of raw materials, fuels and power, price indices of investment in fixed assets price indices.

Data on consumer price indices of residents, retail price indices and price indices of agricultural means of production are based on yearly report on consumer price and are provided by the Division of Consumer Price Survey of Survey Office of the National Bureau of Statistics in Fujian。

Data on production price indices of industrial products, purchasing price indices of raw materials, fuels and power, price indices of investment in fixed assets price indices are based on yearly report on production price and are provided by the Division of Production Price Survey of Survey Office of the National Bureau of Statistics in Fujian.

Data on Producer Prices Indices for Farm Products are based on yearly report on production price and are provided by the Division of Agriculture Survey of Survey Office of the National Bureau of Statistics in Fujian.

7-1 各种价格指数（上年=100）

Price Indices(Preceding year=100)

单位：以上年为100 (preceding year=100)

年份 Year	居民消费价格指数 Consumer Price Index	城市 Urban	农村 Rural	商品零售价格指数 Retail Price Index	农业生产资料价格指数 Price Index of Agricultural Means of Production	工业生产者出厂价格指数 Ex-Factory Price Indices of Industrial Producers	工业生产者购进价格指数 Purchasing Price Indices of Industrial Producers	固定资产投资价格指数 Price Index for Investment in Fixed Assets
1951	106.6	107.8	105.8	107.3	102.9			
1952	98.0	97.6	99.2	97.9	99.8			
1957	100.5	100.8	100.3	100.5	98.8			
1962	101.8	100.5	102.6	101.6	117.8			
1965	95.2	94.4	95.7	95.0	93.4			
1970	98.9	99.0	98.9	99.0	100.3			
1975	100.1	100.1	100.1	100.2	100.2			
1978	100.2	100.4	100.1	100.3	100.1			
1979	102.8	102.7	102.9	103.0	100.4			
1980	105.3	106.3	104.6	105.6	101.0			
1981	102.7	104.0	101.9	103.6	103.3			
1982	103.4	103.1	103.6	103.6	104.4			
1983	101.3	102.0	100.9	101.3	103.0			
1984	102.1	102.8	101.1	101.6	103.8			
1985	111.3	114.0	107.5	111.4	105.6			
1986	106.5	106.9	105.4	106.3	102.5			
1987	109.4	110.6	107.9	109.7	106.8			
1988	126.5	127.0	126.0	127.4	121.5			
1989	118.9	118.8	118.9	118.6	119.5			
1990	99.3	100.1	98.6	98.6	100.3			
1991	103.5	104.6	102.4	103.3	105.1			108.6
1992	105.9	108.0	104.1	105.5	102.2	102.7	109.3	114.9
1993	115.4	116.8	114.2	113.8	111.4	117.1	129.6	134.1
1994	125.3	125.1	125.5	123.0	117.8	116.9	115.2	107.3
1995	115.2	116.4	114.4	114.4	120.2	115.7	119.6	104.8
1996	105.9	106.9	105.4	104.5	106.2	101.8	104.3	104.7
1997	101.7	102.5	101.3	99.8	99.5	100.3	98.6	101.1
1998	99.7	100.0	99.5	98.5	94.6	95.7	92.5	98.0
1999	99.1	98.7	99.2	96.5	96.1	96.6	97.9	98.5
2000	102.1	103.2	101.3	98.9	97.4	100.5	112.4	100.2
2001	98.7	98.3	99.3	98.0	98.7	98.1	96.7	99.5
2002	99.5	99.2	99.8	98.3	99.9	97.6	97.6	99.7
2003	100.8	100.7	101.0	99.1	101.8	100.7	106.3	101.4
2004	104.0	103.8	104.3	102.7	112.5	102.6	113.3	103.4
2005	102.2	101.9	102.8	100.6	108.1	100.2	108.1	100.7
2006	100.8	101.1	100.3	100.5	100.9	99.2	103.9	102.0
2007	105.2	105.1	105.4	104.3	110.3	100.8	104.3	105.9
2008	104.6	104.5	104.6	105.7	123.6	102.7	110.2	105.9
2009	98.2	98.3	97.9	97.9	93.3	95.5	93.2	98.0
2010	103.2	103.1	103.4	103.4	102.4	103.2	107.7	103.3
2011	105.3	105.2	105.3	104.8	111.8	103.9	108.0	106.2
2012	102.4	102.4	102.4	101.8	103.3	98.7	97.7	100.3
2013	102.5	102.6	102.3	101.1	99.5	98.4	98.4	100.1
2014	102.0	102.1	101.9	101.1	99.5	98.6	98.3	100.4
2015	101.7	101.7	101.7	99.9	101.4	97.0	96.1	98.3
2016	101.7	101.8	101.5	100.7	100.2	99.1	98.0	100.0
2017	101.2	101.3	100.8	100.6	100.0	104.1	105.3	105.6
2018	101.5	101.5	101.5	101.5	103.1	102.8	102.8	104.9
2019	102.6	102.6	102.7	101.9	102.2	100.6	99.0	101.5
2020	102.2	102.2	102.1	101.3	103.3	98.4	98.6	

注：“工业生产者出厂价格指数”，2010年及以前称“工业品出厂价格指数”。“工业生产者购进价格指数”，2010年及以前称“工业企业原材料、燃料、动力购进价格指数”。

Note:Before 2010,"Ex-Factory Price Indices of Industrial Producers" is called "Ex-Factory Price Indices of Industrial Products"."Purchasing Price Indices of Industrial Producers" is called "Purchasing Price Index for Raw Material,Fuel and Power".

7-2 各种价格指数（1978年=100）

Price Indices(Year of 1978=100)

单位：以1978年为100　　(year of 1978=100)

年份 Year	居民消费价格指数 Consumer Price Index	城市 Urban	农村 Rural	商品零售价格指数 Retail Price Index	农业生产资料价格指数 Price Index of Agricultural Means of Production
1979	102.8	102.7	102.9	103.0	100.4
1980	108.2	109.2	107.6	108.8	101.4
1981	111.2	113.5	109.7	112.7	104.8
1982	115.0	117.1	113.6	116.7	109.4
1983	116.4	119.4	114.6	118.3	112.6
1984	118.9	122.7	115.9	120.2	116.9
1985	132.3	139.9	124.6	133.8	123.5
1986	140.9	149.6	131.3	142.3	126.6
1987	154.2	165.4	141.7	156.1	135.2
1988	195.0	210.1	178.6	198.8	164.2
1989	231.9	249.8	212.3	235.8	196.2
1990	230.3	250.1	209.3	232.5	196.8
1991	238.3	261.6	214.3	240.2	206.9
1992	252.4	282.5	223.1	253.4	211.4
1993	291.3	329.9	254.8	288.4	235.5
1994	364.9	412.8	319.8	354.7	277.4
1995	420.4	480.5	365.9	405.8	333.5
1996	445.2	513.6	385.6	424.1	354.2
1997	452.8	526.4	390.6	423.2	352.4
1998	451.4	526.4	388.7	416.9	333.4
1999	447.4	519.6	385.6	402.3	320.4
2000	456.8	536.2	390.6	397.8	312.1
2001	450.9	527.1	387.8	389.9	308.0
2002	448.6	522.9	387.1	383.3	307.7
2003	452.2	526.6	390.9	379.8	313.2
2004	470.3	546.6	407.7	390.1	352.4
2005	480.6	557.0	419.1	392.4	380.9
2006	484.4	563.1	420.4	394.4	384.3
2007	509.6	591.8	443.1	411.4	423.9
2008	533.0	618.4	463.5	434.8	523.9
2009	523.3	607.9	453.9	425.5	488.9
2010	540.2	627.0	469.5	439.8	500.4
2011	568.6	659.9	494.5	461.1	559.6
2012	582.4	675.9	506.6	469.6	578.1
2013	596.8	693.1	518.0	474.9	575.3
2014	608.8	707.5	527.7	480.1	572.6
2015	619.3	719.7	536.8	479.8	580.7
2016	629.8	732.4	544.6	483.2	581.6
2017	637.2	741.8	549.0	486.3	581.3
2018	646.8	752.9	557.2	493.6	599.3
2019	663.9	772.8	572.4	502.8	612.3
2020	678.3	789.6	584.5	509.2	632.5

7-3 分行业工业生产者出厂价格指数（2020年）

Ex-Factory Price Indices of Industrial Producers by Sector(2020)

单位：以上年为100 (preceding year=100)

行业	Sector	2020
煤炭开采和洗选业	Coal Mining and Dressing	95.4
黑色金属矿采选业	Ferrous Metals Mining and Dressing	104.4
有色金属矿采选业	Nonferrous Metals Mining and Dressing	93.7
非金属矿采选业	Nonmetal Minerals Mining and Quarrying	99.0
农副食品加工业	Agricultural and Sideline Products Processing	102.1
食品制造业	Food Manufacturing	101.2
酒、饮料和精制茶制造业	Wine，Drink and Tea Manufacturing	101.4
烟草制品业	Tobacco Processing	100.6
纺织业	Textile Industry	94.4
纺织服装、服饰业	Textile Garments Products	101.6
皮革、毛皮、羽毛及其制品和制鞋业	Leather , Furs , Down and Relate Products	100.0
木材加工和木、竹、藤、棕、草制品业	Timber Processing,Bamboo,Cane,Palm Fiber and Straw Products	99.4
家具制造业	Furniture Manufacturing	100.3
造纸和纸制品业	Papermaking and Paper Products	98.6
印刷和记录媒介复制业	Printing and Record Medium Reproduction	98.0
文教、工美、体育和娱乐用品制造业	Cultural , Educational and Sports Goods	103.3
石油、煤炭及其他燃料加工业	Petroleum Processing , Coking and Nuclear Fuel Processing	81.4
化学原料和化学制品制造业	Raw Chemical Materials and Chemical Products	92.2
医药制造业	Medical and Pharmaceutical Products	101.9
化学纤维制造业	Chemical Fiber	86.3
橡胶和塑料制品业	Rubber and Plastic Products	98.4
非金属矿物制品业	Nonmetal Minerals Products	101.3
黑色金属冶炼和压延加工业	Smelting and Pressing of Ferrous Metals	96.7
有色金属冶炼和压延加工业	Smelting and Pressing of Nonferrous Metals	102.4
金属制品业	Metal Products	99.8
通用设备制造业	General Equipment	99.3
专用设备制造业	Special Purpose Equipment	100.1
汽车制造业	Car Manufacturing	100.3
铁路、船舶、航空航天和其他运输设备制造业	Railway,Watercraft,Aviation and others transportation Manufacturing	100.0
电气机械和器材制造业	Electric Equipment and Machinery	99.0
计算机、通信和其他电子设备制造业	Computer,Communication and other Electronic Equipment	96.3
仪器仪表制造业	Instruments and Meters Machinery	100.8
其他制造业	Others Manufacturing	101.6
废弃资源综合利用业	Waste Resources and Materials Recovering	104.6
金属制品、机械和设备修理业	Metals,Machinery and Equipment maintenance	102.0
电力、热力生产和供应业	Production and Supply of Electric Power and Hot Power	99.6
燃气生产和供应业	Production and Supply of Gas	95.9
水的生产和供应业	Production and Supply of Water	100.0

注：本表行业分类依据《国民经济行业分类》（GB/T 4754-2017）标准。
Note:The classified Standards of national ecomonic sector are adopted GB/T 4754-2017.

7-4 工业生产者出厂价格指数

Ex-Factory Price Indices of Industrial Producers

单位：以上年为100 (preceding year=100)

项目	Item	2000	2005	2010	2019	2020
工业生产者出厂价格总指数	**Ex-Factory Price Indices of Industrial Producers**	**100.5**	**100.2**	**103.2**	**100.6**	**98.4**
按轻重分	**By Light and Heavy Industry**					
轻工业	Light Industry	99.9	98.4	101.5	101.0	99.2
以农产品为原料	Using Farm Products as Raw Materials	100.9	100.5	102.5	101.3	99.7
以非农产品为原料	Using Non-farm Products as Raw Materials	97.7	97.4	100.6	100.5	97.9
重工业	Heavy Industry	101.2	104.7	106.9	100.2	97.8
采掘工业	Mining and Quarrying	107.5	123.4	121.1	103.4	99.0
原料工业	Raw Materials Industry	103.4	107.8	107.9	100.1	94.3
加工工业	Manufacturing Industry	97.6	100.9	104.1	100.1	99.1
按两大部类分	**By Two Parts**					
生产资料	Means of Production	101.6	100.9	104.1	100.1	97.1
采掘工业	Mining and Quarrying	107.5	123.4	121.1	103.4	99.0
原料工业	Raw Materials Industry	104.3	107.5	108.9	99.6	93.2
加工工业	Manufacturing Industry	97.4	98.4	101.7	100.1	98.5
生活资料	Consumer Goods	98.7	99.1	101.7	101.5	100.8
食品	Food	98.5	98.4	104.7	102.1	101.7
衣着	Clothing	101.8	101.7	100.9	101.3	100.6
一般日用品	Articles for Daily Use	94.9	101.3	100.9	101.8	101.0
耐用消费品	Durable Consumer Goods	94.2	93.0	98.7	99.0	97.8
按工业部门分	**By Departments**					
冶金工业	Metallurgical Industry	100.8	104.3	113.0	99.0	99.2
电力工业	Power Industry	95.3	103.5	100.3	100.0	99.6
煤炭及炼焦工业	Coal and Coking Industry	114.1	137.3	108.4	97.0	95.5
石油工业	Petroleum Industry	138.4	123.5	124.4	104.2	83.3
化学工业	Chemical Industry	100.3	104.6	107.1	98.4	94.6
机械工业	Machine Building Industry	94.9	95.1	98.5	99.9	98.5
建筑材料工业	Building Materials Industry	95.8	98.5	103.0	102.6	101.2
森林工业	Timber Industry	104.2	103.0	102.7	101.1	99.7
食品工业	Food Industry	98.2	98.4	104.4	101.9	101.7
纺织工业	Textile Industry	108.4	100.9	102.9	99.6	93.4
缝纫工业	Tailoring Industry	103.4	101.0	100.9	101.2	101.2
皮革工业	Leather Industry	98.0	102.7	100.9	101.7	99.9
造纸工业	Paper Industry	105.7	101.4	104.1	100.0	98.6
文教艺术用品工业	Cultural,Educational & Handicrafts Articles	96.6	100.1	99.6	99.9	98.6
其它工业	Others	94.8	101.7	102.7	103.4	102.7

7-5 工业生产者购进价格指数

Purchasing Price Indices of Industrial Producers

单位：以上年为100 (preceding year=100)

项目 Item	2000	2005	2010	2019	2020
工业生产者购进价格总指数 Purchasing Price Indices of Industrial Producers	**112.4**	**108.1**	**107.7**	**99.0**	**98.6**
1.燃料、动力类 Fuel and Power	137.2	125.6	108.1	98.4	92.1
2.黑色金属材料类 Ferrous Metals Material	102.4	103.5	113.5	101.5	100.9
#钢材 Steel	103.6	106.4	109.6	97.3	97.9
3.有色金属材料和电线类 Nonferrous Metals Material and Wire	109.9	111.3	116.6	98.5	104.5
4.化工原料类 Raw Chemical Materials	112.2	106.1	110.8	95.9	92.7
5.木材及纸浆类 Timber and Paper Pulp	97.5	100.7	99.4	96.2	98.8
6.建筑材料及非金属矿类 Building Materials and Nonmetal Minerals	97.0	105.9	102.8	102.2	100.2
7.其他工业原材料及半成品类 Other Industrial Raw and Semi-products	105.6	104.8	101.9	99.3	100.0
8.农副产品类 Agricultural Products	96.2	94.0	117.8	105.4	110.6
9.纺织原料类 Textile Materials	107.8	102.9	106.9	98.5	99.2

7-6 居民消费价格指数（2020年）

Consumer Price Indices(2020)

单位：以上年为100 (preceding year=100)

项目 Item	全省 Province	城市 Urban	农村 Rural
居民消费价格指数 Consumer Price Index	**102.2**	**102.2**	**102.1**
一、按商品和非商品分 By Good			
消费品价格指数 Consumption Price Index	103.2	103.2	103.3
服务项目价格指数 Services Price Index	100.3	100.4	100.0
二、按类别分 By Category			
食品烟酒 Food and Tobacco	107.0	107.0	107.2
衣着 Clothing	99.9	99.7	100.4
居住 Residence	100.0	100.3	99.0
生活用品及服务 Articles and Services	100.6	100.8	99.8
交通和通信 Transport and Communication Services	97.0	96.9	97.2
教育文化和娱乐 Education,Cultural Services and Recreation	101.2	101.2	101.1
医疗保健 Medicine and Medical Services	100.2	100.0	100.7
其他用品和服务 Others	103.7	103.7	103.9

7-7 居民消费价格分类指数（2020年）

Consumer Price Indices by Category(2020)

单位：以上年为100　　(preceding year=100)

项目	Item	总计 Total	城市 Urban	农村 Rural
居民消费价格总指数	Consumer Price Index	102.2	102.2	102.1
食品烟酒	Food,Tobacco and Liquor	107.0	107.0	107.2
食品	Food	109.3	109.3	109.3
粮食	Grain	100.3	100.2	100.5
薯类	Tubers	105.8	106.3	103.8
豆类	Peas and Beans	104.6	105.7	102.1
食用油	Edible Oil	104.6	104.1	105.7
菜	Vegetables	101.4	101.0	103.0
畜肉类	Livestock Meat	137.0	137.5	135.5
禽肉类	Poultry	100.4	101.5	96.5
水产品	Aquatic Products	103.1	103.3	102.6
蛋类	Eggs	90.0	90.4	88.8
奶类	Dairy	101.8	101.6	102.4
干鲜瓜果类	Dride and Fresh Melons and Fruits	88.8	89.1	88.0
糖果糕点类	Sweets and Cakes	101.3	101.7	100.4
调味品	Flavoring	101.4	101.4	101.2
其他食品类	Other Foods	101.5	102.0	100.3
茶及饮料	Tea and Beverages	100.2	100.1	100.6
烟酒	Tobacco and Liquor	100.6	100.6	100.6
烟草	Tobacco	100.4	100.3	100.6
酒类	Liquor	101.0	101.1	100.8
在外餐饮	Outside Catering	103.3	103.3	103.9
衣着	Clothing	99.9	99.7	100.4
服装	Garments	99.6	99.3	101.0
服装材料	Clothing material	101.6	101.6	101.6
其他衣着及配件	Others	99.5	99.6	99.5
衣着加工服务费	Clothing Manufacturing Services	102.3	102.5	101.7
鞋类	Shoes	100.5	101.1	98.4
居住	Residence	100.0	100.3	99.0
租赁房房租	Rental Housing Rent	100.0	100.2	98.2
住房保养维修及管理	Housing Maintenance	101.0	101.5	99.7
水电燃料	Water,Electricity ,Fuels	99.7	100.0	98.8
自有住房	Private Housing	99.9	100.2	98.8
生活用品及服务	Daily Necessities and Services	100.6	100.8	99.8
家具及室内装饰品	Furniture and Ornament	99.6	99.5	99.8
家用器具	Household Facilities	98.8	99.0	98.2
家用纺织品	Household Textiles	99.7	99.6	99.9
家庭日用杂品	Daily Use Household Articles	101.6	102.0	100.6
个人护理用品	Personal Care Articles	101.0	101.0	101.4
家庭服务	Domestic Services	104.1	104.5	101.6
交通和通信	Transportation and Communication	97.0	96.9	97.2
交通	Transportation	95.4	95.3	95.7
通信	Communication	99.7	99.7	99.7
教育文化和娱乐	Education Culture and Recreation	101.2	101.2	101.1
教育	Education	101.9	102.0	101.6
文化娱乐	Culture and Recreation	100.1	100.2	99.5
医疗保健	Health Care	100.2	100.0	100.7
药品及医疗器具	Medicine and Medical Instrument	101.0	100.5	102.6
医疗服务	Health Services	99.8	99.7	100.0
其他用品和服务	Others Articles and Services	103.7	103.7	103.9
其他用品类	Other Articles	110.0	110.6	108.2
其他服务类	Other Services	98.7	98.4	100.1

注：本表按国家统计局2015年10月制定的《流通和消费价格统计报表制度》进行分类。

7-8 农业生产资料价格指数

Price Indices for means of Agriculture Production

单位：以上年为100 (preceding year=100)

项目	Item	2000	2005	2010	2015	2019	2020
总指数	**General Index**	**97.4**	**108.1**	**102.4**	**101.4**	**102.2**	**103.3**
1.农用手工工具	Small Farm Tools	102.0	107.2	101.5	101.8	105.8	101.1
2.饲料	Forage	94.3	102.8	105.5	100.2	100.5	104.2
3.仔畜幼禽及产品畜	Young Livestock & Fowls	112.3	102.5	107.8	109.8	135.4	131.2
4.半机械化农具	Semi-Mechanized Farm Tools	98.9	100.0	101.0	100.7	97.7	98.5
5.机械化农具	Mechanized Farm Machinery	98.4	103.0	101.5	100.1	100.8	100.2
6.化学肥料	Chemical Fertilizer	92.1	114.1	97.4	100.4	98.2	98.4
7.农药及农药器械	Pesticide & Its Appliances	95.1	108.5	100.3	99.4	102.6	100.9
8.农机用油	Oil for Farm Machinery	126.2	110.2	109.3	89.7	91.9	88.1
9.其他农业生产资料	Others	98.0	105.3	106.2	100.7	100.1	100.3
10.农业生产服务	Agricultural Production Service			105.0	104.1	101.9	101.0

注：2016年之前，“仔畜幼禽及产品畜”称为“幼禽家畜”，“农药及农药器械”称为“农药及农药械”，“农机用油”称为“农用机油”。

7-9 固定资产投资价格指数

Price Indices for Investment in Fixed Assets

单位：以上年为100 (preceding year=100)

项目	Item	2000	2005	2010	2015	2019
固定资产投资价格总指数	**General Index**	**100.2**	**100.7**	**103.3**	**98.3**	**101.5**
1.建筑安装工程投资	Construction and Installation	102.4	101.1	104.9	97.6	102.0
人工费	Labors	108.5	104.9	107.0	103.8	104.3
材料费	Materials	102.0	99.8	104.7	94.4	101.5
#钢材	Steel Products	103.1	98.8	105.6	87.7	
水泥	Cement	99.5	96.7	104.3	96.5	
机械费	Instruments	100.2	100.1	102.2	101.0	100.7
2.设备、工器具投资	Purchase of Equipment,Tools And Instruments	94.9	97.6	99.8	99.5	100.9
3.其他费用投资	Others	98.8	102.8	102.4	100.1	100.2

7-10 农产品生产者价格指数

Producer Price Indices for Farm Products

单位：以上年为100　　(preceding year=100)

项目	Item	2005	2010	2015	2019	2020
总指数	**Total Price Index**	**103.9**	**111.5**	**101.2**	**106.9**	**102.3**
一、农业产品	**Agricultural Products**	**105.1**	**115.3**	**100.8**	**103.8**	**100.1**
谷物	Rice	97.6	107.6	106.3	98.9	102.3
早籼稻	Early Rice	95.3	103.3	103.4	100.5	102.3
晚籼稻	Late Rice	96.7	111.2	102.8	101.3	108.9
薯类	Potato	106.9	121.9	103.0	96.9	113.9
油料	Oil-bearing Crops	106.3	115.8	101.5	103.3	102.4
蔬菜	Vegetables			105.3	104.8	101.4
烤烟叶	Flue-cured Tobacco	101.7	98.5	103.0	104.8	97.3
食用菌（干鲜混合）	Edible Bacterium	103.0	115.7	96.9	103.3	93.7
水果	Fruit	108.8	115.2	94.8	112.4	92.8
茶叶	Tea	101.3	111.5	96.8	96.8	99.2
二、林业产品	**Forest Products**	**104.0**	**107.6**	**93.3**	**103.2**	**89.1**
原木	Log	104.7	104.3	98.6	104.3	88.2
竹材	Bamboo	104.1	108.0	87.8	104.3	95.4
三、饲养动物及其产品	**Breeding Animals and Products**	**100.9**	**101.2**	**108.0**	**128.8**	**119.7**
活猪（毛重）	Pigs	97.4	97.9	111.2	155.0	151.9
家禽（毛重）	Poultry	104.2	107.0	103.3	110.4	97.0
四、渔业产品	**Fishery Products**	**103.7**	**113.7**	**100.5**	**98.4**	**95.8**
#海水养殖产品	Seawater Culturing			100.0	97.6	94.2
海水捕捞产品	Seawater Catching			100.9	101.2	105.0
淡水养殖产品	Freshwater Culturing			97.4	98.3	91.1

主要统计指标解释

居民消费价格指数 是反映一定时期内城乡居民所购买的生活消费品和服务项目价格变动趋势和程度的相对数，是对城市居民消费价格指数和农村居民消费价格指数进行综合汇总计算的结果。通过该指数可以观察和分析消费品的零售价格和服务项目价格变动对城乡居民实际生活费支出的影响程度。

城市居民消费价格指数 是反映一定时期内城市居民家庭所购买的生活消费品价格和服务项目价格变动趋势和程度的相对数。通过该指数可以观察和分析消费品的零售价格和服务项目价格变动对城镇居民收入和消费支出的影响。

农村居民消费价格指数 是反映一定时期内农村居民家庭所购买的生活消费品价格和服务项目价格变动趋势和程度的相对数。该指数可以观察农村消费品的零售价格和服务项目价格变动对农村居民收入和生活消费支出的影响。

商品零售价格指数 是反映一定时期内城乡商品零售价格变动趋势和程度的相对数。商品零售价格的变动与国家的财政收入、市场供需的平衡、消费与积累的比例关系有关。因此，该指数可以从一个侧面对上述经济活动进行观察和分析。

工业生产者出厂价格指数 是反映一定时期内全部工业产品出厂价格总水平的变动趋势和程度的相对数，包括工业企业售给本企业以外所有单位的各种产品和直接售给居民用于生活消费的产品。该指数可以观察出厂价格变动对工业总产值及增加值的影响。

工业生产者购进价格指数 是反映工业企业作为生产投入，而从物资交易市场和能源、原材料生产企业购买原材料、燃料和动力产品时，所支付的价格水平变动趋势和程度的统计指标，是扣除工业企业物质消耗成本中的价格变动影响的重要依据。目前，我国编制的工业生产者购进价格指数所调查的产品包括燃料动力、黑色金属、有色金属、化工、建材等九大类。

农业生产资料价格指数 指反映一定时期内农业生产资料价格变动趋势和程度的相对数。其编制目的是了解农业生产中投入物质资料价格的变动状况，服务于国民经济核算。1994 年以前，农业生产资料价格指数仅仅是商品零售价格指数的一个类别，此后，从商品零售价格指数中分离出来，单独编制。

农产品生产者价格指数 是反映一定时期内，农产品生产者出售农产品价格水平变动趋势及幅度的相对数。该指数可以客观反映全国农产品生产价格水平和结构变动情况，满足农业与国民经济核算需要。其中某代表品生产价格指数是通过对全部有出售该产品行为的调查单位的个体指数进行几何平均求得的，类价格指数是通过对其所属的类（或代表品）的价格指数进行加权平均求得的。季度累计价格指数的计算方法与分季指数的计算方法相同。

固定资产投资价格指数 是反映一定时期内固定资产投资品及取费项目的价格变动趋势和程度的相对数。固定资产投资额是由建筑安装工程投资完成额、设备工器具购置投资完成额和其他费用投资完成额三部分组成的。编制固定资产投资价格指数应首先分别编制上述三部分投资的价格指数，然后采用加权算术平均法求出固定资产投资价格总指数。

Explanatory Notes on Main Statistical Indicators

Consumer Price Indices reflect the trend and degree of changes in prices of consumer goods and services purchased by urban households during a given period,and is a composite index derived from the urban consumer price index and the rural consumer price index. Consumer price index can be used to analyze the impact of consumer price change on actual expenditure for living cost of urban and rural residents.

Urban Consumer Price Indices reflect the trend and degree of changes in prices of consumer goods and services purchased by urban households. It can be used to observe and analyze the impact of price changes in consumer goods and services on money wages of staff and workers, and provide basis for policymaking concerning the living cost and wages of staff and workers.

Rural Consumer Price Indices reflect the trend and degree of changes in prices of consumer goods and services purchased by rural households. It can be used to observe the impact of change in retail prices of consumer goods and service prices in rural areas on living expenditure of rural households, and to show the changes in the living standard of peasants. It provides basis for analysis and research on condition of life in rural areas.

Retail Price Indices reflect the trend and degree of change in retail prices of commodities during a given period. The change in retail prices of commodities directly affect the living expenses of urban and rural residents, government revenue, purchasing power of residents and the equilibrium of market supply and demand, and the ratio of consumption to accumulation. Therefore, the retail price indices are useful from an oblique perspective for observing and analyzing the changes of the above economic activities.

Ex-factory Price Indices of Industrial Products reflect the trend and degree of changes in general ex-factory prices of all industrial products during a given period,including sales of industrial products by an industrial enterprise to all units outside the enterprise,as well as sales of consumer goods to residents.It can be used to analyze the impact of ex-factory prices on gross output value and value-added of the industrial sector.

Price Indices for Means of Agricultural Production reflect the trend and degree of changes in the prices of the means of agricultural production during a given period. Compilation of these indices helps to understand the price changes of material input in agricultural production and facilitate the compilation of national accounts. Before 1994, price indices for means of agricultural production were a sub-category in the retail price indices for commodities, and it has been compiled separately since 1994.

Indices of Producers' Prices for Farm Products reflect the trend and degree of changes in producers' prices received by farmers when they sell farm products during a given period. These indices depict the change in the level and structure of producers' prices of farm products of the country and meet the needs of agriculture statistics and national account statistics. The producers' price index of a given product is calculated through geometrical mean of individual indices of all surveyed units who sell such product, and the indices of a product category is obtained through weighted mean of price indices of all products in the category. Method for calculating accumulative quarterly indices is the same as for calculating the distinctive quarterly indices.

Producer Prices Indices for Farm Products reflect the trend and degree of changes in producers' prices received by farmers when they sell farm products during a given period. These indices depict the change in the level and structure of producer prices for farm products of the country and meet the needs of agricultural statistics and national accounts statistics. The producer price index for a given product is calculated as the geometrical mean of individual indices for all surveyed units which sell such product, and the indices for a product category is obtained as the weighted mean of price indices for all products in the category. Method for calculating accumulative quarterly indices is the same as for calculating the individual quarterly indices.

Price Indices of Investment in Fixed Assets reflects the trend and degree of changes in prices of investment in fixed assets. The investment in fixed assets consists of three components, namely the investment in construction and installation, the investment in purchases of equipment and instrument,and the investment in other items. Price index of investment in fixed assets is calculated as the weighted arithmetic mean of the price indices of the three components of investment in fixed assets.

Removing the factor of price change in the aggregates of investment at current prices, this indicator shows the changes in the prices of commodities and fees involved in the investment of fixed assets, and can be used to observe the actual size, growth, structure,and efficiency of investment in fixed assets and provides reliable and scientific data for government planning, management, decision making, and further improving the current national accounting system.

第八篇　城市概况

Chapter 8　General Survey of Cities

资料整理：何祥伟

Database Editor: Hexiangwei

简 要 说 明

本篇资料的主要内容及来源

本篇资料反映我省社会、经济发展和城市建设的规模、效益及综合水平等基本情况，

城市资料主要包括城市公用事业基本情况，主要经济指标，市场设施，园林绿化，环境卫生，供水供气，公用交通等。

全省数据是全省 21 个城市市辖区的汇总数，21 个城市分别是福州市、厦门市、莆田市、三明市、泉州市、漳州市、南平市、龙岩市、宁德市、福清市、永安市、石狮市、晋江市、南安市、龙海市、邵武市、武夷山市、建瓯市、漳平市、福安市、福鼎市。

本篇资料由省统计局能源统计处根据福建省住房和城乡建设厅、交通运输厅和福建省统计局相关处室提供的年度数据整理。

Brief Introduction

Main Content and Source of Data

Data in this chapter show the social and economic development as well as the scale, economic efficiency, overall level and other basic conditions of cities at the prefecture in Fujian Province.

Data on the general survey cities include the basic condition of urban public facilities ,main economic indicators, civil greenery , environment and sanitation ,supply of gas and water ,public transportation ,etc.

The total provice data is the sum of 21 cities, 21 cities were Fuzhou、Xiamen、Putian、Shanming、Quanzhou、Zhangzhou、Nanpin、Longyan、Linde、Fuqing、Yongan、Shishi、Jinjiang、Nan'an、Longhai、Shaowu、Wuyishan、Jian'ou、Zhangping、Fuan and Fuding。

Data on chapter are complied by the Division of Energy of the Fujian Bureau of Statistics according to the data of yearly statistics ,which are provided by the Construction Bureau of Fujian, Transportation Bureau of Fujian and related Departments of Fujian Provincial Bureau of Statistics.

8-1 各城市建设情况（2019年）

Statistics on City Construction by City(2019)

地区	Area	城市面积（平方公里） Area of City (sq km)	#建成区面积 Developed Area	本年征用土地面积（平方公里） Area of The requisition land This Year	城市人口密度（人/平方公里） Population Density of City Districts (person/sq.km)	年末实有道路长度（公里） Length of Paved Roads (km)	年末实有道路面积（万平方米） Area of Paved Roads (10000 sq.m)	城市桥梁数量（座） Number of City Bridges (unit)
合　计	**Total**	**4138.17**	**1620.74**	**65.18**	**3193**	**13859**	**28236.10**	**1724**
福州市	Fuzhou	758.57	301.28	11.27	4131	2461	4278.11	535
福清市	Fuqing	224.50	53.00	0.74	1568	433	819.61	30
厦门市	Xiamen	397.84	397.84	21.40	8437	3925	9567.50	292
莆田市	Putian	248.20	98.50	3.12	3245	814	1482.20	154
三明市	Sanming	220.00	39.91	0.67	1126	334	367.98	45
永安市	Yong'an	300.00	24.87	0.14	574	199	360.85	31
泉州市	Quanzhou	539.00	226.00		2534	1655	3638.30	158
石狮市	Shishi	48.00	39.40	0.45	8160	331	713.60	59
晋江市	Jinjiang	111.00	38.01		2967	495	1269.24	34
南安市	Nan'an	130.00	35.60	2.18	2383	282	499.40	22
漳州市	Zhangzhou	91.51	68.67	2.66	5792	527	1385.40	74
龙海市	Longhai	27.00	23.35	0.04	7833	240	476.19	29
南平市	Nanping	344.72	49.46	1.25	1090	356	459.33	41
邵武市	Shaowu	95.00	25.12	1.33	1123	163	210.13	13
武夷山市	Wuyishan	50.00	14.74	0.80	1958	132	216.13	18
建瓯市	Jian'ou	35.00	16.10		4074	147	189.92	11
龙岩市	Longyan	200.00	73.69	4.88	2387	610	933.65	88
漳平市	Zhangping	45.00	15.00	2.04	2784	145	271.59	8
宁德市	Ningde	107.50	42.00	10.60	3074	337	648.80	20
福安市	Fu'an	41.33	17.52	1.50	4099	137	146.45	17
福鼎市	Fuding	124.00	20.68	0.11	1479	138	301.72	45

8-2 各城市供水情况（2019年）

Basic Statistics on Tap Water Supply in Cities by City(2019)

地区	Area	年底供水综合生产能力（万立方米/日） Production Capacity of Top Water Supply at the Year-end (10000cu.m/day)	年末供水管道长度（公里） Length of Sewage Pipes (km)	全年供水总量（万立方米） Volume of Top Water Supply (10000 cu.m)	#生活用水 Water Consumption for Residential Use	#生产用水 Water Consumption for Productive Use	用水人口（万人） Number of Residents with Access to Tap Water (10000 persons)	人均日生活用水量（升） Per Capital Water Consumption for Residential Use(L)
合　计	**Total**	**830.99**	**28852.68**	**173855.53**	**71945.81**	**34981.75**	**1319.62**	**208.76**
福州市	Fuzhou	191.68	5400.61	44523.63	18174.54	4620.37	313.09	247.67
福清市	Fuqing	28.36	1524.75	6150.45	1830.08	1299.85	35.18	235.02
厦门市	Xiamen	185.40	5012.86	48178.95	19209.00	11519.00	335.66	214.61
莆田市	Putian	37.00	1702.00	8424.90	3739.88	2462.93	80.45	160.73
三明市	Sanming	25.50	1459.03	3049.99	1767.69	364.31	24.77	244.77
永安市	Yong'an	10.00	440.30	2211.57	884.53	494.06	17.21	244.54
泉州市	Quanzhou	80.00	4564.73	14770.94	6674.78	4177.02	135.54	160.12
石狮市	Shishi	44.00	1068.81	4894.14	1174.28	757.12	39.17	232.92
晋江市	Jinjiang	45.00	805.00	7784.89	2457.43	3342.30	32.93	242.98
南安市	Nan'an	15.00	330.08	1958.39	942.03	544.15	30.98	95.18
漳州市	Zhangzhou	31.63	1150.55	8217.40	3096.74	929.50	53.00	249.60
龙海市	Longhai	12.00	385.35	1068.92	767.62	28.50	21.15	116.98
南平市	Nanping	23.50	618.82	4038.25	1821.72	629.00	37.53	188.78
邵武市	Shaowu	7.50	257.97	1078.32	560.40	183.23	10.67	180.90
武夷山市	Wuyishan	4.00	332.02	1218.58	527.86	6.20	9.79	204.92
建瓯市	Jian'ou	4.50	175.56	856.54	395.70	75.23	14.26	120.41
龙岩市	Longyan	41.20	2569.82	7218.01	2593.95	2663.54	47.72	188.14
漳平市	Zhangping	6.00	142.05	1083.45	581.43	163.00	12.53	129.07
宁德市	Ningde	18.72	480.74	2545.85	1729.30	179.73	33.05	147.45
福安市	Fu'an	8.00	194.99	2056.66	1404.11	202.66	16.83	229.02
福鼎市	Fuding	12.00	236.64	2525.70	1612.74	340.05	18.11	270.16

8-3 各城市排水和污水处理情况（2019年）

Basic Statistics on Drainage and Swage Treatment in Cities by City(2019)

地区	Area	排水管道长度（公里）Length of Sewage Pipes (km)	污水处理厂数（座）Number of Waste Water Treated Factory (unit)	城市污水厂日处理能力（万立方米／日）Per Day Volume of Waste Water Treated (10000 cu.m/day)	污水处理总量（万立方米）Volume of Waste Water Treated (10 000 cu.m)	污水处理率（%）Percentage of Sewage Disposal of City (%)	污水处理厂集中处理率（%）Percentage of Sewage Collection Disposal in Factory of City (%)
合　计	**Total**	**18112**	**53**	**402.00**	**128708**	**95.3**	**92.8**
福州市	Fuzhou	3837	9	111.50	35694	95.3	94.8
福清市	Fuqing	590	2	18.00	5101	95.1	95.1
厦门市	Xiamen	3718	8	95.00	32904	96.4	92.7
莆田市	Putian	2230	3	26.80	8508	95.6	95.6
三明市	Sanming	286	2	5.50	1464	90.0	68.3
永安市	Yong'an	224	1	4.00	1440	94.0	86.4
泉州市	Quanzhou	1408	5	29.00	9102	97.2	86.8
石狮市	Shishi	503	1	15.00	4653	93.0	93.0
晋江市	Jinjiang	1188	2	20.00	5679	94.0	94.0
南安市	Nan'an	385	1	5.00	1499	90.3	90.3
漳州市	Zhangzhou	1019	2	17.00	5590	93.2	93.2
龙海市	Longhai	389	1	2.50	711	95.0	95.0
南平市	Nanping	275	3	11.00	2693	95.3	95.3
邵武市	Shaowu	115	1	2.00	714	92.6	92.6
武夷山市	Wuyishan	272	2	2.50	952	93.9	92.0
建瓯市	Jian'ou	110	1	1.60	596	94.0	94.0
龙岩市	Longyan	585	3	18.00	6079	94.4	94.4
漳平市	Zhangping	173	1	2.00	715	94.2	94.2
宁德市	Ningde	365	2	5.20	1583	95.2	88.8
福安市	Fu'an	224	1	5.00	1370	95.0	95.0
福鼎市	Fuding	216	2	5.40	1662	94.0	94.0

8-4 各城市公共交通情况（2019年）

Basic Statistics on Public Transportation in Cities by City(2019)

地区	Area	公交车标准运营车数（标台） Public Vehicles(set)	出租车运营车辆数（辆） Taxis(set)	总客运量（万人次） Total Passengers(10000 person)
合　计	**Total**	**19249**	**20382**	**263558**
福州市	Fuzhou	5488	6605	67946
福清市	Fuqing	584	270	3445
厦门市	Xiamen	5436	5621	102118
莆田市	Putian	1193	810	8264
三明市	Sanming	498	404	11282
永安市	Yong'an	205	151	3438
泉州市	Quanzhou	1714	1834	14056
石狮市	Shishi	156	294	1055
晋江市	Jinjiang	490	116	2488
南安市	Nan'an	216	60	1769
漳州市	Zhangzhou	717	943	8764
龙海市	Longhai	197	91	1257
南平市	Nanping	553	656	8482
邵武市	Shaowu	107	212	1468
武夷山市	Wuyishan	188	174	1994
建瓯市	Jian'ou	117	134	1255
龙岩市	Longyan	607	380	9510
漳平市	Zhangping	20		118
宁德市	Ningde	416	951	9621
福安市	Fu'an	178	301	2982
福鼎市	Fuding	170	375	2248

注：总客运量包含公交车、出租车、地铁、轮渡客运量。
Note:Total Passengers include Public Vehicles,Taxis,Subway and Ferry.

8-5 各城市绿地和园林（2019年）

Basic Statistics on Parks and Green Areas in Cities by City(2019)

地区	Area	绿化覆盖面积（公顷） Green Areas (hectare)	#建成区 Green Areas of Developed City	绿地面积（公顷） Green Areas (hectare)	#建成区 Green Areas of Developed City	公园个数（个） Number of Parks and Zoos (unit)	公园面积（公顷） Area of Parks and Zoos (hectare)
合　计	**Total**	**81462**	**72169**	**73903**	**66090**	**690**	**15851**
福州市	Fuzhou	14602	13674	12833	12721	155	4682
福清市	Fuqing	2455	2455	2295	2295	39	472
厦门市	Xiamen	25049	17954	23328	16252	150	3741
莆田市	Putian	4533	4475	4159	4027	55	576
三明市	Sanming	2035	1770	1815	1635	9	201
永安市	Yong'an	1151	1134	1051	1034	8	155
泉州市	Quanzhou	9772	9772	9115	9115	40	842
石狮市	Shishi	1804	1804	1605	1605	9	1211
晋江市	Jinjiang	1674	1674	1518	1518	12	447
南安市	Nan'an	1600	1600	1423	1423	19	350
漳州市	Zhangzhou	3189	3122	2852	2838	37	731
龙海市	Longhai	1105	1009	976	934	16	279
南平市	Nanping	2235	2145	1979	1912	10	319
邵武市	Shaowu	1215	949	900	870	12	184
武夷山市	Wuyishan	670	618	603	565	22	134
建瓯市	Jian'ou	668	662	654	653	15	173
龙岩市	Longyan	3503	3293	3001	2966	44	464
漳平市	Zhangping	787	662	635	596	6	157
宁德市	Ningde	1790	1785	1694	1692	11	408
福安市	Fu'an	760	758	685	666	16	174
福鼎市	Fuding	866	856	782	772	5	151

8-6 各城市市容环境卫生情况（2019年）

Basic Statistics on Urban Sanitation in Cities by City(2019)

地区	Area	道路清扫保洁面积（万平方米） Area under Cleaning Program (10000 sq.m)	生活垃圾清运量（万吨） Volume of Garbage Disposal(10000 tons)	市容环卫专用车辆设备总数（辆） Number of Special Vehicles for Environmental Sanitation (unit)	公共厕所（座） Number of Public Lavatories (unit)	#三类以上 Third Grade and Above
合　计	**Total**	**20503.82**	**967.07**	**5845**	**5517**	**4627**
福州市	Fuzhou	4745.49	173.55	1039	650	649
福清市	Fuqing	575.92	41.81	58	63	63
厦门市	Xiamen	4309.51	254.92	2057	1744	1104
莆田市	Putian	2339.30	96.79	623	610	610
三明市	Sanming	255.00	10.72	124	98	98
永安市	Yong'an	186.00	5.55	58	69	
泉州市	Quanzhou	1990.00	53.55	195	459	459
石狮市	Shishi	536.00	29.96	352	593	574
晋江市	Jinjiang	747.00	76.38	167	264	135
南安市	Nan'an	560.00	52.69	28	98	98
漳州市	Zhangzhou	1298.00	57.65	545	195	195
龙海市	Longhai	162.00	8.64	38	58	58
南平市	Nanping	492.12	15.12	146	99	99
邵武市	Shaowu	162.80	4.34	28	72	51
武夷山市	Wuyishan	321.71	5.52	65	40	40
建瓯市	Jian'ou	162.00	8.99	27	43	42
龙岩市	Longyan	571.30	26.16	109	171	161
漳平市	Zhangping	141.00	5.48	11	27	27
宁德市	Ningde	535.00	20.41	93	68	68
福安市	Fu'an	151.78	8.27	34	38	38
福鼎市	Fuding	261.89	10.57	48	58	58

8-7 各城市设施水平（2019年）

Level of Public Facilities in Cities by City(2019)

地区	Area	城市用水普及率（%） Pecentage of Population with Access to Tap Water (%)	城市燃气普及率（%） Percentage of City Population with Access to Gas (%)	人均城市道路面积（平方米） Per Area of Paved Roads (sq.m)	人均公园绿地面积（平方米） Per Capita Public Green Areas (sq.m)	生活垃圾无害化处理率（%） Percentage of Garbage Disposal with Standard (%)	建成区绿化覆盖率(%) Ratio of Green Areas to City Areas(%)
合　计	**Total**	**99.9**	**98.4**	**21.37**	**15.03**	**100.0**	**44.5**
福州市	Fuzhou	99.9	99.1	13.65	15.33	100.0	45.4
福清市	Fuqing	99.9	99.0	23.28	14.73	100.0	46.3
厦门市	Xiamen	100.0	98.3	28.50	15.60	100.0	45.1
莆田市	Putian	99.9	98.3	18.40	15.40	99.5	45.4
三明市	Sanming	100.0	93.2	14.86	14.82	100.0	44.3
永安市	Yong'an	100.0	99.8	20.97	13.50	100.0	45.6
泉州市	Quanzhou	99.3	99.1	26.64	14.63	100.0	43.2
石狮市	Shishi	100.0	100.0	18.22	14.12	100.0	45.8
晋江市	Jinjiang	100.0	97.8	38.54	13.58	100.0	44.0
南安市	Nan'an	100.0	99.4	16.12	12.67	100.0	45.0
漳州市	Zhangzhou	100.0	99.5	26.14	15.84	100.0	45.5
龙海市	Longhai	100.0	98.0	22.51	16.43	100.0	43.2
南平市	Nanping	99.9	87.9	12.22	13.33	100.0	43.4
邵武市	Shaowu	100.0	100.0	19.69	18.37	99.1	37.8
武夷山市	Wuyishan	100.0	99.9	22.08	14.75	100.0	41.9
建瓯市	Jian'ou	100.0	97.7	13.32	15.08	100.0	41.1
龙岩市	Longyan	100.0	99.5	19.56	15.48	100.0	44.7
漳平市	Zhangping	100.0	98.8	21.68	13.58	100.0	44.1
宁德市	Ningde	100.0	99.4	19.63	15.04	100.0	42.5
福安市	Fu'an	99.4	99.2	8.65	14.89	100.0	43.3
福鼎市	Fuding	98.8	98.0	16.45	9.43	100.0	41.4

主要统计指标解释

供水综合生产能力　指按供水设施取水、净化、送水、出厂输水干管等环节设计能力计算的综合生产能力。包括在原设计能力的基础上，经挖、革、改增加的生产能力。计算时，以四个环节中最薄弱的环节为主确定能力。

年末供水管道长度　指从送水泵到用户水表之间所有管道的长度。但不包括新安装未使用的管道长度。

全年供水总量　指报告期供水企业(单位)供出的全部水量。包括有效供水量和漏损水量。

生活用水量　包括公共服务用水和居民家庭用水。公共服务用水指为城市社会公共生活服务的用水。包括行政事业单位、部队营区和公共设施服务、社会服务业、批发零售贸易业、旅馆饮食业以及其他公共服务业等单位的用水。居民家庭用水指城市范围内所有居民家庭的日常生活用水。包括城市居民、农民家庭、公共供水站用水。

城市人口用水普及率　指城市用水的非农业人口数(不包括临时人口和流动人口)与城市非农业人口总数之比。计算公式为：

用水普及率＝(城市用水的非农业人口数／城市非农业人口数)×100%

人工煤气生产能力　指城市煤气厂制气、净化、输送等环节的综合实际生产能力。

供气管道长度　指报告期末从气源厂压缩机的出口或门站出口至各类用户引入管之间的全部已经通气投入使用的管道长度。不包括煤气生产厂、输配站、液化气储存站、灌瓶站、储配站、气化站、混气站、供应站等厂(站)内的管道。

全年供气总量　指全年燃气企业(单位)向用户供应的燃气数量。包括销售量和损失量。

城市用气普及率　指使用煤气(包括人工煤气、液化石油气、天然气)的城市非农业人口数(不包括临时人口和流动人口)与城市非农业人口总数之比。计算公式为：

城市煤气普及率＝(城市用气的非农业人口数／城市非农业人口总数)×100%

年底实有铺装道路长度　指除土路外，路面经过铺装宽度在3.5米以上的道路，包括高级、次高级道路和普通道路。

城市桥梁　指城市范围内，修建在河道上的桥梁和道路与道路立交、道路跨越铁路的立交桥及人行天桥。包括永久性桥和半永久性桥，不包括临时性桥、铁路桥、涵洞。

城市下水道总长度　指所有排水总管、干管、支管及暗渠、检查井、连接井进出水口等长度之和。

城市污水日处理能力　指污水处理厂每昼夜处理污水量的设计能力。

年末实有公共汽(电)车　指年底可参加营运的全部车辆数，包括营运车辆数和库存查封未参加营运的车辆。不包括非营运车辆，如架线车、油罐车、工程车、货车及其他专用车辆和借入的客运车辆。

城市园林绿地面积　指城市公共绿地、专用绿地、生产绿地、防护绿地、郊区风景名胜区的全部面积。

公共绿地　指供游览休息的各种公园、动物园、植物园、陵园以及花园、游园和供游览休息用的林荫道绿地、广场绿地，不包括一般栽植的行道树及林荫道的面积。

Explanatory Notes on Main Statistical Indicators

Production Capacity of Water Supply refers to the designed comprehensive production capacity of water facilities, covering the 4 links of water collection, purification, conveyance, and outflow through trunk pipelines. Increase capacity through transformation and innovation projects are included as well. The capacity is determined mainly on the weakest of the above-mentioned 4 links.

Length of Water Supply Pipelines at the Year-end refers to the total length of all the pipelines between the water pumps and the user water meters, excluding pipelines newly installed but not used yet.

Annual Volume of Water Supply refers to the total volume of water supplied by water-works (units) during the reference period, including both the effective water supply and loss during the water supply.

Consumption of Water for Residential Use refers to the water consumption of households for daily life and the water consumption of public service facilities. The latter refers to water consumption for urban public services, including the consumption of government agencies and public institutions, military barracks, public facilities, wholesale and retail outlets, restaurants, hotels, and other units providing public services. Household water consumption refers to consumption of water for daily life of all households in the boundary of cities, including households of urban residents and farmers, and public water supply stations.

Percentage of Urban Population with Access to Tap Water refers to the ratio of the urban non-agricultural population (excluing temporary and mobile population) with access to tap water to the total urban non-agricultural population.The formula is:

Percentage of Population with Access to Tap Water =（Urban Non-agricultural Population with Access to Tap Water /Urban Non-agricultural Population）×100%

Production Capacity of Gaswork Gas refers to the actual comprehensive production capacity of the urban gasworks in gas generation, purification and delivery.

Length of Gas Pipelines refers to the total length of pipelines between the outlet of the compressor, blower or gas tank and the gas meters of users. excluding pipelines within gasworks, delivery stations, LPG storage stations, refilling stations, gas-mixing stations and supply stations.

Volume of Gas Supply refers to the total volume of gas sold to users in a year, including the volume sold and the volume lost.

Percentage of Urban Population with Access to Gas refers to the ratio of the urban non-agricultural population with access to gas (including gas, liquefied petroleum gas and natural gas) to the urban non-agricultural population(excluding temporary and mobile population). The formula is:

Percentage of Population with Access to Gas =(Urban Non-agricultural Population with Access to Gas/Urban Non-agricultural Population)×100%

Length of Paved Roads at the Year-end refers to the length of roads with a paved surface, and with a width of more than 3-5 meters, including high quality,medium quality and ordinary roads.

Urban Bridges refer to bridges over river courses, great separated junctions and overpasses in urban areas.Permanent bridges and semi-permanent bridges are included.Temporary bridges,railway bridges and culverts are excluded.

Length of Urban Sewage Pipes refers to the total length of general drainage, trunks. branch and blind drainage, inspection wells, connection wells, inlets and outlets, etc.

Daily Disposal Capacity of Urban Sewage refers to the designed 24 hour capacity of sewage disposal at the sewage treatment works.

Number of Public Vehicles (Buses and Trolley buses) at the Year-end refers to the total number of operational buses available at the year-end, including the year-end operational vehicles and vehicles in stock.Non-operational vehicles such as stringing cars,tank cars,machine shop cars,trucks and other special vehicles and the borrowed passenger vehicles are excluded.

Area of Urban Gardens and Green Areas refers to the total area of urban public green land,special green land,production green land,protection green land and suburban scenic spots.

Public Green Area refers to green areas of various parks, zoos, botanical gardens, cemeteries, amusement parks, tree-flanked boulevards greenland squares for tourism and relaxing.Areas with trees planted along-side the streets and boulevards are excluded.

第九篇　财政金融保险

Chapter 9　Finance,Financial Intermediation and Insurance

资料整理：饶晓燕 廖捷

Database Editor:Raoxiaoyan Liaojie

简 要 说 明

本篇资料的主要内容及来源

本篇资料反映了全省财政收支、金融和保险方面的情况，主要包括财政收入、财政支出、金融机构存贷款、现金收支、保险机构、保险业务开展等方面的资料。

财政部分的资料来源于省财政厅；金融方面的资料来源于中国人民银行福州分行;保险方面的资料来源于中国银保监会福建监管局、省人力资源和社会保障厅、省医疗保障管理委员会办公室。

本篇资料由省统计局综合统计处、社会和科技统计处根据以上资料整理。

Brief Introduction

Main Content and Source of Data

Data in this chapter show the conditions of local government budgetary finance, banking and insurance, including government revenue and expenditure, credit funds, cash income and expenses, statistics on insurance companies.

Data on local government finance are provided by Fujian Provincial Department of Finance; Data on banking are provided by Fuzhou Branch of the People's Bank of China; Data on insurance are provide by China Bank and Insurance Regulatory Commission of Fujian Bureau, Provincial Human Resource and Social Guarantee Bureau Provincial Medical Insurance Management Committee Office.

Data in this chapter are collected and compiled by the Division of Comprehensive Statistics and the Division of Social, Science and Technology Statistics of Fujian Provincial Bureau of Statistics on the basic of data from the relative departments.

9-1 一般公共预算收支总额及增长速度

General Public Budgetary Revenue and Expenditure and Their Increase Rates

单位：亿元 (100 million yuan)

年份	一般公共预算总收入 Total Revenue		地方一般公共预算收入 Expenditure of Local Government		一般公共预算支出 Total Expenditure	
Year	数值 Value	比上年增长(%) Ratio(%)	数值 Value	比上年增长(%) Ratio(%)	数值 Value	比上年增长(%) Ratio(%)
1952	2.20				1.25	
1957	3.22				2.47	
1962	5.07				3.60	
1965	6.60				4.99	
1970	6.45				8.34	
1975	9.59				9.86	
1978	15.13				15.14	
1979	12.72	-15.9			16.03	5.9
1980	15.33	20.5			15.05	-6.1
1981	14.52	-5.3			14.27	-5.2
1982	13.67	-5.9			16.42	15.1
1983	12.37	-9.5			17.55	6.9
1984	16.78	35.7			20.52	16.9
1985	25.08	49.5			30.64	49.3
1986	29.14	16.2			37.62	22.8
1987	33.16	13.8			39.99	6.3
1988	40.16	21.1			49.29	23.3
1989	53.01	32.0			60.48	22.7
1990	57.06	7.6			68.45	13.2
1991	69.70	22.2			78.13	14.1
1992	75.35	8.1			84.50	8.2
1993	110.58	46.8			113.88	34.8
1994	149.66	35.3			137.73	20.9
1995	184.58	23.3	117.37		171.58	24.6
1996	215.11	16.5	142.12	21.1	200.31	16.7
1997	251.30	16.8	162.91	14.6	224.36	12.0
1998	281.42	12.0	187.92	15.4	254.87	13.6
1999	312.57	11.1	208.92	11.2	279.24	9.6
2000	369.67	18.3	234.11	12.1	324.18	16.1
2001	428.33	15.9	274.28	17.2	373.19	15.1
2002	476.20	11.2	272.89	-0.5	397.56	6.5
2003	551.00	15.7	304.71	10.6	452.30	13.8
2004	622.57	13.0	333.52	10.5	516.68	14.2
2005	788.11	26.6	432.60	29.7	593.07	14.8
2006	1012.77	28.5	541.17	25.1	728.70	22.9
2007	1282.84	26.7	699.46	29.2	910.64	25.0
2008	1516.51	18.2	833.40	19.1	1137.72	24.9
2009	1694.63	11.7	932.43	11.9	1411.82	24.1
2010	2056.01	21.3	1151.49	23.5	1695.09	20.1
2011	2597.01	26.3	1501.51	30.4	2198.18	29.7
2012	3008.88	15.9	1776.17	18.3	2607.50	18.6
2013	3430.35	14.0	2119.45	19.3	3068.80	17.7
2014	3828.40	11.6	2362.21	11.5	3306.70	7.8
2015	4144.03	8.2	2544.24	7.7	4001.58	21.0
2016	4295.36	3.7	2654.83	4.3	4275.40	6.8
2017	4604.69	6.9	2809.03	8.7	4684.15	9.1
2018	5045.49	7.4	3007.41	7.1	4832.69	3.2
2019	5147.25	2.0	3052.93	1.5	5077.93	5.1
2020	5158.43	0.2	3079.04	0.9	5216.10	2.7

注：本部分所采用的财政数字均为当年决算定案数。2002年起口径有调整。

Note:Financial figures in this chapter are all final accounts of current year.Since 2002,The Statistic scope had adjusted.

9-2 地方一般公共预算收入

General Public Budgetary Revenue of Local Government

单位：万元 (10000 yuan)

项目 Item	2000	2005	2010	2019	2020
收入合计 Total Revenue	**2341061**	**4326003**	**11514923**	**30529297**	**30790374**
1.增值税 Value-added Tax	353461	731267	1411033	8500081	8393601
2.营业税 Operation Tax	582053	1246076	3197000		
3.企业所得税 Enterprises' Income Tax	321959	542646	1569118	3990164	3684936
4.个人所得税 Individual Income Tax	247517	274137	563374	1689055	1928130
5.资源税 Resources Tax	7007	21436	64550	91738	72577
6.城市维护建设税 Tax on Town Maintenance and Construction	97646	185544	431149	1239005	1223138
7.房产税 Tax on Real Estates	95496	169576	317362	874682	817361
8.印花税 Stamp Tax	18309	55267	171193	395737	428873
9.城镇土地使用税 Tax on the Use of Urban Land	15746	29400	263343	348741	315993
10.土地增值税 Land Value Added Tax	4326	40785	628057	2545301	2296652
11.车船税 Tax on the Use of Vehicles and Ships	6055	12662	59863	243521	263037
12.烟叶税 Tobacco Leaf Tax			32896	51936	63595
13.耕地占用税 Tax on The Occupancy of Cultivated Land	13474	32003	181050	150255	124226
14.契税 Contract Tax	55799	209093	770908	1933138	2197180
15.国有资本经营收入 State-downed Assets Profit			219530	255253	365457
16.国有资源(资产)有偿使用收入 Income from use of State-downed resources			414662	3179030	3012239
17.行政性收费收入 Income from Adiministr-ative Fees	74946	290876	481761	800676	827631
18.罚没收入 Penalty and Confiscatory Income	101764	213993	292226	1017392	906911
19.专项收入 Expert Project Income	64036	120693	352274	2672608	3273577

9-3 一般公共预算支出

General Public Budgetary Expenditure of Local Government

单位：万元 (10000 yuan)

项目 Item	2010	2015	2018	2019	2020
支出合计 Total Expenditure	**16950906**	**40015778**	**48326930**	**50779329**	**52160979**
1.一般公共服务 Expenditure for General Public Service	2119124	3080207	4294732	4587841	4675189
2.外交 Expenditure for Foreign Affairs		10646		1127	
3.国防 Expenditure for National Defense	32680	68544	50731	60947	56193
4.公共安全 Expenditure for Public Safety	1206017	2252409	3388110	3328555	3435465
5.教育 Expenditure for Operating Expense of Education	3277681	7575096	9250606	9685449	10315731
6.科学技术 Expenditure for Operating Expense of Department of Science	323057	766007	1152537	1334065	1494377
7.文化体育与传媒 Expenditure for Operating Expense of Culture , Sport Broadcasting	271014	848159	847306	1040040	1128752
8.社会保障和就业 Expenditure for Operating Expense of Social Welfare and Employment	1482366	3417705	4681506	5078865	5723365
9.医疗卫生 Expenditure for Public Health	1175835	3511905	4416958	4677641	5219588
10.环境保护 Expenditure for Enviromental Protection	397865	955694	1240388	1795465	1564246
11.城乡社区事务 Expenditure for Neithbourhood Service Centre of Urbam and Rural	1076788	3786992	6235168	5588739	4224147
12.农林水事务 Expenditure for Agriculture , Foresty and Water Conservancy	1603355	4418607	4315149	4420628	4500504
13.交通运输 Expenditure for Transportation	1252071	3461952	2689926	2550023	2340639
14.工业商业金融等事务 Expenditure for Industry Trade and Finance	1044916	4080809	5125957	628542	104777

9-4 金融机构人民币各项存款和贷款余额

RMB Deposits and Loans of Financial Institutions

单位：亿元　(100 million yuan)

年份 Year	各项存款 Total Deposits	住户存款 Household Deposits	财政存款 Fiscal Deposits	各项贷款 Total Loans	#短期贷款 Short-term Loans	中长期贷款 Medium-term &Long-term Loans
1990	359.45			381.93		
1991	477.45			453.10		
1992	667.01			589.74		
1993	824.37			774.65	554.06	153.33
1994	1101.81			954.73	698.86	180.89
1995	1451.68			1176.63	860.09	221.09
1996	1901.71			1467.79	1060.12	294.42
1997	2192.74		15.40	1750.38	1279.40	329.60
1998	2557.30		28.11	1942.78	1423.39	368.87
1999	2924.61		41.24	2255.50	1612.59	476.85
2000	3114.32		39.59	2438.82	1728.01	510.32
2001	3614.26		45.94	2864.76	1656.70	902.35
2002	4253.07		55.21	3110.05	1809.88	1065.11
2003	5178.29		51.74	3837.51	2039.25	1422.42
2004	5984.32		92.63	4367.05	2213.05	1799.83
2005	7248.40		128.33	5068.68	2366.93	2350.80
2006	8836.26		219.38	6447.72	2956.98	3203.04
2007	10040.15		328.32	8065.67	3555.92	4318.81
2008	11804.40		457.26	9585.92	3895.16	5146.37
2009	14702.34		549.46	12360.32	5215.58	6625.53
2010	18309.45		678.08	15231.36	6594.50	8372.64
2011	21055.49		834.38	18165.19	7836.03	9906.51
2012	24283.68		741.75	21209.82	9451.96	11133.74
2013	28043.82		905.62	24487.53	10752.70	13137.82
2014	30747.61		1450.40	28417.70	11785.72	15861.63
2015	35576.06	13931.21	1169.62	32132.96	12209.64	18530.82
2016	39275.82	15122.76	1230.32	36356.06	12620.98	21631.79
2017	42794.79	16583.08	1361.81	40484.93	14040.45	25317.11
2018	44677.70	18278.38	1305.78	45173.87	14726.54	28439.09
2019	48754.92	20954.92	1017.18	51396.64	16552.98	32205.10
2020	55160.49	24052.60	1053.15	58589.49	17843.60	37789.19

注：1.2004年起含外资银行。
Note:Since 2004,the data include foreign banks.

9-5 金融机构年末人民币分项存贷款余额（2020年）

RMB Deposits and Loans Balance of Financial Institutions by Item(2020)

单位：亿元 (100 million yuan)

项目	Item	数值 Value	比上年增长（%） Ratio(%)
金融机构各项存款余额	Deposits Balance of Financial Institutions	55160.49	13.1
境内存款	Domestic Deposits	54529.18	13.1
住户存款	Household Deposits	24052.60	14.8
个人活期存款	Demand Deposits	10773.38	8.7
个人定期存款	Time Deposits	7557.98	26.8
结构性存款	Structural Deposits	671.32	-35.2
非金融企业存款	Non-financial enterprise Deposits	16604.36	15.8
企业活期存款	Enterprise Demand Deposits	5505.85	5.9
企业定期存款	Enterprise Time Deposits	1724.27	35.1
企业保证金存款	Enterprise Margin Deposits	1515.87	3.6
企业结构性存款	Enterprise Structural Deposits	1916.21	-16.4
政府存款	Government Deposits		
财政性存款	Fiscal Deposits	1053.15	3.5
非银行业金融机构存款	Non-banking financial institutions Deposits	5196.99	32.3
境外存款	Overseas Deposits	631.31	13.6
金融机构各项贷款余额	Loans Balance of Financial Institutions	58589.49	14.0
境内贷款	Domestic Loans	58270.11	13.8
住户贷款	Household Loans	29158.11	15.6
短期贷款	Short-term Loans	8538.57	3.5
个人消费贷款	Personal Consumption Loans	4907.50	-13.9
个人经营性贷款	Personal Business Loans	3631.07	42.2
中长期贷款	Medium and Long-term Loans	20619.54	21.5
个人消费贷款	Personal Consumption Loans	16443.96	24.3
个人经营性贷款	Personal Business Loans	4175.58	11.5
非金融企业及机关团体贷款	Non-financial Enterprise and Government Loans	28764.78	11.8
短期贷款	Short-term Loans	9305.03	12.1
单位经营贷款	Business Loans	8113.93	10.5
单位固定资产贷款	Fixed Assets Loans	76.95	-4.1
单位并购贷款	M&A Loans	23.47	-23.5
贸易融资	Trade Financing	1079.59	28.4
中长期贷款	Medium and Long-term Loans	17169.65	12.8
单位经营贷款	Business Loans	3404.98	26.0
单位固定资产贷款	Fixed Assets Loans	13293.25	9.7
单位并购贷款	M&A Loans	348.70	10.3
贸易融资	Trade Financing	122.70	31.3
融资租赁	Finance Lease	105.49	21.2
票据融资	Bill Financing	2173.47	3.7
各项垫款	Advances	11.15	-46.7
非银行业金融机构贷款	Non-banking financial institutions Loans	347.22	48.8
境外贷款	Overseas Loans	319.38	59.0

9-6 商业保险业务情况

Basic Statistics of Insurance

单位：万元　　(10000 yuan)

项目	Item	2005	2010	2015	2019	2020
保险费收入	**Premium Income**	**1490886**	**4236124**	**7775781**	**11747656**	**12422493**
财产保险	Property Insurance	413723	1327403	2745518	3825003	3900407
#机动车辆险	Motor Vehicle Insurance	273882	981696	2070193	2455859	2388086
企业财产险	Enterprise Property Insurance	45813	84930	124024	158155	163749
家庭财产险	Family Property Insurance	2109	8965	14044	26524	27521
人身保险	Life Insurance	1077163	2908721	5030263	7922653	8522086
人寿保险	Life Insurance	927841	2616312	4081091	5850023	6199780
健康保险	Health Insurance	121248	228322	784114	1839379	2105128
意外伤害	Accident Insurance	28074	64086	165058	233251	217178
有效保单赔款及给付金额	**Claim and Payment**	**405525**	**1028986**	**2450773**	**3641924**	**3932296**
财产保险	Property Insurance	272304	654417	1472506	2245098	2431610
#机动车辆险	Motor Vehicle Insurance	173923	460282	1068129	1445703	1432080
企业财产险	Enterprise Property Insurance	56455	75590	92346	70104	74168
家庭财产险	Family Property Insurance	743	9198	9729	14791	7815
人身保险	Life Insurance	133221	374569	978267	1396826	1500686
人寿保险	Life Insurance	89362	271750	729538	840964	864984
健康保险	Health Insurance	33285	82822	210014	506089	589349
意外伤害	Accident Insurance	10575	19997	38716	49773	46353

9-7 商业保险系统机构和人员数（2020年）

Number of Institutions and Members in Insurances System(2020)

项目 Item	财产保险公司 Property Insurance Companies			人寿保险公司 Life Insurance Companies		
	机构数（个） Institutions (unit)	职工人数（人） Staff and Workers (person)	代理制销售人员（人） Agent Salesmen (person)	机构数（个） Institutions (unit)	职工人数（人） Staff and Workers (person)	代理制销售人员（人） Agent Salesmen (person)
保险公司 Total	**947**	**19390**	**41484**	**1283**	**15215**	**216779**
#省级分公司 Provincial Branches	28	3665	3106	35	5132	4368
中心支公司 Central Branches	150	7328	8502	133	5353	20090
支公司 Branches	333	6131	20562	231	3133	72472
营业部 Business Departments	3	101	1221	2	66	885
营销服务部 Business Services	432	1748	7737	882	1350	118916

9-8 各设区市商业保险业务情况（2020年）

Statistics of Insurance Business by City(2020)

单位：万元 (10000 yuan)

地区	Area	保险费收入 Premium Income	财产保险 Property Insurance	#机动车辆险 Motor Vehicle Insurance	#企业财产险 Enterprise Property Insurance	#家庭财产险 Family Property Insurance	人身保险 Life Insurance	人寿保险 Life Insurance	健康保险 Health Insurance	意外伤害 Accident Insurance
福建省	**Fujian**	**12422493**	**3900407**	**2388086**	**163749**	**27521**	**8522086**	**6199780**	**2105128**	**217178**
福州市	Fuzhou	3692250	1133152	540371	55032	6419	2559097	1769164	722625	67308
厦门市	Xiamen	2364607	829108	533392	44448	2492	1535499	1140050	357310	38138
莆田市	Putian	715357	194596	129253	4911	1370	520761	381942	129757	9063
三明市	Sanming	539786	161802	105771	6307	1316	377984	300820	69074	8090
泉州市	Quanzhou	2471359	695799	523257	24674	7885	1775561	1322850	406046	46665
漳州市	Zhangzhou	867522	314849	207489	8730	1933	552673	410830	124184	17659
南平市	Nanping	566225	180704	101794	5806	1372	385521	301277	77221	7023
龙岩市	Longyan	631162	238705	148298	7650	2621	392457	291071	90164	11222
宁德市	Ningde	574226	151693	98460	6193	2112	422533	281778	128745	12010

9-8 续表

Continued

单位：万元 (10000 yuan)

地区	Area	有效保单赔款及给付金额 Claim and Payment	财产保险 Property Insurance	#机动车辆险 Motor Vehicle Insurance	#企业财产险 Enterprise Property Insurance	#家庭财产险 Family Property Insurance	人身保险 Life Insurance	人寿保险 Life Insurance	健康保险 Health Insurance	意外伤害 Accident Insurance
福建省	**Fujian**	**3932296**	**2431610**	**1432080**	**74168**	**7815**	**1500686**	**864984**	**589349**	**46353**
福州市	Fuzhou	1134733	661577	335145	23345	1037	473157	215467	246988	10703
厦门市	Xiamen	835349	573566	349832	24956	364	261783	160550	91747	9487
莆田市	Putian	219294	118069	75587	939	302	101225	43546	55442	2236
三明市	Sanming	161734	92808	58562	2400	712	68926	53979	12359	2588
泉州市	Quanzhou	699125	422045	293139	5612	1712	277080	196368	71432	9281
漳州市	Zhangzhou	315021	219249	122805	8654	671	95772	68362	23489	3920
南平市	Nanping	178695	118223	57820	4032	825	60472	43659	14691	2122
龙岩市	Longyan	212170	144508	81355	2569	1005	67661	45349	18497	3816
宁德市	Ningde	176175	81564	57836	1661	1187	94610	37705	54706	2200

9-9 商业保险公司业务经济技术指标（2020年）

Economic and Technical Indicators of Insurance Companies(2020)

单位：亿元　　(100 million)

项目 Item	保险金额 Amount Insured	保费收入 Premium	赔款及给付 Claim and Payment
财产保险公司 **Property Insurance Companies**	**853298.71**	**390.04**	**243.16**
# 企业财产险 Enterprise Property Insurance	34310.77	16.37	7.42
家庭财产险 Family Property Insurance	14538.11	2.75	0.78
机动车辆险 Motor Vehicle Insurance	123645.84	238.81	143.21
船舶险 Ship Insurance	2723.55	3.32	1.90
货物运输险 Freight Transport Insurance	14889.86	3.73	1.79
特殊风险保险 Special Risk Insurance	1382.60	1.30	2.82
建筑、安装工程 Construction and Installation Projects	3178.11	3.93	2.66
责任险 Liability Insurance	79382.57	23.75	12.06
信用险 Credit Insurance	2901.51	11.90	7.04
保证保险 Guarantee Insurance	2092.41	20.57	16.43
农业险 Agriculture Insurance	1193.32	7.17	4.77
人寿保险公司 **Life Insurance Companies**	**314630.86**	**852.21**	**150.07**
人身保险 **Personal Insurance**	**38036.81**	**619.98**	**86.50**
个人业务 Ondividual	33695.38	618.61	83.47
团体业务 Team	4341.43	1.37	3.03
健康险 **Health Insurance**	**196467.06**	**210.51**	**58.94**
人身意外伤害险 **Unforeseen Human Insurance**	**80126.99**	**21.72**	**4.64**

9-10 各设区市主要社会保险参保人数（2020年）

Basic Statistics on Social Insurance by City(2020)

单位：万人 (10000 persons)

地区	Area	参加城镇基本养老保险人数 Basic Pension Insurance in Urban	参加城乡居民社会养老保险人数 Social Endowment Insurance in Urban and Rural	参加基本医疗保险人数 Basic Medical Insurance	参加失业保险人数 Unemployment Insurance	参加工伤保险人数 Work Injury Insurance	参加生育保险人数 Maternity Insurance
全　省	**Total**	**1200.57**	**1588.16**	**3840.48**	**664.41**	**936.85**	**676.58**
省　直	Province	54.72		38.10		23.97	26.80
福州市	Fuzhou	215.08	249.47	684.86	144.31	188.14	128.62
#平潭	Pingtan	5.99	19.82	40.12	3.28	6.74	3.21
厦门市	Xiamen	318.08	26.87	445.22	258.37	259.33	258.30
莆田市	Putian	48.63	170.88	323.29	26.06	51.78	23.04
三明市	Sanming	63.69	125.35	263.83	25.03	44.46	22.76
泉州市	Quanzhou	177.89	373.96	709.59	80.92	122.85	83.91
漳州市	Zhangzhou	111.48	224.90	482.61	47.44	83.53	49.74
南平市	Nanping	71.97	137.46	287.32	24.72	62.97	21.11
龙岩市	Longyan	62.50	140.33	281.41	30.82	48.38	31.02
宁德市	Ningde	76.53	138.95	324.26	26.74	51.45	31.27

注：1.参加城镇基本养老保险人数包含城镇职工参保人数和领取基本养老保险金离退休人数。2.基本医疗保险参保人数含参加医保的城乡居民、企业、事业、机关职工及退休人员。

Note:a)Number of People Participated in Urban Employees Basic Pension Insurance includes Urban Employees and Retirees Beneficiary of Pension Insurance.b)Basic Medical Insurance contains Urban and Rural residents participating in health insurance.

9-11 各设区市城镇基本养老保险人数（2020年）

Basic Statistics on the Coverage of Basic Insurance in Urban area by City(2020)

单位：万人 (10000 persons)

地区	Area	参加城镇基本养老保险职工人数 Population Vovered Pension Insurance in Urban	参加城镇企业基本养老保险人数 Coverd Enterprises Pension Insurance in Urban	参加城镇机关事业养老保险人数 Covered Institutions and state organs Insurance	期末领取基本养老保险金离退休人数 Retirees Beneficiary of Pension Insurance at the Year-end	企业单位领取人数 Enterprises	机关事业单位领取人数 Institutions and State Organs
全　省	**Total**	**991.60**	**894.36**	**97.24**	**208.97**	**159.34**	**49.63**
省　直	Province	37.55	24.55	13.00	17.17	10.42	6.75
福州市	Fuzhou	172.65	159.00	13.65	42.43	34.23	8.20
#平潭	Pingtan	4.51	3.72	0.79	1.48	0.96	0.52
厦门市	Xiamen	281.41	272.86	8.55	36.68	33.67	3.01
莆田市	Putian	39.87	33.21	6.66	8.76	5.74	3.02
三明市	Sanming	44.59	36.68	7.91	19.10	14.65	4.45
泉州市	Quanzhou	160.58	146.05	14.54	17.30	11.67	5.63
漳州市	Zhangzhou	90.06	80.06	10.00	21.43	16.46	4.97
南平市	Nanping	50.06	42.79	7.27	21.91	16.70	5.21
龙岩市	Longyan	50.02	42.44	7.58	12.48	8.26	4.22
宁德市	Ningde	64.82	56.74	8.08	11.71	7.54	4.17

9-12 社会保险情况

Basic Statistics on Social Insurance

项目	Item	2010	2019	2020
养老保险	**Pension Insurance**			
城镇企业职工养老保险	**Pension Insurance for Staff and Workers of Urban Enterprises**			
期末参加基本养老保险职工人数（万人）	Number of Employment Covered at the Year-end(10000 persons)	466.88	843.20	894.36
期末领取基本养老保险离退休人数（万人）	Retiress as Covered at the Year-end(10000 persons)	93.33	151.08	159.34
基本养老保险基金收入（亿元）	Revenue(100 million yuan)	149.55	628.82	391.99
基本养老保险基金支出（亿元）	Expenses(100 million yuan)	135.85	484.92	532.89
基本养老保险基金累计结余（亿元）	Balance(100 million yuan)	104.63	794.55	562.49
机关事业单位养老保险	**Pension Insurance for Government Agencies and Institutions**			
期末参加基本养老保险职工人数（万人）	Number of Staff Covered at the Year-end(10000 persons)	54.93	95.01	97.24
期末领取基本养老保险离退休人数（万人）	Number of Retirees at the Year-end(10000 persons)	20.13	48.05	49.63
基本养老保险基金收入（亿元）	Revenue(100 million yuan)	55.32	195.74	189.22
基本养老保险基金支出（亿元）	Expenses(100 million yuan)	52.65	297.24	355.42
基本养老保险基金累计结余（亿元）	Balance(100 million yuan)	36.60	181.66	147.67
城乡居民社会养老保险	**Social Endowment Insurance in Urban and Rural**			
期末参加基本养老保险人数（万人）	Number of Staff Covered at the Year-end(10000 persons)		1554.14	1588.16
基本养老保险基金收入（亿元）	Revenue(100 million yuan)		120.12	130.83
基本养老保险基金支出（亿元）	Expenses(100 million yuan)		90.20	95.30
基本养老保险基金累计结余（亿元）	Balance(100 million yuan)		195.46	230.99
医疗保险	**Insurance for Medical Care**			
期末参加基本医疗保险人数（万人）	Number of Staff Covered at the Year-end(10000 persons)	1226.25	3788.10	3840.48
城镇职工	Urban Workers	554.67	841.38	893.13
城镇居民	Urban Non-Retirees employment	671.58	2946.72	2947.35
基本医疗保险基金收入（亿元）	Revenue(100 million yuan)	113.72	588.55	624.88
城镇职工	Urban Workers	106.22	354.41	377.66
城镇居民	Urban Non-Retirees employment	7.50	234.14	247.22

注：2017年起，城镇居民参加基本医疗保险数据包含新农合数据在内。

Note:Since2017,Basic Medical Insurance contains New Rural Cooperative medical System.

9-12 续表

Continued

项目	Item	2010	2019	2020
基本医疗保险基金支出（亿元）	Expenses(100 million yuan)	96.01	520.93	554.65
城镇职工	Urban Workers	88.96	278.93	314.60
城镇居民	Urban Non-Retirees employment	7.05	242.00	240.05
基本医疗保险基金累计结余（亿元）	Balance(100 million yuan)	174.86	783.29	866.89
城镇职工	Urban Workers	169.99	687.55	763.98
城镇居民	Urban Non-Retirees employment	4.87	95.74	102.91
基本医疗保险基金收缴率（%）	Insurance Paid Rate(%)	99.29	99.60	98.83
失业保险	**Unemployment Insurance**			
期末参加失业保险人数（万人）	Number of Population Covered at the Year-end (10000persons)	374.18	610.62	664.41
期末领取失业保险金人数（万人）	Number of Beneficiaries Unemployment Insurance at the Year-end(10000 persons)	3.17	5.91	6.34
失业保险基金收入（亿元）	Revenue(100 million yuan)	11.63	24.64	18.70
失业保险基金支出（亿元）	Expenses(100 million yuan)	5.60	19.96	66.87
失业保险基金累计结余（亿元）	Balance(100 million yuan)	52.25	147.03	98.86
工伤、生育保险	**Insurance for Work Injury and Maternity**			
期末参加工伤保险的城镇企业职工人数（万人）	Contributors of Work Injury Insurance at the Year-end (10000 persons)	417.74	891.15	936.85
工伤保险基金收入（亿元）	Revenue of Work Injury Insurance(100 million yuan)	5.90	19.81	10.40
工伤保险基金支出（亿元）	Expenses of Work Injury Insurance(100 million yuan)	2.86	20.88	24.22
工伤保险基金累计结余（亿元）	Balance of Work Injury Insurance(100 million yuan)	22.37	62.85	49.02
期末参加生育保险的职工人数（万人）	Beneficiaries of Maternity at the Year-end(10000 persons)	374.41	621.73	676.58
生育保险基金收入（亿元）	Revenue of Maternity Insurance(100 million yuan)	4.32	18.95	19.32
生育保险基金支出（亿元）	Expenses of Maternity Insurance(100 million yuan)	2.95	18.61	21.33

主要统计指标解释

地方一般公共预算收入　属于地方财政的收入包括营业税，地方企业所得税，个人所得税，城镇土地使用税，固定资产投资方向调节税，城镇维护建设税，房产税，车船使用税，印花税，屠宰税，牧业税，耕地占用税，契税，增值税 25%部分，证券交易税(印花税)50%部分和除海洋石油资源税以外的其他资源税。

一般公共预算支出　包括地方行政管理和各项事业费，地方统筹的基本建设、技术改造支出，支援农村生产支出，城市维护和建设经费，价格补贴支出等。

信贷资金　指金融机构以信用方式积聚和分配的货币资金。金融机构信贷资金的来源有各项存款、对国际金融机构负债、流通中货币、银行自有资金及当年结益等；信贷资金的运用有各项贷款、黄金占款、外汇占款、财政借款及在国际金融机构中的资产等。

存款　指企业、机关、团体或居民根据资金必须收回的原则，把货币资金存入银行或其他信用机构保管并取得一定利息的一种信用活动形式。根据存款对象的不同可划分为企业存款、财政存款、机关团体存款、基本建设存款、城镇储蓄存款、农村存款等科目。它是银行信贷资金的主要来源。

贷款　指银行或其他信用机构根据资金必须归还的原则，按一定利率，为企业、个人等提供资金的一种信用活动形式。我国银行贷款分为流动资金贷款、固定资产贷款、城乡个体工商户贷款以及农业贷款等科目。

保险金额　指保险人承担赔偿或者给付保险金责任的最高限额。

保费　指投保人为取得保险人在约定范围内所承担赔偿责任而支付给保险人的费用。

赔款　指保险人根据保险合同的规定，向被保险人支付的赔偿保险责任损失的金额。

给付　包括死伤医疗给付和满期给付。死伤医疗给付是指保险人根据人寿保险及长期健康保险合同的规定，因被保险人在保险期内发生保险责任范围内的保险事故支付给被保险人(或受益人)的金额。满期给付是指被保险人生存期满，保险人按人寿保险合同规定支付给被保险人的满期保险金额。

基本养老保险

参加基本养老保险人数：指报告期末按照国家法律、法规和有关政策规定参加基本养老保险的职工人数。包括不能正常缴费、已中断缴费但未终止保险关系的职工人数。

基本医疗保险

参加基本医疗保险人数：指报告期末按国家有关规定参加基本医疗保险的人数。包括参加保险的职工人数和退休人员人数。

失业保险

参加失业保险人数：指报告期末按照国家法律、法规和有关政策规定参加了失业保险的城镇企业事业单位的职工及地方政府规定参加失业保险的其他人员的人数。

Explanatory Notes on Main Statistical Indicators

Revenue of the Local Governments The revenue of the local governments includes business tax, income tax of the enterprises subordinate to the local government, personal income tax, tax on the use of urban land, tax on the adjustment of the investment in fixed assets, tax on town maintenance and construction, tax on real estates, tax on the use of vehicles and ships, stamp tax, slaughter tax, tax on animal husbandry, tax on the occupancy of cultivated land, contract tax, 25% of the value added tax, 50% of the tax on stock dealing (stamp tax) and tax on resources other than the ocean petroleum resources.

Expenditure of the Local Governments The expenditure of the local governments includes mainly the administrative expenses and various operating expenses at the vel of local governments, the expenditure for capital construction and technological innovation with the funds raised by the local government, expenditure for supporting rural production, expenditure for city maintenance and construction and expenditure for price subsidies, etc.

Credit Funds refer to the funds issued as loans by banking institutions. The sources of credit funds of the banking institutions included deposits, liabilities to international financial institutions, currency in circulation, self-owned funds and current retained profits, etc. The credit funds can be used in forms of loans, gold, foreign exchange, government debt and assets in the international financial institutions.

Deposit is a form of credit by which enterprises, institutions, organizations or households can put money into banks and other credit institutions for safekeeping and interest earning under the principle of free withdrawal. According to different depositors, deposits are divided into enterprise deposits,treasury deposits, deposits of government agencies and organizations,capital construction deposits, urban savings deposits, rural deposits and other deposits. Deposits are major sources of the credit funds of banks.

Loan is a form of credit by which banks and other credit institutions provide funds at certain interest rate to enterprises and individuals in the light of the principle of unconditional repayment. Loans from Chinese banks include circulating capital loans, fixed assets loans, loans to urban and rural individuals engaged in industrial and commercial business and agricultural loans.

Amount Insured refers to the maximum that the insurant will get for the claim of the case insured.

Premium is the fee paid by the insurant to the insurer to obtain the obligation of compensation from the insurance within the agreed terms.

Settled Claim is the compensation paid by the insurer to the insurant in accordance with the insurance contract.

Payment includes payment for death, injury or medical treatment and mature payment. Payment for death, injury or medical treatment refers to the money paid to the insurant (or the beneficiary) in accordance with the life or health insurance contract when the insurant encounters accidents within the insured period covered in the contract. Mature payment refers to the mature payment to the insurant in accordance with the life insurance contract at the end of the insured period.

Basic Endowment Insurance

Number of people participating in the insurance program: by the end of reference period, number of staff and workers participating in the insurance program in line with national laws, regulations and related policies, including those who can not make regular payment or interrupt payment but not terminate the insurance program.

Basic Medical Care Insurance:

Number of people participated in the insurance program: refer to number of people participated in the basic medical care insurance program according to related regulation by the end of reference period, including: number of staff and workers and retired persons participated in this insurance program.

Unemployment Insurance

Number of people participated in unemployment insurance program: number of staff and workers in urban enterprises or institutions and other people according to local government regulations participated in unemployment insurance program in line with national law, regulations and related policies by the end of the reference period.

第十篇　农业

Chapter 10　Agriculture

资料整理：吴新榕 林卿 周万春 陈晓兵 郑骁喆 郭宏杨

Database Editor: Wuxinrong Linqing Zhouwanchun Chenxiaobing Zhengxiaozhe Guohongyang

简 要 说 明

本篇资料的主要内容及来源

本篇资料反映了全省农业生产和农村经济的基本情况，主要包括农林牧渔业总产值、增加值，农村劳动力，主要农产品产量，农业机械年末拥有量，农村电气化以及农田水利建设等方面的统计资料。

本篇资料的统计范围包括省内所属的各种经济类型、各个系统的全部农林牧渔业生产单位以及各非农行业附属的农林牧渔业生产活动单位。军委系统的农业生产（除军马外）也包括在内，但不包括农业科学试验机构进行的农业生产。

本篇资料中 2003 年及以后年份的农林牧渔业总产值、增加值按新口径计算。即取消农业中种植业和其他农业的分类，将原属于其他农业的农民家庭兼营商品性工业剔除，作为附记指标统计；林业中竹木采运统计范围由村及村以下改为全社会；增加农林牧渔服务业统计;2010 年起执行 2010《统计用品分类目录》，坚果类划归农业，采集野生植物划归林业。2007-2017 年主要农产品的生产情况以及农林牧渔业产值等数据，以全省第三次农业普查数据为基础，进行了核定和修订。

本篇资料来源于农村综合统计年报，由省统计局农村统计处和国家统计局福建调查总队农业调查处、农村调查处整理提供。

Brief Introduction

Main Content and Source of Data

Data in this chapter show the basic conditions of agricultural production and rural economy, mainly including agricultural output, value added, rural labor force, output of main agricultural produces, cultivated land, agricultural machinery and basic construction on irrigation and drainage.

The coverage of the comprehensive statistical reporting includes all productive units of farming, forestry, animal husbandry and fishery and those related non agricultural affiliated units with various ownership and the activities of horse raising for military purpose and those undertaken by agricultural research institutions are excluded.

Since 2003, data on the gross output value and value added have been calculated under the new classification of economic activities. Crop plantation and other agricultural activities have been excluded according to the classification. Value of industrial output by rural households is not included in agriculture and used only as supplementary indicators. Since 2010, we carry out the product of category statistics,nut fruits belongs to farming and collection of wild plants belongs to forestry. Transport of bamboo and timber cover all the units related. Services to farming, forestry, animal husbandry are included in farming In order to be comparable; data on Farming, Forestry, Animal Husbandry and Fishery in from 2007 to 2017 have been adjusted according to the data obtained from the Third National Agricultural Census.

Data in this chapter are based on the statistical reporting summary tables and are prepared and compiled by the Division of Countryside Statistics of Fujian Provincial Bureau of Statistics, Agricultural Investigation Division and Rural Investigation Division of Survey Office of the National Bureau of Statistics in Fujian.

10-1 农村基层组织和劳动力情况
Basic Rural Units and Resource of Rural Labour

项目 Item	2000	2005	2010	2019	2020
农村基层组织情况 Basic Rural Units					
乡(镇)政府（个） Township and Town Governments(unit)	942	934	929	925	922
乡政府 Township Governments	365	341	334	271	263
镇政府 Town Governments	577	593	595	654	659
村民委员会（个） Villagers' Committees(unit)	14988	14630	14434	14335	14280
自来水受益村数（个） Number of Villages which have Running Water(unit)	8341	9589	12592	13825	13867
通有线电视村数（个） Number of Villages Where TV can used(unit)				14018	14073
通宽带村数（个） Number of Villages Where Network can used(unit)				14283	14237
农村劳动力资源情况 Resource of Rural Labour					
乡村劳动力资源总数（万人） Amount Resource of Rural Labour (10000 persons)	**1367.65**	**1490.55**	**1579.32**	**1645.59**	**1641.03**
乡村从业人员（万人） Actural Employment in Rural (10000 persons)	**1253.46**	**1320.51**	**1395.81**	**1414.86**	**1407.96**
按性别分 By Male					
男 Male	674.32	712.20	752.57	761.05	758.74
女 Female	579.15	608.31	643.23	653.81	649.23
#农林牧渔业从业人员 Employment of Farming, Forestry, Animal Husbandy and Fishery	778.07	699.67	623.73	577.23	570.99

10-2 农业机械化情况

Statistics on Agriculture Machinery

项目 Item	2000	2005	2010	2019	2020
农业机械动力（万千瓦）Total Agricultural Machinery(10000kw)	**873.28**	**999.99**	**1206.16**	**1237.73**	**1260.20**
柴油发动机 Diesel Engines	700.59	810.27	891.66	767.66	769.01
汽油发动机 Petrol Engines	38.46	37.47	64.01	177.15	193.61
电动机 Electric Engines	133.85	152.25	250.47	292.91	297.56
其它机械 Other	0.38		0.03	0.02	0.02
农业机械拥有量 Major Agricultural Machinery and Equipment					
大型拖拉机（台） Large Tractors(set)				308	384
大型拖拉机动力（万千瓦） Capacity(10000kw)				2.59	3.23
中型拖拉机（台） Medium Tractors(set)				5144	5453
中型拖拉机动力（万千瓦） Capacity(10000kw)				20.95	22.88
小型拖拉机（台） Mini-tractors(set)	153250	98806	107739	84730	81347
小型拖拉机动力（万千瓦） Capacity(10000kw)	158.70	94.01	107.02	94.06	90.20
联合收割机（台） Combine Harvesters(set)	577	1253	4411	10328	11002
联合收割机动力（万千瓦） Capacity(10000kw)	0.80	3.02	15.48	42.68	47.74
机动脱粒机（台） Motorized Threshing Machines(set)	46512	59932	93484	99478	105772
养殖渔船（艘） Breeding Fishing Boats(set)				21853	28693
捕捞渔船（艘） Fishing Boats(set)				24154	21963
机电井（眼） Electrical Wells(set)	14781	15794	17866	316132	312609

10-3 农业生产条件

Agricultural Production Basic Conditions

年份 Year	农业机械动力（万千瓦） Total Power of Agricultural Machinery (10000 kw)	耕地灌溉面积（千公顷） Irrigated Area (1000 hectare)	化肥施用量（吨） Consumption of Chemical Fertilizers (ton)	农药使用量（吨） Consumption of Chemical Pesticides (ton)	农村用电量（万千瓦小时） Electricity Consumed in Rural Area(10000 kwh)	农用塑料薄膜使用量（吨） Plastic Film Use for Agriculture (ton)
1952	0.25	643.33	7000			
1957	1.97	774.00	20300			
1962	6.83	950.00	24300			
1965	15.07	1066.67	80800		3900	
1970	34.64	852.00	105800		9800	
1975	87.83	904.21	118600		32239	
1978	167.72	862.55	212800		48946	
1979	204.60	878.63	295075		57597	
1980	240.19	933.07	369918		64315	
1981	271.27	836.05	389908		71252	
1982	310.76	812.62	455196		79882	
1983	323.99	822.90	475615		80056	
1984	344.42	804.22	502265		89244	
1985	374.85	925.00	491010		112380	
1986	455.77	917.62	572200		146500	
1987	508.10	921.66	624300		140600	
1988	546.94	924.00	670606		165286	
1989	574.17	910.61	749095		200384	
1990	587.09	933.63	763900	30400	203900	7200
1991	614.44	939.67	807194	34082	233902	10996
1992	645.62	943.87	930581	34769	269194	10510
1993	693.50	945.20	922399	37305	291718	13371
1994	729.70	937.57	1014537	42236	360372	17229
1995	757.25	936.52	1049699	48000	456814	18423
1996	786.49	935.18	1109907	55161	500352	25467
1997	792.42	933.66	1164151	52281	578096	21455
1998	818.42	931.88	1180778	50298	609966	19246
1999	838.71	932.23	1243322	56387	650923	19589
2000	873.28	940.18	1233311	51777	724290	21152
2001	889.59	942.35	1173704	52841	868090	22697
2002	915.84	938.80	1199068	55313	1065019	25553
2003	951.91	939.95	1202870	55266	1184550	26491
2004	980.99	941.45	1216646	53503	1375738	29538
2005	999.99	949.71	1220157	56044	1605843	36023
2006	1027.83	950.48	1209000	56498	1720000	48452
2007	1063.08	952.91	1196930	56951	1834388	60881
2008	1112.47	955.45	1186741	57500	2096791	61800
2009	1175.01	960.12	1206801	57844	2300894	58350
2010	1206.16	964.77	1210372	58238	2574895	57053
2011	1250.81	967.48	1209317	58276	2705792	57814
2012	1286.80	1120.98	1208660	57846	3128548	58692
2013	1336.76	1122.42	1205733	57804	3466813	59154
2014	1368.41	1118.78	1226138	56391	3676659	60932
2015	1384.13	1061.65	1238017	55770	3810646	62067
2016	1269.09	1055.37	1238417	55387	3844476	62424
2017	1232.42	1064.84	1163227	52167	3883797	62415
2018	1228.27	1085.18	1107377	49143	4038675	60002
2019	1237.73	1076.78	1062630	45477	4179238	58507
2020	1260.20	1110.42	1008056	43163	4450731	51824

10-4 农业基础设施

Agricultural Fundamental Facilities

项目　Item	2000	2005	2010	2019	2020
1.农业机械使用 **Use of Motorized Cultivation**					
机耕地面积（千公顷） Cultivated Areas by Tractors(1000 hectare)	405.49	421.85	908.68	922.43	951.11
机械播种面积（千公顷） Sown Area by Machinery(1000 hectare)	1.95	0.75	25.77	216.78	258.33
机械收获面积（千公顷） Cut Area by Machinery(1000 hectare)	18.48	64.25	222.74	557.42	601.47
2.化肥施用量（万吨） **Consumption of Chemical Fertilizer(10000 tons)**					
按折纯量计算 By Pure	123.33	122.02	121.04	106.26	100.81
氮肥 Nitrogenous Fertilizer	55.66	51.29	47.74	39.93	36.80
磷肥 Phosphate Fertilizer	16.83	16.48	17.06	14.88	14.11
钾肥 Potash Fertilizer	23.78	24.41	24.67	20.77	19.66
复合肥 Compound Fertilizer	27.07	29.84	31.56	30.68	30.23
3.农用塑料薄膜使用量（万吨） **Consumption of Agricultural Plastic Film(10000 tons)**	**2.12**	**3.60**	**5.71**	**5.85**	**5.18**
#地膜使用量 Consumption of Agricultural Plastic Film	0.98	1.65	2.66	3.10	2.55
4.农用柴油使用量（万吨） **Consumption of Agricultural Diesel(10000 tons)**	**47.95**	**74.19**	**83.17**	**81.25**	**78.35**

10-5 农作物播种面积

Total Sown Areas of Farm Crops

单位：千公顷 (1000 hectares)

年份 Year	合计 Total	粮食作物 Grain Crops	#谷物 Cereal	#稻谷 Rice	非粮作物 Non-grain Crops	#油料作物 Oil-Bearing Crops
1952	2109.80	1938.87	1537.27	1431.07	170.93	93.81
1957	2377.67	2148.73	1646.67	1474.49	228.94	106.71
1962	2061.27	1897.60	1448.87	1303.49	163.67	74.26
1965	1976.27	1726.13	1425.40	1316.40	250.14	79.60
1970	2350.53	2000.47	1611.61	1477.67	350.06	
1975	2756.40	2290.87	1892.23	1715.40	465.53	106.08
1978	2701.05	2213.13	1879.52	1689.13	487.92	108.39
1979	2662.27	2149.54	1843.79	1670.13	512.73	126.43
1980	2573.93	2175.55	1800.39	1673.87	398.38	130.30
1981	2526.59	2137.51	1782.74	1650.77	389.08	135.65
1982	2469.47	2083.54	1729.99	1613.19	385.93	135.24
1983	2428.38	2008.99	1738.06	1617.99	419.39	108.36
1984	2386.71	2017.04	1686.64	1587.18	369.67	102.50
1985	2335.71	1888.49	1568.08	1477.22	447.22	105.71
1986	2401.03	1897.72	1602.25	1484.61	503.31	107.76
1987	2543.93	1961.53	1653.20	1493.69	582.40	119.54
1988	2588.62	1961.95	1606.84	1483.25	626.67	113.09
1989	2656.64	2045.34	1647.45	1509.22	611.30	109.20
1990	2745.92	2080.57	1657.72	1512.30	665.35	111.69
1991	2826.85	2087.23	1641.69	1492.51	739.62	115.11
1992	2881.05	2085.05	1628.47	1476.97	796.00	116.76
1993	2786.95	1967.21	1502.76	1383.12	819.74	114.22
1994	2800.97	2002.25	1512.07	1402.60	798.72	114.36
1995	2835.09	2017.35	1510.46	1406.25	817.74	118.19
1996	2900.75	2031.85	1507.09	1405.19	868.90	121.62
1997	2943.63	2041.29	1501.25	1401.53	902.34	119.56
1998	2918.81	2028.64	1484.80	1387.95	890.17	119.81
1999	2915.41	2009.52	1466.49	1373.21	905.89	121.62
2000	2793.25	1828.51	1303.21	1222.31	964.74	125.04
2001	2713.07	1725.72	1227.13	1156.57	987.35	123.65
2002	2661.37	1630.28	1146.67	1082.98	1031.09	121.87
2003	2486.90	1424.40	1016.87	957.88	1062.50	123.48
2004	2457.12	1389.77	1036.27	975.54	1067.36	125.10
2005	2392.92	1308.41	1003.53	937.78	1084.52	122.40
2006	2236.35	1226.94	932.99	890.25	1009.42	105.88
2007	2106.95	1160.24	891.50	851.62	946.71	96.67
2008	2053.15	1129.43	866.78	827.71	923.73	97.31
2009	2007.47	1109.75	851.32	814.63	897.72	95.29
2010	1941.20	1073.17	825.04	789.59	868.04	91.74
2011	1878.36	1032.07	799.42	765.49	846.29	88.03
2012	1801.75	976.15	768.60	734.70	825.60	84.58
2013	1758.29	943.71	744.72	711.48	814.59	81.68
2014	1703.13	908.38	718.57	686.40	794.75	79.05
2015	1658.18	874.20	692.99	659.92	783.98	76.48
2016	1589.33	832.83	661.96	630.90	756.50	73.46
2017	1592.10	833.22	660.18	628.59	758.88	72.46
2018	1621.42	833.51	653.23	619.61	787.91	75.42
2019	1648.03	822.43	634.00	599.23	825.60	77.51
2020	1682.00	834.43	639.17	601.72	847.57	79.31

10-6 粮食作物播种面积

Sown Areas of Grain Crops

单位：千公顷　　(1000 hectares)

项目	Item	2000	2005	2010	2019	2020
总　计	**Total**	**1828.51**	**1308.41**	**1073.17**	**822.43**	**834.43**
按品种分	By Crop					
#稻谷	Rice					
早稻	Early Rice	414.30	267.94	192.14	97.36	97.70
中稻	Middle Rice	393.59	295.91	286.37	256.69	258.43
晚稻	Late Rice	414.41	373.92	311.08	245.18	245.59
小麦	Wheat	38.68	4.32	1.46	0.11	0.08
甘薯	Sweet Potato	280.73	179.33	136.45	99.27	102.91
马铃薯	Potato	88.56	69.97	57.58	49.23	49.96
玉米	Corn	36.84	39.12	30.47	30.49	33.05
大豆	Soybean	105.38	63.02	42.99	32.74	34.36

10-7 非粮作物播种面积

Sown Areas of Non-grain Crops

单位：千公顷　　(1000 hectares)

项目	Item	2000	2005	2010	2019	2020
总计	**Total**	**964.74**	**1084.52**	**868.04**	**825.60**	**847.57**
油料	Oil-bearing Crops	125.04	122.40	91.74	77.51	79.31
#花生	Peanuts	106.05	107.16	83.06	71.51	73.18
油菜籽	Rape Seeds	17.40	13.76	7.63	5.61	5.72
芝麻	Sesame	1.41	1.25	0.70	0.24	0.26
甘蔗	Sugercane and Fruitcane	14.40	14.93	8.91	4.83	4.90
麻类	Fiber Crops	0.33	0.14		0.01	0.01
烟叶	Tobacco	55.30	66.78	59.86	50.19	47.53
#烤烟	Flue-cured Tobacco	53.72	65.85	59.49	50.04	47.47
莲籽	Lotus Seed	6.70	5.40	5.55	2.84	3.42
蔬菜	Vegetables	538.12	632.05	578.89	579.80	596.98
西瓜	Watermelon	25.41	29.46	23.43	15.74	16.17
绿肥	Green Manure	71.82	43.53	17.06	7.65	9.09
青饲料	Greenfeed	58.24	62.18	17.74	3.23	3.15

10-8 水产品养殖面积

Culture Areas of Aquatic Products

单位：千公顷 (1000 hectares)

项目	Item	2000	2005	2010	2019	2020
总　计	**Total**	**221.46**	**205.62**	**231.47**	**250.06**	**250.25**
海水养殖	Seawter Culturing	130.28	124.01	137.64	163.71	163.14
#滩涂养殖	Beach Culturing	57.64	54.09	55.21	47.00	45.04
淡水养殖	Freshwater Culturing	91.18	81.61	93.83	86.35	87.10
#池塘养殖	Pond Culturing	35.53	32.15	34.36	35.16	35.31
湖泊养殖	Lakes Culturing	0.73	0.97	0.80	0.63	0.78
河沟养殖	Stream Culturing	6.20	5.16	4.91	3.88	3.88
水库养殖	Reservoir Culturing	44.91	40.29	51.63	43.33	43.67

10-9 年末各类园林水果实有面积

Actually Areas of Fruit and Subtropical Plant at Year-end

单位：公顷 (hectare)

项目	Item	2000	2005	2010	2019	2020
园林水果合计	**Fruits**	**563700**	**550669**	**425824**	**344079**	**355785**
#柑　桔	Citrus	137888	170327	77007	52776	56172
龙　眼	Longan	90809	81605	53284	31038	30132
荔　枝	Lychee	40210	39010	27390	13945	14084
香　蕉	Banana	33017	29792	19583	11628	11840
枇　杷	Loquat	19091	32728	26365	19679	20429
菠　萝	Pineapple	3609	4031	2123	899	1025
橄　榄	Chinese Olive	13027	9966	8436	8308	8448
柿	Persimmon	29326	27091	16009	9228	9850
桃	Peach	25037	25735	18071	11554	11964
李	Plum	35066	33593	27079	25140	25855
梨	Pear	20921	22956	18141	13949	13907
葡　萄	Grape	2615	4993	5659	9905	10523
杨　梅	Red Bayberry	13808	15149	13799	9394	10236

10-10 农林牧渔业总产值和指数

Gross Output Value and Indices of Farming,Forest,Animal Husbandry and Fishery

年份	农林牧渔业总产值（亿元） Gross Output Value(100 million yuan)					农林牧渔业总产值指数（1952年=100） Indices of Gross Output(Year of 1952=100)				
Year	总产值 Total	#农业 Agriculture	#林业 Forestry	#牧业 Animal Husbandry	#渔业 Fishery	总指数 Total	#农业 Agriculture	#林业 Forestry	#牧业 Animal Husbandry	#渔业 Fishing
1952	11.07	8.44	0.65	1.42	0.56	100.0	100.0	100.0	100.0	100.0
1957	17.05	11.32	2.16	2.35	1.22	143.8	126.6	283.6	165.0	189.6
1962	14.81	11.23	0.63	1.75	1.20	93.6	94.5	91.7	69.8	142.2
1965	18.80	13.50	1.23	2.84	1.23	140.4	130.7	188.5	162.6	175.8
1970	21.12	15.49	1.49	2.66	1.48	153.6	147.4	186.8	152.3	213.3
1975	27.06	20.45	1.86	3.24	1.51	181.6	166.0	249.8	209.6	237.0
1978	36.33	28.22	2.31	3.82	1.98	217.3	204.2	280.3	216.8	282.8
1979	43.11	29.29	3.27	7.00	3.55	232.0	214.5	301.1	257.0	304.1
1980	45.49	31.13	3.41	7.38	3.57	244.0	227.8	313.6	260.3	305.7
1981	56.11	37.93	4.62	8.75	4.81	258.2	239.4	366.3	276.5	312.2
1982	63.73	42.74	4.90	10.38	5.71	277.8	257.5	382.4	300.2	343.6
1983	68.08	44.11	5.57	11.48	6.92	292.0	259.8	447.7	339.8	403.8
1984	80.66	50.81	7.07	14.39	8.39	332.6	286.6	593.6	410.9	447.4
1985	99.05	59.34	9.13	19.62	10.96	360.6	302.9	644.5	478.7	515.5
1986	107.07	60.76	10.29	22.02	14.00	368.7	300.3	642.8	529.3	581.8
1987	132.97	72.08	13.57	27.75	19.57	402.1	324.6	703.0	553.0	722.2
1988	182.00	94.08	17.50	39.65	30.77	433.1	341.2	789.5	609.7	826.0
1989	209.92	108.10	18.41	51.95	31.46	461.4	360.9	834.4	646.9	926.3
1990	227.12	118.31	21.54	51.93	35.34	478.9	368.4	911.6	675.4	991.7
1991	253.51	133.34	25.40	54.36	40.40	517.7	398.6	974.0	722.0	1089.9
1992	295.24	150.64	29.21	61.75	53.63	560.7	424.1	1076.1	784.1	1212.8
1993	386.34	190.28	36.39	74.86	84.82	621.8	453.6	1220.0	838.2	1482.3
1994	574.05	260.69	46.95	113.35	153.06	710.1	493.1	1370.9	950.5	1882.9
1995	738.63	340.48	59.24	144.45	194.47	806.7	547.3	1510.7	1062.7	2288.2
1996	850.67	383.18	66.94	165.50	235.05	893.0	599.8	1654.2	1122.2	2613.1
1997	925.56	391.30	75.80	193.66	264.80	1002.8	645.4	1819.6	1268.1	3138.3
1998	973.37	410.96	78.35	200.18	283.78	1064.0	667.3	1874.2	1373.4	3439.6
1999	1010.82	425.19	80.16	201.99	303.48	1132.1	726.7	1932.3	1421.5	3642.5
2000	1037.27	420.98	82.29	208.18	325.82	1167.6	714.3	2046.2	1499.1	3907.6
2001	1061.61	433.25	82.34	215.50	330.52	1213.7	752.0	2021.9	1556.7	4073.3
2002	1125.29	450.75	78.49	213.08	332.92	1256.2	775.3	2064.4	1623.6	4236.2
2003	1170.54	461.72	79.25	234.54	341.40	1284.4	786.8	2095.5	1691.1	4307.6
2004	1315.10	514.53	86.18	284.86	374.26	1326.3	807.9	2217.0	1773.1	4438.7
2005	1373.01	552.74	96.92	266.81	396.78	1368.8	820.7	2383.3	1874.9	4539.3
2006	1449.78	602.00	105.78	266.75	410.75	1389.6	833.0	2500.1	1891.7	4554.2
2007	1672.67	670.95	120.81	342.47	468.06	1435.6	860.9	2696.7	1878.0	4754.9
2008	1931.36	731.60	150.00	439.87	534.94	1496.3	883.7	2927.6	1990.4	4965.7
2009	1957.62	776.16	162.59	398.00	543.86	1556.9	907.6	3127.5	2098.4	5159.9
2010	2226.41	899.39	190.13	414.49	640.19	1603.7	914.5	3350.6	2210.6	5325.6
2011	2614.57	1025.03	239.00	527.12	733.83	1653.8	938.9	3589.4	2290.9	5443.2
2012	2843.47	1119.42	258.06	533.56	836.57	1713.8	960.0	3703.6	2442.9	5630.8
2013	3057.36	1196.59	296.02	558.67	902.18	1777.1	982.5	3911.8	2573.9	5832.3
2014	3247.11	1307.63	326.31	574.60	926.08	1843.4	1017.5	4136.9	2636.9	6054.3
2015	3399.30	1358.58	317.70	633.83	967.02	1905.9	1051.9	4315.3	2649.0	6324.7
2016	3784.24	1474.49	318.28	768.11	1091.29	1965.6	1068.5	4484.7	2782.5	6540.0
2017	3947.16	1527.00	327.73	750.49	1202.05	2039.3	1110.3	4667.9	2841.9	6827.0
2018	4229.52	1653.45	389.00	718.42	1318.20	2110.9	1162.7	4860.7	2781.0	7173.8
2019	4636.56	1774.77	417.33	914.39	1361.68	2187.1	1209.1	5062.1	2796.3	7485.6
2020	4901.07	1818.18	390.57	1141.12	1373.12	2260.4	1258.0	5226.3	2906.7	7631.1

注：1.2003年起采用国民经济行业分类GB/T 4754-2002，其他年份均采用GB/T 4754-94。2.2007-2017年数据根据2016年农普结果进行了调整。

Note: a)The data from 2003 are adopted the national economic classified standard of GB/T 4754-2002, others are adopted GB/T 4754-94. b) The data from 2007 to 2017 are adjusted according to the result of Agriculture census in 2016.

10-11 农林牧渔业分类产值和增速

Gross Output Value of and Ratio Farming,Forestry,Animal Husbandry and Fishery by Item

项目	Item	数值（万元） Value(10000 yuan)		比上年增长(%) Ratio(%)	
		2019	2020	2019	2020
农林牧渔业总产值（万元）	**Total(10000 yuan)**	**46365647**	**49010675**	**3.6**	**3.3**
农业产值	**Agriculture**	**17747696**	**18181757**	**4.0**	**4.0**
谷物及其他作物	Cereal and Others	2489579	2591730	-1.6	0.8
谷物	Cereal	1290981	1344385		
薯类	Sweet Potato	365435	370531		
油料	Oil-bearing Crops	243495	228105		
豆类	Bean	81097	90401		
棉花	Cotton	54	50		
麻类	Fiber Crops	9	4		
糖料	Sugar	30811	32918		
烟草	Tobacco	309494	334105		
其他农作物	Other Crops	168203	191230		
蔬菜、食用菌及花卉盆景园艺作物	Vegetable、Edible Fungus and Gardening Crops	8769037	9072660	4.6	3.4
#蔬菜	Vegetable	5206549	5479545		
食用菌	Edible Fungus	2294074	2291222		
花卉	Flower	941966	921877		
水果、坚果、茶、饮料和香料作物	Fruit、Tea、Drink and Perfume Crops	5822914	5795172	5.3	6.4
#水果	Fruit	3355957	3459335		
园林水果	Gardening Fruit	3242825	3332912		
果用瓜	Fruited Melon	113132	126423		
茶叶	Tea	2372212	2236563		
香料原料	Perfume Crops	1794	2660		
中草药材	Traditional Chinese Medicine Materials	666166	722195	6.0	5.0
林业产值	**Forestry**	**4173334**	**3905721**	**4.1**	**3.2**
林木的培育和种植	Breeding and Planting of Forest	419455	421455	6.5	-2.4
木竹采运	Cutting and Transport of Bamboo and Trees	1704466	1527003	2.2	1.8
#村及村以下	Rural and under Rural	1176490	1164022		
林产品	Forest Products	2049413	1957262	5.5	5.6
牧业产值	**Animal Husbandry**	**9143868**	**11411244**	**0.5**	**3.9**
牲畜饲养	Livestock Raising	545811	631984	6.5	15.2
牛	Cow	197978	224105		
羊	Sheep	204808	213910		
奶类	Dairy	143025	193970		
#牛奶	Milk	133218	183755		
猪的饲养	Hogs Raising	3318786	5125380	-9.0	2.1
家禽饲养	Poultry Raising	5029336	5426923	5.4	4.6
肉禽	Meat Poultry	4256199	4517787		
禽蛋	Poultry Eggs	773137	909136		
捕猎野兽、野禽	Hunting Animals	38989	6708	-3.6	-82.3
其他畜牧业	Other Poultry Products	210946	220249		3.1
渔业产值	**Fishery**	**13616754**	**13731183**	**4.3**	**1.9**
海水产品	Seawater Products	11616927	11779989	4.2	1.9
淡水产品	Freshwate Products	1999827	1951195	5.3	2.2
农林牧渔服务业产值	**Services of Agriculture , Forestry ,Animal Husbandry and Fishery**	**1683997**	**1780771**	**6.1**	**4.4**

10-12 主要农业产品产量

Output of Major Farm Products

单位：万吨 (10000 tons)

年份 Year	粮食 Grain	油料 Oil- bearing Crops	蔬菜 Vegetable	园林水果 Fruits
1952	372.00	9.89		6.01
1957	444.00	9.42		11.77
1962	358.50	6.46		4.64
1965	455.50	8.03		8.26
1970	566.50	11.14		11.04
1975	640.50	13.56		9.01
1978	744.90	13.80		10.10
1980	801.90	13.48		12.66
1986	751.49	17.18		34.72
1987	839.26	17.48		45.68
1988	837.43	14.89		53.54
1989	884.57	16.20		69.90
1990	879.64	17.66		75.78
1991	889.65	15.64		110.53
1992	897.08	19.90		117.18
1993	869.00	20.66		153.75
1994	887.40	21.60		198.13
1995	919.93	23.28		239.33
1996	952.20	22.99		283.81
1997	961.78	24.36		334.34
1998	958.11	24.62		343.04
1999	942.17	25.81		394.10
2000	854.68	25.79	1161.11	356.44
2001	817.28	26.08	1099.96	401.19
2002	763.23	25.86	1233.77	424.93
2003	695.04	26.03	1289.23	441.68
2004	699.50	27.82	1317.83	468.90
2005	662.04	27.42	1346.66	479.36
2006	632.90	23.63	1358.16	495.40
2007	615.66	22.23	1325.10	500.59
2008	612.97	23.12	1306.64	518.21
2009	607.61	22.82	1294.07	511.19
2010	584.65	22.08	1278.82	495.03
2011	576.13	21.72	1276.20	514.22
2012	547.33	21.18	1264.56	540.83
2013	534.68	20.75	1254.22	557.68
2014	520.43	20.49	1254.65	481.35
2015	500.05	20.10	1274.50	554.30
2016	477.28	19.41	1256.78	548.51
2017	487.15	19.55	1292.18	601.14
2018	498.58	21.24	1366.70	639.82
2019	493.90	22.03	1437.33	681.61
2020	502.32	22.73	1492.30	717.05

10-13 粮食总产量及单产

Gross Output and Output Per Mu of Grain

年份 Year	总产量（万吨） Total Output(10000 tons)		单产（公斤/亩） Output of Grain Rice per Mu(kg/mu)	
	粮食 Grain	稻谷 Rice	粮食 Value	稻谷 Rice
1952	372.00	281.00	128	131
1957	444.00	328.50	138	149
1962	358.50	268.50	126	138
1965	455.50	355.00	176	180
1970	566.50	452.50	189	204
1975	640.50	511.00	186	199
1978	744.90	618.69	219	240
1980	801.90	669.25	246	267
1986	751.49	654.95	264	294
1987	839.26	715.80	285	319
1988	837.43	687.74	278	322
1989	884.57	744.36	288	338
1990	879.64	731.24	282	322
1991	889.65	725.66	284	324
1992	897.08	732.96	287	331
1993	869.00	694.47	295	335
1994	887.40	699.17	296	332
1995	919.93	724.92	304	344
1996	952.20	743.34	312	353
1997	961.78	739.24	314	352
1998	958.11	728.81	315	350
1999	942.17	712.28	313	346
2000	854.68	632.75	312	345
2001	817.28	606.80	316	350
2002	763.23	557.52	312	367
2003	695.04	520.89	322	363
2004	699.50	540.32	328	369
2005	662.04	518.91	326	372
2006	632.90	499.00	344	374
2007	615.66	491.15	354	384
2008	612.97	489.01	362	394
2009	607.61	485.55	365	397
2010	584.65	469.18	363	396
2011	576.13	465.58	372	405
2012	547.33	447.22	374	406
2013	534.68	436.91	378	409
2014	520.43	424.10	382	412
2015	500.05	405.69	381	410
2016	477.28	386.61	382	409
2017	487.15	393.19	390	417
2018	498.58	398.31	399	429
2019	493.90	388.79	400	433
2020	502.32	391.75	401	434

注：1988年起粮食总产量及单产中稻谷部分为抽样调查数据。

Note:Total Output of grain and Output of grain Per Mu since 1988 are from the sample survey ,similarly in following tables.

10-14 非粮作物总产量及单位播种面积产量

Gross Output and Output per Mu of Non-grain Crops

年份	总产量（万吨） Total Output(10000 tons)				单产（公斤/亩） Output of per(kg/mu)			
Year	油料 Oil-bearing Grops	花生 Peanuts	甘蔗 Sugarcane and Fruit Cane	烤烟 Flue-cured Tobacco	油料 Oil-bearing Grops	花生 Peanuts	甘蔗 Sugarcane and Fruit Cane	烤烟 Flue-cured Tobacco
1952	9.89	9.15	71.26	0.10	70	84	2620	40
1957	9.42	8.64	123.57	0.14	59	78	3325	60
1962	6.46	6.05	41.55	0.12	58	72	1721	43
1965	8.03	7.51	130.35	0.27	67	80	3656	97
1970	11.14	10.60	125.48	0.45	91	106	3244	78
1975	13.56	12.56	120.83	0.85	85	111	2868	66
1978	13.80	12.68	288.03	1.23	85	110	4500	74
1980	13.48	11.17	351.21	1.30	69	92	4985	79
1985	17.39	16.34	536.67	3.40	110	126	4882	82
1986	17.18	16.20	472.90	2.38	106	121	4593	79
1987	17.48	16.32	413.46	2.61	97	119	4735	80
1988	14.89	13.53	387.37	3.59	88	101	4586	73
1989	16.20	14.83	338.67	3.59	99	113	4570	76
1990	17.66	16.05	344.28	4.26	105	121	4595	82
1991	15.64	13.64	385.43	5.48	91	101	4813	87
1992	19.90	17.91	364.85	8.59	114	132	4803	93
1993	20.66	19.03	279.34	12.43	121	135	4625	89
1994	21.60	20.08	276.77	6.06	126	139	4602	87
1995	23.28	21.35	248.60	5.72	131	146	4416	94
1996	22.99	20.91	253.94	7.56	126	140	4467	102
1997	24.36	22.25	249.90	12.32	136	150	4568	110
1998	24.62	22.64	219.33	7.18	137	151	4461	106
1999	25.81	23.69	138.76	8.57	142	155	4153	112
2000	25.79	23.82	82.71	9.14	138	150	3830	113
2001	26.08	24.17	95.54	9.87	141	152	4116	115
2002	25.86	24.05	117.91	10.72	141	151	4258	112
2003	26.03	24.25	118.12	10.13	141	149	4316	115
2004	27.82	25.88	101.57	11.31	148	157	4260	122
2005	27.42	25.47	93.33	11.51	149	158	4169	117
2006	23.63	25.01	58.10	12.20	148	157	4127	124
2007	22.23	20.97	54.96	12.17	153	161	4122	132
2008	23.12	21.94	67.45	13.32	158	166	4416	138
2009	22.82	21.57	61.09	13.64	159	167	4282	141
2010	22.08	20.99	55.69	11.52	159	168	4166	129
2011	21.72	20.62	49.39	12.90	163	172	4060	141
2012	21.18	20.14	48.60	13.09	165	174	4044	141
2013	20.75	19.75	49.21	14.08	167	176	4077	143
2014	20.49	19.55	43.49	13.16	170	180	4126	144
2015	20.10	19.24	34.79	12.04	172	182	3873	142
2016	19.41	18.60	28.83	11.80	172	182	3636	141
2017	19.55	18.73	26.37	11.62	180	186	3559	147
2018	21.24	20.32	26.13	10.68	188	195	3552	147
2019	22.03	21.04	26.25	9.40	190	196	3620	125
2020	22.73	21.68	26.98	10.03	191	197	3667	141

10-15 各类粮食产量

Output of Grain by Sort

单位：万吨 (10000 tons)

项目	Item	2000	2005	2010	2015	2019	2020
合　计	**Total**	**854.68**	**662.04**	**584.65**	**500.05**	**493.90**	**502.32**
按品种分	**By Crop**						
稻谷	Rice	632.75	518.91	469.18	405.69	388.79	391.75
早稻	Early Rice	206.63	146.33	111.11	91.28	61.59	62.16
中稻	Middle Rice	221.96	173.12	178.15	159.26	169.38	171.16
晚稻	Late Rice	204.16	199.46	179.92	155.15	157.81	158.42
#小麦	Wheat	11.01	1.95	0.41	0.08	0.03	0.02
甘薯	Sweet Potato	136.81	88.20	69.79	52.37	57.89	60.66
马铃薯	Potato	29.04	25.55	19.75	18.34	20.88	21.49
玉米	Corn	11.14	13.18	11.56	11.57	13.44	14.76
豆类	Bean	27.57	16.76	13.01	10.31	11.37	11.99
大豆	Soybean	20.48	12.38	10.16	8.11	9.07	9.47

注：2004年之前中稻含一季晚稻，晚稻为双季晚稻。

Note:The data of middle rice before 2004 include one crop late rice,that of late rice include two crops.

10-16 非粮作物产量

Output of Non-grain Crops

单位：吨 (ton)

项目	Item	2000	2005	2010	2019	2020
蔬菜	Vegetables	11611096	13466611	12788200	14373288	14922973
油菜籽	Rape Seeds	18404	18007	9859	9158	9645
芝麻	Sesame	1120	1242	829	336	365
烟叶	Tobacco	93996	116643	115955	94819	100476
莲籽	Lotus Seed	4678	5638	6397	4613	5810
西瓜	Watermelon	533486	658063	490390	380779	397018

10-17 茶叶园林水果实有面积及产量

Actual Areas and Output of Tea and Fruits

年份	面积（千公顷） Areas(1000 hectares)		产量（万吨） Output(10000 tons)	
Year	茶叶 Tea	园林水果 Fruit	茶叶 Tea	园林水果 Fruit
1952	23.16	12.10	0.49	6.01
1957	35.37	25.20	0.69	11.77
1962	31.04	31.57	0.43	4.64
1965	36.40	40.98	0.56	8.26
1970	51.93	40.33	1.05	11.04
1975	70.49	57.52	1.67	9.01
1978	94.15	70.84	2.03	10.10
1980	109.87	83.07	2.58	12.66
1986	119.85	183.43	4.42	34.72
1987	122.52	227.89	4.99	45.68
1988	120.33	250.65	5.54	53.54
1989	118.55	278.33	5.52	69.90
1990	116.74	298.40	5.82	75.78
1991	119.44	355.24	6.53	110.53
1992	125.22	415.79	7.05	117.18
1993	130.74	459.18	7.70	153.75
1994	133.53	504.76	8.24	198.13
1995	132.04	532.37	9.45	239.33
1996	130.41	556.55	10.18	283.81
1997	126.62	576.28	10.99	334.34
1998	124.23	568.60	11.89	343.04
1999	128.91	567.08	12.35	394.10
2000	129.21	563.70	12.60	356.44
2001	130.65	558.19	13.39	401.19
2002	133.35	553.81	14.33	424.93
2003	138.58	554.43	15.02	441.68
2004	145.06	547.65	16.44	468.90
2005	155.23	550.67	18.48	479.36
2006	159.82	542.08	20.01	495.40
2007	166.29	506.41	22.09	500.59
2008	181.42	482.52	24.07	518.21
2009	183.14	452.66	25.51	511.19
2010	185.24	425.82	25.83	495.03
2011	190.61	398.26	27.67	514.22
2012	195.65	381.64	29.60	540.83
2013	201.03	362.10	31.57	557.68
2014	205.94	337.41	33.40	481.35
2015	207.70	324.94	35.63	554.30
2016	204.43	304.52	37.29	548.51
2017	207.11	310.45	39.49	601.14
2018	210.89	331.79	41.83	639.82
2019	219.81	344.08	43.99	681.61
2020	223.94	355.78	46.14	717.05

10-18 各类茶叶 园林水果 食用菌产量

Output of Tea, Fruits and Edible Fungus by Sort

单位：吨 (ton)

项目	Item	2000	2005	2010	2019	2020
茶叶	**Tea**	**126000**	**184800**	**258289**	**439931**	**461371**
#红茶	Black Tea	1615	1652	12765	52455	55433
绿茶	Green Tea	72431	88923	97054	127656	129290
青茶	Wulong Tea	50685	85924	140022	227323	237976
园林水果	**Fruit**	**3564400**	**4793600**	**4950288**	**6816149**	**7170499**
#柑桔	Critrus	1306027	2153154	1038022	972689	1069866
龙眼	Longyan	104068	216452	200967	202642	220071
荔枝	Lychee	79580	160289	127584	90952	105787
香蕉	Banana	746454	855398	605545	447917	452130
枇杷	Loquat	54268	112596	247500	315209	335485
菠萝	Pineapple	30267	37731	25113	16955	16996
橄榄	Chinese Olive	24009	33714	61166	139221	137763
柿	Persimmon	99896	160475	97226	114852	126574
桃	Peach	143377	199653	157890	151584	159575
李	Plum	179121	243224	205776	333623	356616
梨	Pear	96394	147755	157860	190986	194922
苹果	Apple	380	198	309	15	16
葡萄	Grape	38702	59066	100444	218361	228683
杨梅	Red Bayberry	42734	63235	110240	147177	155307
食用菌	**Edible Fungus**	**462484**	**559993**	**762663**	**1333623**	**1378814**
#蘑菇	Mushroom	272106	283828	341758	385355	370982
香菇	Xianggu Mushroom	88292	77680	92345	134873	143135
白木耳	Tremella	12401	16508	30589	45146	45645
黑木耳	Black Tremella	29105	28009	35491	71098	73390

10-19 林业牧业水产品产量

Output of Forestry,Animal Husbandry and Fishery

年份 Year	造林面积（千公顷） Afforested Areas (1000 hectare)	肉类总产量(万吨) Output of Pork Beef and Mutton (10000 tons)	猪出栏数（万头） Number of Slaughtered Fattened Hogs(10000 heads)	奶类产量（万吨） Milk (10000 tons)	水产品产量（万吨） Output of Aquatic Products (10000 tons)
1952	34.31				15.93
1957	127.60				28.34
1962	55.89				23.82
1965	172.65				32.55
1970	173.49		219.18		38.75
1975	192.75		336.66	0.61	39.61
1978	194.71		321.86	0.93	54.44
1980	175.13		401.48	1.47	59.80
1985	282.83	49.70	578.09	4.21	100.26
1986	209.67	54.23	617.29	4.60	105.23
1987	166.12	59.32	665.12	5.05	126.22
1988	192.39	65.07	713.40	5.08	132.66
1989	242.94	69.44	750.40	4.82	137.97
1990	303.91	71.83	766.46	4.87	145.59
1991	306.02	75.07	780.72	5.12	166.23
1992	223.03	78.93	820.61	5.72	200.57
1993	63.77	84.10	863.20	5.94	237.04
1994	45.56	92.23	908.78	6.06	278.78
1995	41.74	102.66	1000.84	6.32	317.56
1996	34.45	107.49	1047.48	6.49	358.23
1997	29.99	125.02	1231.98	6.07	429.31
1998	25.12	135.24	1365.13	6.71	475.92
1999	23.93	138.84	1453.38	7.95	502.32
2000	24.50	145.92	1560.81	9.91	527.89
2001	21.01	153.91	1665.55	11.39	542.49
2002	17.49	162.09	1770.33	14.16	558.71
2003	16.72	161.96	1803.61	19.28	553.13
2004	16.31	163.92	1850.65	20.67	551.36
2005	24.22	164.85	1881.92	19.10	542.37
2006	23.18	161.81	1866.14	16.65	523.59
2007	35.45	153.23	1669.94	13.98	532.00
2008	32.81	175.28	1894.20	12.52	554.20
2009	33.26	184.23	2008.31	13.09	569.67
2010	29.87	192.61	2080.38	13.24	587.42
2011	212.72	199.06	2096.87	13.29	603.78
2012	63.06	223.10	2256.85	12.95	581.49
2013	100.18	238.62	2315.21	12.88	609.59
2014	44.34	247.56	2234.93	12.94	644.23
2015	87.11	258.94	1945.47	12.95	679.75
2016	10.30	279.97	1988.59	13.36	711.33
2017	8.09	264.91	1606.10	13.54	744.57
2018	6.52	256.06	1421.34	14.31	782.12
2019	9.98	255.15	1297.26	14.99	814.58
2020	4.89	259.39	1299.86	17.48	830.34

10-20 造林面积

Areas of Afforestation

项目	Item	2000	2005	2010	2015	2019	2020
当年造林面积（千公顷）	Afforested Area in Current Year(1000 hectares)	24.50	24.22	29.87	87.11	9.98	4.89
#用材林	Commercial Forest	8.07	15.20	15.34	45.81	4.42	1.53
经济林	Economic Forest	6.47	3.14	3.35	32.47	3.45	0.82
防护林	Shelter Forest	8.04	5.66	11.15	7.25	1.29	1.80
薪炭林	Fuel Forest	1.90	0.19	0.03		0.16	0.09
迹地更新面积（千公顷）	Areas of Slash Reforestation (1000 hectares)	54.91	80.59	103.83	53.58	47.63	47.16
零星植树(万株)	Fragmentary Forest (10000 plants)	3559.00	1745.14	1806.89	2845.61	5189.60	5282.29
封山育林面积（千公顷）	Areas of Afforestation in Hill (1000 hectares)	1060.37	412.41	419.34	522.03	719.38	762.03
育苗面积(千公顷)	Areas of Grown Seedings (1000 hectares)	0.32	0.54	1.40	8.40	9.50	10.79
幼林抚育作业面积(千公顷)	Areas of Tending Young Forest(1000 hectares)	232.00	223.00	340.22	471.45		
成林抚育作业面积(千公顷)	Areas of Tending Grown Forest(1000 hectares)	188.05	150.56	101.93	418.11	624.90	602.16

10-21 主要林产品产量

Output of Major Forest Products

项目	Item	2000	2005	2010	2019	2020
木材产量（万立方米）	Output of cut wood(10000 m3)	334.90	1446.40	1455.38	1453.81	1451.25
毛竹采伐量（万根）	Mao Bamboo(10000 roots)	15872	15504	26602	61304	62921
篙竹采伐量（万根）	Lofty Bamoo(10000 roots)	6631	10061	14787	31572	32785
油桐籽（吨）	Tung-oil Seeds(ton)	18121	20928	23244	29408	29910
油茶籽（吨）	Tea-oil Seeds(ton)	62983	72597	94815	215540	232847
乌桕籽（吨）	Chinese Tallow Tree Seeds(ton)	121	1145	532	421	410
棕片（吨）	Piece of Palm(ton)	10891	12162	14847	17762	18842
松脂（吨）	Rosin(ton)	72949	72299	87758	119746	125246
笋干（吨）	Dried Bamboo Shoots(ton)	120970	153497	215123	417374	440986
山苍籽（吨）	Litsea Cueba(ton)	7845	9552	12174	16146	15976
板栗（吨）	Chinese Chestnut(ton)	19439	49134	80793	86677	99113

10-22 主要畜禽产品产量
Output of Main Livestock Products

项目　Item	2000	2005	2010	2019	2020
肉类产量（万吨） Output of Meat(10000 tons)	**145.92**	**164.85**	**192.61**	**255.15**	**259.39**
#猪肉 Pork	114.79	134.69	155.36	103.03	103.75
牛肉 Beaf	2.12	2.17	1.69	2.14	2.46
羊肉 Mutton	1.33	1.45	1.62	2.22	2.28
禽肉 Meat of Poultry	26.21	24.57	31.44	141.87	146.56
兔肉 Rabbit Meat	1.47	1.97	1.85	1.62	1.78
牛奶产量（万吨） Output of Cow Milk(10000 tons)	**9.60**	**18.77**	**12.91**	**14.46**	**16.93**
羊奶产量（万吨） Output of Ewe Milk(10000 tons)	**0.31**	**0.34**	**0.33**	**0.52**	**0.54**
蜂蜜产量（万吨） Output of Honey(10000 tons)	**0.54**	**0.85**	**0.86**	**1.65**	**1.74**
禽蛋产量（万吨） Output of Poultry Eggs(10000 tons)	**40.69**	**37.91**	**30.54**	**48.58**	**53.66**
猪出栏数（万头） Number of Slaughtered Hogs (10000 heads)	**1560.81**	**1881.92**	**2080.38**	**1297.26**	**1299.86**
出栏率(%) Rate of Slaughter(%)	148.7	152.3	151.4	162.2	202.6
羊出栏数（万头） Number of Slaughtered Sheep(10000 heads)	**97.80**	**107.00**	**118.47**	**155.86**	**159.06**
出栏率(%) Rate of Slaughter(%)	104.3	96.2	125.2	163.5	150.5
牛出栏数（万头） Number of Slaughtered Cows(10000 heads)	**21.31**	**21.60**	**16.80**	**19.57**	**22.07**
家禽出栏数（万只） Number of Slaughtered Poultry(10000 heads)	**20633.89**	**19140.51**	**23662.83**	**99437.77**	**103102.07**
家兔出栏数（万只） Number of Slaughtered Domestic Rabbit(10000 heads)	**1178.96**	**1559.27**	**1321.13**	**1066.87**	**1125.86**

10-23 畜禽存栏数

Number of Livestock and Poultry on Hand

项目	Item	2000	2005	2010	2019	2020
牛存栏数（万头）	**Bull(10000 heads)**	**111.44**	**75.63**	**49.70**	**29.71**	**31.64**
#乳牛	Cow	3.59	4.99	4.01	4.26	4.43
猪存栏数（万头）	**Number of Hogs on Hand(10000 heads)**	**1087.66**	**1249.83**	**1348.45**	**641.52**	**910.90**
#能繁殖母猪	Number of Female Hogs with Fertility	76.27	97.97	133.05	60.34	92.77
羊存栏数（万头）	**Number of sheep on Hand(10000 heads)**	**96.22**	**93.56**	**94.43**	**105.69**	**105.90**
蜜蜂年末箱数（万箱）	**Number of Beehive at the Year-end(10000 cases)**	**23.09**	**35.32**	**36.26**	**54.02**	**56.88**
家兔年末数（万只）	**Number of Domestic Rabbit at the Year-end(10000 heads)**	**714.40**	**822.67**	**658.06**	**506.02**	**565.15**
家禽年末数（万只）	**Number of Poultry at the Year-end(10000 heads)**	**10930.19**	**9937.04**	**9369.41**	**19451.55**	**20700.94**

10-24 淡水产品产量

Output of Freshwater Aquatic Products

单位：万吨 (10000 tons)

项目	Item	2000	2005	2010	2019	2020
淡水产品产量	**Output of Freshwater Aquatic Products**	**57.39**	**63.47**	**74.16**	**91.05**	**92.49**
#养殖产量	Output of Freshwater Culturing	49.73	55.81	65.97	83.94	85.47
按类别分	By Kind					
#淡水鱼类	Freshwater-fish	50.11	54.05	62.68	75.46	76.80
虾蟹类	Shrimps,Prawns and Crabs	1.14	3.34	5.10	9.63	10.00
贝类	Shell-fish	4.46	4.43	4.84	4.75	4.67
主要品种产量	**By Product**					
淡水鳗	Freshwater Eel	6.99	8.29	8.75	10.15	10.75
草鱼	Grass Carp	10.97	12.24	13.84	17.44	17.73
鲢鱼	Silver Carp	8.27	6.06	6.21	7.82	7.90
鲤鱼	Carp	4.36	5.48	5.08	6.01	6.12
罗非鱼	Ribber Carp	10.56	9.50	11.08	12.07	12.06

10-25 海水产品产量

Output of Seawater Aquatic Products

单位：吨 (ton)

项目	Item	2000	2005	2010	2019	2020
海水产品产量	**Output of Seawater Aquatic Products**	**4705066**	**4788957**	**5132598**	**7235282**	**7378527**
#鱼类	Fish	1668816	1678551	1787085	1882461	1913707
虾蟹类	Shrimps,Prawns and Crabs	357794	319406	388610	500244	506489
贝类	Shell-fish	2318397	2226300	2221429	3274846	3342548
藻类	Algac	317830	420709	599357	1189338	1237766
#海水养殖产量	**Output of Seawater Culturing**	**2627057**	**2782535**	**3038990**	**5107162**	**5268029**
#鱼类	Fish	102040	133450	170308	429386	464961
虾蟹类	Shrimps,Prawns and Crabs	42875	64973	95816	212338	217134
贝类	Shell-fish	2161334	2163472	2171544	3237735	3308910
藻类	Algac	317106	417929	598225	1187581	1235977
主要品种产量	**Output of Main Seawater Culturing**					
大黄鱼	Big Yellow Croaker	48146	59398	75660	189454	207007
带鱼	Hairtail	173578	198905	240362	150737	142731
鲳鱼	Butterfish	52443	66244	62817	59800	59141
鳓鱼	Chinese Herring	11477	18640	15425	11341	10670
马鲛鱼	Spanish Mackerel	59519	40739	54226	40822	40247
鲷鱼	Porgy	10052	36078	76902	101940	102282
鲐鱼	Chub mackerel	52789	57966	62656	251188	215906
鳗鱼	Eel	50705	68734	70186	60065	56384
墨鱼	Inkfish	57263	27379	30085	36462	36911
海蜇皮	Jellyfish	13260	6944	11819	13409	13880
对虾	Prawn	28490	48767	72282	158944	158187
毛虾	Shrimp	65262	49057	56383	49909	48159
梭子蟹	Swimming Crab	58705	70032	89261	110108	109370
蛏	Razor Clam	168095	177891	193708	300755	305755
蛤	Clam	214264	260168	288793	472651	467837
蚶	Blood Clam	24203	40687	37469	65260	63503
牡蛎	Oyster	1558984	1539167	1456106	2012589	2068647
海带	Kelp	276867	337892	452096	803131	827883
紫菜	Laver	26828	34258	51313	80758	72858

主要统计指标解释

农林牧渔业总产值 指以货币形式表现的农、林、牧、渔业全部产品的总量和对农、林、牧、渔业生产活动进行的各种支持性服务活动的价值，它反映一定时期内农业生产总规模和总成果。农林牧渔业总产值的核算采用“产品法”进行计算，即用产品产量乘以价格求得各种产品的产值，然后把它们加总求得各业的产值，最后相加求得农林牧渔业总产值。1957年以前的农林牧渔业总产值中包括了厩肥和农民自给性手工业(如农民自制衣服、鞋、袜，自己从事粮食初步加工等)。1958年及以后，林业中增加了村及村以下竹木采伐产值；牧业中取消了厩肥产值；副业中取消了农民自给性手工业产值，增加了村及村以下办的工业产值;渔业中增加了海洋捕捞水产品产值。1980年及以后，在副业中增加了农民家庭兼营工业商品部分的产值。从1984年起村及村以下工业产值划归工业。从1993年起取消副业，将野生动物的捕猎划入牧业、野生植物采集和农民家庭兼营商品性工业划归农业。1996年第一次农业普查以后，由于畜牧业产品年报数据与普查数据之间存在一定的差距，国家统计局对畜牧业年报数据与普查数据进行衔接，相应的畜牧业产值进行调整。2007-2017年农林牧渔业产值，以全省第三次农业普查数据为基础，对农业、林业、牧业、渔业和服务业进行了调整和衔接。

粮食产量 指稻谷、小麦、玉米、高粱等谷物及薯类和豆类的全社会产量。包括国有经济经营的、集体统一经营的和农民家庭经营的粮食产量，还包括工矿企业办的农场和其他生产单位的产量。其产量计算方法，豆类按去豆荚后的干豆计算；薯类(包括甘薯和马铃薯，不包括芋头和木薯)1963年以前按每4公斤鲜薯折1公斤粮食计算，从1964年开始改为按5公斤鲜薯折1公斤粮食计算。城市郊区作为蔬菜的薯类(如马铃薯等)按鲜品计算，并且不作粮食统计。其他粮食一律按脱粒后的原粮计算。1989年以前全国粮食产量数据的取得主要是靠全面报表取得，1989年以后开始使用抽样调查数据。

棉花产量 指春播棉和夏播棉的全社会产量。产量按皮棉计算。3公斤籽棉折1公斤皮棉，不包括木棉。

油料产量 指全部油料作物的生产量。包括花生、油菜籽、芝麻、向日葵籽、胡麻籽(亚麻籽)和其他油料。不包括大豆、木本油料和野生油料。花生以带壳干花生计算。

水产品产量 指人工养殖的水产品和天然生长的水产品的捕捞量。包括全部海水和淡水鱼类、虾蟹类、贝类、藻类和其他渔业产品的产品的最终产量。1995年及以前，贝类中牡蛎按鲜肉计算；蚶、蛤、蛙按5斤鲜品折1斤计算。1996年以后则统一按鲜品计算。

猪、牛、羊肉产量 指当年出栏并已屠宰、除去头、蹄、下水后带骨肉(即胴体重)的重量。其统计范围为全社会。1996年前为各级逐级上报数据。1996年第一次农业普查以后，由于畜牧业产品年报数据与普查数据之间存在一定的差距，国家统计局对畜牧业年报数据与普查数据进行了衔接。1999年以后，国家统计局开展了猪、牛、羊、禽等主要畜禽品种的抽样调查，并用抽样数据作为国家定案数据使用。未开展抽样调查的品种，仍使用各级统计部门逐级上报数据。

期初(末)畜禽存栏头(只)数 指报告期初(末)农村各种合作经济组织和国营农场、农民个人、机关、团体、学校、工矿企业、部队等单位以及城镇居民饲养的大牲畜、猪、羊、家禽等畜禽的存栏数。数据上报方式及数据调整情况同猪、牛、羊肉产量。

农作物播种面积 指实际播种或移植有农作物的面积。凡是实际种植农作物的面积，不论种植在耕地上还是种植在非耕地上，均包括在农作物播种面积中。在播种季节基本结束后，因遭灾而重新改种和补种的农作物面积，也包括在内。该指标可以反映我国耕地面积的利用情况。目前，农作物播种面积主要包括粮食、棉花、油料、糖料、麻类、烟叶、蔬菜和瓜类、药材和其它农作物九大类。

有效灌溉面积 指具有一定的水源，地块比较平整，灌溉工程或设备已经配套，在一般年景下当年能够进行正常灌溉的耕地面积。在一般情况下，有效灌溉面积应等于灌溉工程或设备已经配备，能够进行正常灌溉的水田和水浇地面积之和。该指标可以反映我国耕地的抗旱能力。

农用化肥施用量 指本年内实际用于农业生产的化肥数量，包括氮肥、磷肥、钾肥和复合肥。化肥施用量要求按折纯量计算数量。折纯量是指把氮肥、磷肥、钾肥分别按含氮、含五氧化二磷、含氧化钾的百分之百成份进行折算后的数量。复合肥按其所含主要成分折算。

公式:折纯量= 实物量×某种化肥有效成份含量的百分比

农业机械总动力　指主要用于农、林、牧、渔业的各种动力机械的动力总和。包括耕作机械、排灌机械、收获机械、农用运输机械、植物保护机械、牧业机械、林业机械、渔业机械和其他农业机械〔内燃机按引擎马力折成瓦(特)计算、电动机按功率折成瓦(特)计算〕。不包括专门用于乡、镇、村、组办工业、基本建设、非农业运输、科学试验和教学等非农业生产方面用的动力机械与作业机械。这个指标的统计数据主要来源于农机部门。

乡村从业人员　指乡村人口中劳动年龄在 16 周岁以上实际参加生产经营活动并取得实物或货币收入的人员，包括劳动年龄内经常参加劳动的人员，也包括超过劳动年龄但经常参加劳动的人员，但不包括户口在家的在外学生、现役军人和丧失劳动能力的人，也不包括待业人员和家务劳动者。从业人员按从事主业时间最长(时间相同按收入)分为农业从业人员、工业从业人员、建筑业从业人员、交运仓储及邮电业从业人员、批零贸易及住宿餐饮业从业人员、其它行业从业人员。

Explanatory Notes on Main Statistical Indicators

Gross Output Value of Farming, Forestry, Animal Husbandry and Fishery refers to the total value of products of farming, forestry, animal husbandry and fishery, which reflects the total scale and result of agricultural production during a given period. Gross output value of agriculture is obtained by first multiplying the output of each product or by product by its price, resulting in t he output value of each s ingle item. For a small number of products, annual output of which is not available or difficult to get due to the long production growing process involved, t he output value is estimated through an indirect approach. The sum of out put value of all products of farming, forestry, animal husbandry, and fishery is then equal to the gross output value of agriculture. Prior to 1957, Chinas gross agricultural output value included barnyard manure and handicraft products for self-consumption (clothes, shoes, stockings, and initial grain processing undertaken by peasants). Since 1958, cutting and felling of bamboo and trees by villages and other cooperative organizations under villages have been included in forestry; value of barnyard manure has been excluded from animal husbandry; self consumed handicraft s has been excluded from sideline occupations, while the output value of industries run by villages and cooperative organizations under village had been included inside line occupations and the out put value of fish catches by motor fishing boats has been added to fishery. Since 1980, the value of handicraft products made for sale by individuals in households had been added to sideline occupations. Since 1984, industries run by villages and under villages have been included in the sector of industry. Since 1993, the subdivision of sideline occupations has been canceled, and the hunting of wild animals has been classified into animal husbandry, and the gathering of wild plants and commodity industry run by rural household have been included in farming. The Firs t Agriculture Census of China in 1996 revealed some discrepancy between the production of animal products from the annual reports and that from the census. Efforts were made by NBS to adjust the output value of animal husbandry to make the figures from the annual reports consistent with the census data. data on Farming, Forestry, Animal Husbandry and Fishery in from 2007 to 2017 have been adjusted according to the data obtained from the Third National Agricultural Census.

Grain Output refers to the total output of rice, wheat, corn, sorghum, millet and other miscellaneous grains as well as tubers and bean in the whole region including grains produced by state farms, collective units, industrial enterprises and mines. Output of beans refers to dry beans without pods. The output of tubers (sweet potatoes and potatoes, not including taros and cassava) was converted into that of grain at the ratio 4:1, i.e. 4 kilograms of fresh tubers was equivalent to 1 kilogram of grain up to 1963. Since 1964 the ratio for conversion has been 5:1.Tubers supplied as vegetables (such as potatoes) in cities and suburbs are calculated as fresh vegetables and their output is not included in the output of grain. Output of all other grains refers to husked grain. Data on grain production before 1989 were obtained through Comprehensive Statistical Reporting System, since then, sample survey data are used.

Cotton Output refers to the cotton production in the whole Region including cotton sown in spring and in autumn. Output is measured as the weight of ginned cotton. Three kilograms of seed-cotton are equivalent to 1 kilogram of ginned cotton, excluding ceiba.

Output of Oil-bearing Crops refers to the total production of oil-bearing crops of various kinds, including peanuts, (dry, in shell) rapeseeds, sesame, sunflower seeds, flax seeds, and other oil-bearing crops. Soybeans, oil-bearing woody plants, and wild oil-bearing crops are not included.

Output of Aquatic Products refers to catches of both artificially cultured and naturally grown aquatic products, including fish, shrimps, crabs and shellfish in sea and inland water as well as seaweed. Freshwater plants are not included. Data on output of aquatic products are reported by aquatic product and statistical agencies level by level. Before 1995, among the shellfish, the oyster was counted as fresh meat; 5 kilograms of ark shell, clams and frogs are equivalent to 1 kilogram of fresh aquatic products; they are all counted as fresh aquatic products since1996.

Output of Pork, Beef, and Mutton refers to the meat of slaughtered hogs, cattle, sheep and goats wit h head, feet, and offal taken away. The statistical scope is of the whole society. The first agriculture census of China in 1996 revealed some discrepancy between the production of animal products from the annual reports and that from the census. Efforts were made by NBS to adjust the output value of animal husbandry to make the figures from the annual rep orts consistent with the census data. Since 1999, NBS conducted sample survey for t he major animal husbandry products, such as hogs, cattle, sheep and goats and fowls, and the data from sample surveys are used as national finalized data. Those products, which are not covered by the sample survey, are still reported by statistical agencies level by level.

Number of Livestock or Poultry in Stock at Beginning (or End) of period refers to the total number of large animals, pigs, sheep, fowls, etc. raised by rural cooperative organizations, state farms, rural individuals, government agencies, schools, industrial and mining enterprises, army, and urban residents at the beginning (or end) of the reference period. Data reporting system and data adjustment are the same as that in the output of pork, beef and mutton.

Sown Area of Crops refers to area of land sown or transplanted with crops regardless of being in cultivated area or no cultivated area. Area of land re-sown due to natural disasters is also included. The indicator can reflect the utilization condition of the cultivated land in China. At p resent, t he sown area of crops mainly include the following 9 categories of crops: grain, cotton, oil-bearing crops, sugar crops, fiber crops, Tobacco, Vegetables and melons, medicinal materials and other farm crops.

Irrigated Area refers to areas that are effectively irrigated, i.e. level land, which has water source and complete sets of irrigation facilities to lift and move adequate water for irrigation purpose under normal conditions. Under normal conditions, irrigated area is the sum of watered fields and irrigated fields where irrigation systems or equipment have been installed for regular irrigation purpose. This indicator can reflect drought resistance capacity of the cultivated land in China.

Consumption of Chemical Fertilizers in Agriculture refers to the quantity of chemical fertilizers applied in agriculture in the year, including nitrogenous fertilizer, phosphate fertilizer, potash fertilizer, and compound fertilizer. The consumption of chemical fertilizers is required in calculation to convert the gross weight into weight containing 100% effective component (e.g. 100% nitrogen content in nitrogenous fertilizer, 100%phosphorous pent oxide contents in phosphate fertilizer, 100%potassium oxide contents in potash fertilizer). Compound fertilizer is converted with its major component. The formula is:

Volume of effective component = physical quantity × effective component of certain chemical fertilizer (%)

Total Power of Farm Machinery refers to total mechanical power of machinery used in farming, forestry, animal husbandry, and fishery, including ploughing, irrigation and drainage, harvesting, transport, plant protection, stock breeding, forestry and fishery. The power of internal combust ion engines is required to convert horsepower into watts and the power of electric motors is required to be converted into watts. Machinery employed for non-agricultural purposes, such as the machines used in township run and village-run industry, construction, nonagricultural transport, scientific experiments and teaching, is excluded. Data are mainly from agricultural machinery agencies.

Rural Employed Persons refer to rural labor forces aged over 16 years old who are engaged in real production and management activities and receive payment in kind or wages, including those covered within the age frame and regularly participating in production activities, and those who are out of the range of age frame and also participating in production activities regularly. Excluding students studying in other places with their permanent residence registered in local areas, servicemen and persons incapable of working; also excluding those who are waiting for jobs and those engaged in household work. Persons employed are classified as rural employed persons; industrial employed persons; construction industry employed persons; transport, storage and telecommunications industries employed persons; whole sales and retail sales Trades and catering industry employed persons and others according to the longest period of persons engaged in major activities (or using income indicator when periods are the same).

第十一篇　工业

Chapter 11　Industry

资料整理：王施　王昱　陈群

Database Editor: Wangshi Wangyu Chenqun

简要说明

本篇资料的主要内容及来源

本篇资料反映了全省工业生产和基本效益情况，主要包括工业总产值及指数、规模以上工业、国有控股工业、国有工业、集体工业、外商投资和港澳台投资工业、大中型工业企业的主要经济指标、相关的财务分析指标和主要工业产品产量等方面的内容。

本篇资料由省统计局工业交通统计处根据工业统计年报中有关资料整理。

Brief Introduction

Main Content and Source of Data

Data in this chapter show the basic condition of industry in Fujian, the output of major industrial products and major economic and relevant financial indicators of industrial enterprises , mainly including the gross industrial output value and indices.Industrial enterprises include enterprises above designated size, state share holding enterprises, state owned enterprises, collective owned enterprises, foreign funded enterprises, enterprises with funds from Hong Kong, Macao and Taiwan, large and medium sized enterprises.

Data in this chapter are based on the annual report of industrial statistics and are prepared and provide by the Division of Industry and Transport Statistics of Fujian Provincial Bureau of Statistics.

11-1 工业总产值

Gross Industrial Output Value

单位：亿元 (100 million yuan)

年份 Year	总计 Total	#国有企业 State-owned	#集体企业 Collective owned	#轻工业 Light Industry	#重工业 Heavy Industry
1952	4.20	0.51	0.02	3.74	0.46
1957	8.57	5.93	1.64	7.11	1.46
1962	11.23	8.72	2.44	8.17	3.06
1965	17.24	14.27	2.97	11.89	5.35
1970	24.41	20.78	3.63	15.72	8.69
1975	43.37	33.08	10.29	25.17	18.20
1978	63.14	46.85	16.29	36.91	26.23
1979	72.01	52.53	19.30	42.48	29.53
1980	81.45	57.65	23.77	49.48	31.97
1981	87.76	60.50	26.11	55.52	32.24
1982	95.77	65.97	28.29	60.04	35.73
1983	103.97	70.66	30.85	65.50	38.47
1984	131.11	82.74	40.53	82.60	48.51
1985	173.13	101.71	57.84	103.68	69.45
1986	205.10	114.28	72.75	122.61	82.49
1987	265.87	139.55	92.48	157.85	108.02
1988	388.85	192.69	132.41	237.87	150.98
1989	488.96	242.17	156.98	296.52	192.44
1990	531.49	239.82	166.91	329.72	201.77
1991	658.86	268.28	209.81	413.28	245.58
1992	915.51	314.17	323.69	587.20	328.31
1993	1522.37	391.55	566.47	908.20	614.17
1994	2128.61	422.58	785.29	1281.72	846.89
1995	2638.52	448.93	940.41	1600.51	1038.01
1996	2840.51	450.37	1060.49	1789.69	1050.82
1997	3066.76	433.55	946.14	1910.15	1156.61
1998	3218.51	368.30	219.60	1993.88	1224.63
1999	3479.84	376.66	202.71	2161.94	1317.90
2000	3994.86	395.67	211.49	2317.02	1677.84
2001	4398.08	360.54	192.92	2374.96	2023.12
2002	5260.20	329.12	216.11	2690.10	2570.10
2003	6616.61	358.20	236.63	3109.81	3506.80
2004	8544.50	598.92	171.41	3809.41	4735.09
2005	9995.89	403.26	185.99	4484.89	5511.00
2006	11855.68	753.56	228.55	5363.49	6492.19
2007	14425.06	720.16	271.92	6515.95	7909.11
2008	17141.44	750.36	221.12	7931.00	9210.44
2009	18681.48	917.66	228.10	8800.55	9880.93
2010	23805.32	1102.75	262.58	10935.92	12869.40
2011	30330.59	1410.10	310.90	13860.64	16469.95
2012	32379.94	1541.29	217.10	15267.35	17112.59
2013	36724.66	404.01	176.56	17611.81	19112.55
2014	41579.84	276.82	180.19	19914.45	21665.39
2015	43888.84	312.77	173.55	21682.76	22206.08
2016	47275.84	121.90	130.19	23713.86	23561.88
2017	50061.66	135.58	128.00	25111.30	24950.36
2018	57732.35	142.54	132.81	29502.35	28230.01
2019	63172.56	100.69	216.76	32062.10	31110.46
2020	63476.68	94.40	250.51	31617.62	31859.06

注：1.国有企业、集体企业1997年及以前年份的是按经济类型划分，1998年及以后年份是按登记注册类型划分。2.2013年，按登记注册分国有企业类型有调整。

Note:1.The Stated-owned Enterprises and Collective-owned Enterprises were grouped by ownership before 1997,grouped by status of registration after 1998. 2.In 2013, The Division of the Stated-owned Enterprises grouped by status of Registration has been adjusted.

11-2 工业总产值指数

Realated Indices of Industrial Enterprises

年份 Year	工业总产值指数（1952=100） Indices of Gross Industrial Output Value(1952=100)					工业总产值本年比上年增长(%) Growth Rates(%)				
	总计 Total	#国有企业 State-owned	#集体企业 Collective owned	#轻工业 Light Industry	#重工业 Heavy Industry	总计 Total	#国有企业 State-owned	#集体企业 Collective owned	#轻工业 Light Industry	#重工业 Heavy Industry
1952	100.0	100.0	100.0	100.0	100.0	31.3	121.7		25.5	109.1
1957	209.8	1190.2	8550.0	195.5	326.1	17.2	25.2	14.0	13.5	38.9
1962	279.5	1780.3	12929.3	228.4	694.6	-18.2	-22.9	2.1	-10.5	-33.5
1965	434.2	2946.4	15953.0	336.2	1230.6	24.2	28.0	11.3	22.7	27.8
1970	626.1	4371.4	19811.0	452.8	2034.7	16.9	21.4	-3.6	10.3	31.1
1975	1132.5	7182.3	53688.6	750.4	4219.4	9.4	8.9	11.2	5.2	15.9
1978	1635.5	10089.1	84353.2	1091.7	6031.6	19.7	19.9	19.2	17.1	23.6
1979	1830.5	11129.4	98310.2	1233.6	6664.9	11.9	10.3	16.5	13.0	10.5
1980	2068.8	12173.9	120672.0	1435.1	7208.0	13.0	9.4	22.7	16.4	8.2
1981	2260.4	12955.7	134425.3	1632.9	7370.9	9.3	6.4	11.4	13.8	2.3
1982	2425.8	13814.7	142670.7	1739.7	8008.3	7.3	6.6	6.1	6.5	8.6
1983	2640.1	14657.1	155963.3	1851.7	9038.7	8.8	6.1	9.3	6.4	12.9
1984	3308.2	16952.0	203636.8	2311.0	11397.2	25.3	15.7	30.6	24.8	26.1
1985	4149.1	19473.0	289888.8	2944.3	13940.1	25.4	44.9	42.4	27.4	22.3
1986	4786.3	21157.8	350355.2	3404.5	16018.8	15.4	8.7	20.9	15.6	14.9
1987	5894.3	23774.3	430360.7	4213.8	19563.2	23.1	12.4	22.8	23.8	22.1
1988	7854.0	27911.6	580627.2	5825.5	24437.9	33.2	17.4	34.9	38.2	24.9
1989	9044.6	29955.4	662981.4	6661.8	28504.2	15.2	7.3	14.2	12.0	15.2
1990	10205.0	30086.1	719949.7	7689.2	30824.9	12.8	0.4	8.6	15.4	8.1
1991	12489.5	32848.3	897745.8	9498.9	37105.3	22.4	9.2	24.7	23.5	20.4
1992	17149.9	37953.2	1360582.9	13312.9	49059.4	37.3	15.5	51.6	40.2	32.2
1993	25624.1	38810.8	2193320.1	19145.7	78531.6	49.4	2.3	61.2	43.8	60.1
1994	34914.6	39505.1	3062020.4	25873.0	108508.9	36.3	1.8	39.6	35.1	38.2
1995	41709.8	38550.9	3254811.9	30200.8	134592.3	23.3	0.9	10.2	20.8	27.4
1996	50427.1	39444.8	4293096.9	38385.2	149397.5	20.9	2.3	31.9	27.1	11.0
1997	60916.0	36994.0	4288803.8	45678.4	185252.9	20.8	-6.2	-0.1	19.0	24.0
1998	70175.2	33664.5	3628328.0	53854.8	204519.2	15.2	-9.0	-15.4	17.9	10.4
1999	80210.3	34708.1	3726292.9	59725.0	246650.2	14.3	3.1	2.7	10.9	20.6
2000	91519.9	35228.7	3934965.3	66653.1	290553.9	14.1	1.5	5.6	11.6	17.8
2001	103234.5	31987.7	3635907.9	71918.7	347212.0	12.8	-9.2	-7.6	7.9	19.5
2002	121403.8	25750.1	3857698.3	82994.2	419432.0	17.6	-19.5	6.1	15.4	20.8
2003	143256.5	29303.6	4328337.5	95443.3	507512.8	18.0	13.8	12.2	15.0	21.0
2004	168183.1	32849.3	4233114.1	112432.2	593789.9	17.4	12.1	-2.2	17.8	17.0
2005	196269.7	35280.2	4643726.2	135480.8	673951.6	16.7	7.4	9.7	20.5	13.5
2006	234738.6	40783.9	5307779.0	160680.2	810089.8	19.6	15.6	14.3	18.6	20.2
2007	287789.5	45351.7	6167639.2	193780.4	997220.5	22.6	11.2	16.2	20.6	23.1
2008	337000.9	45623.8	6846079.5	226529.3	1168742.5	17.1	0.6	11.0	16.9	17.2
2009	386877.0	50003.7	8105758.1	266851.5	1311329.1	14.8	9.6	18.4	17.8	12.2
2010	483983.1	59654.4	9272987.3	327960.5	1665388.0	25.1	19.3	14.4	22.9	27.0
2011	563840.3	67827.1	10775211.2	380434.2	1948504.0	16.5	13.7	16.2	16.0	17.0
2012	650107.9	70947.1	11906608.4	441303.7	2232985.6	15.3	4.6	10.5	16.0	14.6
2013	742423.2	79602.6	11763729.1	503968.7	2550069.4	14.2	12.2	-1.2	14.2	14.2
2014	832998.8	88040.5	12610717.6	559405.3	2886678.6	12.2	10.6	7.2	11.0	13.2
2015	912966.7	89889.4	13581742.9	615905.2	3158026.4	9.6	2.1	7.7	10.1	9.4
2016	991075.9	94811.7	13348615.9	668016.4	3434720.2	8.6	5.5	-1.7	8.5	8.8
2017	1068291.8	136333.2	13792967.3	728773.7	3589425.1	7.8	43.8	3.3	9.1	4.5
2018	1168711.2	145331.2	14289514.1	795820.9	3937599.3	9.4	6.6	3.6	9.2	9.7
2019	1271775.3	157940.4	15668708.7	854992.7	4345140.4	8.8	8.7	9.7	7.4	10.3
2020	1296567.1	155322.3	17884189.1	851881.3	4532770.0	1.9	-1.7	14.1	-0.4	4.3

注：1.国有企业、集体企业1997年及以前年份的是按经济类型划分，1998年及以后年份是按登记注册类型划分。2.2013年度数据是根据企业上报的当年数和上年数计算的。

Note:1.The Stated-owned Enterprises and Collective-owned Enterprises were grouped by ownership before 1997,grouped by status of registration after 1998. 2.The data of 2013 is calculated according to the data reported by Enterprises in this year and previous year.

11-3 规模以上工业企业主要指标

Main Indicators of Industrial Enterprises above Designated Size

单位：亿元 (100 million yuan)

年份 Year	企业单位数（个） Number of Enterprises (unit)	资产总计 Total Assets	流动资产合计 Circulating Funds	主营业务收入 Revenue from Principal Business	利润总额 Total Profits	税金总额 Total Tax
1998	6106	2626.33	1101.12	1860.76	55.76	103.85
1999	5549	2890.62	1209.61	2060.31	87.38	113.67
2000	6011	3368.64	1401.27	2468.69	110.80	135.80
2001	6583	3632.22	1514.43	2789.09	118.22	146.16
2002	7462	4059.60	1781.70	3522.47	204.30	164.91
2003	9208	4902.48	2306.49	4822.24	314.40	204.22
2004	11918	6034.04	2994.25	6581.07	382.00	253.11
2005	12396	6841.37	3393.30	7848.24	407.55	285.73
2006	13755	8168.75	4111.21	9661.48	586.52	377.21
2007	15178	10157.20	5056.06	12227.31	894.51	481.21
2008	17212	11694.91	5700.78	14816.17	896.11	560.87
2009	18154	13344.47	6564.47	16338.61	1104.05	649.12
2010	19227	16058.70	8420.83	21479.37	1754.18	824.27
2011	14116	18582.15	9797.20	26850.95	2114.54	992.88
2012	15333	21385.98	11419.24	29206.84	2023.27	1253.05
2013	16115	24959.37	12904.53	33111.10	2225.00	1396.21
2014	16744	27978.35	14189.64	37097.44	2344.27	1516.42
2015	17240	29647.54	14767.63	39591.28	2359.82	1614.97
2016	17262	32081.30	16286.10	42537.24	2889.26	1453.86
2017	17348	34591.63	17494.17	45658.46	3221.82	1493.86
2018	17347	36858.81	18968.09	50640.07	4180.27	1613.05
2019	18373	39551.81	20046.89	56787.62	4326.54	1503.65
2020	18845	41995.99	21136.44	53220.66	3949.87	1188.01

注：从2011年起，规模以上工业划分标准由年主营业务收入（销售收入）500万元及以上调整为2000万元及以上。（下同）

Note:Since 2011,Revenue from Principal Business of Industrial Enterprises above Designated Size become 20 million yuan frome 5 million yuan. The same applies to the tables following.

11-4 规模以上工业企业主要经济指标

单位：亿元

年份 Year	固定资产原价 Original Value of Fixed Assets				固定资产合计 Total Value of Fixed Assets				主营业务收入 Sale Revenue
	合计 Total	国有 State-owned	集体 Collective-owned	其他 Others	合计 Total	国有 State-owned	集体 Collective-owned	其他 Others	合计 Total
1978	44.84	40.62	4.22			29.52			
1980	56.78	49.65	7.13		41.11	35.83	5.28		67.25
1985	103.41	83.83	17.26	2.32	74.01	59.40	12.57	2.04	136.58
1990	244.56	173.52	38.76	32.28	180.75	127.49	26.37	26.89	352.56
1995	991.98	482.24	93.97	415.77	783.88	368.76	69.46	345.66	1469.28
1996	1197.03	551.93	107.01	538.09	923.98	411.57	77.81	434.60	1617.13
1997	1444.47	585.53	128.06	730.88	1106.79	434.63	95.68	576.48	1858.56
1998	1539.99	613.18	84.78	842.03	1150.38	450.25	62.28	637.85	1860.76
1999	1768.61	681.74	82.28	1004.59	1307.18	493.17	59.01	755.00	2060.31
2000	2032.18	679.99	85.13	1267.06	1479.53	477.71	60.21	941.61	2468.69
2001	2351.09	711.63	76.29	1563.17	1690.78	492.17	53.55	1145.06	2789.09
2002	2596.43	591.72	59.92	1944.79	1812.38	410.75	41.84	1359.79	3522.47
2003	2979.24	624.78	58.20	2296.26	2020.47	416.94	40.99	1562.54	4822.24
2004	3435.92	640.44	35.79	2759.69	2343.14	427.74	22.86	1892.53	6581.07
2005	3838.40	330.01	36.72	3471.67	2565.23	204.17	24.82	2336.23	7848.24
2006	4499.35	710.81	40.54	3747.99	2970.84	450.69	25.57	2494.57	9661.48
2007	5227.60	712.79	45.22	4469.59	3504.89	472.30	28.72	3003.87	12227.31
2008	5994.98	785.89	45.36	5163.73	4043.82	507.56	28.52	3507.74	14816.17
2009	7039.82	1110.16	44.94	5884.71	4740.79	741.70	28.74	3970.35	16338.61
2010	7967.50	1146.31	54.30	6766.88	5324.49	742.54	33.50	4548.45	21479.37
2011	8855.37	1383.56	44.60	7427.21	5826.21	890.04	27.30	4908.86	26850.95
2012	10220.10	1598.14	33.20	8588.76	6502.59	1011.83	19.47	5471.30	29206.84
2013	11806.75	240.16	26.32	11540.27	7325.46	141.44	13.77	7170.25	33111.10
2014	13572.81	128.40	22.56	13421.85	9246.62	79.22	13.04	9154.36	37097.44
2015	14677.62	386.54	23.88	14267.20	9657.01	253.93	12.91	9390.17	39591.28
2016	16342.12	129.55	15.17	16197.40	9931.69	87.03	9.86	9834.80	42537.24
2017	17685.00	234.81	14.25	17435.94	10530.68	123.90	6.93	10399.85	45658.46
2018	20143.13	191.81	42.22	19909.10	10902.29	99.13	24.97	10778.19	50640.07
2019	21474.87	67.32	75.02	21332.53	10849.95	47.35	21.40	10781.19	56787.62
2020	22883.84	450.39	81.13	22352.32	11263.71	256.84	20.72	10986.16	53220.66

注：1.表内1998年起统计口径为规模以上工业企业,以前为乡及乡以上独立核算工业企业；2.2013年，按登记注册类型分国有企业类型有调整。

Note:a)Statistics scope from 1998 covers industrial enterprises above designated size. b)In 2013, The Division of the Stated-owned Enterprises grouped by status of Registration has been adjusted.

Main Financial Indicators of Industrial Enterprises above Designated Size

(100 million yuan)

			利税总额 Total Profit and Tax				利润总额 Total Profit			
国有 State-owned	集体 Collective-owned	其他 Others	合计 Total	国有 State-owned	集体 Collective-owned	其他 Others	合计 Total	国有 State-owned	集体 Collective-owned	其他 Others
			12.21	10.25	1.96		6.75	5.53	1.22	
52.86	14.38	0.01	14.44	12.13	2.31		8.26	6.82	1.44	
99.06	30.79	6.73	25.74	21.10	3.98	0.66	13.55	11.07	2.15	0.33
213.01	68.65	70.90	44.97	33.14	5.98	5.85	16.09	11.91	1.79	2.39
442.04	225.29	801.95	130.54	58.91	18.30	53.33	48.16	15.17	5.35	27.64
438.70	242.70	935.73	145.20	72.80	18.73	53.67	55.12	25.28	5.31	24.53
417.02	269.98	1171.56	170.38	75.02	21.96	73.40	68.62	30.24	6.40	31.98
387.59	183.71	1289.46	159.61	69.24	12.57	77.80	55.76	18.47	3.40	33.89
424.73	170.05	1465.53	201.05	74.54	12.80	113.71	87.38	22.22	4.38	60.78
445.30	176.52	1846.87	246.60	81.60	14.16	150.84	110.80	24.21	5.29	81.30
431.74	169.13	2188.22	264.38	86.09	14.98	163.31	118.22	26.37	6.21	85.64
344.91	146.80	3030.76	369.21	73.79	12.49	282.93	204.30	20.11	5.73	178.46
390.11	163.67	4268.46	518.62	85.46	16.65	416.51	314.40	24.82	7.97	281.60
590.08	101.07	5889.92	635.11	91.22	8.95	534.94	382.00	21.92	3.73	356.35
398.85	106.91	7342.48	693.28	85.47	9.41	598.40	407.55	19.84	3.47	384.25
738.51	137.89	8785.08	963.72	113.02	16.01	834.69	586.52	26.61	8.04	551.87
709.38	168.53	11349.40	1375.71	122.57	22.34	1230.81	894.51	44.99	12.39	837.13
727.08	176.15	13912.93	1456.97	101.75	20.00	1335.22	896.11	25.45	9.68	860.98
898.97	192.06	15247.58	1753.17	97.57	22.26	1633.34	1104.05	18.37	10.18	1075.50
1080.59	222.89	20175.89	2578.45	157.13	27.55	2393.77	1754.18	53.91	15.54	1684.73
1373.72	249.65	25227.58	3107.42	240.36	31.85	2835.21	2114.54	61.54	18.12	2034.88
1508.80	171.44	27526.60	3276.32	299.84	19.86	2956.62	2023.27	74.82	9.57	1938.88
377.08	129.97	32604.05	3621.20	129.88	15.21	3476.11	2225.00	28.90	7.25	2188.84
239.58	129.37	36728.49	3860.69	117.12	12.78	3730.79	2344.27	17.10	5.44	2321.73
302.30	128.98	39160.00	3974.80	28.22	12.45	3934.12	2359.82	7.61	5.81	2346.41
102.16	114.65	42320.42	4343.12	6.26	8.50	4328.36	2889.26	1.55	4.48	2883.23
117.19	105.07	45436.20	4715.68	4.38	7.16	4704.14	3221.82	0.18	3.82	3217.82
73.65	162.73	50403.69	5793.33	8.31	11.57	5773.45	4180.27	5.34	7.29	4167.64
42.40	216.57	56528.64	5830.19	5.74	10.00	5814.46	4326.54	4.48	6.26	4315.79
282.12	227.99	52710.55	5137.88	2.27	15.10	5120.51	3949.87	-10.39	12.83	3947.43

11-5 规模以上工业企业主要经济效益指标

Main Indicators on Economic Benefit of Industrial Enterprises above Designated Size

年份 Year	总资产贡献率（%） Ratio of Assets to Industrial Output Value (%)	资产负债率（%） Assets- Liability Ratio (%)	流动资产周转次数（次/年） Number of Times of Turnover of Circulating Funds(times/year)	工业成本费用利润率（%） Ratio of Profits to Industrial Cost (%)	全员劳动生产率（元/人） Overall Labor Productivity(yuan/person)	产品销售率（%） Proportion of Products Sold (%)
1998	7.95	56.10	1.76	3.13	38250	95.52
1999	8.95	57.35	1.78	4.50	44967	96.39
2000	9.26	57.52	1.89	4.76	51244	96.95
2001	8.84	56.76	1.91	4.47	53016	96.99
2002	10.91	55.82	2.10	6.22	65802	97.50
2003	12.74	54.34	2.30	7.07	65168	97.59
2004	12.74	52.96	2.39	6.21	70420	97.13
2005	11.89	52.71	2.41	5.52	78898	97.33
2006	14.08	53.81	2.51	6.58	87655	96.96
2007	16.27	55.53	2.58	8.05	100197	97.71
2008	14.86	53.72	2.67	6.44	116619	97.54
2009	15.27	53.44	2.66	7.28	123205	97.34
2010	18.80	52.74	2.87	8.83	148426	97.76
2011	18.04	52.20	2.77	8.42	182719	97.50
2012	16.70	53.39	2.58	7.40	188811	97.83
2013	15.79	54.43	2.59	7.16	210899	97.45
2014	15.02	54.37	2.64	6.74	239802	97.31
2015	14.65	53.56	2.71	6.38	244913	96.71
2016	14.63	52.30	2.64	7.29	261519	96.36
2017	14.61	51.95	2.64	7.55	273389	97.13
2018	16.68	51.58	2.70	8.93	288928	97.27
2019	15.55	50.65	2.87	8.17	316727	97.15
2020	12.93	50.68	2.62	7.74	385625	96.53

11-6 规模以上工业企业单位数

Number of Industrial Enterprises above Designated Size

单位：个 (unit)

项目 Item	2000	2005	2010	2019	2020
合 计 **Total**	**6011**	**12396**	**19227**	**18373**	**18845**
按轻重分 **Grouped by Light &Heavy Industry**					
轻工业 Light Industry	3656	7131	10654	10642	10872
重工业 Heavy Industry	2355	5265	8573	7731	7973
按注册类型分 **Grouped by Status of Registration**					
内资企业 Pomestic Funded Enterprises	3320	7453	13524	15109	15711
港澳台商投资企业 Enterprises With Funds from HongKong,Macao and TaiWan	2076	3165	3705	2103	1990
外商投资企业 Foreign Funded Enterprises	615	1778	1998	1161	1144
按经济类型分 **Grouped by Ownership**					
国有 Stated-owned	1046	481	273	122	127
集体 Collective-owned	1077	800	584	81	71
其他 Others	3888	11115	18370	18170	18647
#外商及港澳台商投资 Funds from HongKong,Macao,Taiwan and Foreign Area	2691	4943	5703	3264	3134
按经济组织分 **Grouped by Organization**					
独资 Sole Funded	3572	4871	5631	2728	2654
合作、合伙 Cooperated and Partnership	494	715	681	134	114
股份有限公司 Share Holding Enterprises	189	381	444	611	585
有限责任公司 Limited Liability Corporations	1756	6429	12471	14900	15492
按规模分 **Grouped by Size**					
大型 Large Scale	92	60	124	451	426
中型 Medium Scale	209	1142	2116	2538	2297
小型 Small Scale	5710	11194	16987	14191	14189
微型 Micro-Scale				1193	1933

11-7 规模以上工业企业主要工业产品产量

Industry Enterprises above Designated Size Output of Major Industrial Products

年份 Year	化学纤维(万吨) Chemical Fiber (10000 tons)	原煤(万吨) Coal (10000 tons)	发电量(亿千瓦小时) Electricity (100 million kwh)	粗钢(万吨) Crude Steel (10000 tons)	水泥(万吨) Cement (10000 tons)	农用氮、磷、钾化学肥料(折纯)(万吨) Chemical Fertilizer (10000 tons)	汽车(辆) Motor Vehicles (unit)	移动通信手持机(万台) Mobile Telephone (10000 unit)	微型计算机设备(万台) Micro-computer (10000 sets)
1952		0.30	0.12						
1957		8.25	0.57		5.26				
1962		55.77	4.99	0.12	6.05	0.31			
1965	0.03	60.19	7.41	0.66	20.37	4.46			
1970	0.10	110.03	13.12	3.62	32.85	5.22	317		
1975	0.28	280.67	26.83	9.84	89.13	9.54	765		
1978	1.19	423.05	40.69	16.16	120.45	16.40	907		
1979	1.13	479.04	44.40	20.93	139.84	19.51	1110		
1980	1.35	462.99	49.47	24.16	155.30	24.32	1029		
1981	1.50	416.55	52.46	21.90	161.62	24.88	60		
1982	1.35	440.23	57.18	24.90	163.71	27.21	40		
1983	1.04	524.26	61.55	23.79	206.66	28.14	257		
1984	1.03	575.94	67.53	28.71	234.03	32.37	641		
1985	1.65	606.53	77.20	31.75	290.69	32.88	652		
1986	2.06	678.52	86.21	34.42	321.76	32.89	870		
1987	2.50	787.19	98.54	39.23	379.50	39.93	1201		
1988	2.62	864.36	114.14	40.39	452.97	40.62	3225		
1989	2.55	944.83	129.56	43.23	499.63	42.28	1607		
1990	3.13	925.37	136.65	51.66	540.04	43.64	676		
1991	3.40	857.19	151.76	56.47	646.87	44.09	1796		
1992	3.56	909.68	176.55	61.87	747.62	47.31	3407		
1993	3.60	982.52	195.27	61.72	902.39	44.39	3949		
1994	4.95	977.38	228.93	56.24	1104.20	47.34	3299		
1995	12.96	1134.18	261.55	55.49	1511.17	51.04	3636		
1996	24.12	1167.97	284.10	80.49	1504.52	56.66	3223		
1997	26.91	776.04	310.18	89.34	1522.42	54.74	6083		
1998	31.59	727.18	322.70	113.32	1594.46	63.51	6276		
1999	37.17	577.14	356.00	128.98	1825.81	61.15	9279		
2000	41.22	375.03	403.73	124.94	1513.64	61.38	29606		88.77
2001	47.95	512.33	446.32	155.27	1525.53	55.84	32498		88.79
2002	65.97	644.51	533.08	211.98	1698.69	60.69	48356		174.25
2003	59.39	778.22	610.70	256.04	2116.27	56.69	86679		241.74
2004	71.47	1076.05	659.64	319.20	2245.34	60.27	65811		295.02
2005	79.12	1331.74	778.25	382.33	2713.62	60.27	70260	1165.96	371.44
2006	106.32	1759.18	904.25	465.48	3343.93	64.76	73215	1358.78	445.73
2007	137.69	1991.74	1038.28	588.43	4449.69	62.95	86514	1097.48	513.23
2008	169.78	2306.07	1085.38	727.28	4593.36	69.60	95098	716.56	647.32
2009	183.66	2466.13	1170.71	765.04	5446.50	59.67	135044	671.50	607.20
2010	206.15	2442.73	1356.32	1086.88	5921.20	57.87	194963	1064.25	738.27
2011	223.98	2480.86	1578.90	1166.89	6570.86	52.14	190835	1658.82	898.56
2012	272.09	1947.55	1622.62	1318.55	7197.60	48.15	186465	2968.01	929.04
2013	376.65	1614.81	1643.16	1997.16	7890.37	46.69	205764	3841.85	1284.76
2014	454.94	1504.45	1746.15	1820.79	7732.33	48.71	180947	1277.99	985.40
2015	576.20	1531.77	1764.90	1586.48	7746.18	52.06	193875	2133.56	818.78
2016	685.21	1346.68	1812.95	1516.80	8091.20	51.83	220171	2568.63	847.36
2017	674.38	1107.00	2062.63	1882.85	8444.19	24.01	281198	578.25	998.42
2018	694.88	918.87	2342.54	2100.70	8783.18	68.16	239457	1362.14	1183.63
2019	849.31	831.72	2406.44	2390.28	9443.13	90.27	169475	1802.92	2192.40
2020	856.36	645.85	2537.12	2466.50	9686.90	86.25	180410	2382.81	1493.63

11-8 规模以上工业企业产品产量

Output of Industrial Products of Industrial Enterprise above Designated size

项目 Item	2000	2005	2010	2019	2020
原煤(吨) Coal(ton)	3750300	13317400	24427250	8317199	6458491
铁矿石原矿量(吨) Primary Iron ore(ton)	1690400	4838600	23272585	18942331	20800804
硫铁矿(折硫35%)(吨) Sulphur Iron(ton)	35000	16600	99177	384940	399436
原盐(吨) Salt(ton)	283700	344900	333929	218298	265406
配混合饲料(吨) Mixed Feed(ton)	974900	2185200	4830171	9448297	10374680
食用植物油(吨) Eatened Vegetable(ton)	62400	434800	1684343	2263179	2030794
罐头(吨) Tin(ton)	267800	785700	2032091	2979613	2818036
啤酒(千升) Beer(1000 L)	1104000	1573300	1887767	1581156	1569360
饮料(吨) Drink(ton)	398200	1112800	3869623	8092001	8344303
精制茶(吨) Highly Finished Tea(ton)	17000	39500	103310	288580	266865
卷烟(万箱) Cigarette(10000 cases)	98.62	121.00	168.75	175.80	177.29
纱(吨) Yarn(ton)	143641	680042	1847365	5809122	5434505
布(万米) Cloth(10000 m)	55867	201266	312003	1027549	744892
棉布(万米) Cottoned Cloth(10000 m)	2938	13020	39708	89630	79416
棉混纺交织布(万米) Blending Cloth(10000 m)	11022	35790	110002	508308	234714
化学纤维短纤布(万米) Pure Chemical Fibre Cloth(10000 m)	41907	152456	162292	429612	430761
印染布(万米) Printing and Dyeing Cloth(10000 m)	38744	162653	391229	561902	591712
毛线(吨) Kitting Wool(ton)	7523	9997	5020	906	924
服装(万件) Clothes(10000 piece)	39877	81539	292273	530003	551100
轻革(平方米) Light Leather(10000 sq.m)	3591200	33335800	43511617	34040714	53601277
皮革鞋靴(万双) Leather Shoes(10000 pairs)	20931	50426	114358	205456	203570
人造板(立方米) Man-made Wood(cu.m)	677000	2664900	9979320	22224292	25502960
胶合板(立方米) Plywood(cu.m)	224800	1082700	4248677	14443612	18011171
纤维板(立方米) Fiberboond(cu.m)	294900	1145500	1936396	2399672	1899736
刨花板(立方米) Honghed Wood(cu.m)	145000	193600	2075427	1189223	1425742

11-8 续表1

Continued

项目　Item	2000	2005	2010	2019	2020
机制纸及纸板(吨) Machine-made Paper and Paperboard(ton)	850700	1871100	4320636	8051297	7984898
焦炭(吨) Coke(ton)	448900	909400	1430462	2019226	2234565
硫酸(折100%)(吨) Sulfuric Acid(ton)	338700	410600	597822	3426459	3437310
盐酸(含量31%以上)(吨) Hydrochloric(ton)	124500	140200	70749	173730	194951
烧碱(折100%)(吨) Caustic Soda(ton)	156400	255100	201120	389755	358968
纯碱(吨) Soda Ash(ton)	94500	192300	177867	290660	254912
合成氨(吨) Synthetic Ammonia(ton)	800900	941500	1021305	585596	298917
农用氮、磷、钾化学肥料(折纯)(吨) Chemical Fertilizer(ton)	613800	602700	578746	902684	862460
#氮肥(吨) Nitrogerous Fertilizer(ton)	509600	557000	553717	616690	561493
#尿素(吨) Carbamine(ton)	278600	313400	329370		
磷肥(吨) Phosphate Fertilizer(ton)	79600	45600	25028	285994	300967
涂料(吨) Paint(ton)	19096	44851	319064	1296898	1262270
初级形态的塑料(吨) Primary form Plastics(ton)	143470	337876	1524961	3830255	3980344
合成洗涤剂(吨) Synthetic Detergents(ton)	68	7004	39705	235931	186185
化学原料药(吨) Chemical Medicine(ton)	1205	2779	7266	20019	24473
中成药(吨) Mid-product chineses Medicine(ton)	3781	3904	6534	25801	31077
化学纤维(吨) Chemical Fiber(ton)	412198	791167	2061509	8493097	8563633
轮胎外胎(条) Tires(pcs)	9839600	17809700	27876136	35746001	29257788
塑料制品(吨) Plastics(ton)	557000	863000	1663088	5336145	5469151
水泥(吨) Cement(ton)	15136400	27136200	59212000	94431346	96868968
砖(万块) Bricks(10000 pcs)	23400	20700	303443	2784900	3112055
花岗石板材(平方米) Granite board(sq.m)	11266800	68322600	145464187	73909228	72615489
平板玻璃(重量箱) Plate glass(case)	4798700	6415100	27653500	51139411	53616323
生铁(吨) Pig Iron(ton)	1493700	3939600	5588053	10380801	11062083
粗钢(吨) Crude Steel(ton)	1249400	3823300	10868830	23902775	24665002

11-8 续表2

Continued

项目 Item	2000	2005	2010	2019	2020
钢材(吨) Steel Products(ton)	2837900	7359000	13405616	37376565	38616471
铁合金(吨) Iron Alloy(ton)	39700	59000	240768	169113	117872
十种有色金属(吨) Ten Nonferrous Metals Total(ton)	34474	60362	138774	734056	739662
金属切削机床(台) Metal-cutting Machine Tools(set)	584	1815	3146	13868	11632
起重机(吨) Crane Machine(ton)	1988	4105	4655	13640	10002
叉车(台) Fork Truck(set)	3301	6720	11081	20682	21005
泵(台) Pump(set)	1676900	4907200	8358576	3840436	3683734
气体压缩机(台) Gas Compressor(set)	28506	42836	50472	61035	58568
轴承(万套) Bearing(10000 units)	1767	4690	11108	15306	15410
汽车(辆) Vehicles(unit)	29606	70260	194963	169475	180410
#载货汽车 Cargo Vehicles	10244	4158	8005	38174	35977
改装汽车(辆) Refitted Vehicles(unit)	7107	26555	16222	11630	10380
民用钢质船舶(载重吨) Civil Steelen Boats(tons)	44457	146816	727031	832630	900444
交流电动机(千瓦) Alternating Current Electromotor(kw)	1799600	2484300	5827571	3574416	4186489
变压器(千伏安) Power Transformer(kva)	2549000	3489300	5728012	11015053	13787333
电力电缆(千米) Electric Cable(km)	14629	18381	105487	215025	582788
电话单机(台) Telephone Set(set)	6646300	9728900	8452845	1823319	1144416
微型计算机设备(台) Personal Computers(set)	887678	3714387	7382707	21923992	14936299
集成电路(万块) Semiconductor Integrated Circuit(10000 units)	6888.00	13996.22	1158.40	95587.70	169472.67
彩色电视机(台) Color TV Sets(set)	2041900	3739000	9031009	7908489	13300154
照相机(台) Cameras(set)	3221684	1101899	4510909	1028134	606223
钟(台) Clocks(set)	27474800	92983300	85595769	108262218	94237627
发电量(万千瓦小时) Electricity(10000 kwh)	4037300	7782500	13563200	24064379	25371210
#水电 Hydropower	1952200	2910000	4536900	2969460	2075960

11-9 规模以上工业企业主要指标（2020年）

单位：万元

项目 Item	企业单位数(个) Number of Enterprises (unit)	资产总计 Total Assets	负债合计 Liabilities	固定资产原价 Original Value of Fixed Assets
合　计 Total	**18845**	**419959914**	**212837941**	**228838447**
#国有控股企业 State-holding Enterprises	535	112143781	64681122	86817806
#亏损企业 Deficitted Enterprises	1570	39168454	25980396	20463133
按轻重分 Group by Light & Heary Industry				
轻工业 Light Industry	10872	166762717	76868079	71933790
重工业 Heavy Industry	7973	253197198	135969862	156904657
按经济类型分 Grouped by Ownership				
国有 Stated-owned	127	28359063	18133804	32118700
集体 Collective-owned	71	597170	236357	897072
股份 Share Holding	798	98705424	53014942	55853019
私营 Private	14704	173307477	83255579	75205675
外商及港澳台商投资 Funds from HongKong,Macao,TaiWan and Foreign Area	3134	118936079	58187882	64750536
其他 Others	10	19891	4278	12532
按登记注册分 Grouped by Status of Registration				
内资企业 Sole Funded	15711	301023836	154650059	164087911
港、澳、台商投资 Enterprises with Funds from HongKong, Macao and TaiWan	1990	70101666	33925940	33389878
外商投资企业 Foreign Funded Enterprises	1144	48834413	24261942	31360658
按经济组织分 Grouped by Organization				
独资企业 Sole Funded	2654	85090465	41020672	44685216
合作、合伙 Cooperated and Partnership	114	865815	347485	572072
股份有限公司 Share Holding Enterprises	585	76123102	34962107	19917034
有限责任公司 Limited Liability Corporations	15492	257880533	136507677	163664125
按规模分 Grouped by Size of Enterprises				
大型企业 Large Scale	426	161548848	87176884	96034040

Main Indicators of Industrial Enterprises above Designated Size(2020)

(10000 yuan)

固定资产净值 Net Value of Fixed Assets	所有者权益合计 Owner's equity	营业收入 Revenue	主营业务收入 Sale Revenue	利润总额 Total Profit	利税总额 Total Profits and Tax	所得税费用 Income Tax	应交增值税 Value Added Tax Payable
123433360	**203902297**	**552808533**	**532206606**	**39498711**	**51378813**	**3510902**	**6649133**
50344968	47375031	74229140	72435971	3609361	8335716	529527	1642396
12368373	12307947	20384664	19264717	-1881492	-1512945	-48879	172000
37285645	87676949	271643041	260093939	21125308	26843764	1466373	2816035
86147716	116225348	281165492	272112668	18373404	24535049	2044529	3833099
17276282	10158950	20107506	19810932	533154	2951427	75005	521979
253353	354944	2735315	2655784	152884	183539	3474	16524
35276337	45641508	66151499	64197585	4912947	6719118	571171	1112805
40552658	88260079	308646137	296560920	21492628	26076896	1420915	3210514
30064733	59441492	154989412	148802722	12393219	15433654	1440326	1787105
9917	15613	77525	77525	4319	4383		12
93368628	144460804	397819121	383403884	27105493	35945158	2070576	4862029
15664973	35604022	87589926	83254557	8026892	9481541	837134	1007975
14399759	23837471	67399486	65548165	4366327	5952113	603193	779130
21630013	42900818	110408167	106282817	9073669	10773291	989071	1109257
267972	516126	2131417	2076202	146985	180353	17235	23021
11609528	41049542	46387743	44046684	4702448	5607326	418132	660300
89925847	119435810	393881206	379800903	25575609	34817842	2086465	4856555
51458677	74371964	159103007	156073142	12599167	18402743	1428790	2501636

11-9 续表1

单位：万元

项目 Item	企业单位数(个) Number of Enterprises (unit)	资产总计 Total Assets	负债合计 Liabilities	固定资产原价 Original Value of Fixed Assets
中型企业 Medium Scale	2297	113226364	52982850	59070246
小型企业 Small Scale	14189	126164850	61886526	65753243
微型企业 Micro-Scale	1933	19019852	10791681	7980918
按行业分 Grouped by Sector				
煤炭开采和洗选业 Coal Mining and Dressing	50	1165967	492969	557955
石油和天然气开采业 Petroleum and Natural Gas Mining				
黑色金属矿采选业 Ferrous Metals Mining and Dressing	61	983333	509821	1065963
有色金属矿采选业 Nonferrous Metals Mining and Dressing	40	787532	250210	856152
非金属矿采选业 Nonmetal Minerals Mining and Quarrying	169	1516620	409801	1205086
其他采矿业 Others Mining and Quarrying				
农副食品加工业 Agricultural and Sideline Products Processing	1168	15811482	7736790	6445534
食品制造业 Food Manufacturing	632	9891661	3798643	3501069
酒、饮料和精制茶制造业 Wine，Drink and Tea Manufacturing	573	6146642	2261060	3455230
烟草制品业 Tobacco Processing	7	2679231	753397	1572660
纺织业 Textile Industry	1074	17823585	8641883	10172167
纺织服装、服饰业 Textile Garments Products	1414	13081830	5120942	4610079
皮革、毛皮、羽毛及其制品和制鞋业 Leather , Furs , Down and Relate Products	1317	17937983	8557985	7140471
木材加工和木、竹、藤、棕、草制品业 Timber Processing,Bamboo,Cane,Palm Fiber and Straw Products	823	3755158	1662604	2779027
家具制造业 Furniture Manufacturing	396	2960293	1454922	1172851
造纸和纸制品业 Papermaking and Paper Products	464	9309757	5296997	4756166
印刷和记录媒介复制业 Printing and Record Medium Reproduction	277	2622107	1116314	1206938
文教、工美、体育和娱乐用品制造业 Cultural , Educational and Sports Goods	993	9056943	3649757	3984336
石油、煤炭及其他燃料加工业 Petroleum Processing , Coking and Nuclear Fuel Processing	42	11606100	6655385	12050749

Continued

(10000 yuan)

固定资产净值 Net Value of Fixed Assets	所有者权益合计 Owner's equity	营业收入 Revenue	主营业务收入 Sale Revenue	利润总额 Total Profit	利税总额 Total Profits and Tax	所得税费用 Income Tax	应交增值税 Value Added Tax Payable
31064876	60243506	149448990	146287336	12648124	15169767	1262500	1757287
33992526	64276595	225276653	223580900	13432391	16694187	829687	2249362
6917281	5010231	18979883	6265229	819030	1112116	-10075	140848
372048	562898	809579	734426	61655	112471	11620	37572
524525	468090	2286886	2229324	74375	123385	13789	32230
383008	537321	852594	837418	36416	59759	6565	7923
482354	1098142	3078302	3020113	158491	244402	15080	32848
3542085	7928254	32224642	31128117	2049534	2305622	77970	181486
1976021	5972358	15781887	15379254	1460684	1682512	77024	168313
1795556	3778817	10071304	9698396	843927	1108699	64790	142738
411112	1925834	3094645	3007166	205578	2222530	22862	268650
4840926	8919794	32651605	31205469	1744027	2037153	100965	205629
2364970	7715808	24948037	23447848	1894151	2331370	113035	324085
4123897	9229623	37039588	35695960	3044007	3665303	207995	441641
1039170	2020411	12854594	12442887	532690	679114	21439	100133
648273	1457917	6583142	6360795	410136	493799	25789	56400
2759889	3884504	12501646	11878479	1060878	1278377	86601	168509
648354	1484686	4779249	4654586	327485	397737	19637	47329
2055780	5258531	20933824	19854634	1689912	1964882	107677	165734
6544071	4940820	13988457	13762953	501111	1947320	41002	477460

11-9 续表2

单位：万元

项目 Item	企业单位数(个) Number of Enterprises (unit)	资产总计 Total Assets	负债合计 Liabilities	固定资产原价 Original Value of Fixed Assets
化学原料和化学制品制造业 Raw Chemical Materials and Chemical Products	775	22570360	12515017	13038911
医药制造业 Medical and Pharmaceutical Products	203	5622238	1678821	2402828
化学纤维制造业 Chemical Fiber	104	8859656	5338868	6725870
橡胶和塑料制品业 Rubber and Plastic Products	939	12318943	5836109	6666518
非金属矿物制品业 Nonmetal Minerals Products	1863	25952299	12033205	12977854
黑色金属冶炼和压延加工业 Smelting and Pressing of Ferrous Metals	148	13380604	8084074	7322430
有色金属冶炼和压延加工业 Smelting and Pressing of Nonferrous Metals	148	20916790	12275886	5814434
金属制品业 Metal Products	972	11543907	5500570	5173243
通用设备制造业 General Equipment	700	10461417	4529127	3990535
专用设备制造业 Special Purpose Equipment	659	10231628	5441420	3505951
汽车制造业 Car Manufacturing	379	10007929	5837908	4997001
铁路、船舶、航空航天和其他运输设备制造业 Railway,Watercraft,Aviation and others transportation Manufacturing	156	3092256	2121313	1185253
电气机械和器材制造业 Electric Equipment and Machinery	744	31786247	15718804	7754034
计算机、通信和其他电子设备制造业 Computer,Communication and other Electronic Equipment	695	45177905	22126563	20466354
仪器仪表制造业 Instruments and Meters Machinery	209	2734746	1072114	599951
其他制造业 Others Manufacturing	149	1259954	526596	352375
废弃资源综合利用业 Waste Resources and Materials Recovering	84	861618	522807	357472
金属制品、机械和设备修理业 Metals,Machinery and Equipment maintenance	35	1135119	352286	763445
电力、热力生产和供应业 Production and Supply of Electric Power and Hot Power	243	45925067	28254535	52884064
燃气生产和供应业 Production and Supply of Gas	56	2617037	1280796	2000663
水的生产和供应业 Production and Supply of Water	84	6367975	3421642	3326829

Continued

(10000 yuan)

固定资产净值 Net Value of Fixed Assets	所有者权益合计 Owner's equity	营业收入 Revenue	主营业务收入 Sale Revenue	利润总额 Total Profit	利税总额 Total Profits and Tax	所得税费用 Income Tax	应交增值税 Value Added Tax Payable
8293611	9987094	25325072	24392464	1490370	1935197	89082	259729
1270938	3937843	4880813	4786600	1052755	1195625	131806	108168
2928162	3517184	14904559	13972462	709065	785763	15865	46417
3235022	6417941	18694338	18023864	1240408	1527553	110203	198382
6708699	13776523	44944488	43724889	3775125	4750141	312867	670513
4212515	5241835	21790131	21239722	1219797	1449362	132804	182747
3521750	8627971	29156794	28533509	1844700	2137768	254458	219929
2697867	5955537	19009016	18255577	1180216	1430523	89095	184562
2080124	5819718	13945685	13396736	1166680	1357543	83029	126524
1690557	4732992	11310447	10975030	963442	1196808	78359	169132
2392646	4160352	10760221	10390960	471380	729486	85085	139911
655383	950971	2573386	2453174	-36109	22234	7415	32160
4201342	15411881	25943982	24813012	2964742	3374650	333508	279333
11598063	22806027	41078106	38619772	2564832	3065260	312767	369986
356375	1650122	2796019	2732953	183506	232827	16025	39518
194087	678874	2637197	2436220	170321	211217	10977	31874
248561	325050	2287616	2202277	32717	204468	3481	150176
421464	782302	1168086	1159955	76758	98000	11109	14119
28888937	17670528	20643913	20494781	1860931	2491574	330800	527718
1308416	1336240	3503272	3396215	367307	387629	68181	13519
2016804	2931504	975414	868607	104714	140753	20149	26040

11-10 大中型工业企业主要经济指标（2020年）

单位：万元

项目 Item	企业单位数(个) Number of Enterprises (unit)	资产总计 Total Assets	负债合计 Liabilities	固定资产原价 Original Value of Fixed Assets
合 计 Total	**2723**	**274775212**	**140159734**	**155104285**
煤炭开采和洗选业 Coal Mining and Dressing	10	701442	276761	260679
石油和天然气开采业 Petroleum and Natural Gas Mining				
黑色金属矿采选业 Ferrous Metals Mining and Dressing	5	622245	340462	558101
非金属矿采选业 Nonmetal Minerals Mining and Quarrying	7	504895	33849	161145
其他采矿业 Others Mining and Quarrying				
农副食品加工业 Agricultural and Sideline Products Processing	130	7145337	3152325	2974971
食品制造业 Food Manufacturing	110	5511032	1909750	1496792
酒、饮料和精制茶制造业 Wine，Drink and Tea Manufacturing	70	3274969	1250744	1800165
烟草制品业 Tobacco Processing	6	2661449	739464	1339376
纺织业 Textile Industry	181	10477588	4937900	6111125
纺织服装、服饰业 Textile Garments Products	214	8138754	2768582	2764147
皮革、毛皮、羽毛及其制品和制鞋业 Leather , Furs , Down and Relate Products	368	12874002	6280066	4360867
木材加工和木、竹、藤、棕、草制品业 Timber Processing,Bamboo,Cane,Palm Fiber and Straw Products	36	784537	331970	374493
家具制造业 Furniture Manufacturing	48	1409535	730123	572983
造纸和纸制品业 Papermaking and Paper Products	59	6194490	3487104	3557487
印刷和记录媒介复制业 Printing and Record Medium Reproduction	26	1146510	444464	455836
文教、工美、体育和娱乐用品制造业 Cultural , Educational and Sports Goods	164	4227933	2042022	1723999
石油、煤炭及其他燃料加工业 Petroleum Processing , Coking and Nuclear Fuel Processing	6	10898071	6344430	11856466
化学原料和化学制品制造业 Raw Chemical Materials and Chemical Products	67	9952024	4826781	6051250

Main Financial Indicators of Large and Medium Industrial Enterprises(2020)

(10000 yuan)

固定资产净值 Net Value of Fixed Assets	所有者权益合计 Owner's equity	营业收入 Revenue	主营业务收入 Sale Revenue	利润总额 Total Profit	利税总额 Total Profits and Tax	所得税费用 Income Tax	应交增值税 Value Added Tax Payable
82523553	**134615471**	**308551998**	**302360477**	**25247291**	**33572510**	**2691290**	**4258923**
134064	424682	374295	347320	35220	62700	9308	18687
395041	281783	631127	629519	48449	76191	11108	19926
152070	471046	250357	250330	46608	48786	280	798
1646831	3993012	11485033	11259179	841772	943700	33038	79054
808574	3601281	7082347	7048015	825500	945215	58277	91925
928301	2024224	5090294	5008371	482016	651466	48690	87701
405007	1921986	3055853	2968374	205295	2222170	22862	268650
2886494	5539688	18014133	17914865	1068390	1232792	73466	120584
1366679	5370172	13165646	13049135	1206593	1476097	93723	203307
2585392	6593935	25374286	25289000	2287865	2733484	185908	321851
170754	452567	2035781	2023918	92727	125593	6928	18790
299326	679412	2835252	2796069	208299	244780	16349	22066
2117517	2707386	7598343	7394417	793172	934845	69109	110107
245360	702047	1652546	1644469	130470	157215	6630	15895
912883	2185911	8687995	8645534	671741	788805	63527	72340
6415265	4553641	12872156	12728548	441976	1864398	37572	457447
3532718	5125243	9381720	9059769	741065	913976	43448	117243

11-10 续表

单位：万元

项目 Item	企业单位数(个) Number of Enterprises (unit)	资产总计 Total Assets	负债合计 Liabilities	固定资产原价 Original Value of Fixed Assets
医药制造业 Medical and Pharmaceutical Products	37	3546808	760578	1101528
化学纤维制造业 Chemical Fiber	34	7511495	4573033	6104610
橡胶和塑料制品业 Rubber and Plastic Products	113	6495735	2850928	4091356
非金属矿物制品业 Nonmetal Minerals Products	258	12097853	5401511	6619532
黑色金属冶炼和压延加工业 Smelting and Pressing of Ferrous Metals	30	12201399	7459854	6448148
有色金属冶炼和压延加工业 Smelting and Pressing of Nonferrous Metals	32	19734809	11645527	5326993
金属制品业 Metal Products	83	5637995	2538482	2116628
通用设备制造业 General Equipment	73	5652663	2255929	1923195
专用设备制造业 Special Purpose Equipment	58	5270125	3130487	1028306
汽车制造业 Car Manufacturing	66	7130316	4530122	3349140
铁路、船舶、航空航天和其他运输设备制造业 Railway,Watercraft,Aviation and others transportation Manufacturing	19	2001767	1570407	616612
电气机械和器材制造业 Electric Equipment and Machinery	131	25579548	12573691	6101295
计算机、通信和其他电子设备制造业 Computer,Communication and other Electronic Equipment	194	36075846	17019934	18208951
仪器仪表制造业 Instruments and Meters Machinery	21	958213	254930	249525
其他制造业 Others Manufacturing	27	550611	255048	135896
废弃资源综合利用业 Waste Resources and Materials Recovering				
金属制品、机械和设备修理业 Metals,Machinery and Equipment maintenance	6	714968	197885	561860
电力、热力生产和供应业 Production and Supply of Electric Power and Hot Power	18	33076227	21255552	41499533
燃气生产和供应业 Production and Supply of Gas	6	1448095	647948	1432851
水的生产和供应业 Production and Supply of Water	9	2505388	1324109	1585909

Continued

(10000 yuan)

固定资产净值 Net Value of Fixed Assets	所有者权益合计 Owner's equity	营业收入 Revenue	主营业务收入 Sale Revenue	利润总额 Total Profit	利税总额 Total Profits and Tax	所得税费用 Income Tax	应交增值税 Value Added Tax Payable
571780	2786230	2700719	2664591	846904	942386	113450	74754
2536006	2938462	12441423	11922292	592191	654074	14787	36291
1957931	3644807	8162221	7987186	669325	812954	74443	98373
3316905	6696343	17264664	17066600	1839912	2246440	176523	291938
3524876	4741545	19320668	18920853	1087812	1301299	125102	171233
3198128	8089282	19045820	18523308	1786014	2046013	247680	198413
1148358	3099512	7251905	7082132	517879	630519	60719	87306
982557	3396734	6070907	6011323	715670	798296	61463	55160
512469	2139637	3635701	3575301	380150	476166	45267	75412
1632421	2600193	6716421	6517214	260606	450506	64023	89558
385576	431361	1150411	1141608	-110813	-89781	3321	11132
3249177	13005856	18964115	18126720	2552150	2843040	302768	197240
10128946	19055911	33559074	32305808	2221804	2630386	283652	301609
152287	703283	1038792	1030995	72830	85397	8617	10243
69409	295564	1445776	1445626	98956	123336	8624	20190
285872	517083	620703	619195	36843	48428	4866	6944
22060052	11820675	17358704	17255388	1273964	1835839	263518	484113
865137	800147	1779021	1689902	237994	248654	43236	6692
917030	1181279	358034	339986	26445	44089	5864	12884

11-11 国有控股工业企业主要经济指标（2020年）

单位：万元

项目 Item	企业单位数(个) Number of Enterprises (unit)	资产总计 Total Assets	负债合计 Liabilities	固定资产原价 Original Value of Fixed Assets
合计 Total	**535**	**112143781**	**64681122**	**86817806**
按隶属关系分 Grouped by Subordination				
中央企业 Central Enterprises	85	42878768	28796554	47031487
地方企业 Local Enterprises	450	69265013	35884568	39786319
按轻重分 Grouped by Light &Heavy Industry				
轻工业 Light Industry	99	7537316	2478040	3204900
重工业 Heavy Industry	436	104606465	62203082	83612906
按规模分 Grouped by Size of Enterprises				
大型企业 Large Scale	37	66372329	39030723	56834836
中型企业 Medium Scale	98	20877696	10662254	14170753
小型企业 Small Scale	340	16643048	9180526	11269576
微型企业 Micro-Scale	60	8250707	5807620	4542641
按行业分 Grouped by Sector				
#**煤炭开采和洗选业** Coal Mining and Dressing	11	780622	294342	291127
黑色金属矿采选业 Ferrous Metals Mining and Dressing	4	601201	336100	530810
有色金属矿采选业 Nonferrous Metals Mining and Dressing	8	190017	57893	277368
非金属矿采选业 Nonmetal Minerals Mining and Quarrying	11	568815	81926	200285
农副食品加工业 Agricultural and Sideline Products Processing	18	237354	188073	78816
食品制造业 Food Manufacturing	10	487534	175735	139982
酒、饮料和精制茶制造业 Wine，Drink and Tea Manufacturing	9	214853	34721	148466
烟草制品业 Tobacco Processing	6	2661449	739464	1339376
纺织服装、服饰业 Textile Garments Products	5	43558	4276	18527
木材加工和木、竹、藤、棕、草制品业 Timber Processing,Bamboo,Cane,Palm Fiber and Straw Products	6	311596	187028	178463

Main Financial Indicators of State-holding Industrial Enterprise(2020)

(10000 yuan)

固定资产净值 Net Value of Fixed Assets	所有者权益合计 Owner's equity	营业收入 Revenue	主营业务收入 Sale Revenue	利润总额 Total Profit	利税总额 Total Profits and Tax	所得税费用 Income Tax	应交增值税 Value Added Tax Payable
50344968	**47375031**	**74229140**	**72277750**	**3609361**	**8335716**	**529527**	**1642396**
27748935	14082213	24396682	24033216	1059570	3393157	162235	838422
22596033	33292818	49832459	48244534	2549791	4942559	367293	803974
1385938	5060320	6360681	6131212	600011	2713090	70355	338564
48959030	42314711	67868459	66146539	3009350	5622626	459172	1303831
32100945	27341606	43908728	43072809	2063409	6174039	259084	1270076
7403397	10215443	13392116	12795490	1031815	1378959	192294	252955
7099251	7462521	14435185	14170842	666171	821261	100499	100215
3741375	2355461	2493112	2238609	-152034	-38544	-22350	19149
160948	419971	232884	201732	22077	46223	9286	17203
371427	265101	357859	356251	47888	74579	11108	19801
74234	132125	251726	248344	18646	32773	3989	4873
173822	486888	169407	169230	24810	33278	5915	5062
46882	49280	586705	555288	16194	18546	461	849
94284	311799	120392	117276	-3657	584	316	2898
49603	180132	138026	136638	12450	27204	3291	6641
405007	1921986	3055853	2968374	205295	2222170	22862	268650
6890	39283	21760	21597	1823	4742	294	2582
92637	124568	213557	213057	10537	13443	-596	2058

11-11 续表

单位：万元

项目 Item	企业单位数(个) Number of Enterprises (unit)	资产总计 Total Assets	负债合计 Liabilities	固定资产原价 Original Value of Fixed Assets
造纸和纸制品业 Papermaking and Paper Products	4	463308	131065	334983
印刷和记录媒介复制业 Printing and Record Medium Reproduction	11	260389	93085	107628
石油、煤炭及其他燃料加工业 Petroleum Processing , Coking and Nuclear Fuel Processing	4	10605782	6231930	11683501
化学原料和化学制品制造业 Raw Chemical Materials and Chemical Products	29	7082967	5605182	4199532
医药制造业 Medical and Pharmaceutical Products	14	1322945	204958	389567
化学纤维制造业 Chemical Fiber	3	145101	114905	105750
非金属矿物制品业 Nonmetal Minerals Products	50	1375644	641345	666795
黑色金属冶炼和压延加工业 Smelting and Pressing of Ferrous Metals	10	6734665	3470308	3655035
有色金属冶炼和压延加工业 Smelting and Pressing of Nonferrous Metals	21	12466673	6781133	2590751
金属制品业 Metal Products	9	130975	66628	51526
通用设备制造业 General Equipment	11	707692	364790	224331
专用设备制造业 Special Purpose Equipment	8	408959	210688	107672
汽车制造业 Car Manufacturing	10	2272928	1865119	1145942
铁路、船舶、航空航天和其他运输设备制造业 Railway,Watercraft,Aviation and others transportation Manufacturing	8	1938606	1647671	576494
电气机械和器材制造业 Electric Equipment and Machinery	17	1489757	1098655	344797
计算机、通信和其他电子设备制造业 Computer,Communication and other Electronic Equipment	28	11826318	4747262	6228134
废弃资源综合利用业 Waste Resources and Materials Recovering	6	129789	91149	58222
金属制品、机械和设备修理业 Metals,Machinery and Equipment maintenance	6	84784	45012	43861
电力、热力生产和供应业 Production and Supply of Electric Power and Hot Power	131	39578772	25443742	47019566
燃气生产和供应业 Production and Supply of Gas	9	1271692	567740	1302403
水的生产和供应业 Production and Supply of Water	52	5454273	3029568	2608090

Continued

(10000 yuan)

固定资产净值 Net Value of Fixed Assets	所有者权益合计 Owner's equity	营业收入 Revenue	主营业务收入 Sale Revenue	利润总额 Total Profit	利税总额 Total Profits and Tax	所得税费用 Income Tax	应交增值税 Value Added Tax Payable
127538	332243	172187	168721	-1774	7653	279	7794
33919	167304	128676	106803	19960	25595	3984	4578
6342970	4373852	12282550	12141646	377601	1779344	29797	439566
3352613	1477785	4398684	4042838	-141766	-6755	-29171	35678
164037	1119031	677147	676121	275108	318851	30870	36281
51503	30196	163408	100803	-6353	-5188	44	447
325124	733684	1492941	1454589	159275	208298	23364	40513
2079588	3264356	6440010	6149369	241057	345312	77269	83008
1583021	5678623	12958029	12743941	457680	588070	16672	89612
33654	64347	244397	210716	10633	14441	2760	3270
134295	342902	292726	274645	30714	34267	3303	1626
46216	198271	191306	182935	5351	10525	540	3819
700691	407810	2255481	2176427	-64454	-53623	342	-8668
397322	290935	484881	473192	-166832	-163275	-3223	841
261045	391102	1253955	1241476	44368	46685	1277	-488
4019056	7079055	4702156	4591613	343981	462406	21690	91704
43150	38639	169397	168886	-816	16783	409	15560
35785	39772	67030	63890	5095	6432	911	1149
26677835	14135029	18218180	17961065	1416508	1937389	231920	436822
761137	703952	1508989	1454952	168512	176612	40886	4411
1596398	2409877	597329	528003	55760	82912	13761	20229

11-12 规模以上外商及港澳台投资工业企业主要经济指标（2020年）

单位：万元

项目 Item	企业单位数(个) Number of Enterprises (unit)	资产总计 Total Assets	负债合计 Liabilities	固定资产原价 Original Value of Fixed Assets
合计 Total	**3134**	**118936079**	**58187882**	**64750536**
按登记注册类型分 Grouped by Status of Registration				
港、澳、台商投资企业 Enterprises with Funds from HongKong, Macao and TaiWan	**1989**	**70098021**	**33925388**	**33389773**
合资经营企业 Joint Ventures Enterprises	426	15229836	8601695	6435876
合作经营企业 Cooperative Operation Enterprises	5	57969	30186	21405
独资企业 Sole Investment	1498	48366119	22387915	24197675
股份有限公司 Share-holding Corporations Ltd with Investment	60	6444097	2905591	2734817
外商投资企业 Foreign Funded Enterprises	**1144**	**48834413**	**24261942**	**31360658**
中外合资经营企业 Joint Ventures Enterprises	277	16930518	9477640	15566346
中外合作经营企业 Cooperative Operation Enterprises	10	418710	181494	313747
外资企业 Sole Foreign Investment Enterprises	839	28932758	13076647	14381777
外商投资股份有限公司 Foreign Investment share Enterprises	18	2552426	1526161	1098789
按轻重分 Grouped by Light &Heavy Industry				
轻工业 Light Industry	2046	62107910	29612874	26923144
重工业 Heavy Industry	1088	57268306	28873221	38888028
按规模分 Grouped by Size of Enterprises				
大型企业 Large Scale	186	50946532	26032318	29977128
中型企业 Medium Scale	731	38856600	17988661	22034779
小型企业 Small Scale	1927	25323799	12169691	12769720

Main Financial Indicators of Industrial Enterprises with Foreign Capital above Designated Size(2020)

(10000 yuan)

固定资产净值 Net Value of Fixed Assets	所有者权益合计 Owner's equity	营业收入 Revenue	主营业务收入 Sale Revenue	利润总额 Total Profit	利税总额 Total Profits and Tax	所得税费用 Income Tax	应交增值税 Value Added Tax Payable
30064733	**59441492**	**154989412**	**148802722**	**12393219**	**15433654**	**1440326**	**1787105**
15664911	**35600929**	**87570504**	**83235135**	**8025051**	**9479648**	**836673**	**1007972**
3229121	6492908	19235414	17664069	1756117	2199824	210378	283169
10548	27782	113978	113978	4692	5606	2	717
11177660	25541731	62103562	59550826	5829342	6729105	579223	635114
1247582	3538507	6117551	5906263	434900	545113	47071	88972
14399759	**23837471**	**67399486**	**65548165**	**4366327**	**5952113**	**603193**	**779130**
7125695	7413088	24075718	23643521	1071895	1988381	135769	315429
137672	236596	561854	544362	60671	74239	13856	10900
6406651	15161521	39557775	38219524	2920323	3526155	407082	411435
729742	1026266	3204139	3140758	313438	363338	46485	41365
13566378	31330016	83222790	79515005	7778260	9048786	716094	875756
16855153	28253400	72160478	69678415	4676729	6470746	739727	932249
13155730	24914215	66107117	65162651	5226998	6854081	688993	796615
10416251	20867935	48636582	47187985	4438045	5337405	580479	632167
5949379	13154683	36075019	35685693	2513954	3003981	180051	346277

11-12 续表1

单位：万元

项目 Item	企业单位数(个) Number of Enterprises (unit)	资产总计 Total Assets	负债合计 Liabilities	固定资产原价 Original Value of Fixed Assets
微型企业 Micro-Scale	290	4249284	2295425	1029546
按行业分 **Grouped by Sector**				
有色金属矿采选业 Nonferrous Metals Mining and Dressing	1	3572	235	3784
非金属矿采选业 Nonmetal Minerals Mining and Quarrying	4	39805	11907	20380
其他采矿业 Others Mining and Quarrying				
农副食品加工业 Agricultural and Sideline Products Processing	124	3824449	1910945	1799915
食品制造业 Food Manufacturing	111	4056181	1264355	1217558
酒、饮料和精制茶制造业 Wine，Drink and Tea Manufacturing	57	2588392	1255868	1480237
烟草制品业 Tobacco Processing				
纺织业 Textile Industry	219	5616407	2709996	2928065
纺织服装、服饰业 Textile Garments Products	363	5968087	2235334	2219955
皮革、毛皮、羽毛及其制品和制鞋业 Leather , Furs , Down and Relate Products	305	10373689	4800833	3570900
木材加工和木、竹、藤、棕、草制品业 Timber Processing,Bamboo,Cane,Palm Fiber and Straw Products	33	363476	165980	237175
家具制造业 Furniture Manufacturing	56	793750	430617	365236
造纸和纸制品业 Papermaking and Paper Products	77	4062344	2502485	1740366
印刷和记录媒介复制业 Printing and Record Medium Reproduction	29	490590	211830	252873
文教、工美、体育和娱乐用品制造业 Cultural , Educational and Sports Goods	210	2992885	1254912	1391156
石油、煤炭及其他燃料加工业 Petroleum Processing , Coking and Nuclear Fuel Processing	7	4315020	2080293	6809186
化学原料和化学制品制造业 Raw Chemical Materials and Chemical Products	109	2630207	1133598	1964988

Continued

(10000 yuan)

固定资产净值 Net Value of Fixed Assets	所有者权益合计 Owner's equity	营业收入 Revenue	主营业务收入 Sale Revenue	利润总额 Total Profit	利税总额 Total Profits and Tax	所得税费用 Income Tax	应交增值税 Value Added Tax Payable
900172	646584	4564549	1157091	275993	324066	6298	32947
1755	3338	29067	29067	406	1195		323
13897	27899	152620	152620	7081	19597	558	6822
939095	1910616	6517799	6417140	480857	513569	24619	21918
611064	2768481	5560769	5486926	672163	754917	30356	62797
757283	1327039	2861219	2734109	241250	360365	35549	60635
1408703	2808186	7805897	7010893	437327	521853	27433	55127
1211288	3587931	9438821	8623405	792088	977105	71369	141839
1952608	5474697	16511178	16240045	1794923	2106188	143256	220690
77960	197259	546407	536181	15917	26087	2534	8591
198318	333087	1440279	1413909	100538	113175	6607	8355
951603	1513398	3334044	3091202	456238	511127	55293	41449
137052	260450	608607	562146	44786	54169	5416	6456
703477	1673073	6023226	5645795	457471	517405	36967	33085
2935745	2234726	8754017	8671139	325759	1054969	10467	180935
945752	1502924	3530697	3410441	391626	484531	43107	68490

11-12 续表2

单位：万元

项目 Item	企业单位数(个) Number of Enterprises (unit)	资产总计 Total Assets	负债合计 Liabilities	固定资产原价 Original Value of Fixed Assets
医药制造业 Medical and Pharmaceutical Products	34	1135331	318047	532668
化学纤维制造业 Chemical Fiber	30	3671286	2461256	3137449
橡胶和塑料制品业 Rubber and Plastic Products	180	6235235	2948319	3803231
非金属矿物制品业 Nonmetal Minerals Products	146	5701296	2867588	3025435
黑色金属冶炼和压延加工业 Smelting and Pressing of Ferrous Metals	17	2546564	1744237	1983889
有色金属冶炼和压延加工业 Smelting and Pressing of Nonferrous Metals	26	2714569	1622153	1528900
金属制品业 Metal Products	123	4381319	2160473	1625775
通用设备制造业 General Equipment	106	3345561	1344169	1590382
专用设备制造业 Special Purpose Equipment	127	2360220	999000	934728
汽车制造业 Car Manufacturing	134	5492345	3085327	2809134
铁路、船舶、航空航天和其他运输设备制造业 Railway,Watercraft,Aviation and others transportation Manufacturing	24	373466	158940	179597
电气机械和器材制造业 Electric Equipment and Machinery	150	10158367	4723851	3398631
计算机、通信和其他电子设备制造业 Computer,Communication and other Electronic Equipment	164	14846222	8884385	7918233
仪器仪表制造业 Instruments and Meters Machinery	36	651606	159940	202310
其他制造业 Others Manufacturing	58	879480	372545	206132
金属制品、机械和设备修理业 Metals,Machinery and Equipment maintenance	10	874546	248758	641579
电力、热力生产和供应业 Production and Supply of Electric Power and Hot Power	28	4578549	1799604	5265553
燃气生产和供应业 Production and Supply of Gas	21	926309	430186	569928
水的生产和供应业 Production and Supply of Water	13	339708	160382	432475

Continued

(10000 yuan)

固定资产净值 Net Value of Fixed Assets	所有者权益合计 Owner's equity	营业收入 Revenue	主营业务收入 Sale Revenue	利润总额 Total Profit	利税总额 Total Profits and Tax	所得税费用 Income Tax	应交增值税 Value Added Tax Payable
296200	812545	887085	866981	153508	183280	20283	24092
1244322	1210030	4619294	4275145	88916	113981	6008	18014
1694028	3266264	6637909	6355942	503341	624237	50540	86359
1642363	2825811	5319756	5253184	647993	774369	67234	93057
1048621	802327	4722314	4691888	239902	297035	32074	45093
886509	1088072	4408710	4308094	326653	378187	42238	39869
817511	2204484	4247406	4054575	303823	371350	35756	52647
718703	1980523	4209667	3969430	480231	538942	57723	38335
406046	1355987	2603664	2554289	277374	331549	32346	41381
1142371	2404914	5446456	5299819	331001	512538	70480	97609
65824	213213	508751	506983	37704	49487	4581	3563
1668014	4876529	10819237	10642329	1597296	1771819	256690	120610
3101553	5866325	20948380	19717141	480532	612109	144069	87181
93911	489243	833584	803265	49784	58974	7432	7447
100209	466230	1599990	1538025	97546	123083	8614	20309
325592	625788	831408	829887	47936	58348	6479	5602
1710657	2778945	2233194	2201730	441168	556939	105785	99132
395707	496123	1229318	1141046	125813	135940	11993	6825
207503	179325	142926	139099	7731	11722	1965	2547

11-13 规模以上工业企业主要经济效益指标（2020年）

Main Indicators of Economic Benefit of Industrial Enterprises above Designated Size(2020)

单位：%　　　　(%)

项目 Item	总资产贡献率 Ratio of Total Assets to Industrial Output Value	资产负债率 Ratio of Assets to Liability	流动资产周转次数(次/年) Number of Times of Turnover Circulating Funds(times/year)	工业成本费用利润率 Ratio of Profits to Industrial Cost
合计 **Total**	**12.93**	**50.68**	**2.62**	**7.74**
#国有控股企业 State-holding Enterprises	8.45	57.68	2.29	5.29
按轻重分 **Group by Light & Heary Industry**				
轻工业 Light Industry	16.59	46.09	2.75	8.51
重工业 Heavy Industry	10.52	53.70	2.50	7.01
按经济类型分 **Grouped by Ownership**				
国有 Stated-owned	11.67	63.94	2.92	2.99
集体 Collective-owned	31.09	39.58	13.19	5.98
股份 Share Holding	7.66	53.71	1.99	8.01
联营 Cooperation	28.90	14.65	4.58	10.45
私营 Private	15.68	48.04	3.11	7.51
外商及港澳台商投资 Funds from HongKong, Macao,TaiWan and Foreign Area	13.49	48.92	2.16	8.70
其他 Others	22.42	21.51	7.55	5.90
按登记注册分 **Grouped by Status of Registration**				
内资企业 Sole Funded	12.71	51.37	2.85	7.37
港、澳、台商投资企业 Enterprises with Funds from HongKong, Macao and TaiWan	14.08	48.40	2.05	10.04
外商投资企业 Foreign Funded Enterprises	12.65	49.68	2.31	6.99
按经济组织分 **Grouped by Organization**				
独资企业 Sole Funded	13.04	48.21	2.15	8.93
合作、合伙 Cooperated and Partnership	21.24	40.13	4.53	7.41
股份有限公司 Share Holding Enterprises	7.74	45.93	1.20	11.10
有限责任公司 Limited Liability Corporations	14.40	52.93	3.26	7.02
按规模分 **Grouped by Size of Enterprises**				

11-13 续表1

Continued

单位：% (%)

项目 Item	总资产贡献率 Ratio of Total Assets to Industrial Output Value	资产负债率 Ratio of Assets to Liability	流动资产周转次数(次/年) Number of Times of Turnover Circulating Funds(times/year)	工业成本费用利润率 Ratio of Profits to Industrial Cost
大型企业 Large Scale	12.06	53.96	2.10	8.71
中型企业 Medium Scale	14.24	46.79	2.55	9.26
小型企业 Small Scale	13.86	49.05	3.31	6.36
微型企业 Micro-Scale	6.36	56.74	2.09	4.54
按行业分 Grouped by Sector				
煤炭开采和洗选业 Coal Mining and Dressing	9.48	42.28	1.76	8.15
石油和天然气开采业 Petroleum and Natural Gas Mining				
黑色金属矿采选业 Ferrous Metals Mining and Dressing	14.38	51.85	9.14	3.40
有色金属矿采选业 Nonferrous Metals Mining and Dressing	8.06	31.77	5.74	4.54
非金属矿采选业 Nonmetal Minerals Mining and Quarrying	16.45	27.02	6.72	5.52
其他采矿业 Others Mining and Quarrying				
农副食品加工业 Agricultural and Sideline Products Processing	15.30	48.93	3.46	6.79
食品制造业 Food Manufacturing	17.54	38.40	2.67	10.06
酒、饮料和精制茶制造业 Wine，Drink and Tea Manufacturing	18.30	36.79	3.53	9.21
烟草制品业 Tobacco Processing	82.82	28.12	1.60	18.77
纺织业 Textile Industry	12.40	48.49	3.25	5.68
纺织服装、服饰业 Textile Garments Products	18.08	39.15	3.30	8.25
皮革、毛皮、羽毛及其制品和制鞋业 Leather , Furs , Down and Relate Products	20.88	47.71	3.45	8.94
木材加工和木、竹、藤、棕、草制品业 Timber Processing,Bamboo,Cane,Palm Fiber and Straw Products	19.06	44.28	6.11	4.33
家具制造业 Furniture Manufacturing	16.98	49.15	3.59	6.66
造纸和纸制品业 Papermaking and Paper Products	14.74	56.90	2.29	9.27
印刷和记录媒介复制业 Printing and Record Medium Reproduction	15.81	42.57	3.56	7.33
文教、工美、体育和娱乐用品制造业 Cultural , Educational and Sports Goods	22.42	40.30	4.16	8.86

11-13 续表2

Continued

单位：%　　(%)

项目 Item	总资产贡献率 Ratio of Total Assets to Industrial Output Value	资产负债率 Ratio of Assets to Liability	流动资产周转次数(次/年) Number of Times of Turnover Circulating Funds(times/year)	工业成本费用利润率 Ratio of Profits to Industrial Cost
石油、煤炭及其他燃料加工业 Petroleum Processing , Coking and Nuclear Fuel Processing	17.30	57.34	3.69	3.98
化学原料和化学制品制造业 Raw Chemical Materials and Chemical Products	9.78	55.45	2.57	6.30
医药制造业 Medical and Pharmaceutical Products	21.46	29.86	1.53	27.05
化学纤维制造业 Chemical Fiber	10.79	60.26	3.66	5.00
橡胶和塑料制品业 Rubber and Plastic Products	13.04	47.38	2.67	7.15
非金属矿物制品业 Nonmetal Minerals Products	18.97	46.37	3.36	9.21
黑色金属冶炼和压延加工业 Smelting and Pressing of Ferrous Metals	11.37	60.42	4.18	5.95
有色金属冶炼和压延加工业 Smelting and Pressing of Nonferrous Metals	11.45	58.69	2.96	6.72
金属制品业 Metal Products	12.65	47.65	2.67	6.63
通用设备制造业 General Equipment	13.39	43.29	2.13	9.17
专用设备制造业 Special Purpose Equipment	12.03	53.18	1.76	9.29
汽车制造业 Car Manufacturing	7.77	58.33	1.74	4.63
铁路、船舶、航空航天和其他运输设备制造业 Railway,Watercraft,Aviation and others transportation Manufacturing	2.28	68.60	1.28	-1.41
电气机械和器材制造业 Electric Equipment and Machinery	10.42	49.45	1.15	12.89
计算机、通信和其他电子设备制造业 Computer,Communication and other Electronic Equipment	7.19	48.98	1.64	6.58
仪器仪表制造业 Instruments and Meters Machinery	8.98	39.20	1.66	7.00
其他制造业 Others Manufacturing	17.34	41.79	3.22	6.92
废弃资源综合利用业 Waste Resources and Materials Recovering	25.55	60.68	4.75	1.45
金属制品、机械和设备修理业 Metals,Machinery and Equipment maintenance	9.48	31.04	2.18	7.00
电力、热力生产和供应业 Production and Supply of Electric Power and Hot Power	6.98	61.52	2.71	9.85
燃气生产和供应业 Production and Supply of Gas	15.22	48.94	4.43	11.48
水的生产和供应业 Production and Supply of Water	2.55	53.73	0.53	11.86

主要统计指标解释

工业　指从事自然资源的开采，对采掘品和农产品进行加工和再加工的物质生产部门。具体包括：(1)对自然资源的开采，如采矿、晒盐等(但不包括禽兽捕猎和水产捕捞)；(2)对农副产品的加工、再加工，如粮油加工、食品加工、缫丝、纺织、制革等；(3)对采掘品的加工、再加工，如炼铁、炼钢、化工生产、石油加工、机器制造、木材加工等，以及电力、自来水、煤气的生产和供应等；(4)对工业品的修理、翻新，如机器设备的修理、交通运输工具(包括小卧车)的修理等。

1984 年以前农村的村及村以下办工业归属农业，1984 年以后划归工业。

工业统计调查单位为独立核算法人工业企业。

独立核算法人工业企业指从事工业生产经营活动的单位。独立核算法人工业企业应同时具备以下条件：①依法成立，有自己的名称、组织机构和场所，能够承担民事责任；②独立拥有和使用资产，承担负债，有权与其他单位签订合同；③独立核算盈亏，并能够编制资产负债表。

轻工业

指主要提供生活消费品和制作手工工具的工业。按其所使用的原料不同，可分为两大类：(1)以农产品为原料的轻工业，是指直接或间接以农产品为基本原料的轻工业。主要包括食品制造、饮料制造、烟草加工、纺织、缝纫、皮革和毛皮制作、造纸以及印刷等工业；(2)以非农产品为原料的轻工业，是指以工业品为原料的轻工业。主要包括文教体育用品、化学药品制造、合成纤维制造、日用化学制品、日用玻璃制品、日用金属制品、手工工具制造、医疗器械制造、文化和办公用机械制造等工业。

重工业

指为国民经济各部门提供物质技术基础的主要生产资料的工业。按其生产性质和产品用途，可以分为下列三类：(1)采掘(伐)工业，是指对自然资源的开采，包括石油开采、煤炭开采、金属矿开采、非金属矿开采等工业；(2)原材料工业，指向国民经济各部门提供基本材料、动力和燃料的工业。包括金属冶炼及加工、炼焦及焦炭、化学、化工原料、水泥、人造板以及电力、石油和煤炭加工等工业；(3)加工工业，是指对工业原材料进行再加工制造的工业。包括装备国民经济各部门的机械设备制造工业、金属结构、水泥制品等工业，以及为农业提供的生产资料如化肥、农药等工业。

根据上述划分原则，修理业中以重工业产品为修理作业对象的划为重工业，反之划为轻工业。

工业总产值

(1)定义：工业总产值是以货币形式表现的，工业企业在一定时期内生产的工业最终产品或提供工业性劳务活动的总价值量。它反映一定时间内工业生产的总规模和总水平。

(2)计算原则：

工业生产的原则，即凡是企业在报告期生产的经检验合格的产品，不管是否在报告期销售，均包括在内。

最终产品的原则，即凡是计入工业总产值的产品，必须是本企业生产的经检验合格的，不需要再进行任何加工的最终产品。如果企业有中间产品(半成品)对外销售，则对外销售的中间产品应视为企业的最终产品。

工厂法原则，即工业总产值是以工业企业作为基本计算(核算)单位，即按企业的最终产品计算工业总产值。按这种方法计算的工业总产值，不允许同一产品价值在企业内部重复计算，不能把企业内部各个车间(分厂)生产的成果相加，但允许企业间的重复计算。

(3)内容及计算方法：1995 年全国工业普查对工业总产值(原规定)的内容及计算原则和方法做了某些修订，修订后的工业总产值(新规定)包括三项内容：即本期生产成品价值、对外加工费收入、在制品半成品期末期初差额价值三部分。

本期生产成品价值：指企业本期生产，并在报告期内不再进行加工，经检验、包装入库的全部工业成品(半产品)价值合计，包括企业生产的自制设备及提供给本企业在建工程、其他非工业部门和福利部门等单位使用的成品价值。本期生产成品价值为按自备原材料生产的产品的数量乘以本期不含增值税(销项税额)的产品实际销售平均单价计算；会计核算中按成本价格转帐的自制设备和自产自用的成品，按成本价格计算生产成品价值。生产成品价值中不包括用定货者来料加工的成品(半产品)价值。

对外加工费收入：指企业在报告期内完成的对外承接的工业品加工(包括用定货者来料加工产品)的加工费收入和对外工业修理作业所取得的加工费收入。对外加工费收入按不含增值税(销项税额)的价格计算，可根据会计“主营业务收入”科目的有关资料取得。

对于本企业对内非工业部门提供的加工修理、设备安装的劳务收入，如果企业会计核算基础较好，能取得这部分资料，而且这部分价值所占比重较大，应包括在对外加工费收入中。

自制半成品在制品期末期初差额价值：指企业报告期在制品期末减期初的差额价值，本指标一般可以从会计核算资料中取得。如果会计产品成本核算中不计算半成品、在制品的成本，则总产值中也不包括这部分价值，反之则包括。

(4)工业总产值统计范围变化和计算方法修订情况：

1984 年以前工业总产值不包括村办工业，村办工业总产值划归农业。1984 年以后工业总产值包括村办工业。

1995 年工业普查对工业总产值计算方法做了修订，即从 1995 年始按新修订(新规定)方法计算工业总产值。新规定与原规定的区别如下：

全价与加工费的计算原则不同：新规定为凡自备原材料，不论其生产繁简程度如何，一律按全价计算工业总产值；凡来料加工，允许按加工费计算工业总产值。原规定则视生产加工的繁简程度不同，规定哪些行业按全价，哪些行业按加工费计算工业总产值。

自制半成品、在产品期末期初差额价值的计算原则不同：新规定要求，凡会计产品成本核算时计算了成本的差额价值，总产值中就应包括，否则可不包括；原规定则按生产周期六个月的界限区分，凡生产周期六个月以上的企业，总产值计算中应包括这部分差额价值，否则可不包括。

计算价格不同：新规定按不含增值税(销项税额)的价格计算；原规定则按含增值税(销项税额)的价格计算。

工业增加值

指工业企业在报告期内以货币表现的工业生产活动的最终成果。

工业增加值有两种计算方法：一是生产法，即工业总产出减去工业中间投入加上应交增值税；二是收入法，即从收入的角度出发，根据生产要素在生产过程中应得到的收入份额计算，具体构成项目有固定资产折旧、劳动者报酬、生产税净额、营业盈余，这种方法也称要素分配法。本年鉴中的工业增加值是以生产法计算的。

生产法工业增加值的计算方法为：

工业增加值=工业总产出-工业中间投入+应交增值税

(1)工业总产出：指工业企业在一定时期内工业生产活动的总成果。工业总产出包括：成品生产价值，对外加工费收入，自制半成品、在产品期末期初差额价值。1995 年后用新规定计算的工业总产值代替。

(2)工业中间投入：指工业企业在工业生产活动中消耗的外购物质产品和对外支付的服务费用。服务费用包括支付给物质生产部门(工业、农业、批发零售贸易业、建筑业、运输邮电业)的服务费用和支付给非物质生产部门(如保险、金融、文化教育、科学研究、医疗卫生、行政管理等)的服务费用。工业中间投入的确定须遵循以下原则：必须从外部购入的，并已计入工业总产出的产品和服务价值；必须是本期投入生产，并一次性消耗掉(包括本期摊销的低值易耗品等)的产品和服务价值。

工业中间投入包括直接材料费用、制造费用中的工业中间投入、管理费用中的工业中间投入、销售费用中的工业中间投入和利息支出五部分。

资产总计

指企业拥有或控制的能以货币计量的经济资源，包括各种财产、债权和其他权利。资产按流动性分为流动资产、长期投资、固定资产、无形资产、递延资产和其他资产。该指标根据企业会计“资产负债表”中“资产总计”项目的期末数增列。

流动资产平均余额

指企业在报告期内全部流动资产的平均余额。

固定资产净值年平均余额

指固定资产净值在报告期内余额的平均数。计算公式为：

固定资产净值年平均余额=1至12月各月月初、月末固定资产净值之和/24

该指标根据“资产负债表”中“固定资产原价”、“累计折旧”指标的期初、期末数计算填列。

固定资产净值指固定资产原价减去历年已提折旧额后的净额。计算公式为：

固定资产净值=固定资产原价-累计折旧

负债合计

指企业所承担的能以货币计量，将以资产或劳务偿付的债务，偿还形式包括货币、资产或提供劳务。负债一般按偿还期长短分为流动负债和长期负债。根据会计“资产负债表”中“负债合计”的年末数填列。

所有者权益

指企业投资人对企业净资产的所有权。企业净资产等于企业全部资产减去全部负债后的余额，包括企业投资人对企业的最初投入的实际到位的资产及资本公积金、盈余公积金和未分配利润。所有者权益合计数小于零，表示企业资不抵债。

主营业务收入

指企业销售产品和提供劳务等主要经营业务取得的业务总额。

主营业务成本

指企业销售产品和提供劳务等主要经营业务的实际成本。

主营业务税金及附加

指企业销售产品和提供工业性劳务等主要经营业务应负担的城市维护建设税、消费税、资源税和教育费附加。

利润总额

指企业生产经营活动的最终成果，是企业在一定时期内实现的盈亏相抵后的利润总额(亏损以“-”号表示)，它等于营业利润加上补贴收入加上投资收益加上营业外净收入再加上以前年度损益调整。

本年应交增值税

指企业在报告期内应交纳的增值税额。它等于本年销项税额加上出口退税加上进项税额转出数减去本年进项税额。小规模纳税企业直接按全年计税销售额乘以征收率计算取得。

从业人员平均人数　是指报告期内每天拥有的从业人员人数。其计算公式为：

月平均人数=报告月内每天实有人数之和/报告月日历日数

季平均人数=季内各月平均人数之和/3

年平均人数=年内各月平均人数之和/12

工业经济效益综合指数

是指现行综合评价工业经济效益总体水平及工业经济运行质量的指数。它是以若干项代表性经济效益指标，分别除以各项指标的标准值，再乘以各自的权数，加总后除以总权数求得。其计算公式为：

工业经济效益综合指数=(某项经济效益指标报告期数值/该项指标标准值×权数)/总权数

上式总权数为100。

总资产贡献率

反映企业全部资产的获利能力，是企业经营业绩和管理水平的集中体现，是评价和考核企业盈利能力的核心指标。计算公式为：

总资产贡献率（%）=(利润总额+税金总额+利息支出/平均资产总额)×100%

公式中：税金总额为产品销售税金及附加与应交增值税之和；平均资产总额为期初期末资产之和的算术平均值。

资产负债率

该指标既反映企业经营风险的大小，也反映企业利用债权人提供的资金从事经营活动的能力。计算公式为：

资产负债率（%）=(负债总额/资产总额)×100%

资产与负债均为报告期期末数。

流动资产周转次数

指一定时期内流动资产完成的周转次数，反映投入工业企业流动资金的周转速度。计算公式为：

流动资产周转次数=产品销售收入/全部流动资产平均余额

公式中：全部流动资产平均余额为期初和期末的流动资产之和的算术平均值。

成本费用利润率

反映企业投入的生产成本及费用的经济效益，同时也反映企业降低成本所取得的经济效益。计算公式为：

成本费用利润率（%）=(利润总额/成本费用总额)×100%

公式中：成本费用总额为产品销售成本、销售费用、管理费用、财务费用之和。

Explanatory Notes on Main Statistical Indicators

Industry refers to the material production sector which is engaged in extraction of natural resources and processing and reprocessing of minerals and agricultural products, including (1) extraction of natural resources, such as mining, salt production (but not including hunting and fishing); (2) processing and reprocessing of farm and sideline produces, such as rice husking, flour milling, wine making, oil pressing, silk reeling, spinning and weaving, and leather making; (3) manufacture of industrial products, such as steel making, iron smelting, chemicals manufacturing, petroleum processing, machine building, timber processing; water and gas production and electricity generation and supply; (4)repairing of industrial products such as the repairing of machinery and means of transport (including cars).

Prior to 1984, the rural industry run by villages and cooperative organizations under village was classified into agriculture. Since 1984, it has been grouped into industry.

Units of industrial statistics survey corporate industrial enterprises with independent accounting system.

Corporate industrial enterprises with independent accounting system refer to enterprises engaging in industrial production activities, which meet the following requirements: ① They are established legally, having their own names, organizations, location, able to take civil liability; ②They possess and use their assets independently, assume liabilities, and are entitled to sign contracts with other units; ③ They are financially independent and compile their own balance sheets.

Light Industry refers to the industry that produces consumer goods and hand tools. It consists of two categories, depending on the materials used:

(1) Industries using farm products as raw materials. These are branches of light industry which directly or indirectly use farm products as basic raw materials, including the manufacture of food and beverages, tobacco processing, textile, clothing, fur and leather manufacturing, paper making, printing, etc.

(2) Industries using non farm products as raw materials. These are branches of light industry which use manufactured goods as raw materials, including the manufacture of cultural, educational articles and sports goods, chemicals, synthetic fiber, chemical products for daily use, glass products for daily use, metal products for daily use, hand tools, medical apparatus and instruments, and the manufacture of cultural and office machinery.

Heavy Industry refers to the industry which produces capital goods, and provides various sectors of the national economy with necessary material and technical basis. It consists of the following three branches according to the purpose of production or the use of products:

(1) Mining, quarrying and logging industry refers to the industry that extracts natural resources, including extraction of petroleum, coal, metal and non-metal ores.

(2) Raw materials industry refers to the industry that provides various sectors of the national economy with raw materials, fuels and power. It includes smelting and processing of metals, coking and coke chemistry, chemical materials and building materials such as cement, plywood, and power, petroleum refining and coal dressing.

(3) Manufacturing industry refers to the industry that processes raw materials. It includes machine-building industry which equips sectors of the national economy, industries of metal structure and cement products, industries producing means of agricultural production, such as chemical fertilizers and pesticides.

According to the above principle of classification, the repairing tradesss, which are engaged primarily in repairing products of heavy industry are classified as heavy industry while these engaged in repairing products of light industry are classified as light industry.

Gross Industrial Output Value

(1) Definition: Gross industrial output value is the total volume of final industrial products produced and industrial services provided during a given period. It reflects the total achievements and overall scale of industrial production during a given period.

(2) Principles for calculation:

Statistics on industrial production follow the principle that all products produced by the enterprises and accepted during the reference period are to be included no matter whether they are sold or not during the reference period.

Determination of final products follow the principle that all products that are included in the calculation of grow industrial output value are the final products of the enterprise which have been accepted through quality check and require no further processing. If an enterprise has intermediate (semi-finished) products to sell, these intermediate products are considered as the final products of the enterprise.

Gross industrial output value is calculated following the principle of factory approach, i.e. industrial enterprise is used as the basic accounting unit in calculating the gross industrial output value. By this approach, value of the same product is not to be double counted, and the output value of different workshops (branch factories) should not be added. However, this approach does not exclude the possibility of double counting between enterprises.

(3) Content and calculation method: The old definition of gross industrial output value was modified during the national industrial census in 1995. The revised (new) definition of gross industrial output value consists of 3 components: value of the finished products during the reference period, income from external processing, and value of change in semi-finished products at the end and at the beginning of the reference period.

Value of the finished products during the reference period: refers to the value of all finished (semi-finished) industrial products that are produced during the reference period without the need for further processing, checked for acceptance, packed and put into the warehouse of the enterprise, including the value of own-produced equipment and the value of products provided to the projects under construction of the enterprise, and to other non-industrial or welfare units. Value of finished products during the reference period is calculated by the quantity of products produced using own materials multiplied by the average unit prices at which products are sold (excluding value-added tax). Own-produced equipment and products produced for own use are value at cost prices as in the case of enterprise accounting. Value of finished products does not include the value of finished products (semi-finished products) that are produced using the materials from the clients who make the orders.

Income from external processing: refers to income from contracted external processing of industrial products (including processing of industrial products using materials from the clients), and the income from industrial repairing work provided to other units. Income from external processing is calculated using information from the item “products sales income” in the enterprise accounting at the prices excluding value-added tax.

For income from services such as processing, repairing and installation of equipment provided to non-industrial units within the enterprise, if the accounting work of the enterprise is good enough to separate it from other records, and the share of such services is significant, it should also be included in the income from external processing.

Value of change in semi-finished products at the end and at the beginning of the reference period: refers to the value of change in semi-finished products at the end and at the beginning of the reference period, which generally can be obtained from accounting records of enterprises. If the enterprise accounting excludes the cost of semi-finished products, then it should not be included in the gross industrial output value, and vice versa.

(4) Changes in the coverage and method of calculation of gross industrial output value

Prior to 1984, the value of rural industry run by villages was classified into agriculture instead of industry. Since 1984, it has been included in the gross industrial output value. Method of calculation for the gross industrial output value was modified in the industrial census in 1995. The difference in the new method as compared with the old one is outlined below:

Principle in using full value vs. processing fee: The new method stipulates that all products produced using own materials are to be calculated with full value in reporting the gross industrial output value irrespective of sophistication of production, and for external processing, it allows calculation using processing fee. In the old method, however, the use of full value or processing fee was determined by the degree of sophistication of production in different branches of industries.

Principle in determining the value of change in semi-finished products: The new method requires that value of the change in semi-finished products should be included in the gross industrial output value if it is included in the accounting record of the enterprise, otherwise it should not be included. By the old method, it is determined by the type of enterprises in terms of production cycle. If the production cycle is over 6 months, the value of change in semi-finished products is included in the gross industrial output value, otherwise it is excluded.

Difference in prices: The new method uses prices excluding value-added tax in the calculation of gross industrial output value, while the old method used prices including value-added tax.

Value-added of Industry refers to the final results of industrial production of industrial enterprises in money terms during the reference period.

Industrial value-added can be calculated by two approaches: the production approach, i.e. gross industrial output value minus intermediate input plus value-added tax, and the income approach, i.e. income for various factors used in the course of production, including depreciation of fixed assets, remuneration of labourers, net of production tax, and operating surplus. Value-added of industry in the Yearbook is calculated by production approach as following:

Value-added of industry = gross industrial output industrial intermediate input + value-added tax

(1) Gross industrial output: refers to the total achievements of industrial production during a given period. Gross industrial output includes value of finished products, income from external processing, and value of change in semi-finished products at the end and at the beginning of the reference period. Since 1995, it was substituted by the gross industrial output value by new method.

(2) Industrial intermediate input: refers to purchased goods and paid services consumed during the industrial production of enterprises. Fees paid for services include fees paid for the services provided by material production sectors (industry, agriculture, wholesale and retail Tradess, construction, transport, post and telecommunications) and by non-material production sectors (insurance, banking, culture, education, scientific research, health and medical care, public administration, etc.). The determination of industrial intermediate input follows the principle that the goods and services must be purchased from outside and included in the gross industrial output, and that the goods and services are inputted into production and consumed (include low-value consumables) during the reference period.

Industrial intermediate input includes 5 components, namely direct consumption of materials, industrial intermediate input in manufacturing cost, industrial intermediate input in management cost, industrial intermediate input in marketing cost and expenditure on interest.

Total Assets refer to all economic resources, in monetary terms, that is owned or controlled by enterprises, including properties, creditors Equities and other economic rights of all forms. Classified by the degree of equitability, total assets include circulating assets, long-term investment, fixed assets, intangible assets and deferred assets, and other assets. Data on this indicator can be obtained by the year-end figures of total assets in the Assets and Liability Table of accounting records of enterprises.

Annual Average Value of Working Capitals refers to the average value of all working capitals of the enterprise during the reference period.

Annual Average of Net Value of Fixed Assets refer to average of the net value of fixed assets during the reference period, calculated with the following formula:

Annual Average of Net Value of Fixed Assets = sum of net value of fixed assets at the beginning and at the end of each month from January to December / 24.

Information on this indicator can be obtained from the beginning and ending figures of the original value of fixed assets and cumulative depreciation from the Assets and Liability Table of enterprises.

Net value of fixed assets refers to the original value of fixed assets minus depreciation over the years, i.e.:

Net value of fixed assets = original value of fixed assets -cumulative depreciation

Total Liabilities refer to payable liabilities of enterprises that have to repay in terms of money, assets or labour services. In terms of payment, it can be divided into Total Working liabilities and long-term liabilities. Data on this item is obtained from the ending figures on total liabilities from the Assets and Liability Table from the enterprises.

Owner's Equities refers to the wonershiip of net assets of enterprises by its investors.The net assets equal the total assets minus total liabilities of the enterprise,including the actual assets invested into the enterprise by investors,accumulation of capitals and operating surplus and non-distributed profits.The enterprise's assets is less than its liabilities if the sum of owner's Equities is smaller than zero.

Revenue from Principal Business refers to the annual accumulation of corresponding item in the "profit table"of the accountant. For enterprises that do not follow the 2001 Enterprises Accounting Standards,the year-end accumulation of revenue from the sales of products is used as a substitute.

Cost of Principal Business refers to the annual accumulation of corresponding item in the "profit table" of the accountantForenterprises that do not follow the 2001 Enterprise Accounting Standards,the year-end accumulation of cost for the sales of products is used as a substitute.

Tax and Extra Charges from Principal Business refers to the annual accumulation of correspongding item in the "profit table"of the accountant.For enterprises that do not follow the 2001 Enerprise Accounting Standards,the year-end accumulation of tax and extra charges from the sales of products is used as a substitute.

Total Profits refer to the final achievements of production and operation of the enterprises, represented by the total profits after deducting losses (loss is expressed by the negative figure). It is the sum of profits from operation, income from subsidies, investment earnings, net income from activities other than operation, and adjustment of profits and losses of previous years.

Value-added Tax Payable refers to the amount of the value-added tax which should be paid by the enterprises during the reference period. It is the sum of tax on sales, export rebate, and transferred tax on purchases of the current year, minus the tax on purchases of the current year. Value-added tax payable of small-size enterprises is determined by the taxable sales of the year multiplied by the tax rate.

Average Annual Number of Employed Persons Employed persons refer to all those who are employed in enterprises and receive remunerations there from, including currently working employees, retirees who are re-employed, teachers of local-run schools, as well as foreigners, staff from Hong Kong, Macao and Taiwan, part-time employees and persons with second job who are employed by the enterprise, and employees of other units temporarily working in the enterprises, but excluding former employees who left the enterprise with their employment records still kept by the enterprises.

Average number of employed persons refers to the number of employees everyday during the reference period, calculated with the following formula:

calendar dates in reference month

Quarterly average number = sum of monthly average number in reference quarter/3

Annual average number = sum of monthly average number in reference year/12

Aggregative Index on Economic Results of Industry refers to the current comprehensive index to evaluate the general level of economic results of industry and the performance quality of industrial economy. It is calculated as follows:

Aggregative Index on Economic Results of Industry=(Value of an Indicator on Economic Results in Reference Period/Standard Value of the Indicator×Weight) ÷Total Weight

Total Weight=100

Ratio of Profits, Taxes and Interests to Average Assets reflects the profit-making capability of all assets of the enterprise and is a key indicator manifesting the performance and management and evaluating the profit-making potential of the enterprise. It is calculated as follows:

Ratio of Profits, Taxes and Interests to Average Assets (%) = [(total profits + total taxes + interest payment) / average assets]×100%

In the above formula, total taxes is the sum of tax and extra charges on the sales of products and value-added tax payable; and average assets is the arithmetic mean of the sum of beginning assets and ending assets.

Monthly average number = sum of actual employees everyday in reference month/number of

Ratio of Debts to Assets reflect both the operation risk and the capability of the enterprise in making use of the capital from the creditors. It is calculated as follows:

Ratio of Debts to Assets (%) = (total debts / total assets)×100%

Both assets and debts are figures at the end of the reference period.

Turnover of Working Capita refers to the number of times of turnover of working capital in a given period of time, which reflects the speed of the turnover of working capital of industrial enterprises, and is calculated as follows:

Turnover of Working Capital=(sales revenue of products) / (average balance of total working capital)

In the above formula, average balance of total working capital refers to the arithmetic mean of the sum of working capital at the beginning and at the end of the reference period.

Ratio of Profits to Total Industrial Costs refers to the ratio of profits realized in a given period to the total costs in the same period, which reflects the economic efficiency of input cost and is calculated as follows:

Ratio of Profits to Total Industrial Cost (%)=(total profits/ total costs)×100%

Total Costs in the above formula is the sum of cost of products sold, marketing cost, management cost and financial cost.

第十二篇　建筑业和房地产投资

Chapter 12　Construction and Real Estate

资料整理：洪永华 范李功

Database Editor: Hongyonghua Fanligong

简 要 说 明

本篇资料的主要内容及来源

本篇资料反映了全省建筑业基本情况，主要包括主要年份建筑业总产值及从业人员、建筑企业生产指标、财务指标等方面的内容。

本篇资料来源于建筑业统计年报，由省统计局固定资产投资统计处整理提供。

Brief Introduction

Main Content and Source of Data

Data in this chapter show the basic conditions of the construction industry in Fujian Province, mainly including the gross output value of construction, number of employed persons, major production indices and financial indicators.

Data in this chapter are based on the annual report of construction industry, and are compiled and provided by the Division of Investment and Construction Statistics of Fujian Provincial Bureau of Statistics.

12-1 建筑企业基本情况

Basic Situation of Construction Enterprises

年份 Year	单位数（个） Number of Construction Enterprises (unit)	#国有 State- owned	#集体 Collective - owned	从业人员（万人） Number of Persons Employed (10000 persons)	#国有 State- owned	#集体 Collective - owned	总产值（亿元） Gross Output Value (100 million yuan)	#国有 State- owned	#集体 Collective - owned
1978	146	65	81	4.54	2.34	2.20	3.31	1.88	1.32
1979	152	33	119	12.79	6.60	6.19	4.33	2.39	1.94
1980	241	34	207	15.15	7.11	8.04	4.93	2.30	2.63
1981	257	41	216	15.88	7.58	8.30	5.44	2.43	3.01
1982	273	41	232	15.99	7.56	8.39	6.33	2.91	3.42
1983	267	43	224	17.06	8.30	8.76	7.11	3.49	3.62
1984	832	51	243	30.45	9.17	9.79	12.97	4.88	4.22
1985	956	51	278	30.62	9.12	11.18	16.66	6.80	5.87
1986	951	47	280	30.48	9.17	11.01	17.40	7.44	5.78
1987	1037	47	296	33.25	10.55	11.50	20.75	9.12	6.74
1988	1028	47	293	28.99	8.85	9.76	23.20	10.58	6.95
1989	1001	48	307	30.67	8.48	11.17	29.87	12.33	9.95
1990	1009	49	308	30.98	8.24	11.51	32.54	13.36	11.30
1991	967	49	315	31.75	9.07	11.98	39.11	16.32	14.09
1992	985	70	314	34.45	10.42	13.03	54.13	22.65	19.43
1993	1236	146	441	41.00	13.37	14.81	101.97	46.89	35.61
1994	1379	163	567	40.60	13.50	14.86	149.69	73.91	53.60
1995	1376	170	552	46.90	15.24	20.36	190.85	97.53	62.56
1996	1576	202	1051	47.15	15.44	27.11	211.88	106.21	84.94
1997	1585	236	1056	47.36	17.44	22.46	227.00	107.49	84.43
1998	1707	263	1133	47.93	13.96	28.65	244.67	115.66	95.61
1999	1849	295	1069	47.28	13.53	23.54	251.17	123.23	90.74
2000	1846	283	976	41.37	13.46	19.99	271.15	131.82	89.53
2001	1708	237	787	44.09	12.49	19.12	369.06	139.51	129.47
2002	1672	224	465	49.34	12.42	16.09	408.81	149.02	102.91
2003	1606	138	326	59.99	10.48	15.15	557.31	158.37	107.40
2004	1782	141	266	58.45	9.37	9.66	679.35	181.08	91.05
2005	1878	132	210	81.72	12.93	9.30	889.41	194.89	88.01
2006	1914	106	113	95.33	11.05	5.99	1189.37	198.12	57.81
2007	2022	104	114	124.97	11.96	8.09	1596.69	243.22	90.29
2008	2398	101	90	153.90	18.15	6.51	1921.26	282.88	85.13
2009	2479	93	75	182.97	26.39	5.41	2302.37	361.57	60.09
2010	2606	93	73	229.57	29.32	4.21	3062.17	448.16	61.44
2011	2734	92	79	219.09	14.82	4.28	3873.87	507.57	75.13
2012	2959	93	81	249.64	12.49	4.50	4713.38	535.97	84.08
2013	3233	68	50	300.60	10.97	5.70	5812.37	397.91	100.02
2014	3734	75	46	321.76	14.48	5.89	7056.89	415.15	102.31
2015	4011	78	43	339.06	12.48	6.02	8003.09	461.08	103.72
2016	4223	82	39	360.63	13.01	4.16	8986.78	549.98	97.01
2017	4668	81	35	464.50	19.95	4.99	10478.31	539.32	97.06
2018	5581	78	33	488.76	22.76	5.35	11941.56	635.62	129.06
2019	6082	83	26	457.00	21.84	6.41	13164.44	743.52	169.39
2020	7027	80	26	483.79	22.24	8.00	14117.80	803.35	177.17

注：1996年及以前年份含农村建筑队；1997至2002年为乡及乡以上四级以上建筑企业；2003年起统计范围为具有新资质等级的建筑企业。2019年起，统计范围为资质内施工总承包和专业承包建筑企业（下同）。

Note: In this table,the data in 1996 and before include the individual construction team in rural,the data since 1997 to 2002 include the construction enterprises over town and town level, from 2003 the statistical coverage include the construction enterprises with new grade.

12-1 续表

Continued

年份 Year	资产合计（亿元） Total Assets (100 million yuan)	利润总额（亿元） Total Profits (100 million yuan)	税金总额（亿元） Total Tax (100 million yuan)	房屋建筑面积(万平方米) Floor Space of Building Construction(10000 sq.m) 施工面积 Under Construction	竣工面积 Completed	按总产值计算的劳动生产率（元/人） Overall Labor Productivity by Gross Output Value
1978				416.57	183.40	3038
1979				610.14	275.90	3326
1980				673.38	30.70	3461
1981		0.30		758.34	358.86	3801
1982		0.46		802.22	366.12	4083
1983		0.59		805.37	385.80	4296
1984		0.65		832.13	426.68	7366
1985		0.70		951.87	475.25	8425
1986		0.60		892.56	457.40	9226
1987		0.66		930.84	463.20	9998
1988		0.44		987.97	399.30	12053
1989		0.48		1033.22	502.70	15359
1990		0.50		969.35	499.30	16788
1991		0.70		1061.58	519.10	19246
1992		0.77		1313.86	588.73	23863
1993	127.32	1.69	2.96	1863.70	747.20	28480
1994	189.05	2.16	4.21	2462.50	1029.30	37976
1995	237.86	1.86	5.43	3283.60	1371.10	48560
1996	312.93	2.39	7.42	3523.30	1424.10	47347
1997	357.46	2.84	8.16	3478.50	1546.70	47043
1998	410.03	2.61	10.34	3742.41	1494.34	56860
1999	427.84	2.55	9.54	3991.20	1825.00	63364
2000	445.80	2.55	11.65	4085.40	1729.00	64884
2001	461.10	8.85	14.72	4931.31	2436.95	86280
2002	511.06	9.04	13.28	5237.11	2393.50	93020
2003	631.12	11.58	19.10	6440.08	2952.12	108288
2004	641.72	15.70	23.10	7587.15	3587.05	117831
2005	784.23	19.46	31.42	10268.29	4191.35	120406
2006	906.31	30.98	40.60	13854.50	4825.62	127097
2007	1061.70	37.91	57.51	17743.89	6010.26	123490
2008	1274.48	52.40	71.76	20028.29	7637.76	111960
2009	1494.09	66.05	94.82	21690.97	7435.06	118616
2010	1767.68	87.91	107.69	28406.86	9095.78	134520
2011	2147.00	127.02	139.61	35674.45	10943.78	120330
2012	2628.52	152.82	166.44	41821.78	12343.77	182738
2013	3236.95	187.17	204.90	48254.03	13860.99	183213
2014	3925.84	235.38	245.39	57385.67	15392.71	204770
2015	4395.38	264.56	275.24	59277.33	16631.27	218782
2016	4921.27	282.60	299.75	62920.69	18121.20	225271
2017	5663.92	341.85	366.77	65711.82	16895.04	225584
2018	6703.65	393.80	451.45	72704.00	17644.24	244332
2019	7051.54	387.81	417.27	76606.34	17810.53	269231
2020	8081.66	417.94	392.59	82671.20	18231.74	285578

12-2 建筑企业主要经济指标
Major Indicators of Construction Enterprises

项目 Item	2000	2005	2010	2019	2020
企业单位数（个） **Number of Enterprises(unit)**	**1846**	**1878**	**2606**	**6082**	**7027**
建筑业总产值（亿元） **Gross Output Value (100 million yuan)**	**271.15**	**889.41**	**3062.17**	**13164.44**	**14117.80**
建筑业竣工产值 Output Value of Completed	196.70	608.01	1742.46	5953.71	6033.58
房屋施工面积（万平方米） **Floor Space of Building under (10000 sq.m)**	**4085.40**	**10268.29**	**28406.86**	**76606.34**	**82671.20**
#本年新开工 Newly Started Building in Current Year	1937.23	5282.23	14349.31	23872.14	26914.19
房屋竣工面积（万平方米） **Floor Space of Building(10000 sq.m)**	**1729.00**	**4191.35**	**9095.78**	**17810.53**	**18231.74**
#住宅 Residential Building	995.08	2257.72	5474.72	11752.55	12931.99
年末从业人员（万人） **Number of Staff & Workers at the Year-end(10000 persons)**	**41.37**	**81.72**	**229.57**	**457.00**	**483.79**
按总产值计算的劳动生产率（元/人） Overall Labor Productivity In Terms of Gross Output Value (yuan/person)	64884	120406	134520	269231	285578
工资总额（亿元） **Total Wages(100 million yuan)**	**34.21**	**146.97**	**713.35**	**2868.30**	**2810.68**
财务指标（亿元） **Financial Indicators(100 million yuan)**					
资本金合计 Total Capital	103.39	247.70	511.59	1751.81	1805.78
流动资产年末数 Circulating Funds at Year-end	343.64	608.16	1321.15	5856.23	6703.66
固定资产原值 Original Value of Fixed Assets	96.59	161.89	327.21	698.76	750.04
营业收入 Business Revenue	274.06	883.22	2816.29	10878.45	11421.15
主营业务收入 Revenue from Principal Business	267.96	872.12	2801.82	10796.44	11267.30
主营业务成本 Costs of Principal Business	239.53	787.44	2512.58	9870.58	10291.83
利润总额 Total Profits	2.55	19.46	87.91	387.81	417.94
#营业利润 Business Profits	17.24	51.10	168.45	508.59	415.55
利税总额 Total Pre-Tax Profits	14.20	51.46	195.61	805.08	810.53

12-3 国有经济建筑企业主要经济指标

Major Indicators of State-Owned Construction Enterprises

项目　Item	2000	2005	2010	2019	2020
企业单位数（个） Number of Enterprises(unit)	**283**	**132**	**93**	**83**	**80**
建筑业总产值（亿元） Gross Output Value (100 million yuan)	**131.82**	**194.89**	**448.16**	**743.52**	**803.35**
建筑业竣工产值 Output Value of Completed	90.38	136.78	167.59	297.50	266.30
房屋施工面积（万平方米） Floor Space of Building under (10000 sq.m)	**1574.56**	**1862.81**	**3063.41**	**3192.65**	**2948.29**
#本年新开工 Newly Started Building in Current Year	606.60	774.05	1417.80	1039.63	662.69
房屋竣工面积（万平方米） Floor Space of Building(10000 sq.m)	**546.36**	**655.17**	**498.51**	**713.35**	**560.58**
#住宅 Residential Building	381.47	401.27	376.06	484.86	380.21
年末从业人员（万人） Number of Staff & Workers at the Year-end(10000 persons)	**13.46**	**12.93**	**29.32**	**21.84**	**22.24**
按总产值计算的劳动生产率（元/人） Overall Labor Productivity In Terms of Gross Output Value (yuan/person)	96111	140828	158901	180852	329150
工资总额（亿元） Total Wages(100 million yuan)	**14.46**	**26.56**	**88.03**	**132.18**	**116.09**
财务指标（亿元） Financial Indicators(100 million yuan)					
资本金合计 Total Capital	29.60	33.00	44.25	70.77	88.44
流动资产年末数 Circulating Funds at Year-end	123.18	163.22	221.40	535.21	668.75
固定资产原值 Original Value of Fixed Assets	41.23	38.45	59.54	64.87	66.47
营业收入 Business Revenue	133.52	219.39	424.75	540.13	637.10
主营业务收入 Revenue from Principal Business	129.93	215.85	420.07	535.27	626.40
主营业务成本 Costs of Principal Business	115.89	196.03	386.16	508.25	588.60
利润总额 Total Profits	0.27	2.35	5.42	9.73	18.73
#营业利润 Business Profits	8.08	12.19	19.06	18.41	18.38
利税总额 Total Pre-Tax Profits	6.40	9.72	19.20	18.33	30.70

12-4 集体经济建筑企业主要经济指标

Major Indicators of Collective Construction Enterprises

项目 Item	2000	2005	2010	2019	2020
企业单位数（个） Number of Enterprises(unit)	**976**	**210**	**73**	**26**	**26**
建筑业总产值（亿元） Gross Output Value (100 million yuan)	**89.53**	**88.01**	**61.44**	**169.39**	**177.17**
建筑业竣工产值 Output Value of Completed	69.59	63.57	43.29	100.65	211.39
房屋施工面积（万平方米） Floor Space of Building under (10000 sq.m)	**1783.01**	**1657.55**	**884.06**	**1914.65**	**2386.84**
#本年新开工 Newly Started Building in Current Year	944.55	724.47	339.27	515.12	707.22
房屋竣工面积（万平方米） Floor Space of Building(10000 sq.m)	**846.18**	**643.80**	**277.51**	**253.83**	**794.88**
#住宅 Residential Building	496.95	427.31	196.10	224.27	760.97
年末从业人员（万人） Number of Staff & Workers at the Year-end(10000 persons)	**19.99**	**9.30**	**4.21**	**6.41**	**8.00**
按总产值计算的劳动生产率（元/人） Overall Labor Productivity In Terms of Gross Output Value (yuan/person)	44526	91269	137908	271852	266113
工资总额（亿元） Total Wages(100 million yuan)	**15.71**	**15.65**	**13.95**	**36.54**	**44.60**
财务指标（亿元） Financial Indicators(100 million yuan)					
资本金合计 Total Capital	43.55	26.27	9.97	10.13	10.25
流动资产年末数 Circulating Funds at Year-end	144.02	67.18	33.75	43.88	55.87
固定资产原值 Original Value of Fixed Assets	35.50	18.98	6.50	3.00	3.41
营业收入 Business Revenue	93.00	89.07	51.92	102.90	101.42
主营业务收入 Revenue from Principal Business	91.48	88.05	51.61	102.72	101.20
主营业务成本 Costs of Principal Business	82.83	80.92	46.52	98.02	96.61
利润总额 Total Profits	1.03	1.39	1.10	2.07	2.20
#营业利润 Business Profits	5.19	3.75	3.05	3.27	1.65
利税总额 Total Pre-Tax Profits	4.72	4.70	3.02	3.52	4.02

12-5 各种资质等级建筑企业主要经济指标（2020年）

Major Indicators of Construction Enterprises by Grade(2020)

项目 Item	合计 Total	总承包 General Contract	一级及以上 First and Above	二级 Second	三级及其他 Third and Others	专业承包 Special Contract	一级 First and Above	二级 Second	三级及不分等级 Third and Others
企业单位数（个） Number of Enterprises(unit)	**7027**	**5279**	**413**	**902**	**3964**	**1748**	**331**	**1041**	**376**
建筑业总产值（亿元） Gross Output Value (100 million yuan)	**14117.80**	**12975.89**	**8117.54**	**2922.89**	**1935.46**	**1141.91**	**567.01**	**365.32**	**209.58**
建筑业竣工产值 Output Value of Completed	6033.58	5631.24	3613.73	1218.64	798.87	402.34	187.49	132.05	82.79
房屋施工面积（万平方米） Floor Space of Building under (10000 sq.m)	**82671.20**	**80849.62**	**58974.65**	**15319.99**	**6554.98**	**1821.57**	**699.89**	**548.72**	**572.96**
#本年新开工 Newly Started Building in Current Year	26914.19	26028.17	17277.30	6187.38	2563.49	886.02	265.71	236.66	383.65
房屋竣工面积（万平方米） Floor Space of Building (10000 sq.m)	**18231.74**	**17560.23**	**11460.54**	**4023.12**	**2076.57**	**671.51**	**306.13**	**175.25**	**190.13**
#住宅 Residential Building	12931.99	12596.01	8669.84	2944.21	981.97	335.99	132.51	57.45	146.03
年末从业人员（万人） Number of Staff & Workers at the Year-end(10000 persons)	**483.79**	**446.19**	**273.70**	**101.66**	**70.82**	**37.57**	**17.82**	**13.16**	**6.58**
按总产值计算的劳动生产率（元/人） Overall Labor Productivity In Terms of Gross Output Value(yuan/person)	285578	285610	297204	280659	251205	285401	311690	253707	282457
工资总额（亿元） Total Wages(100 million yuan)	**2810.68**	**2599.05**	**1686.41**	**548.99**	**363.66**	**211.63**	**94.32**	**78.94**	**38.38**
财务指标（亿元） Financial Indicators (100 million yuan)									
资本金合计 Total Capital	1805.78	1540.07	657.14	416.25	466.68	265.71	112.44	101.56	51.70
流动资产年末数 Circulating Funds at Year-end	6703.66	5975.12	3641.67	1319.58	1013.87	728.54	348.57	223.86	156.11
固定资产原值 Original Value of Fixed Assets	750.04	643.32	316.97	173.41	152.94	106.72	40.25	35.92	30.55
营业收入 Business Revenue	11421.15	10367.25	6521.67	2309.98	1535.60	1053.90	519.13	339.75	195.02
主营业务收入 Revenue from Principal Business	11267.30	10232.25	6487.78	2252.90	1491.57	1035.06	511.30	331.44	192.32
主营业务成本 Costs of Principal Business	10291.83	9378.17	6018.44	2037.97	1321.76	913.66	448.39	293.80	171.46
利润总额 Total Profits	417.94	378.93	221.36	90.15	67.41	39.01	21.77	11.53	5.71
#营业利润 Business Profits	415.55	377.14	221.60	88.94	66.59	38.41	21.62	11.21	5.58
利税总额 Total Pre-Tax Profits	810.53	733.12	414.85	182.05	136.22	77.41	42.00	22.46	12.95

12-6 按行业分建筑企业主要经济指标（2020年）
Major Indicators of Construction Enterprises by Sector(2020)

项目 Item	房屋建筑业 Building	土木工程建筑业 Civil Engineering	建筑安装业 Installation	建筑装饰和其他建筑业 Building Decontion and Others
企业单位数（个） **Number of Enterprises(unit)**	**3764**	**1962**	**350**	**951**
建筑业总产值（亿元） **Gross Output Value(100 million yuan)**	**10079.55**	**3284.61**	**279.89**	**473.75**
建筑业竣工产值 Output Value of Completed	4385.90	1332.67	141.82	173.19
房屋施工面积（万平方米） **Floor Space of Building under(10000 sq.m)**	**74448.02**	**7332.39**	**107.64**	**783.14**
#本年新开工 Newly Started Building in Current Year	23008.81	3364.21	68.01	473.16
房屋竣工面积（万平方米） **Floor Space of Building(10000 sq.m)**	**15432.43**	**2524.70**	**111.39**	**163.22**
#住宅 Residential Building	11336.80	1457.06	62.17	75.97
年末从业人员（万人） **Number of Staff & Workers at the Year-end(10000 persons)**	**359.53**	**102.39**	**7.34**	**14.54**
按总产值计算的劳动生产率（元/人） Overall Labor Productivity In Terms of Gross Output Value(yuan/person)	276447	310590	360414	291907
工资总额（亿元） **Total Wages(100 million yuan)**	**2077.44**	**589.72**	**50.64**	**92.89**
财务指标（亿元） **Financial Indicators(100 million yuan)**				
资本金合计 Total Capital	1101.41	505.89	81.92	116.56
流动资产年末数 Circulating Funds at Year-end	4441.71	1691.45	268.80	301.70
固定资产原值 Original Value of Fixed Assets	394.68	277.64	38.27	39.45
营业收入 Business Revenue	7936.75	2761.11	299.00	424.30
主营业务收入 Revenue from Principal Business	7849.03	2713.47	293.57	411.23
主营业务成本 Costs of Principal Business	7198.87	2473.90	255.17	363.89
利润总额 Total Profits	286.43	102.65	12.75	16.12
#营业利润 Business Profits	283.45	103.79	12.46	15.84
利税总额 Total Pre-Tax Profits	566.83	193.97	21.06	28.66

12-7 按经济类型分建筑企业主要经济指标（2020年）

Major Indicators of Construction Enterprises by Ownership(2020)

项目 Item	国有经济 State-owned	集体经济 Collect-owned	港澳台经济 Hong Kong, Macao and Taiwan Funded	外商经济 Foreign Funded	其他经济 Others
企业单位数（个） Number of Enterprises(unit)	**80**	**26**	**19**	**7**	**6895**
建筑业总产值（亿元） Gross Output Value(100 million yuan)	**803.35**	**177.17**	**116.94**	**28.87**	**12991.47**
建筑业竣工产值 Output Value of Completed	266.30	211.39	51.68	2.85	5501.36
房屋施工面积（万平方米） Floor Space of Building under(10000 sq.m)	**2948.29**	**2386.84**	**1838.48**	**23.11**	**75474.48**
#本年新开工 Newly Started Building in Current Year	662.69	707.22	203.51	7.69	25333.08
房屋竣工面积（万平方米） Floor Space of Building(10000 sq.m)	**560.58**	**794.88**	**175.70**	**13.15**	**16687.43**
#住宅 Residential Building	380.21	760.97	174.41		11616.41
年末从业人员（万人） Number of Staff & Workers at the Year-end(10000 persons)	**22.24**	**8.00**	**4.17**	**0.14**	**449.24**
按总产值计算的劳动生产率（元/人） Overall Labor Productivity In Terms of Gross Output Value (yuan/person)	329150	266113	283059	2081471	283023
工资总额（亿元） Total Wages(100 million yuan)	**116.09**	**44.60**	**24.39**	**1.50**	**2624.10**
财务指标（亿元） Financial Indicators(100 million yuan)					
资本金合计 Total Capital	88.44	10.25	7.03	3.86	1696.19
流动资产年末数 Circulating Funds at Year-end	668.75	55.87	44.37	31.63	5903.04
固定资产原值 Original Value of Fixed Assets	66.47	3.41	1.03	0.66	678.47
营业收入 Business Revenue	637.10	101.42	114.65	26.20	10541.78
主营业务收入 Revenue from Principal Business	626.40	101.20	114.64	26.15	10398.91
主营业务成本 Costs of Principal Business	588.60	96.61	111.25	23.59	9471.77
利润总额 Total Profits	18.73	2.20	1.95	2.12	392.95
#营业利润 Business Profits	18.38	1.65	1.94	2.12	391.46
利税总额 Total Pre-Tax Profits	30.70	4.02	4.51	2.60	768.70

12-8 房屋竣工建筑面积

Floor Space of Completed Building

单位：万平方米 (10000 sq.m)

项目	Item	竣工面积 Floor Space Completed		
		2015	2019	2020
合计	**Total**	**16631.27**	**17810.53**	**18231.74**
住宅房屋	Residential Building	10715.31	11752.55	12931.99
商业及服务用房屋	Building for Business and Service	1150.74	1354.85	1176.89
商厦房屋（批发和零售用房）	Wholesal and Retail Trade	498.94	578.38	501.42
宾馆用房屋（住宿用房）	Lodgings	126.68	99.50	65.09
餐饮用房屋（餐饮用房）	Gatering Services	30.6	3.31	7.35
商务会展用房屋	Business Showing	59.22	23.90	32.84
其他商业及服务用房屋（居民服务业用房）	Others	435.31	649.76	570.18
办公用房屋	Building for Office	969.45	1047.27	711.67
科研、教育、医疗用房屋	Building for Scientific Research, Education,Medical	527.54	527.00	534.09
科学研究用房屋	Scientific Research	59.19	32.17	21.07
教育用房屋	Education	374.83	401.47	383.28
医疗用房屋（卫生医疗用房）	Medical	93.52	93.38	129.74
文化、体育、娱乐用房屋	Building for Culture, Sports and Enterainment	140.22	193.47	110.19
厂房及建筑物	Factory Building	2898.59	2707.84	2542.22
#厂房	Factory	1256.84	1365.42	1427.95
仓库	Storehouse	106.89	79.06	58.86
其他未列明的房屋建筑物	Others	122.53	148.48	165.83

12-9 各设区市建筑企业数（2020年）

Number of Construction Enterprises by City(2020)

单位：个 (unit)

地区 Area	合计 Total	总承包 Gereral Contract	一级及以上 First and Above	二级 Second	三级及其他 Third and Others	专业承包 Special Contract	一级 First	二级 Second	三级及不分等级 Third and Others
全 省 total	**7027**	**5279**	**413**	**902**	**3964**	**1748**	**331**	**1041**	**376**
福州市 Fuzhou	1738	1133	105	282	746	605	109	343	153
厦门市 Xiamen	1167	735	103	149	483	432	88	251	93
莆田市 Putian	496	445	34	39	372	51	1	39	11
三明市 Sanming	585	557	25	77	455	28	4	12	12
泉州市 Quanzhou	963	615	69	111	435	348	99	193	56
漳州市 Zhangzhou	482	367	34	63	270	115	4	99	12
南平市 Nanping	514	479	6	38	435	35	8	15	12
龙岩市 Longyan	632	552	28	94	430	80	14	49	17
宁德市 Ningde	450	396	9	49	338	54	4	40	10

12-10 各设区市建筑企业从业人员数（2020年）

Number of persons employed by Construction Enterprises by City(2020)

单位：人 (person)

地区 Area	合计 Total	总承包 Gereral Contract	一级及以上 First and Above	二级 Second	三级及其他 Third and Others	专业承包 Special Contract	一级 First	二级 Second	三级及不分等级 Third and Others
全 省 total	**4837882**	**4462161**	**2737023**	**1016619**	**708519**	**375721**	**178240**	**131633**	**65848**
福州市 Fuzhou	1945463	1782887	1130855	485022	167010	162576	85388	51158	26030
厦门市 Xiamen	800893	706067	474922	128568	102577	94826	33812	33064	27950
莆田市 Putian	250095	248185	166426	41183	40576	1910	3	1220	687
三明市 Sanming	314252	311665	127275	78627	105763	2587	925	275	1387
泉州市 Quanzhou	610652	548921	400849	84252	63820	61731	40502	17403	3826
漳州市 Zhangzhou	242446	229063	150749	38897	39417	13383	368	12022	993
南平市 Nanping	115015	106237	50943	12206	43088	8778	2991	3852	1935
龙岩市 Longyan	485828	460547	221220	119869	119458	25281	13647	9481	2153
宁德市 Ningde	73238	68589	13784	27995	26810	4649	604	3158	887

12-11 各设区市建筑企业劳动生产率（2020年）

Labor Productivity Construction Enterprises by City(2020)

单位：元/人 (yuan/person)

地区	Area	按总产值计算 In terms of Total Output value	#国有企业 State- Owned	#集体企业 Collective- Owned
全　省	**total**	**285578**	**329151**	**266115**
福州市	Fuzhou	263692	308754	264793
厦门市	Xiamen	338053	378129	298490
莆田市	Putian	319218	269795	148000
三明市	Sanming	281551	294171	
泉州市	Quanzhou	321006	306914	300784
漳州市	Zhangzhou	252435	137197	84755
南平市	Nanping	181049	275379	318642
龙岩市	Longyan	278725	115067	
宁德市	Ningde	245300	270500	

12-12 各设区市建筑企业房屋施工情况（2020年）

Basic Statistics on Housing construction of Construction Enterprises by City(2020)

单位：万平方米 (10000 sq.m)

地区	Area	房屋建筑竣工面积 Floor Space of Buildings Completed	房屋建筑施工面积 Floor Space of Buildings under	本年新开工 Newly Started Building in Current Year
全　省	**total**	**18231.74**	**82671.20**	**26914.19**
福州市	Fuzhou	7860.50	39623.29	12438.16
厦门市	Xiamen	2566.45	13350.39	4245.34
莆田市	Putian	894.64	5744.02	2214.82
三明市	Sanming	930.12	3891.15	1102.21
泉州市	Quanzhou	2832.26	8767.67	2832.61
漳州市	Zhangzhou	733.08	3184.30	967.61
南平市	Nanping	279.92	1117.59	313.13
龙岩市	Longyan	1974.92	6156.18	2590.67
宁德市	Ningde	159.86	836.59	209.64

12-13 各设区市建筑企业总收入（2020年）

Gross Income of Construction Enterprises by City(2020)

单位：万元 (10000 yuan)

地区 Area	营业收入 Business Revenue	主营业务收入 Revenue from Principal Business	主营业务成本 Costs of Principal Business	营业利润 Business Profits	营业外收入 Other Incomes	其他业务利润 Profits of Others
全 省 total	**114211502**	**112673017**	**102918256**	**4155502**	**95504**	**55766**
福州市 Fuzhou	43581942	42975051	39417273	1337015	32091	41332
厦门市 Xiamen	20725885	20319242	18978898	494862	20030	8147
莆田市 Putian	6327620	6122955	5518697	261690	4297	557
三明市 Sanming	6757212	6753805	6128276	287211	2991	-372
泉州市 Quanzhou	16868015	16754924	14916744	924756	12855	983
漳州市 Zhangzhou	5354840	5317611	4854285	253222	3451	1194
南平市 Nanping	1962324	1893338	1701914	81368	1476	202
龙岩市 Longyan	10943648	10866334	9864056	463373	16258	3005
宁德市 Ningde	1690016	1669757	1538115	52005	2056	718

12-14 各设区市建筑企业利税总额（2020年）

Total Pre-tax Profits of Construction Enterprises by City(2020)

单位：万元 (10000 yuan)

地区 Area	利税总额 Total Pre-tax Profits	#利润总额 Total Profits	#主营业务税金及附加 Taxes and Extra Charges from Principal Business	产值利税率(%) Ratio of pre-tax Profits to Gross Output Value (%)	资产利税率(%) Ratio of pre-tax Profit to Assets (%)
全 省 Total	**8105277**	**4179382**	**1306612**	**5.7**	**10.0**
福州市 Fuzhou	2728665	1356592	408052	5.2	8.3
厦门市 Xiamen	920831	502680	105492	3.3	5.5
莆田市 Putian	556489	259597	127159	7.1	15.2
三明市 Sanming	632645	288507	124549	7.2	15.7
泉州市 Quanzhou	1584445	933357	254995	8.0	15.2
漳州市 Zhangzhou	437473	253446	61361	6.3	8.2
南平市 Nanping	167191	81681	28442	7.8	7.7
龙岩市 Longyan	967153	450589	187609	7.0	23.7
宁德市 Ningde	110385	52933	8954	5.1	6.8

12-15 房地产开发企业（单位）主要情况

Main Situation of Enterprises for Real Estate Development

项目 Item	2000	2005	2010	2019	2020
企业个数（个）Number of Enterprises(unit)	**1922**	**2596**	**3634**	**3519**	**3608**
内资企业 Domestically funded enterprises	1151	1866	2926	3208	3287
#国有 Stated-owned	356	225	216	370	382
集体 Collective-owned	170	91	52	22	23
港澳台商投资企业 EnterPries with Funds from HongKong,Macao and TaiWan	543	470	529	213	208
外商投资企业 Foreign Funded Enterprises	228	260	179	98	113
土地开发及购置(万平方米) Development and Purchase of Land (10000 sq.m)					
土地购置面积 Purchased Land Space	901.07	1822.55	1540.42	1031.70	598.50
本年完成投资（亿元）Investment of Completed (100 million yuan)	**207.37**	**540.39**	**1818.86**	**5673.13**	**6026.80**
#住宅 Residential Building	125.07	363.72	975.13	4076.31	4372.10
本年实际到位资金(亿元) Actual Funds this Year	276.86	803.93	2631.31	6873.76	7355.03
#国内贷款 Domestic Loans	44.78	156.85	432.46	822.32	753.75
利用外资 Foreign Investment	24.94	14.81	18.17	22.57	7.23
自筹资金 Fundraising	54.21	217.15	1099.64	2871.84	3173.46
房屋建筑面积（万平方米）Floor Space of Buildings Completed (10000 sq.m)					
施工面积 Floor Space Under Construction	3422.88	6107.75	14189.73	34140.18	34556.77
本年房屋竣工面积 Floor Space Completed this Year	1009.36	1576.16	2242.47	2882.29	3804.07
本年新开工面积 Newiy Started This Year	1102.85	2196.57	4679.56	6398.36	6637.99
#住宅 Residential Buildings	891.87	1727.38	3399.53	4615.00	4549.05
商品房销售面积（万平方米）Real Floor Spale Building Sold (10000 sq.m)	**810.65**	**1913.84**	**2575.62**	**6456.13**	**6607.18**
#住宅 Residential Buildings	675.73	1720.56	2139.26	5073.73	5210.03

12-16 房地产开发企业（单位）投资和销售情况

Investment and Sales Situation of Enterprises for Real Estate Development

年份 Year	本年完成投资（亿元） Investment of Completed (100 million yuan)	#住宅 Residential Buildings	商品房销售额（亿元） Real Value of House Sold (100 million yuan)	#住宅 Residential Buildings	商品房销售面积（万平方米） Real Floor Space Sold (10000 sq.m)	#住宅 Residential Buildings
1986	3.57				73.14	
1987	3.25				51.33	
1988	7.13				92.88	
1989	11.01				102.55	
1990	13.47				107.79	
1991	21.07		9.16		111.44	
1992	41.03		16.77		134.99	
1993	60.93		26.61		248.91	
1994	101.98	69.96	39.37	26.03	241.31	188.96
1995	151.37	88.51	66.16	46.14	368.65	309.44
1996	151.69	75.29	48.59	37.61	273.51	234.28
1997	148.33	72.49	83.50	62.04	426.88	346.14
1998	165.63	85.44	105.10	78.71	515.20	441.67
1999	178.62	105.08	123.75	92.54	599.68	511.64
2000	207.37	125.07	168.96	119.39	810.65	675.73
2001	225.49	145.22	199.08	150.75	987.81	843.00
2002	248.99	160.78	225.28	153.95	1047.05	882.92
2003	362.07	237.67	287.16	222.46	1250.10	1083.79
2004	477.79	308.45	354.47	281.26	1384.83	1224.61
2005	540.39	363.72	605.09	481.90	1913.84	1720.56
2006	787.36	511.68	807.46	637.34	2021.69	1743.39
2007	1132.49	778.39	1134.53	938.33	2421.97	2096.39
2008	1129.09	735.93	712.61	562.26	1625.67	1250.00
2009	1136.35	743.27	1477.83	1299.09	2723.23	2420.83
2010	1818.86	975.13	1611.32	1300.13	2575.62	2139.26
2011	2402.61	1591.56	2101.58	1649.34	2706.72	2213.30
2012	2824.12	1751.98	2817.70	2293.90	3258.94	2741.96
2013	3702.97	2402.08	4232.08	3410.57	4676.16	3957.46
2014	4567.40	2917.17	3763.52	2939.58	4119.48	3324.10
2015	4469.61	2864.95	3585.81	2839.76	4037.76	3315.69
2016	4588.83	2999.29	4530.79	3793.41	4915.35	4134.46
2017	4794.23	3236.51	5705.19	4202.00	5854.05	4526.13
2018	4940.34	3456.86	6579.49	5074.52	6213.40	4781.58
2019	5673.13	4076.31	6938.79	5685.25	6456.13	5073.73
2020	6026.80	4372.10	7497.75	6343.34	6607.18	5210.03

12-17 房地产开发投资完成情况

Main Indicators of Enterprises for Real Estate Development

年份 Year	企业个数（个） Number of Enterprises (unit)	本年完成投资（亿元） Investment of Completed (100 million yuan)	施工面积（万平方米） Floor Space Under Construction (10000 sq.m)	竣工面积（万平方米） Floor Space Completed (10000 sq.m)	商品房销售面积（万平方米） Real Floor Spale Building Sold (10000 sq.m)	商品房销售额（亿元） Real Value of House Sold (100 million yuan)
1986	102	3.57	220.84	133.25	73.14	
1987	118	3.25	216.38	98.74	51.33	
1988	174	7.13	368.04	154.12	92.88	
1989	168	11.01	413.56	183.73	102.55	
1990	190	13.47	427.57	193.92	107.79	
1991	241	21.07	561.56	215.98	111.44	9.16
1992	391	41.03	842.30	258.48	134.99	16.77
1993	856	60.93	1258.69	307.55	248.91	26.61
1994	1279	101.98	1889.94	470.78	241.31	39.37
1995	1256	151.37	2506.77	732.63	368.65	66.16
1996	1407	151.69	2283.80	526.28	273.51	48.59
1997	1465	148.33	2401.24	662.77	426.88	83.50
1998	1783	165.63	2748.79	578.74	515.20	105.10
1999	1909	178.62	3166.96	788.82	599.68	123.75
2000	1922	207.37	3422.88	1009.36	810.65	168.96
2001	1941	225.49	3717.31	1280.79	987.81	199.08
2002	1869	248.99	4114.64	1323.49	1047.05	225.28
2003	1900	362.07	4891.04	1362.95	1250.10	287.16
2004	2433	477.79	5795.69	1523.91	1384.83	354.47
2005	2596	540.39	6107.75	1576.16	1913.84	605.09
2006	2755	787.36	6992.74	1408.32	2021.69	807.46
2007	2693	1132.49	9651.58	1711.33	2421.97	1134.53
2008	3268	1129.09	11459.72	1906.15	1625.67	712.61
2009	3316	1136.35	11668.17	2240.26	2723.23	1477.83
2010	3634	1818.86	14189.73	2242.47	2575.62	1611.32
2011	3576	2402.61	18937.98	2651.71	2706.72	2101.58
2012	3140	2824.12	21121.50	2232.78	3258.94	2817.70
2013	3187	3702.97	26287.28	3369.76	4676.16	4232.08
2014	3280	4567.40	30051.77	3583.57	4119.48	3763.52
2015	3151	4469.61	30891.14	3436.56	4037.76	3585.81
2016	3177	4588.83	31064.14	3665.25	4915.35	4530.79
2017	3240	4794.23	31939.55	4266.69	5854.05	5705.19
2018	3351	4940.34	32825.97	3739.02	6213.40	6579.49
2019	3519	5673.13	34140.18	2882.29	6456.13	6938.79
2020	3608	6026.80	34556.77	3804.07	6607.18	7497.75

12-18 按各类分组房地产开发投资

Investment of Real Estate Development by Groups

单位：亿元 (100 million yuan)

项目 Item	2000	2005	2010	2019	2020
完成投资额 Investment of Completed	**207.37**	**540.39**	**1818.86**	**5673.13**	**6026.80**
按登记注册类型分 Grouped by Status of Registration					
国有 Stated-owned	45.28	57.28	128.22	118.63	32.88
集体 Collective-owned	9.53	18.93	27.66	0.38	0.11
股份合作 Share Holding Cooperative	4.17	2.39	2.86		
联营 Cooperative	4.10	8.93	0.55		
有限责任公司 Limited Liability Corporations	21.49	107.28	705.67	2977.24	2367.44
股份有限公司 Share Holding Enterprises	10.38	7.45	58.05	25.26	38.66
私营企业 Private Enterprises	26.42	178.55	586.39	2168.41	3099.59
港澳台商投资企业 Enterprises with Funds from HongKong, Macao and TaiWan	54.48	106.11	227.76	295.25	251.34
外商投资企业 Foreign Funded Enterprises	30.42	51.47	70.15	87.02	236.80
其他企业 Other Enterprises	1.10	2.00	11.55	0.95	0.00
按构成分 By Type of Construction					
建筑工程 Construction	140.20	334.31	877.89	3060.19	3122.86
安装工程 Installation	7.78	22.60	53.72	234.26	182.30
设备工器具购置 Purchase of Equitment and Instruments	3.95	3.97	9.39	66.80	57.16
其他费用 Others	55.44	179.51	877.85	2311.88	2664.49
按工程用途分 By Use of Project					
商业营业用房 House for Busines Use	29.91	47.82	162.33	450.01	481.96
住宅 Residential Building	125.07	363.72	975.13	4076.31	4372.10
办公楼 Office Buildings	15.20	10.76	49.67	272.72	214.56
其他 Others	37.19	118.09	631.72	874.09	958.19
按隶属关系分 By Ownership					
中央 Central	0.72	0.19	9.23	105.65	34.00
地方 Local Project	206.65	540.20	1809.62	671.13	671.06
其他 Others				4896.35	5321.74

注：根据《房地产开发统计报表制度》，2019年法人表对按隶属关系进行调整，增加“其他”，并对“中央”、“地方”口径进行调整。

Note:In 2019,the subordinate relationship has been adjusted,Added "Others",the Scope of "Central" and "Local" has been adjusted.

12-19 商品房竣工面积

Floor Space of Commercialized Buildings

单位：万平方米 (10000 sq.m)

年份 Year	房屋竣工面积 Floor Space Completed	住宅 Residential Buildings	办公楼 Office Buildings	商业营业用房 House for Business Used	其他 Others
1986	133.25	112.40			
1987	98.74	72.21			
1988	154.12	114.75			
1989	183.73	145.78			
1990	193.92	139.42			
1991	215.98	147.03	2.50	19.63	46.82
1992	258.48	181.24	2.90	26.91	47.43
1993	307.55	238.46	4.13	28.31	36.65
1994	470.78	359.14	30.97	51.67	29.00
1995	732.63	585.82	34.93	80.46	31.42
1996	526.28	419.56	28.33	61.86	16.53
1997	662.77	500.07	55.37	80.41	26.92
1998	578.74	450.90	34.50	70.05	23.29
1999	788.82	604.21	64.75	82.33	37.53
2000	1009.36	771.81	71.48	114.68	51.39
2001	1280.79	1020.46	50.39	153.42	56.52
2002	1323.49	1011.33	46.53	207.54	58.09
2003	1362.95	1074.29	45.98	142.37	100.32
2004	1523.91	1260.55	29.93	154.43	78.99
2005	1576.16	1304.85	22.22	156.54	92.55
2006	1408.32	1128.59	44.35	145.36	90.03
2007	1711.33	1344.42	55.49	163.30	148.12
2008	1906.15	1422.84	97.64	174.98	210.70
2009	2240.26	1690.85	47.44	209.32	292.65
2010	2242.47	1715.87	35.20	165.39	326.01
2011	2651.71	2007.34	54.75	286.07	303.55
2012	2232.78	1564.62	119.20	238.83	310.13
2013	3369.76	2338.06	98.33	404.85	528.52
2014	3583.57	2568.02	145.51	308.55	561.48
2015	3436.56	2398.99	142.78	341.16	553.64
2016	3665.25	2420.45	182.15	457.34	605.31
2017	4266.69	2891.33	144.64	390.35	840.38
2018	3739.02	2347.24	261.45	374.56	755.78
2019	2882.29	1813.90	177.59	367.91	522.88
2020	3804.07	2403.09	226.57	391.51	782.90

12-20 按工程用途分房地产开发投资

Investment for Real Estate Development by Use

单位：亿元　(100 million yuan)

年份 Year	本年完成投资 Investment of Completed	住宅 Residential Buildings	办公楼 Office Buildings	商业营业用房 House for Business Used	其他 Others
1986	3.57				
1987	3.25				
1988	7.13				
1989	11.01				
1990	13.47				
1991	21.07				
1992	41.03				
1993	60.93				
1994	101.98	46.23			
1995	151.37	88.51	18.80	19.06	25.01
1996	151.69	75.29	16.80	23.57	36.03
1997	148.33	72.49	20.31	23.63	31.90
1998	165.63	85.44	19.61	22.69	37.90
1999	178.62	105.08	16.08	22.78	34.68
2000	207.37	125.07	15.20	29.91	37.19
2001	225.49	145.22	12.20	30.63	37.45
2002	248.99	160.78	9.99	29.85	48.37
2003	362.07	237.67	10.64	38.27	75.49
2004	477.79	308.45	9.15	43.93	116.27
2005	540.39	363.72	10.76	47.82	118.09
2006	787.36	511.68	24.25	56.29	195.15
2007	1132.49	778.39	20.91	76.35	256.84
2008	1129.09	735.93	24.74	80.87	287.55
2009	1136.35	743.27	37.84	87.30	267.93
2010	1818.86	975.13	49.67	162.33	631.72
2011	2402.61	1591.56	100.19	264.51	446.34
2012	2824.12	1751.98	189.22	370.38	512.54
2013	3702.97	2402.08	270.28	491.43	539.18
2014	4567.40	2917.17	358.58	654.88	636.77
2015	4469.61	2864.95	327.76	670.97	605.92
2016	4588.83	2999.29	339.01	590.95	659.58
2017	4794.23	3236.51	282.37	555.87	719.48
2018	4940.34	3456.86	215.55	457.63	810.30
2019	5673.13	4076.31	272.72	450.01	874.09
2020	6026.80	4372.10	214.56	481.96	958.19

12-21 商品房销售面积

Floor Space of Commercialized Buildings Sold

单位：万平方米 (10000 sq.m)

年份 Year	商品房销售面积 Rcal Floor Spalc Building Sold	住宅 Residential Buildings	办公楼 Office Buildings	商业营业用房 House for Business Used	其他 Others
1986	73.14	73.14			
1987	51.33	42.87			
1988	92.88	72.65			
1989	102.55	92.58			
1990	107.79	88.36			
1991	111.44	93.98			
1992	134.99	113.70			
1993	248.91	209.60			
1994	241.31	188.96			
1995	368.65	309.44	21.36	26.67	11.18
1996	273.51	234.28	10.96	23.96	4.32
1997	426.88	346.14	27.89	41.55	11.30
1998	515.20	441.67	24.70	40.39	8.45
1999	599.68	511.64	21.41	54.30	12.34
2000	810.65	675.73	41.74	77.89	15.30
2001	987.81	843.00	33.31	89.66	21.84
2002	1047.05	882.92	31.19	114.41	18.54
2003	1250.10	1083.79	34.64	104.86	26.81
2004	1384.83	1224.61	21.88	100.39	37.95
2005	1913.84	1720.56	21.05	120.76	51.47
2006	2021.69	1743.39	41.03	141.95	95.33
2007	2421.97	2096.39	80.19	155.38	90.00
2008	1625.67	1250.00	66.52	94.32	214.83
2009	2723.23	2420.83	32.94	121.26	148.20
2010	2575.62	2139.26	82.20	176.35	177.81
2011	2706.72	2213.30	109.17	183.86	200.40
2012	3258.94	2741.96	150.83	209.88	156.27
2013	4676.16	3957.46	211.42	242.53	264.75
2014	4119.48	3324.10	181.01	286.94	327.44
2015	4037.76	3315.69	155.42	296.25	270.40
2016	4915.35	4134.46	181.16	305.47	294.26
2017	5854.05	4526.13	354.25	412.26	561.41
2018	6213.40	4781.58	304.59	457.83	669.40
2019	6456.13	5073.73	331.17	425.93	625.30
2020	6607.18	5210.03	224.80	431.97	740.38

12-22 房地产开发施工、竣工和销售情况（2020年）

Condition of Real Estate Under Construction,Completed and Sale(2020)

项目 Item	合计 Total	住宅 Residen-tial Buildings	#90平方米以下 Floor Space Under 90 sq.m	#90-144平方米 Floor Space between 99 and 144 sq.m	#144平方米以上 Floor Space Over 144 sq.m	办公楼 Office Buildings	商业营业用房 House for Business Used	其他 Others
房屋施工面积（万平方米） Floor Space Under Construction (10000 sq.m)	**34556.77**	**22929.82**	**5856.12**	**14641.65**	**2432.05**	**1848.05**	**2997.92**	**6780.97**
#新开工面积 New Building	6637.99	4549.05	1207.12	2972.67	369.26	277.49	446.88	1364.58
房屋竣工面积（万平方米） Floor Space of Completed(10000 sq.m)	**3804.07**	**2403.09**	**518.10**	**1608.08**	**276.91**	**226.57**	**391.51**	**782.90**
商品住宅竣工套数（万套） Set of Completed Buildings(10000 sets)		**21.80**	**7.15**	**13.17**	**1.47**			
竣工房屋价值（亿元） Value of Completed Buildings (100 million yuan)	**1232.72**	**773.75**	**171.73**	**519.81**	**82.21**	**87.26**	**145.91**	**225.80**
出租房屋面积（万平方米） Floor Space of Houses Leased (10000 sq.m)	**99.60**	**0.50**		**0.50**		**14.34**	**58.61**	**26.16**
商品房销售面积（万平方米） Floor Space Sold(10000 sq.m)	**6607.18**	**5210.03**	**1284.00**	**3383.87**	**542.16**	**224.80**	**431.97**	**740.38**
#现房销售面积 Buildings Now Availabal	862.63	413.37	99.84	188.70	124.83	58.14	161.94	229.18
期房销售面积 Forward Buildings	5744.55	4796.65	1184.15	3195.18	417.32	166.66	270.04	511.20
商品房销售额（亿元） Value of House Sold(100 million yuan)	**7497.75**	**6343.34**	**1750.25**	**3668.24**	**924.86**	**236.41**	**527.89**	**390.10**
#现房销售额 Buildings Now Availabal	787.67	458.88	105.02	180.14	173.72	56.60	170.42	101.77
期房销售额 Forward Buildings	6710.08	5884.47	1645.23	3488.10	751.14	179.81	357.47	288.33
商品住宅销售套数（万套） Set of Commercial Residential Buildings Sold(10000 sets)		**48.95**	**16.48**	**29.56**	**2.91**			
年末待售面积（万平方米） Floor Space of Buildings no Sold (10000 sq.m)	**1807.37**	**479.44**	**82.53**	**239.07**	**157.85**	**155.19**	**463.01**	**709.72**
#待售1-3年 One-three Years	652.84	195.26	40.14	111.14	43.98	66.04	161.26	230.27
待售3年以上 Over Three Years	793.52	157.17	23.82	56.58	76.77	47.73	231.91	356.71

建筑业统计单位 指从事房屋、构筑物建造和设备安装活动的法人企业。建筑业法人企业应同时具备的条件是：①依法成立，有自己的名称、组织机构和场所，能够承担民事责任；②独立拥有和使用资产，承担负债，有权与其他单位签订合同；③独立核算盈亏，能够编制资产负债表。

建筑业总产值(即自行完成施工产值) 指以货币表现的建筑安装企业在一定时期内生产的建筑业产品和提供的服务的总和。建筑业总产值包括：

(1)建筑工程产值：指列入建筑工程预算内的各种工程价值。

(2)设备安装工程产值：指设备安装工程价值，不包括被安装设备本身价值。

(3)房屋、构筑物修理产值：指房屋、构筑物修理所完成的价值，但不包括被修理房屋、构筑物本身的价值和生产设备的修理价值。

(4)非标准设备制造产值：指加工制造没有定型的、非标准的生产设备的加工费和原材料价值，以及附属加工厂为本企业承建工程制作的非标准设备的价值。

房屋建筑施工面积 指在报告期内施工的全部房屋建筑面积，包括本期新开工的房屋面积、上期施工跨入本期继续施工的房屋面积、上期停缓建在本期恢复施工的房屋面积、本期竣工的房屋面积及本期施工后又停缓建的房屋面积。

房屋建筑竣工面积 指在报告期内房屋建筑按照设计要求全部完工，达到了住人和使用条件，经验收鉴定合格，正式移交使用单位的房屋建筑面积。

主营业务收入 指企业经营主要业务所实现的收入。如果会计“利润表”列示“主营业务收入”项目，则根据其本年累计数填报；或者，根据会计“主营业务收入”科目的本年各月贷方余额（结转前）之和填报，如未设置该科目，以“营业收入”代替填报。

利润总额 指企业在一定会计期间的经营成果，是生产经营过程中各种收入扣除各种耗费后的盈余，反映企业在报告期内实现的盈亏总额。利润总额为营业利润加上营业外收入，减去营业外支出后的金额，根据会计“利润表”中“利润总额”项目的本年累计数填报。

主营业务成本 指企业经营主要业务所发生的成本总额。根据会计“主营业务成本”科目的本年各月借方余额（结转前）之和填报。如未设置该科目，以“营业成本”代替填报。

Explanatory Notes on Main Statistical Indicators

Statistical Unit in the Construction Industry refers to corporate enterprise engaged in the construction of buildings and structures and in the installation of equipment.A corporate construction enterprise should have qualification certifieates with independent accounting system,and should meet the following 3 requirements:①being set up in line with relevant legal basis,having its full name,organization and location,and capable of taking civil liabilities;② independently possessing and using its assets and assuming its liabilities,and entitled to sign contracts with other institutions;and ③ making independent accounts of its profits and losses,and capable of compiling its own balance sheet.

Gross Output Value of Construction (Output Value of Projects Under Construction) refers to total of construction products and services, expressed in money terms, completed by construction and installation enterprises during a given period of time. It includes:

(1) Output value of construction projects, that is the value of projects covered by the project budgets;

(2) Output value of installation projects, that is the value of the installation of equipment, (excluding the value of the equipment to be installed);

(3) Output value of repair of buildings and structures, that is the value created through the repairs of buildings or structures,but does not include the value of buildings or structures being repaired and the value of the repair of production equipment;

(4) Output value of manufactured non-standard equipment, that is the value of non-standard production equipment (including raw materials and manufacturing cost) made for the construction project, and the equipment manufactured by subsidiary workshops.

Floor Space of Buildings Under Construction refers to floor space of buildings under construction during the reference period, including newly started buildings,buildings started earlier and Continued during the reference period,and buildings suspended earlier but restarted during the reference period, buildings completed during the reference period, and buildings under construction and then suspended during the reference period.

Floor Space of Buildings Completed refers to the floor space of buildings that are completed in the reference period in accordance with the requirements of the design, up to the standard for putting them into use, and have been checked and accepted by concerned departments as qualified ones.

Revenue from Principal Business refers to the income realized by an enterprise in its main business. If the "main business income" item is listed in the accounting "income statement", it shall be filled in according to its cumulative amount of the current year; Alternatively, fill in according to the sum of the credit balance of each month of the current year (before carry forward) of the account "main business income". If this account is not set, fill in instead of "business income".

Total Profits refers to the operating results of an enterprise in a certain accounting period. It is the surplus of various incomes deducting various expenses in the process of production and operation, and reflects the total profit and loss of the enterprise in the reporting period. The total profit is the amount of operating profit plus non operating income minus non operating expenses, which is filled in according to the cumulative amount of the "total profit" item in the accounting "income statement" in this year.

Costs of Principal Business refers to the total cost incurred by the enterprise in operating its main business. Fill in and submit according to the sum of the debit balance (before carry forward) of each month of the current year in the account "main business cost". If this account is not set, fill in with "operating cost" instead.

第十三篇　交通运输和邮电通信业

Chapter 13　Transportation, Postal and Telecommunication Services

---

资料整理：陈洁

Database Editor: Chenjie

简 要 说 明

本篇资料的主要内容及来源

本篇资料反映了全省交通运输业与邮电通讯业发展的基本状况，主要包括交通设施基本情况、客货运量及周转量、交通运输企业主要技术经济指标、沿海主要港口货物吞吐量、邮政和电信基本情况、民用汽车拥有量等方面的内容。

铁路资料来源于南昌铁路局，公路、水路和港口资料来源于福建省交通厅，民航运输资料来源于福建省民航局，邮电信资料来源于福建省通信管理局和福建省邮政管理局。

本篇资料由省统计局服务业处收集整理。

Brief Introduction

Main Content and Source of Data

Data in this chapter cover mainly the basic conditions of the development of transport, post and telecommunications in Fujian Province, including the basic conditions of transport, the freight traffic and passenger traffic accomplished by various means, major financial indices of related enterprises, cargo handled at principal sea ports and the basic conditions of post and telecommunication services.

Data on railways transportation come from the Nanchang Bureau of the Railway. Data on highways waterway and port come from the Bureau of the Transportation. Data on the civil aviation transport come from the Bureau of Fujian Aviation Administration. Data on telecommunication services come from the Telecommunication Bureau. Data on post are provided by the Post Company.

Data in this chapter are compiled and provided by the Division of Services Statistics of Fujian Provincial Bureau of Statistics.

13-1 各类运输总量

Passenger Traffic and Freight Traffic

年份 Year	客运量 (万人) Passenger Traffic (10000 persons)	旅客周转量 (亿人公里) Passenger-Kilometers (100 million passenger-km)	货运量 (万吨) Freight Traffic (10000 tons)	货物周转量 (亿吨公里) Freight ton-kilometers (100 million ton-km)
1952	251	1.72	156	1.44
1957	1966	8.81	1553	10.07
1962	2634	16.97	1845	21.65
1965	3226	16.22	2948	39.47
1970	3324	17.59	2862	40.92
1975	5887	28.36	3747	53.73
1978	7928	35.73	4871	74.03
1979	9996	43.71	5149	80.63
1980	16676	62.37	7979	100.34
1981	20013	73.45	8302	103.34
1982	22570	82.01	9077	120.39
1983	24620	91.50	10175	131.78
1984	29155	109.50	11479	151.61
1985	33984	130.33	13317	161.97
1986	34426	137.09	16931	195.48
1987	35693	159.38	18231	225.02
1988	37216	175.91	20131	242.02
1989	39622	173.66	19859	270.06
1990	39495	175.40	20321	272.71
1991	34038	186.70	12124	267.26
1992	36283	205.17	19836	347.28
1993	40465	232.27	25824	434.02
1994	36416	240.56	28447	577.73
1995	40080	247.65	28922	608.61
1996	42956	267.20	30593	590.58
1997	43658	253.15	30496	605.78
1998	42047	279.76	30010	661.61
1999	41413	301.58	28637	746.71
2000	44203	333.97	29483	687.65
2001	47393	372.72	30547	779.92
2002	49134	392.00	31837	827.44
2003	48097	386.19	33422	1223.82
2004	53950	441.40	37279	1401.26
2005	55615	477.82	40400	1576.12
2006	59369	524.99	44304	1904.36
2007	64244	587.90	50500	2083.72
2008	72742	561.77	57254	2401.41
2009	76121	597.75	58231	2477.46
2010	77153	648.76	66159	2983.52
2011	81082	723.83	75272	3404.11
2012	83725	771.93	84417	3877.73
2013	56965	785.01	96718	3943.77
2014	60765	902.36	111779	4783.48
2015	54031	915.21	111063	5450.96
2016	54237	987.52	120379	6074.83
2017	54118	1086.22	132252	6785.16
2018	51435	1153.28	136974	7652.89
2019	49379	1190.02	133693	8296.62
2020	25490	661.97	139927	9020.34

注：2013年客运量数据因交通运输业统计范围变化有调整。

Note:Because the scope of Transportation Statistics changes, The Data of Traffic Passengers in 2013 has been adjusted.

13-2 交通运输业基本情况

Basic Conditions of Transport

项目	Item	2000	2005	2010	2019	2020
铁路营业长度（公里）	**Length of Railways in Operation(km)**	**1454**	**1613**	**2110**	**3509**	**3774**
公路通车里程（公里）	**Length of Highway(km)**	**51073**	**58286**	**91015**	**109785**	**110118**
#高速公路	Expressway	351	1208	2350	5347	5635
内河通航里程（公里）	**Length of Navigable Inland Waterways(km)**	**3701**	**3245**	**3245**	**3245**	**3245**
客运量（万人）	**Passenger Traffic(10000 persons)**	**44203**	**55615**	**77153**	**49379**	**25490**
铁路	Railways	1428	1486	3640	12741	7539
公路	Highways	41696	52452	70714	31199	14882
水运	Waterways	726	985	1444	1821	742
航空	Civil Aviation	353	692	1356	3618	2327
旅客周转量（亿人公里）	**Passenger-kilometers(100 million persons-km)**	**333.97**	**477.82**	**648.76**	**1190.02**	**661.97**
铁路	Railways	71.57	87.90	137.70	396.25	223.16
公路	Highways	223.44	309.99	346.68	189.99	90.64
水路	Waterways	1.44	1.39	2.14	2.66	0.77
航空	Civil Aviation	37.52	78.54	162.23	601.13	347.40
货运量（万吨）	**Freight Traffic(10000 tons)**	**29483**	**40400**	**66159**	**133693**	**139927**
铁路	Railways	2475	3601	3765	4086	3750
公路	Highways	22924	27579	45575	87317	91137
水运	Waterways	4078	9210	16803	42263	45018
航空	Civil Aviation	6	10	16	28	23
货物周转量（亿吨公里）	**Freight Ton-Kilometers (100 million ton-km)**	**687.65**	**1576.12**	**2983.52**	**8296.62**	**9020.34**
铁路	Railways	152.51	201.95	184.20	191.61	180.90
公路	Highways	175.83	238.25	578.32	962.48	1021.69
水路	Waterways	358.63	1134.64	2218.88	7135.60	7811.73
航空	Civil Aviation	0.67	1.27	2.12	6.94	6.02
全社会机动车拥有量（辆）	**Number of Motor Vehicles(unit)**	**1954426**	**4198416**	**7249619**	**11189434**	**12088602**
#汽车	Automobiles	321278	742611	1996529	6812772	7313359
沿海主要港口货物吞吐量（万吨）	**Freight Handled at Principal Seaports (10000 tons)**	**6944.17**	**19605.25**	**32687.01**	**59483.99**	**62132.47**
福州港	Fuzhou	2425.48	7443.45	7124.79	21255.49	24896.84
厦门港	Xiamen	1965.26	4770.76	12728.05	21343.91	20749.54
泉州港	Quanzhou	1712.18	4046.16	8455.37	7458.88	6679.98
漳州港	Zhangzhou	418.72	2081.31	1202.47		
湄州湾港	Meizhouwan	201.34	1050.03	1755.99	9425.71	9806.11
宁德港	Ningde	221.19	213.54	1420.33		

注：1.2011年起，漳州港并到厦门港，宁德港并到福州港；2.2015年起，泉州市港口中的湄洲湾南岸港区并入湄洲湾港统计，湄洲湾港、泉州港数据与往年不可比。

Note:1.Since 2011, Zhangzhou seaports divided to Xiamen Seaports,Ningde seaports divided to Fuzhou Seaports.2.Since 2015,Meizhouwan seaports and Quanzhou seaports are not comparable with previous years.

13-3 各类运输工具拥有量（年底数）

Possession of Transport(End of Year)

项目	Item	2000	2005	2010	2019	2020
公路	**Highway**					
全社会机动车拥有量（辆）	**Number of Motor Vehicles(unit)**	**1954426**	**4198416**	**7246919**	**11189434**	**12088602**
#民用汽车	Automobiles	321278	742611	1996529	6812772	7313359
#载客汽车	Possenger Vehicles	156890	449592	1502963	5983444	6420715
大型	Large-Size		15623	24704	35619	34689
中型	Medium-Size		31203	39736	22012	20401
小型	Small-Size		362861	1384498	5893693	6336414
微型	Mini-Size		39905	54025	32120	29211
载货汽车	Trucks	154219	231351	451130	793208	863337
重型	Large-Capacity		16437	64942	140999	156769
中型	Medium-Capacity		40678	47062	20085	18729
轻型	Small-Capacity		147566	329155	630946	678417
微型	Mini-Capacity		26670	9971	1178	768
三轮汽车	Tricycle					25
低速货车	Low speed truck					8629
专项作业车	Special operation vehicle					29307
水路	**Waterway**					
内河	**Island River**					
客轮	Passenger Vesssel					
艘数（艘）	Number of Passenger Vesssel (unit)	139	465	319	165	169
载客量（客位）	Passenger Capacity(seat)	7671	15319	9395	7702	7723
货轮	Cargo Vessel					
艘数（艘）	Number of Cargo Vessel(unit)	865	830	722	288	272
净载重量（吨）	Payload(ton)	67493	154777	313962	158132	189738
沿海	**Coastal**					
客轮	Passenger Vesssel					
艘数（艘）	Number of Passenger Vesssel (unit)	167	212	259	214	203
总吨（吨位）	Total Weight(ton)	4527	10706	16617	24455	24979
载客量（客位）	Passenger Capacity(seat)	7221	9764	15259	20334	20413
货轮	Cargo Vessel					
艘数（艘）	Number of Cargo Vessel(unit)	1313	1290	952	949	1059
总吨（吨位）	Total Weight(ton)	787442	1681411	2593122	6611367	7950141
净载重量（吨）	Payload(ton)	1128810	2736521	4061378	9759191	12162201
远洋	**Ocean**					
货轮	Cargo Vessel					
艘数（艘）	Number of Cargo Vessel(unit)	190	81	91	54	57
总吨（吨位）	Total Weight(ton)	384749	543878	818337	1102970	1180173
净载重量（吨）	Payload(ton)	589392	769838	1297002	1616380	1790767

13-4 民用汽车拥有量

年份 Year	民用汽车总计（辆） Total(units)	载客汽车 Passenger Vehicles	大型 Large	中型 Medium	小型 Small	微型 Minicar	载货汽车 Trucks	重型 Heavy
1978	26148	5436					19056	
1979	30611	6388					22756	
1980	35999	7803					26719	
1981	39862	9101					29226	
1982	44316	10642					32006	
1983	46662	11750					33012	
1984	50966	14755					34710	
1985	63062	20908					40259	
1986	74490	25125					47244	
1987	83405	27341					53716	
1988	92218	29915					59180	
1989	102413	33722					63283	
1990	110208	37351					67320	
1991	121247	42267					73081	
1992	137272	50379					81086	
1993	166299	63815					95476	
1994	210404	76411					126228	
1995	200765	82319					111129	
1996	201300	87416					107480	
1997	221808	102238					111109	
1998	248062	115711					125044	
1999	278218	129613					140924	
2000	321278	156890					154219	
2001	366707	174359					172847	
2002	436254	226854	13602	31433	150756	31063	198201	9808
2003	520751	294034	14534	32526	209701	37273	214292	9261
2004	632739	354640	15112	32240	268634	38654	221759	16420
2005	742611	449592	15623	31203	362861	39905	231351	16437
2006	935410	601426	17877	35720	504444	43385	272312	21261
2007	1143059	773989	19171	37642	672830	44346	306995	25951
2008	1339836	947323	20815	38216	842699	45593	328518	27647
2009	1622123	1192518	22393	38913	1081539	49673	384572	51124
2010	1996529	1502963	24704	39736	1384498	54025	451130	64942
2011	2422264	1863029	26795	40178	1737509	58547	517735	75986
2012	2861244	2244527	28079	38936	2116229	61283	574870	82234
2013	3349445	2685948	28376	34761	2562331	60480	623600	91710
2014	3884930	3180576	28833	32621	3059603	59519	664812	102045
2015	4368030	3677895	31511	30037	3560075	56272	654994	103154
2016	4950939	4271132	32201	26919	4164053	47959	644292	102384
2017	5582343	4864625	33241	25037	4767594	38753	683473	115143
2018	6239188	5456288	35682	23568	5360949	36089	747687	130040
2019	6812772	5983444	35619	22012	5893693	32120	793208	140999
2020	7313359	6420715	34689	20401	6336414	29211	863337	156769

Possession of Civil Vehicles

中型 Medium	轻型 Light	微型 Minicar	三轮汽车 Tricycle	低速货车 Low speed truck	专项作业车 Special operation vehicle	其他汽车 Other	机动车驾驶员（万人） Number of Motor Drivers (10000 persons)	#汽车 Automobile Drivers
						1656	12.93	3.41
						1467		
						1477	17.81	4.69
						1535		
						1668		
						1900		
						1501		
						1895	24.39	6.46
						2121	33.77	8.90
						2348	38.17	10.05
						3123	46.10	11.09
						5408	49.10	11.96
						5537	52.84	12.87
						5899	58.13	14.16
						5807	64.36	26.31
						7008	75.64	32.20
						7765	115.40	23.39
						7317	143.32	31.84
						6404	167.81	44.08
						8461	203.33	57.30
						7307	228.02	65.31
						7681	255.93	73.24
						10169	300.43	86.84
						19501	282.18	91.50
50210	99815	38368				11199	315.51	104.59
49862	117418	37751				12425	350.54	119.01
41106	130409	33824				56340	379.30	148.29
40678	147566	26670				61668	442.79	176.70
45415	183797	21839				61672	485.50	201.19
49610	213939	17495				62075	537.80	242.62
48799	238084	13986				63995	571.65	248.55
47155	274372	11921				45033	632.89	335.71
47062	329155	9971				42436	692.10	395.26
47773	385704	8272				41500	753.72	461.83
45452	440384	6800				41847	818.16	533.87
37363	487858	6669				39897	876.77	586.15
34816	522174	5777				39542	943.46	662.96
31005	516264	4571				35141	1014.52	743.58
23700	514666	3542				35515	1102.05	838.86
21236	544741	2353				34245	1184.85	931.76
21243	594600	1804				35213	1260.00	1017.37
20085	630946	1178				36120	1342.74	1105.65
18729	678417	768	25	8629	29307		1403.45	1164.30

13-5 私人汽车拥有量

单位：辆

年份 Year	私人汽车 Total	载客汽车 Passenger Vehicles	大型 Large	中型 Medium	小型 Small	微型 Minicar	载货汽车 Trucks
1985	3610	308					3292
1986	5736	697					5038
1987	10869	1579					9286
1988	17537	3718					13782
1989	24894	7969					16864
1990	26786	8826					17940
1991	38693	11464					26674
1992	43801	13996					29539
1993	54632	17609					36642
1994	70125	21444					48237
1995	63513	23572					39500
1996	55805	19519					35938
1997	67289	26304					38987
1998	59282	20945					37908
1999	71788	24743					46542
2000	151664	64490					86256
2001	180452	81197					97975
2002	228318	116503	881	8759	82554	24309	111078
2003	287760	167499	772	8896	128012	29819	119459
2004	341427	217712	580	8422	177408	31302	122833
2005	420734	292894	413	8327	250720	33434	126890
2006	569852	414642	531	9812	367077	37222	153818
2007	775574	564416	639	10879	513874	39024	179081
2008	945292	717899	535	11349	665055	40960	196626
2009	1206193	943872	630	12041	885907	45294	234951
2010	1541509	1225667	720	12662	1162370	49915	290366
2011	1915787	1550413	789	13364	1481737	54523	341324
2012	2327918	1913841	795	13081	1842456	57509	390001
2013	2792295	2337830	772	10528	2269122	57408	431485
2014	3312330	2823431	858	9204	2756514	56855	465590
2015	3792753	3308677	732	7540	3246439	53966	464115
2016	4366767	3886916	462	5766	3834767	45921	459121
2017	4928775	4438450	410	4664	4396505	36871	471448
2018	5452399	4935482	374	4279	4896731	34098	498746
2019	5914008	5380036	376	3566	5346021	30073	516944
2020	6326715	5768711	317	3071	5738167	27156	549507

Possession of Private Vehicles

重型 Heavy	中型 Medium	轻型 Light	微型 Minicar	三轮汽车 Tricycle	低速货车 Low speed truck	专项作业车 Special operation vehicle	其他汽车 Others
							10
							1
							4
							37
							61
							20
							555
							266
							381
							444
							441
							348
							1998
							429
							503
							918
							1280
3471	28928	51773	26906				737
3113	27535	62485	26326				802
5661	22336	71715	23121				882
5016	19010	83288	19576				950
6135	21503	109414	16766				1392
7389	23363	134076	14253				32077
7749	22467	154577	11833				30767
11450	22723	190293	10485				27370
15584	23792	241991	8999				25476
18746	24986	290048	7544				24050
20770	24691	338251	6289				24076
22614	20546	382194	6131				22980
26378	19895	414362	4955				23309
27890	17864	414047	4314				19961
27296	13933	414521	3371				20730
27181	12253	429756	2258				18877
27844	11684	457487	1731				18171
27295	10495	478031	1123				17028
26353	9136	505233	690	10	8085	8497	

13-6 运输线路长度（年底数）

Length of Transportation Routes,End of Year

单位：公里 (km)

项目 Item	2000	2005	2010	2019	2020
铁路营业长度 Length of Railways in Operation	**1454**	**1613**	**2110**	**3509**	**3774**
#电气化长度 Electrified Railways	821	821	1498	2883	3148
公路通车里程 Length of Highway	**53506**	**58286**	**91015**	**109785**	**110118**
#绿化里程 Length of Greened Highways	28068	31010	45906	94946	94919
#养护里程 Length of Maintenced Highways	52776	57430	91009	109785	110118
按行政等级分 By Administrative Level					
国道 National Highways	2443	3129	4206	10875	10982
省道 Provincial Highways	5451	5763	6151	5520	5722
县道 County Highways	12527	12814	13485	15151	14889
乡道 Village Highways	27101	30579	35676	42104	41525
专用公路 Highway for Special Purpose	5984	6001	486	123	122
按技术等级分 By Technical Grade					
# 等级路里程合计 Total of Expressway and Class Highway	40637	47986	70655	93753	95316
高速公路 Expressway	351	1208	2351	5347	5635
一级 First Class	255	358	603	1477	1481
二级 Second Class	5515	6262	7373	11148	11459
三级 Third Class	3440	4518	6419	8814	9251
四级 Fourth Class	31076	35640	53910	66968	67490
内河通航里程 Length of Navigable Inland Waterways	**3701**	**3245**	**3245**	**3245**	**3245**

13-7 客货平均运距

Average Transport Distance of Passenger and Freight Traffic

单位：公里 (km)

年份 Year	平均运距 Average Transport Distance	铁路 Railway	公路 Highway	水运 Waterway	民用航空 Civil Aviation
旅客运输平均运距 Average Transport Distance of Passenger					
1978	45	184	33	21	
1980	44	212	31	27	
1985	38	261	29	29	71
1990	44	309	35	26	897
1995	61	403	41	35	949
1996	62	400	44	32	963
1997	58	429	39	29	967
1998	67	438	47	22	982
1999	73	449	52	20	995
2000	76	501	54	20	1062
2001	79	539	57	17	1045
2002	80	530	57	16	1040
2003	80	528	57	16	1074
2004	82	544	56	15	1095
2005	86	592	59	14	1135
2006	88	570	60	13	1151
2007	92	528	62	13	1187
2008	77	524	49	13	1182
2009	78	497	50	14	1187
2010	84	378	49	15	1196
2011	89	367	49	15	1234
2012	92	349	49	16	1282
2013	138	322	71	17	1305
2014	148	341	69	16	1367
2015	169	330	66	14	1425
2016	182	323	64	13	1524
2017	201	321	61	14	1615
2018	224	318	62	14	1662
2019	241	311	61	15	1661
2020	260	296	61	10	1493

13-7 续表

Continued

单位：公里　(km)

年份 Year	平均运距 Average Transport Distance	铁路 Railway	公路 Highway	水运 Waterway	民用航空 Civil Aviation
货物运输平均运距 Average Transport Distance of Freight					
1978	151	400	31	166	
1980	125	429	41	188	
1985	122	537	42	280	391
1990	134	547	55	454	964
1995	210	593	62	1051	1062
1996	193	565	58	908	1139
1997	199	603	57	908	1008
1998	220	611	63	993	1145
1999	261	603	84	1021	1086
2000	233	616	77	879	1135
2001	255	586	81	942	1143
2002	260	595	81	935	1132
2003	366	606	81	1320	1167
2004	376	586	83	1275	1214
2005	390	561	86	1232	1254
2006	430	553	89	1324	1279
2007	413	583	91	1281	1296
2008	419	565	126	1124	1326
2009	426	503	126	1251	1327
2010	450	489	127	1321	1339
2011	452	491	125	1354	1399
2012	459	469	130	1385	1450
2013	408	450	118	1276	1479
2014	428	440	118	1418	1505
2015	491	456	128	1513	1581
2016	505	444	128	1530	1814
2017	513	428	127	1623	2182
2018	559	419	134	1685	2462
2019	621	469	110	1688	2503
2020	645	482	112	1735	2642

13-8 铁路运输情况

Railway Transportation

年份 Year	营业长度（公里） Length of Railways in Operation (km)	旅客发送量（万人） Passenger Traffic (10000 persons)	旅客周转量（亿人公里） Passenger-Kilometers (100 million person/km)	货物发送量（万吨） Freight Traffic (10000 tons)	货物周转量（亿吨公里） Freight Ton-kilometers (100 million ton-km)
1957	644	130	1.77	232	3.64
1962	841	476	8.17	267	12.47
1965	876	376	6.65	602	25.38
1970	876	432	7.56	694	27.97
1975	982	606	10.68	962	35.49
1978	1009	718	13.24	1261	50.40
1979	1009	840	16.20	1318	55.17
1980	1009	986	20.92	1320	56.56
1981	1009	997	23.16	1268	55.54
1982	1006	1102	24.34	1305	64.71
1983	1005	1223	28.44	1334	70.06
1984	1005	1349	32.71	1477	79.98
1985	1006	1349	35.25	1536	82.43
1986	1028	1363	37.18	1486	90.37
1987	1028	1423	40.40	1802	95.69
1988	1028	1551	46.24	1810	97.98
1989	1029	1485	44.49	1892	101.08
1990	1021	1234	38.13	1902	104.01
1991	1015	1235	41.10	1988	113.00
1992	1015	1332	49.01	2064	125.91
1993	1015	1556	62.28	2216	136.04
1994	1024	1685	68.01	2301	140.02
1995	1024	1662	67.05	2456	145.69
1996	1025	1466	58.63	2500	141.18
1997	1068	1401	60.09	2373	143.00
1998	1381	1399	61.25	2325	141.94
1999	1383	1480	66.38	2389	144.09
2000	1454	1428	71.57	2475	152.51
2001	1453	1372	73.90	2813	164.78
2002	1454	1446	76.65	2856	169.96
2003	1467	1417	74.85	3206	194.34
2004	1471	1568	85.30	3739	219.10
2005	1613	1486	87.90	3601	201.95
2006	1613	1730	98.60	3646	201.70
2007	1616	1911	100.98	3595	209.70
2008	1618	2066	108.30	3681	207.80
2009	2110	2083	103.60	3631	182.70
2010	2110	3640	137.70	3765	184.20
2011	2110	4696	172.30	3826	187.93
2012	2255	5295	184.78	3868	181.10
2013	2743	6502	209.21	3661	164.81
2014	2755	8345	284.91	3403	149.80
2015	3197	9256	305.34	2820	128.71
2016	3197	10496	338.61	2918	129.45
2017	3187	11624	373.61	3175	135.90
2018	3509	12096	385.20	3518	147.35
2019	3509	12741	396.25	4086	191.61
2020	3774	7539	223.16	3750	180.90

13-9 公路运输情况

Highway Transportation

年份 Year	公路通车里程（公里） Length of Highways (km)	汽车数(辆) Number of Vehicles(set)	客运量（万人） Passenger Traffic (10000 persons)	旅客周转量（亿人公里） Passenger-Kilometers (100 million person/km)	货运量（万吨） Freight Traffic (10000 tons)	货物周转量（亿吨公里） Freight Ton-kilometers (100 million ton-km)
1952	2839	1470	86	0.77	39	0.27
1957	6034	2118	1254	4.70	725	1.69
1962	13243	4872	1096	5.93	840	2.12
1965	14251	6304	2135	8.06	1455	3.30
1970	18136	7490	2195	8.52	1470	3.98
1975	24204	17189	4385	15.77	1972	6.46
1978	29109	26148	6285	20.53	2671	8.20
1979	32112	30611	8115	25.16	2832	9.14
1980	32577	35999	14593	38.54	5548	22.88
1981	32982	39862	17834	46.45	6041	24.54
1982	33827	44316	20197	53.73	6674	28.66
1983	34445	46662	22154	58.90	7633	31.72
1984	35020	50966	26487	72.51	8793	36.07
1985	35987	63062	31355	91.33	10531	44.54
1986	37175	74490	31643	96.04	13965	60.99
1987	38148	83405	32670	111.79	14970	78.65
1988	39124	92218	33955	121.30	16775	90.37
1989	39124	102413	36439	119.69	16276	89.53
1990	41011	110208	36639	128.27	16710	91.12
1991	41745	121247	31683	135.81	8924	74.43
1992	41882	137272	33668	142.47	15832	93.12
1993	43558	166299	37970	150.92	21276	111.48
1994	44608	210404	33916	149.08	23147	135.17
1995	46574	200765	37508	153.48	23444	145.41
1996	47196	201210	40474	177.30	24732	144.17
1997	47680	221208	41212	160.37	24562	139.18
1998	48021	248062	39618	187.37	23979	151.37
1999	50202	278218	38884	201.13	22162	185.35
2000	51073	321278	41696	223.44	22924	175.83
2001	53547	366707	44926	254.37	23193	187.03
2002	54155	436254	46570	264.89	24023	193.96
2003	54876	520751	45483	257.55	23884	193.50
2004	56208	632739	50862	286.52	25964	216.10
2005	58286	742611	52452	309.99	27579	238.25
2006	86560	935410	55713	335.28	29806	266.34
2007	86926	1143059	60088	375.46	34829	317.44
2008	88607	1339831	68409	338.06	38367	483.57
2009	89504	1622123	71586	360.26	40317	507.23
2010	91015	1996529	70714	346.68	45575	578.32
2011	92322	2422264	73259	360.15	52558	659.52
2012	94661	2861244	75044	368.52	59431	771.09
2013	99535	3349445	46895	330.64	69876	821.44
2014	101190	3884930	48580	334.95	82573	974.80
2015	104585	4368030	40394	267.29	79802	1020.25
2016	106757	4950939	39137	251.95	85770	1094.70
2017	108012	5582343	37585	227.83	95599	1214.05
2018	108901	6239188	34081	212.04	96576	1289.52
2019	109785	6812772	31199	189.99	87317	962.48
2020	110118	7313359	14882	90.64	91137	1021.69

注：1.2006年及以后年份公路通车里程含村道,以前年份不含村道。2.2013年及以后年份公路客运量不包含城市公交，出租车在公路上的客运量。3.2019年福建省交通厅组织开展全省道路货物运输量专项调查，调查范围不包含总质量4.5吨及以下普通货运车辆，故推算出的2019年全省货运量及货物周转量数据与历史数据不具可比性。

Note:1. Lengh of Highways Since 2006 include village highways, but not the before.2.Since 2013, Highway Passengers exclude the city bus、taxi passengers on the highway.3.Freight Trafic and Freight Ton-kilometers of 2019 are not comparable with previous years.

13-10 水路运输情况
Waterway Transportation

年份 Year	内河航运里程（公里） Length of Navigable Inland Waterways (km)	#通航里程 Length of Waterways	客运量（万人） Passenger Traffic (10000 persons)	旅客周转量（亿人公里） Passenger-Kilometers (100 million person/km)	货运量（万吨） Freight Traffic (10000 tons)	货物周转量（亿吨公里） Freight Ton-kilometers (100 million ton-km)
1952	4078		165	0.95	117	1.16
1957	4315		582	2.35	596	4.75
1962	5141		1062	2.87	742	7.06
1965	4723		715	1.51	891	10.79
1970	3726		697	1.51	698	8.97
1975	3793		895	1.91	812	11.78
1978	3629		924	1.96	939	15.43
1979	3857		1040	2.35	999	16.32
1980	3857		1095	2.91	1111	20.90
1981	3857		1179	3.54	993	23.26
1982	3857		1266	3.34	1098	27.02
1983	3857		1237	3.36	1208	30.00
1984	3849		1312	3.28	1209	35.56
1985	3888		1273	3.70	1250	35.00
1986	3888		1401	3.74	1480	44.09
1987	3888		1567	4.07	1458	50.63
1988	3888		1664	3.92	1545	53.59
1989	3888		1646	4.44	1689	79.36
1990	3888		1567	4.02	1708	77.50
1991	3888		1047	2.71	1211	79.72
1992	3888		1174	3.08	1938	128.08
1993	3888		784	3.53	2330	286.26
1994	3888		600	2.41	2996	302.28
1995	3888		649	2.30	3017	317.01
1996	3888		714	2.29	3355	304.57
1997	3725		729	2.13	3555	322.92
1998	3725		728	1.60	3700	367.55
1999	3701		721	1.44	4079	416.48
2000	3701		726	1.44	4078	358.63
2001	3701		680	1.13	4535	427.39
2002	3701		643	1.03	4950	462.62
2003	3955	3245	707	1.11	6324	835.07
2004	3955	3245	897	1.32	7567	964.99
2005	3955	3245	985	1.39	9210	1134.64
2006	3955	3245	1148	1.50	10841	1434.92
2007	3955	3245	1320	1.75	12130	1553.84
2008	3955	3245	1305	1.67	15193	1708.39
2009	3955	3245	1340	1.83	14271	1785.85
2010	3955	3245	1444	2.14	16803	2218.88
2011	3955	3245	1596	2.41	18872	2554.34
2012	3955	3245	1701	2.72	21100	2922.99
2013	3955	3245	1711	2.85	23162	2954.71
2014	3955	3245	1794	2.87	25782	3655.72
2015	3955	3245	1996	2.84	28419	4298.52
2016	3955	3245	2016	2.72	31668	4846.44
2017	3955	3245	1925	2.78	33453	5429.82
2018	3955	3245	1929	2.75	36854	6209.37
2019	3955	3245	1821	2.66	42263	7135.60
2020	3955	3245	742	0.77	45018	7811.73

注：2003年起货物运输量及货物周转量含厦门远洋总公司，与往年不可比。

Note: Freight traffic and turnover ton-kilometers from 2003 include the data of Xiaman Ocean Company , and are not comparable with that in previous years.

13-11 民用航空情况

Basic Statistics of Civil Aviation

年份 Year	空港数（个） Number of Air Ports (unit)	旅客发送量（万人） Passenger Departing (10000 persons)	货物发送量（万吨） Freight Departing (10000 tons)	旅客周转量（万人公里） Passenger-kilometers (10000 person km)	货物周转量（万吨公里） Freight Ton-kilometers (10000 ton-km)
1978	1	1.15	0.02		
1979	1	1.10	0.04		
1980	1	1.94	0.06		
1981	2	3.12	0.08		
1982	2	5.11	0.11		
1983	3	5.50	0.18		
1984	2	6.66	0.29		
1985	2	7.00	0.11	500	43
1986	2	18.94	0.28	1300	300
1987	2	32.61	0.54	31200	500
1988	2	45.55	0.69	44500	800
1989	2	51.55	0.82	50400	900
1990	2	55.49	0.83	49800	800
1991	2	72.90	1.06	70800	1100
1992	2	108.68	1.54	106100	1700
1993	3	155.20	2.27	155400	2400
1994	3	214.60	2.79	210600	2600
1995	3	261.50	4.71	248200	5000
1996	3	301.20	5.82	289799	6627
1997	4	316.10	5.81	305534	6856
1998	4	301.96	6.49	295519	7432
1999	4	327.85	7.20	326223	7816
2000	4	353.25	5.84	375163	6700
2001	4	414.56	6.30	433095	7200
2002	4	475.51	7.62	494742	8623
2003	4	490.61	7.84	526763	9146
2004	5	623.24	8.78	682610	10655
2005	5	692.19	10.09	785426	12655
2006	5	778.50	10.96	896084	14017
2007	5	924.92	12.15	1097429	15742
2008	5	961.89	12.41	1137307	16458
2009	5	1112.39	12.66	1320686	16770
2010	5	1356.10	15.81	1622300	21200
2011	5	1531.65	16.65	1889700	23300
2012	5	1684.39	17.58	2159100	25500
2013	5	1857.21	19.18	2423081	28087
2014	5	2045.90	20.98	2796316	31631
2015	5	2385.01	22.09	3397446	34789
2016	6	2587.34	23.39	3942475	42424
2017	6	2983.98	24.72	4819880	53948
2018	6	3329.82	26.98	5532934	66423
2019	6	3618.06	27.71	6011270	69365
2020	6	2326.77	22.80	3474032	60231

13-12 沿海港口货物吞吐量

Freight Handled at Principal Seaports

单位：万吨 (10000 tons)

年份 Year	总计 Total	福州港 Fuzhou	厦门港 Xiamen	泉州港 Quanzhou	宁德港 Ningde	湄州湾港 Meizhouwan	漳州港 Zhangzhou	吞吐总量指数(以1950年为100) Index(1950=100)
1952	56.68	32.00	5.76	6.50	5.00	7.42		169.6
1957	165.96	85.87	54.87	9.60	8.38	7.24		496.7
1962	135.14	49.33	48.68	13.49	5.56	18.08		404.5
1965	239.87	57.75	110.53	34.10	10.20	27.29		718.0
1970	211.23	59.26	102.94	25.37	9.91	13.75		632.2
1975	284.26	120.00	104.27	23.26	20.33	16.40		850.8
1978	408.13	172.04	120.44	29.54	18.75	22.11		1174.5
1980	685.40	208.89	164.87	31.30	25.60	19.77		1802.2
1981	761.05	217.98	162.28	25.36	26.49	17.85		1841.8
1982	816.44	259.87	190.44	21.54	28.26	21.77		2110.7
1983	869.55	311.15	200.02	24.29	29.31	22.06		2294.2
1984	943.46	347.00	250.52	23.36	30.36	22.38		2623.7
1985	1114.09	357.15	290.97	26.02	51.53	31.60	61.84	2813.8
1986	1159.90	442.46	203.89	38.04	44.39	33.52	107.90	3241.8
1987	1303.36	439.61	417.01	42.24	46.36	40.79	105.63	3565.0
1988	1396.79	445.36	457.12	60.01	43.67	57.88	124.34	3785.0
1989	1614.99	597.90	499.45	59.78	47.71	59.58	135.90	4833.9
1990	1496.50	560.89	519.11	52.65	49.27	27.55	115.60	4479.2
1991	1706.38	725.07	581.87	125.28	97.64	41.26	130.04	5107.4
1992	1862.12	720.51	661.07	217.27	46.53	92.75	120.24	5573.5
1993	2679.09	939.66	940.39	469.54	111.53	57.23	153.47	8018.8
1994	3002.33	914.39	1166.50	558.06	139.68	82.12	125.47	8986.3
1995	3460.80	1098.89	1313.87	680.47	137.94	99.65	116.61	10358.6
1996	3959.00	1248.00	1553.00	804.00	138.00	86.00	130.00	11849.7
1997	4485.00	1371.00	1754.00	1006.00	124.00	78.00	151.00	13424.1
1998	4518.00	1288.00	1639.00	1111.00	183.00	108.00	189.00	13522.9
1999	5285.00	1481.00	1773.00	1521.00	182.00	136.00	192.00	15818.9
2000	6944.17	2425.48	1965.26	1712.18	221.19	201.34	418.72	20785.1
2001	8278.42	2961.29	2098.91	2102.08	261.00	320.80	534.34	24778.7
2002	10200.62	3906.72	2734.51	2122.85	185.38	480.41	770.75	30532.2
2003	12495.48	4753.07	3403.88	2511.53	141.78	600.16	1085.06	37401.1
2004	15834.76	5938.63	4261.37	3093.82	184.17	836.04	1520.73	47396.1
2005	19605.25	7443.45	4770.76	4046.16	213.54	1050.03	2081.31	58681.8
2006	23687.61	8847.82	7792.07	5134.93	447.00	1301.11	164.68	70901.0
2007	23602.90	6433.32	8117.20	6215.32	691.13	1612.74	533.19	70647.5
2008	27070.06	6702.59	9701.96	7224.30	1007.26	1802.26	631.69	81025.2
2009	30541.81	8094.10	11096.28	7666.34	1240.45	1542.38	902.26	91416.7
2010	32687.01	7124.79	12728.05	8455.37	1420.33	1755.99	1202.47	97806.7
2011	37278.95	10221.08	15653.55	9330.48		2073.84		111546.8
2012	41359.23	11410.22	17227.32	10371.51		2350.19		123755.9
2013	45475.19	12759.03	19087.83	10804.09		2824.25		136071.8
2014	49166.24	14391.14	20503.96	11200.70		3070.44		147117.0
2015	50282.09	13967.23	21022.52	7500.21		7792.14		150455.9
2016	50776.09	14515.66	20910.78	7512.28		7837.38		151934.1
2017	51995.49	14838.16	21116.25	7809.64		8231.45		155582.8
2018	55806.88	17876.32	21719.93	7839.73		8370.89		166987.4
2019	59483.99	21255.49	21343.91	7458.88		9425.71		177990.2
2020	62132.47	24896.84	20749.54	6679.98		9806.11		185915.0

注：1.2011年起，漳州港并到厦门港，宁德港并到福州港。2.2015年起，泉州市港口中的湄洲湾南岸港区并入湄洲湾港统计，湄洲湾港、泉州港数据与往年不可比。

Note:1.Since 2011,Zhangzhou seaports divided to Xiamen Seaports,Ningde seaports divided to Fuzhou Seaports.2.2.Since 2015,Meizhouwan seaports and Quanzhou seaports are not comparable with previous years.

13-13 邮电通信业务情况

Basic Conditions of Postal and Telecommunication Services

年份 Year	邮电业务总量（亿元） Business Volume of Post and Telecommunications Service (100 million yuan)	邮政业务总量 Business Volume of Post	电信业务总量 Business Volume of Telecommunications Service	函件（亿件） Number of Letters Delivered(100 million piece)	固定电话用户（万户） Number of Fixed Telephone Subscribers at Year-end (10000 household)	移动电话用户（万户） Mobile Phones Users (10000 household)
1952	0.13			0.18	0.60	
1965	0.60			0.80	3.24	
1970	0.60			0.67	3.19	
1975	0.86			0.84	4.46	
1978	1.01			0.88	5.88	
1980	1.22			1.15	6.57	
1981	1.35			1.19	6.86	
1982	1.40			1.19	7.28	
1983	1.53			1.21	7.84	
1984	1.72			1.32	8.83	
1985	2.08			1.52	10.14	
1986	2.31			1.61	11.15	
1987	2.80			1.75	11.07	
1988	3.72			1.90	14.45	
1989	5.42			1.77	17.91	
1990	7.32			1.62	22.82	
1991	9.51			1.68	29.04	
1992	14.69			2.04	42.75	
1993	24.22			2.56	75.00	
1994	36.48			2.84	117.73	
1995	52.75	4.26	48.50	3.16	168.65	15.50
1996	73.02	4.85	68.17	3.29	219.26	35.65
1997	99.52	5.62	86.98	3.03	285.51	77.82
1998	131.84	6.59	125.25	2.95	347.46	142.20
1999	179.93	7.98	171.95	2.50	436.25	281.29
2000	246.34	10.22	236.12	2.42	562.70	441.00
2001	194.43	17.71	176.72	2.38	750.28	619.97
2002	257.49	19.49	238.00	2.70	937.10	792.04
2003	318.24	22.36	295.88	2.82	1124.87	965.00
2004	426.76	22.62	404.14	2.62	1266.00	1134.00
2005	519.76	25.61	494.15	2.29	1398.53	1302.00
2006	633.04	27.93	605.11	3.05	1485.53	1538.91
2007	787.79	29.24	758.55	2.54	1482.00	1809.00
2008	883.43	32.65	850.78	2.67	1431.00	2368.00
2009	995.77	35.66	960.11	2.60	1245.00	2639.00
2010	1194.20	35.98	1158.22	2.52	1046.00	3022.00
2011	513.50	59.31	454.19	2.45	1015.00	3553.00
2012	594.90	78.69	516.21	2.46	1017.00	4049.00
2013	667.54	114.10	553.44	2.15	984.00	4303.00
2014	857.49	162.67	694.82	1.80	933.32	4276.73
2015	1065.89	217.23	848.66	1.29	888.54	4240.16
2016	889.21	300.69	588.52	1.09	815.70	4159.04
2017	1289.86	392.86	897.00	1.16	781.75	4295.03
2018	2525.74	499.04	2026.70	0.93	732.73	4553.52
2019	3880.76	646.01	3234.74	0.48	763.71	4720.32
2020	4764.94	856.48	3908.46	0.33	733.07	4739.28

注：2011年起，邮政业务总量按2010年不变价计算；2016年起，电信业务总量按2015年不变价计算。

Note:Since 2011, usiness Volume of Post Services were calculated at 2010 constant prices.Since 2016,Business Volume of Telecommunications Service was calculated at 2015 constant prices.

13-14 邮电业务总量

Business Volume of Postal and Telecommunication Services

年份 Year	邮电业务总量（亿元） Business Volume of Post and Telecommunications Service (100 million yuan)	电信业务总量（亿元） Business Volume of Telecommunication Services (100 million yuan)	快递业务量（万件） Express Mail Services (10000 piece)	集邮业务（万枚） Stamp Collection Business(10000 pcs)	互联网用户（万户） Internet Service Users (10000 household)	（固定）互联网宽带接入用户 Fixed Internet Users	移动互联网用户 Mobile Internet Users
1995	52.75	48.50					
1996	73.02	68.17					
1997	99.52	86.98					
1998	131.84	125.25		13050.82	3.85		
1999	179.93	171.95		13308.40	13.10		
2000	246.34	236.12		11007.97	70.70		
2001	194.43	176.72		8871.11	183.29		
2002	257.49	238.00		7775.50	253.57		
2003	318.24	295.88		5409.86	298.08		
2004	426.76	404.14		5569.77	285.44		
2005	519.76	494.15		4375.56	600.21		
2006	633.04	605.11		4364.30	760.83		
2007	787.79	758.55		4379.70	876.00		
2008	883.43	850.78	5577.00	4509.00	1240.00		
2009	995.77	960.11	6961.00	4196.80	1640.00		
2010	1194.20	1158.22	10069.00	3526.30	2388.00		
2011	513.50	454.19	15765.00	4567.70	2872.00		
2012	594.90	516.21	22594.00	5267.00	3461.00		
2013	667.54	553.44	44536.00	5606.00	3590.00		
2014	857.49	694.82	65417.31	5423.00	3859.04		
2015	1065.89	848.66	88786.20	5314.95	3963.83		
2016	889.21	588.52	128985.77	6222.02	4412.12		
2017	1289.86	897.00	166110.69	5112.36	4882.36		
2018	2525.74	2026.70	211613.44	3591.30	5474.00		
2019	3880.76	3234.74	261951.28	2803.00		1779.04	3915.80
2020	4764.94	3908.46	343189.82	2261.00		1831.02	3979.60

注：2011年起，邮政业务总量按2010年不变价计算；2016年起，电信业务总量按2015年不变价计算。

Note:Since 2011, usiness Volume of Post Services were calculated at 2010 constant prices.Since 2016,Business Volume of Telecommunications Service was calculated at 2015 constant prices.

13-15 电信主要通信能力

Condition of Postal and Telecommunication Services

年份 Year	局用交换机容量（万门） Capacity of Local Telephone Exchanges (10 000 lines)	移动电话交换机容量（万户） Capacity of Mobile Telephone Exchanges (10000 household)	移动电话基站（个） Base Stations of Mobile Telephones (unit)	光缆线路长度（公里） Length of Optical Cable Lines (km)	长途光缆线路总长度 Length of Long Distance Optical Cable Lines
2002	1200	1109	7758	93212	18322
2003	1409	1174	9844	107085	19008
2004	1651	1371	16992	133894	23600
2005	1795	1574	17310	152162	24532
2006	1908	2296	20757	170943	24270
2007	1969	3721	26963	182844	18121
2008	1956	4629	33292	237445	20314
2009	1925	5741	50096	302749	20262
2010	1809	6282	60136	392803	21061
2011	1748	7180	78013	484873	21622
2012	1630	7703	87717	570312	22159
2013	1548	7726	98495	699226	21692
2014	1232	7895	138892	738003	22471
2015	922	8204	186535	831928	23278
2016	400	7964	218757	1025649	24282
2017	280	5614	231161	1261460	23483
2018	278	7418	231133	1556948	25336
2019	90	8637	290227	1589606	24733
2020	68	8862	323151	1548884	25010

13-16 邮政业网点及邮递路线

Postal Network and Postal Routes

项目	Item	2010	2015	2016	2017	2018	2019	2020
营业网点（处）	Number of Offices (unit)	2254	6467	7418	9308	10255	8902	8365
快递营业网点	Outlets for Express Services	2254	6453	6058	7916	8782	7257	6730
信筒信箱（个）	Number of Post Boxes(unit)	14429	8730	8368	8239	7584	7351	7312
农村投递路线（公里）	Rural Delivery Routes(km)	89432	92262	93164	98721	102319	116760	117538
城市投递路线（公里）	Urban Delivery Routes(km)	40401	33147	37707	41005	41175	75353	68794
邮政总长度（单程）（公里）	Length of Postal Routes(km)	218405	203778	227354	456716	712096	683020	298991
#航空邮路	Airway	160227	129466	129466	386390	585766	585766	162565
汽车邮路	Moter	43770	72387	96088	69992	125997	96984	136159

注：2012年起，航空、汽车邮路不含EMS部分。
Note:Since 2012，Airway and Moter exclude EMS.

13-17 设区市交通运输业基本情况（2020年）

Basic Conditions of Transportation by City(2020)

项目	Item	客运量（万人）Passenger Traffic (10000 persons)	旅客周转量（亿人公里）Passenger-Kilometers(100 million passenger-km)	货运量（万吨）Freight Traffic (10000 tons)	货物周转量（亿吨公里）Freight Ton-kilometers (100 million ton-km)	全社会机动车拥有量（万辆）Possession of Motor Vehicles (10000 units)	汽车 Automobiles
福建省	**Total**	**15623.65**	**91.41**	**136154.26**	**8833.42**	**1208.86**	**731.34**
福州市	Fuzhou	5574.70	28.86	33549.35	3052.10	188.32	155.50
#平潭	Pingtan	357.68	1.81	6457.99	831.41	8.97	6.39
厦门市	Xiamen	1389.39	5.54	32827.67	2548.19	175.93	146.72
莆田市	Putian	547.66	9.87	4492.00	65.03	86.12	42.36
三明市	Sanming	591.11	3.57	8601.51	84.13	75.15	33.88
泉州市	Quanzhou	1438.66	11.92	29906.38	2663.71	289.90	172.34
漳州市	Zhangzhou	685.88	3.84	7897.60	92.52	126.99	66.94
南平市	Nanping	1018.50	6.50	4181.78	97.60	85.64	31.91
龙岩市	Longyan	1106.37	5.56	8301.56	101.98	113.85	50.25
宁德市	Ningde	3271.38	15.76	6396.42	128.16	66.96	31.43

13-18 设区市邮电通信业务基本情况（2020年）

Basic Conditions of Postal and Telecommunication by City(2020)

项目	Item	邮政业务总量（亿元）Business Volume of Postal Services (100 million yuan)	电信业务总量（亿元）Business Volume of Telecommunication Services (100 million yuan)	固定电话用户（万户）Number of Fixed Telephone Subscribers at Year-end (10000 household)	移动电话用户（万户）Number of Mobile Telephone Subscribers at Year-end (10000 household)	（固定）互联网宽带接入用户（万户）Number of fixed Internet Users (10000 household)	移动互联网用户（万户）Number of mobil Internet Users (10000 household)	快递业务（万件）Pieces of Express Mail Services (10000 piece)	邮路总长度（单程）（公里）Length of Postal Route (km)
福建省	**Total**	**856.48**	**3908.46**	**733.07**	**4739.28**	**1831.02**	**3979.60**	**343189.82**	**298991**
福州市	Fuzhou	134.42	898.16	164.07	1021.32	389.10	845.24	45908.89	89596
#平潭	Pingtan	1.59	36.85	5.51	39.69	17.61	34.75	429.50	377
厦门市	Xiamen	138.00	615.44	104.94	653.64	245.07	567.32	54343.32	89565
莆田市	Putian	63.67	278.60	51.72	342.29	134.21	285.25	18598.63	1637
三明市	Sanming	12.31	186.50	39.30	268.75	107.94	221.55	3684.08	6354
泉州市	Quanzhou	382.05	919.53	154.14	1036.17	407.63	881.06	171757.74	90526
漳州市	Zhangzhou	67.24	387.40	72.53	528.89	192.21	436.63	29906.13	4158
南平市	Nanping	16.21	195.12	39.19	285.26	108.98	236.10	4648.27	7238
龙岩市	Longyan	18.98	197.29	61.59	285.18	120.59	239.33	6335.72	5024
宁德市	Ningde	23.60	230.41	45.60	317.77	125.30	267.11	8007.04	4893

主要统计指标解释

铁路营业里程 又称营业长度(包括正式营业和临时营业里程)，指办理客货运输业务的铁路正线总长度。凡是全线或部分建成双线及以上的线路，以第一线的实际长度计算复线、站线、段管线、岔线和特殊用途线以及不计算运费的联络线都不计算营业里程。该指标可以反映铁路运输业基础设施的发展水平，也是计算客货周转量、运输密度和机车车辆运用效率等指标的基础资料。

铁路电气化里程 指在全部铁路营业里程中已安装了供电线路及设备，可以供电力机车牵引列车运行的区段的总里程。

公路里程 指在一定时期内实际达到《公路工程［WTBZ］技术标准 JTJ01-88》规定的等级公路，并经公路主管部门正式验收交付使用的公路里程数。包括大中城市的郊区公路以及通过小城镇街道部分的公路里程和桥梁、渡口的长度，不包括大中城市的街道、厂矿、林区生产用道和农业生产用道的里程。两条或多条公路共同经由同一路段，只计算一次，不得重复计算里程长度。该指标可以反映公路建设的发展规模，也是计算运输网密度等指标的基础资料。

货(客)运量 指在一定时期内，各种运输工具实际运送的货物(旅客)数量。该指标是反映运输业为国民经济和人民生活服务的数量指标，也是制定和检查运输生产计划、研究运输发展规模和速度的重要指标。货运按吨计算，客运按人计算。货物不论运输距离长短、货物类别，均按实际重量统计。旅客不论行程远近或票价多少，均按一人一次客运量统计；半价票、小孩票也按一人统计。

货物(旅客)周转量 指在一定时期内，由各种运输工具运送的货物(旅客)数量与其相应运输距离的乘积之总和。该指标可以反映运输业生产的总成果，也是编制和检查运输生产计划，计算运输效率、劳动生产率以及核算运输单位成本的主要基础资料。计算货物周转量通常按发出站与到达站之间的最短距离，也就是计费距离计算。计算公式为:

货物(旅客)周转量= 货物(旅客)运输量×运输距离

民用汽车拥有量 指报告期末，在公安交通管理部门按照《机动车注册登记工作规范》，已注册登记领有民用车辆牌照的全部汽车数量。汽车拥有量统计的主要分类：根据汽车结构分为载客汽车、载货汽车及其他汽车；根据汽车所有者不同分为个人(私人)汽车、单位汽车；根据汽车的使用性质分为营运汽车、非营运汽车和特种汽车；根据汽车大小规格不同载客汽车分为大型、中型、小型和微型，载货汽车分为重型、中型、轻型和微型。

邮电业务总量 指以价值量形式表现的邮电通信企业为社会提供各类邮电通信服务的总数量。邮电业务量按专业分类包括函件、包件、汇票、报刊发行、邮政快件、特快专递、邮政储蓄、集邮、公众电报、用户电报、传真、长途电话、出租电路、无线寻呼、移动电话、分组交换数据通信、出租代维等。计算方法为各类产品乘以相应的平均单价(不变价)之和，再加上出租电路和设备、代用户维护电话交换机和线路等的服务收入。该指标综合反映了一定时期邮电业务发展的总成果，是研究邮电业务量构成和发展趋势的重要指标。计算公式为:

邮电业务总量= Σ(各类邮电业务量×不变单价)+ 出租代维及其他业务收入= 邮电业务总量+电信业务总量

移动电话用户 指通过移动电话交换机进入移动电话网、占用移动电话号码的各类电话用户。包括签约用户和智能网预付费用户。一个移动电话号码统计为一户。

固定电话用户 指接入本地电信运营商固定电话网上的电话用户。包括：住宅用户、单位用户、公用电话用户等。按电话用户位置又分为市内电话用户和农村电话用户。1997 年以前，“市内电话用户”是指接入县城及县以上城市的电话网上的电话用户；“农村电话用户”是指接入县邮电局农话台及县以下农村电话交换点，以县城为中心(除市话用户外)联通县、乡(镇)、行政村、村民小组的用户。从 1997 年起，电话用户数分组调整为以用户所在区域划分为“城市电话用户”和“乡村电话用户”，与过去的按市内电话和农村电话划分方法不同。而电话用户总数、电话机总部数统计范围不变。

移动电话交换机容量 指移动电话交换机根据一定话务模型和交换机处理能力计算出来的最大同时服务用户的数量。

Explanatory Notes on Main Statistical Indicators

Length of Railways in Operation refers to the total length of the trunk line under passenger and freight transportation (including both full operation and temporary operation). The calculation is based on the actual length of the first line even if this line has a full or partial double track or more tracks, excluding double tracks, station sidings, tracks under the charge of stations, branch lines, special-purpose lines and the non-payable connecting lines. The length of railways in operation is an important indicator to show the development of the infrastructure for the railway transport, and also the essential data to calculate volume of passenger freight transport, traffic density and utilization efficiency of the locomotives and carriages.

Length of Electrified Railways refers to the length of the section of railways in operation in which the power supply lines and other equipment are installed for the running of electrified locomotives. The proportion of the length of electrified railways to the total length of railways in operation is an important indicator to show the modernization of railways.

Length of Highways refers to the length of highways which are built in conformity with the grades specified by the highway engineering standard formulated by the Ministry of Communications, and have been formally checked and accepted by the departments of highways and put into use. The length of highways includes that of the suburb highways at large and medium sized cities, highways passing through streets at small cities and towns, and also the length of bridges and ferries. It does not include the length of streets in big and medium-sized cities and highways built for the production purpose at factories, mines, forest areas and agricultural areas. If two or more highways go the same section of the way, the length of the section is only calculated for once and no duplication is allowed. The length of highways is an important indicator to show the development of the highway construction and to provide essential information to calculate the transport network density.

Freight (Passenger) Traffic refers to the volume of freight (passenger) transported with various means within a specific period of time. This indicator reflects the service of the transport industry towards the national economy and people's living conditions, as well as an important indicator used in formulating and monitoring transport production plans and research into the scale and pace of transport development. Freight transport is calculated in tons and passenger traffic is calculated in terms of number of persons. Freight transport is calculated in terms of the actual weight of the goods and takes no account of the type of freight and distance of travel. Passenger traffic is calculated by the principle that one person can be counted only once in one trip and takes no account of the travelling distance and ticket price. The passengers who travel with a half price ticket or a child's ticket is also calculated as one person.

Freight Ton-kilometers (Passenger-kilometers) refer to the sum of the products of the volume of transported cargo (passengers) multiplying by the transport distance. It is an important indicator to reflect the achievement of transportation industry. Normally, the shortest distance between the departure station and the destination station (i.e., the payable distance) is the basis to calculate the freight ton-kilometers. This is an import ant indicator to show the total results of the transport industry, to prepare and examine the transport plan and to measure the efficiency, the lab our productivity and t he unit cost of transport.The formula is as follows:

Possession of Civil Motor Vehicles refer to the total numbers of vehicles that are registered and received vehicles' license tags according to the Work Standard for Motor Vehicles Registration formulated by transport management office under department of public security at the end of reference period. They are divided into following categories according to the structure of motor vehicles: passenger vehicles, trucks and others; and private vehicles and vehicles for units use according to ownerships; working vehicles, non-working vehicles and special motor vehicles according to kind of usage; large passenger vehicles, medium passenger vehicles and small passenger vehicles, heavy trucks, light-heavy trucks and light trucks according to sizes of vehicles.

Business Volume of Post and Telecommunications refers to the total amount of post and telecommunication services, expressed in value terms, provided by the post and telecommunications departments for the society. Post and telecommunication services can be classified as letters, parcels, remittance, issue of newspapers and magazines, fast mail service, express mail service, savings deposits, stamps for collection, public and individual telegraph service, facsimiles, long-distance telephone service, leasing of telephone lines, urban paging service, mobile telephone service, data transfer and transmission, etc. The accounting approach is to multiply the service products of all types with their average unit price (constant price) to get sum of business value, plus income from other services such as leasing of telephone lines and equipment, maintenance of telephone switchboards and lines on behalf of customers . This indicator reflects the overall results of post and telecommunications service during a given period, and is important to study the composition of business service and the development of post and telecommunications service.The formula is as follows:

Business Volume of Post and Telecommunications= ∑(Transaction of Post and Telecommunication Service × Constant Price) + Income from Leasing, Maintenance and other Services

Mobile Telephone Subscribers refer to the persons who own mobile telephone numbers and are connected with the mobile telephone communication network through the mobile telephones witch boards, including contracted subscribers and prepaid subscribers for intelligent network. One mobile telephone is taken as a subscriber.

Local Telephone Subscribers refer to subscribers that are connected to the local telecommunication service provider through fix line network, including household subscribers, institutional subscribers and public telephones. They are also classified as city subscribers and rural subscribers according to locations. Before 1997, city subscribers referred to those connected to city telephone networks in county towns and cities, while village subscribers referred to those connected to village telephone stations at and below counties. Since 1997, the classification of telephone subscribers was modified on the basis of physical location of the subscribers as urban telephone subscribers and rural telephone subscribers , which is different from the previous classification of categorizing local telephones and rural telephones , while the definition of total subscribers and total number of telephones remain unchanged.

Capacity of Mobile Telephone Exchanges refers to the capacity of the maximum services provided to subscribers at onetime basing on a certain model and transacting capacity of the mobile telephone exchanges.

第十四篇　批发零售、住宿餐饮和旅游业

Chapter 14　Wholesales, Retail Sales, Hotels,Catering Service and Tourism

资料整理：戴斌 李志君 叶玲 陈彧
Database Editor: Daibin Lizhijun Yeling Chenyu

简要说明

本篇资料的主要内容及来源

本篇资料反映了全省国内市场发展情况、批发和零售业、住宿和餐饮业经营情况和旅游业发展情况，主要包括批发和零售业商品流转情况及财务状况、住宿和餐饮业经营情况及财务状况、社会消费品零售总额、旅游业等内容。

本篇资料中限额以上批发和零售业、住宿和餐饮业资料来源于批发和零售业、住宿和餐饮业统计年报资料，限额以下批发和零售业、住宿和餐饮业经营情况来源于抽样调查，旅游资料来源于省文化和旅游厅。

本篇资料由省统计局贸易外经统计处整理提供。

Brief Introduction

Main Content and Source of Data

Data in this chapter show the development of Fujian's domestic market, wholesale and retail trade, hotels and catering services, mainly including the circulation of commodities in the wholesale and retail trade, the total retail sales of consumer goods and the financial indices of related businesses and tourism etc.

Except the data noted, all data in this chapter are based on the annual report of wholesale, retail, hotels and catering services and periodic statistical statements of 2011.Data on tourism are provided by Fujian Culture and Tourism Administration.

Data in this chapter are collected and compiled by the Division of Trade and External Economic Relations Statistics of Fujian Provincial Bureau of Statistics.

14-1 社会消费品零售总额

Total Retail Sales of Consumer Goods

年份 Year	社会消费品零售总额（亿元） Total Retail Sale of Consumer Goods(100 million yuan)	社会消费品零售总额指数 Ratio(%) 以上年为100 Preceding Year=100	以1950为100 Year of 1950=100	年份 Year	社会消费品零售总额（亿元） Total Retail Sale of Consumer Goods(100 million yuan)	社会消费品零售总额指数 Ratio(%) 以上年为100 Preceding Year=100	以1950为100 Year of 1950=100
1951	4.71	122.3	122.3	1996	823.57	125.0	21396.7
1952	5.54	117.6	143.9	1997	983.35	119.4	25547.6
1957	10.70	100.5	277.9	1998	1134.53	115.4	29482.0
1962	13.96	118.1	362.6	1999	1256.42	110.7	32636.6
1965	16.03	102.9	416.4	2000	1393.93	110.9	36193.9
1970	16.91	99.1	439.2	2001	1532.47	109.9	39777.1
1975	23.68	108.3	615.1	2002	1704.82	111.2	44232.2
1978	30.56	111.9	793.8	2003	1936.03	113.6	50247.8
1979	35.92	117.6	933.0	2004	2244.97	116.0	58287.4
1980	45.47	126.6	1181.0	2005	2578.37	114.9	66972.2
1981	51.47	113.2	1336.9	2006	2999.96	116.4	77955.7
1982	56.77	110.3	1474.5	2007	3570.30	119.0	92767.2
1983	62.59	110.3	1625.7	2008	4327.60	121.2	112433.9
1984	74.50	119.0	1935.1	2009	5046.81	116.6	131097.9
1985	96.04	128.9	2494.5	2010	6015.22	119.2	156268.7
1986	109.07	113.6	2833.0	2011	7147.86	118.8	185647.2
1987	126.06	115.6	3274.3	2012	8316.03	116.3	215907.7
1988	173.74	137.8	4512.7	2013	9543.49	114.8	247862.1
1989	202.30	116.4	5254.5	2014	10843.47	113.6	281571.3
1990	207.74	102.7	5395.8	2015	12273.03	113.2	318738.7
1991	230.99	111.2	5999.7	2016	13702.96	111.7	356031.1
1992	289.38	125.3	7516.4	2017	15393.90	112.3	399823.0
1993	376.63	130.2	9786.4	2018	17178.37	111.6	446202.4
1994	511.51	135.8	13289.9	2019	18896.83	110.0	490822.7
1995	658.65	128.8	17117.3	2020	18626.45	98.6	483951.2

14-2 限额以上批发零售与住宿餐饮业企业基本情况

Basic Conditions of Enterprises above Designated Size in Wholesale and Retail Trades,Hotels and Catering Services

项目	Item	2005	2010	2018	2019	2020
法人企业（个）	**Number of Corporation(unit)**	**3107**	**4997**	**15625**	**18828**	**20578**
批发和零售业	Wholesale and Retail Trades	2499	3924	13566	16404	17956
住宿和餐饮业	Hotels and Catering Services	608	1073	2059	2424	2622
批发和零售业（亿元）	**Wholesale and Retail Trades (100 million yuan)**					
商品购进总额	Total Goods Purchase	2796.41	7707.09	29063.79	34477.53	43004.25
商品销售总额	Total Goods Sales	3051.03	8304.12	33737.85	39334.09	45882.59
商品库存总额	Total Goods Inventory	192.07	657.42	1454.68	1753.40	2443.67
住宿和餐饮业营业额（亿元）	Total Sales in Hotels and Catering Services(100 million yuan)	79.36	197.63	482.44	570.51	484.61

14-3 限额以上批发和零售企业基本情况（2020年）

Basic Conditions of Enterprises above Designated Size in Wholesale and Retail Trades(2020)

单位：万元　　(10000 yuan)

项目 Item	法人企业（个） Number of Corporation (unit)	商品购进额 Total Goods Purchase	商品销售额 Sales	#批发额 Wholesale	期末商品库存额 Inventory at the Year-end
合计 Total	**17956**	**430042535**	**458825929**	**384835402**	**24436683**
批发业 Wholesale	10628	369591486	391693674	378578915	18060354
按登记注册类型分 By Registration Category					
内资企业 Domestic Funded Enterprises	10307	348590217	368551340	356221184	17025701
#国有企业 State-owned Enterprises	57	5548397	8006343	7964944	292984
集体企业 Collective-owned Enterprises	23	227542	241960	220825	28348
有限责任公司 Limited Liability Corporations	707	124375763	126791844	125535304	7506890
股份有限公司 Share-holding Corporations Ltd.	21	28196040	28761637	28746803	2451386
私营企业 Private Enterprises	9498	190240138	204746959	193750712	6745994
港澳台商投资企业 Funds from Hong Kong, Macao and Taiwan	175	12851460	13976113	13525525	636164
外商投资企业 Foreign Funded Enterprises	146	8149809	9166221	8832206	398489
按行业分 By Sector					
农、林、牧、渔产品批发 Wholesale of Farming,Forestry,Animal Husbandry Products	299	10211330	10297526	10150354	1298861
食品、饮料及烟草制品批发 Wholesale of Food, Beverages and Tobaccos	1230	27635134	31776143	29576515	1912329
米、面制品及食用油批发 Sholesale of Rice, Wheat Products and Rdible Oil	148	3746511	3704080	3530882	840494
烟草制品批发 Wholesale of Tobaccos	18	8269195	10809533	10803799	243355
纺织、服装及家庭用品批发 Wholesale of Textiles, Garments and Daily Consumer Articles	2365	44990305	51415196	48286108	1349180
服装批发 Wholesale of Garments	673	10924935	12442608	11690669	481258
日用家电批发 Wholesale of Family Electrical Equipments	104	1098406	1178589	1087595	123074
文化、体育用品及器材批发 Wholesale of Culture, Sports Products and Appliances	298	9105291	9488790	9191690	393446
医药及医疗器材批发 Wholesale of Medicines and Medical Appliances	426	7494834	8328425	7929359	761991
矿产品、建材及化工产品批发 Wholesale of Mineral Products, Building Materials and Chemical Products	4208	228923661	236327890	232139285	9269113
煤炭及制品批发 Wholesale of Coal and Its Products	253	28203154	29378108	28805925	1323730

14-3 续表1

Continued

单位：万元 (10000 yuan)

项目 Item	法人企业（个） Number of Corporation (unit)	商品购进额 Total Goods Purchase	商品销售额 Sales	#批发额 Wholesale	期末商品库存额 Inventory at the Year-end
石油及制品批发 Wholesale of Petroleum and Its Products	283	22602202	23215214	21902985	602647
金属及金属矿批发 Wholesale of Metal and Metal Mineral	1027	111621397	113713586	113094690	3062669
建材批发 Wholesale of Building Materials	1402	22894599	24080682	22801063	1142056
化肥批发 Wholesale of Chemical Fertilizer	76	1254808	1392606	1346150	109622
机械设备、五金产品及电子产品批发 Wholesale of Machinery, Equipment, Hardware,Transport and Electic Products	1289	21419571	23188616	21433847	1376984
汽车及零配件批发 Wholesale of Motor Vehicles	266	5340794	5500428	4880433	337622
计算机、软件及辅助设备批发 Wholesale of Computer Software and Supplementary Equipments	111	1163523	1367282	1250445	87327
贸易经纪与代理 Trade Broker and Agent	36	2380520	2390878	2387721	58967
其他批发业 Other Wholesale not Classified Elsewhere	477	17430840	18480211	17484036	1639482
零售业 Retail Trade	7328	60451049	67132255	6256487	6376329
按登记注册类型分 By Registration Category					
内资企业 Domestic Funded Enterprises	7118	50172728	55945043	4614429	5711443
#国有企业 State-owned Enterprises	13	31302	36571	3183	892
集体企业 Collective-owned Enterprises	65	463673	514220	77991	8423
有限责任公司 Limited Liability Corporations	418	6112570	6782182	681610	537369
股份有限公司 Share-holding Corporations Ltd.	17	3060344	2347923	1245583	142564
私营企业 Private Enterprises	6596	40482098	46240151	2606061	5021820
港澳台商投资企业 Funds from Hong Kong, Macao and Taiwan	99	2061598	2366155	315339	212909
外商投资企业 Foreign Funded Enterprises	111	8216724	8821057	1326719	451978
按行业分 By Sector					
综合零售 General Retail	637	8573770	9199659	202195	515837

14-3 续表2

Continued

单位：万元 (10000 yuan)

项目 Item	法人企业（个） Number of Corporation (unit)	商品购进额 Total Goods Purchase	商品销售额 Sales	#批发额 Wholesale	期末商品库存额 Inventory at the Year-end
百货零售 Retail of Consumer Goods	188	2099121	2391901	68559	123583
超级市场零售 Retail of Supermarkets	321	5822821	6079467	62149	363546
食品、饮料及烟草制品专门零售 Retail of Food, Beverages and Tobaccos	1148	3845959	4538704	296628	2318974
纺织、服装及日用品专门零售 Retail of Textiles, Garments, Shoes and Hats	410	3386712	3991248	312106	384110
服装零售 Retail of Garments	144	1435126	1630078	149468	291667
文化、体育用品及器材专门零售 Retail of Culture, Sports Products and Equipments	233	2089575	2387659	419990	198489
图书、报刊零售 Retail of Books,Newspapers and Magazines	12	542099	553472	252078	87029
医药及医疗器材专门零售 Retail of Medicines and Medical Appliances	197	1167235	1339692	118876	167953
西药零售 Retail of Medicines	151	997321	1144632	108647	132728
中药零售 Chinese medicine	39	154529	178184	2777	34166
汽车、摩托车、零配件和燃料及其他动力销售 Retail of Motor Vehicles, Motorcycles Fule and Parts	1576	23746581	25008099	3038096	1637706
汽车新车零售 Retail of Motor Vehicles	1076	15573055	16578211	374544	1324841
机动车燃油零售 Retail of Vehicles Fule	304	7054622	6999685	2593125	251100
家用电器及电子产品专门零售 Retail of Family Electric Equipment and Product	615	2814207	3469226	118475	168844
家用视听设备零售 Retail of Family Electric Equipment	44	243214	274279	7316	13367
日用家电零售 Retail of Daily-use Electric Equipment	294	1406457	1927976	37788	94117
计算机、软件及辅助设备零售 Wholesale of Computer Software and Supplementary Equipments	143	518799	565405	36110	16725
通信设备零售 Retail of Telecommunicate Equipment	89	490867	529407	32584	34137
五金、家具及室内装饰材料专门零售 Retail of Hardware, Furniture and Inside Decoration Materials	636	3451693	4031672	188911	275153
货摊、无店铺及其他零售业 Retail of No Stores and Others	1876	11375317	13166295	1561211	709264

14-4 限额以上批发和零售企业年末资产及负债情况（2020年）

Main Financial Indicators of Enterprises above Designated Size in Wholesale and Retail Trades Corporation Enterprises(2020)

单位：万元 (10000 yuan)

项目 Item	资产总计 Total Assess	#流动资产合计 Total Circulating Funds	固定资产原价 Oringinal Prices of Fixed Assets	负债总计 Total Liabilities	所有者权益合计 Total Creditors Equity
合计 Total	**199230534**	**140072666**	**11523994**	**132556522**	**65420537**
批发业 Wholesale	170103348	121442773	6731300	114827694	54339578
按登记注册类型分 By Registration Category					
内资企业 Domestic Funded Enterprises	156423808	110593590	5643892	106686826	48943058
#国有企业 State-owned Enterprises	3633163	3116236	581029	907889	2725275
集体企业 Collective-owned Enterprises	78118	66941	9051	62503	15282
有限责任公司 Limited Liability Corporations	54930167	35637269	967391	35633376	19290149
股份有限公司 Share-holding Corporations Ltd.	13841655	7475079	53505	8473957	5367694
私营企业 Private Enterprises	83940236	64297839	4032557	61608833	21544459
港澳台商投资企业 Funds from Hong Kong, Macao and Taiwan	8002796	5990916	721340	4225596	3734457
外商投资企业 Foreign Funded Enterprises	5676744	4858268	366068	3915272	1662062
按行业分 By Sector					
农、林、牧、渔产品批发 Wholesale of Farming,Forestry,Animal Husbandry Products	4504039	3374721	259932	3178787	1322790
食品、饮料及烟草制品批发 Wholesale of Food, Beverages and Tobaccos	19115570	13086188	1837896	9548788	9513713
米、面制品及食用油批发 Sholesale of Rice, Wheat Products and Rdible Oil	2111388	1796297	111826	1636485	472574
烟草制品批发 Wholesale of Tobaccos	4743335	3508797	644593	935668	3807667
纺织、服装及家庭用品批发 Wholesale of Textiles, Garments and Daily Consumer Articles	21633158	14166606	1829770	12562776	8536972
服装批发 Wholesale of Garments	5434856	4684701	325694	3804271	1570691
日用家电批发 Wholesale of Family Electrical Equipments	730797	684617	28488	600101	130696
文化、体育用品及器材批发 Wholesale of Culture, Sports Products and Appliances	3451966	2566251	162251	2314725	1127109
医药及医疗器材批发 Wholesale of Medicines and Medical Appliances	3841454	3276726	181218	2598958	1215551
矿产品、建材及化工产品批发 Wholesale of Mineral Products, Building Materials and Chemical Products	99084050	69506994	1843397	71202578	27719927

14-4 续表1

Continued

单位：万元 (10000 yuan)

项目 Item	资产总计 Total Assess	#流动资产合计 Total Circulating Funds	固定资产原价 Oringinal Prices of Fixed Assets	负债总计 Total Liabilities	所有者权益合计 Total Creditors Equity
煤炭及制品批发 Wholesale of Coal and Its Products	6751529	5471767	99028	5115702	1604404
石油及制品批发 Wholesale of Petroleum and Its Products	5592969	3804875	398237	3581223	1997920
金属及金属矿批发 Wholesale of Metal and Metal Mineral	46263440	33748667	432564	33631478	12595610
建材批发 Wholesale of Building Materials	15307339	12225489	524038	11415876	3820242
化肥批发 Wholesale of Chemical Fertilizer	611986	564249	28111	485067	124703
机械设备、五金产品及电子产品批发 Wholesale of Machinery, Equipment, Hardware,Transport and Electic Products	11039962	9389466	495590	8036009	2867465
汽车及零配件批发 Wholesale of Motor Vehicles	1982929	1725766	82674	1600419	378268
计算机、软件及辅助设备批发 Wholesale of Computer Software and Supplementary Equipments	588287	546011	27104	368062	219950
贸易经纪与代理 Trade Broker and Agent	766195	522408	25447	560918	205277
其他批发业 Other Wholesale not Classified Elsewhere	6666954	5553414	95800	4824155	1830775
零售业 Retail Trade	29127187	18629892	4792694	17728828	11080959
按登记注册类型分 By Registration Category					
内资企业 Domestic Funded Enterprises	21411183	14511615	3693320	13181343	7921110
#国有企业 State-owned Enterprises	13424	6124	8567	5092	7501
集体企业 Collective-owned Enterprises	59187	34243	18081	19195	37500
有限责任公司 Limited Liability Corporations	3781063	2571890	677136	2422634	1289479
股份有限公司 Share-holding Corporations Ltd.	2284791	1125305	421612	865979	1418751
私营企业 Private Enterprises	15262790	10767801	2566535	9861302	5166152
港澳台商投资企业 Funds from Hong Kong, Macao and Taiwan	1651031	1048411	347517	1011912	630450
外商投资企业 Foreign Funded Enterprises	6064973	3069867	751856	3535573	2529400
按行业分 By Sector					

14-4 续表2

Continued

单位：万元 (10000 yuan)

项目 Item	资产总计 Total Assess	#流动资产合计 Total Circulating Funds	固定资产原价 Oringinal Prices of Fixed Assets	负债总计 Total Liabilities	所有者权益合计 Total Creditors Equity
综合零售 General Retail	6906252	3928881	1043027	4157290	2720227
百货零售 Retail of Consumer Goods	2117031	1293665	483484	1513483	597315
超级市场零售 Retail of Supermarkets	4642384	2546809	520304	2587672	2041451
食品、饮料及烟草制品专门零售 Retail of Food, Beverages and Tobaccos	1627250	914306	458292	617262	972623
纺织、服装及日用品专门零售 Retail of Textiles, Garments, Shoes and Hats	1722737	1293526	134809	1249260	405116
服装零售 Retail of Garments	883261	708984	53848	675029	194736
文化、体育用品及器材专门零售 Retail of Culture, Sports Products and Equipments	1263720	1013436	188581	701452	532915
图书、报刊零售 Retail of Books,Newspapers and Magazines	791984	619891	129914	477269	314716
医药及医疗器材专门零售 Retail of Medicines and Medical Appliances	508251	392044	81572	335666	169575
西药零售 Retail of Medicines	402138	313554	66428	254740	144596
中药零售 Chinese medicine	96617	72015	14273	75163	21246
汽车、摩托车、零配件和燃料及其他动力销售 Retail of Motor Vehicles, Motorcycles Fule and Parts	10582357	6595794	1946716	6822820	3689607
汽车新车零售 Retail of Motor Vehicles	6297644	4767055	955678	4759529	1507614
机动车燃油零售 Retail of Vehicles Fule	3879394	1517647	898740	1824979	2051633
家用电器及电子产品专门零售 Retail of Family Electric Equipment and Product	1173082	985182	109595	807580	347537
家用视听设备零售 Retail of Family Electric Equipment	51148	46239	6393	32067	18962
日用家电零售 Retail of Daily-use Electric Equipment	792390	657925	67100	584061	202494
计算机、软件及辅助设备零售 Wholesale of Computer Software and Supplementary Equipments	128983	102693	18749	59126	65501
通信设备零售 Retail of Telecommunicate Equipment	136046	126509	6682	88569	39948
五金、家具及室内装饰材料专门零售 Retail of Hardware, Furniture and Inside Decoration Materials	1227916	965411	209808	643021	546528
货摊、无店铺及其他零售业 Retail of No Stores and Others	4115623	2541313	620294	2394478	1696833

14-5 限额以上批发和零售企业财务状况（2020年）

Main Financial Indicators of Enterprises above Designated Size in Wholesale and Retail Trades Corporation Enterprises(2020)

单位：万元 (10000 yuan)

项目 Item	主营业务收入 Main Operating Income	营业成本 Operating Expenses	税金及附加 Tax and Extra Charges	营业利润 Profits of Business
合计 Total	**406960154**	**391577422**	**1380395**	**7344759**
批发业 Wholesale	346918565	336982108	1140570	5746770
按登记注册类型分 By Registration Category				
内资企业 Domestic Funded Enterprises	325938237	317279230	1109502	5275770
#国有企业 State-owned Enterprises	7289913	5633224	720581	744021
集体企业 Collective-owned Enterprises	220485	212217	501	1665
有限责任公司 Limited Liability Corporations	111235617	109690688	102228	1124848
股份有限公司 Share-holding Corporations Ltd.	25237628	25013474	10400	468206
私营企业 Private Enterprises	181951997	176727182	275791	2936900
港澳台商投资企业 Funds from Hong Kong, Macao and Taiwan	12813231	12143227	15788	157808
外商投资企业 Foreign Funded Enterprises	8167097	7559652	15279	313193
按行业分 By Sector				
农、林、牧、渔产品批发 Wholesale of Farming,Forestry,Animal Husbandry Products	9633744	9444685	7023	63718
食品、饮料及烟草制品批发 Wholesale of Food, Beverages and Tobaccos	28222680	25521762	771946	1503195
米、面制品及食用油批发 Sholesale of Rice, Wheat Products and Rdible Oil	3426182	3290491	3356	15852
烟草制品批发 Wholesale of Tobaccos	9019450	7858257	723065	829819
纺织、服装及家庭用品批发 Wholesale of Textiles, Garments and Daily Consumer Articles	46499217	44550243	61897	1242572
服装批发 Wholesale of Garments	11115081	10446401	23381	470780
日用家电批发 Wholesale of Family Electrical Equipments	1057824	1008984	2148	18296
文化、体育用品及器材批发 Wholesale of Culture, Sports Products and Appliances	8299206	7998940	10134	113200
医药及医疗器材批发 Wholesale of Medicines and Medical Appliances	7372046	6813999	19328	219031
矿产品、建材及化工产品批发 Wholesale of Mineral Products, Building Materials and Chemical Products	207904784	205028398	182201	2002363

14-5 续表1

Continued

单位：万元 (10000 yuan)

项目 Item	主营业务收入 Main Operating Income	营业成本 Operating Expenses	税金及附加 Tax and Extra Charges	营业利润 Profits of Business
煤炭及制品批发 Wholesale of Coal and Its Products	25038390	24924882	28894	128579
石油及制品批发 Wholesale of Petroleum and Its Products	20198393	19793643	21348	162973
金属及金属矿批发 Wholesale of Metal and Metal Mineral	100606452	99418532	59896	1011157
建材批发 Wholesale of Building Materials	21278837	20535717	37427	353395
化肥批发 Wholesale of Chemical Fertilizer	1212711	1174080	1703	16005
机械设备、五金产品及电子产品批发 Wholesale of Machinery, Equipment, Hardware,Transport and Electic Products	20598336	19726394	37844	439299
汽车及零配件批发 Wholesale of Motor Vehicles	4947561	4830805	7815	23966
计算机、软件及辅助设备批发 Wholesale of Computer Software and Supplementary Equipments	1224032	1143075	2033	24534
贸易经纪与代理 Trade Broker and Agent	2220070	2219847	2402	28610
其他批发业 Other Wholesale not Classified Elsewhere	16168483	15677842	47794	134784
零售业 Retail Trade	60041589	54595314	239825	1597989
按登记注册类型分 By Registration Category				
内资企业 Domestic Funded Enterprises	49741997	45261032	207118	1167468
#国有企业 State-owned Enterprises	24406	30181	155	781
集体企业 Collective-owned Enterprises	486673	438142	1585	13413
有限责任公司 Limited Liability Corporations	6006627	5477828	20874	102319
股份有限公司 Share-holding Corporations Ltd.	2149743	2085394	5400	96920
私营企业 Private Enterprises	41064708	37209022	179064	953508
港澳台商投资企业 Funds from Hong Kong, Macao and Taiwan	2148239	1770263	12528	93900
外商投资企业 Foreign Funded Enterprises	8151354	7564018	20178	336621
按行业分 By Sector				

14-5 续表2

Continued

单位：万元　　(10000 yuan)

项目 Item	主营业务收入 Main Operating Income	营业成本 Operating Expenses	税金及附加 Tax and Extra Charges	营业利润 Profits of Business
综合零售 General Retail	8205162	7527898	36639	250372
百货零售 Retail of Consumer Goods	2069191	1824512	18771	27244
超级市场零售 Retail of Supermarkets	5476925	5107524	15419	199441
食品、饮料及烟草制品专门零售 Retail of Food, Beverages and Tobaccos	3913853	3461435	27362	276221
纺织、服装及日用品专门零售 Retail of Textiles, Garments, Shoes and Hats	3574954	2957325	11317	74920
服装零售 Retail of Garments	1457089	1178355	3872	23976
文化、体育用品及器材专门零售 Retail of Culture, Sports Products and Equipments	2051221	1808922	18699	100972
图书、报刊零售 Retail of Books,Newspapers and Magazines	459984	379518	2142	20519
医药及医疗器材专门零售 Retail of Medicines and Medical Appliances	1194183	1000991	4125	22006
西药零售 Retail of Medicines	1017223	860844	3520	22421
中药零售 Chinese medicine	161971	126481	588	-916
汽车、摩托车、零配件和燃料及其他动力销售 Retail of Motor Vehicles, Motorcycles Fule and Parts	22517202	21399353	66403	390329
汽车新车零售 Retail of Motor Vehicles	14789648	14159135	44633	75256
机动车燃油零售 Retail of Vehicles Fule	6560884	6037125	18365	287820
家用电器及电子产品专门零售 Retail of Family Electric Equipment and Product	3049327	2880337	7078	44813
家用视听设备零售 Retail of Family Electric Equipment	247469	229702	486	8406
日用家电零售 Retail of Daily-use Electric Equipment	1709931	1596480	3633	15564
计算机、软件及辅助设备零售 Wholesale of Computer Software and Supplementary Equipments	478814	470114	1655	16357
通信设备零售 Retail of Telecommunicate Equipment	463777	442592	952	1460
五金、家具及室内装饰材料专门零售 Retail of Hardware, Furniture and Inside Decoration Materials	3523104	3218457	34867	103339
货摊、无店铺及其他零售业 Retail of No Stores and Others	12012583	10340595	33335	335019

14-6 限额以上批发和零售企业主要效益指标（2020年）

Main Indicators Economic Benefit of Enterprises above Designated Size in Wholesale and Retail Trades(2020)

单位：%　　　　(%)

项目 Item	资产负债率 Assets Liability Rate	销售毛利率 Ratio of Gross Profits to Sales Revenue	经营费用率 Ratio of Operating Costs to Total Costs	成本费用利润率 Ratio of Profits to Costs
合计 Total	**66.5**	**3.8**	**4.0**	**1.9**
批发业 Wholesale	67.5	2.9	2.8	1.7
按登记注册类型分 By Registration Category				
内资企业 Domestic Funded Enterprises	68.2	2.7	2.7	1.7
#国有企业 State-owned Enterprises	25.0	22.7	5.0	12.3
集体企业 Collective-owned Enterprises	80.0	3.8	6.6	1.4
有限责任公司 Limited Liability Corporations	64.9	1.4	1.4	1.1
股份有限公司 Share-holding Corporations Ltd.	61.2	0.9	1.1	1.9
私营企业 Private Enterprises	73.4	2.9	3.5	1.7
港澳台商投资企业 Funds from Hong Kong, Macao and Taiwan	52.8	5.2	5.1	1.3
外商投资企业 Foreign Funded Enterprises	69.0	7.4	6.7	4.5
按行业分 By Sector				
农、林、牧、渔产品批发 Wholesale of Farming,Forestry,Animal Husbandry Products	70.6	2.0	2.5	0.8
食品、饮料及烟草制品批发 Wholesale of Food, Beverages and Tobaccos	50.0	9.6	6.8	5.5
米、面制品及食用油批发 Sholesale of Rice, Wheat Products and Rdible Oil	77.5	4.0	4.2	1.1
烟草制品批发 Wholesale of Tobaccos	19.7	12.9	4.7	9.9
纺织、服装及家庭用品批发 Wholesale of Textiles, Garments and Daily Consumer Articles	58.1	4.2	4.6	2.8
服装批发 Wholesale of Garments	70.0	6.0	6.4	4.8
日用家电批发 Wholesale of Family Electrical Equipments	82.1	4.6	4.8	1.8
文化、体育用品及器材批发 Wholesale of Culture, Sports Products and Appliances	67.1	3.6	3.3	1.4
医药及医疗器材批发 Wholesale of Medicines and Medical Appliances	67.7	7.6	7.1	3.0
矿产品、建材及化工产品批发 Wholesale of Mineral Products, Building Materials and Chemical Products	71.9	1.4	1.5	1.0

14-6 续表1

Continued

单位：% (%)

项目 Item	资产负债率 Assets Liability Rate	销售毛利率 Ratio of Gross Profits to Sales Revenue	经营费用率 Ratio of Operating Costs to Total Costs	成本费用利润率 Ratio of Profits to Costs
煤炭及制品批发 Wholesale of Coal and Its Products	75.8	0.5	1.4	0.6
石油及制品批发 Wholesale of Petroleum and Its Products	64.0	2.0	1.4	0.9
金属及金属矿批发 Wholesale of Metal and Metal Mineral	72.7	1.2	1.0	1.0
建材批发 Wholesale of Building Materials	74.6	3.5	3.7	1.7
化肥批发 Wholesale of Chemical Fertilizer	79.3	3.2	3.9	1.6
机械设备、五金产品及电子产品批发 Wholesale of Machinery, Equipment, Hardware,Transport and Electic Products	72.8	4.2	4.5	2.2
汽车及零配件批发 Wholesale of Motor Vehicles	80.7	2.4	2.7	0.5
计算机、软件及辅助设备批发 Wholesale of Computer Software and Supplementary Equipments	62.6	6.6	6.0	2.1
贸易经纪与代理 Trade Broker and Agent	73.2	0.0	2.1	1.4
其他批发业 Other Wholesale not Classified Elsewhere	72.4	3.0	3.9	1.6
零售业 Retail Trade	60.9	9.1	10.4	2.7
按登记注册类型分 By Registration Category				
内资企业 Domestic Funded Enterprises	61.6	9.0	10.1	2.3
#国有企业 State-owned Enterprises	37.9	-23.7	11.5	2.9
集体企业 Collective-owned Enterprises	32.4	10.0	8.5	2.7
有限责任公司 Limited Liability Corporations	64.1	8.8	10.4	1.6
股份有限公司 Share-holding Corporations Ltd.	37.9	3.0	7.4	4.0
私营企业 Private Enterprises	64.6	9.4	10.2	2.3
港澳台商投资企业 Funds from Hong Kong, Macao and Taiwan	61.3	17.6	17.6	6.6
外商投资企业 Foreign Funded Enterprises	58.3	7.2	10.1	4.2
按行业分 By Sector				

14-6 续表2

Continued

单位：%　　(%)

项目 Item	资产负债率 Assets Liability Rate	销售毛利率 Ratio of Gross Profits to Sales Revenue	经营费用率 Ratio of Operating Costs to Total Costs	成本费用利润率 Ratio of Profits to Costs
综合零售 General Retail	60.2	8.3	15.2	2.8
百货零售 Retail of Consumer Goods	71.5	11.8	16.7	1.0
超级市场零售 Retail of Supermarkets	55.7	6.7	15.0	3.4
食品、饮料及烟草制品专门零售 Retail of Food, Beverages and Tobaccos	37.9	11.6	11.9	8.1
纺织、服装及日用品专门零售 Retail of Textiles, Garments, Shoes and Hats	72.5	17.3	18.1	2.0
服装零售 Retail of Garments	76.4	19.1	19.9	1.5
文化、体育用品及器材专门零售 Retail of Culture, Sports Products and Equipments	55.5	11.8	10.2	5.1
图书、报刊零售 Retail of Books,Newspapers and Magazines	60.3	17.5	13.9	4.9
医药及医疗器材专门零售 Retail of Medicines and Medical Appliances	66.0	16.2	16.6	1.9
西药零售 Retail of Medicines	63.3	15.4	15.7	2.2
中药零售 Chinese medicine	77.8	21.9	23.0	-0.2
汽车、摩托车、零配件和燃料及其他动力销售 Retail of Motor Vehicles, Motorcycles Fule and Parts	64.5	5.0	6.3	1.8
汽车新车零售 Retail of Motor Vehicles	75.6	4.3	5.8	0.6
机动车燃油零售 Retail of Vehicles Fule	47.0	8.0	7.3	4.3
家用电器及电子产品专门零售 Retail of Family Electric Equipment and Product	68.8	5.5	7.5	1.5
家用视听设备零售 Retail of Family Electric Equipment	62.7	7.2	4.3	3.5
日用家电零售 Retail of Daily-use Electric Equipment	73.7	6.6	8.6	0.9
计算机、软件及辅助设备零售 Wholesale of Computer Software and Supplementary Equipments	45.8	1.8	5.8	3.3
通信设备零售 Retail of Telecommunicate Equipment	65.1	4.6	7.5	0.4
五金、家具及室内装饰材料专门零售 Retail of Hardware, Furniture and Inside Decoration Materials	52.4	8.6	8.4	2.9
货摊、无店铺及其他零售业 Retail of No Stores and Others	58.2	13.9	12.8	2.9

14-7 亿元以上商品交易市场主要经济指标（2020年）

Statistics on Commodity Markets with Trade over 100 Million Yuan(2020)

项目	Item	市场数（个）Number of Markets (unit)	摊位数（个）Number of Stalls (unit)	营业面积（平方米）Operation Area(sq.m)	市场成交额（万元）Transaction Value (10000 yuan)
总计	**Total**	**102**	**47953**	**2811187**	**11349381**
按经营环境分	**By Operating Circumstance**				
封闭式	Indoor	84	41261	2593581	9637914
露天式	Outdoor	5	1082	49787	981638
其他	Others	13	5610	167819	729829
按营业状态分	**By Operating Status**				
常年营业	Perennial Operation	101	47925	2809687	11337781
季节性营业	Seasonal Operation	1	28	1500	11600
其他	Others				
按经营方式分	**By Operating Mode**				
批发（或以批发为主）	Whole Sale	41	24858	1937289	9018010
零售（或以零售为主）	Retail	61	23095	873898	2331371
按市场类别分	**By Market Category**				
综合市场	General Markets	45	24108	780752	3773052
生产资料综合市场	Product Materials Markets	1	200	5100	10690
工业消费品综合市场	Industrial Products Consume Markets	3	5705	71638	900313
农副产品综合市场	Agricaltural Products General Markets	33	13821	313788	1425061
其他综合市场	Other Markets	8	4382	390226	1436988
专业市场	and Hats	57	23845	2030435	7576329
生产资料市场	Markets for Food, Beverage, Tobacco	6	1670	308700	675462
农产品市场	and Liquor	30	10096	718244	3985295
食品饮料及烟酒市场	Medicine and Medical Insurments	2	2539	67221	136900
纺织、服装、鞋帽市场	Markets for Furnitures	4	4833	174981	588807
日用品及文化用品市场	Markets for Small Commodities				
黄金、珠宝、玉器等首饰市场	Markets for Culture Products, VideoProducts	4	1862	242569	1194527
电器、通讯器材、电子设备市场	Newspapers and Magazines	1	719	38000	94263
医药、医疗用品及器材市场	Markets for Second Hand	1	28	1500	11600
家具、五金及装饰材料市场	Markets for Mechanically-propelled Vehicles	6	1728	421620	341807
汽车、摩托车及零配件市场	Markets for Metal Materials	3	370	57600	547668
花、鸟、鱼、虫市场	Markets for Coal				
旧货市场	Markets for Wood				
其他专业市场	Other Markets				

14-8 亿元以上商品交易市场成交情况（2020年）

Transaction Value of Commodity Markets with Trade over 100 Million Yuan by Region(2020)

项目	Item	出租摊位数（个） Number of Stalls (unit)	市场成交额（万元） Transaction Value (10000 yuan)
总计	**Total**	**41219**	**11349381**
粮油、食品类	Grain,Oil and Foods	19975	5823091
饮料类	Beverages	2850	338005
烟酒类	Tobacco and Liquor	272	248516
服装、鞋帽、针纺织品类	Garments,shoes,Caps and Textiles	8147	1420950
服装类	Clothing	6405	1096803
鞋帽类	Shoes and Hats	961	110475
针纺织品类	Knitwear and Textiles	781	213672
化妆品类	Cosmetics	76	7592
金银珠宝类	Gold,Silver and Jewelry	1392	1031127
日用品类	Articles for Daily Use	1024	269959
五金、电料类	Hardware and Electrical Materials	597	50754
体育、娱乐用品类	Sports and Recreation Articles	99	71438
电子出版物及音像制品类	E-journal and Video Products	7	331
家用电器和音像器材类	Household Appliances and Video Appliances	372	51738
中西药品类	Traditional Chinese and Western Medicines	75	17269
#西药类	Western Medicines	4	2477
中草药及中成药类	Chinese Herbal Medicine and Mid-product Medicine	65	13787
文化办公用品类	Cultural and Official Goods	569	87311
家具类	Furniture	616	171343
通讯器材类	Communication Appliances	78	5137
煤炭及制品类	Coal and Related Products		
木材及制品类	Wood and Wooden Products	472	75812
化工材料及制品类	Raw Chemical Materials	11	2411
金属材料类	Metal Materrials	123	444064
建筑及装潢材料类	Building and Decoration Materials	2329	492073
机电产品及设备类	Mechanical and Electrical Products and Equipment	127	3482
汽车类	Vehicles	352	547668
种子饲料类	Seed and Feedstuff	202	47579
棉麻类	Cotton and Ramie		
其他类	Others	1450	141620

14-9 限额以上住宿业企业基本情况（2020年）

Basic Conditions of Enterprises above Designated Size in Hotels(2020)

项目	Item	法人企业（个）Number of Corporation (unit)	床位数（个）Number of Beds at the year- end (unit)	餐位数（位）Number of seats at the year- end
住宿业	Hotels	1211	268312	416786
按登记注册类型分	By Registration Category			
内资企业	Domestic Funded Enterprises	1115	235969	343678
#国有企业	State-owned Enterprises	34	6652	10854
集体企业	Collective-owned Enterprises	6	728	1743
有限责任公司	Limited Liability Corporations	127	45004	74917
私营企业	Private Enterprises	947	183407	256164
港澳台商投资企业	Funds from Hong Kong, Macao and Taiwan	61	18335	53468
外商投资企业	Foreign Funded Enterprises	35	14008	19640
按行业分	By Sector			
#旅游饭店	Tourism Hotel	694	187606	347724
一般旅馆	General Hotel	482	74796	63338
民宿服务	Home and Lodging Services	10	1939	1348
其他住宿业	Others	25	3971	4376

14-10 限额以上餐饮业企业基本情况（2020年）

Basic Conditions of Enterprises above Designated Size in Catering Services(2020)

项目	Item	法人企业（个）Number of Corporation (unit)	年末餐饮营业面积（平方米）Operation Area (sq.m)	餐位数（位）Number of seats at the year- end
餐饮业		1411	2371692	697320
按登记注册类型分	By Registration Category			
内资企业	Domestic Funded Enterprises	1365	1988126	605274
#国有企业	State-owned Enterprises	3	3645	973
集体企业	Collective-owned Enterprises	3	3100	1000
有限责任公司	Limited Liability Corporations	36	54167	21551
股份有限公司	Share-holding Corporations Ltd.			
私营企业	Private Enterprises	1321	1919194	580050
港澳台商投资企业	Funds from Hong Kong, Macao and Taiwan	24	174456	35820
外商投资企业	Foreign Funded Enterprises	22	209110	56226
按行业分	By Sector			
正餐服务	Dinner	1257	1935722	554471
快餐服务	Snack	62	303819	102809
饮料及冷饮服务	Drink and Cold Drink	29	32660	6377
餐饮配送及外卖送餐服务	Catering distribution	31	39777	13759
其他餐饮业	Others	32	59714	19904

14-11 限额以上住宿业和餐饮业企业经营情况（2020年）

Basic Conditions of Enterprises above Designated Size in Hotels and Catering Services(2020)

单位：万元 (10000 yuan)

项目	Item	营业额 Business Revenue	客房收入 From Hotel Rooms	餐费收入 From Meals	商品销售额 From Commodities Income	其他收入 From Others
合计	**Total**	**4846066**	**1002782**	**3515790**	**132050**	**195445**
住宿业	Hotels	2130055	942506	1025847	58367	103335
按登记注册类型分	By Registration Category					
内资企业	Domestic Funded Enterprises	1790377	799060	857925	50166	83226
#国有企业	State-owned Enterprises	47830	23713	16355	430	7331
集体企业	Collective-owned Enterprises	11039	3273	7232		534
有限责任公司	Limited Liability Corporations	413601	178387	187590	11397	36227
私营企业	Private Enterprises	1317281	593062	646747	38337	39135
港澳台商投资企业	Funds from Hong Kong, Macao and Taiwan	238804	89694	131277	7388	10446
外商投资企业	Foreign Funded Enterprises	100874	53753	36646	813	9663
按行业分	By Sector					
#旅游饭店	Tourism Hotel	1641898	662029	849802	44171	85895
一般旅馆	General Hotel	450210	256729	164303	12567	16610
民宿服务	Home and Lodging Services	8340	3998	2765	1296	281
其他住宿业	Other Hotel	29608	19750	8977	333	549
餐饮业		2716011	60275	2489942	73683	92110
按登记注册类型分	By Registration Category					
内资企业	Domestic Funded Enterprises	2094798	58669	1928835	56447	50848
#国有企业	State-owned Enterprises	1844	778	1050	4	12
集体企业	Collective-owned Enterprises	2862		1797	1066	
有限责任公司	Limited Liability Corporations	60119	2879	51251	2450	3540
股份有限公司	Share-holding Corporations Ltd.					
私营企业	Private Enterprises	2027727	54943	1872682	52928	47174
港澳台商投资企业	Funds from Hong Kong, Macao and Taiwan	220363	1110	201815	8551	8887
外商投资企业	Foreign Funded Enterprises	400851	497	359293	8685	32376
按行业分	By Sector					
正餐服务	Dinner	1760019	60275	1632005	41556	26183
快餐服务	Snack	717666		693005	10680	13980
饮料及冷饮服务	Drink and Cold Drink	119580		78967	11013	29600
餐饮配送及外卖送餐服务	Catering distribution	53780		30083	1497	22200
其他餐饮业	Others	64966		55882	8937	147

14-12 限额以上住宿和餐饮业企业年末资产及负债情况（2020年）

Assess and Liabilities of Enterprises above Designated Size in Hotels and Catering Services(2020)

单位：万元 (10000 yuan)

项目	Item	资产总计 Total Assess	流动资产合计 Total Circhlating Funds	固定资产原价 Oringinal Prices of Fixed Assets	负债总计 Total Liabilities	所有者权益合计 Total Creditors Equity
合计	**Total**	**10536850**	**4394411**	**4595575**	**6189297**	**4307810**
住宿业	Hotels	9116614	3635198	4087606	5289589	3800198
按登记注册类型分	By Registration Category					
内资企业	Domestic Funded Enterprises	4894388	1806731	2921788	3203917	1664086
#国有企业	State-owned Enterprises	212535	51179	152690	126482	85820
集体企业	Collective-owned Enterprises	10913	4722	7209	5815	5098
有限责任公司	Limited Liability Corporations	1279594	456966	957818	729316	540551
私营企业	Private Enterprises	3197580	1162179	1803411	2340485	840670
港澳台商投资企业	Funds from Hong Kong, Macao and Taiwan	963948	346315	653939	741418	222089
外商投资企业	Foreign Funded Enterprises	3258278	1482152	511879	1344255	1914024
按行业分	By Sector					
#旅游饭店	Tourism Hotel	7881070	3100942	3479872	4579981	3283800
一般旅馆	General Hotel	965926	376025	550670	673264	283125
民宿服务	Home and Lodging Services	218799	145665	18242	24926	193873
其他住宿业	Other Hotel	50820	12566	38822	11418	39401
餐饮业		1420236	759214	507969	899708	507611
按登记注册类型分	By Registration Category					
内资企业	Domestic Funded Enterprises	1041764	599032	365195	572640	456208
#国有企业	State-owned Enterprises	1909	798	1930	696	1213
集体企业	Collective-owned Enterprises	7985	6673	855	1100	6884
有限责任公司	Limited Liability Corporations	40460	21409	9625	20436	19693
股份有限公司	Share-holding Corporations Ltd.					
私营企业	Private Enterprises	990965	570108	352386	550362	428017
港澳台商投资企业	Funds from Hong Kong, Macao and Taiwan	183627	53646	81213	151372	32255
外商投资企业	Foreign Funded Enterprises	194845	106536	61561	175697	19148
按行业分	By Sector					
正餐服务	Dinner	954053	521683	360480	565183	375911
快餐服务	Snack	324277	139283	123350	224797	99379
饮料及冷饮服务	Drink and Cold Drink	73614	55762	8163	77466	-4070
餐饮配送及外卖送餐服务	Catering distribution	22481	17386	6133	13497	8947
其他餐饮业	Others	45811	25100	9844	18765	27445

14-13 限额以上住宿和餐饮业企业主要财务指标（2020年）

Main Financial Indicators of Enterprises above Designated Size in Hotels and Catering Services(2020)

单位：万元 (10000 yuan)

项目	Item	主营业务收入 Main Operating Income	营业成本 Operating Expenses	税金及附加 Tax and Extra Charges	营业利润 Profits of Business
合计	**Total**	**4589154**	**2846029**	**49522**	**-75317**
住宿业	Hotels	2021425	1087741	36165	-162894
按登记注册类型分	By Registration Category				
内资企业	Domestic Funded Enterprises	1689991	944665	30581	-109390
#国有企业	State-owned Enterprises	43121	20547	570	-12168
集体企业	Collective-owned Enterprises	10402	8267	73	366
有限责任公司	Limited Liability Corporations	385602	186605	5825	-38959
私营企业	Private Enterprises	1250276	728764	24099	-56425
港澳台商投资企业	Funds from Hong Kong, Macao and Taiwan	228038	103043	3143	-27181
外商投资企业	Foreign Funded Enterprises	103396	40034	2441	-26322
按行业分	By Sector				
#旅游饭店	Tourism Hotel	1570954	804663	30622	-146514
一般旅馆	General Hotel	413885	256990	5249	-12209
民宿服务	Home and Lodging Services	8068	7742	117	-2981
其他住宿业	Other Hotel	28519	18346	177	-1190
餐饮业		2567728	1758288	13357	87577
按登记注册类型分	By Registration Category				
内资企业	Domestic Funded Enterprises	1969215	1452533	12873	72422
#国有企业	State-owned Enterprises	1763	1059	3	91
集体企业	Collective-owned Enterprises	2573	1231	91	-514
有限责任公司	Limited Liability Corporations	57404	39469	315	1506
股份有限公司	Share-holding Corporations Ltd.				
私营企业	Private Enterprises	1905311	1409442	12363	70789
港澳台商投资企业	Funds from Hong Kong, Macao and Taiwan	212708	81470	184	8218
外商投资企业	Foreign Funded Enterprises	385805	224285	300	6937
按行业分	By Sector				
正餐服务	Dinner	1658442	1150421	11521	64467
快餐服务	Snack	689041	451121	1279	23030
饮料及冷饮服务	Drink and Cold Drink	110043	82098	170	-9402
餐饮配送及外卖送餐服务	Catering distribution	51521	41375	82	1156
其他餐饮业	Others	58682	33273	306	8326

14-14 限额以上批发和零售业连锁企业基本经营情况（2020年）

Basic Conditions of Enterprises above Designated Size in Wholesale and Retail Trades(2020)

项目	Item	连锁总店数（个） Number of Head Chain Stores (unit)	年末门店数（个） Number of Stores (unit)	直营店 Regular Chain	加盟店 Franchi-se	年末营业面积（平方米） Operation Area (sq.m)	年末从业人员（人） Persons Employ (person)	商品销售总额(万元) Total Sales (10000 yuan)
总计	**Total**	**179**	**13113**	**7608**	**5505**	**14050662**	**146160**	**17217123**
批发业	Wholesale	7	1220	143	1077	398611	5350	445864
零售业	Retail Trade	172	11893	7465	4428	13652051	140810	16771260
按登记注册类型分	**Grouped by Status of Registration**							
内资企业	Domestic Funded Enterprises	160	10764	5359	5405	3267281	65543	5601562
#国有企业	State-owned Enterprises	5	176	176		178981	1684	478298
有限责任公司	Limited-Liability Corporations	61	2894	2595	299	1306786	28365	2468540
股份有限公司	Share Holding Corporations Ltd.	12	1217	486	731	580490	4255	916759
私营企业	Private Enterprises	81	6440	2088	4352	1161106	30899	1637335
港澳台商投资企业	Funds from HongKong,Macao,TaiWan	3	507	407	100	55019	1352	49021
外商投资企业	Foreign Funded Enterprises	16	1842	1842		10728362	79265	11566541

14-15 限额以上住宿和餐饮业连锁企业基本经营情况（2020年）

Basic Conditions of Enterprises above Designated Size in Hotels and Catering Services(2020)

项目	Item	连锁总店数（个） Number of Head Chain Stores (unit)	连锁门店数（个） Number of Stores (unit)	直营店 Regular Chain	加盟店 Franchise	营业面积（平方米） Operation Area (sq.m)	年末从业人员（人） Persons Employ ed (person)	营业收入（万元） Total Sales (10000 yuan)
总计	**Total**	**21**	**1057**	**965**	**92**	**286209**	**32326**	**503794**
住宿业	Hotels							
餐饮业	Catering Services	21	1057	965	92	286209	32326	503794
按登记注册类型分	**Grouped by Status of Registration**							
内资企业	Domestic Funded Enterprises	11	297	205	92	62673	5514	115385
#有限责任公司	Limited-Liability Corporations	4	105	45	60	39376	3945	88006
私营企业	Private Enterprises	6	169	137	32	11049	1342	23469
港澳台商投资企业	Funds from HongKong, Macao,TaiWan	4	223	223		91522	9706	125192
外商投资企业	Foreign Funded Enterprises	6	537	537		132014	17106	263217

14-16 入境游客人数

Number of Oversea Visitor Arrivals

单位：人次 (person-time)

年份 Year	合计 Total	外国人 Foreigner	台湾同胞 Compatriots from Taiwan	港澳同胞 Compatriots from Hong Kong and Macao	#香港同胞 Compatriots from Hong Kong
1979	115214	37522	59	77633	
1980	135059	43724	119	91216	
1981	173351	50498	874	121979	
1982	177835	52130	1670	124035	
1983	211529	69628	6832	135069	
1984	270443	82996	6654	180793	
1985	355748	102190	8593	244965	
1986	362320	126183	8709	227428	
1987	410821	135488	15693	259640	
1988	522082	110338	145838	265906	
1989	504594	81734	209491	213369	
1990	707903	105374	362815	239714	
1991	686023	141137	282003	262883	
1992	816076	182252	333290	300534	
1993	880344	211919	348037	320388	
1994	844503	228404	272194	343905	
1995	906406	256940	251509	397957	
1996	1045658	311861	271798	461999	
1997	1173932	360091	312767	501074	
1998	1217795	373884	355626	488285	
1999	1356042	409035	414622	532385	
2000	1613349	497466	477894	637989	
2001	1634841	465152	494211	675478	598004
2002	1848214	528015	571668	748531	685742
2003	1497164	459448	475220	562496	517123
2004	1728997	629173	491526	608298	565927
2005	1973894	723621	589373	660900	608059
2006	2298960	791160	740232	767568	706215
2007	2687453	1007969	801587	877897	799571
2008	2931908	986440	984761	960707	894813
2009	3120348	978350	1234255	907743	841895
2010	3681353	1152748	1569186	959419	879506
2011	4274232	1400156	1850715	1023361	928931
2012	4936738	1670078	2111586	1155074	1050746
2013	5121304	1782769	2136279	1202256	1091397
2014	5449833	1950628	2253899	1245306	1140972
2015	5914501	2142819	2381467	1390215	1279323
2016	6807912	2541193	2671983	1594736	1440834
2017	7754066	2928733	3132741	1692592	1523146
2018	9012403	3441938	3634961	1935504	1722028
2019	9582756	3732298	3876409	1974049	1735036
2020	2296740	939246	830244	527250	458473

注：2000年起合计项含接待海外一日游游客人数。

Note:The data of total from 2000 include the foreign tourists of one day.

14-17 接待游客人数及旅游收入

Number of Tourists and Exchange Earnings

年份 Year	入境旅游人数（人次） Number of International Tourists(person-time)	#外国人 Foreigners	国际旅游外汇收入（万美元） Foreigners Exchange Earnings(USD 10000)	国内旅游人数（万人次） Domestic Tourists (10000 person-time)	国内旅游收入（亿元） Domestic Tourism Earnings (100 million yuan)	国内游客人均花费（元） Domestic Per Capita Expenditure (yuan)
1979	115214	37522				
1980	135059	43724				
1981	173351	50498				
1982	177835	52130				
1983	211529	69628				
1984	270443	82996				
1985	355748	102190				
1986	362320	126183				
1987	410821	135488				
1988	522082	110338				
1989	504594	81734				
1990	707903	105374				
1991	686023	141137				
1992	816076	182252				
1993	880344	211919				
1994	844503	228404				
1995	906406	256940				
1996	1045658	311861	55486			
1997	1173932	360091	61373	1900	110	579
1998	1217795	373884	65109	2100	146	695
1999	1356042	409035	72536	2513	190	756
2000	1613349	497466	89382	2942	231	785
2001	1634841	465152	94202	3322	268	806
2002	1848214	528015	110022	3931	333	848
2003	1497164	459448	91487	3711	311	839
2004	1728997	629173	106507	4643	463	996
2005	1973894	723621	130529	5684	578	1017
2006	2298960	791160	147100	6779	694	1023
2007	2687453	1007969	216918	8041	838	1042
2008	2931908	986440	239353	8690	875	1007
2009	3120348	978350	259900	9851	981	996
2010	3681353	1152748	297824	11957	1202	1005
2011	4274232	1400156	363444	14230	1444	1015
2012	4936738	1670078	422567	16660	1702	1022
2013	5121304	1782769	457338	19542	2003	1025
2014	5449833	1950628	491179	22888	2406	1051
2015	5914501	2142819	556140	26129	2798	1071
2016	6807912	2541193	662569	30864	3495	1132
2017	7754066	2928733	758803	37534	4571	1218
2018	9012403	3441938	909162	45139	6033	1337
2019	9582756	3732298	1024348	52697	7393	1403
2020	2296740	939246	206863	36981	4928	1332

注：由于2012年泉州市旅游局进行旅游普查，故调整从2008-2011年国内旅游人数和国内旅游收入。

Note:Due to quanzhou tourism census,the domestic tourism and domestic tourism income have been adjusted from 2008 to 2011.

14-18 入境外国游客人数

Number of Oversea Visitor Arrivals by Country

单位：人次 (Person-time)

国别(地区) Country (Region)	2000	2005	2010	2015	2018	2019	2020
合计 Total	**497466**	**723621**	**1152748**	**2142819**	**3441938**	**3732298**	**939246**
亚洲小计 Total of Asia	**324260**	**478130**	**554661**	**1235503**	**2205587**	**2447527**	**519366**
# 日本 Japan	97816	163198	169913	258934	395819	402769	101799
菲律宾 Philippines	31974	30668	36655	79534	128474	148893	24714
新加坡 Singapore	83667	79658	95030	215959	330029	375140	69086
泰国 Thailand	4960	23093	12967	29860	50260	71135	18997
印度尼西亚 Indonesia	15748	16840	38728	65965	110532	125055	19326
马来西亚 Malaysia	69303	78826	94515	318983	534660	622773	84522
美洲小计 Total of Amercia	**66832**	**151136**	**426759**	**391121**	**510542**	**534026**	**191601**
# 美国 United Kingdom	59256	136804	373081	285481	363662	387726	125608
加拿大 Canada	5727	11275	43576	58021	81815	78756	43449
欧洲小计 Total of Europe	**29824**	**75692**	**132425**	**365247**	**466796**	**484471**	**146264**
# 英国 United Kingdom	5174	11832	24050	67286	72020	80629	31840
法国 France	3494	9233	15152	40255	47572	53733	16075
德国 German,FR	6887	17644	27639	69749	71940	67545	23759
意大利 Italy	3080	8414	15623	33051	40660	43696	10660
俄罗斯 Russia	1626	3063	8027	17428	47138	49638	11142
大洋洲小计 Total of Oceanic	**5845**	**12485**	**26010**	**100762**	**149596**	**158850**	**54893**
# 澳大利亚 Australia	4587	10195	20125	69907	100043	106058	34666
新西兰 New Zealand	663	1606	5036	24782	31077	34473	11767
非洲小计 Total of Africa	**2185**	**6178**	**12895**	**50186**	**109417**	**107424**	**27122**

14-19 国内旅游人数及旅游收入

Number of Domestic Tourists and Exchange Earnings

项目　Item	2000	2005	2010	2015	2018	2019	2020
国内旅游者人数（万人次）Total Number of Domestic Tourist (10000 person-time)	**2942.00**	**5683.92**	**11956.61**	**26128.60**	**45138.93**	**52697.08**	**36981.07**
住宿设施接待人数 In Hotel	2010.00	3556.00	5935.03	11088.24	17798.79	20442.93	15378.79
居民家庭接待人数 In Household	262.00	373.36	736.47	2077.49	4417.20	5212.22	3862.28
一日游游客人数 For One Day	670.00	1754.56	5285.11	12962.87	22922.93	27041.92	17740.01
国内旅游收入（亿元）Domestic Tourism Receipts(100 million yuan)	**230.80**	**578.03**	**1202.25**	**2798.16**	**6032.95**	**7393.43**	**4927.72**
外省游客消费 Consumption of Tourists from Other Provinces	143.70	320.91	655.16	1285.42	3011.85	3394.37	1821.75
本省多日游游客消费 Consumption of Tourists Inside the Province	77.20	208.87	342.28	1047.21	2010.35	2605.38	2288.61
一日游游客消费 Consumption of Tourists for One Day	9.90	48.25	204.81	465.53	1010.75	1393.68	817.36

注：由于2012年泉州市旅游局进行旅游普查，故调整2010年和2011年国内旅游人数和收入及分项数。

Note:Due to quanzhou tourism census, the domestic tourism and domestic tourism income have been adjusted in 2010 and 2011

14-20 国内游客消费构成

Consumption Composition of Domestic Tourists

单位：%　　(%)

项目　Item	2000	2005	2010	2015	2018	2019	2020
交给旅行社 Fees Paid to Tour Agencies	12.3	14.4	11.5	6.1	5.1	5.5	3.8
长途交通 Long Distance Transportation	13.3	14.3	24.0	23.9	22.7	21.9	19.8
住宿 Accommodation	19.2	12.6	17.1	22.4	22.7	19.8	20.1
餐饮 Food	14.1	11.6	12.5	16.6	17.1	17.5	19.1
购物 Shopping	16.5	16.6	17.0	14.0	16.1	17.3	18.0
游览 Visiting	5.6	6.8	5.9	5.8	6.1	6.5	7.0
娱乐 Entertainment	5.5	5.0	5.1	4.9	4.5	5.8	6.3
市区交通 Transport within the City	3.0	2.5	2.3	4.2	4.1	3.8	4.0
邮电通讯 Postal and Telecommunications	2.0	1.8	1.2				
其他 Others	8.5	14.4	3.4	2.2	1.6	1.8	2.1

注：2014年及以后年份“邮电通讯”归入“其他”类。

Note:Since 2014,Postal and Telecommunications Classified to Others.

14-21 国内游客构成
Composition of Domestic Tourists

单位：%　　(%)

项目 Item	2000	2005	2010	2015	2018	2019	2020
按性别分 By Sex							
男 Male	65.1	59.3	57.0	53.7	49.2	48.7	47.2
女 Female	34.9	40.7	43.0	46.3	50.8	51.3	52.8
按年龄分 By Age							
14岁以下 14 and under	1.3	1.5	0.9	0.9	1.4	1.3	1.3
15-24岁 Aged 15-24	26.9	25.6	18.8	27.2	31.6	31.0	31.6
25-44岁 Aged 25-44	48.8	50.9	54.9	58.0	56.3	55.8	54.8
45-59岁 Aged 45-59	18.1	17.7	20.4	12.6	9.7	10.6	11.2
60岁以上 60 and over	4.9	4.3	5.0	1.4	1.0	1.2	1.2
按旅游目的分 By Aim of Tourist							
休闲观光渡假 Sightseeing and Holiday	44.0	52.0	54.2	76.4	79.8	78.8	79.5
探亲访友 Visiting Relatives and Friends	12.3	13.1	10.7	6.8	6.1	6.8	6.6
公务 Offical	15.4	11.8	13.9	6.8	5.6	6.6	6.8
经商 Bussiness	11.1	8.1	7.5	1.7	0.7	0.8	0.8
会议 Meeting	4.7	4.4	6.1				
医疗 Medical Care	0.9	0.9	0.7	1.1	0.7	0.8	0.6
宗教朝拜 Religious Worship	2.8	1.9	1.6	2.2	2.6	1.9	1.7
文化科技交流 Exchange of Culture, Science and Technology	2.5	1.6	1.2				
其他 Others	6.3	6.2	4.0	4.9	4.5	4.3	4.0
按出游方式分 By Mode							
单位组织 Organized by Unit	20.9	20.8	24.4	7.6	6.6	7.3	6.0
旅行社 Travel Agency	10.3	13.2	13.8	4.6	3.4	3.2	2.3
个人亲友结伴 Relatives and Friends as Accompaniers	60.0	58.6	52.2	85.1	88.0	87.5	89.6
其他 Others	8.8	7.4	9.6	2.6	2.0	2.0	2.1

14-22 各设区市国际旅游外汇收入

Foreign Exchange Earnings from International Tourism by City

单位：万美元 (USD 10000)

地区	Area	2000	2005	2010	2015	2018	2019	2020
福州市	Fuzhou	22173	27266	84299	119980	180638	220559	57783
厦门市	Xiamen	29920	55233	108552	238009	389671	423821	94984
莆田市	Putian	3476	2585	12922	23611	41229	48904	6639
三明市	Sanming	79	541	2034	4839	9726	11719	996
泉州市	Quanzhou	25428	37728	66737	112834	178411	178892	24803
漳州市	Zhangzhou	2902	1400	15455	32168	57202	79335	13688
南平市	Nanping	4792	5434	6680	17012	31963	33887	4115
龙岩市	Longyan	427	277	983	6002	15421	20403	2192
宁德市	Ningde	186	65	162	1434	3413	4702	1059
平潭综合实验区	Pingtan				251	1488	2127	604

注：2012年以前，福州数据含平潭。
Note:Before 2012,The data of Fuzhou include Pingtan.

14-23 各设区市入境游客人数

Number of Foreign Tourists by City

单位：人次 (Person-time)

地区	Area	2000	2005	2010	2015	2018	2019	2020
福州市	Fuzhou	300269	308883	698607	966198	1619542	1734022	556315
厦门市	Xiamen	494920	803144	1551864	2655924	3595810	3765050	931772
莆田市	Putian	103103	110665	184737	269872	468560	554651	101920
三明市	Sanming	3037	9776	29018	5274	95589	104261	13491
泉州市	Quanzhou	485788	535381	770457	1110946	1780388	1762125	351659
漳州市	Zhangzhou	49886	42089	247469	424399	703945	813381	213911
南平市	Nanping	162104	153595	173400	303955	464815	493592	60201
龙岩市	Longyan	8961	7969	22417	98168	194664	252569	39160
宁德市	Ningde	5281	2392	3384	25029	48164	55035	15186
平潭综合实验区	Pingtan				6836	40926	48070	13125

注：2012年以前，福州数据含平潭。
Note:Before 2012,The data of Fuzhou include Pingtan.

主要统计指标解释

社会消费品零售总额 指企业（单位、个体户）通过交易直接售给个人、社会集团非生产、非经营用的实物商品金额，以及提供餐饮服务所取得的收入金额。个人包括城乡居民和入境人员，社会集团包括机关、社会团体、部队、学校、企事业单位、居委会或村委会等。

商品购进额 指从本企业以外的单位和个人购进（包括从国外直接进口）作为转卖或加工后转卖的商品金额（含增值税）。商品购进包括：（1）从工农业生产者、批发和零售业、住宿和餐饮业、出版社或报社的出版发行部门和其他服务业等企事业单位和个体经营户购进的商品；（2）从机关、社会团体购进的商品；（3）从海关、市场管理部门购进的缉私和没收的商品；（4）从居民收购的废旧商品等。

商品销售额 指对本单位以外的单位和个人出售的商品金额（包括售给本单位消费用的商品，含增值税）。商品销售包括：（1）售给个人和社会集团消费用的商品；（2）售给农业、工业、建筑业、服务业等国民经济各行业用于生产、经营用的商品，包括售予批发和零售业作为转卖或加工后转卖的商品；（3）对国（境）外直接出口的商品。

期末商品库存额 对于批发和零售业法人单位和个体经营户，是指报告期末取得所有权的全部商品金额（含增值税）；对于批发和零售业产业活动单位，是指报告期末实际在库且归属法人具有所有权的全部商品金额（含增值税）。库存商品包括：（1）存放在本单位（如门市部、批发站、采购站、经营处）的仓库、货场、货柜和货架中的商品；（2）挑选、整理、包装中的商品；（3）已记入购进而尚未运到本单位的商品，即发货单或银行承兑凭证已到而货未到的商品；（4）寄放他处的商品，如因购货方拒绝付款而暂时存在购货方的商品；（5）委托其他单位代销（未作销售或调出）尚未售出的商品；（6）代其他单位购进尚未交付的商品。

亿元商品交易市场成交额 指年成交额在亿元及以上的商品交易市场。商品交易市场是指经有关部门和组织批准设立，有固定场所、设施，有经营管理部门和监管人员，若干市场经营者入内，常年或实际开业三个月以上，集中、公开、独立地进行生活消费品、生产资料等现货商品交易以及提供相关服务的交易场所，包括各类消费品市场、生产资料市场等。

连锁企业（或称连锁店、连锁公司） 指在核心企业或总店的领导下，由分散的、经营同类商品或服务的企业或活动单位，采取共同方针，实行集中采购和分散销售的有机结合，通过规范化经营，实现规模效益的经济联合组织形式。一般连锁店应由若干个分店组成。其经营特征：(1)经营同类商品；(2)使用统一商号；(3)统一采购配送，采购与销售相分离（部分商品可根据物流合理和保质保鲜原则，由供应商直接送货到门店，其余均由总部统一配送）。

连锁门店包括下列两种形式：

直营连锁：指正规连锁。连锁门店均由总部独资或控股开设，在总部的直接领导下统一经营。

加盟连锁：指特许连锁。各连锁门店（被特许人）通过合同形式，取得使用总部（特许人）商标、商号、经营技术和销售总部开发的商品的特许权，各加盟连锁门店为独立法人，在总部指导下统一经营。

入境国际旅游者人数 指来中国参观、访问、旅行、探亲、访友、休养、考察、参加会议和从事经济、科技、文化、教育、宗教等活动的外国人、华侨、港澳同胞和台湾同胞的人数。不包括外国在我国的常驻机构，如使领馆、通讯社、企业办事处的工作人员；来我国常住的外国专家、留学生以及在岸逗留不过夜人员。

国际旅游(外汇)收入 指入境旅游的外国人、华侨、港澳同胞和台湾同胞在中国大陆旅游过程中发生的一切旅游支出，对于国家来说就是国际旅游(外汇)收入。

Explanatory Notes on Main Statistical Indicators

Total Retail Sales of Consumer Goods refer to the sum of retail sales of commodities sold by wholesale and retail trades, hotel and catering services, and other industries to urban and rural households for household consumption and to social institutions for public consumption. Of which, the ratail sales to households refer to the amount of money of commodities of daily use sold to the urban and rural households. The ratail sales to social institutions refer to the amount of money of commodities sold to the government agencies, social organizations, military units, schools, institutions, neighbourhood (village) committees on public funds for the pupose of non-production and non-operation usage and public consumption. Total retail sale of consumer goods include the amount of money of commodities sold to the urban and rural households for daily consumption and the amount of money of construction materials for building and repairing houses, the amount of money of comsumer goods sold to foreigners, overseas Chinese and Chinese compatriots from Hong Kong, Macao and Taiwan, the amount of money of commodities sold to the social organizations for the purpose of non-production and non-operation usage and public consumption.

Total Purchases of Commodities refer to the total value of purchases of commodities by enterprises (establishments) from other establishments or individuals (including direct import from abroad) for the purpose of re-selling, either with or without further processing of the commodities purchased. The commodities include: (1) commodities purchased from agricultural and industrial producer, wholesaler, retailer, publishing hourse and other service business; (2) commodities purchased from institutions and government departments; (3) confiscated goods purchased from the custums authorities or market management agencies; (4) second-hand goods and wastes purchased from residents.

Total Sales of Commodities refer to value of commodities sold by the establishments to other establishments and individuals (including goods sold for self consumption, including the value-added tax). The commodities include: (1) commodities sold to urban and rural residents and social groups for their consumption; (2) commodities sold to establishments in all industries for their production and operation, including agriculture, industry, construction, transportation, post and telecommunications, catering services, and public utility including commodities sold to wholesale and retail establishments for re-selling, with or without further processing; and (3) commodities for direct export to abroad.

Total Stock of Commodities refers to total commodities possessed by wholesaler and retailer of various types of registration status at the end of the reference period, reflecting the commodity stock level of various wholesaler and retailer and the potential for market supply. It includes: (1) commodities located in storage, garages, counters, and shelves of operating places (such as sale stores, wholesale centres, and operating offices); (2) commodities in the process of being selected, sorted, and packed; (3) commodities not arrived but recorded as purchase in the account, i.e. commodities not arrived but payment receipts for the commodities from the sellers or the banks arrived; (4) commodities deposited in other places rather than places mentioned above, for instance: commodities in the hold of purchasers temporarily due to the refusal of payment and commodities not taken back after going through the formalities; (5) commodities entrusted to other units to sell but not sold yet; (6) commodities purchased for other units but not delivered yet. Commodities not included as stock are those not owned by the enterprises (units), commodities on commission for processing but not yet delivered, imported commodities of agency of foreign trade enterprise but not yet delivered to ordering units and finally those put in stock on behalf of the state material reserves units.

Volume of Transaction at Large Commodity Markets with Transaction Value over 100 Million Yuan refers to the commodity markets with an annual transaction of over 100 million. The commodity market refers to the markets approved and managed by related departments, where there are fixed sites, facilities, managers and administration offices, where there are a certain number of traders to operate for three month and above or all the year, where the commodities including the articles for daily comsuption and capital goods and services are traded in a centralized, independent and open way., Such market includes markets of daily goods and market of capital goods, etc.

Chain Enterprises(also called chain stores or chain corporations) refer to a form of joint economic entities under which scattered enterprises or establishments engaged in providing homogeneous commodities or services, with the central leadership of core enterprise or headquarters and guided by common policies, conduct centralized purchase and distributed selling of commodities, in order to gain better efficiency through standardized operation. Consisting of a number of branch stores, the chain stores have in general following features: 1) homogeneous commodities, 2) unique name of stores, 3) centralized purchase and delivery which is separated from distributed selling operation (most commodities are delivered from the headquarters except some items which, from logistics, quality or freshness considerations, might be delivered by the suppliers directly).

Chain stores have two categories:

a) Chain stores under direct management: These are formal chain stores invested or controlled by the headquarters. They operate under the direct and unified management from the headquarters.

b) Chain stores through license arrangement: Through contracts, chain stores (their owners) obtain licenses from the headquarters to use designated Trades marks, names, operation know-how, and to sell the commodity developed by the headquarters. Under this arrangement, each store in the chain is an independent legal entity and operates under the guidance from the headquarters.

Number of Tourists Visitor arrivals refer to the number of foreigners, Chinese compatriots from Hong Kong, Macao and Taiwan Chinese (mainland) who come to China (mainland) for sight-seeing, vacation, visiting relatives, medical treatment, shopping, attending conference, or to engage in economic, cultural, sports and religious activities. In compiling statistics, each time of entering China is counted as one person-time.

Foreign Exchange Earnings from International Tourism refer to the total expenditures of foreigners, overseas Chinese, Chinese compatriots from Hong Kong, Macao and Taiwan during their stay in the mainland of China, which are earnings of foreign exchange from international tourism from the point of view from China.

第十五篇　科学和教育

Chapter 15　Science and Education

资料整理：廖捷 陈昉

Database Editor:Liaojie Chenfang

简要说明

本篇资料的主要内容及来源

本篇反映全省科学技术活动和教育事业的发展情况。

科学技术部分主要包括了全省科技活动的规模、构成、布局和发展状况的资料，收录了全省有关部门年度的科技统计数据。反映科研机构、大中型工业企业和高等院校三大科技活动主体单位的机构数、人员数和经费收支等情况，根据省科技厅、省教育厅、省人力资源和社会保障厅、省统计局科技统计综合年报汇总。专利申请受理量和授权量由省知识产权局提供。

教育部分包括高等教育、中等教育、初等教育、幼儿教育和各种类型的各级成人教育等，主要指标有各级各类学校的校数、在校学生数、招生数、毕业生数、教职工数、教师数等。教育统计资料主要由省教育厅提供，技工学校的资料来源于省人力资源和社会保障厅。

本篇资料由省统计局社会和科技统计处整理提供。

Brief Introduction

Main Content and Source of Data

Data in this chapter show the basic conditions of the activities of science and technology and development of Fujian's education.

In addition, data on the technical training schools are provided by the Department of Labor and Social Security.Data on science and technology cover mainly the scale, composition, distribution and development of the scientific and technological activities, including the statistical data of the departments concerned under the provincial government on science and technology in the table on the basic conditions of the scientific and technological activities show in a summary way the number of institutions and personnel in scientific and technological institutions, large and medium-sized industrial enterprises and universities and colleges, the three main bodies engaged in the scientific and technological activities as well as their income and expenditure. Data are collected and tabulated in accordance with the annual reporting scheme on science and technology statistics of the Provincial Commission of Science, Provincial Commission of Education, Provincial Human Resource and Social Guarantee Bureau,Provincial Office of Science, Technology and Industry for National Defence and the provincial Statistical Bureau.Data on the number of patent applications examined and certified are provided by Fujian Patent Office.

Data on education cover the situations on higher education, secondary education, primary education, kindergartens and all kinds of adult education etc. The main indicators cover the number of schools of various levels and categories, students enrolled, new students enrolled, graduates, staff and workers and number of teachers etc. Data on education are mainly provided by the Provincial Commission of Education.

Data in this chapter are provided and compiled by the Division of Social, Science and Technology Statistics of Fujian Provincial Bureau of Statistics.

15-1 研究与试验发展（R&D）人员情况

Conditions of R&D Personnel

单位：人 (person)

年份 Year	合计 Total	科研机构 Science Research & Technical Development Institutions	高等院校 Higher Education Institutions	规模以上工业企业 Industrial Enterprises above Designated Size	大中型 Large-scale and Medium-scale Industrial Enterprises	其他 Others
2009	85745	3266	10144	59897	42766	12438
2010	101374	3358	12290	71222	54133	14504
2011	128614	3294	13198	94942	78297	17180
2012	158089	3587	14414	120671	95342	19417
2013	167041	4382	16633	130227	102040	15799
2014	185044	4791	18170	144021	112076	18062
2015	182811	4977	26035	134111	97605	17688
2016	201090	5405	28985	145083	104073	21617
2017	207608	5703	31827	145529	104536	24549
2018	243391	5781	35239	172832	118359	29539
2019	261612	8722	40561	180365	118887	34521

15-2 各单位技术买卖情况

Basic Statistics of Technology Trade by Unit

项目	Item	2010	2015	2019	2020
买卖项数（项）	Number(unit)	5137	4209	17572	21886
机关法人	Government Agencies	301	561	922	1199
事业法人	Institutions	613	631	3224	4748
社团法人	Mass Organizations	8	8	54	135
企业法人	Enterprises	4040	2912	13209	15513
自然人	Natural Person	72	25	79	87
其他组织	Other Corporation	103	72	84	204
买卖金额（万元）	Value(10000 yuan)	381217	538645	2918834	3677282
机关法人	Government Agencies	17918	57966	105872	129405
事业法人	Institutions	21319	20047	119752	159916
社团法人	Mass Organizations	121	412	1131	1183
企业法人	Enterprises	337572	450881	2673588	3354356
自然人	Natural Person	1922	733	4045	6256
其他组织	Other Corporation	2366	8607	14447	26167

15-3 研究与试验发展（R&D）活动指标

Indicators of Research and Development Activities

项目 Item	2000	2005	2010	2018	2019
R&D人员折合全时人员（人）R&D Personnel(person)	**22420**	**35815**	**76737**	**160922**	**171452**
基础研究 Fundamental Research	2033	1452	3435	6557	7666
应用研究 Applied Research	3635	7005	8090	16742	18242
试验发展 Experimental Development	16752	27358	65218	137623	145545
#科学研究与开发机构 Science Research & Technical Development Institutions	1635	1336	2756	5158	5464
高等院校 Higher Education Institutions	964	1332	5892	13251	16127
大中型工业企业 Large-scale and Medium-scale Industrial Enterprises		14621	44062	84144	83290
R&D经费内部支出(亿元) Intramural Expenditure for R&D(100 million yuan)	**21.19**	**53.73**	**170.90**	**642.79**	**753.75**
基础研究 Fundamental Research	0.66	1.17	4.19	24.88	36.13
应用研究 Applied Research	1.41	5.13	9.49	47.28	50.87
试验发展 Experimental Development	18.30	46.82	157.22	570.63	666.75
#科学研究与开发机构 Science Research & Technical Development Institutions	1.38	2.35	6.54	28.82	34.09
基础研究 Fundamental Research		0.56	1.99	11.30	15.05
应用研究 Applied Research		0.80	2.80	8.49	6.86
试验发展 Experimental Development		0.78	1.75	9.03	12.17
高等院校 Higher Education Institutions	1.31	2.31	6.94	43.67	56.29
基础研究 Fundamental Research		0.59	1.82	12.64	19.84
应用研究 Applied Research		1.11	4.31	26.28	32.75
试验发展 Experimental Development		0.57	0.82	4.76	3.70
大中型工业企业 Large-scale and Medium-scale Industrial Enterprises		34.89	116.12	382.17	410.54
基础研究 Fundamental Research				0.010	0.005
应用研究 Applied Research		1.34	0.43	5.48	4.15
试验发展 Experimental Development		33.36	115.68	376.68	406.38
R&D经费内部支出按支出来源分 Intramural Expenditure for R&D by Expenditure Source					
政府资金 Government Funds	3.09	5.32	17.61	68.52	83.78
企业资金 Enterprises Funds	15.79	47.14	148.45	556.70	654.75
国外资金 Abroad Funds	0.37	0.13	1.38	1.41	0.03
其他 Others	1.94	1.14	3.46	16.16	15.19
R&D经费内部支出占GDP比重（%）Proportion of Intramural R&D Expenditure to GDP(%)	**0.56**	**0.82**	**1.16**	**1.66**	**1.78**

15-4 规模以上工业企业研究与试验发展（R&D）活动情况（2020年）

Research and Development Activities of Industrial Enterprises above Designated Size(2020)

项目 Item	规模以上工业企业数（个） Number of Enterprises (unit)	有R&D活动 With R&D Activities	有研发机构 With R&D Institutions	R&D人员（人） R&D Personnel (person)	R&D人员折合全时当量（人年） Full-time Equivalent of R&D Personnel	R&D经费内部支出（万元） Intramural Expenditure for R&D (10000 yuan)	R&D经费外部支出（万元） External Expenditure for R&D (10000 yuan)
总计 Total	**18845**	**5979**	**1972**	**192160**	**140850**	**6669131**	**157656**
按企业规模分 Grouped by Size of Enterprises							
大型 Large	427	310	172	64198	46146	2648853	66320
中型 Medium	2292	1252	483	59071	45109	1865262	50180
小型 Small	14149	4329	1297	67838	48821	2075502	40713
微型企业 Micro	1977	88	20	1053	774	79514	443
按隶属关系分 Grouped by Subordination							
中央 Central	92	39	9	3857	2382	185368	11962
地方 Region	274	97	48	9317	7262	411982	18125
其他 Others	18479	5843	1915	178986	131206	6071781	127569
按登记注册类型分 Grouped by Status of Registration							
内资企业 Sole Funded	15711	4846	1546	136179	98496	4778812	118747
国有企业 State-owned Enterprises	32	5	2	414	348	19242	
集体企业 Collective-owned Enterprises	49	2	1	44	32	657	3
股份合作企业 Cooperative Enterprises	21	7	2	123	82	3939	
联营 Joint Ownership Enterprises	3	1		5	4	514	
国有联营企业 State Joint Ownership Enterprises	1	1		5	4	514	
集体联营企业 Collective-owned Joint Ownership Enterprises	1						
国有与集体联营企业 State and Collective-owned Joint Ownership Enterprises							
其他联营企业 Other Joint Ownership Enterprises	1						
有限责任公司 Limited-Liability Corporations	804	313	110	17850	12982	878324	36403
国有独资公司 State Sole Funded Corporations	93	22	6	2024	1173	34304	6698
其他责任有限公司 Other Limited-Liability Corporations	711	291	104	15826	11810	844019	29705
股份有限公司 Share Holding Corporations Ltd.	88	68	44	11753	7659	450190	19823
私营企业 Private Enterprises	14704	4449	1387	105976	77382	3425595	62518
私营独资企业 Private Sole Funded Enterprises	234	29	6	309	226	11149	1

15-4 续表1

Continued

项目 Item	规模以上工业企业数（个） Number of Enterprises (unit)	有R&D活动 With R&D Activities	有研发机构 With R&D Institutions	R&D人员（人） R&D Personnel (person)	R&D人员折合全时当量（人年） Full-time Equivalent of R&D Personnel	R&D经费内部支出（万元） Intramural Expenditure for R&D (10000 yuan)	R&D经费外部支出（万元） External Expenditure for R&D (10000 yuan)
私营合伙企业 Private Joint-venture Enterprises	62	6	1	57	47	1532	
私营有限责任公司 Private Limited-Liability Corporations	13986	4099	1246	84174	62742	2603432	38536
私营股份有限公司 Private Share Holding Corporations Ltd.	422	315	134	21436	14367	809482	23981
其他企业 Other Enterprises	10	1		14	7	351	
港澳台商投资企业 Funds from HongKong, Macao,TaiWan	1989	712	254	35096	26136	1172565	14279
合资经营企业（港或澳、台资） Joint-venture Enterprises	426	181	64	8483	6651	243670	1903
合作经营企业（港或澳、台资） Cooperative Enterprises	5	2	1	60	45	3864	1596
港、澳、台商独资经营企业 Enterprises with Sole Fund	1498	481	160	22221	15901	799660	7904
港、澳、台商投资股份有限公司 Share Holding Corporations Ltd.	58	47	28	4319	3529	125192	2877
其他港澳台商投资企业 Others	2	1	1	13	10	178	
外商投资企业 Foreign Funded Enterprises	1145	421	172	20885	16219	717755	24630
#中外合资 Joint Venture	278	128	43	5648	4746	205892	12292
中外合作 Cooperative Operation	10	5	1	330	114	13715	1407
外商独资 Venture Exclusively with Foreign Investment	839	276	124	14244	10824	471206	10795
外商投资股份有限公司 Share Holding Corporations Ltd.	17	12	4	663	534	26942	136
其他外商投资企业 Others	1						
按行业分 **Grouped by Sector**							
采矿业 Mining	320	40	11	650	477	18658	3257
煤炭开采和洗选业 Coal Mining and Dressing	50	5	5	83	40	511	15
黑色金属矿采选业 Ferrous Metals Mining and Dressing	61	11	2	239	189	4764	2796
有色金属矿采选业 Nonferrous Metals Mining and Dressing	40	7	3	160	134	7778	447
非金属矿采选业 Nonmetal Minerals Mining and Dressing	169	17	1	168	115	5604	
制造业 Manufacturing	18142	5890	1951	188653	138747	6554767	145141

15-4 续表2

Continued

项目 Item	规模以上工业企业数（个） Number of Enterprises (unit)	有R&D活动 With R&D Activities	有研发机构 With R&D Institutions	R&D人员（人） R&D Personnel (person)	R&D人员折合全时当量（人年） Full-time Equivalent of R&D Personnel	R&D经费内部支出（万元） Intramural Expenditure for R&D (10000 yuan)	R&D经费外部支出（万元） External Expenditure for R&D (10000 yuan)
农副食品加工业 Agricultural and Sideline Products Processing	1168	298	115	6364	4662	245369	3215
食品制造业 Food Manufacturing	632	247	100	4396	2987	140568	617
酒、饮料和精制茶制造业 Wine，Drink and Tea Manufacturing	573	120	30	2327	1701	71164	1027
烟草制品业 Tobacco Processing	7	5	2	269	157	7887	26
纺织业 Textile Industry	1074	304	96	8562	6584	271002	1670
纺织服装、服饰业 Textile Garments Products	1414	235	40	7124	5322	180064	305
皮革、毛皮、羽毛及其制品和制鞋业 Leather , Furs , Down and Relate Products	1317	339	102	13429	10211	296658	3424
木材加工和木、竹、藤、棕、草制品业 Timber Processing,Bamboo,Cane,Palm Fiber and Straw Products	823	211	38	2775	2020	82792	541
家具制造业 Furniture Manufacturing	396	109	36	2426	1835	55025	18
造纸和纸制品业 Papermaking and Paper Products	464	128	38	3667	2740	130007	880
印刷和记录媒介复制业 Printing and Record Medium Reproduction	277	67	21	1607	1270	44144	248
文教、工美、体育和娱乐用品制造业 Cultural , Educational and Sports Goods	993	228	69	5706	4055	129459	598
石油加工、炼焦和核燃料加工业 Petroleum Processing , Coking and Nuclear Fuel Processing	42	16	5	300	191	27607	1387
化学原料和化学制品制造业 Raw Chemical Materials and Chemical Products	775	318	125	7085	5286	321369	4520
医药制造业 Medical and Pharmaceutical Products	203	134	56	3299	2424	128009	36206
化学纤维制造业 Chemical Fiber	104	48	15	2938	2096	147967	43
橡胶和塑料制品业 Rubber and Plastic Products	939	333	110	8973	7268	249193	4148
非金属矿物制品业 Nonmetal Minerals Products	1863	474	119	11161	7985	349246	1740
黑色金属冶炼和压延加工业 Smelting and Pressing of Ferrous Metals	148	31	11	3879	2690	319834	3505
有色金属冶炼和压延加工业 Smelting and Pressing of Nonferrous Metals	148	59	25	3636	2648	235222	4398
金属制品业 Metal Products	972	295	96	6920	5097	205686	1594
通用设备制造业 General Equipment	700	298	98	8852	6534	250280	9733
专用设备制造业 Special Purpose Equipment	659	368	134	9161	6794	258361	5751

15-4 续表3

Continued

项目 Item	规模以上工业企业数（个） Number of Enterprises (unit)	有R&D活动 With R&D Activities	有研发机构 With R&D Institutions	R&D人员（人） R&D Personnel (person)	R&D人员折合全时当量（人年） Full-time Equivalent of R&D Personnel	R&D经费内部支出（万元） Intramural Expenditure for R&D (10000 yuan)	R&D经费外部支出（万元） External Expenditure for R&D (10000 yuan)
汽车制造业 Car Manufacturing	379	172	58	6592	5076	245275	3072
铁路、船舶、航空航天和其他运输设备制造业 Railway,Watercraft,Aviation and others transportation Manufacturing	156	47	26	1491	1209	33917	398
电气机械和器材制造业 Electric Equipment and Machinery	744	372	138	18400	12213	808661	10011
计算机、通信和其他电子设备制造业 Computer,Communication and other Electronic Equipment	695	455	189	32501	24454	1201425	40588
仪器仪表制造业 Instruments and Meters Machinery	209	116	38	3260	2224	81470	5056
其他制造业 Others Manufacturing	149	35	16	1029	705	23848	220
废弃资源综合利用业 Waste Resources and Materials Recovering	84	17	2	244	165	8912	100
金属制品、机械和设备修理业 Metals,Machinery and Equipment maintenance	35	11	3	280	145	4347	103
电力、热力、燃气及水生产和供应业 Production and Supply of Electric Power and Hot Power	383	49	10	2857	1626	95706	9258
电力、热力生产和供应业 Production and Supply of Electric Power and Hot Power	243	30	6	2418	1363	78488	9124
燃气生产和供应业 Production and Supply of Gas	56	7	3	301	171	12690	
水的生产和供应业 Production and Supply of Water	84	12	1	138	92	4528	134
按地市分类 **Grouped by City**							
福州市 Fuzhou	2662	965	275	38828	26878	1430241	28893
厦门市 Xiamen	2419	985	493	47503	37476	1275749	66920
莆田市 Putian	1113	291	160	9093	7335	402027	5023
三明市 Sanming	1786	403	88	7897	5456	308724	6291
泉州市 Quanzhou	5357	1604	379	41451	30389	1326720	9877
漳州市 Zhangzhou	2355	739	309	19048	14628	607301	14816
南平市 Nanping	957	399	84	8227	6062	221095	3817
龙岩市 Longyan	1151	495	140	11220	8106	578617	15640
宁德市 Ningde	1045	98	44	8893	4519	518656	6380

15-5 各类型专利申请和授权情况

Patent Applications and Granted by Category

单位：项 (unit)

年份 Year	专利申请数 Number of Patent Applicated Accepted	发明 Creation and Inventions	实用新型 Utility Models	外观设计 Designs	专利授权数 Number Of Patent Applicated Granted	发明 Creation and Inventions	实用新型 Utility Models	外观设计 Designs
1985	137	74	63		1	1		
1986	195	67	125	3	23		23	
1987	305	84	206	15	78	3	73	2
1988	420	90	320	10	132	13	114	5
1989	445	90	318	37	203	20	176	7
1990	540	95	374	71	276	25	239	12
1991	672	102	512	58	277	21	206	50
1992	928	171	661	96	352	17	295	40
1993	1271	199	729	343	850	36	697	117
1994	1510	202	725	583	733	22	455	256
1995	1979	200	816	963	933	17	439	477
1996	2626	224	971	1431	1196	15	468	713
1997	3018	226	1113	1679	1547	24	468	1055
1998	3393	201	1071	2121	2318	20	689	1609
1999	3381	240	1099	2042	2934	32	1089	1813
2000	4211	377	1516	2318	3003	93	1074	1836
2001	4971	361	1757	2853	3296	82	1107	2107
2002	6521	562	2233	3726	4001	63	1306	2632
2003	7236	797	2554	3885	5377	137	1658	3582
2004	7498	850	2524	4124	4758	160	1776	2822
2005	9460	1202	3182	5076	5147	242	1793	3112
2006	10351	1437	3445	5469	6412	310	2578	3524
2007	11341	2170	3878	5293	7761	336	3323	4102
2008	13181	2701	5141	5339	7937	530	3921	3486
2009	17559	3842	7844	5873	11282	824	4939	5519
2010	21994	5117	10846	6031	18063	1224	9664	7175
2011	32325	6896	16688	8741	21857	1945	12697	7215
2012	42773	8492	22081	12200	30497	2977	17708	9812
2013	53701	9884	25769	18048	37511	2941	22152	12418
2014	58075	12529	25410	20136	37857	3426	21013	13418
2015	83146	17663	44339	21144	61621	5730	34086	21805
2016	130376	27041	78176	25159	67142	7170	42110	17862
2017	128079	26460	76724	24895	68304	8718	39608	19978
2018	166610	37216	96225	33169	102622	9858	67822	24942
2019	153279	30083	87377	35819	98955	8963	61530	28462
2020	180399	35161	109187	36051	145929	10250	99956	35723

注：2017年起，国家知识产权局对专利统计数据口径进行调整。
Note:Since 2017,Intellectual Property Office adjusted the calibre of Data.

15-6 各单位专利申请授权情况

Patent Applications and Granted by Unit

单位：项　(unit)

项目 Item	合计 Total	个人 Individual	大专院校 Universities and College	科研单位 Research Institutions	企业 Enterprises	机关团体 Government Agencies and Organizations
申请专利数 Number of Patent Applicated Accepted						
1990	540	371	22	27	71	49
1991	672	493	30	20	75	54
1992	928	699	29	11	76	113
1993	1271	853	36	29	163	190
1994	1510	964	25	33	157	331
1995	1979	1246	16	27	512	178
1996	2626	1608	47	22	923	26
1997	3018	1748	27	30	1202	11
1998	3393	2069	32	39	1245	8
1999	3381	2257	14	31	1074	5
2000	4211	2839	58	34	1271	9
2001	4971	3511	49	38	1361	12
2002	6521	4849	84	85	1493	10
2003	7236	5312	165	69	1677	13
2004	7498	5713	182	56	1536	11
2005	9460	7276	259	105	1812	8
2006	10351	7500	360	95	2376	20
2007	11341	7437	486	141	3249	28
2008	13181	7553	639	295	4632	62
2009	17559	7960	732	257	8552	58
2010	21994	8267	1035	422	12129	141
2011	32325	10625	1470	590	19340	300
2012	42773	14959	1863	650	25093	208
2013	53701	20771	2474	775	29362	319
2014	58075	17335	3632	807	35881	420
2015	83146	30317	5085	1200	45861	683
2016	130376	53104	6890	1560	68042	780
2017	128079	39718	7980	1688	77694	999
2018	166610	50159	11139	1571	102443	1298
2019	153279	36365	12744	1482	101515	1173
2020	180399	38783	10336	1556	128206	1518

注：2017年起，国家知识产权局对专利统计数据口径进行调整。

Note:Since 2017,Intellectual Property Office adjusted the calibre of Data.

15-6 续表

Continued

单位：项 (unit)

项目 Item	合计 Total	个人 Individual	大专院校 Universities and College	科研单位 Research Institutions	企业 Enterprises	机关团体 Government Agencies and Organizations
授权专利数 Number Of Patent Applicated Granted						
1990	276	192	25	16	38	5
1991	277	168	19	15	39	36
1992	352	247	18	12	42	33
1993	850	589	29	14	93	125
1994	733	477	20	16	82	138
1995	933	534	19	10	154	216
1996	1196	638	13	9	395	141
1997	1547	776	21	10	722	18
1998	2318	1232	9	2	1071	4
1999	2934	1712	29	22	1158	13
2000	3003	1945	30	13	1006	9
2001	3296	2078	38	28	1144	8
2002	4001	2930	35	19	1006	11
2003	5377	3979	58	34	1298	8
2004	4758	3465	82	33	1170	8
2005	5147	3903	87	25	1125	7
2006	6412	4827	146	43	1391	5
2007	7761	5531	177	39	2001	13
2008	7937	5214	275	57	2382	9
2009	11282	6385	376	82	4402	37
2010	18063	7714	535	135	9587	92
2011	21857	7501	703	173	13334	146
2012	30497	10161	652	197	18703	784
2013	37511	13666	1207	408	22106	124
2014	37857	11176	1671	439	24381	190
2015	61621	21007	3256	689	36321	348
2016	67142	24738	3395	708	38026	275
2017	68304	19279	4055	733	43814	423
2018	102622	27014	5180	986	68917	525
2019	98955	21311	6627	911	69323	783
2020	145929	31287	7898	1058	104717	969

15-7 技术市场基本情况

Basic Statistics of Technical Market

项目 Item	合计 Total	技术开发 Technical Development	技术转让 Technical Transfer	技术咨询 Technical Advisory	技术服务 Technical Service
合同数（项） Number of Contract(unit)					
1990	8397	151	69	1029	7148
1991	3943	262	104	450	3127
1992	6140	354	270	782	4734
1993	4220	355	350	1172	2343
1994	5992	438	158	1010	4386
1995	4266	642	444	1051	2129
1996	6819	605	284	1310	4620
1997	6310	613	326	1812	3559
1998	5698	531	312	1094	3761
1999	6506	1041	404	1653	3408
2000	5597	731	393	1296	3177
2001	4589	688	346	567	2988
2002	4668	868	492	623	2685
2003	5496	1113	242	1149	2992
2004	5656	1191	204	1406	2855
2005	6510	1457	200	1503	3350
2006	5673	1585	122	1059	2907
2007	5047	1752	98	996	2201
2008	5196	1906	135	1173	1982
2009	4799	2265	231	781	1522
2010	5137	2811	290	639	1397
2011	4839	2954	272	575	1038
2012	5390	3654	216	926	594
2013	5361	3463	218	1135	545
2014	3797	2591	235	692	279
2015	4209	3064	314	327	504
2016	5220	3090	345	356	1429
2017	6008	3717	326	260	1705
2018	7753	4372	320	183	2878
2019	8786	4553	360	188	3685
2020	10943	4904	422	575	5042

15-7 续表

Continued

项目 Item	合计 Total	技术开发 Technical Development	技术转让 Technical Transfer	技术咨询 Technical Advisory	技术服务 Technical Service
合同金额（万元） Amount of Contracts(10000 yuan)					
1991	6485	2942	848	407	2288
1992	13545	2935	2472	1124	7014
1993	18758	4058	4437	3113	7150
1994	25118	7629	1938	2783	12768
1995	30550	8960	6404	3914	11272
1996	46206	12635	7766	4477	21328
1997	57459	12924	9836	9066	25633
1998	69363	17323	9228	6063	36749
1999	80868	28268	6888	12477	33235
2000	172601	25411	75045	6701	65444
2001	136941	26488	62482	7752	40219
2002	128988	53778	41271	7399	26540
2003	166778	65108	47015	13001	41654
2004	141395	46021	59653	8989	26732
2005	171959	51837	79761	12574	27787
2006	144122	64191	46261	11288	22382
2007	168662	68989	72069	9696	17908
2008	191223	95052	35414	12954	47803
2009	262349	132945	64562	9691	55151
2010	381217	194219	84986	8519	93494
2011	534130	247146	194359	9176	83450
2012	735768	305585	328475	9120	92588
2013	539868	290407	145476	12237	91747
2014	508271	240243	239584	8142	20301
2015	538645	332784	169587	2792	33382
2016	1057125	731769	201710	4075	119570
2017	1032793	460102	402225	2676	167790
2018	1109488	598017	322392	4681	184399
2019	1459417	600920	191035	3365	664097
2020	1838641	682030	436262	7757	712592

15-8 技术市场合同数与合同金额情况（2020年）

Basic Statistics of Technical Market Contract and Contract Amount(2020)

项目 Item	合同数（项） Number of Contracts(unit)	合同金额（万元） Amount of Contracts (10000 yuan)
合　计 Total	**10943**	**1838641**
按合同类别分 By Kind of Contract		
技术开发合同 Contract of Technical Development	4904	682030
技术转让合同 Contract of Technical Transfer	422	436262
技术咨询合同 Contract of Technical Advisory	575	7757
技术服务合同 Contract of Technical Service	5042	712592
按服务目标分 By Service Aim		
农、林、牧、渔业发展 Development of Farming, Forestry Animal Husbandry and Fishery	1261	19345
工商业发展 Development of Industry	831	477613
能源生产、分配和合理利用 Production, Distribution and Use for Energy	297	20453
基础设施以及城市和农村规划 Infrastructure and Planning of Urban and Rural	257	21618
环境保护、生态建设及污染防治 Environmental Protection	393	21881
卫生事业发展 Health	325	105160
教育事业发展 Education	187	7962
社会发展和社会经济发展 Development of Social and Social Economy	5091	637720
非定向研究 Nondirectional Research	51	1620
民用空间探测及开发 Civil Space	48	1055
地球和大气层的探索与利用 Probe and Utilize of Earth and atmasphere	47	4133
国防 National defense	37	10318
其他民用目标 Others	2118	509763
按技术流向分 By the Flaw of Technology		
本省 Native Province	11886	5137208
省外 Outside the Province	10753	1635367

15-9 地方国有企事业单位专业技术人员数

Number of Professional and Technical Personnel in local State-owned Enterprises and Institutions

单位：人 (person)

年份 Year	合计 Total	#工程技术人员 Engineering	#农业技术人员 Agriculture	#卫生技术人员 Health Care	#科学研究人员 Scientific Research	#教学人员 Teaching
1978	84117	30363	9290	24326	2789	17349
1979	89501	33507	10019	23181	3281	19513
1980	154241	39546	8292	25713	3186	49666
1981	168096	43823	9501	27664	3000	55607
1982	185383	51431	10602	30376	3232	59759
1983	291400	57852	13158	32492	2553	153274
1984	291913	52345	13670	32085	3663	158318
1985	308855	57986	15642	32697	3719	159859
1986	326646	65826	15351	35670	2711	169990
1987	363237	76424	15746	37189	2969	185971
1988	429162	78854	15800	40134	3005	201603
1989	470772	82248	16316	41377	3369	225623
1990	500783	88457	16211	44560	3571	240899
1991	478923	81500	13244	46346	2737	247627
1992	487634	83165	13290	45895	2695	255783
1993	484192	82631	12852	44972	2733	262393
1994	499806	84673	12854	46851	2519	269232
1995	509638	86132	12868	46421	3073	282294
1996	534016	87619	13500	50092	3179	300406
1997	555600	88338	14425	52211	3397	315846
1998	577184	88184	14517	54153	3652	337086
1999	590289	89012	14462	55498	3758	349978
2000	592765	86683	14495	56703	3798	354760
2001	587761	81635	14498	57343	4218	357930
2002	582288	74776	13844	58521	4128	361832
2003	574834	68822	13859	60623	4132	363626
2004	575058	65732	14218	61973	4232	363405
2005	581281	66294	14212	62967	4165	368136
2006	579696	65723	15425	64213	4411	363814
2007	586516	67607	13540	65439	4568	368380
2008	610062	67969	13023	85944	5836	370156
2009	611313	69135	13247	85901	6458	368590
2010	599406	66621	11781	90431	5070	361339
2011	626371	74246	11848	95128	6034	372207
2012	656091	71218	12617	97324	7144	367184
2013	672667	74872	13001	103566	8485	367894
2014	688199	76157	12962	106517	8771	372909
2015	677624	80289	13247	113119	9058	375467
2016	694074	86827	11973	114527	8798	380590
2017	702224	89515	12950	116238	8565	380596
2018	721428	95893	12841	116666	7519	363947
2019	729248	86129	12486	121358	7674	380581
2020	761770	107419	12330	123965	4342	388022

15-10 地方国有企事业单位各行业技术人员数

Number of Specialized Technical Personnel in local state-owned Enterprises and Institutions by Sector

单位：人 (person)

行业 Sector	2005	2010	2015	2019	2020
合　计 Total	**581281**	**599406**	**677624**	**729248**	**761770**
按行业分 By Sectors					
农、林、牧、渔业 Farming, Forestry, Animal Husbandy and Fishery	25496	22813	22558	21712	21394
采矿业 Mining and Quarrying	3233	3635	3240	2336	3053
制造业 Manufacturing	16425	13744	12627	16575	29255
电力、燃气及水的生产和供应业 Production and Supply of Electricity Gas and Water	4987	4175	5267	7042	7251
建筑业 Construction	10719	8766	12809	18962	19881
交通运输、仓储和邮政业 Transport, Storage and Post Services	12918	12670	18627	19445	20746
信息传输、软件和信息技术服务业 Information Transmission, Software and Information Technology Services	1772	5261	7926	13359	12530
批发和零售业 Wholesale and Retail Trade	6301	5253	4804	4831	4911
住宿和餐饮业 Lodgings and Catering Services	829	703	765	616	1004
金融业 Finance	3690	6641	23748	27199	27859
房地产业 Real Estate	4100	3783	5963	7412	8345
租赁和商务服务业 Rent and Business Services	1936	2052	2955	4027	4518
科学研究、技术服务和地质勘查业 Scientific Reseach, Ploytechnic Services and Geological Prospecting	11919	11925	14618	15093	16988
水利、环境和公共设施管理业 Water Conservancy, Environment and Public Facilities Management	8304	7971	9983	11347	12302
居民服务和其他服务业 Resident Services and Others	3220	3674	3962	15840	14247
教育 Education	374351	370279	389241	385199	392377
卫生、社会保障和社会福利业 Health Care, Social Ensure and Walfare	63307	94348	133027	122375	124449
文化、体育和娱乐业 Culture, Sports and Entertainment	17116	14193	16601	16425	18287
公共管理和社会组织 Public Management and Social Organizations	10658	7520	15229	19453	22373
按三次产业分 By Three Strata of Industry					
第一产业 Primary Industry	25496	22813	22558	21712	21394
第二产业 Secondary Industry	35364	30320	33943	44915	59440
第三产业 Tertiary Industry	520421	546273	647449	662621	680936

15-11 专任教师数和在校学生数

Number of Full-time Teachers and Students

年份 Year	专任教师数（人） Full-time Teachers(person)				在校学生数（万人） Student Enrollment(10000 persons)				每万常住人口拥有大学在校学生数（人） University & College Student Enrollment per 10000 Population (person)
	普通高等学校 Regular Institutions Of Higher Educations	普通中等学校 Regular Institutions Of Secondary Educations	#普通中学 Regular Secondary Schools	普通小学 Primary Schools	普通高等学校 Regular Institutions Of Higher Educations	普通中等学校 Regular Institutions Of Secondary Educations	#普通中学 Regular Secondary Schools	普通小学 Primary Schools	
1952	611	5242	4159	31937	0.47	11.55	9.64	102.59	3.9
1957	1811	7929	6727	42442	0.75	18.69	16.78	137.61	5.4
1962	3484	14609	12328	61998	1.91	23.81	21.74	157.81	17.1
1965	3033	19170	14294	127368	1.52	35.34	27.54	290.11	17.5
1970	1783	18684	18683	85294	0.07	38.68	38.67	238.19	0.4
1975	3142	35782	34680	140353	1.03	80.49	79.34	398.32	6.9
1980	6106	61128	57124	141812	3.86	114.73	109.41	376.42	22.7
1985	8137	64848	55465	138673	4.41	121.39	109.92	372.40	27.8
1990	8926	84535	69000	148789	5.56	120.69	104.85	337.08	28.6
1995	8354	109879	90400	166191	7.17	185.82	155.25	379.96	38.7
1996	8373	117657	98558	170791	7.34	212.91	181.85	392.01	40.8
1997	8646	124842	105279	176591	7.81	240.46	207.36	404.91	42.9
1998	8279	131910	111986	180587	8.52	253.42	220.05	401.97	45.7
1999	8853	138044	117312	183601	10.26	264.11	228.14	386.85	50.4
2000	9779	140769	120667	183547	13.14	269.46	233.50	369.10	61.0
2001	10716	145152	125866	181816	16.74	275.04	238.30	354.62	74.7
2002	12701	149963	131263	181457	19.73	279.19	240.76	339.18	88.0
2003	16663	155858	135778	177248	25.74	291.62	247.19	311.98	110.8
2004	20980	159838	139549	170962	32.57	299.84	252.10	286.94	123.5
2005	24919	164888	144310	166465	40.70	302.74	250.17	273.27	148.8
2006	28724	169568	148055	163350	46.13	300.26	243.07	269.22	172.9
2007	31444	172288	150636	160911	50.95	291.76	233.71	258.29	186.6
2008	33637	172904	151271	160347	56.26	284.82	226.18	247.15	201.6
2009	35841	173887	151785	156779	60.63	276.25	213.43	239.76	203.9
2010	37733	172901	151469	156601	64.78	260.22	198.21	238.89	214.4
2011	39747	171636	150170	155337	67.48	260.61	186.68	246.09	220.2
2012	41119	170041	148687	153941	70.14	255.09	181.09	252.73	230.0
2013	42905	169245	148564	154490	73.05	235.84	176.47	259.84	241.8
2014	43902	169151	148856	158698	74.85	224.53	175.48	274.63	251.3
2015	44791	168453	148428	162496	75.85	221.09	175.97	288.31	250.8
2016	44751	168992	149213	165910	75.64	222.91	178.95	298.67	243.8
2017	45398	170370	150600	168857	75.10	226.83	185.28	307.09	232.8
2018	46555	173068	152990	172012	77.24	233.77	192.10	321.39	233.8
2019	49120	177006	156590	177930	86.12	242.69	200.38	334.40	256.7
2020	52000	181505	160680	182620	94.72	257.68	211.66	343.61	255.0

15-12 各级各类民办教育基本情况（2020年）

Basic Statistics on Private Schools by Level and Type of Schools(2020)

单位：人 (person)

项目	Item	学校数（所） Number of Schools(unit)	毕业生数 Number of Graduates	招生数 New Enrollment	在校学生数 Total Enrollment	教职工数 Teachers and Staff	#专任教师数 Full-time Teachers
民办高等教育	**Private Higher Education**	**36**	**63501**	**100087**	**296408**	**19772**	**14315**
民办高校	Private Institutions of Higher Education	31	47038	82532	230949	14802	10489
本科	Undergraduate Courses	11	22952	33712	107345	8211	5747
专科	Specialized Courses	20	24086	48820	123604	6591	4742
独立学院	Non-university Tertiary	5	16463	17555	65459	4970	3826
本科	Undergraduate Courses	5	16463	17555	65459	4970	3826
高中阶段教育	**Senior Secondary Education**	**102**	**31477**	**46021**	**116635**	**22794**	**7276**
高中	Private Regular Senior Secondary Schools	83	21518	32729	86047	21680	6444
中等职业学校	Private Vocational Secondary Education	19	9959	13292	30588	1114	832
初中阶段教育	**Junior Secondary Education**	**80**	**52274**	**62321**	**178164**	**8894**	**11462**
初中	Private Regular Junior Secondary Schools	80	52274	62321	178164	8894	11462
民办普通小学	**Private Regular Primary Schools**	**89**	**23913**	**22731**	**135307**	**4908**	**3730**
民办幼儿园	**Private Kindergartens**	**5802**	**309998**	**290821**	**772407**	**109710**	**56955**

15-13 各类学校数

Number of Schools by Field of Study

单位：所 (unit)

年份 Year	普通高等学校 Regular Institutions Of Higher Educations	成人高等学校 Adult Institions of Higher Educations	中等职业教育 Secondary Vocational Education	普通中学 Regular Secondary Schools	#高中 Senior Secondary Schools	技工学校 Technical Schools	小学 Primary Schools	幼儿园 Kinder gartens
1952	5		51	178	67		9081	320
1957	4		41	213	101		12850	1144
1962	18	19	52	408	150		15550	1373
1965	10	2	67	429	152	4	34583	1916
1970	3		1	1301	199		25743	
1975	7	43	36	1089	767	1	33946	1902
1980	16	25	82	1148	821	28	28170	3608
1985	36	18	94	1180	451	35	26607	5210
1990	36	20	103	1362	415	43	19472	7958
1995	30	20	109	1771	404	54	15765	12748
1996	30	20	110	1834	397	85	15603	13315
1997	30	20	111	1880	409	135	15535	13033
1998	30	20	112	1902	427	138	14824	12612
1999	30	20	118	1893	440	110	14355	12522
2000	28	18	118	1921	477	119	13935	11885
2001	32	17	109	1988	523	101	13664	7398
2002	33	16	106	1998	559	93	12924	7329
2003	49	15	355	2006	592	93	12406	7064
2004	53	13	389	2022	614	98	11614	7200
2005	66	9	391	2030	627	93	10560	7541
2006	67	10	403	2020	636	95	9867	7550
2007	74	8	364	1984	616	96	9388	7567
2008	83	7	350	1963	610	91	8566	7508
2009	86	7	312	1936	606	94	7849	7137
2010	84	4	298	1903	575	95	6974	6179
2011	85	4	262	1830	559	71	5947	6813
2012	86	4	251	1783	543	71	5414	7183
2013	87	3	230	1782	544	69	5228	7419
2014	88	3	226	1781	542	66	5167	7591
2015	88	3	217	1780	540	62	5141	7748
2016	88	3	207	1778	533	62	5188	7791
2017	89	3	184	1774	534	62	5190	8041
2018	89	3	180	1784	538	62	5189	8161
2019	90	3	180	1793	544	62	5160	8664
2020	89	3	166	1812	550	62	5129	8756

15-14 各类学校专任教师数

Number of Full-time Teachers by Type of School

单位：人 (person)

年份 Year	普通高等学校 Regular Institutions Of Higher Educations	中等职业教育 Secondary Vocational Education	普通中学 Regular Secondary Schools	#高中 Senior Secondary Schools	技工学校 Technical Schools	小学 Primary Schools	幼儿园 Kinder gartens
1952	611	1083	4159	892		31937	641
1957	1811	1202	6727	1790		42442	2127
1962	3484	2030	12328	3039		61998	3200
1965	3033	1729	14294	3201	111	127368	4300
1970	1783		18683			85294	
1975	3142	1081	34680	9607		140353	3789
1980	6106	3017	57124	12555	800	141812	14026
1985	8137	4721	55465	13025	1300	138673	18586
1990	8926	5969	69000	13641	2100	148789	26907
1995	8354	6703	90400	13306	2300	166191	40640
1996	8373	6739	98558	13727	2100	170791	41409
1997	8646	6927	105279	14632	2100	176591	42446
1998	8279	7149	111986	16394	2100	180587	41771
1999	8853	7162	117312	19295	2800	183601	40033
2000	9779	6920	120667	23170	2463	183547	39409
2001	10716	6798	125866	27411	2506	181816	26647
2002	12701	6100	131263	31514	2521	181457	25790
2003	16663	17357	135778	35853	2716	177248	27238
2004	20980	17266	139549	40132	2982	170962	28846
2005	24919	17457	144310	45328	3144	166465	31228
2006	28724	18216	148055	49593	3268	163350	31845
2007	31444	18197	150636	52169	3404	160911	33381
2008	33637	18229	151271	52531	3812	160347	33774
2009	35841	18290	151785	52339	3879	156779	36750
2010	37733	18000	151469	52100	3439	156601	38900
2011	39747	17781	150170	52375	3685	155337	53216
2012	41119	17710	148687	52049	3644	153941	59163
2013	42905	17187	148403	51578	3655	154474	65226
2014	43902	17102	148856	50923	3193	158698	70405
2015	44791	17103	148428	50463	2922	162496	74840
2016	44751	16732	149213	50424	3047	165910	79381
2017	45398	16479	150600	50720	3291	168857	85310
2018	46555	16485	152990	51144	3593	172012	90917
2019	49120	16780	156590	51950	3640	177930	97910
2020	52001	17000	160680	52750	3820	182617	99453

15-15 各类学校在校学生数

Number of Students Enrollment by Type of School

单位：万人 (10000 persons)

年份 Year	普通高等学校 Regular Institutions Of Higher Educations	成人高等学校 Adult Institions of Higher Educations	中等职业教育 Secondary Vocational Education	普通中学 Regular Secondary Schools	#高中 Senior Secondary Schools	技工学校 Technical Schools	小学 Primary Schools	幼儿园 Kinder Gartens
1952	0.47		1.91	9.64	1.46		102.59	2.26
1957	0.75		1.91	16.78	3.88		137.61	7.11
1962	1.91	0.82	1.56	21.74	4.79		157.81	9.94
1965	1.52	1.46	2.00	27.54	5.18	0.14	290.11	12.52
1970	0.07		0.01	38.67	2.23		238.19	12.47
1975	1.03	0.52	1.10	79.34	20.76	0.05	398.32	12.38
1980	3.86	1.78	3.84	109.41	20.58	1.27	376.42	41.88
1985	4.41	2.94	4.34	109.92	19.90	1.61	372.40	52.03
1990	5.56	2.58	5.89	104.85	15.47	2.83	337.08	74.32
1995	7.17	4.71	9.68	155.25	16.52	4.55	379.96	103.24
1996	7.34	5.32	10.59	181.85	18.16	4.43	392.01	102.63
1997	7.81	5.70	11.27	207.36	21.38	4.73	404.91	92.11
1998	8.52	5.96	11.83	220.05	25.37	4.69	401.97	83.78
1999	10.26	5.79	12.89	228.14	30.78	5.02	386.85	81.91
2000	13.14	6.37	12.90	233.50	37.24	4.57	369.10	78.64
2001	16.74	7.17	13.40	238.30	44.04	4.88	354.62	73.40
2002	19.73	8.59	13.09	240.76	50.78	5.59	339.18	66.71
2003	25.74	9.86	37.76	247.19	57.52	6.64	311.98	69.58
2004	32.57	6.96	40.08	252.10	65.98	7.66	286.94	74.82
2005	40.70	7.45	44.77	250.17	73.25	7.87	273.27	82.67
2006	46.13	10.12	48.67	243.07	78.04	8.52	269.22	87.11
2007	50.95	10.11	49.43	233.71	77.68	8.62	258.29	91.93
2008	56.26	10.39	49.83	226.18	74.88	8.94	247.15	99.27
2009	60.63	9.95	54.00	213.43	71.91	8.29	239.76	107.72
2010	64.78	9.90	53.60	198.21	70.64	8.40	238.89	116.63
2011	67.48	10.37	57.31	186.68	70.95	8.72	246.09	131.92
2012	70.14	11.86	58.30	181.09	69.05	6.95	252.73	139.98
2013	73.05	14.39	52.51	176.47	65.65	5.68	259.84	143.29
2014	74.85	16.08	43.76	175.48	62.91	5.29	274.63	145.63
2015	75.85	15.47	39.67	175.97	62.63	5.45	288.31	151.26
2016	75.64	13.67	38.05	178.95	63.47	5.90	298.67	156.61
2017	75.10	10.34	34.55	185.28	63.71	7.00	307.09	165.49
2018	77.24	8.91	33.58	192.10	63.39	8.08	321.39	168.41
2019	86.12	9.18	33.48	200.38	63.93	8.83	334.40	169.59
2020	94.72	12.21	35.81	211.66	66.41	10.21	343.61	169.90

15-16 各类学校招生数

New Students Enrollment by Type of School

单位：万人　　(10000 persons)

年份 Year	普通高等学校 Regular Institutions Of Higher Educations	成人高等学校 Adult Institions of Higher Educations	中等职业教育 Secondary Vocational Education	普通中学 Regular Secondary Schools	#高中 Senior Secondary Schools	技工学校 Technical Schools	小学 Primary Schools	幼儿园 Kinder gartens
1952	0.19		1.11	5.36	0.85		30.77	
1957	0.19		0.34	5.65	1.26		28.32	
1962	0.27		0.06	8.39	1.63		34.24	
1965	0.34		0.91	10.53	1.83	0.04	85.86	
1970	0.08		0.01	20.05	1.65		63.74	
1975	0.38		0.56	48.49	11.08	0.04	81.97	
1980	0.78		1.55	29.86	0.01	0.79	72.59	
1985	1.79		1.73	40.81	7.18	0.91	63.22	39.68
1990	1.72	0.77	1.91	40.17	5.69	1.16	56.74	50.12
1995	2.36	1.91	3.37	63.42	6.16	1.90	68.49	63.53
1996	2.47	1.97	3.57	69.85	7.05	1.84	71.45	61.89
1997	2.67	1.97	3.73	75.15	8.65	2.19	74.77	55.21
1998	2.91	2.04	3.93	77.16	10.18	1.95	63.50	49.71
1999	3.87	2.34	4.30	79.93	12.54	1.97	52.86	46.37
2000	5.06	2.56	3.48	81.81	15.18	2.12	49.34	43.67
2001	5.95	3.24	3.28	82.52	17.14	2.19	50.62	42.22
2002	6.89	3.54	4.23	82.49	19.35	2.60	47.52	36.86
2003	10.67	3.90	14.51	87.48	21.84	3.19	40.23	37.46
2004	11.99	3.73	15.46	87.10	25.57	3.36	36.49	40.09
2005	14.67	3.57	17.59	81.01	27.21	3.46	35.88	40.45
2006	15.17	3.62	19.45	79.78	27.41	3.60	41.24	42.36
2007	16.74	3.62	19.14	78.69	25.93	3.55	41.93	42.81
2008	18.91	3.55	18.94	73.84	24.25	3.58	39.91	44.78
2009	19.37	3.27	23.40	66.46	23.85	3.22	40.40	47.32
2010	20.25	3.60	20.15	62.62	24.31	3.30	42.60	52.91
2011	20.84	3.87	25.17	60.40	24.06	3.46	44.79	59.47
2012	21.35	4.71	24.08	60.05	21.87	2.79	46.75	60.94
2013	22.61	5.70	15.50	59.54	20.94	2.58	49.57	59.48
2014	21.91	6.07	14.09	58.04	20.86	2.13	52.95	59.86
2015	21.79	5.00	14.08	59.77	21.57	2.41	53.63	64.03
2016	21.16	3.37	13.70	62.60	21.71	3.22	53.08	62.48
2017	21.38	2.48	11.65	64.16	20.89	3.34	53.40	63.82
2018	23.86	3.56	12.29	66.25	21.08	3.78	60.84	65.78
2019	30.21	3.47	13.01	70.51	22.19	4.06	62.17	63.43
2020	30.25	5.57	13.27	75.01	23.29	4.81	61.70	67.39

15-17 各类学校毕业生数

Number of Graduates by Type of School

单位：万人 (10000 persons)

年份 Year	普通高等学校 Regular Institutions of Higher Educations	成人高等学校 Adult Institions of Higher Educations	中等职业教育 Secondary Vocational Education	普通中学 Regular Secondary Schools	#高中 Senior Secondary Schools	技工学校 Technical Schools	小学 Primary Schools
1952	0.09		0.20	1.75	0.33		3.90
1957	0.08		0.37	3.85	0.97		9.05
1962	0.46		0.94	5.29	1.48		11.89
1965	0.43		0.38	5.38	1.24	0.01	15.34
1970	0.47			1.48	0.28		46.66
1975	0.21		0.34	22.20	7.75		44.03
1978	0.35		0.19	46.16	12.54		47.62
1979	0.08		0.61	51.52	17.90	0.05	43.29
1980	0.90		1.49	14.33	13.63	0.30	44.37
1981	1.56		1.64	40.40	16.30	0.47	47.29
1982	1.16		1.60	25.06	3.54	0.78	48.07
1983	0.73		1.35	27.15	7.84	0.72	50.82
1984	0.76		1.06	23.41	4.55	0.48	51.97
1985	0.79		1.01	24.65	4.48	0.60	55.43
1986	0.94		1.34	27.95	5.45	0.68	58.66
1987	1.44		1.77	28.70	6.47	0.81	59.11
1988	1.68		1.74	30.01	6.51	0.75	51.60
1989	1.73		1.69	28.59	6.22	0.80	49.52
1990	1.79	0.54	1.64	27.11	5.45	1.05	53.33
1991	1.80	0.87	1.93	25.16	4.57	1.11	51.52
1992	1.73	0.65	1.83	28.21	4.78	0.98	51.53
1993	1.65	0.65	1.89	32.90	5.37	1.07	51.05
1994	1.69	0.53	1.87	34.43	5.68	1.12	56.06
1995	2.04	0.85	2.25	38.43	5.57	1.49	62.56
1996	2.23	1.07	2.61	40.51	4.94	1.73	64.67
1997	2.14		3.02	47.25	4.95	1.70	67.57
1998	2.15		3.29	58.75	5.60	1.64	68.63
1999	2.07	1.67	3.21	64.24	6.40	1.55	69.59
2000	2.19	1.67	3.31	69.04	7.84	1.59	68.64
2001	2.84	1.58	2.60	69.65	9.37	1.41	67.44
2002	3.68	1.80	3.78	71.72	11.58	1.51	64.77
2003	4.78	2.33	11.12	73.33	13.95	1.68	66.97
2004	5.28	2.76	11.03	75.03	15.92	1.86	62.58
2005	6.48	2.83	11.00	75.94	18.26	2.56	54.71
2006	9.50	1.01	12.49	80.41	20.18	2.75	52.61
2007	11.41	3.24	12.37	79.88	23.40	2.51	53.51
2008	13.04	3.07	13.65	73.75	24.22	2.55	50.50
2009	14.28	3.11	14.97	72.69	24.90	2.62	43.90
2010	15.34	3.47	15.53	71.88	24.03	2.63	39.60
2011	17.37	3.23	16.20	68.98	22.63	2.38	37.20
2012	17.85	2.93	17.59	63.03	22.56	1.91	39.13
2013	18.72	3.45	15.08	60.32	23.18	3.13	39.85
2014	19.01	4.12	15.21	57.03	22.72	1.76	37.89
2015	19.47	4.30	13.84	57.13	20.81	1.69	38.84
2016	19.95	4.38	13.17	57.21	19.70	1.75	41.56
2017	20.44	5.29	11.78	55.74	19.65	1.62	43.83
2018	20.43	4.54	10.78	57.75	20.61	1.92	45.70
2019	20.02	3.00	11.04	60.96	21.02	2.24	48.79
2020	20.77	2.47	9.86	62.29	19.59	2.64	52.10

15-18 平均每一专任教师负担学生数

Student-Teacher Ratio

单位：人 (person)

年份 Year	普通高等学校 Regular Institutions of Higher Education	成人高等学校 Adult Institions of Higher Educations	中等职业教育 Specialized Vocational Education	普通中学 Regular Secondary Schools	#高中 Senior Secondary Schools	技工学校 Technical Schools	小学 Primary Schools	幼儿园 Kinder Gartens
1952	7.76		17.62	23.19	16.42		32.12	35.29
1957	4.17		15.91	24.94	21.70		32.42	33.42
1962	5.49		7.67	17.64	15.77		25.45	31.32
1965	5.01		11.56	19.27	16.20	12.79	22.78	29.23
1970	0.41		89.00	20.70			27.93	
1975	3.29		10.22	22.88	21.61	23.81	28.38	32.67
1978	4.97		12.02	21.99	21.91	17.17	26.86	34.15
1980	6.31		11.70	19.15	16.39	15.27	26.54	29.86
1985	5.42		9.19	19.82	15.28	12.58	26.85	27.99
1990	6.23	29.21	9.86	14.83	11.34	13.67	22.65	27.62
1995	8.58	29.21	14.45	17.04	12.42	19.60	22.86	25.40
1996	8.77	38.76	15.71	18.45	13.23	20.64	23.00	24.80
1997	9.03	42.01	16.26	19.70	14.61	22.83	22.90	21.70
1998	10.28	45.97	16.55	19.65	15.47	17.30	22.26	20.06
1999	11.53	48.03	18.00	19.45	15.95	18.07	21.07	20.48
2000	13.40	44.98	18.70	19.35	16.05	16.32	20.11	19.96
2001	15.62	48.16	19.72	18.93	16.07	19.52	19.50	27.55
2002	15.78	47.80	21.44	18.34	16.12	22.16	18.69	25.86
2003	15.88	50.53	21.70	18.20	16.02	24.46	17.61	25.58
2004	15.36	46.95	22.68	18.07	16.44	25.69	16.78	25.98
2005	16.35	34.80	25.58	17.34	16.17	25.03	16.41	26.50
2006	16.07	35.94	26.74	16.41	15.73	26.07	16.48	27.39
2007	16.23	59.35	27.16	15.52	14.88	24.95	16.05	27.52
2008	16.74	103.90	27.38	14.95	14.26	23.45	15.42	29.37
2009	17.92	90.45	29.53	14.06	13.74	21.38	15.29	29.31
2010	17.18	162.89	29.77	13.08	13.56	24.44	15.25	29.98
2011	17.00	165.00	32.20	12.43	13.54	17.82	15.85	24.80
2012	17.07	197.00	32.84	12.18	13.28	14.37	16.42	23.65
2013	17.03	310.00	30.55	11.08	12.73	15.54	16.82	21.97
2014	17.05	369.58	25.58	11.79	12.35	16.56	17.30	20.68
2015	16.93	345.35	23.19	11.86	12.41	18.66	17.74	20.21
2016	16.90	630.09	22.74	11.99	12.59	19.37	18.00	19.73
2017	16.54	429.00	20.97	12.30	12.56	21.28	18.19	19.40
2018	16.59	383.92	20.37	12.56	12.39	22.50	18.68	18.52
2019	17.53	392.18	19.96	12.80	12.30	23.71	18.79	17.32
2020	18.21	530.91	21.06	13.17	12.59	26.73	18.82	17.08

15-19 研究生数

Number of Postgraduates

单位：人 (person)

年份 Year	在校学生数 Stuent Enrollment	招生数 New Student Enrollment	毕业生数 Graduates	年份 Year	在校学生数 Stuent Enrollment	招生数 New Student Enrollment	毕业生数 Graduates
1978	90	90		2002	8862	3667	1452
1980	261	70		2003	13266	5860	1871
1985	1064	564	324	2004	18273	7275	2820
1986	1246	460	226	2005	19500	7442	3222
1987	1520	557	268	2006	22798	8150	4560
1988	1490	499	504	2007	25580	8741	5725
1989	1350	364	462	2008	27062	8781	6899
1990	1198	366	497	2009	29012	9934	7790
1991	1122	403	425	2010	30933	10313	8159
1992	1268	445	275	2011	33896	11561	8207
1993	1372	512	394	2012	36035	11927	9511
1994	1967	806	374	2013	38190	12620	10179
1995	2248	739	434	2014	39312	12505	10878
1996	2445	933	694	2015	41338	13288	10969
1997	2773	1026	661	2016	42731	14088	11968
1998	3281	1218	701	2017	47587	17620	11973
1999	3907	1562	889	2018	53129	18803	12245
2000	5134	2179	929	2019	58710	20050	13301
2001	6828	2877	1119	2020	67333	24985	15455

15-20 职业技术培训机构基本情况（2020年）

Basic Statistics on Vocational/Technical Training Institutions(2020)

项目 Item	学校数（所） Number of Schools(unit)	注册学生数（人） Registered Students (person)	结业学生数（人） Graduates (person)	教职工数（人） Teachers and Staff (person)	#专任教师数 Full-time Teachers
总计 Total	**1657**	**600962**	**834484**	**12550**	**7425**
职工技术培训学校(机构) Vocational/Technical Training Schools	**61**	**145557**	**255077**	**1916**	**1812**
#教育部门和集体办 Run by Education Departments and Collectives	60	144996	254827	1881	1784
民办 Run by Private Institutions	1		250	35	28
农村成人文化技术培训学校(机构) Technical Training Schools for Adult Farmers	**999**	**272031**	**409180**	**1940**	**472**
#教育部门和集体办 Run by Education Departments and Collectives	999	272031	409180	1940	472
民办 Run by Private Institutions					
其他培训机构(含社会培训机构) Others	**597**	**183374**	**170227**	**8694**	**5141**
#教育部门和集体办 Run by Education Departments and Collectives	15	35405	41501	262	214
民办 Run by Private Institutions	582	147969	128726	8432	4927

15-21 分科研究生数(2020年)

Number of Postgraduates by Field of Study(2020)

单位：人　　　　(person)

项目	Item	在校学生数 Student Enrollment	招生数 New Student Enrollment	毕业生数 Graduates	博士生 Doctor 在校生数 Student Enrollment	博士生 Doctor 招生数 New Student Enrollment	博士生 Doctor 毕业生数 Graduates	硕士生 Master 在校生数 Student Enrollment	硕士生 Master 招生数 New Student Enrollment	硕士生 Master 毕业生数 Graduates
合计	**Total**	**67333**	**24985**	**15455**	**8281**	**1974**	**1076**	**59052**	**23011**	**14379**
学术型学位	**Academic Degree**	**30450**	**10339**	**7211**	**7975**	**1850**	**1065**	**22475**	**8489**	**6146**
哲学	Philosophy	329	105	74	121	27	13	208	78	61
经济学	Economics	1593	485	414	487	93	48	1106	392	366
法学	Law	1856	620	396	482	102	60	1374	518	336
教育学	Education	829	275	240	159	33	22	670	242	218
文学	Literature	1559	484	416	357	54	60	1202	430	356
历史学	History	515	157	100	174	34	14	341	123	86
理学	Science	8288	2798	1814	2781	654	386	5507	2144	1428
工学	Engineering	7819	2786	1847	1769	460	213	6050	2326	1634
农学	Agriculture	1708	528	409	426	88	54	1282	440	355
医学	Medicine	2816	1078	719	468	165	98	2348	913	621
管理学	Management	2540	793	637	661	120	86	1879	673	551
艺术学	Art	598	230	145	90	20	11	508	210	134
专业学位	**Professional Degree**	**36883**	**14646**	**8244**	**306**	**124**	**11**	**36577**	**14522**	**8233**
哲学	Philosophy									
经济学	Economics	1645	696	372				1645	696	372
法学	Law	2031	820	514				2031	820	514
教育学	Education	3212	1554	1219	132	29	11	3080	1525	1208
文学	Literature	968	439	259				968	439	259
历史学	History	50	20	15				50	20	15
理学	Science									
工学	Engineering	11521	5010	2269				11521	5010	2269
农学	Agriculture	2032	886	364				2032	886	364
医学	Medicine	4917	1936	1245	174	95		4743	1841	1245
管理学	Management	9237	2714	1723				9237	2714	1723
艺术学	Art	1270	571	264				1270	571	264

15-22 普通高等学校本科分科学生情况

Basic Statistics of Students in Higher Educational Institutions by Field of Study

单位：人 (person)

项目	Item	2015	2016	2017	2018	2019	2020
在校学生数	**Number of Student Enrollment**	**491779**	**499185**	**497440**	**505489**	**518096**	**537206**
哲学	Philosophy	516	530	157	163	154	164
经济学	Economics	39163	39882	39518	41029	41845	41945
法学	Law	16423	16626	15963	15420	15159	15122
教育学	Education	15040	15852	16618	18142	20050	22053
文学	Literature	46540	44445	44496	45654	48111	51229
历史学	History	1726	1447	1413	1432	1466	1523
理学	Science	31260	29282	28564	27918	27621	28839
工学	Engineering	165067	170337	171578	173511	175820	180387
农学	Agriculture	9273	9766	9958	9969	9686	9609
医学	Medicine	25768	26403	26677	27396	28705	30501
管理学	Management	100154	102647	101017	101900	103551	105710
艺术学	Art	40849	41968	41481	42955	44385	46496
招生数	**Number of New Student Enrollment**	**128633**	**124729**	**125798**	**134812**	**140108**	**146421**
哲学	Philosophy	194	215	18	25	18	25
经济学	Economics	9918	9969	10525	11283	10864	10346
法学	Law	4078	3618	3364	3589	3687	3576
教育学	Education	4266	4332	4601	5515	6403	6606
文学	Literature	11474	10749	11330	12098	13122	14086
历史学	History	382	334	312	341	358	365
理学	Science	7910	6828	6544	6867	7096	7859
工学	Engineering	44798	44124	43450	46053	46573	49157
农学	Agriculture	2655	2555	2481	2523	2397	2519
医学	Medicine	5682	5570	5956	6867	7201	7494
管理学	Management	26263	25795	26500	28317	29009	29394
艺术学	Art	11013	10640	10717	11334	11837	12891
毕业生数	**Number of Graduates**	**109789**	**112010**	**121774**	**120998**	**121645**	**124411**
哲学	Philosophy	39	29	46	45	43	41
经济学	Economics	10395	9944	10531	9598	9602	9875
法学	Law	3604	3799	4199	4368	4269	3876
教育学	Education	3345	3375	3630	3871	4321	4611
文学	Literature	11937	12087	11900	11076	10937	11487
历史学	History	497	398	407	367	355	354
理学	Science	7765	7231	7006	7327	7103	6720
工学	Engineering	35760	36261	39465	39357	40634	42389
农学	Agriculture	2414	2042	2111	2319	2474	2451
医学	Medicine	4654	4797	5596	6041	5747	5608
管理学	Management	22561	24107	27062	26272	26232	26697
艺术学	Art	6818	7940	9821	10357	9928	10302

15-23 普通高等学校专科分科学生数（2020年）

Basic Statistics of Students in Higher Educational Institutions by Field of Study(2020)

单位：人 (person)

项目	Item	在校学生数 Total Enrollment	招生数 New Enrollment	毕业生数 Graduates
合计	**Total**	**409981**	**156034**	**83295**
农林牧渔大类	Agriculture, Forestry, Animal Husbandry and Fishery	5103	2091	1258
资源环境与安全大类	Resource Environment and Security	3996	1439	716
能源动力与材料大类	Material and Energy	4600	1861	830
土木建筑大类	Construction	38185	13719	8425
水利大类	Water Conservancy	2166	831	438
装备制造大类	Manufacturing	33307	13319	5833
生物与化工大类	Biology and Chemical Industry	2217	781	455
轻工纺织大类	Light and Textile Industry	4238	1453	1082
食品药品与粮食大类	Food,Medicine and Food	10686	4055	2391
交通运输大类	Transport	20116	7701	3622
电子信息大类	Electronic Information	60077	22265	10873
医药卫生大类	Medicine and Health	48113	18222	10651
财经商贸大类	Financial and Commercial Business	70517	25633	16115
旅游大类	Touring	11612	4049	2622
文化艺术大类	Culture and Art	34332	14527	5577
新闻传播大类	News Media	4852	1665	1152
教育与体育大类	Education and Sports	50900	20427	10422
公安与司法大类	Public Security and Judicature	8		19
公共管理与服务大类	Public Management and Service	4956	1996	814

15-24 成人高等学校分科学生情况

Basic Statistics of Students in Adult Higher Educational Institutions by Field of Study

单位：人 (person)

项目	Item	2000	2005	2010	2018	2019	2020
招生数	**Number of New Student Enrollment**	**25629**	**35695**	**36025**	**18598**	**17993**	**26098**
经济学	Economics	7577	3284	1904	294	239	312
法　学	Law	2232	1618	798	298	395	420
教育学	Education	1876	3626	5063	2506	2949	4110
文　学	Literature	5090	5952	2226	331	399	654
历史学	History	384	209	36			
理　学	Science	1962	3052	352	56	33	117
工　学	Engineering	4733	6381	9142	4746	4468	6401
农　学	Agriculture	359	429	338	298	352	398
医　学	Medicine	1416	2811	4545	4252	3761	7203
管理学	Manage		8333	11621	5727	5310	6291
艺术学	Art				90	87	192
在校学生数	**Number of Student Enrollment**	**63663**	**74472**	**99038**	**45813**	**48231**	**61058**
经济学	Economics	19437	6464	5821	694	636	738
法　学	Law	5802	3897	2352	610	710	913
教育学	Education	3991	7151	11746	6424	7271	9516
文　学	Literature	11496	13501	7489	812	959	1377
历史学	History	774	556	116	6	3	
理　学	Science	3636	6404	1012	138	103	205
工　学	Engineering	13469	14255	24131	12243	12492	15238
农　学	Agriculture	1054	725	1190	820	940	1026
医　学	Medicine	4004	5722	13041	9877	9953	15059
管理学	Manage		15797	32140	13966	14925	16581
艺术学	Art				223	239	405
毕业生数	**Number of Graduates**	**16742**	**28262**	**34699**	**19784**	**15204**	**12819**
经济学	Economics	6231	2765	2854	422	268	203
法　学	Law	2149	2018	1120	310	292	178
教育学	Education	681	3266	4537	2162	2020	1774
文　学	Literature	3368	5432	4309	456	253	216
历史学	History	245	307	75	16	3	
理　学	Science	520	2970	1178	118	63	15
工　学	Engineering	2526	4812	6323	5997	4162	3566
农　学	Agriculture	235	357	508	440	184	299
医　学	Medicine	787	1618	4025	4977	3653	2068
管理学	Manage		4717	9770	4792	4239	4472
艺术学	Art				94	67	28

注：1.由于学科分类变化，2015年起数据只含本科生。2.2000、2005、2010年文学中含艺术学。

Note:1.Due to the subject classification change, Since 2015,the data of contained only an undergraduate. 2.Literature of 2000、2005 and 2010 contains Art.

15-25 成人高等学校专科分科学生数（2020年）

Basic Statistics of Students in Adult Higher Educational Institutions by Field of Study(2020)

单位：人　(person)

项目	Item	在校学生数 Total Enrollment	招生数 New Enrollment	毕业生数 Graduates
合计	**Total**	**61051**	**29614**	**11866**
农林牧渔大类	Agriculture, Forestry, Animal Husbandry and Fishery	5523	1584	1537
资源环境与安全大类	Resource Environment and Security	87	63	27
材料与能源大类	Material and Energy	14		45
土木建筑大类	Construction	7185	4033	997
水利大类	Water Conservancy			
装备制造大类	Manufacturing	3580	1789	759
生物与化工大类	Biology and Chemical Industry	378	96	45
轻工纺织大类	Light and Textile Industry	37	26	17
食品药品与粮食大类	Food,Medicine and Food	190	80	
交通运输大类	Transport	555	216	54
电子信息大类	Electronic Information	3122	1458	314
医药卫生大类	Medicine and Health	6145	2340	1130
财经商贸大类	Financial and Commercial Business	22954	12147	5168
旅游大类	Touring	487	230	63
文化艺术大类	Culture and Art	552	218	86
新闻传播大类	News Media			16
教育与体育大类	Education and Sports	7745	3882	1275
公安与司法大类	Public Security and Judicature	52	30	
公共管理与服务大类	Public Management and Service	2445	1422	333

15-26 技工学校数、学生数和专任教师数

Number of Technical Schools,Students,Full-time Teachers

年份 Year	学校数（所） Schools (unit)	招生数（人） New Enrollment (person)	在校学生数（人） Total Enrollment (person)	毕业生数（人） Graduates (person)	专任教师数（人） Number of Full-time Teachers (person)
1985	35	9100	16100	6000	1300
1990	43	11600	28300	10500	2100
1995	54	19000	45500	14900	2300
1996	85	18400	44300	17300	2100
1997	135	21900	47300	17000	2100
1998	138	19500	46900	16400	2100
1999	110	19700	50200	15500	2800
2000	119	21180	45672	15939	2463
2001	101	21938	48832	14074	2506
2002	93	26000	55864	15140	2521
2003	93	31872	66439	16826	2716
2004	98	33568	76606	18621	2982
2005	93	34589	78691	25625	3144
2006	95	36003	85199	27466	3268
2007	96	35452	86221	25123	3404
2008	91	35811	89429	25518	3812
2009	94	32190	82922	26220	3879
2010	95	32965	84040	26263	3439
2011	71	34606	87225	23763	3685
2012	71	27855	69457	19142	3644
2013	69	21102	56811	55546	3655
2014	66	26913	76678	27602	3193
2015	62	24130	54524	16948	2922
2016	62	32244	59016	17500	3047
2017	62	33381	70021	16203	3291
2018	62	37794	80832	19219	3593
2019	62	40590	88270	22410	3640
2020	62	48060	102125	26370	3820

注：2013年起毕业生数含非全日制教育。

Note:Since 2013,The graduates exclude full-time education.

15-27 中等职业教育分科学生数（2020年）

Students in Secondary Vocational Schools by Field of Study (2020)

单位：人 (person)

项目	Item	毕业生数 Graduates	招生数 New Enrollment	#招初中毕业生数 Junior Secondary School Graduates	在校学生数 Total Enrollment
合计	**Total**	**98580**	**132730**	**125139**	**358090**
农林牧渔类	Agriculture, Forestry, Animal Husbandry and Fishery	6066	4509	3230	16841
资源环境类	Resources and Environment	20	149	149	304
能源与新能源类	Energy and New Energy	185	128	127	347
土木水利类	Civil and Hydraulic Engineering	5025	7932	6757	20462
加工制造类	Manufacturing	7404	11518	10955	30604
石油化工类	Petroleum and Chemical	210	417	369	1313
轻纺食品类	Light Industry, Textile, and Food	1094	1635	1630	4835
交通运输类	Transport	11195	10755	10378	29512
信息技术类	Information Technologies	16742	27396	26411	69761
医药卫生类	Medicine and Health	6999	8008	7605	23684
休闲保健类	Leisure and Health	1135	1869	1825	5190
财经商贸类	Finance and Trade	15154	22608	21865	57711
旅游服务类	Tourism Services	6221	8798	8000	23273
文化艺术类	Culture and Arts	6222	10171	9872	26443
体育与健身	Sports and Fitness	819	1514	1504	4094
教育类	Education	13511	14158	13465	41061
公共管理与服务类	Public Management and Services	404	799	635	1610
其他	Others	179	362	362	1045

15-28 小学学龄儿童入学率升学率和初中升学率

Enrollment Ratio of Primary School and Promotion Rate of Junior middle School

单位：% (%)

年份 Years	小学学龄儿童入学率 Enrollment Ratio of Primary School	小学升学率 Promotion Rate of Primary School	初中升学率 Promotion Rate of Junior middle School	年份 Years	小学学龄儿童入学率 Enrollment Ratio of Primary School	小学升学率 Promotion Rate of Primary School	初中升学率 Promotion Rate of Junior middle School
1990	99.10	64.96	49.71	2006	99.84	99.57	77.80
1991	99.32	70.64	58.58	2007	99.93	98.59	87.80
1992	99.47	76.24	58.20	2008	99.97	98.20	94.14
1993	99.63	83.77	59.99	2009	99.97	97.05	98.86
1994	99.68	82.63	57.40	2010	100.00	96.70	92.90
1995	99.70	91.89	57.29	2011	99.98	97.69	84.08
1996	99.75	97.51	55.32	2012	99.99	97.60	89.57
1997	99.80	97.80	53.80	2013	99.90	96.89	84.42
1998	99.84	97.80	47.60	2014	99.99	98.10	92.79
1999	99.83	97.02	49.88	2015	100.00	98.36	88.28
2000	99.86	97.27	49.97	2016	99.99	98.38	87.80
2001	100.08	97.05	40.60	2017	99.97	98.73	85.51
2002	99.40	97.68	58.70	2018	99.99	98.85	86.16
2003	99.65	98.03	65.60	2019	99.98	99.05	88.12
2004	99.72	98.34	69.42	2020		99.28	83.86
2005	99.79	98.34	77.66				

主要统计指标解释

科技活动 指在自然科学、农业科学、医药科学、工程与技术科学、人文与社会科学领域(简称科学技术领域)中，与科技知识的产生、发展、传播和应用密切相关的有组织的活动。可分为研究与试验发展(R&D)、研究与试验发展成果应用及相关的科技服务三类活动。该定义是联合国教科文组织考虑成员国特别是发展中国家开展科技统计工作的需要，而对科技活动所作的统计界定。

科技活动人员 指直接从事科技活动、以及专门从事科技活动管理和为科技活动提供直接服务，累计的实际工作时间占全年制度工作时间 10%及以上的人员。(1)直接从事科技活动的人员包括：在独立核算的科学研究与技术开发机构、高等学校、各类企业及其他事业单位内设的研究室、实验室、技术开发中心及中试车间(基地)等机构中从事科技活动的研究人员、工程技术人员、技术工人及其它人员；虽不在上述机构工作，但编入科技活动项目(课题)组的人员；科技信息与文献机构中的专业技术人员；从事论文设计的研究生等。(2)专门从事科技活动管理和为科技活动提供直接服务的人员，包括：独立核算的科学研究与技术开发机构、科技信息与文献机构、高等学校、各类企业及其他事业单位主管科技工作的负责人，专门从事科技活动的计划、行政、人事、财务、物资供应、设备维护、图书资料管理等工作的各类人员，但不包括保卫、医疗保健人员、司机、食堂人员、茶炉工、水暖工、清洁工等为科技活动提供间接服务的人员。该指标用来反映投入科技活动人力的规模。

研究与试验发展(R&D) 指在科学技术领域，为增加知识总量、以及运用这些知识去创造新的应用进行的系统的创造性的活动，包括基础研究、应用研究、试验发展三类活动。国际上通常采用 R&D 活动的规模和强度指标反映一国的科技实力和核心竞争力。

基础研究 指为了获得关于现象和可观察事实的基本原理的新知识(揭示客观事物的本质、运动规律，获得新发现、新学说)而进行的实验性或理论性研究，它不以任何专门或特定的应用或使用为目的。其成果以科学论文和科学著作为主要形式。用来反映知识的原始创新能力。

应用研究 指为获得新知识而进行的创造性研究，主要针对某一特定的目的或目标。应用研究是为了确定基础研究成果可能的用途，或是为达到预定的目标探索应采取的新方法(原理性)或新途径。其成果形式以科学论文、专著、原理性模型或发明专利为主。用来反映对基础研究成果应用途径的探索。

试验发展 指利用从基础研究、应用研究和实际经验所获得的现有知识，为产生新的产品、材料和装置，建立新的工艺、系统和服务，以及对已产生和建立的上述各项作实质性的改进而进行的系统性工作。其成果形式主要是专利、专有技术、具有新产品基本特征的产品原型或具有新装置基本特征的原始样机等。在社会科学领域，试验发展是指把通过基础研究、应用研究获得的知识转变成可以实施的计划(包括为进行检验和评估实施示范项目)的过程。人文科学领域没有对应的试验发展活动。主要反映将科研成果转化为技术和产品的能力，是科技推动经济社会发展的物化成果。

研究与试验发展人员 指参与研究与试验发展项目研究、管理和辅助工作的人员， 包括项目(课题)组人员， 企业科技行政管理人员和直接为项目(课题)活动提供服务的辅助人员。反映投入从事拥有自主知识产权的研究开发活动的人力规模。

研究与试验发展人员全时当量 指全时人员数加非全时人员按工作量折算为全时人员数的总和。例如：有两个全时人员和三个非全时人员(工作时间分别为 20%、30% 和 70%)，则全时当量为 2+0.2+0.3+0.7=3.2 人年。为国际上比较科技人力投入而制定的可比指标。

专业技术人员 指从事专业技术工作和专业技术管理工作的人员，即企事业单位中已经聘任专业技术职务从事专业技术工作和专业技术管理工作的人员，以及未聘任专业技术职务，现在专业技术岗位上工作的人员。包括工程技术人员，农业技术人员，科学研究人员，卫生技术人员，教学人×100%员，经济人员，会计人员，统计人员，翻译人员，图书资料、档案、文博人员，新闻出版人员，律师、公证人员，广播电视播音人员，工艺美术人员，体育人员，艺术人员及企业政治思想工作人员，共十七个专业技术职务类别。用来反映科技人力资源情况。

专利 是专利权的简称，是对发明人的发明创造经审查合格后，由专利局依据专利法授予发明人和设计人对该项发明创造享有的专有权。包括发明、实用新型和外观设计。反映拥有自主知识产权的科技和设计成果情况。

发明　指对产品、方法或者其改进所提出的新的技术方案。是国际通行的反映拥有自主知识产权技术的核心指标。

实用新型　指对产品的形状、构造或者其结合所提出的适于实用的新的技术方案。反映具有一定技术含量的技术成果情况。

外观设计　指对产品的形状、图案、色彩或者其结合所作出的富有美感并适于工业上应用的新设计。反映拥有自主知识产权的外观设计成果情况。

普通高等学校　指按照国家规定的设置标准和审批程序批准举办的，通过全国普通高等学校统一招生考试，招收高中毕业生为主要培养对象，实施高等教育的全日制大学、独立设置的学院和高等专科学校、高等职业学校和其他机构。大学、独立设置的学院主要实施本科层次以上教育，高等专科学校、高等职业学校实施专科层次教育，其他机构是承担国家普通招生计划任务不计校数的机构。包括普通高等学校分校和批准筹建的普通高等学校等。

成人高等学校　指按照国家规定的设置标准和审批程序批准举办的，通过全国成人高等学校统一招生考试，招收具有高中毕业或同等学历的在职从业人员为主要培养对象，利用函授、业余、脱产等多种形式对其实施高等学历教育的学校。包括职工高等学校、农民高等学校、管理干部学院、教育学院、独立函授学院、广播电视大学、其他机构等。其他机构是承担国家成人招生计划任务不计校数的机构。

小学学龄儿童入学率　指调查范围内已入小学学习的学龄儿童占校内外学龄儿童总数(包括弱智儿童，不包括盲聋哑儿童)的比重。计算公式为:

小学学龄儿童入学率=已入小学学习的学龄儿童数/校内外学龄儿童总数×100%

Explanatory Notes on Main Statistical Indicators

Scientific and Technological Activities (S&T Activities) refer to organized activities which are closely related with the creation, development, dissemination and application of the scientific and technical knowledge in the fields of natural sciences, agricultural science, medical science, engineering and technological science, humanities and social sciences (referred to as scientific and technological fields). S&T activities can be classified into 3 categories: research and development (R&D) activities, application of R&D results, and related S&T services. This statistical definition is made by UNICHIEF for scientific and technological activities to meet the need of carrying out statistical work in this field for its member countries in particular those developing countries.

Personnel Engaged in S&T Activities refer to personnel directly engaged in S&T activities, in the management of S&T activities, and in providing direct service to S&T activities, who sp end over 10% of the total working hours in a year in S&T activities. (1) Personnel directly engaged in S&T activities include researchers, engineers, technicians and other related personnel engaged in S&T activities in independent-accounting R&D institutions, institutions of higher learning, and in research institutes, laboratories, technology development centers and central experiment workshops under enterprises and institutions. Also included are people working in S&T research project teams, professional and technical personnel working in S&T information archiving institutes, and graduate students working on the design of their thesis. (2) Personnel engaged in the management of S&T activities and in providing direct service to S&T activities include senior management people responsible for S&T activities in independent -accounting R&D institutions, S&T information archiving institutes, institutions of higher learning, and in enterprises and institutions where S&T activities are undertaken. Also included are people responsible for the planning, administration, personnel management, financial management, logistics supply, equipment maintenance, information and library management that are related with S&T activities. People providing indirect services are excluded, such as security, medical service, drivers, plumbers, cleaners and those providing catering and related service. This indicator reflects the size of personnel engaged in S&T activities.

Research and Development (R&D) refers to systematic and creative activities in the field of science and technology aiming at increasing the knowledge and using the knowledge for new application. R&D includes 3 categories of activities: basic research, applied research and experiments and development. The scale and intensity of R&D are widely used internationally to reflect the strength of S&T and the core competitiveness of a country in the world.

Basic Research refers to empirical or theoretical research aiming at obtaining new knowledge on the fundament al principles of phenomena of observable facts to reveal the nature and law of movement of objects and to acquire new discoveries or new theories. Basic research takes no specific or designated application as the aim of the research. Results of basic research are mainly released or disseminated in the form of scientific papers or monographs. This indicator reflects the original innovation capacity for original knowledge.

Applied research refers to creative research aiming at obtaining new knowledge on a specific objective or target. Purpose of the applied research is to identify the possible use of results from basic research, or to explore new (fundamental) methods or new approaches. Results of applied research are expressed in the form of scientific papers , monographs, fundamental models or invention patents. This indicator reflects the exploration of ways to apply the results of basic research.

Experiments and Development refer to systematic activities aiming at using the knowledge from basic and applied researches or from practical experience to develop new products, materials and equipment, to establish new production process, systems and services, or to make substantial improvement on the existing products, process or services. Results of experiment and development activities are embodied in patents, exclusive technology, and monotype of new products or equipment. In social sciences, experiment and development activities refer to the process of converting the knowledge from basic or applied researches in to feasible programs (including conduct of demonstration projects for assessment and evaluation). There are no experiment and development activities in the science of humanities. This indicator reflects the capability of transferring the results of S&T into technique and products, which is the materialized measurement of S&T pushing forward the economic and social development.

R&D Personnel refer to persons engaged in research, management and supporting activities of R&D, including persons in the project teams, persons engaged in the management of S&T activities of enterprises and sup porting staff providing direct service to the research projects. This indicator reflects the size of personnel engaged in R&D activities with independent intellectual property.

Full-time Equivalent of R&D Personnel refers to the sum of the full-time persons and the full-time equivalent of part time persons converted by workload. For instance, if there are 2full-time persons and 3 part time workers (20%, 30% and 70%of working hours respectively on R&D activities), the full-time equivalent is 2+0.2+0.3+0.7=3.2 person-years. This is an internationally comp arable indicator of input of personnel in S&T activities.

Professional and Technical Personnel refer to persons engaged in professional and technical work or in the management of professional and technical activities, i.e., people with professional or technical posit ions who are engaged in professional and technical work or in the management of professional and technical activities, and people without professional or technical positions but are working on professional or technical posts. They include professionals and technicians working in 17 categories of technical occupations including engineering, agriculture, scientific researches, medical service, teaching, economic research and application, accounting, statistics, translation, libraries, archives, cultural and museum service, journalism and publication, lawyers, notarization service, radio and television broadcasting, handicraft and fine arts, sports, performing art, and political workers in enterprises. This indicator reflects the condition of human resources in S&T.

Patent is an abbreviation for the patent right and refers to the exclusive right of ownership by the inventors or designers for the creation or inventions, given from the patent offices after due process of assessment and approval in accordance wit h the Patent Law. Patents are grant ed for inventions, utility model sand designs. This indicator reflects the achievements of S&T and design with in dependent intellectual property.

Inventions refer to the new technical proposals to the products or methods or their modifications. This is universal core Indicator reflecting the technologies with independent intellectual property.

Utility Models refer to t he practical and new technical proposals on the shape and structure of the product or the combination of both. This indicator reflects the condition of technological results with certain technical content.

Designs refer to the aesthetics and industrially applicable new designs for the shape, pattern and color of the product, or their combinations. This indicator reflects the appearance design achievements with independent intellectual property.

Regular Institutions of Higher Learning refer to educational establishments set up according to the government evaluation and approval procedures, enrolling graduates from senior secondary schools and providing higher education courses and training for senior professionals. They include full-time universities, colleges, high professional schools, high professional vocational schools and others.Universities and colleges are mainly providing undergraduate courses; those high professional schools and high professional vocational schools are mainly providing professional trainings; and others refer to educational establishments, which hare responsible for enrolling students but not covered in the total number of schools, including: branch schools of universities and colleges, and universities and colleges that have been proved and prepared to construct.

Institutions of Higher Learning for Adults refer to educational establishments, set up in line with relevant rules approved by the government, enrolling staff and workers wit h senior secondary school or equivalent education, and providing higher education courses in many forms of correspondence, spare time, or full time for adults. Professionals thus trained receive a qualification equivalent to graduates studying regular courses at regular universities, colleges and professional colleges. Institutions of higher learning for adults include schools of high education for staff and workers, schools of high education for peasants, colleges for management cadres, pedagogical colleges, independent correspondence colleges, Radio and TV universities and other educational establishments. Other educational establishments are responsible for enrolling adult students but not covered in the number of schools.

Enrollment Rate of Primary School Age Children refers to the proportion of school age children enrolled at schools to the total number of school age children both in and outside schools (including retarded children, but excluding blind, deaf and mute children). The formula is:

Enrollment Rate of Primary School-age Children = (Total Primary School-age Children at Schools/Total Primary School-age Children Both at and Outside Schools) × 100%

第十六篇　文化和体育

Chapter 16　Culture and Sports

资料整理：廖捷

Database Editor:Liaojie

简 要 说 明

本篇资料的主要内容及来源

本篇主要反映全省文化和体育事业发展情况。文化部分主要包括艺术、图书馆、群众文化、文物、广播、电视、新闻出版等文化事业的机构、人员及业务活动情况。体育部分包括群众体育和竞技体育，主要内容有竞技体育情况、运动员、教练员和裁判员人数等。

上述资料分别由省文化和旅游厅、省新闻出版广电局、省体育局等部门提供，是根据有关部门制定的统计报表制度进行统计、汇总整理而成的。

本篇资料由省统计局社会和科技统计处整理提供。

Brief Introduction

Main Content and Source of Data

Data in this chapter show the development of culture, sports and public health. Data on culture cover mainly the situations on institutions, personnel and business activities of arts, libraries, mass culture, cultural relics, broadcasting, films, televisions, news and publication etc. Data on Sports cover mass sports (sports for all) and athletics sports, including mainly the number of staff and workers in sports departments, number of athletes, coaches and referees etc.Data on Public health include mainly the number of institutions, personnel, hospital beds, number of patients treated and inpatients.

The above mentioned data are provide By the Provincial Department of Culture and Tourism， Provincial Administration of Broadcasting, film and Television，Provincial Press and Publication House，the Provincial Commission of Sports, Department of Public Health. Data are collected and tabulated in accordance with the statistical reporting schemes stipulated by the departments concerned.

Data in this chapter are provided and compiled by the Division of Social, Science and Technology Statistics of Fujian Provincial Bureau of Statistics.

16-1 文化事业情况

Statistics on Culture

年份 Year	艺术表演团体(个) Art Performance Troupes(unit)	公共图书馆(座) Public Libraries(unit)	博物馆(座) Museums(unit)	图书出版总印数(万份) Number of Books Published (10000 copies)	期刊出版总印数(万份) Number of Magazines Published (10000 copies)	报纸出版总印数(万份) Number of Newspapers Published (10000 copies)	广播综合人口覆盖率(%) Listener Rating (%)	电视综合人口覆盖率(%) Viewer Rating (%)
1952	62	2		127	109	1916		
1957	113	10	1	1041	63	3559		
1962	119	10	9	1846	96	4221		
1965	115	12	13	3956				
1970	66	10	6					
1975	77	14	10					
1978	101	23	13	6818	388	14784	1.00	
1980	107	26	15	8246	960	14913	40.00	60.00
1985	104	65	24	15603	3375	35847	55.00	65.00
1986	101	68	25	12465	3450	39596	63.00	76.00
1987	98	70	34	17101	4177	44858	63.00	80.00
1988	97	71	42	17047	3429	44135	63.00	80.00
1989	92	73	51	15859	2765	36961	63.00	80.00
1990	91	74	58	16312	3157	41455	67.00	82.00
1991	89	74	61	17667	3688	44176	71.00	84.00
1992	89	75	64	19399	4258	45021	73.00	87.00
1993	90	75	63	17044	4350	45845	76.00	88.00
1994	91	75	62	19745	4004	49208	84.00	89.00
1995	91	78	64	18448	4239	51526	86.00	90.00
1996	91	79	70	21348	3891	53608	90.00	91.00
1997	92	78	76	23282	3974	55027	91.00	94.00
1998	94	80	76	21596	3899	59543	93.00	95.00
1999	93	82	77	21875	3990	64195	95.00	97.00
2000	96	81	81	20298	4463	68897	95.81	97.14
2001	93	82	80	17891	4470	73185	95.97	97.47
2002	94	82	80	19953	4089	79061	96.12	97.62
2003	94	82	79	15595	3937	79809	96.44	97.82
2004	94	83	79	13907	3450	89681	96.45	97.83
2005	91	84	82	10643	2841	87962	96.96	98.10
2006	92	85	84	9840	2902	97246	96.99	98.13
2007	92	85	85	8463	2870	99836	97.05	98.25
2008	90	85	89	7793	2935	103791	97.37	98.34
2009	90	85	93	7689	2828	82900	97.64	98.41
2010	93	86	94	7749	2940	99982	97.80	98.45
2011	93	86	96	8294	3677	111850	98.00	98.54
2012	74	87	94	9078	3660	118783	98.04	98.58
2013	77	88	98	8870	4920	120576	98.20	98.63
2014	72	88	98	8619	4426	111945	98.31	98.70
2015	70	90	98	8800	3970	106072	98.68	98.94
2016	70	90	98	9709	4215	90608	98.96	99.12
2017	426	90	123	10809	3032	83957	99.01	99.15
2018	454	91	128	11461	2481	78555	99.04	99.19
2019	453	93	130	14385	2158	73810	99.62	99.71
2020	558	97	132	13620	2017	69515	99.82	99.85

注：2017年起艺术表演团体中含民间艺术表演团体。下同。

Note:Number of Art Performance Troupes include Folk Performance Troupes Since 2017.

16-2 各类文化事业机构数

Number of Cultural Institutions

单位：个　　　　(unit)

年份	艺术事业 Art Institutions		公共图书馆	博物馆	群众文化事业 Mass Culture	
	艺术表演团体 Art Performance Troups	表演场馆 Art Centers			艺术（文化）馆 Art(Cultural) Centers	文化站 Cultural Stations
Year			Public Libraries	Museums		
1952	62	32	2		72	152
1957	113	74	10	1	69	149
1962	119	48	10	9	80	47
1965	115	52	12	13	81	40
1970	66	31	10	6	56	34
1975	77	31	14	10	74	37
1978	101		23	13	82	35
1980	107	26	26	15	85	55
1985	104	55	65	24	88	134
1986	101	64	68	25	88	140
1987	98	67	70	34	88	143
1988	97	71	71	42	88	144
1989	92	71	73	51	89	145
1990	91	75	74	58	90	145
1991	89	75	74	61	90	128
1992	89	77	75	64	90	143
1993	90	77	75	63	90	126
1994	91	78	75	62	90	115
1995	91	78	78	64	90	159
1996	91	79	79	70	90	146
1997	92	78	78	76	90	149
1998	94	79	80	76	90	142
1999	93	79	82	77	90	143
2000	96	80	81	81	90	995
2001	93	83	82	80	90	1042
2002	94	78	82	80	90	1042
2003	94	76	82	79	88	1066
2004	94	74	83	79	88	1001
2005	91	76	84	82	90	1026
2006	92	69	85	84	90	1018
2007	92	67	85	85	91	1050
2008	90	68	85	89	92	1090
2009	90	53	85	93	94	1093
2010	93	51	86	94	95	1095
2011	93	49	86	96	95	1104
2012	74	53	87	94	95	1104
2013	77	49	88	98	98	1139
2014	72	57	88	98	97	1118
2015	70	56	90	98	97	1125
2016	70	58	90	98	97	1125
2017	426	59	90	123	97	1126
2018	454	54	91	128	97	1126
2019	453	57	93	130	97	1122
2020	558	64	97	132	98	1122

16-3 群众文化（艺术）馆站业务活动及经费情况（2020年）

Basic Statistics on Activities and Expenditures of Mass Art Centers and Cultural(2020)

项目	Item	总计 Total	群众文化（艺术）馆 Mass Cultural(Art) Centers	文化站 Cultural Stations
单位数（个）	Number of Units(unit)	1220	98	1122
从业人员（人）	Persons Employed(person)	4019	995	3024
举办展览（个）	Number of Exhibitions(unit)	3702	864	2838
组织文艺活动（次）	Art Performances and Story-telling Sessions(time)	16144	2765	13379
举办训练班（次）	Training Courses(time)	13417	5866	7551
培训人次（千人次）	Number of Persons Completing Courses(1000 person-times)	575	231	344
组织公益性讲座次数（次）	Number of Organization Public Lectures(time)	536	536	
本年收入总额（千元）	Total Income(1000 yuan)(1000 yuan)	627846	408113	219733
本年支出合计（千元）	Total Expenditures(1000 yuan)	605852	386234	219618

16-4 艺术表演团体按剧种分演出情况（2020年）

Basic Statistics on Art Performance Troupes by Genre(2020)

项目	Item	剧团数（个） Number of Institutions (unit)	从业人员（人） Number of Employed Persons (person)	本年新排上演剧目（个） Plays Showed this Year (unit)	演出场次（千场） Total Number of Performance (1000 shows)	演出观众人数（千人次） Number of Audience (1000 person-times)	艺术表演团体演出收入（千元） Total Income (1000 yuan)
艺术表演团体	**State-owned Art Performance Group**	**558**	**15523**	**115**	**97.7**	**33720**	**372830**
话剧、儿童剧、滑稽剧种	Drama, Children's play and Comedy Troupes	5	246	6	0.8	135	5046
歌舞、音乐类	Class of Song, Dance and Music	50	2020	28	4.5	1175	40428
杂技、魔术、马戏类	Class of Acrobatics, Magic and Circus	3	163	1	0.2	131	1425
京剧、昆曲类	Class of Beijing Opera and Kunqu Opera	3	173	1	0.2	160	914
京剧	Beijing Opera	3	173	1	0.2	160	914
地方戏曲类	Local Opera	417	11287	68	66.8	16767	296180
曲艺类	Folk Art	47	888	11	18.0	10535	13160
综合性艺术表演团体	Comprehensive Performing Arts Groups	33	746		7.0	4817	15677

16-5 图书、博物馆情况

Basic Statistics on Libraries and Museums

项目　Item	2015	2016	2017	2018	2019	2020
图书馆 **Libraries**						
公共图书馆图书总藏量（千册） Total Collections of Public Library(1000 volumes)	28211	30510	33220	37450	42419	46063
#图书藏量（千册） Total Collections of Books(1000 volumes)	22076	24140	26500	30006	34238	37448
报刊藏量（千册） Total Collections of Newspapers(1000 volumes)	2341	2437	2550	2659	2910	3007
视听文献、缩微制品藏量（千册） Total Collections of Public Library(1000 volumes)	696	712	755	787	808	827
组织各类讲座次数（次） All kinds of Sessions for reader(time)	2891	3384	2327	2451	3055	1267
各类讲座参加人次（千人次） Number of Visitors(1000 person-times)	287	416	290	293	403	143
举办展览次数（次） Number of Exhibitions(time)	712	836	1092	971	1048	900
参观展览人次（千人次） Number of Exhibitions Persons (1000 person-times)	1420	1738	2420	2653	2112	825
举办培训班次数（次） Training Courses(time)	1083	1368	2396	2395	2165	1000
参加培训班人次（千人次） Number of Persons Completing Courses (1000 person-times)	58	119	1100	199	171	47
总流通人次（千人次） Total Number of Circulation(1000 person-times)	23963	26035	29701	33549	38912	16601
博物馆 **Museums**						
文物藏品（件） Collection of Cultural Relics(piece)	514057	496026	606176	670838	679751	745277
#一级品 Grade one	1081	1083	1097	1094	1094	1115
二级品 Grade two	3043	2988	3045	3055	3056	3714
三级品 Grade three	97883	99682	103260	103022	104482	104000
参观人次（千人次） Number of Visitors(1000 person-times)	24121	25454	29330	37154	41668	11937
#文物机构青少年参观人次 Number of Visitors	8451	9068	9780	10720	11822	3388

16-6 图书出版情况

Basic Statistics on Book Published

年份 Year	图书种数(种) Number of Publications (kind)	本版图书种数 Book Publications of Original Edition	#新出 New Publications	总印数(万册、万张) Total Printed Copies (10000 copies)	#租型 Copies for Rent	总印张(千印张) Total Pointed Sheets (1000 sheets)	#租型 Copies for Rent	定价总金额(万元) Total Priced Value (10000 yuan)
1978	347	180	150	6818	3709	258719	160714	
1979	335	157	152	7316	4557	293006	174064	
1980	448	224	197	8246	5459	318718	230922	
1981	606	405	358	12113	5716	448673	220433	3377
1982	620	430	376	9988	5324	335147	196042	2747
1983	903	694	520	11757	5084	374473	182416	3293
1984	979	782	588	11870	4523	424764	168286	4107
1985	1219	976	783	15603	5339	609847	183552	8495
1986	1341	1119	874	12465	5132	443306	192474	6572
1987	1454	1207	823	17101	5431	609655	203602	9702
1988	1434	1183	716	17047	5233	614164	202373	13970
1989	1734	1449	1035	15859	5164	579815	195930	16998
1990	1799	1518	1034	16312	5370	588903	198660	18774
1991	1956	1709	1096	17667	5367	687789	212078	26176
1992	2200	1939	1089	19399	6229	747055	255252	28563
1993	2237	1988	1404	17044	5820	692582	269185	33137
1994	2658	2379	1548	19745	6316	786552	306980	52794
1995	2346	2041	1285	18448	6554	799268	350580	60411
1996	2765	2456	1457	21348	7316	923246	392633	87917
1997	2713	2403	1400	23282	7740	1012534	444673	94820
1998	2864	2545	1551	21596	8188	1004826	475610	105493
1999	3250	2956	1688	21875	7942	1021736	458774	107293
2000	2879	2637	1518	20298	7062	969527	444525	99604
2001	2395	2140	1464	17891	7470	933277	475153	83157
2002	3011	2692	2127	19953	7752	1079027	511177	106245
2003	2950	2591	1881	15595	7236	935650	496601	96910
2004	3049	2641	1771	13907	6306	1123920	726166	91232
2005	2943	2623	1693	10643	5066	691813	394674	74571
2006	3002	2692	1793	9840	4458	687082	346972	71235
2007	2966	2678	2009	8463	3902	622153	285318	68507
2008	3471	3259	2265	7793	2501	491166	152947	76128
2009	3422	3246	2052	7689	2197	561484	147631	83165
2010	3574	3415	2320	7749	2169	585841	146601	86650
2011	3774	3568	2401	8294	2621	591332	182355	94065
2012	3629	3417	2329	9078	3078	683578	217612	106475
2013	3547	3320	2283	8870	3208	699137	233615	109569
2014	3653	3456	2442	8619	3099	660192	226916	108127
2015	3579	3395	2318	8800	3197	700447	234302	116504
2016	4154	3954	2620	9709	3309	792968	246575	143426
2017	4493	4289	2545	10809	3709	856126	262909	163964
2018	4568	4359	2372	11461	3677	927633	267531	180039
2019	4587	4379	2226	14385	4208	1112785	296365	213280
2020	4621	4405	2267	13620	4580	1109429	331109	231094

16-7 图书出版分类情况（2020年）

Composition of Books Published(2020)

项目 Item	图书种数（种） Publications of Original Edition (kind)	#本版图书新出 New Publications	总印数（万册、万张） Printed Copies (10000 copies)	#新出 New Publications	总印张（千印张） Printed sheets (1000 sheets)	#新出 New Publications
总　计 Total	**4621**	**2267**	**13620**	**2475**	**1109429**	**241853**
#使用“中国标准书号”合计 Publications with "China International Standard Book Number"	**4614**	**2260**	**13600**	**2455**	**1109278**	**241702**
马列主义、毛泽东思想 Marxism-Leninism,Mao Zedong Thought	3	2	1		125	93
哲学 Philosophy	67	32	35	12	4169	1619
社会科学总论 General Social Sciences	25	18	8	7	1132	797
政治、法律 Politics and Law	141	105	32	21	5672	4088
军事 Military Affairs	8	3	10		2428	69
经济 Economics	165	97	41	24	9342	6118
文化、科学、教育、体育 Culture, Science, Education and Sports	2495	863	12384	1736	972604	158110
语言、文字 Languages	87	49	72	58	5926	4203
文学 Literature	665	416	586	341	53593	33240
艺术 Arts	165	128	58	47	5818	5002
历史、地理 History and Geography	286	210	99	73	15420	11746
自然科学总论 General Natural Sciences	5	4	7	6	523	437
数理科学、化学 Mathematics and Chemistry	33	12	15	10	1906	908
天文学、地球科学 Astronomy and Geology	16	12	8	6	986	817
生物科学 Biology	26	23	15	14	1546	1405
医学、卫生 Medicine and Health Care	156	113	76	36	12335	5780
农业科学 Agricultural Science	54	24	31	9	2853	1045
工业技术 Industrial Technology	118	60	56	18	8410	2542
交通运输 Transportation	5	2	7	5	655	300
环境科学 Environmental Science	17	11	47	21	1457	1038
综合性图书 General Books	76	76	11	11	2343	2343

16-8 书刊报纸出版情况

Books, Magazines and Newspapers Published

年份 Year	出版社（个） Publishing Houses (unit)	出版种数（种） Number of Publications(kinds)			总印数（万份） Printed Copies(10000 copies)		
		图书 Books	期刊 Magazines	报纸 Newspaper	图书 Books	期刊 Magazines	报纸 Newspaper
1978	1	347	8	4	6818	388	14784
1980	4	448	28	6	8246	960	14913
1985	9	1219	114	32	15603	3375	35847
1986	9	1341	119	31	12465	3450	39596
1987	9	1454	124	38	17101	4177	44858
1988	10	1434	126	31	17047	3429	44135
1989	10	1734	128	31	15859	2765	36961
1990	10	1799	123	31	16312	3157	41455
1991	10	1956	126	32	17667	3688	44176
1992	10	2200	134	35	19399	4258	45021
1993	10	2237	139	41	17044	4350	45845
1994	11	2658	150	43	19745	4004	49208
1995	11	2346	159	47	18448	4239	51526
1996	11	2765	159	47	21348	3891	53608
1997	11	2713	157	48	23282	3974	55027
1998	11	2864	159	48	21596	3899	59543
1999	11	3250	134	49	21875	3990	64195
2000	11	2879	187	61	20298	4463	68897
2001	11	2395	189	64	17891	4470	73185
2002	11	3011	186	66	19953	4089	79061
2003	11	2950	186	66	15595	3937	79809
2004	11	3049	176	58	13907	3450	89681
2005	11	2943	174	58	10643	2841	87962
2006	11	3002	174	59	9840	2902	97246
2007	11	2966	176	59	8463	2870	99836
2008	12	3471	174	59	7793	2935	103791
2009	12	3422	175	59	7689	2828	82900
2010	12	3574	175	59	7749	2940	99982
2011	12	3774	177	60	8294	3677	111850
2012	12	3629	176	46	9078	3660	118783
2013	11	3547	176	42	8870	4920	120576
2014	11	3653	176	42	8619	4426	111945
2015	11	3579	176	45	8800	3970	106072
2016	11	4154	176	42	9709	4215	90608
2017	11	4493	176	42	10809	3032	83957
2018	11	4568	176	43	11461	2481	78555
2019	11	4587	174	42	14385	2158	73810
2020	11	4621	174	42	13620	2017	69515

注：2012年起报纸出版种类及印数不含校报。
Note:Since 2012,Newspaper exclude school-paper.

16-9 音像电子出版物出版情况

Publication on Audio-Video and Electronic Products

项目	Item	2010		2015		2019		2020	
		种数（种）Type (kinds)	数量（万张）Volume (10000 sheets)	种数（种）Type (kinds)	数量（万张）Volume (10000 sheets)	种数（种）Type (kinds)	数量（万张）Volume (10000 sheets)	种数（种）Type (kinds)	数量（万张）Volume (10000 sheets)
出版	**Publication**								
录音制品	Audio Products	86	70.22	31	6.79	29	7.87	15	1.95
录像制品	Video Products	414	321.01	28	16.72	32	5.87	29	12.55
电子出版物	E-journals	52	10.31	39	24.58	26	8.55	20	6.38
复制	**Reproduction**								
磁带制品	Tape Products		30.00		8.33		1.27		0.75
光盘制品	CD Products		4951.31		1082.88		93.75		11.98

16-10 广播电视事业发展情况

Statistics on Radio and Television

项目	Item	2010	2015	2019	2020
广播电台数量（座）	Number of Radio and TV(unit)				
广播电台	Radio	10	6	4	4
电视台	TV	10	7	5	5
广播电视台	Radio and TV	65	65	76	68
节目套数（套）	Number of Radio Programs(sets)				
广播	Radio	88	90	93	93
电视	TV	38	41	101	100
全年播出节目时间（万小时）	Length of Public Radio Programs Broadcasted(10000 hours)				
广播	Radio	50.58	52.41	53.15	52.62
电视	TV	33.40	36.49	41.28	42.35
全年节目制作时间（万小时）	Length of Radio Programs Produced (10000 hours)				
广播	Radio	25.09	25.37	26.17	25.19
电视	TV	5.54	7.40	7.02	5.55
人口覆盖率（%）	Coverage Rate of the Population(%)				
广播	Radio	97.80	98.68	99.62	99.82
电视	TV	98.45	98.94	99.71	99.85
有线广播电视用户（万户）	Users of Cable Radio and TV(10000 households)(10000 household)	613.16	730.68	727.40	726.77
#数字电视用户	Users of Digital TV	289.45	689.18	727.40	726.77
付费数字电视用户	Paying Users	18.90	306.81	474.10	551.41
#双向电视用户	Both-way Users		53.51	255.80	465.58
广播电视网络互联网用户数（万户）	Indicator(10000 household)		33.60	174.20	201.49
有线电视入户率（%）	Coverage Rate of the Population(%)	61.40	69.07	64.79	57.63
广播电视总收入（亿元）	Income of Radio and TV(100 million yuan)	45.83	99.34	162.79	210.50
实际创收收入（亿元）	Realized Income(100 million yuan)	38.38	71.96	130.38	164.24
#广告收入	Advertising Income	16.23	19.85	21.86	44.79
#广播广告收入	Radio	1.85	4.05	2.83	2.13
电视广告收入	TV	13.36	13.66	10.98	7.74
网络收入	Network Income	16.13	26.11	35.40	39.97
广播电视节目销售收入	Sales Revenue		3.65	4.28	5.12

16-11 广播电视制作播出情况

Statistics on Radio and Television Production and Broadcasting

项目 Item	2010	2015	2019	2020
广播 **Broadcasting**				
本年广播节目制作（小时） Produced Programs of Broadcasting the Current Year(hours)	250854	253719	261696	251980
#新闻资讯类 News and Messages	50761	52818	55971	57345
专题服务类 Special Servics	57467	66807	62328	64619
综艺益智类 General arts	79608	76749	66473	62693
广告类 Adierticsement	16489	17001	10890	7559
平均每日播音时间（小时） Average Broadcasting Time per-day(hours)	1385	1436	1456	1442
#播出自制节目 Homemade Program	879	855	864	865
购买交换节目 Purchased Exchange Program	34	86	116	126
电视 **Television**				
有线广播电视用户数（万户） Users of Cable TV(10000 household)	613.16	730.68	727.40	726.77
#数字电视用户数 Users of Digital TV	289.45	689.18	727.40	726.77
本年电视节目制作（小时） Programs of Television the Current Year(hours)	55424	73986	70246	55417
#新闻资讯类 News and Messages	20553	25814	25215	25285
专题服务类 Special Servics	13377	18265	17811	14112
综艺益智类 General arts	4713	5519	3611	2964
影视剧类 Films and Plays	1052	495	491	253
广告类 Adierticsement	5776	5914	6523	4858
本年制作电视剧（集） Produced Television Plays the Current Year(volumes)	287	108	80	150
平均每周播出时间（小时） Average Television Time Per-week(hours)	6406	6997	7938	8144
全年电视剧播出数（集） Number of Television Plays the Current Year(volumes)	105903	108101	121161	129278

16-12 各设区市有线电视用户数

Number of Users of Cable Television by City

单位：万户 (10000 households)

地区	Area	2000	2005	2010	2015	2016	2017	2018	2019	2020
全　省	**Total**	**280.00**	**422.98**	**613.16**	**730.68**	**738.89**	**727.02**	**716.23**	**727.40**	**726.77**
福州市	Fuzhou	67.82	111.75	163.91	187.66	187.21	153.47	153.64	152.47	152.02
厦门市	Xiamen	25.19	37.28	64.60	80.83	80.01	82.63	83.59	77.38	74.26
莆田市	Putian	19.85	25.34	36.70	45.82	46.87	49.51	33.10	48.66	49.34
三明市	Sanming	19.98	31.20	39.69	49.93	49.79	49.99	50.95	51.54	51.94
泉州市	Quanzhou	41.64	68.07	97.47	126.48	135.25	139.83	140.05	140.19	139.76
漳州市	Zhangzhou	19.57	37.86	73.04	81.80	79.62	83.41	85.56	86.18	86.92
南平市	Nanping	35.31	44.69	55.58	64.85	65.64	69.52	67.55	66.80	67.09
龙岩市	Longyan	24.35	29.04	33.20	41.33	40.88	44.74	46.50	47.92	48.72
宁德市	Ningde	26.29	37.75	48.97	51.98	53.62	53.93	55.30	56.27	56.71

16-13 各设区市电视节目综合人口覆盖率

Television Coverage of Population by City

单位：% (%)

地区	Area	2000	2005	2010	2015	2016	2017	2018	2019	2020
全　省	**Total**	**97.14**	**98.10**	**98.45**	**98.94**	**99.12**	**99.15**	**99.19**	**99.71**	**99.85**
福州市	Fuzhou	97.65	98.28	98.59	99.17	100.00	100.00	100.00	100.00	100.00
厦门市	Xiamen	97.05	99.59	98.68	100.00	100.00	100.00	100.00	100.00	100.00
莆田市	Putian	97.35	98.09	98.30	98.59	98.60	98.70	98.73	100.00	100.00
三明市	Sanming	98.28	98.59	99.08	99.17	99.24	99.33	99.35	99.56	99.63
泉州市	Quanzhou	97.60	98.15	98.18	98.39	98.43	98.48	98.51	99.62	99.93
漳州市	Zhangzhou	97.30	98.11	99.02	99.15	99.18	99.19	99.21	99.65	99.74
南平市	Nanping	96.07	97.44	98.13	98.64	98.71	98.73	98.77	99.32	99.45
龙岩市	Longyan	96.00	98.48	98.92	98.57	98.62	98.63	98.88	99.52	99.79
宁德市	Ningde	95.95	96.93	97.34	99.30	99.42	99.47	99.48	99.55	99.86

16-14 当年在聘技术等级运动员人数

Full-time Technological Athletes by Grade

单位：人 (person)

项目	Item	2015	2016	2017	2018	2019	2020
等级运动员	**Number of Athletes in Grades**	**1469**	**1544**	**1163**	**1578**	**2161**	**967**
#女	Female	585	606	451	646	861	349
国际级运动健将	International Master of Sports	7					
#女	Female	5					
国家级运动健将	National Master of Sports	66	8	2			12
#女	Female	32	2	2			10
一级运动员	First Grade Sportsman	405	398	313	421	555	234
#女	Female	163	165	104	186	230	113
二级运动员	Second Grade Sportsman	991	1138	848	1157	1606	721
#女	Female	365	439	345	460	631	226

16-15 竞技体育比赛奖牌情况

Medals of Athletic Games

单位：枚

项目	Item	2000	2005	2010	2015	2016	2017	2018	2019	2020
世界比赛	**International Games**	**8**	**25**	**37**	**18**	**12**	**10.0**	**19**	**20**	
金牌	Gold Medals	6	15	15	12	8	2.0	9	16	
银牌	Silver Medals	1	8	12	4	1	4.0	6	1	
铜牌	Bronze Medals	1	2	10	2	2	4.0	4	3	
亚洲比赛	**Asia Games**	**20**	**19**	**40**	**25**	**24**	**14.0**	**12**	**28**	
金牌	Gold Medals	10	8	22	15	12	5.0	4	17	
银牌	Silver Medals	6	8	7	5	9	4.0	2	8	
铜牌	Bronze Medals	4	3	11	5	3	4.0	6	3	
全国比赛	**National Games**	**191**	**134**	**111**	**108**	**97**	**114.5**	**129**	**93**	**136**
金牌	Gold Medals	67	46	48	40	39	38.5	44	38	42
银牌	Silver Medals	59	51	32	34	32	39.5	39	32	45
铜牌	Bronze Medals	65	37	31	34	26	36.5	46	23	49

注：1.2017年在全运会上与其他省份合作取得奖牌按0.5枚统计；2.2020年受疫情影响无国际赛事。

Note:1.In 2017,The Number of Medals in cooperation with other provinces in the National Games is calculated by 0.5;2.In 2020,No international events affected by the epidemic.

主要统计指标解释

文化事业机构　指从事专业文化工作和为专业文化工作服务的独立建制的单位。不包括这些单位另外举办独立核算的其他机构和各部门的业余文化组织。该指标主要反映文化事业机构发展规模水平。

艺术表演团体　指从事戏曲、音乐、舞蹈、杂技等专业艺术表演，有独立帐户的单位，不包括半工半艺、半农半艺和民间职业剧团。该指标主要反映专业艺术表演团体发展规模水平。

艺术表演观众人数（人次）　指售票、包场演出或民族地区免费演出的艺术表演观众人次数，不包括彩排审查和内部观摩演出的观看人次数。该指标主要反映观看专业艺术表演团体演出的效益规模。

等级运动员人数　指经考核正式批准授予等级运动员称号的人数。运动员等级分为国际级运动健将、运动健将、一级运动员、二级运动员、三级运动员、少年级运动员。该指标主要反映运动员队伍的技术质量水平。

等级裁判员人数　指经考核正式批准授予等级裁判员称号的人数。裁判员等级分为国际裁判、国家级裁判、一级裁判、二级裁判、三级裁判。该指标主要反映裁判员队伍的技术质量水平。

Explanatory Notes on Main Statistical Indicators

Cultural Institutions refer to units, which have their own organizational system and independent accounting system and specialize in or serve cultural development. They exclude other establishments run by these cultural institutions and amateur cultural groups established by various departments. This indicator reflects the development of cultural units.

Art Troupe refers to the troupe which is engaged in drama, opera, music, dance, acrobatics or other art performance, opens independent accounts with banks and has self-supporting accounting system; excluding the troupes which are engaged partly in industrial or agricultural activities, partly in art performance and the professional troupes organized by the people. This indicator reflects the development of national professional art troupes.

Number of Spectators at Art Performance refers to the number of attendants at commercial shows, completely booked shows or free shows given in minority national areas, and does not include the number of spectators at rehearsals for examination and internal shows for study. This indicator reflects beneficial results of.

Number of Athletes in Grades refers to the number of athletes who have been given titles through examination. The titles of athletes include international masters of sports, masters of sports, first-grade, second- grade and third-grade sportsmen and young athletes. This indicator reflects skill of the athletes.

Number of Referees in Grades refers to the number of referees who have been given titles after examination. They are classified as international referees, national referees and referees of the first, second and third grades. This indicator reflects the skill of referees.

第十七篇　卫生事业

Chapter 17　Health

资料整理：廖捷
Database Editor:Liaojie

简 要 说 明

本篇资料的主要内容及来源

本篇主要反映全省卫生事业发展情况。主要内容为卫生机构、人员、床位数，医院诊疗人次及入院人数。

上述资料由省卫生和健康委员会提供，是根据有关部门制定的统计报表制度进行统计、汇总整理而成的。

本篇资料由省统计局社会和科技统计处整理提供。

Brief Introduction

Main Content and Source of Data

Data in this chapter show the development of culture, sports and public health. Data on culture cover mainly the situations on institutions, personnel and business activities of arts, libraries, mass culture, cultural relics, broadcasting, films, televisions, news and publication etc. Data on Sports cover mass sports (sports for all) and athletics sports, including mainly the number of staff and workers in sports departments, number of athletes, coaches and referees, number of stadiums and gymnasiums etc.Data on Public health include mainly the number of institutions, personnel, hospital beds, number of patients treated and inpatients.

The above mentioned data are provide By the Provincial Department of Hygiene and Health. Data are collected and tabulated in accordance with the statistical reporting schemes stipulated by the departments concerned.

Data in this chapter are provided and compiled by the Division of Social, Science and Technology Statistics of Fujian Provincial Bureau of Statistics.

17-1 卫生机构和人员情况

Statistics of Health Institutions and Personnels

项目 Item	卫生机构数（个） Number of Health Institutions (unit)	#医院、卫生院 Hospitals	卫生机构床位数（张） Number of Beds in Health Institution (set)	#医院、卫生院 Hospitals	卫生机构技术人员数（人） Medical Technical Personnel (person)	#医生 Doctors	每千人口拥有 Per 1000 Persons: 卫生机构床位数（张） Number of Beds (set)	每千人口拥有 Per 1000 Persons: 医生数（人） Doctors (persons)
1952	633	113	6933	5902	17281	11416	0.5	0.9
1957	2068	132	10898	9902	26076	15022	0.7	1.0
1962	7434	211	27058	16958	40560	18001	1.7	1.1
1965	6757	420	28246	21818	42692	20437	1.6	1.2
1970	4297	922	31520	25322	34876	15795	1.6	0.8
1975	3403	1070	44905	38746	47059	20404	1.9	0.9
1978	3809	1111	51505	45331	54855	22097	2.1	0.9
1979	4118	1117	52779	46121	56913	21393	2.1	0.9
1980	4191	1130	53001	46772	58764	21033	2.1	0.8
1985	4816	1154	58414	52041	74204	26992	2.1	1.0
1990	4885	1198	68073	60664	86772	35696	2.2	1.2
1995	4537	1257	73644	65919	92811	39130	2.3	1.2
1996	4543	1298	83684	75676	93614	40253	2.6	1.2
1997	10059	1306	88710	80935	94993	40775	2.7	1.2
1998	10159	1315	89280	81759	97361	41924	2.7	1.3
1999	10154	1313	90091	82259	97548	31652	2.7	1.0
2000	9807	1323	90091	82389	97569	41461	2.6	1.2
2001	9765	1331	89769	82125	99440	42414	2.6	1.2
2002	8740	1318	84599	80463	95059	40253	2.5	1.2
2003	8525	1323	86634	79503	96902	41252	2.5	1.2
2004	8672	1315	87836	80523	100502	43586	2.5	1.2
2005	7932	1318	88239	81268	100937	44309	2.5	1.2
2006	9652	1307	91533	84289	106586	46051	2.6	1.3
2007	9230	1307	89366	82603	111192	46628	2.5	1.3
2008	7773	1302	98482	90811	119250	50659	2.7	1.4
2009	6984	1288	104222	95980	127446	51959	2.8	1.4
2010	6999	1325	112334	103933	140133	55402	3.0	1.5
2011	7285	1355	123784	114824	155729	59225	3.3	1.6
2012	7584	1399	139172	129194	172532	63449	3.7	1.7
2013	7672	1421	156149	144132	189187	67087	4.0	1.7
2014	27913	1437	164781	152529	206545	75372	4.2	1.9
2015	27921	1450	173199	160011	213162	78173	4.4	2.0
2016	27658	1470	178902	165177	220889	80131	4.5	2.0
2017	27217	1489	183418	170440	231546	84045	4.5	2.1
2018	27588	1522	192513	178757	247346	91100	4.7	2.2
2019	27788	1560	202374	188146	263427	99532	4.9	2.4
2020	28152	1585	216753	202189	278397	105546	5.2	2.5

注：1.2002年及以后卫生机构数为登记注册数，医生系执业(助理)医师数。2.2014年起数据含村卫生室。

Note:a)Number of health institutions are the number of registeration since 2002, doctors also refer to the certified (assistant) doctors. b)The data includes village Health Institutions Since 2014.

17-2 各类卫生机构数

Number of Health Institutions

单位：个　(unit)

项目 Item	2000	2005	2010	2015	2018	2019	2020
合　计 Total	**9807**	**7932**	**6999**	**27921**	**27588**	**27788**	**28152**
医院 Hospitals	**333**	**365**	**457**	**570**	**641**	**678**	**695**
基层医疗卫生机构 Grassroots Health Institutions	**9059**	**7220**	**6174**	**25875**	**26421**	**26596**	**26949**
社区卫生服务中心(站) Health service centers in Communities		392	499	528	692	663	706
卫生院 Rural Township Hospitals	990	953	868	880	881	882	890
门诊部 Clinics	87	303	432	512	1021	1181	1409
诊所、卫生所、医务室 Clinigues,Health Clinic,Infirmaries	7982	5572	4375	4945	5547	6274	6771
村卫生室 Village Clinics				19010	18280	17596	17173
专业公共卫生机构 Professional Public Health Institutions	**218**	**276**	**296**	**1402**	**450**	**420**	**403**
疾病预防控制中心 Sanitation and Antiepidemic Stations	101	93	94	96	97	96	98
专科疾病防治院 Specialized Prevention & Treatment Centers	73	34	25	23	25	24	22
健康教育所 Health Education Centers	33	7	1				
妇幼保健院、所、站 Maternity and Child Care Centers	11	89	87	87	90	91	95
急救中心 First-aid Centers		10	7	7	6	11	12
采供血机构 Blood Collected and Supplied Centers		10	9	9	9	9	9
卫生监督所 Sanitation Supervision Centers		33	73	86	86	87	88
计划生育技术服务机构 Family Planning Technical Service Institution				1094	137	102	79
其他卫生机构 Other Health Institutions	**197**	**71**	**72**	**74**	**76**	**94**	**105**
疗养院 Sanatorium	12	16	11	11	8	7	5
医学科学研究机构 Research Institutions of Medical Science	13	9	8	8	8	8	8
医学在职培训机构 Sanitation Supervision and Inspection Centers	36	26	25	23	19	16	15
其他 Other Institutions	136	20	28	32	41	63	77

注：2014年前各类卫生机构数不含村卫生室。
Note:Before 2014,The Data of Health Institutions exclude Village Clinics.

17-3 各类卫生机构床位数

Number of Beds in Health Institutions

单位：张 (set)

项目 Item	2000	2005	2010	2015	2018	2019	2020
合 计 Total	**90091**	**88239**	**112334**	**173199**	**192513**	**202374**	**216753**
#医院 Hospitals	58505	58694	80938	129609	147897	156893	169245
疗养院 Sanatorium		2497	1769	2527	1559	1558	1300
社区卫生服务中心(站) Health service centers in Communities		516	2426	3201	3639	3983	4334
卫生院 Rural Township Hospitals	23884	22574	22995	30402	30860	31523	32944
门诊部 Clinics	485	116	77	39			
妇幼保健院、所、站 Maternity and Child Care Centers		2107	3383	5709	6524	6628	7218
专科疾病防治院 Specialized Prevention & Treatment Centers		1628	706	1681	2003	1743	1666

17-4 各类卫生技术人员数

Number of Medical Technical Personnel by Category

单位：人 (person)

项目 Item	2000	2005	2010	2015	2018	2019	2020
合 计 Total	**97569**	**100937**	**140133**	**213162**	**247346**	**263427**	**278397**
#执业医师 Chartered Doctors	31966	36668	48789	66162	78738	85089	90384
执业助理医师 Assistant Chartered Doctors	9495	7641	6613	12011	12362	14443	15162
注册护士 Certified Nurses	31430	34195	53820	90503	109327	116284	122476
药师（士） Pharmacists	9212	9128	10027	13865	14805	15475	15993
检验人员 Laboratory Technicians	3764	4620	7582	7720	9334	9895	10532

注：2014年起各类卫生技术人员数含村卫生室卫生技术人员。
Note:The data includes village Health Institutions Since 2014.

17-5 各类卫生机构情况（2020年）

Statistics of Health Institutions by Category(2020)

项目 Item	卫生机构（个） Number of Health Institutions (unit)	医疗床位（张） Hospital Beds (set)	卫生技术人员（人） Medical Technical Personnel (person)	#医生 Doctors	#注册护士 Certified Nurses
合 计 **Total**	**28152**	**216753**	**278397**	**105546**	**122476**
医院 **Hospitals**	**695**	**169245**	**167731**	**55575**	**84983**
综合医院 Integrated Hospitals	377	109264	118706	39614	60838
中医医院 Hospitals of Traditional Chinese Medicine	88	20811	22261	7993	9855
中西医结合医院 Hospitals Integrating Traditional Chinese Medicine with Western Medicine	9	3043	3339	1158	1623
民族医院 National Hospital	1	60	39	16	17
专科医院 Specialized Hospitals	213	35467	23099	6710	12506
护理院 Nursing Home	7	600	287	84	144
基层医疗卫生机构 **Grassroots Health Institutions**	**26949**	**37278**	**90461**	**42641**	**30918**
社区卫生服务中心(站) Health service centers in Communities	706	4334	13781	5676	5070
卫生院 Rural Township Hospitals	890	32944	34449	12373	11865
门诊部 Clinics	1409		18481	9620	6786
诊所、卫生所、医务室 Clinigues,Health Clinic,Infirmaries	6771		18048	9865	6602
村卫生室 Village Clinics	17173		5702	5107	595
专业公共卫生机构 **Professional Public Health Institutions**	**403**	**8930**	**18687**	**6910**	**6096**
疾病预防控制中心 Sanitation and Antiepidemic Stations	98		4031	2147	265
专科疾病防治院 Specialized Prevention & Treatment Centers	22	1666	912	331	318
妇幼保健院、所、站 Maternity and Child Care Centers	95	7218	11317	4180	4958
急救中心 First-aid Centers	12	46	375	141	187
采供血机构 Blood Collected and Supplied Centers	9		602	68	328
卫生监督所 Sanitation Supervision Centers	88		1329		
计划生育技术服务机构 Family Planning Technical Service Institution	79		121	43	40
其他卫生机构 **Other Institutions**	**105**	**1300**	**1518**	**420**	**479**
疗养院 Sanatorium	5	1300	273	64	173
医学科学研究机构 Research Institutions of Medical Science	8		58	37	7
医学在职培训机构 Sanitation Supervision and Inspection Centers	15		41	19	15
其他 Others	77		1146	300	284

注：医生为执业（助理）医师数。

Note:The Doctors is Medical Practitoner.

17-6 基层医疗卫生机构情况（2020年）

Statistics of Grassroots Health Institutions(2020)

项目 Item	社区卫生服务中心(站) Health Service Stations in Communities	卫生院 Health Institutes	门诊部 Outpatient Department	诊所、卫生所、医务室 Clinic,Health Clinic,Infirmaries	村卫生室 Village Clinics
机构数（个） **Number of Institutions(unit)**	**706**	**890**	**1409**	**6771**	**17173**
卫生技术人员数（人） **Number of Health Technical Personnel (person)**	**13781**	**34449**	**18481**	**18048**	**5702**
#执业医师 Chartered Doctors	4743	8569	8076	8380	1502
执业助理医师 Assistant Chartered Doctors	933	3804	1544	1485	3605
注册护士 Certified Nurses	5070	11865	6786	6602	595
药师（士） Pharmacists	1301	3238	871	1121	
检验人员 Laboratory Technicians	522	1570	541	19	

17-7 农村村级卫生组织情况

Health Organizations in Rural Areas at Village Level

项目 Item	2000	2005	2010	2015	2018	2019	2020
村设置医疗点数（个） **Medical Treatment Stations of Villages(unit)**	**17476**	**18222**	**19976**	**19010**	**18280**	**17596**	**17173**
执业（助理）医师（人） Chartered(Assistant) Doctors (person)		2478	3390	3513	4192	3790	5107
注册护士（人） Certified Nurses(person)			264	329	443	461	595
乡村医生和卫生人员数（人） **Number of Rural Doctors and Medical Personnel (person)**	**30769**	**30384**	**28868**	**26902**	**23295**	**21161**	**19397**
乡村医生 Rural Doctors	20974	29139	28405	26113	22527	20586	18846
卫生员 Medical Personnel	9795	1245	463	789	768	575	551

17-8 各类医院医疗服务情况

Medical Services of Hospitals

年份 Year	诊疗人数（万人次） Total Number Of Patients Treated	#门急诊 Out-patients And Emergency Patients	入院人数（万人） Hospital Admissions (10000 persons)	出院人数（万人） Hospital Discharged (10000 persons)	病床周转数（次） Turnover of Beds (time)
1980	1561.87	1543.53	51.58	51.47	22.90
1985	1895.08	1794.93	70.98	58.39	24.60
1986	1931.00	1828.71	72.62	72.43	24.30
1987	2425.69	2293.21	83.22	68.38	24.90
1988	2460.94	2428.99	88.62	88.56	25.70
1989	2299.53	2272.22	89.57	89.65	25.00
1990	2410.01	2380.83	91.62	57.60	24.70
1991	2471.20	2328.25	97.55	79.39	26.00
1992	2496.94	2488.74	93.18	93.14	24.90
1993	2930.23	2629.02	94.29	94.33	22.60
1994	2749.75	2614.02	100.03	98.29	23.50
1995	2709.47	2580.12	91.68	91.19	21.70
1996	2838.69	2565.51	79.10	79.09	19.00
1997	3249.23	2772.14	81.58	81.44	17.60
1998	3351.09	2932.52	85.10	84.54	18.10
1999	3157.56	2984.98	89.91	89.57	18.40
2000	3326.20	3097.08	98.76	99.26	20.77
2001	3201.92	2990.75	105.81	105.81	22.21
2002	3288.68	3027.07	128.70	110.23	22.73
2003	3430.00	3315.44	115.45	116.29	23.72
2004	3767.08	3685.85	129.57	129.53	24.79
2005	4248.77	4039.31	137.95	139.26	26.26
2006	4421.39	4305.12	152.28	152.13	26.81
2007	4674.58	4522.88	167.07	166.15	30.30
2008	5872.06	5786.21	205.17	204.78	30.97
2009	5850.61	5785.27	206.81	207.10	32.53
2010	6558.16	6525.56	271.45	270.89	34.08
2011	7200.56	7161.82	308.97	308.37	35.12
2012	8182.96	8121.59	364.95	364.41	37.32
2013	8772.14	8683.32	390.81	388.85	35.90
2014	9333.62	9238.56	411.46	410.71	35.20
2015	9310.82	9230.45	409.86	408.94	33.73
2016	9642.67	9569.44	425.27	424.45	33.49
2017	9881.51	9775.34	446.10	444.37	33.90
2018	10157.32	10038.41	467.93	467.77	33.70
2019	10851.16	10752.37	497.43	496.28	33.40
2020	9521.11	9416.75	448.60	449.01	28.40

17-9 医院、卫生院、妇幼保健院医疗服务情况（2020年）
Medical Services of Hospitals,Institutes of Health and Health-Centers(2020)

项目 Item	诊疗人数（万人次） Number of Patients Treated (10000 person-times)	#门急诊 Out-patients And Emergency Patients	入院人数（万人） Hospital Admissions (10000 persons)	出院人数（万人） Hospital Discharged (10000 persons)	死亡率（%） Death Rate (%)	病床周转数（次） Turnover of Beds (time)	病床使用率（%） Usage of Beds (%)
医院 Hospitals	**9521.11**	**9416.75**	**448.60**	**449.01**	**0.17**	**28.40**	**71.64**
#综合医院 Integrated Hospitals	6997.52	6924.85	336.75	337.05	0.20	33.20	71.97
中医医院 Hospitals of Traditional Chinese Medicine	1528.19	1503.35	52.79	52.91	0.14	26.70	66.66
专科医院 Specialized Hospitals	800.00	797.60	49.51	49.59	0.04	14.90	73.27
卫生院 Rural Township Hospitals	**3474.73**	**3120.82**	**57.54**	**57.59**	**0.01**	**18.30**	**33.48**
妇幼保健院 Maternity and Child Care Centers	**873.74**	**860.88**	**19.62**	**19.62**		**32.70**	**46.51**

注：本表死亡率是指入院后死亡人数与入院人数之比。
Note:The Death Rate is the proportion deaths after admissions.

17-10 防病工作情况
Basic Condition of Disease Prevention

项目	Item	2010	2015	2018	2019	2020
甲乙类传染病发病总例数（万个）	Number of Incidence from infectious disease(A、B) (10000 unit)	10.61	22.82	25.08	22.12	15.31
传染病发病率(1/10万)	Incidence Disease Rate (1/100 000)	559.18	599.62	641.18	561.28	385.24
传染病死亡总人数（人）	Number of Death from infectious disease(person)	231	172	273	261	256
传染病死亡率(1/10万)	Death Rate (1/100 000)	0.64	0.45	0.70	0.66	0.64
结核病登记病人数(例)	Number of register of Tuberculosis (person)	20850	16602	16575	15998	14650
登记患病率（‰）	Register sicken Rate(‰)	0.57	0.44	0.43	0.41	0.37
结核病新发病人数(例)	Number of New Incidence from Tuberculosis(person)	19439	16016	14194	14467	13785
结核病登记新发病率(1/10万)	Register New Incidence Disease Rate (1/100 000)	54.00	42.44	36.64	36.99	34.98
"五苗"接种率（%）	Five Type of bacterins inoculability Rate (%)	99.50	99.91	98.90	99.70	99.76
乙肝疫苗全程接种率（%）	Hepatitis B Bacterins Quite inoculability Rate(%)	99.75	99.94	99.84	99.76	99.78

17-11 法定报告传染病发病及死亡情况（2020年）

Incidence and Death from Infectious Diseases(2020)

项目	Item	发病率(1/10万) Incidence Disease Rate (per100 000)	死亡率(1/10万) Death Rate(per 100 000)	病死率(%) Mortality Rate (%)
总计	**Total**	**385.24**	**0.64**	**0.17**
病毒性肝炎	Viral Hepatitis	107.51	0.04	0.04
痢疾	Dysentery	0.55		
伤寒副伤寒	Typhoid and Paratyphoid Fever	1.20		
艾滋病	AIDS	2.76	0.50	18.03
淋病	Gonorrhea	12.82		
梅毒	Syphilis	54.46	0.02	0.03
麻疹	Measles	0.04		
百日咳	Whooping Cough	0.26		
流脑	Epidemic Encephalitis			
猩红热	Scarlet Fever	0.96		
出血热	Hemorrhage Fever	0.87		
狂犬病	Hydrophobia			100.00
布氏杆菌病	Brucellosis	0.28		
乙脑	Encephalitis B			
疟疾	Malaria	0.11		4.76
新生儿破伤风	Newborn Tetanus	…		
肺结核	Pulmonary Tuberculosis	40.82	0.07	0.16

注：传染病死亡率指传染病死亡人数与全省常住人口之比，病死率指传染病死亡人数与患病人数之比。
Note:The Death Rate is the proportion deaths of Total Population.

17-12 前十位疾病死亡原因及构成（2020年）

Death Rate of 10 Major Diseases(2020)

项目 Item	占疾病死亡总人数比重(%) Mortality(%)	项目 Item	占疾病死亡总人数比重(%) Mortality(%)
城市 Urban	**93.26**	**农村 Rural**	**92.15**
恶性肿瘤 Malignant Tumour	30.25	恶性肿瘤 Malignment Tumour	31.24
心脏病 Heart Trouble	18.65	脑血管病 Cerebrovasular Disease	16.59
脑血管病 Cerebrovasular Disease	17.10	心脏病 Heart Trouble	15.86
损伤和中毒 Trauma and Toxicosis	9.07	损伤和中毒 Trauma and Toxicosis	10.79
呼吸系统疾病 Diseases of the Respi- ratory System	7.43	呼吸系统疾病 Diseases of the Respiratory System	8.77
内分泌、营养和代谢疾病 Endocrine,Nutritional & Metabolite Disease	4.49	内分泌、营养和代谢疾病 Endocrine,Nutritional & Metabolite Disease	2.87
消化系统疾病 Disease of the Digestive System	2.27	消化系统疾病 Disease of the Digestive System	2.37
神经系统疾病 Diseases of the Nervous System	2.00	神经系统疾病 Nervous System	2.04
泌尿生殖系统疾病 Diseases of the Genitou-rinary System	1.17	泌尿生殖系统疾病 Diseases of the Genitou- rinary System	0.93
传染病 Infeetions Disease	0.83	传染病 Infectious Diseases	0.69

主要统计指标解释

卫生机构 包括医疗机构、疾病预防控制中心(防疫站)、采供血机构、卫生监督及监测(检验)机构、医学科研和在职培训机构、健康教育所等。医疗机构包括医院、社区卫生服务中心(站)、疗养院、卫生院、门诊部、诊所(卫生所、医务室)、妇幼保健院(所、站)、专科疾病防治院(所、站)、急救中心(站)和临床检验中心。医疗机构分为非赢利性医疗机构和赢利性医疗机构。

医院 指设有固定床位，能收容病人住院并能为病人提供医疗、护理服务的医疗机构，包括县及县以上医院、农村乡卫生院和其他医院。医院按业务性质不同分为综合医院、中医医院、中西医结合医院、民族医院和专科医院。

卫生技术人员 包括执业（助理）医师、注册护士、药剂人员、检验和影像技师（士、员）等卫生专业人员，不包括从事管理工作的卫生技术人员。

医生 指在医疗、预防保健机构工作且取得《执业医师证书》的执业医师和执业助理医师。

Explanatory Notes on Main Statistical Indicators

Health Care Institutions refer to the units which have been qualified the Certification of Health Care Institution by the administration of public health, or qualified the Certification of Corporate Unit by the civil affairs, administration for industry and commerce, commission office for public sector reform, and engaging in medical care, disease prevention and control, health supervision and inspection, medicine research and health education, etc., including: hospitals, sanatoriums, community health service centers (stations), health centers, clinics (health stations and infirmaries), first-aid centres (stations), blood gathering and supplying institutions, women and children care agencies (centres and stations), special disease prevention and curing agencies (centres and stations), disease prevention and control centres (epidemic prevention stations), health supervision and inspection agencies, sanitary inspection institutions, medicinal scientific research and on-job training institutions, health education centres and so on.

Hospitals include: polyclinics, traditional Chinese medical hospitals, hospitals integrated with traditional Chinese therapeutics and western therapeutics, ethical hospitals, various specialties hospitals and nursing hospitals.

Medical Technical Personnel refers to doctors, assistant nurses, pharmacists, and laboratory technicians working in medical institutions.

Doctors refer to certified physicians and certified assistant physicians with certifications working in medical and health care and prevention agencies.

第十八篇　环境保护

Chapter 18　Environment Protection

资料整理：何祥伟

Database Editor:Hexiangwei

简 要 说 明

本篇资料的主要内容及来源

本篇主要反映福建环境保护事业情况。主要内容包括城、乡水环境、大气环境、固体废物、生态环境、自然灾害和环境污染治理投资以及分行业工业污染治理情况。

本篇资料来源于省生态环境厅、水利厅、住建厅、交通厅、自然资源厅、林业局、农业农村厅等。

本篇资料由省统计局能源统计处整理提供。

Brief Introduction

Main Content and Source of Data

This chapter reflects the condition of environment protection in Fujian. Including urban and rural water environment,atmosphere environment, solid waste, Ecological environment, natural disasters, investments in environmental pollution control, and treatment of industrial pullution.

The above mentioned data are provided By the Provincial Environment Protection Bureau， the Provincial Department of Water Resources, the Construction Bureau, the Transportation Bureau, the National Land Bureau, the Forestry Bureau, the Agriculture Bureau.

Data in this chapter are provided and compiled by the Division of Energy of Fujian Provincial Bureau of Statistics.

18-1 环境保护基本情况

Basic Statistics on Environmental Protection

项目	Item	2010	2015	2019
水环境	**Water**			
降水量（毫米）	Precipitation(millimeters)	2084.30	1992.94	1730.70
水资源总量（亿立方米）	Water Resources(100 million cu.M)	1652.93	1325.93	1363.87
地表水	Surface Water Resources	1651.68	1324.67	1362.51
地下水	Grounwater Resources	353.81	332.33	339.03
人均水资源量（立方米/人）	Per Capita Water Resources(cu.m/person)	4480.19	3454.00	3432.85
用水总量（亿立方米）	Water Supply(100 million cu.M)	202.45	201.33	177.45
#农业	Agriculture	98.85	93.34	83.68
工业	Industry	81.26	72.47	56.00
生活	Living Consumption	21.05	32.22	34.17
废水排放总量（亿吨）	Waste Water Discharge(100 million ton)	23.85	25.69	34.74
化学需氧量排放量（万吨）	Discharge Amount of COD(10000 tons)	37.26	60.94	37.49
氨氮排放量（万吨）	Ammounia Nitrogen Discharge(10000 tons)	2.98	8.51	5.11
大气环境	**Atmosphere Environment**			
二氧化硫排放量（万吨）	Sulphur Dioxide Emission(10000 tons)	40.91	33.79	12.10
工业	Industry	39.12	31.71	9.79
城镇生活	Urban Living Consumption	1.78	2.08	2.32
氮氧化物排放量（万吨）	Nitrogen and Oxide(10000 tons)		37.90	30.15
工业	Industry		27.98	16.98
城镇生活	Urban Living Consumption		0.30	0.33
烟（粉）尘排放量（万吨）	Smoke Dust(10000 tons)		34.17	18.43
工业	Industry	24.01	32.18	17.08
城镇生活	Urban Living Consumption		1.15	1.18

18-1 续表

Continued

项目	Item	2010	2015	2019
固体废物	**Solid Waste**			
工业固体废物产生量（万吨）	Industrial Solid Wastes Produced(10000 tons)	7486.58	4956.27	6354.72
工业固体废物综合利用量（万吨）	Industrial Solid Wastes Utilizeed(10000 tons)	6214.89	3784.27	4428.38
危险废物产生量（万吨）	Hazardous Wastes(10000 tons)	8.01	37.31	118.03
生态环境	**Eco-Environment Protection**			
森林覆盖率（%）	Forest Coverage(%)	63.10	65.95	66.80
当年造林面积（万公顷）	Area of Reforestation of the Year(10000 hectare)	2.99	8.73	0.65
自然保护区数（个）	Number of Nature Reserves(unit)	92	92	
#国家级	National Level	12	16	
自然保护区面积（万公顷）	Area of Nature Reserves(10000 hectare)	45.36	45.50	
自然灾害	**Natural Disaster**			
发生地质灾害起数（起）	Geological Disaster	4189	225	163
发生地震灾害次数（次）	Seismic Disaster(time)			3
海洋灾害发生次数（次）	Red Tide(time)	21	35	15
森林火灾次数（次）	Forest Fire(time)	131	114	26
环境污染治理投资	**Investment in the Treatment of Environmental Pollution**			
城市环境基础设施投资（亿元）	Investment in Urban Environmental Infrastructure(100 million yuan)	78.04	99.04	129.57
燃气	Gas Supply	6.08	8.97	8.01
排水	Drainage Works	14.54	30.00	57.83
园林绿化	Gardening and Greening	36.06	51.12	49.18
市容环境卫生	Environmental Sanitation	21.35	8.96	14.55

18-2 城市环境情况

Basic Statistics on City Enviroment

项目	Item	2010	2015	2019
城市个数（个）	**Number of Cities(unit)**	**23**	**22**	**21**
城区人口（万人）	**Population of City(10000 persons)**	**750.41**	**869.77**	**996.11**
城市基础设施投资额（亿元）	**Investment on Fundation Facilities (100 million yuan)**	**78.04**	**99.04**	**129.57**
城市面积（平方公里）	**Area of City(sq km)**	**4361.84**	**4368.15**	**4138.17**
#建成区面积（平方公里）	Developed Area(sq.km)	1059.00	1413.54	1620.74
年底供水综合生产能力(万立方米/日)	**Production Capacity of Top Water Supply at the Year-end(10000 cu.m/day)**	**676.42**	**717.03**	**830.99**
全年供水总量（亿立方米）	Volume of Top Water Supply(100 million cu. m)	13.26	16.16	17.39
#生活用量	Water Consumption for Residential Use (100 million cu.m)	6.75	7.59	7.19
人均日生活用水量（升）	Per Capital Water Consumption for Residential Use(L)	186.62	176.93	208.76
用水普及率（%）	Percentage of Population with Access to Tap Water(%)	99.5	99.6	99.9
公交车标准运营车数（标台）	**Number of Standard Public Vehicles under Operation(set)**	**11917**	**18783**	**19249**
出租车运营车数（辆）	Number of Taxis under Operation at the Year-end(unit)	18684	24785	20382
煤气供应总量（亿立方米）	**Gaswork Gas Supply(100 million cu.m)**	**0.27**	**0.30**	**0.12**
#家庭用量（亿立方米）	Consumption of Gaswork Gas for Residential Use(100 million cu.m)	0.19	0.23	0.09
液化石油气家庭用量（万吨）	Consumption of Liguefied Petroleum Gas for Residential Use(10000 tons)	18.89	18.79	18.27
用气普及率（%）	Percentage of City Population with Access to Gas(%)	98.9	98.6	98.4
道路长度（公里）	**Length of Paved Roads(km)**	**6756**	**8415**	**13859**
道路面积（万平方米）	Area of Paved Roads(10000 sq.m)	12560	16303	28236
排水管道长度（公里）	Length of Sewage Pipes(km)	9686	13340	18112
建成区绿化覆盖率（%）	Ratio of Green Areas to City Areas(%)	41.0	43.0	44.5
公园绿地面积（公顷）	Green Areas of Park(hectare)	10972	15327	19864
人均公园绿地面积（平方米）	Per Capita Public Green Areas(sq.m)	10.99	12.98	15.03
公园个数（个）	**Number of Parks and Zoos(unit)**	**392**	**555**	**690**
公园面积（公顷）	Area of Parks and Zoos(hectare)	8819	11913	15851
生活垃圾清运量（万吨）	**Volume of Garbage, Excrement and Urine Disposal(10000 tons)**	**417.30**	**608.06**	**967.07**
城市生活垃圾无害化处理率(%)	Percentage of Garbage Disposal with Standard(%)	91.96	99.19	99.95
城市污水处理率(%)	**Percentage of Sewage Disposal of City(%)**	**84.4**	**89.5**	**95.3**
城市污水处理厂集中处理率(%)	Percentage of Sewage Collection Disposal in Factory of City(%)	76.9	87.5	92.8

注：2011年以前城区人口不含城区暂住人口。

Note:Before 2011,Population of City is excluding Temporary Population.

18-3 工业污染排放及处理利用情况

Emission and Treatment of Industrial Pollution

项目	Item	2010	2015	2019
企业基本情况	**Enterprises Status**			
汇总企业数（个）	Number of Enterprises(unit)	6080	5971	5576
工业废水	**Industrial Waste Water**			
废水治理设施数（套）	Number of Facilities for Treatment of Waste Water(sets)	3153	3547	3519
废水治理设施处理能力（万吨/日）	Handling Ability of Facilities for Treatment of Waste Water (10000 tons-day)	1135.44	661.44	1202.36
废水治理设施设备运行费用（亿元）	Operation Expenditure of Facilities(100 million yuan)	12.68	17.36	24.68
工业废水排放量（万吨）	Volume of Waste Water Discharged(10000 tons)	124168.21	90741.41	156646.25
#直接排入环境的	Discharged Directly	59215.46	76350.78	136099.09
工业废水中污染物排放量（吨）	Volume of Pollutants in Waste Water Discharged(ton)			
汞	Hydrargyrum	0.06	0.02	0.01
镉	Cadmium	0.45	0.62	0.08
六价铬	Hexadic Chromium	62.13	0.92	0.29
铅	Plumum	2.05	3.55	0.41
砷	Arsenic	1.32	3.08	0.58
挥发酚	Volatile Hydroxybenzene	10.06	1.97	0.62
氰化物	Cyanide	58.95	6.68	1.12
化学需氧量	Volume of Oxygen Required chemically	82946.13	72646.00	23954.31
石油类	Petroleum	565.24	335.38	5058.88
氨氮	Ammonia and Nitrogen	6613.60	4066.34	1421.04
工业废气	**Industrial Waste Gas**			
工业废气排放总量（亿立方米）	Total Volume of Waste Gas Emission(100 million cu.m)		17204.24	20948.13
废气治理设施数（套）	Number of Facilities for Treatment for Waste Gas(sets)	6470	9016	13399
#脱硫设施数	Number of Sulphur Removed Facilities	159	257	1457
废气治理设施设备运行费用（亿元）	Expenditure on Facilities for Treatment of Waste Gas(100 million yuan)	23.73	43.21	54.10

注：2010年以前工业废水中直接排入环境的只含直接排入海的，2011年工业固体废物只含一般工业固体废物。

Note:Before 2010,Discharged Directly only contained Discharged Directly into sea.2011,Industrial Solid Wastes only contained ordinary Solid Wastes.

18-3 续表

Continued

项目	Item	2010	2015	2019
工业二氧化硫排放量（万吨）	Volume of Sulphur Dioxide Emission(10000 tons)		31.71	9.78
工业烟（粉）尘排放量（万吨）	Volume of soot Emission and Dust Emission (10000 tons)	24.01	32.18	17.08
工业固体废物	**Industrial Solid Wastes**			
工业固体废物产生量（万吨）	Volume of Industrial Solid Wastes Produced (10000 tons)	7486.58	4956.27	6354.72
工业固体废物综合利用量（万吨）	Volume of Industrial Solid Wastes Utilized in a Comprehesive way(10000 tons)	6214.89	3784.27	4428.38
综合利用往年贮存量（万吨）	Volume of Industrial Solid Wastes Accumulated in Previous Years and utilized in a Comprehensive way(10000 tons)	10.88	71.92	296.24
工业危险废物产生量（万吨）	Volume of Dangerous Wastes Produced (10000 tons)(10000 tons)	8.01	37.31	118.03
危险废物综合利用量（万吨）	Volume of Dangerous Wastes Utilized in a Comprehesive way(10000 tons)	3.44	12.05	61.29
工业固体废物贮存量（万吨）	Volume of Industrial Solid Wastes Accumulated(10000 tons)	107.73	86.78	48.97
危险废物贮存量（吨）	Volume of Dangerous Wastes Accumulated (ton)	393.31	61916.02	28900.00
工业固体废物处置量（万吨）	Volume of Industrial Solid Wastes Treated (10000 tons)	1181.14	1157.39	2185.74
#处置往年贮存量	Volume of Industrial Solid Wastes Treated, Which have been Accumulated in Previous years	8.55	0.25	12.16
危险废物处置量（万吨）	Volume of Dangerous Wastes Treated (10000 tons)	4.98	22.84	58.06
工业固体废物倾倒丢弃量（万吨）	Volume of Industrial Solid Wastes Discharged(10000 tons)	3.52	0.01	0.03

18-4 设区市废气排放情况（2019年）

单位：吨

项目	Item	二氧化硫排放量 Sulfur Dioxide	工业 Industry	城镇生活 Urban Living Consumption	集中式治理设施 Centralized Treatment Facilities	氮氧化物排放量 Nitrogen and Oxide
全　省	**Total**	**120973**	**97783**	**23155**	**34.61**	**301491**
福州市	Fuzhou	38185	35854	2329	1.84	32321
厦门市	Xiamen	1026	829	197	0.76	2854
莆田市	Putian	5893	1830	4062	0.58	10661
三明市	Sanming	16567	12323	4243		29607
泉州市	Quanzhou	16771	13985	2764	22.52	43044
漳州市	Zhangzhou	12801	11917	884		17698
南平市	Nanping	7969	4835	3130	4.41	4968
龙岩市	Longyan	11316	7671	3645	0.06	16757
宁德市	Ningde	10387	8480	1902	4.43	15295
平潭综合实验区	Pingtan	59	59			205

18-5 设区市废水排放情况（2019年）

项目	Item	废水排放总量（万吨） Waste Water Discharge (10000 tons)	工业 Industry	城镇生活 Urban Living Consumption	集中式治理设施 Centralized Treatment Facilities	化学需氧量排放量（吨） Discharge Amount of COD (ton)	工业 Industry
全　省	**Total**	**347385.63**	**156646.25**	**190426.58**	**312.79**	**374872**	**23954**
福州市	Fuzhou	57181.84	6254.67	50827.50	99.66	55631	2124
厦门市	Xiamen	53447.42	24038.53	29372.02	36.88	23918	1290
莆田市	Putian	13578.98	2824.72	10747.86	6.40	32616	1888
三明市	Sanming	13995.26	4754.48	9213.81	26.98	32042	2840
泉州市	Quanzhou	48346.07	11217.38	37089.74	38.95	97360	6104
漳州市	Zhangzhou	116412.35	96500.78	19883.05	28.52	51579	4597
南平市	Nanping	12105.26	2865.86	9211.78	27.61	30394	1938
龙岩市	Longyan	19296.20	6702.71	12575.70	17.79	19872	1233
宁德市	Ningde	11092.99	1395.33	9667.67	30.00	28121	1844
平潭综合实验区	Pingtan	1929.24	91.79	1837.45		3339	96

Waste Gas Discharge by City(2019)

(ton)

工业 Industry	城镇生活 Urban Living Consumption	集中式治理设施 Centralized Treatment Facilities	烟（粉）尘排放量 Smoke Dust	工业 Industry	城镇生活 Urban Living Consumption	集中式治理设施 Centralized Treatment Facilities
169835	**3337**	**238.54**	**184294**	**170844**	**11760**	**34**
31947	347	26.91	69983	68907	1075	1
2764	61	29.85	733	639	92	2
10047	605	8.64	3635	1017	2601	17
28980	627		25907	23553	2354	
42514	412	117.36	26626	25063	1553	11
17555	143		10719	10199	520	
4540	394	34.37	8316	6763	1550	3
16257	500	0.28	25466	23686	1780	
15027	246	21.13	11114	10878	236	1
204	1		139	139		

Waste Water Discharge by City(2019)

农业 Agriculture	城镇生活 Urban Living Consumption	集中式治理设施 Centralized Treatment Facilities	氨氮排放量（吨） Ammounia Nitrogen Discharge (ton)	工业 Industry	农业 Agriculture	城镇生活 Urban Living Consumption	集中式治理设施 Centralized Treatment Facilities
4876	**345463**	**579**	**51068**	**1421**	**208.29**	**49401**	**37.06**
2669	50779	59	8004	70	131.65	7799	3.24
	22599	29	5498	57		5435	6.12
	30727	1	3943	63		3880	0.03
1038	27967	198	3859	142	39.03	3665	12.26
1	91235	20	11984	425	0.14	11556	2.93
57	46767	158	7171	227	3.87	6940	0.65
30	28420	6	3870	202	1.49	3666	0.40
22	18613	4	2918	142	2.78	2773	0.06
1060	25113	104	3570	88	29.31	3442	11.35
...	3244		250	5	0.01	246	

18-6 设区市一般工业固体废物产生和处置情况（2019年）

Discharge and Disposal of Industrial Sold Waste by City(2019)

单位：万吨 (10000 tons)

项目	Item	工业固体废物产生量 Volume of Industrial Solid Wastes Produced	工业固体废物综合利用量 Industrial Solid Wastes Utilized	综合利用往年工业固体废物贮存量 Industrial Solid Wastes Utilized in Stocks	工业固体废物处置量 Volume of Industrial Solid Wastes Treated	处置往年工业固体废物贮存量 Industrial Solid Wastes Treated in Stocks	工业固体废物贮存量 Volume of Industrial Solid Wastes in Stocks	一般工业固体废物倾倒丢弃量 Volume of Industrial Solid Wastes Discharged
全　省	**Total**	**6354.72**	**4428.38**	**296.24**	**2185.74**	**12.16**	**48.97**	**0.03**
福州市	Fuzhou	751.19	721.65	3.30	31.24	2.35	3.95	
厦门市	Xiamen	92.72	81.88	0.33	11.12	0.17	0.22	
莆田市	Putian	163.93	146.78	0.03	17.26	0.10	0.02	
三明市	Sanming	872.32	813.85	22.46	67.20	2.27	16.00	
泉州市	Quanzhou	682.30	683.32	27.70	24.54	0.45	2.58	
漳州市	Zhangzhou	495.32	471.06	0.64	24.72	0.59	0.75	0.02
南平市	Nanping	217.09	216.20	1.02	1.53	0.01	0.39	
龙岩市	Longyan	2400.75	755.95	43.80	1684.02	0.58	5.16	
宁德市	Ningde	669.57	529.31	196.96	322.96	5.65	19.90	0.01
平潭综合实验区	Pintan	9.54	8.38		1.16			

主要统计指标解释

水资源总量 一定区域内的水资源总量指当地降水形成的地表和地下产水量，即地表径流量与降水入渗补给量之和，不包括过境水量。

地表水资源量 指河流、湖泊、冰川等地表水体中由当地降水形成的、可以逐年更新的动态水量，即天然河川径流量。

地下水资源量 指当地降水和地表水对饱水岩土层的补给量。

地表水与地下水资源重复量 指地表水和地下水相互转化的部分，即在河川径流量中包括一部分地下水排泄量，地下水补给量中包括一部分来源于地表水的入渗量。

供水总量 指各种水源工程为用户提供的包括输水损失在内的毛供水量。

用水总量 指分配给用户的包括输水损失在内的毛用水量。按用户特性分为农业、工业、生活和生态用水四大类。

农业用水 包括农田灌溉和林牧渔业用水。林牧渔业用水指林果地灌溉、草地灌溉和鱼塘补水。

工业用水 按新水取用量计，不包括企业内部的重复利用水量。

生活用水 包括城镇生活用水和农村生活用水。城镇生活用水由居民用水和公共用水（含服务业、商饮业、货运邮电业及建筑业等用水）组成；农村生活用水除居民生活用水外，还包括畜用水在内。

城镇生活污水排放量 指城镇居民每年排放的生活污水。用人均系数法测算。测算公式为：

城镇生活污水排放量=城镇生活污水排放系数×市镇非农业人口×365

城镇生活污水中化学需氧量（COD）产生量 指城镇居民每年排放的生活污水中的COD的产生量。用人均系数法测算。测算公式为：

城镇生活污水中 COD 产生量=城镇生活污水中 COD 产生系数×市镇非农业人口×365

化学需氧量（COD） 测量有机和无机物质化学所消耗氧的质量浓度的水污染指数。

工业固体废物产生量 指报告期内企业在生产过程中产生的固体状、半固体状和高浓度液体状废弃物的总量，包括危险废物、冶炼废渣、粉煤灰、炉渣、煤矸石、尾矿、放射性废物和其他废物等；不包括矿山开采的剥离废石和掘进废石(煤矸石和呈酸性或碱性的废石除外)。酸性或碱性废石指采掘的废石其流经水、雨淋水的 pH 值小于 4 或 pH 值大于 10.5 者。

危险废物 指列入国家危险废物名录或根据国家规定的危险废物鉴别标准和鉴别方法认定的，具有爆炸性、易燃性、易氧化性、毒性、腐蚀性、易传染疾病等危险特性之一的废物。

工业固体废物综合利用量 指报告期内企业通过回收、加工、循环、交换等方式，从固体废物中提取或者使其转化为可以利用的资源、能源和其他原材料的固体废物量(包括当年利用往年的工业固体废物贮存量)，如用作农业肥料、生产建筑材料、筑路等。综合利用量由原产生固体废物的单位统计。

工业固体废物综合利用率 指工业固体废物综合利用量占工业固体废物产生量(包括综合利用往年贮存量)的百分率。计算公式为：

工业固体废物综合利用率=工业固体废物综合利用量/（工业固体废物产生量+综合利用往年贮存量）×100%

工业固体废物贮存量 指报告期内企业以综合利用或处置为目的，将固体废物暂时贮存或堆存在专设的贮存设施或专设的集中堆存场所内的数量。专设的固体废物贮存场所或贮存设施必须有防扩散、防流失、防渗漏、防止污染大气、水体的措施。

工业固体废物处置量 指报告期内企业将固体废物焚烧或者最终置于符合环境保护规定要求的场所，并不再回取的工业固体废物量(包括当年处置往年的工业固体废物贮存量)。处置方式有填埋(其中危险废物应安全填埋)、焚烧、专业贮存场(库)封场处理、深层灌注、回填矿井及海洋处置(经海洋管理部门同意投海处置)等。

工业固体废物排放量 指报告期内企业将所产生的固体废物排到固体废物污染防治设施、场所以外的数量，不包括矿山开采的剥离废石和掘进废石(煤矸石和呈酸性或碱性的废石除外)。

生活垃圾清运量　指报告期内收集和运送到垃圾处理厂(场)的生活垃圾数量。生活垃圾指城市日常生活或为城市日常生活提供服务的活动中产生的固体废物以及法律行政规定的视为城市生活垃圾的固体废物。包括：居民生活垃圾、商业垃圾、集市贸易市场垃圾、街道清扫垃圾、公共场所垃圾和机关、学校、厂矿等单位的生活垃圾。

生活垃圾无害化处理率　指报告期生活垃圾无害化处理量与生活垃圾产生量比率。在统计上，由于生活垃圾产生量不易取得，可用清运量代替。计算公式为：

生活垃圾无害化处理率=生活垃圾无害化处理量/生活垃圾产生量×100%

环境污染治理投资　指在工业污染源治理和城市环境基础设施建设的资金投入中，用于形成固定资产的资金。包括工业新老污染源治理工程投资、建设项目“三同时”环保投资，以及城市环境基础设施建设所投入的资金。

Explanatory Notes on Main Statistical Indicators

Total Water Resources refers to total volume of water resources measured as run-off for surface water from rainfall and recharge for groundwater in a given area, excluding transit water.

Surface Water Resources refers to total renewable resources which exist in rivers, lakes, glaciers and other collectors from rainfall and are measured as run-off of rivers.

Groundwater Resources refers to replenishment of aquifers with rainfall and surface water.

Duplicated Measurement Between Surface Water and Groundwater refers to mutual exchange between surface water and groundwater, i.e. run-off of rivers includes some depletion with groundwater while groundwater includes some replenishment with surface water.

Water Supply refers to gross water supply by supply systems from sources to consumers, including losses during distribution.

Water Use refers to gross water use distributed to users, including loss during transportation, broken down with use by agriculture, industry, living consumption and biological protection.

Water Use by Agriculture includes uses of water by irrigation of farming fields and by forestry, animal husbandry and fishing. Water use by forestry, animal husbandry and fishing includes irrigation of forestry and orchards, irrigation of grassland and replenishment of fishing pools.

Water Use by Industry refers to new withdrawals of water, excluding reuse of water within enterprises.

Water Use by Living Consumption includes use of water for living consumption in both urban and rural areas. Urban water use by living consumption is composed of household use and public use (including services, commerce, restaurants, cargo transportation, posts, telecommunication and construction). Rural water use by living consumption includes both households and animals.

Urban Non-industrial Waste Water Discharge refers to annual discharge of non-industrial waste water by urban households. It is estimated by per capita coefficient using the formula:

Urban non-industrial waste water discharge = urban non-industrial waste water discharge coefficient urban non-agricultural population 365

Volume of Chemical Oxygen Demand (COD) Generated by Urban Non-industrial Waster Water refers to chemical oxygen demand generated through the annual discharge of non-industrial waste water by urban households. It is estimated as:

Volume of chemical oxygen demand (cod) generated by urban non-industrial waster water = Coefficient of COD generated through urban non-industrial waste water × urban non-agricultural population × 365.

Chemical Oxygen Demand (COD) refers to index of water pollution measuring the mass concentration of oxygen consumed by the chemical breakdown of organic and inorganic matter.

Industrial Solid Wastes Produced refers to total volume of solid, semi-solid and high concentration liquid residues produced by industrial enterprises from production process in a given period of time, including hazardous wastes, slag, coal ash, gangue, tailings, radioactive residues and other wastes, but excluding stones stripped or dug out in mining (gangue and acid or alkaline stones not included). A stone is acid or alkaline depending on the pH value of the water below 4 or above 10.5 when the stone is in, or soaked by, the water.

Hazardous Wastes refers to those included in the national hazardous wastes catalogue or specified as any one of the following properties in the national hazardous wastes identification standards: explosive, ignitable, oxidizable, toxic, corrosive or liable to cause infectious diseases or lead to other dangers.

Industrial Solid Wastes Utilized refers to volume of solid wastes from which useful materials can be extracted or which can be converted into usable resources, energy or other materials by means of reclamation, processing, recycling and exchange (including utilizing in the year the stocks of industrial solid wastes of the previous year). Examples of such utilizations include fertilizers, building materials and road materials. The information shall be collected by the producing units of the wastes.

Ratio of Industrial Solid Wastes Utilized refers to the percentage of industrial solid wastes utilized over industrial solid wastes produced (including stocks of the previous years). It is calculated as:

Ratio of industrial solid wastes utilized = volume of industrial solid wastes utilized / (industrial solid wastes produced + stock of previous years) 100%

Stocks of Industrial Solid Wastes refers to volume of solid wastes placed in special facilities or special sites for purposes of utilization or disposal. The sites or facilities should take measures against dispersion, loss, seepage, and air and water contamination.

Industrial Solid Wastes Disposed refers to quantity of industrial solid wastes which are burnt or placed ultimately in the sites meeting the requirements for environmental protection and not salvaged or recycled (including disposition in the year of those wastes of previous years). The disposition includes landfill (Safe landfills should be conducted for hazardous wastes), incineration, containment spaces, deep underground disposal, backfill in mining pits and disposal at sea.

Industrial Solid Wastes Discharged refers to volume of industrial solid wastes discharged by producing enterprises to disposal facilities or to other sites. The wastes exclude stones stripped or dug from mining (gangue and acid or alkaline waste stones not included).

Consumption Wastes Transported refers to volume of consumption wastes collected and transported to disposal factories or sites. Consumption wastes are solid wastes produced from urban households or from service activities for urban households, and solid wastes regarded by laws and regulations as urban consumption wastes, including those from households, commercial activities, markets, cleaning of streets, public sites, offices, schools, factories, mining units and other sources.

Ratio of Consumption Wastes Treated refers to consumption wastes treated over that produced. In practical statistics, as it is difficult to estimate, the volume of consumption wastes produced is replaced with that transported. It is calculated as:

Ratio of consumption wastes treated = (consumption wastes treated / consumption wastes produced) ×100%

Investment in Environment Pollution Harnessing Projects refers to the proportion of investment in fixed assets in the total investment in harnessing industrial pollution and in the construction of urban environment infrastructure facilities. It includes investment in harnessing sources of industrial pollution, investment in environment protection facilities designed concurrently with construction projects, and investment in urban environment infrastructure facilities.

第十九篇　公共管理及其他社会活动

Chapter 19　Publish Administration and Others

资料整理：廖捷

Database Editor:Liaojie

简 要 说 明

本篇资料的主要内容及来源

本篇主要反映全省社会福利，司法情况、交通事故、火灾事故等情况。主要内容包括社会福利事业的单位机构、社会福利救济、婚姻状况等。

本篇资料来源于省民政厅、省司法厅等。

本篇资料由省统计局社会和科技统计处整理提供。

Brief Introduction

Main Content and Source of Data

This chapter reflects the Social welfare, judicial conditions, basic statistics on traffic accidents and fire accidents etc in Fujian. Including the organizations of social welfare, social welfare relief and marital status etc.

The above mentioned data are provide By the Department of Public Security and the Provincial Meteorological Bureau.

Data in this chapter are provided and compiled by the Division of Social, Science and Technology Statistics of Fujian Provincial Bureau of Statistics.

19-1 婚姻登记情况

Statistics of Marriages

单位：对

年份 Year	结婚登记对数 Total number of Registered Marriages	内地居民登记结婚 Registered Marriages of Mainland	涉外及华侨、港澳台居民登记结婚 Regisered Marriages with Foreigner and the Citizen of Hong Kong,Macao,Taiwan	离婚登记对数 Total Number of Divorces	内地居民登记离婚 Divorces Marriages of Mainland	涉外及华侨、港澳台居民登记离婚 Divorces with Foreigner and the Citizen of Hong Kong,Macao,Taiwan
2000	261314	246171	15143	12035	11982	53
2001	252815	231327	21488	11546	11392	154
2002	256323	236695	19628	15321	15175	146
2003	280770	256112	24658	21541	21058	483
2004	294973	279488	15485	26515	25553	962
2005	272172	258551	13621	25786	23536	2250
2006	328698	314784	13914	35227	33759	1468
2007	350877	342916	7961	32646	30112	2534
2008	364892	356814	8078	33251	31414	1837
2009	360613	351989	8624	41441	40272	1169
2010	378792	371045	7747	43935	42703	1232
2011	382772	372761	10011	48413	47132	1281
2012	381887	371041	10846	56815	55467	1348
2013	395926	386043	9883	65007	63749	1258
2014	375330	368993	6337	70341	69168	1173
2015	349417	344309	5108	72589	71632	957
2016	314648	309569	5079	80169	79323	846
2017	291447	286595	4852	89801	88965	836
2018	273649	268292	5357	91597	90664	933
2019	240345	235234	5111	97560	96724	836
2020	205610	204644	966	93403	93103	300

注：离婚对数不包括法院判决数。

Note:Number of divorce not including court number

19-2 社会救济情况

Statistics of Social Relief

项目	Item	2010	2015	2019	2020
社会救济	**Social Relief**				
城镇居民最低生活保障人数（人）	Number of Family Receiving Minimum Living Allowance in Urban Areas(household)	181530	129477	61852	62379
#女性	Female	59498	50814	28412	29041
#老年人	Old People	35936		15044	14524
#残疾人	Disabled Persons	19764	20875	16938	18498
城市居民最低保障家庭数（户）	Number of Family Receiving Minimum Living Allowance in Urban Areas(household)	84876	75518	40319	40921
城市低保资金全年计划支出（万元）	The Annual Plan Expenditure of Minimum Living Allowance in Urban Areas(10000 yuan)	28851	53548	35814	42484
农村最低生活保障人数（人）	Number of Persons Receiving Minimum Living Allowance in Rural Areas(person)	713217	716811	414534	452363
#女性	Female	194465	260786	175247	199437
#老年人	Old People	174188	227503	119928	122313
#未成年人	Minors	80935	78654	59506	69723
#残疾人	Disabled Persons	85429	103180	79005	91318
农村居民最低生活保障家庭数（户）	Number of Family Receiving Minimum Living Allowance in Rural Areas(household)	305692	375987	228283	248073
农村低保资金全年计划支出（万元）	The Annual Plan Expenditure of Minimum Living Allowance in Rural Areas(10000 yuan)	64367		189387	232460
城市特困人员供养人数（人）	Number of destitute People in Urban Areas(person)			5062	5868
城市特困人员全年供养支出（万元）	Support Expenditure of destitute People in Urban Areas(10000 yuan)			6806	10210
农村特困人员供养人数（人）	Number of destitute People in Rural Areas(person)			63038	62044
农村特困人员全年供养支出（万元）	Support Expenditure of destitute People in Rural Areas(10000 yuan)			81562	91083

19-3 提供住宿的社会服务机构数

Number of Social Service agency of Accommodation Provider

单位：个 (unit)

项目	Item	2015	2016	2017	2018	2019	2020
合计	**Total**	**440**	**432**	**440**	**363**	**609**	**715**
#光荣院	Homes for Disabled Veterans	26	25	24	24		
社会福利院	Social Welfare Homes	66	65	65	63	65	
城市养老服务机构	City endowment service agencies	118	117	117			
农村养老服务机构	Rural endowment service agencies	94	88	97			
养老公寓等各类养老机构	Pension Apartment				123	202	640
社会福利医院	Social Welfare Hospitals	14	15	14	13	13	14
儿童福利机构	Baby Welfare Homes	11	11	11	11	10	10
救助类服务机构（救助管理站）	Salvage Service Agencies	42	43	43	42	41	
特困人员救助供养机构	Extremely Poor People Salvage Agencies				80	268	

注：1.2014年起农村养老服务机构中不含未登记的乡镇敬老院。2.2018年起城市养老服务机构和农村养老服务机构不再单独统计，合并至养老公寓等各类养老机构。

Note:1.Since2014,the Rural endowment service agencies excludes village Gerocomium.2.Since 2018,City endowment service agencies and Rural endowment service agencies are merge into Pension Apartment.

19-4 提供住宿的社会服务机构基本情况（2020年）

Basic Statistics on Social Service agency of Accommodation Provider(2020)

项目	Item	床位数（张） Number of Beds (set)	年末在院人数（人） Number of Persons Housed in the year-end (person)	社会（助理）工作师人数（人） Social(Assistant) Staff (person)
总计	**Total**	**92676**	**37064**	**456**
#养老机构	Pension Institutions	84312	32693	299
社会福利院	Social Welfare Homes	14403	5015	165
特困人员救助供养机构	Extremely Poor People Salvage Agencies	14448	6023	16
其他各类养老机构	Others	55461	21655	118
社会福利医院	Social Welfare Hospitals	3883	3390	47
儿童福利机构	Baby Welfare Homes	2073	527	30
其他提供住宿的服务机构	Other accommodation services	2406	454	78
流浪乞讨人员救助管理机构	Relief management organization for Vagrants and beggars	1930	88	70

19-5 主要年份律师 公证 调解工作情况

Basic Statistics on Lawyers, Notarization and Mediation in Select year

项目　Item	2000	2005	2010	2015	2019	2020
律师工作 **Lawyers**						
律师事务所（个） Number of Law Office(unit)	269	333	454	660	1039	1141
专职律师（人） Full-time Lawyers(person)	1803	3115	4455	7211	10676	11703
兼职律师（人） Part-time Lawyers(person)	544	230	332	426	450	456
聘请常年法律顾问单位（个） Number of Units with Permanent Legal Advisors(unit)	8384	9889	12876	16310	25470	25937
律师业务情况 **Status of Lawyers'Business**						
民事诉讼（件） Civil Cases(case)	41213	56352	78765	128245	191690	214651
行政诉讼（件） Administrative Action(case)	2321	2221	2280	4010	11070	9866
非诉讼法律事务（件） Agent of Non-Litigious Legal Affairs(case)	14649	12259	10331	16905	32829	44482
解答法律咨询和代写法律事务文书（件） Agent of Legal Advisory Services (cases)	139391	129436	148256	180682	77523	77788
公证工作 **Notarization**						
公证处（个） Number of Notary Offices(unit)	95	94	90	90	93	93
公证人员（人） Notarial Personnel(person)	612	644	726	979	1297	1311
#公证员 Notaries	397	373	374	417	442	453
办理公证书（件） Number of Notarized Documents(piece)	400748	418052	422154	491618	547063	403413
国内公证 Domestic Notarization	108344	79364	130143	229152	317111	315321
涉外及港澳台 Notarization of Foreign-related,Hongkong, Macao & Taiwan Affairs	292404	338688	292011	262466	229952	88092
调解工作 **Number of Mediation**						
人民调解委员会（个） Number of People's Mediation Committees(unit)	17180	18354	18868	19817	20480	20422
调解人员（万人） Number of Mediators(10000 persons)	26.16	19.15	12.40	9.60	9.41	8.08
调解纠纷（万件） Number of Disputes Mediated(10000 cases)	15.87	14.52	15.30	17.26	13.32	17.05
专职司法助理员（人） Number of Full-time Judicial Assistants(person)	1103	1356	1842	2481	2575	6329

注：1.调解纠纷数不含口头达成协议。2.民事诉讼代理已包括经济诉讼代理.

Note:a)Disputes Mediated exclude those mediated by oral agreements. b)The data Number of Lawyers in 2007 is the number of lawyers with license.

19-6 国内公证业务分类情况（2020年）

Domestic Notarial Services by Type(2020)

单位：件 (piece)

项目	Item	办证件数 Number of Certificates Handling
合计	**Total**	**403413**
合同（协议）	Contract(Agreement)	6764
继承	Inheritance	34605
委托	Delegation	96271
声明	Statement	53625
赠与	Bestowal	531
遗嘱	Testament	7729
现场监督	Supervision	2316
婚姻状况、亲属关系、收养关系	Marriage,Relatives,Adoption	13100
出生、生存、死亡	Birth,Survival,Death	18795
身份、经历、学历、学位、职务、职称	Identity,Experience,Degree,Job	2918
有无违法犯罪记录	Criminal Record	12907
公司章程	Article of association	6
保全证据	Evidence preservation	44079
证书（执照）	Certificate(license)	32957
签名（印章）	Certificate	18204
文本相符	Text consistent	36290
赋予执行效力	Effectiveness	10918
执行证书	Perform certificate	53
抵押登记	Mortgage registration	1
提存	Escrow	78
保管	Safekeeping	23
其他	Others	11243

19-7 全省安全生产情况（2020年）

Basic Statistics of Safety Production(2020)

项目 Item	安全生产事故起数（起） Number of Safety Production Accidents				安全生产事故死亡人数（人） Death of Safety Production Accidents(person)			
	合计 Total	一般事故 General accident	较大事故 Larger accident	重大事故 Major accident	合计 Total	一般事故 General accident	较大事故 Larger accident	重大事故 Major accident
总计 Total	**1186**	**1169**	**15**	**2**	**735**	**628**	**67**	**40**
按行业类型分 Grouped by Sector								
农林牧渔业 Farming, Forestry, Animal Husbandy and Fishery	11	10	1		20	12	8	
#农业机械 Agriculture Machinery								
渔业船舶 Fishery	7	6	1		16	8	8	
采矿业 Mining and Quarrying	11	11			11	11		
#煤矿 Coal Mine	1	1			1	1		
金属非金属矿山 Metal and Nonmetal Mine	10	10			10	10		
商贸制造业 Manufacturing	79	78	1		82	79	3	
#化工 Chemical Industry	5	5			5	5		
冶金机械 Metallurgical Machinery	42	41	1		44	41	3	
建筑业 Construction	99	95	3	1	138	95	14	29
#房建市政 Housing Construction	31	31			30	30		
交通建设 Traffic Construction	23	23			27	27		
交通运输和仓储业 Transport and Storage Services	957	946	10	1	453	400	42	11
#铁路 Railway	34	34			26	26		
道路 Road	911	902	8	1	410	363	36	11
水上 Waterway	5	3	2		11	5	6	
其他行业 Others	29	29			31	31		

主要统计指标解释

社会福利事业单位 指集中收养社会孤、老、残、幼的机构，包括由民政部门管理的社会福利院、儿童福利院、精神病人福利院和城镇集体举办的福利院及农村集体举办的敬老院以及优抚医院和具有收养能力的社区服务中心等。该指标主要反映我国在社会福利性单位投入的水平。

社会福利事业单位收养人数 包括民政部门管理和城镇、农村集体举办的社会福利事业单位中收养的老人、少年儿童、缺乏生活自理能力的残疾人员和精神病人。该指标主要反映收养性社会福利单位的收养能力。

社会福利企业单位 指以安置城镇有一定劳动能力的盲、聋、哑和肢体残疾人员就业为目的，享受国家减免税待遇的国有或集体企业。包括福利工厂、福利商业和服务业、假肢厂和安置农场等单位。该指标主要反映我国对残疾人照顾的特殊政策。

农村五保户 指农村中既无劳动能力，又无经济来源的老、弱、孤、残的农民，其生活由集体供养，实行保吃、保穿、保住、保医、保葬(孤儿保教)，简称“五保”，享受五保待遇的家庭叫五保户。该指标主要反映农村弱势群体的人员数量。

律师 指依法取得律师执业证书，担任法律顾问，民事(刑事、行政)案件代理人、刑事案件辩护人、办理非诉讼业务，解答法律询问，代写法律事务文书等，为社会提供法律服务的人员。

公证人员 指在公证处工作的人员总称，包括公证处主任、副主任、公证员、公证员助理(助理公证员)和其他从事辅助性工作的人员。

公证文书 指公证处根据当事人申请，依照事实和法律，按照法定程序制作的，具有法律效力的司法证明文书。根据公证书用途和使用地，公证书分为国内公证书、国内经济公证书、涉外民事公证书、涉外经济公证书四类。

Explanatory Notes on Main Statistical Indicators

Social Welfare Institutions refer to institutions taking care of old pople without children, handicapped people and orphans. They include social welfare institutions run by civil affairs departments, children welfare institutions, social welfare institutions for mental patients, collective-owned old peoples homes in rural areas, convalescent homes and community service centers with the capaCity of receiving those people. This indicator reflects the input in social welfare institutions.

Number of People Taken in by Social Welfare Institutions refers to the number of old people, children, totally dependent handicapped people and mental patients taken in by social welfare institutions run by civil affairs departments and those run by collective units in urban and rural areas. This indicator reflects the cap a City of social welfare institutions.

Social Welfare Enterprises are collective owned enterprises which employ the blind, deaf-mute, and other handicapped people who are able to work in cities and towns and enjoy exemption from state taxes, including welfare plants, welfare commercial services, artificial limb plants and farms, etc. This indicator reflects the preferential policies toward disabled persons.

Rural Households with Livelihood Guaranteed in Five Aspects refer to the households in which there are old people without child, orphans and handicapped people who are unable to work and without financial resources in rural areas. They are taken care of by the collective units and their food, clothing, housing, medical care, funeral expenses (or schooling for orphans) are guaranteed to be provided for. This indicator reflects the total number of disadvantageous groups of rural population.

Lawyers are certified legal workers according to law, and who are employed by legal counseling firms to act as legal advisers, agents in criminal or civil lawsuits, or defenders in criminal lawsuits, or to handle non-litigious legal affairs, to advise on matters of law or t o write legal papers for others, and provide service to the public.

Notary Personnel refers to people working for notary offices including: directors, deputy direct or, notaries, assistant notaries, and other people providing assistance.

Notary Documents refer to the judicatory notary documents drawn up by the request of the party and are in accordance with facts and laws and following certain legal proceedings. According to usage and locality, the notary documents are divided into following 4 types: domestic notary documents, domestic economic notary documents, foreign-related civil notary documents and foreign-related economic notary documents.

第二十篇　企业调查

Chapter 20　Enterprise Survey

资料整理：林武兴 洪永华 陈彧

Database Editor: Linwuxing Hongyonghua Chenyu

简要说明

本篇资料的主要内容及来源

本篇资料主要包括工业、建筑业和贸易企业的主要企业名录。

营业收入前 300 家工业企业由省统计局工业交通统计处整理提供，建筑业总产值前 300 家建筑企业由省统计局固定资产投资统计处提供，主营业务收入前 300 家批发零售企业由省统计局贸易外经统计处提供。

Brief Introduction

Main Content and Source of Data

The data in this chapter mainly include main enterprises group in Industrial Enterprises, Construction Enterprises and Sale Enterprises.

Data of Top 300 Industrial Enterprises in Main Business Income are provided by the Division of Industry and Transport Statistics of Fujian Provincial Bureau of Statistics. Data of Top 300 Construction Enterprises in gross Annual Value are provided by the Division of Investment in Fixed Assets Statistics of Fujian Provincial Bureau of Statistics. Data of Top 300 Wholesale and Retail Enterprises in Main Business Income are provided by the Division of Trade and Extermal Economic Relations Statistics of Fujian Provincial Bureau of Statistics.

20-1 营业收入前300家工业企业(2020年)

Top 300 Industrial Enterprises in Main Business Income(2020)

位次 No.	企业名称 Name	位次 No.	企业名称 Name
1	国网福建省电力有限公司	51	福建宏旺实业有限公司
2	福建联合石油化工有限公司	52	福建省石狮市通达电子有限公司
3	紫金矿业集团黄金冶炼有限公司	53	福建省长乐市山力化纤有限公司
4	宁德时代新能源科技股份有限公司	54	福建省辉源金属制品有限公司
5	戴尔（中国）有限公司	55	漳州中科智谷科技有限公司
6	中化泉州石化有限公司	56	飞毛腿（福建）电子有限公司
7	宁德新能源科技有限公司	57	泉州市泉港富兴钢板有限公司
8	福建青拓镍业有限公司	58	福建龙净环保股份有限公司
9	福建三钢闽光股份有限公司	59	华阳电业有限公司
10	福建青拓实业股份有限公司	60	捷星显示科技（福建）有限公司
11	福建三宝钢铁有限公司	61	福建长源纺织有限公司
12	福建鼎信科技有限公司	62	福建景丰科技有限公司
13	紫金铜业有限公司	63	厦门厦钨新能源材料股份有限公司
14	福建省金纶高纤股份有限公司	64	厦门银鹭食品集团有限公司
15	福建捷联电子有限公司	65	福建圣农发展股份有限公司
16	长乐恒申合纤科技有限公司	66	锐捷网络股份有限公司
17	中铜东南铜业有限公司	67	福建上杭太阳铜业有限公司
18	厦门天马微电子有限公司	68	中铝瑞闽股份有限公司
19	龙岩烟草工业有限责任公司	69	福建省晋江福源食品有限公司
20	戴尔（厦门）有限公司	70	福建省长乐市锦源纺织有限公司
21	福建福欣特殊钢有限公司	71	莆田市永丰鞋业有限公司
22	福建鼎信实业有限公司	72	山鹰华南纸业有限公司
23	特步（中国）有限公司	73	莆田市鑫龙鞋业有限公司
24	宸美（厦门）光电有限公司	74	福建傲农生物科技集团股份有限公司
25	友达光电（厦门）有限公司	75	泉州福海粮油工业有限公司
26	厦门烟草工业有限责任公司	76	福建罗源小蕉轧钢有限公司
27	福建永荣锦江股份有限公司	77	福建金源纺织有限公司
28	福建罗源闽光钢铁有限责任公司	78	福建亿鑫钢铁有限公司
29	福州京东方光电科技有限公司	79	福建省长乐市第二棉纺织厂
30	冠捷显示科技（厦门）有限公司	80	福建华峰新材料有限公司
31	厦门海峡黄金珠宝产业园有限公司	81	福建恒利集团有限公司
32	福建三宝特钢有限公司	82	福建华锦实业有限公司
33	福建大东海实业集团有限公司	83	柯林(福建)服饰有限公司
34	福建申远新材料有限公司	84	南靖万利达科技有限公司
35	宝钢德盛不锈钢有限公司	85	福建百宏聚纤科技实业有限公司
36	福建甬金金属科技有限公司	86	福建圣农食品有限公司
37	翔鹭石化（漳州）有限公司	87	福建永荣科技有限公司
38	福建省长汀金龙稀土有限公司	88	福建美明达鞋业发展有限公司
39	福建奔驰汽车有限公司	89	福建省中江石化有限公司
40	福建泉州闽光钢铁有限责任公司	90	福建元成豆业有限公司
41	联盛纸业(龙海)有限公司	91	上海汽车集团股份有限公司乘用车福建分公司
42	福建宁德核电有限公司	92	福建经纬新纤科技实业有限公司
43	福建福清核电有限公司	93	珠穆朗玛（中国）有限公司
44	长乐力恒锦纶科技有限公司	94	中国重汽集团福建海西汽车有限公司
45	福建中锦新材料有限公司	95	福建中景石化有限公司
46	福建吴航不锈钢制品有限公司	96	福建省晋江市浩沙制衣有限公司
47	中海福建天然气有限责任公司	97	厦门金龙联合汽车工业有限公司
48	腾龙芳烃（漳州）有限公司	98	福建凯邦锦纶科技有限公司
49	安踏体育用品集团有限公司	99	福建固美金属有限公司
50	宸鸿科技（厦门）有限公司	100	九牧厨卫股份有限公司

20-1 续表1
Continued

位次 No.	企业名称 Name	位次 No.	企业名称 Name
101	漳州立达信光电子科技有限公司	151	福建泉州宝辉珠宝首饰有限公司
102	福建省东鑫石油化工有限公司	152	福建龙麟集团有限公司
103	三明厦钨新能源材料有限公司	153	福建圣农发展（浦城）有限公司
104	新大陆数字技术股份有限公司	154	厦门ABB开关有限公司
105	捷太格特转向系统（厦门）有限公司	155	万利（中国）有限公司
106	福建省长乐市泰源纺织实业有限公司	156	福建唐源合纤科技有限公司
107	路达（厦门）工业有限公司	157	申鹭达股份有限公司
108	国投云顶湄洲湾电力有限公司	158	福建鸿圣箱包有限公司
109	仙游县元生智汇科技有限公司	159	福建省鸿山热电有限责任公司
110	福建欧美龙体育用品有限公司	160	厦门三安光电有限公司
111	福建华电可门发电有限公司	161	厦门厦顺铝箔有限公司
112	漳州鼎鑫工贸有限公司	162	厦门宏发电声股份有限公司
113	明达实业(厦门)有限公司	163	玖龙纸业（泉州）有限公司
114	福建凯航再生资源有限责任公司	164	福建省永安万年水泥有限公司
115	福建南平太阳电缆股份有限公司	165	百威雪津啤酒有限公司
116	福建省南平铝业股份有限公司	166	福建龙峰纺织科技实业有限公司
117	泉州市燃气有限公司	167	福建赛隆科技有限公司
118	福建新华源纺织集团有限公司	168	福州吴航钢铁制品有限公司
119	福州旭福光电科技有限公司	169	达利食品集团有限公司
120	紫金矿业集团股份有限公司	170	福建省闽发铝业股份有限公司
121	华能国际电力股份有限公司福州电厂	171	厦门太古发动机服务有限公司
122	厦门宝太生物科技有限公司	172	福建南平南孚电池有限公司
123	蜡笔小新(福建)食品工业有限公司	173	福建战地吉普户外服饰有限公司
124	福建图图服饰有限公司	174	福建省国联混凝土有限责任公司
125	福建三钢小蕉实业发展有限公司	175	厦门ABB低压电器设备有限公司
126	福建泉州群发包装纸品有限公司	176	奥佳华智能健康科技集团股份有限公司
127	厦门金龙旅行车有限公司	177	福建合力泰科技有限公司
128	福建大唐国际宁德发电有限责任公司	178	福建乐隆隆食品科技有限公司
129	福建恒利纸业有限公司	179	福建星网锐捷通讯股份有限公司
130	国电泉州热电有限公司	180	福建省长乐市正隆纺织有限公司
131	漳州蒙发利实业有限公司	181	福建省源威涤锦科技有限公司
132	林德（中国）叉车有限公司	182	普立优高分子（福建）有限公司
133	泉州星竹鞋材有限公司	183	石狮市斯舒郎体育用品有限公司
134	厦门正新橡胶工业有限公司	184	福建源盛纺织服装城有限公司
135	龙工(福建)机械有限公司	185	三六一度（中国）有限公司
136	福建祥鑫股份有限公司	186	福建佳新创辉集团有限公司
137	福建省闽中有机食品有限公司	187	福建正麒高纤科技股份有限公司
138	宝宸(厦门)光学科技有限公司	188	福建莱克石化有限公司
139	厦门市三安半导体科技有限公司	189	福州市长乐区华亚纺织有限公司
140	福建德通金属容器股份有限公司	190	福建天辰耀隆新材料有限公司
141	厦门盈趣科技股份有限公司	191	联芯集成电路制造（厦门）有限公司
142	中平神马（福建）科技发展有限公司	192	泉州来亚丝卫生用品有限公司
143	神华福能发电有限责任公司	193	玉晶光电(厦门)有限公司
144	福建省晋江市陈埭安盛鞋服有限公司	194	福建晶安光电有限公司
145	大通（福建）新材料股份有限公司	195	莆田新飞天鞋业有限公司
146	福州翔隆纺织有限公司	196	厦门东方银祥油脂有限公司
147	福建冠睿电子科技有限公司	197	泉州华尔宝树脂有限公司
148	福建上润精密仪器有限公司	198	福建森源家具有限公司
149	辉煌水暖集团有限公司	199	厦门金鹭特种合金有限公司
150	福建省石狮市通达电器有限公司	200	福建冠盖金属包装有限公司

20-1 续表2
Continued

位次 No.	企业名称 Name	位次 No.	企业名称 Name
201	匹克(中国)有限公司	251	晋江新奥燃气有限公司
202	连天红（福建）家具有限公司	252	福建省天和纺织实业有限公司
203	上海电气风电设备莆田有限公司	253	惠安伟盛鞋业有限公司
204	金牌厨柜家居科技股份有限公司	254	国电福州发电有限公司
205	福建佳通轮胎有限公司	255	正新(漳州)橡胶工业有限公司
206	泉州欣林包袋有限公司	256	福建新文行灯饰有限公司
207	福建长德蛋白科技有限公司	257	厦门钨业股份有限公司
208	厦门亿联网络技术股份有限公司	258	荣兴（福建）特种钢业有限公司
209	金强（福建）建材科技股份有限公司	259	福建浔兴拉链科技股份有限公司
210	晋江市七彩狐服装织造有限公司	260	通达（厦门）科技有限公司
211	赛得利（福建）纤维有限公司	261	福建亚伦电子电器科技有限公司
212	泉州闽华电器有限公司	262	福州恒展电子有限公司
213	晋江腾达陶瓷有限公司	263	石狮市益兴针织服装有限公司
214	福建金磊纺织有限公司	264	中天（中国）工业有限公司
215	漳州片仔癀药业股份有限公司	265	肯拓（泉州）户外用品有限公司
216	福建思嘉环保材料科技有限公司	266	福建省闽华电源股份有限公司
217	福建龙马环卫装备股份有限公司	267	福州泰宇混凝土有限公司
218	福建华源纺织有限公司	268	福建恒捷实业有限公司
219	福州兴广恒玻璃有限公司	269	晋江恒盛玩具有限公司
220	福建万鸿纺织有限公司	270	福州金缘鞋材有限公司
221	福建省长乐金沙港纺织有限公司	271	泉州鸿圣轻工有限公司
222	厦门正新海燕轮胎有限公司	272	福建省信达光电科技有限公司
223	福建翔升纺织有限公司	273	福建金风科技有限公司
224	福建省莆田荔兴轻工实业有限责任公司	274	福建金鑫纺织有限公司
225	福州通尔达电线电缆有限公司	275	福建省惠香粮油食品有限公司
226	华昌珠宝有限公司	276	福建东海漆业有限公司
227	福州摩实达电子科技有限公司	277	泉州源利鞋材有限公司
228	福建源光电装有限公司	278	泉州南安市华龙塑胶有限公司
229	福建省谋成水泥发展有限公司	279	福建力道鞋服有限公司
230	福建省辉源达钢铁制品有限公司	280	锐珂(厦门)医疗器材有限公司
231	科华恒盛股份有限公司	281	建新轮胎（福建）有限公司
232	金冠(中国）食品有限公司	282	厦门松霖科技股份有限公司
233	长乐聚泉食品有限公司	283	福建利瑶纺织制衣有限公司
234	福建三钢（集团）三明化工有限责任公司	284	莆田启明鞋业有限公司
235	福建经纬集团有限公司	285	福建精联科技有限公司
236	泉州东风鞋帽有限公司	286	厦门保沣实业有限公司
237	益海嘉里（泉州）粮油食品工业有限公司	287	福建恒安集团有限公司
238	晋江市锦福化纤聚合有限公司	288	漳州市昌龙汽车附件有限公司
239	福建华佳彩有限公司	289	福建正鑫纺织有限公司
240	三六一度(福建)体育用品有限公司	290	漳平红狮水泥有限公司
241	漳州旗滨玻璃有限公司	291	福建省万达汽车玻璃工业有限公司
242	华辉科技(中国)有限公司	292	达郎（福建）体育用品有限公司
243	福建荣盛钢结构实业有限公司	293	福建南安市万家美针织有限公司
244	泉州市泉港源盛工贸有限公司	294	福州名成食品工业有限公司
245	福建新福达汽车工业有限公司	295	厦门华特集团有限公司
246	福建锦程高科实业有限公司	296	福建晋工机械有限公司
247	福建博那德科技园开发有限公司	297	厦门中禾实业有限公司
248	安踏（中国）有限公司	298	泉州艺龙美术工艺有限公司
249	福建恩东体育用品有限公司	299	福建统一马口铁有限公司
250	福建省闽宏建材实业有限公司	300	福建省长乐市永盛金属制品有限公司

20-2 建筑业总产值前300家企业(2020年)

Top 300 Construction Enterprises in gross Annual Value(2020)

位次 No.	企业名称 Name	位次 No.	企业名称 Name
1	中建海峡建设发展有限公司	51	福建省荔隆建设工程有限公司
2	福建六建集团有限公司	52	厦门源昌城建集团有限公司
3	福建建工集团有限责任公司	53	福建森正建设集团有限公司
4	中建四局建设发展有限公司	54	福建省雄盛建筑工程有限公司
5	中建海峡（厦门）建设发展有限公司	55	中国水利水电第十六工程局有限公司
6	福建省永泰建筑工程公司	56	中铁十七局集团第六工程有限公司
7	福建九鼎建设集团有限公司	57	福建省百盛建设发展有限公司
8	福建省泷澄建设集团有限公司	58	福建远舟港湾建设工程有限公司
9	福建省永富建设集团有限公司	59	福建惠丰建筑工程有限公司
10	福建省华荣建设集团有限公司	60	中建三局（厦门）建设有限公司
11	中交一公局厦门工程有限公司	61	福建才溪建设集团有限公司
12	福建省闽南建筑工程有限公司	62	福建省兴创建设集团有限公司
13	福建省惠东建筑工程有限公司	63	新纪建工集团有限公司
14	海峡宏基建工集团有限公司	64	福建省工业设备安装有限公司
15	福建宏盛建设集团有限公司	65	福建联泰建设工程有限公司
16	福建省第五建筑工程公司	66	福建省五洲建设集团有限公司
17	福建发展集团有限公司	67	福建省同源建设工程有限公司
18	福建省二建建设集团有限公司	68	福建博业建设集团有限公司
19	福建路港（集团）有限公司	69	福建省透堡建筑工程有限公司
20	福建省九龙建设集团有限公司	70	福建荣建集团有限公司
21	福建一建集团有限公司	71	中建力天集团有限公司
22	中交三航（厦门）工程有限公司	72	福建省中马建设工程有限公司
23	中铁二十二局集团第三工程有限公司	73	福建省八方建筑工程有限公司
24	名筑建工集团有限公司	74	福建路桥建设有限公司
25	福建华航建设集团有限公司	75	鑫泰建设集团有限公司
26	泉发建设股份有限公司	76	福建三建工程有限公司
27	福建省涵城建设工程有限公司	77	福建铭泰集团有限公司
28	福建金鼎建筑发展有限公司	78	中晟海峡建设有限公司
29	福建璟榕工程建设发展有限公司	79	方圆建设集团有限公司
30	福建省东霖建设工程有限公司	80	恒晟集团有限公司
31	福建省日誉建设集团有限公司	81	福建永东南建设集团有限公司
32	中铁一局集团厦门建设工程有限公司	82	福州建工(集团)总公司
33	福建省兴岩建设集团有限公司	83	中铁海峡建设集团有限公司
34	厦门中联永亨建设集团有限公司	84	福建华建工程建设有限公司
35	福建来宝建设集团有限公司	85	中铁（厦门）投资有限公司
36	厦门特房建设工程集团有限公司	86	福建省恒基建设股份有限公司
37	福建卓越建设工程开发有限公司	87	福州第七建筑工程有限公司
38	中建协和建设有限公司	88	福建弘祥建设工程有限公司
39	福建省安泰建筑工程有限公司	89	中铁(福州)投资有限公司
40	福建省顺安建筑工程有限公司	90	中建旷博（福建）有限公司
41	中铁二十四局集团福建铁路建设有限公司	91	福建省长鸿建筑工程有限公司
42	福建省融旗建设工程有限公司	92	乐嘉建设工程有限公司
43	福建成森建设集团有限公司	93	中核工建设集团第四工程局有限公司
44	福建省民益建设工程有限公司	94	福州市一建建设股份有限公司
45	福建七建集团有限公司	95	海环科技集团股份有限公司
46	福建巨岸建设工程有限公司	96	中交四航局第五工程有限公司
47	福建新华夏建工有限公司	97	中建（福建）建设有限公司
48	中交建宏峰集团有限公司	98	福建省利恒建设工程有限公司
49	福建磊鑫（集团）有限公司	99	中建远南集团有限公司
50	华辉建工集团有限公司	100	福建永旺建设集团有限公司

20-2 续表1

Continued

位次 No.	企业名称 Name	位次 No.	企业名称 Name
101	福建省隆盛建设工程有限公司	151	福建省泉州市东海建筑有限公司
102	至永建设集团有限公司	152	中建富林集团有限公司
103	福建中冶永行建设工程有限公司	153	福建省闽楚建设工程有限公司
104	福建大华鑫建设工程有限公司	154	中汇建筑集团有限公司
105	福建巨铸集团有限公司	155	福建省惠一建设工程有限公司
106	福州市第三建筑工程公司	156	福建省泰宏建设工程有限公司
107	中城投集团第八工程局有限公司	157	厦门海投工程建设有限公司
108	中建八局(厦门)建设有限公司	158	福建省惠五建设工程有限公司
109	中城建设有限责任公司	159	福建省惠三建设发展有限公司
110	飞阳建设工程有限公司	160	龙岩市西安建筑工程有限公司
111	福建省禹澄建设工程有限公司	161	福建省晋南建设集团有限公司
112	福建省晓沃建设工程有限公司	162	福建省中木建设集团有限公司
113	中东建设集团有限公司	163	福建联美建设集团有限公司
114	中建鑫宏鼎环境集团有限公司	164	福建泉州市二建工程有限公司
115	福建省汇恒达建筑工程有限公司	165	福建胜奇工程建设有限公司
116	福建第一公路工程集团有限公司	166	中交鹭建有限公司
117	海曜建工集团有限公司	167	中磐建设集团有限公司
118	福州市城投建筑有限公司	168	漳州市建筑工程有限公司
119	福建登凯成龙建设集团有限公司	169	福建省交建集团工程有限公司
120	福建省嘉晟建设发展有限公司	170	福建恒声建设集团有限公司
121	永太建设集团有限公司	171	中国电建集团福建工程有限公司
122	福建省凡士建设集团有限公司	172	凯辉集团（福建）有限公司
123	中国电建集团航空港建设有限公司	173	福建省诚毅工程建造有限公司
124	恒富建设集团有限公司	174	福能联信建设集团有限公司
125	福建拓海建设工程有限公司	175	福建筑兆建设有限公司
126	福建省南安市第一建设有限公司	176	福建省海天建设工程有限公司
127	福建正宇市政园林工程有限公司	177	福建晟亿集团有限公司
128	福建省杭辉建设工程有限公司	178	福建省汤头建筑工程有限公司
129	福建省冠辉建设工程有限公司	179	神州建设集团有限公司
130	福建闽清一建建设发展有限公司	180	闽晟集团城建发展有限公司
131	福建省水利水电工程局有限公司	181	福建省筑信建设集团有限公司
132	福建蓝海市政园林建筑有限公司	182	泉州亿兴电力工程建设有限公司
133	福建省国筑建设工程有限公司	183	福建省高速公路养护工程有限公司
134	福建冶地恒元建设有限公司	184	福建中凯建设工程有限公司
135	福建省亿方建设工程有限公司	185	中建华鸿建设发展有限公司
136	厦门树鑫建设集团有限公司	186	莆田中建建设发展有限公司
137	大成工程建设集团有限公司	187	中星联丰建设集团有限公司
138	中建闽泰建设开发有限公司	188	福州亿力电力工程有限公司
139	福建省实盛建设工程有限公司	189	厦门安能建设有限公司
140	宇旺建工集团有限公司	190	厦门集三建设集团有限公司
141	福建勤马集团有限公司	191	福建泉润建设工程有限公司
142	福建省龙祥建设集团有限公司	192	福建上杭广厦建设有限公司
143	福建省高华建设工程有限公司	193	福建省金通建设集团有限公司
144	海峡建工集团有限公司	194	福建省吴航建筑工程有限公司
145	福建互助建筑工程有限公司	195	福建省华策建设集团有限公司
146	福建省国泰建设有限公司	196	福建省中嘉建设工程有限公司
147	福建西南建设有限公司	197	福建省永泰县第三建筑工程有限公司
148	中建一局集团东南建设有限公司	198	福建省惠裕建设工程有限公司
149	聚煌集团有限公司	199	厦门卓毅建筑工程有限公司
150	福建省榕源建设工程有限公司	200	厦门鲁班源房屋营造有限公司

20-2 续表2

Continued

位次 No.	企业名称 Name	位次 No.	企业名称 Name
201	福州铁建建筑有限公司	251	福建永宏建设工程有限公司
202	厦门市大方舟建设有限公司	252	福建广耀建设工程有限公司
203	福建平祥建设工程有限公司	253	厦门安禧建设有限公司
204	福建省邮电工程有限公司	254	中建德信集团有限公司
205	厦门市建安集团有限公司	255	福建省巨龙建设工程有限公司
206	中呈建设有限公司	256	福建省龙津建筑工程有限公司
207	砖文建设集团有限公司	257	福建省百川建设发展有限公司
208	中交上航（福建）交通建设工程有限公司	258	福建省华实建设工程有限公司
209	福建大舟建设集团有限公司	259	福建荣成建设工程有限公司
210	福建联谊建筑工程有限公司	260	福建屹立建设工程有限公司
211	厦门电力工程集团有限公司	261	福建星原建设工程发展有限公司
212	福建省永同达建筑工程有限公司	262	福建省睿煌建筑工程有限公司
213	紫金矿业建设有限公司	263	福建全顺建设工程有限公司
214	福建省昊立建设工程有限公司	264	达顺建设有限公司
215	福建兴万祥建设集团有限公司	265	福建省浦口建筑工程有限公司
216	亿耀（福建）建设有限公司	266	福建省东风建筑工程有限公司
217	福建省上杭县宏庄建筑工程有限公司	267	华宇（福建）置业集团有限公司
218	恒亿集团有限公司	268	巨融建工集团有限公司
219	福建省恒超建设发展有限公司	269	福建省新越建工有限公司
220	福建省送变电工程有限公司	270	福建省麒麟建设工程集团有限公司
221	福建博成建筑工程有限公司	271	中建诺成有限公司
222	福建京源建设工程有限公司	272	三明客家源建设工程有限公司
223	海峡福环建工集团有限公司	273	厦门市吉兴集团建设有限公司
224	福建红珊瑚景观建设有限公司	274	福建省福新建设工程有限公司
225	福建省涵禹建设工程有限公司	275	福建实联建设有限公司
226	中庚汇建设发展有限公司	276	福建省渚港建工发展有限公司
227	福建省明丰建设集团有限公司	277	福建省顺天亿建设有限公司
228	福建众诚建设工程有限公司	278	武夷隆鑫集团有限公司
229	福建省新华都工程有限责任公司	279	福建省中禹水利水电工程有限公司
230	厦门泰睿坤建设工程有限公司	280	福建中联建设工程有限公司
231	福建九翔龙建设工程有限公司	281	福州市中霖工程建设有限公司
232	福建省恒鼎建筑工程有限公司	282	福建鑫泷鼎建设工程有限公司
233	福建省明通建设集团有限公司	283	福建创邦建筑工程有限公司
234	福建海瑞工程建设有限公司	284	福建冠云鑫建设工程有限公司
235	福建中浩市政园林有限公司	285	福建巧匠建筑工程有限公司
236	福建省博晟建筑工程有限公司	286	锦禾建设集团有限公司
237	福建省桃城建设工程有限公司	287	福建建中建设科技有限责任公司
238	中建凯源集团有限公司	288	精易建工集团有限公司
239	福建承昌建设工程有限公司	289	福建金田建设工程有限公司
240	福建省九建建筑工程有限公司	290	福建金川建筑工程有限公司
241	福建汇达建筑工程有限公司	291	福建省城弘建设集团有限公司
242	福州闽龙铁路工程有限公司	292	厦门鹭恒达建筑工程有限公司
243	仙游县建工投资集团有限公司	293	福建省东昇建设工程有限公司
244	福建径坊建造工程有限公司	294	中兴华骏建设有限公司
245	福建普尔泰集团有限公司	295	福建省樟榕建设工程有限公司
246	福建祥荣建设投资集团有限公司	296	福建鑫楷鼎建设工程有限公司
247	福建恒盛建筑集团有限公司	297	福建鑫远建工有限公司
248	福建省榕圣市政工程股份有限公司	298	中建长远建设有限公司
249	福建新纪建设集团有限公司	299	厦门市广科建设有限公司
250	福建省协兴建设有限公司	300	福建省华舜水利水电工程有限公司

20-3 主营业务收入前300家批发零售企业(2020年)

Top 300 Wholesale and Retail Enterprises in Main Business Income(2020)

位次 No.	企业名称 Name	位次 No.	企业名称 Name
1	厦门国贸集团股份有限公司	51	晋江锦兴贸易有限公司
2	厦门象屿物流集团有限责任公司	52	厦门国贸纸业有限公司
3	福建兴大进出口贸易有限公司	53	厦门同顺供应链管理有限公司
4	厦门信达股份有限公司	54	福建省长一实业有限公司
5	福建闽光云商有限公司	55	福建力聚物流有限公司
6	厦门象屿铝晟有限公司	56	厦门翔熙供应链管理有限公司
7	福建中烟工业有限责任公司	57	福建省榕江进出口有限公司
8	中化石油成品油销售有限公司	58	漳州市九龙江集团有限公司
9	中石化森美（福建）石油有限公司	59	福建华锦贸易有限公司
10	厦门建发物产有限公司	60	福建东铭国际贸易有限公司
11	厦门建发矿业资源有限公司	61	斐乐体育有限公司
12	厦门象屿速传供应链发展股份有限公司	62	斐乐服饰有限公司
13	福建点钢科技有限公司	63	福建省烟草公司漳州市公司
14	厦门海翼国际贸易有限公司	64	福州民天实业有限公司
15	厦门建发金属有限公司	65	昌富利（厦门）有限公司
16	福建闽海石化有限公司	66	厦门市明穗粮油贸易有限公司
17	福化工贸（漳州）有限公司	67	厦门黄金投资有限公司
18	福建省森集石油贸易有限公司	68	厦门海易航供应链物流有限公司
19	成大物产（厦门）有限公司	69	紫金矿业集团（厦门）金属材料有限公司
20	建发物流集团有限公司	70	厦门象屿化工有限公司
21	宁德正威发展有限公司	71	均和（厦门）能源有限公司
22	福建炼油化工有限公司	72	晋江辉豪化工有限公司
23	厦门建发纸业有限公司	73	龙岩市龙地贸易有限公司
24	厦门京东东和贸易有限公司	74	厦门航空开发股份有限公司
25	福建三安集团有限公司	75	福建永荣控股集团有限公司
26	福建达利发展有限公司	76	福建申远贸易有限公司
27	厦门同歆贸易有限公司	77	福建省超盛化工工贸有限公司
28	盛屯矿业集团股份有限公司	78	厦门象屿农产品有限责任公司
29	厦门建发原材料贸易有限公司	79	中国石化销售有限公司福建石油分公司
30	均和（厦门）控股有限公司	80	福建省烟草公司厦门市公司
31	福建信通贸易有限公司	81	晋江市大长江钢管实业有限公司
32	福建省福化工贸股份有限公司	82	厦门合兴包装印刷股份有限公司
33	盛屯金属有限公司	83	福建恒安集团厦门商贸有限公司
34	永辉超市股份有限公司	84	上杭县紫金金属资源有限公司
35	中国石油天然气股份有限公司福建销售分公司	85	厦门安踏有限公司
36	福建省烟草公司泉州市公司	86	海峡石化产品交易中心有限公司
37	福清中金有色金属材料有限公司	87	福建青企实业有限公司
38	厦门海峡供应链发展有限公司	88	厦门万翔物流投资有限公司
39	福建世德久晟贸易有限公司	89	福建闽侯永辉商业有限公司
40	漳州路桥物资发展有限公司	90	中国工艺福建实业有限公司
41	福建省烟草公司福州市公司	91	厦门建发化工有限公司
42	福建新东联国际贸易有限公司	92	厦门建发能源有限公司
43	厦门港务贸易有限公司	93	龙工（中国）机械销售有限公司
44	中石化化工销售（福建）有限公司	94	厦门信和达电子有限公司
45	福建三钢国贸有限公司	95	百威东南销售有限公司
46	福建永辉超市有限公司	96	厦门宝拓资源有限公司
47	厦门安踏电子商务有限公司	97	鑫东森集团有限公司
48	泉州展志钢材有限公司	98	厦门金圆产业发展有限公司
49	厦门建发物资有限公司	99	紫金矿业物流（厦门）有限公司
50	福建阳光集团有限公司	100	象屿宏大供应链有限责任公司

20-3 续表1

Continued

位次 No.	企业名称 Name	位次 No.	企业名称 Name
101	福建安越服饰有限公司	151	紫金矿业物流有限公司
102	福建亚升石化有限公司	152	福建省龙岩市国贸有限公司
103	紫森（厦门）供应链管理有限公司	153	厦门西海控股有限公司
104	中化石油福建有限公司	154	厦门欣枫情商贸有限公司
105	全骏达实业有限公司	155	福建康泰再生资源利用有限公司
106	福建昊润石化有限公司	156	福建锦江泓晟贸易有限公司
107	福建省烟草公司三明市公司	157	福建省路路达石油制品有限公司
108	厦门特步投资有限公司	158	福建山福国际能源有限责任公司
109	龙岩交发睿通商贸有限公司	159	厦门迅达国际贸易有限公司
110	均达升（厦门）控股有限公司	160	连江县一福再生资源有限公司
111	福建三棵树建筑材料有限公司	161	福建泉州市嘉晟供应链有限公司
112	厦门路桥国际贸易有限公司	162	福建省晋江市进出口有限公司
113	厦门市信达安贸易有限公司	163	新中冠智能科技股份有限公司
114	厦门国贸农产品有限公司	164	厦门国贸有色矿产有限公司
115	福州喜盈门实业有限公司	165	宁德海螺水泥有限责任公司
116	厦门乔丹发展有限公司	166	厦门嘉联恒进出口有限公司
117	中煤京闽（福建）工贸有限公司	167	瑞幸咖啡（中国）有限公司
118	福建省烟草公司南平市公司	168	厦门象盛镍业有限公司
119	青拓集团有限公司	169	紫金矿业集团黄金珠宝有限公司
120	福建南方建材发展有限公司	170	厦门宝达纺织有限公司
121	福州麦多万嘉超市有限公司	171	福州中维实业有限公司
122	厦门海投经济贸易有限公司	172	旭达（厦门）商贸有限公司
123	平潭青拓金属材料有限公司	173	中国航油集团福建石油有限公司
124	均和（厦门）供应链管理有限公司	174	福建三木建设发展有限公司
125	福建省烟草公司龙岩市公司	175	金控均和（福州）供应链有限公司
126	厦门鑫同玺供应链管理有限公司	176	福州开发区新电燃料有限公司
127	象晖能源（厦门）有限公司	177	晋江裕福集团有限公司
128	福建省烟草公司莆田市公司	178	晋江福华化工有限公司
129	厦门象屿矿业有限公司	179	龙岩市国有资产投资经营有限公司
130	厦门采购宝供应链科技有限公司	180	厦门象屿同道供应链有限公司
131	福清江阴港银河国际汽车进出口贸易有限公司	181	福州中宝汽车销售服务有限公司
132	厦门象屿资源有限公司	182	荣鑫盛(厦门)商贸有限公司
133	厦门嘉晟供应链股份有限公司	183	福州麒铠商贸发展有限公司
134	福建省长乐市创造者锦纶实业有限公司	184	福建苏宁易购商贸有限公司
135	福建国海燃料有限公司	185	厦门国贸能源有限公司
136	福建匹克能源有限公司	186	晋江宝华钢材有限公司
137	福建新华发行（集团）有限责任公司	187	厦门融银贸易有限公司
138	必达（厦门）国际贸易有限公司	188	厦门育哲集团有限公司
139	厦门恒兴集团有限公司	189	厦门海沧保税港区供应链有限公司
140	厦门海投供应链运营有限公司	190	厦门安踏贸易有限公司
141	福建福泰钢铁有限公司	191	福州开发区益商贸易有限公司
142	国药控股福州有限公司	192	福州钜森实业有限公司
143	厦门信和达供应链有限公司	193	福建省润通汽车销售服务有限责任公司
144	漳州伊莱福食品有限公司	194	厦门新纸源电子商务有限公司
145	国投京闽（莆田）工贸有限公司	195	厦门盛屯金属销售有限公司
146	平潭鼎信商贸有限公司	196	福建高速中化石油有限公司
147	福州朴朴电子商务有限公司	197	龙骏信息科技有限公司
148	福建省烟草公司宁德市公司	198	福建省粮油食品进出口集团有限公司
149	厦门国贸金属有限公司	199	福建达亿贸易有限公司
150	厦门市嘉晟对外贸易有限公司	200	厦门路桥工程物资有限公司

20-3 续表2

Continued

位次 No.	企业名称 Name	位次 No.	企业名称 Name
201	厦门信息集团商贸有限公司	251	福建省建筑材料设备有限责任公司
202	福州锦泽化纤有限公司	252	厦门昌兴格瑞商贸有限公司
203	福建华峰实业有限公司	253	道普（厦门）石化有限公司
204	福建省万展信息科技有限公司	254	福州联合闽津茶业有限公司
205	福建盛泰石化有限公司	255	厦门华通远达贸易有限公司
206	晋江市新长江精密钢管制造有限公司	256	凝晟国际贸易（厦门）有限公司
207	福建省福能物流有限责任公司	257	福建阳光集团厦门进出口有限公司
208	厦门大正贸易有限公司	258	厦门市锋荣达贸易有限责任公司
209	厦门栢瑞供应链服务有限公司	259	福建均泰国际贸易有限公司
210	福州轻工进出口有限公司	260	厦门晟茂有限责任公司
211	厦门夏商粮食发展有限公司	261	福州迪光商贸有限公司
212	国药控股福建有限公司	262	福州威石艺术品贸易有限公司
213	厦门瑞悦隆供应链管理有限公司	263	厦门华铸实业有限公司
214	莆田市众鞋网络科技有限公司	264	新储（厦门）农业有限公司
215	福建同春药业股份有限公司	265	厦门汇通瑞祥贸易有限公司
216	厦门恒兴晟贸易有限公司	266	福建新紫金医药有限公司
217	福建新孚能源有限公司	267	泰地集团（厦门）石油有限公司
218	厦门建发轻工有限公司	268	厦门力拓集团有限公司
219	龙岩投创商贸有限公司	269	厦门禹港有限公司
220	厦门龙津进出口贸易有限公司	270	厦门芗江进出口有限公司
221	厦门宏发电声科技有限公司	271	连江县康杰再生资源有限公司
222	福清市众汇汽车进出口贸易有限公司	272	晋江市恒丰进出口贸易有限公司
223	海西黄金（厦门）有限公司	273	厦门鑫通贸易有限公司
224	福建兆佳贸易有限公司	274	福建漳龙集团有限公司
225	厦门隆昌晟商贸有限公司	275	东铭矿业（福建）有限公司
226	厦门航开保税贸易有限公司	276	福建福人林木收储有限公司
227	厦门鑫吉贸实业有限公司	277	厦门展志钢铁有限公司
228	坤健控股（厦门）有限公司	278	漳州新鑫贸易有限公司
229	福建能化供应链管理有限公司	279	福建力争石化有限公司
230	莆田市国投森通贸易有限公司	280	福建龙翌君瑶商贸有限公司
231	福建和锦贸易有限公司	281	福建东百集团股份有限公司
232	仙游青拓环保科技有限公司	282	厦门荣兴德恒贸易有限公司
233	福州开发区恒成实业有限公司	283	福建盛世欣兴格力贸易有限公司
234	漳州新业贸易有限公司	284	福建九州通业贸易有限公司
235	福建高速石化有限公司	285	中海油销售福建有限公司
236	福建佳兆燃料油有限公司	286	中海石油福建新能源有限公司
237	福清市驰辰汽车进出口贸易有限公司	287	福建福化古雷石油化工有限公司
238	厦门大亮贸易有限公司	288	福建省福农农资集团有限公司
239	福州展志钢铁有限公司	289	福建省南安市进出口有限公司
240	厦门圣德达元贸易有限公司	290	福建虹鑫实业有限公司
241	福建青拓再生资源开发有限公司	291	晋江华昂进出口贸易有限公司
242	福建湛华智能科技有限公司	292	福建奥盛荣实业有限公司
243	鹭燕医药股份有限公司	293	福建闽讯实业有限公司
244	中国厦门国际经济技术合作公司	294	厦门建益达有限公司
245	福建省南安市华龙石油有限公司	295	福建中升之宝汽车销售服务有限公司
246	厦门三裕丰能源有限公司	296	福建省南平市立远贸易有限公司
247	福州智硕商贸发展有限公司	297	福州恒基石化有限公司
248	厦门博钦贸易有限公司	298	冠捷(福州保税区)贸易有限公司
249	厦门匹克贸易有限公司	299	漳州益盛商贸有限公司
250	厦门誉联集团有限公司	300	隆鑫集团（福建）有限公司

第二十一篇　市县国民经济主要指标

Chapter 21　Main Economic Indicators of City and County

资料整理：孙晶洁 邹宾宇 徐林 范李功 杨威 饶晓燕 王施 王昱 陈群 陈洁 廖捷 戴斌 周万春 郑骁喆 郭宏杨

Database Editor: Sunjingjie Zoubinyu Xulin Fanligong Yangwei Raoxiaoyan Wangshi Wangyu Chenqun Chenjie Liaojie Daibin Zhouwanchun Zhengxiaozhe Guohongyang

简 要 说 明

本篇资料的主要内容及来源

本篇资料反映了全省各市（县）经济社会事业发展基本情况，主要包括地区生产总值、人口、从业人员、工业、投资、社会消费品零售总额、财政、职工工资和教育、卫生等方面的内容。

本篇资料由省统计局各相关专业处室整理提供。

Brief Introduction

Main Content and Source of Data

Data in this chapter show the development in society and economy of Urban districts or counties or cities on the county level, mainly including GDP, population, employed persons,, industry, investment, total retail sales of consumer good，finance, income of rural households, wage of staff and works, education and public health.

Data on this chapter are compiled and provided by the related department of Bureau of Fujian Provincial Bureau of Statistics.

21-1 地区生产总值（2020年）

Gross Domestic Products(2020)

单位：亿元 (100 million yuan)

地区	Area	地区生产总值 Gross Domestic Product	第一产业 Primary Industry	第二产业 Secondary Industry	第三产业 Tertiary Industry	工业 Industry	建筑业 Construction	人均GDP（元） Per Capita GDP(yuan)
全　省	**Fujian**	**43903.89**	**2732.32**	**20328.80**	**20842.78**	**15745.55**	**4654.13**	**105818**
福州市	**Fuzhou**	**10020.02**	**560.70**	**3840.77**	**5618.55**	**2532.16**	**1328.23**	**121015**
福州市辖区	District under Fuzhou							
鼓楼区	Gulou	2069.86		311.62	1758.24	42.13	269.57	307557
台江区	Taijiang	600.81		88.03	512.78	3.56	84.63	144773
仓山区	Cangshan	902.27	1.76	344.79	555.73	278.83	67.69	79741
马尾区	Mawei	604.96	9.89	354.87	240.19	226.44	128.92	208966
晋安区	Jin'an	959.05	7.99	253.98	697.08	139.98	114.28	121016
长乐区	Changle	1003.41	57.76	651.97	293.69	607.46	44.72	127095
福清市	Fuqing	1228.54	110.00	619.40	499.15	486.48	133.23	88352
闽侯县	Minhou	793.04	48.52	413.42	331.10	327.32	86.41	81171
连江县	Lianjiang	594.85	147.07	221.80	225.98	164.99	69.80	93091
罗源县	Luoyuan	316.61	49.02	171.63	95.96	151.58	20.33	124407
闽清县	Minqing	344.88	36.19	184.90	123.79	74.53	112.92	134195
永泰县	Yongtai	300.31	56.47	139.92	103.92	22.30	117.70	106873
平潭县	Pingtan	301.43	36.03	84.44	180.96	6.56	78.04	77289
厦门市	**Xiamen**	**6384.02**	**28.89**	**2519.83**	**3835.29**	**1892.18**	**655.90**	**123962**
厦门市辖区	District under Xiamen							
思明区	Siming	2053.04	2.99	327.15	1722.90	82.03	245.36	191963
海沧区	Haicang	815.75	1.75	458.59	355.41	403.08	55.83	140163
湖里区	Huli	1395.75		545.65	850.09	398.96	173.23	134855
集美区	Jimei	822.41	3.08	400.10	419.23	321.81	78.96	79768
同安区	Tong'an	591.21	11.42	309.41	270.38	283.01	26.66	69107
翔安区	Xiang'an	705.87	9.66	478.93	217.27	403.28	75.87	122334
莆田市	**Putian**	**2643.97**	**125.66**	**1362.33**	**1155.98**	**1094.00**	**270.96**	**82753**
莆田市辖区	District under Putian							
城厢区	Chengxiang	485.85	11.16	170.70	303.99	113.76	57.22	89723
涵江区	Hanjiang	595.12	17.22	391.51	186.39	328.73	63.58	123854
荔城区	Licheng	548.01	16.52	285.92	245.57	224.18	62.28	82223
秀屿区	Xiuyu	493.50	58.47	257.11	177.91	212.08	45.54	81705
仙游县	Xianyou	521.49	22.29	257.08	242.11	215.26	42.34	57782
三明市	**Sanming**	**2702.19**	**314.57**	**1401.90**	**985.72**	**1022.10**	**383.88**	**108304**
三明市辖区	District under Sanming							
梅列区	Meilie	355.83	5.51	163.04	187.27	139.31	23.79	162850
三元区	Sanyuan	247.43	13.15	147.56	86.72	103.47	44.37	130917
永安市	Yong'an	446.26	37.49	262.53	146.24	216.06	46.97	129351
明溪县	Mingxi	111.00	20.92	53.79	36.29	35.12	18.76	111003
清流县	Qingliu	154.58	24.33	82.80	47.45	42.06	40.96	128280
宁化县	Ninghua	201.97	29.22	91.00	81.75	48.33	43.16	76941
大田县	Datian	228.72	45.11	115.26	68.35	102.41	13.23	76112
尤溪县	Youxi	223.87	52.13	84.47	87.27	70.50	14.27	65362
沙县	Shaxian	323.87	32.41	190.36	101.09	136.59	54.87	129289
将乐县	Jiangle	165.31	20.47	81.66	63.18	58.76	23.18	113615
泰宁县	Taining	103.07	14.90	50.21	37.96	29.71	20.62	97692
建宁县	Jianning	140.29	18.92	79.22	42.15	39.77	39.70	121992
泉州市	**Quanzhou**	**10158.66**	**226.60**	**5808.14**	**4123.91**	**5120.69**	**695.86**	**115768**
泉州市辖区	District under Quanzhou							
鲤城区	Licheng	621.85	0.21	304.07	317.57	277.61	26.56	145293
丰泽区	Fengze	763.92	1.69	148.76	613.47	83.65	65.24	109837
洛江区	Luojiang	284.94	5.41	183.60	95.94	155.12	28.48	115830

注：本表为2020年快报数。

Note:The data of 2020 are quick statistics data.

21-1 续表

Continued

单位：亿元 (100 million yuan)

地区	Area	地区生产总值 Gross Domestic Product	第一产业 Primary Industry	第二产业 Secondary Industry	第三产业 Tertiary Industry	工业 Industry	建筑业 Construction	人均GDP（元） Per Capita GDP(yuan)
泉港区	Quangang	734.44	10.85	587.19	136.41	517.75	69.58	208057
石狮市	Shishi	937.16	24.29	423.05	489.82	374.97	48.23	136911
晋江市	Jinjiang	2616.11	20.26	1577.32	1018.52	1510.84	73.16	126872
南安市	Nan'an	1352.72	36.49	791.40	524.84	730.38	61.65	89171
惠安县	Hui'an	1317.71	31.95	936.41	349.36	761.98	174.73	128058
安溪县	Anxi	747.63	56.24	379.50	311.89	307.99	71.68	74391
永春县	Yongchun	494.52	26.47	306.77	161.28	270.14	36.72	116769
德化县	Dehua	287.66	12.75	170.08	104.83	130.26	39.83	86775
漳州市	**Zhangzhou**	**4545.61**	**498.71**	**2056.79**	**1990.11**	**1606.63**	**453.63**	**89834**
漳州市辖区	District under Zhangzhou							
芗城区	Xiangcheng	752.46	11.82	307.54	433.10	214.38	93.29	118312
龙文区	Longwen	349.07	5.95	116.42	226.70	76.73	40.01	117729
龙海市	Longhai	1115.75	79.99	634.95	400.81	486.54	151.01	117139
云霄县	Yunxiao	231.65	38.60	98.91	94.14	86.25	12.71	56295
漳浦县	Zhangpu	495.61	88.76	157.44	249.41	121.66	35.89	58410
诏安县	Zhao'an	287.63	56.28	135.37	95.99	121.28	14.09	50909
长泰县	Changtai	344.54	19.76	225.65	99.13	185.08	40.71	150453
东山县	Dongshan	198.25	38.03	70.83	89.39	51.04	19.86	90318
南靖县	Nanjing	345.33	75.29	154.65	115.39	131.57	23.13	112120
平和县	Pinghe	254.57	48.50	67.17	138.90	54.20	12.97	55582
华安县	Hua'an	170.76	35.73	87.87	47.16	77.90	9.97	126021
南平市	**Nanping**	**2007.40**	**329.76**	**759.42**	**918.22**	**526.97**	**232.76**	**74903**
南平市辖区	District under Nanping							
延平区	Yanping	415.82	40.65	164.92	210.25	72.94	92.06	90102
建阳区	Jianyang	261.94	39.38	106.37	116.20	80.15	26.27	78426
邵武市	Shaowu	241.66	29.37	107.27	105.03	83.13	24.19	87878
武夷山市	Wuyishan	208.05	28.51	74.65	104.89	53.01	21.65	83722
建瓯市	Jian'ou	280.29	53.03	99.42	127.84	76.36	23.10	63200
顺昌县	Shunchang	128.33	22.21	45.24	60.88	36.87	8.39	69367
浦城县	Pucheng	175.54	39.72	58.49	77.32	44.28	14.23	58807
光泽县	Guangze	117.29	44.04	37.43	35.81	31.60	5.83	87854
松溪县	Songxi	80.16	14.20	29.15	36.82	18.49	10.67	63121
政和县	Zhenghe	98.32	18.65	36.49	43.18	30.13	6.36	56668
龙岩市	**Longyan**	**2870.90**	**319.73**	**1263.37**	**1287.80**	**861.51**	**401.86**	**105548**
龙岩市辖区	District under Longyan							
新罗区	Xinluo	1018.81	59.23	479.04	480.55	366.29	112.75	121577
永定区	Yongding	285.83	39.69	112.64	133.49	61.42	51.22	87276
漳平市	Zhangping	274.70	37.18	117.65	119.86	83.14	34.51	108362
长汀县	Changting	309.77	41.38	137.15	131.24	93.88	43.27	77929
上杭县	Shanghang	431.87	60.46	179.38	192.02	98.44	80.94	115164
武平县	Wuping	273.38	41.01	114.47	117.89	72.67	41.80	98337
连城县	Liancheng	276.55	40.77	123.03	112.74	85.67	37.36	110399
宁德市	**Ningde**	**2619.00**	**325.92**	**1319.69**	**973.40**	**1089.10**	**232.16**	**83541**
宁德市辖区	District under Ningde							
蕉城区	Jiaocheng	782.81	42.32	494.64	245.84	421.02	74.01	127182
福安市	Fu'an	600.16	53.43	371.14	175.59	323.40	48.18	98630
福鼎市	Fuding	418.69	60.70	219.04	138.94	184.00	35.44	75849
霞浦县	Xiapu	264.48	69.35	65.36	129.77	48.00	17.62	55621
古田县	Gutian	204.97	49.03	52.12	103.82	38.33	13.81	63166
屏南县	Pingnan	91.84	16.37	23.60	51.87	15.48	8.14	65598
寿宁县	Shouning	104.68	17.39	38.11	49.18	23.48	14.64	58807
周宁县	Zhouning	76.16	8.41	23.53	44.22	13.32	10.21	51284
柘荣县	Zherong	75.23	8.91	32.15	34.17	22.06	10.11	81327

21-2 地区生产总值指数（2020年）

Indices of Gross Domestic Products(2020)

单位：以上年为100 (preceding year=100)

地区	Area	地区生产总值 Gross Domestic Product	第一产业 Primary Industry	第二产业 Secondary Industry	第三产业 Tertiary Industry	工业 Industry	建筑业 Construction	人均GDP Per Capita GDP
全　省	**Fujian**	**103.3**	**103.1**	**102.5**	**104.1**	**101.7**	**105.8**	**102.5**
福州市	**Fuzhou**	**105.1**	**104.0**	**106.2**	**104.4**	**105.1**	**108.8**	**104.2**
福州市辖区	District under Fuzhou							
鼓楼区	Gulou	103.2	100.0	102.4	103.4	102.4	102.3	104.2
台江区	Taijiang	106.3	100.0	112.7	105.3	103.7	113.0	108.0
仓山区	Cangshan	105.8	100.7	106.9	105.0	105.2	115.1	102.4
马尾区	Mawei	105.7	112.8	108.3	101.3	106.2	113.1	103.8
晋安区	Jin'an	105.7	103.8	106.9	105.2	105.1	109.4	106.1
长乐区	Changle	106.8	103.4	108.0	104.4	107.8	111.7	105.9
福清市	Fuqing	106.7	104.0	108.3	105.2	107.9	109.8	105.8
闽侯县	Minhou	105.0	103.7	105.1	104.9	103.6	113.1	101.5
连江县	Lianjiang	100.2	104.5	94.4	104.3	90.8	107.6	99.5
罗源县	Luoyuan	106.3	104.0	107.6	104.8	107.4	109.4	104.8
闽清县	Minqing	106.2	104.6	107.4	104.9	105.1	109.5	106.0
永泰县	Yongtai	106.2	104.5	108.0	104.9	102.6	109.4	101.7
平潭县	Pingtan	105.4	102.0	101.8	107.7	88.8	103.4	106.8
厦门市	**Xiamen**	**105.7**	**102.5**	**106.1**	**105.5**	**105.4**	**108.6**	**103.5**
厦门市辖区	District under Xiamen							
思明区	Siming	104.5	113.4	108.3	103.7	106.4	109.2	103.7
海沧区	Haicang	104.5	110.5	101.8	108.9	106.9	71.2	100.5
湖里区	Huli	106.4		103.2	108.7	101.2	109.8	106.0
集美区	Jimei	105.5	102.4	109.2	101.5	106.6	124.3	101.8
同安区	Tong'an	107.9	100.9	108.9	106.9	107.6	132.0	105.2
翔安区	Xiang'an	108.0	98.9	108.0	108.5	105.5	128.2	104.4
莆田市	**Putian**	**103.3**	**101.4**	**101.5**	**105.8**	**101.9**	**99.7**	**102.0**
莆田市辖区	District under Putian							
城厢区	Chengxiang	103.8	102.1	99.2	106.7	103.5	90.3	101.3
涵江区	Hanjiang	105.4	105.4	103.6	109.4	102.7	108.9	105.3
荔城区	Licheng	102.2	97.6	101.8	103.0	102.7	97.8	99.5
秀屿区	Xiuyu	101.2	100.7	100.4	102.5	101.3	95.8	100.8
仙游县	Xianyou	103.8	103.1	101.0	107.5	99.9	109.2	103.0
三明市	**Sanming**	**104.1**	**103.9**	**104.2**	**104.1**	**103.0**	**107.6**	**104.5**
三明市辖区	District under Sanming							
梅列区	Meilie	103.4	103.2	101.4	105.2	100.6	106.7	101.8
三元区	Sanyuan	103.9	104.0	104.7	102.5	103.2	109.0	104.8
永安市	Yong'an	103.6	103.7	103.6	103.6	103.0	106.7	103.8
明溪县	Mingxi	104.0	104.3	104.3	103.2	103.6	105.9	105.0
清流县	Qingliu	105.6	104.6	105.5	106.3	103.3	108.0	109.1
宁化县	Ninghua	103.7	103.8	105.7	101.4	103.7	108.1	104.5
大田县	Datian	105.1	104.4	104.5	106.9	104.0	108.5	106.0
尤溪县	Youxi	104.1	103.8	104.6	103.6	103.9	108.6	104.7
沙县	Shaxian	103.5	103.3	103.9	102.7	103.0	106.1	103.0
将乐县	Jiangle	105.0	104.5	105.1	104.9	103.9	108.8	105.3
泰宁县	Taining	103.9	103.9	104.7	102.8	102.8	107.6	104.4
建宁县	Jianning	106.0	103.5	105.7	107.9	103.5	108.2	106.0
泉州市	**Quanzhou**	**102.9**	**101.8**	**102.8**	**103.2**	**102.9**	**101.6**	**102.6**
泉州市辖区	District under Quanzhou							
鲤城区	Licheng	96.6	109.0	92.7	101.0	92.2	99.5	96.5
丰泽区	Fengze	103.9	108.6	99.5	105.0	97.9	102.1	101.8
洛江区	Luojiang	102.0	102.6	103.2	99.1	103.6	100.9	100.1

注：本表为2020年快报数。

Note:The data of 2020 are quick statistics data.

21-2 续表

Continued

单位：以上年为100　　　　(preceding year=100)

地区	Area	地区生产总值 Gross Domestic Product	第一产业 Primary Industry	第二产业 Secondary Industry	第三产业 Tertiary Industry	工业 Industry	建筑业 Construction	人均GDP Per Capita GDP
泉港区	Quangang	103.8	100.6	105.4	97.0	105.2	107.1	102.9
石狮市	Shishi	102.9	95.9	102.6	103.5	103.1	97.5	102.4
晋江市	Jinjiang	104.2	102.8	103.7	104.9	104.3	90.7	104.1
南安市	Nan'an	104.8	103.6	105.7	103.3	105.7	105.2	104.6
惠安县	Hui'an	100.7	95.7	99.9	103.7	99.9	99.8	100.2
安溪县	Anxi	103.3	103.0	105.2	100.8	104.2	110.5	103.5
永春县	Yongchun	103.0	103.9	103.3	102.0	103.5	102.3	104.2
德化县	Dehua	104.1	104.3	105.0	102.3	104.0	109.2	103.0
漳州市	**Zhangzhou**	**96.1**	**103.1**	**90.9**	**101.1**	**88.8**	**100.9**	**96.2**
漳州市辖区	District under Zhangzhou							
芗城区	Xiangcheng	97.8	104.7	93.4	101.4	88.3	111.2	96.8
龙文区	Longwen	96.4	103.6	85.6	103.8	78.4	108.4	92.5
龙海市	Longhai	102.3	101.2	102.1	102.8	102.9	98.8	102.1
云霄县	Yunxiao	88.9	101.5	81.7	94.4	81.1	87.4	89.1
漳浦县	Zhangpu	94.9	105.8	83.3	100.8	79.1	106.3	94.8
诏安县	Zhao'an	101.0	105.2	100.7	99.2	101.0	97.8	102.7
长泰县	Changtai	96.4	104.3	93.3	104.2	91.2	106.2	96.4
东山县	Dongshan	76.6	98.7	54.3	101.6	49.9	74.5	76.4
南靖县	Nanjing	92.6	104.0	85.5	96.8	83.6	101.6	94.1
平和县	Pinghe	93.7	101.8	77.0	101.9	75.6	85.2	95.3
华安县	Hua'an	97.8	104.0	95.8	97.5	96.0	94.6	100.3
南平市	**Nanping**	**100.3**	**103.9**	**96.5**	**102.4**	**92.8**	**107.5**	**100.3**
南平市辖区	District under Nanping							
延平区	Yanping	101.1	104.3	98.8	102.4	94.8	102.7	103.0
建阳区	Jianyang	104.6	104.5	104.0	105.3	99.8	121.6	101.8
邵武市	Shaowu	99.4	101.1	96.2	102.6	93.7	107.7	99.9
武夷山市	Wuyishan	100.1	104.6	95.9	102.1	88.1	127.5	95.4
建瓯市	Jian’ou	96.0	104.3	87.8	100.3	84.8	101.1	98.2
顺昌县	Shunchang	95.7	105.6	85.8	101.5	83.1	103.1	98.8
浦城县	Pucheng	104.2	107.0	102.8	103.7	99.9	115.0	104.3
光泽县	Guangze	101.9	101.3	103.4	101.0	103.5	102.6	104.2
松溪县	Songxi	98.5	101.7	93.0	102.2	89.8	100.2	95.4
政和县	Zhenghe	100.1	104.9	95.7	102.2	94.5	102.5	96.9
龙岩市	**Longyan**	**105.3**	**103.3**	**105.3**	**105.7**	**104.4**	**107.6**	**104.7**
龙岩市辖区	District under Longyan							
新罗区	Xinluo	105.5	103.7	105.1	106.2	104.3	107.8	103.5
永定区	Yongding	105.2	103.2	105.0	106.0	102.8	108.1	106.4
漳平市	Zhangping	104.6	103.6	105.4	104.1	104.7	107.6	104.0
长汀县	Changting	104.9	103.1	105.5	104.9	104.7	107.4	104.8
上杭县	Shanghang	105.7	103.5	106.2	105.9	105.6	106.9	105.7
武平县	Wuping	104.7	102.6	105.0	105.1	103.6	107.7	104.7
连城县	Liancheng	105.0	103.2	105.9	104.6	105.2	107.7	104.8
宁德市	**Ningde**	**106.0**	**103.1**	**106.6**	**106.3**	**107.0**	**104.7**	**105.0**
宁德市辖区	District under Ningde							
蕉城区	Jiaocheng	112.6	100.3	115.5	109.2	116.6	109.0	108.8
福安市	Fu'an	106.7	103.4	106.4	108.6	106.3	107.7	106.0
福鼎市	Fuding	100.8	103.4	98.9	103.3	98.3	102.5	100.4
霞浦县	Xiapu	101.5	101.6	95.0	105.9	93.1	101.6	101.3
古田县	Gutian	103.5	105.2	104.6	101.9	105.4	101.9	103.8
屏南县	Pingnan	100.5	106.4	99.2	99.5	95.8	108.1	100.5
寿宁县	Shouning	103.7	104.4	99.9	107.0	101.4	97.0	103.7
周宁县	Zhouning	103.3	105.0	93.8	109.9	98.5	87.0	101.3
柘荣县	Zherong	105.0	104.4	103.3	107.2	100.9	110.4	104.5

21-3 年末户籍统计人口数（2020年）

Total Population at Year-end(2020)

单位：万人 (10000 persons)

地区	Area	年末户籍统计总人口 Total Population at Year-end	按性别分 By sex 男 Male	女 Female
全　省	**Fujian**	**3921.61**	**2014.89**	**1906.72**
福州市	**Fuzhou**	**715.41**	**364.04**	**351.37**
福州市辖区	District under Fuzhou			
鼓楼区	Gulou	59.58	29.23	30.34
台江区	Taijiang	31.77	15.59	16.17
仓山区	Cangshan	63.87	31.17	32.70
马尾区	Mawei	18.59	9.22	9.37
晋安区	Jin'an	43.23	21.09	22.15
长乐区	Changle	76.53	40.00	36.53
福清市	Fuqing	139.67	71.92	67.75
闽侯县	Minhou	71.23	36.17	35.06
连江县	Lianjiang	67.83	35.16	32.66
罗源县	Luoyuan	26.97	14.07	12.90
闽清县	Minqing	32.40	17.06	15.35
永泰县	Yongtai	38.50	20.45	18.05
平潭县	Pingtan	45.25	22.92	22.32
厦门市	**Xiamen**	**272.11**	**133.34**	**138.77**
厦门市辖区	District under Xiamen			
思明区	Siming	86.68	42.06	44.62
海沧区	Haicang	26.27	12.62	13.64
湖里区	Huli	37.75	18.72	19.03
集美区	Jimei	40.26	19.53	20.73
同安区	Tong'an	41.80	20.82	20.98
翔安区	Xiang'an	39.35	19.59	19.77
莆田市	**Putian**	**365.55**	**186.75**	**178.80**
莆田市辖区	District under Putian			
城厢区	Chengxiang	44.18	22.11	22.07
涵江区	Hanjiang	45.17	22.42	22.75
荔城区	Licheng	61.60	30.76	30.85
秀屿区	Xiuyu	96.70	50.51	46.19
仙游县	Xianyou	117.90	60.96	56.94
三明市	**Sanming**	**287.84**	**150.57**	**137.27**
三明市辖区	District under Sanming			
梅列区	Meilie	15.78	7.69	8.09
三元区	Sanyuan	13.67	6.83	6.84
永安市	Yong'an	32.79	16.83	15.96
明溪县	Mingxi	11.68	6.08	5.61
清流县	Qingliu	15.32	8.04	7.27
宁化县	Ninghua	37.20	19.55	17.64
大田县	Datian	41.48	22.61	18.87
尤溪县	Youxi	45.04	24.29	20.75
沙县	Shaxian	27.09	13.91	13.17
将乐县	Jiangle	18.63	9.68	8.95
泰宁县	Taining	13.74	7.11	6.63
建宁县	Jianning	15.43	7.94	7.49
泉州市	**Quanzhou**	**766.14**	**396.60**	**369.54**
泉州市辖区	District under Quanzhou			
鲤城区	Licheng	27.66	13.44	14.21
丰泽区	Fengze	29.93	14.35	15.58

注：泉州市辖区户籍人口数包括台商投资区。漳州市辖区户籍人口数包括漳州市台商投资区和漳州开发区。

Note:District under Quanzhou contains Taiwan investment zone.District under Zhangzhou contains Taiwan investment zone and Zhangzhou investment zone.

21-3 续表

Continued

单位：万人 (10000 persons)

地区	Area	年末户籍统计总人口 Total Population at Year-end	按性别分 By sex 男 Male	女 Female
洛江区	Luojiang	20.85	10.80	10.04
泉港区	Quangang	42.25	21.76	20.48
石狮市	Shishi	35.74	18.07	17.66
晋江市	Jinjiang	121.24	61.82	59.42
南安市	Nan'an	166.71	87.95	78.76
惠安县	Hui'an	105.11	53.21	51.90
安溪县	Anxi	121.03	64.44	56.59
永春县	Yongchun	60.20	31.93	28.27
德化县	Dehua	35.43	18.81	16.61
漳州市	**Zhangzhou**	**523.95**	**268.62**	**255.34**
漳州市辖区	District under Zhangzhou			
芗城区	Xiangcheng	48.10	23.47	24.63
龙文区	Longwen	18.47	8.95	9.52
龙海市	Longhai	90.46	45.41	45.05
云霄县	Yunxiao	46.77	24.66	22.11
漳浦县	Zhangpu	94.65	48.71	45.95
诏安县	Zhao'an	68.63	35.85	32.78
长泰县	Changtai	21.14	10.75	10.39
东山县	Dongshan	22.23	11.18	11.05
南靖县	Nanjing	35.73	18.31	17.41
平和县	Pinghe	61.26	32.74	28.53
华安县	Hua'an	16.51	8.59	7.92
南平市	**Nanping**	**316.87**	**163.51**	**153.36**
南平市辖区	District under Nanping			
延平区	Yanping	49.42	25.29	24.14
建阳区	Jianyang	36.10	18.44	17.65
邵武市	Shaowu	30.22	15.45	14.77
武夷山市	Wuyishan	24.70	12.52	12.19
建瓯市	Jian'ou	54.60	28.23	26.37
顺昌县	Shunchang	23.02	11.88	11.14
浦城县	Pucheng	42.24	21.80	20.44
光泽县	Guangze	16.16	8.43	7.73
松溪县	Songxi	16.69	8.72	7.96
政和县	Zhenghe	23.72	12.74	10.98
龙岩市	**Longyan**	**317.60**	**165.01**	**152.59**
龙岩市辖区	District under Longyan			
新罗区	Xinluo	59.72	29.49	30.22
永定区	Yongding	48.12	25.34	22.78
漳平市	Zhangping	29.15	15.35	13.80
长汀县	Changting	54.76	29.06	25.70
上杭县	Shanghang	52.01	26.90	25.11
武平县	Wuping	39.67	20.66	19.00
连城县	Liancheng	34.18	18.21	15.97
宁德市	**Ningde**	**356.14**	**186.45**	**169.69**
宁德市辖区	District under Ningde			
蕉城区	Jiaocheng	52.86	26.66	26.19
福安市	Fu'an	67.62	35.58	32.04
福鼎市	Fuding	60.61	31.39	29.22
霞浦县	Xiapu	55.06	28.94	26.12
古田县	Gutian	42.49	22.47	20.02
屏南县	Pingnan	18.96	10.13	8.82
寿宁县	Shouning	26.32	14.11	12.21
周宁县	Zhouning	21.18	11.40	9.78
柘荣县	Zherong	11.05	5.76	5.29

21-4 年末常住人口数（2020年）

Total Population at Year-end(2020)

单位：万人 (10000 persons)

地区	Area	常住人口数 Total Population on Census	城镇人口 Urban	乡村人口 Rural	城镇化水平（%） Lever of Township (%)
全 省	**Fujian**	**4161.00**	**2860.69**	**1300.31**	**68.8**
福州市	**Fuzhou**	**832.00**	**603.04**	**228.96**	**72.5**
福州市辖区	District under Fuzhou				
鼓楼区	Gulou	67.00	67.00		100.0
台江区	Taijiang	41.20	41.20		100.0
仓山区	Cangshan	115.00	115.00		100.0
马尾区	Mawei	29.20	25.67	3.53	87.9
晋安区	Jin'an	79.00	77.01	1.99	97.5
长乐区	Changle	79.30	47.59	31.71	60.0
福清市	Fuqing	139.40	74.66	64.74	53.6
闽侯县	Minhou	99.30	59.69	39.61	60.1
连江县	Lianjiang	64.10	32.47	31.63	50.7
罗源县	Luoyuan	25.60	18.32	7.28	71.6
闽清县	Minqing	25.70	11.26	14.44	43.8
永泰县	Yongtai	28.20	12.21	15.99	43.3
平潭县	Pingtan	39.00	20.96	18.04	53.7
厦门市	**Xiamen**	**518.00**	**463.14**	**54.86**	**89.4**
厦门市辖区	District under Xiamen				
思明区	Siming	107.40	107.40		100.0
海沧区	Haicang	58.60	57.25	1.35	97.7
湖里区	Huli	103.90	103.90		100.0
集美区	Jimei	104.00	93.95	10.05	90.3
同安区	Tong'an	85.90	64.52	21.38	75.1
翔安区	Xiang'an	58.20	36.04	22.16	61.9
莆田市	**Putian**	**321.00**	**201.27**	**119.73**	**62.7**
莆田市辖区	District under Putian				
城厢区	Chengxiang	54.70	39.35	15.35	71.9
涵江区	Hanjiang	48.00	38.09	9.91	79.4
荔城区	Licheng	67.40	49.98	17.42	74.2
秀屿区	Xiuyu	60.40	26.50	33.90	43.9
仙游县	Xianyou	90.50	47.39	43.11	52.4
三明市	**Sanming**	**249.00**	**157.37**	**91.63**	**63.2**
三明市辖区	District under Sanming				
梅列区	Meilie	22.00	21.45	0.55	97.5
三元区	Sanyuan	18.80	16.45	2.35	87.5
永安市	Yong'an	34.50	24.84	9.66	72.0
明溪县	Mingxi	9.90	5.18	4.72	52.4
清流县	Qingliu	11.80	5.99	5.81	50.8
宁化县	Ninghua	26.20	12.62	13.58	48.2
大田县	Datian	30.00	16.21	13.79	54.0
尤溪县	Youxi	34.20	16.69	17.51	48.8
沙县	Shaxian	25.10	17.62	7.48	70.2
将乐县	Jiangle	14.50	8.51	5.99	58.7
泰宁县	Taining	10.50	6.10	4.40	58.1
建宁县	Jianning	11.50	5.70	5.80	49.6
泉州市	**Quanzhou**	**879.00**	**601.76**	**277.24**	**68.5**
泉州市辖区	District under Quanzhou				
鲤城区	Licheng	42.80	42.80		100.0
丰泽区	Fengze	70.10	70.10		100.0
洛江区	Luojiang	24.80	14.55	10.25	58.7

21-4 续表

Continued

单位：万人 (10000 persons)

地区	Area	常住人口数 Total Population on Census	城镇人口 Urban	乡村人口 Rural	城镇化水平(%) Lever of Township (%)
泉港区	Quangang	35.50	19.76	15.74	55.7
石狮市	Shishi	68.60	59.00	9.60	86.0
晋江市	Jinjiang	206.20	141.64	64.56	68.7
南安市	Nan'an	151.90	93.78	58.12	61.7
惠安县	Hui'an	103.20	72.95	30.25	70.7
安溪县	Anxi	100.40	49.83	50.57	49.6
永春县	Yongchun	42.20	25.86	16.34	61.3
德化县	Dehua	33.30	26.02	7.28	78.1
漳州市	**Zhangzhou**	**506.00**	**310.48**	**195.52**	**61.4**
漳州市辖区	District under Zhangzhou				
芗城区	Xiangcheng	64.00	57.22	6.78	89.4
龙文区	Longwen	30.50	27.73	2.77	90.9
龙海市	Longhai	95.30	58.37	36.93	61.3
云霄县	Yunxiao	41.10	22.44	18.66	54.6
漳浦县	Zhangpu	84.90	46.52	38.38	54.8
诏安县	Zhao'an	56.00	25.65	30.35	45.8
长泰县	Changtai	22.90	13.61	9.29	59.4
东山县	Dongshan	22.00	14.12	7.88	64.2
南靖县	Nanjing	30.50	16.13	14.37	52.9
平和县	Pinghe	45.40	21.55	23.85	47.5
华安县	Hua'an	13.40	7.14	6.26	53.3
南平市	**Nanping**	**268.00**	**159.86**	**108.14**	**59.7**
南平市辖区	District under Nanping				
延平区	Yanping	45.40	32.72	12.68	72.1
建阳区	Jianyang	34.10	21.00	13.10	61.6
邵武市	Shaowu	27.40	21.80	5.60	79.6
武夷山市	Wuyishan	26.00	15.95	10.05	61.4
建瓯市	Jian’ou	43.40	22.59	20.81	52.0
顺昌县	Shunchang	17.90	9.20	8.70	51.4
浦城县	Pucheng	29.80	14.34	15.46	48.1
光泽县	Guangze	13.00	6.55	6.45	50.4
松溪县	Songxi	13.10	6.45	6.65	49.2
政和县	Zhenghe	17.90	9.28	8.62	51.9
龙岩市	**Longyan**	**273.00**	**171.66**	**101.34**	**62.9**
龙岩市辖区	District under Longyan				
新罗区	Xinluo	84.80	72.77	12.03	85.8
永定区	Yongding	32.50	16.35	16.15	50.3
漳平市	Zhangping	25.40	14.78	10.62	58.2
长汀县	Changting	39.80	21.29	18.51	53.5
上杭县	Shanghang	37.60	19.35	18.25	51.5
武平县	Wuping	27.80	14.79	13.01	53.2
连城县	Liancheng	25.10	12.48	12.62	49.7
宁德市	**Ningde**	**315.00**	**192.12**	**122.88**	**61.0**
宁德市辖区	District under Ningde				
蕉城区	Jiaocheng	62.60	42.70	19.90	68.2
福安市	Fu'an	61.00	39.72	21.28	65.1
福鼎市	Fuding	55.30	35.13	20.17	63.5
霞浦县	Xiapu	47.60	28.96	18.64	60.9
古田县	Gutian	32.40	16.06	16.34	49.6
屏南县	Pingnan	14.00	6.91	7.09	49.3
寿宁县	Shouning	17.80	8.86	8.94	49.8
周宁县	Zhouning	15.00	7.92	7.08	52.8
柘荣县	Zherong	9.30	5.86	3.44	63.0

21-5 年末常住人口数（2011-2019年）

Total Population at Year-end(2011-2019)

单位：万人 (10000 persons)

地区	Area	2011	2012	2013	2014	2015	2016	2017	2018	2019
全 省	**Fujian**	**3784.0**	**3841.0**	**3885.0**	**3945.0**	**3984.0**	**4016.0**	**4065.0**	**4104.0**	**4137.0**
福州市	**Fuzhou**	**735.0**	**747.0**	**760.0**	**775.0**	**780.0**	**787.0**	**806.0**	**817.0**	**824.0**
福州市辖区	District under Fuzhou	370.0	375.1	380.2	386.1	388.4	391.3	399.3	404.5	407.5
鼓楼区	Gulou	69.5	69.5	69.4	69.3	68.9	68.6	68.5	68.3	67.6
台江区	Taijiang	44.9	44.6	44.4	44.2	43.5	42.9	42.8	42.5	41.8
仓山区	Cangshan	80.9	84.4	88.0	92.1	94.8	97.7	103.5	107.8	111.3
马尾区	Mawei	24.1	24.7	25.3	26.0	26.4	26.8	27.6	28.2	28.7
晋安区	Jin'an	80.3	80.4	80.4	80.3	80.2	80.1	80.0	79.7	79.5
长乐区	Changle	70.3	71.5	72.7	74.2	74.6	75.2	76.9	78.0	78.6
福清市	Fuqing	126.8	128.7	130.5	132.7	133.0	133.8	136.4	137.9	138.7
闽侯县	Minhou	70.1	73.1	76.2	80.6	82.3	84.7	89.3	92.9	96.1
连江县	Lianjiang	57.7	58.6	59.5	60.6	60.8	61.2	62.5	63.3	63.7
罗源县	Luoyuan	21.5	22.0	22.5	23.1	23.4	23.7	24.4	24.9	25.3
闽清县	Minqing	24.3	24.5	24.8	25.1	25.2	25.3	25.5	25.6	25.7
永泰县	Yongtai	25.6	26.0	26.3	26.8	26.9	27.0	27.6	27.9	28.0
平潭县	Pingtan	39.0	39.0	40.0	40.0	40.0	40.0	41.0	40.0	39.0
厦门市	**Xiamen**	**384.0**	**403.0**	**418.0**	**441.0**	**454.0**	**465.0**	**478.0**	**496.0**	**512.0**
厦门市辖区	District under Xiamen	384.0	403.0	418.0	441.0	454.0	465.0	478.0	496.0	512.0
思明区	Siming	97.1	99.9	101.1	103.6	104.5	104.6	104.8	105.8	106.5
海沧区	Haicang	33.8	35.8	39.2	43.7	45.7	48.0	50.4	54.2	57.8
湖里区	Huli	97.8	100.5	102.4	102.7	102.8	103.1	103.3	103.2	103.1
集美区	Jimei	65.3	70.1	74.0	80.0	84.1	87.4	91.1	96.8	102.2
同安区	Tong'an	55.3	59.4	62.3	67.4	70.4	73.1	77.4	81.6	85.2
翔安区	Xiang'an	34.7	37.3	39.0	43.6	46.5	48.8	51.0	54.4	57.2
莆田市	**Putian**	**285.0**	**291.0**	**295.0**	**300.0**	**303.0**	**306.0**	**309.0**	**313.0**	**318.0**
莆田市辖区	District under Putian	200.8	205.4	208.7	212.7	215.3	217.9	220.5	223.8	228.0
城厢区	Chengxiang	43.2	44.7	45.9	47.4	48.5	49.6	50.8	52.1	53.6
涵江区	Hanjiang	47.5	48.0	48.1	48.3	48.2	48.0	47.9	47.9	48.1
荔城区	Licheng	52.2	54.1	55.7	57.6	59.1	60.7	62.1	63.9	65.9
秀屿区	Xiuyu	57.9	58.6	59.0	59.4	59.5	59.6	59.7	59.9	60.4
仙游县	Xianyou	84.2	85.6	86.3	87.3	87.7	88.1	88.5	89.2	90.0
三明市	**Sanming**	**251.0**	**250.0**	**250.0**	**250.0**	**251.0**	**251.0**	**251.0**	**251.0**	**250.0**
三明市辖区	District under Sanming	38.0	38.3	38.8	39.1	39.4	39.7	39.8	40.4	40.7
梅列区	Meilie	18.1	18.5	19.0	19.4	19.8	20.2	20.7	21.3	21.7
三元区	Sanyuan	19.9	19.8	19.8	19.7	19.6	19.5	19.1	19.1	19.0
永安市	Yong'an	34.7	34.7	34.9	34.9	34.8	34.8	34.5	34.6	34.5
明溪县	Mingxi	10.3	10.2	10.2	10.2	10.2	10.1	10.1	10.1	10.1
清流县	Qingliu	13.6	13.4	13.0	12.8	12.8	12.9	12.9	12.6	12.3
宁化县	Ninghua	27.2	26.8	26.7	26.7	26.7	26.7	26.7	26.6	26.3
大田县	Datian	31.2	30.9	30.8	30.7	30.7	30.6	30.6	30.5	30.1
尤溪县	Youxi	35.2	35.1	34.9	34.9	34.9	34.9	34.5	34.6	34.3
沙县	Shaxian	22.9	23.1	23.3	23.5	23.9	24.3	24.8	24.9	25.0
将乐县	Jiangle	14.9	14.8	14.8	14.7	14.9	14.6	14.6	14.6	14.6
泰宁县	Taining	11.0	10.9	10.8	10.8	11.0	10.7	10.8	10.6	10.6
建宁县	Jianning	12.0	11.8	11.8	11.7	11.7	11.7	11.7	11.5	11.5
泉州市	**Quanzhou**	**828.0**	**840.0**	**846.0**	**853.0**	**858.0**	**864.0**	**870.0**	**873.0**	**876.0**
泉州市辖区	District under Quanzhou	148.4	152.0	156.0	158.8	160.9	163.9	167.2	168.9	171.3
鲤城区	Licheng	41.4	41.4	42.1	42.5	42.5	42.5	42.5	42.7	42.8
丰泽区	Fengze	55.4	57.1	58.8	61.0	62.5	64.2	66.2	67.4	69.0
洛江区	Luojiang	19.5	20.8	21.8	22.1	22.3	22.7	23.5	23.9	24.4
泉港区	Quangang	32.1	32.7	33.3	33.2	33.6	34.5	35.0	34.9	35.1

注：2011-2019年数据根据第七次全国人口普查修订。
Note:The data from 2011 to 2019 are estimated on the basis of the seventh Population Census.

21-5 续表

Continued

单位：万人 (10000 persons)

地区	Area	2011	2012	2013	2014	2015	2016	2017	2018	2019
石狮市	Shishi	65.1	66.2	66.6	67.4	67.6	67.5	67.6	68.0	68.3
晋江市	Jinjiang	201.5	203.5	204.0	205.3	205.2	205.7	205.9	206.0	206.2
南安市	Nan'an	144.2	146.3	147.2	147.7	148.5	150.1	150.4	151.2	151.5
惠安县	Hui'an	96.4	97.5	98.7	100.6	101.1	101.0	102.0	102.3	102.6
安溪县	Anxi	98.8	100.0	99.5	99.9	100.1	100.6	100.6	100.8	100.6
永春县	Yongchun	45.1	45.0	44.5	43.6	44.0	43.7	43.8	43.2	42.5
德化县	Dehua	28.5	29.5	29.5	29.7	30.6	31.5	32.5	32.6	33.0
漳州市	**Zhangzhou**	**489.0**	**493.0**	**496.0**	**498.0**	**501.0**	**503.0**	**505.0**	**507.0**	**506.0**
漳州市辖区	District under Zhangzhou	74.5	77.3	78.8	80.5	83.0	85.4	87.5	90.8	92.0
芗城区	Xiangcheng	55.8	56.6	58.0	58.9	60.0	60.8	61.7	62.7	63.2
龙文区	Longwen	18.7	20.7	20.8	21.6	23.0	24.6	25.8	28.1	28.8
龙海市	Longhai	89.9	91.3	92.2	92.6	93.2	93.8	94.6	95.0	95.2
云霄县	Yunxiao	41.6	41.5	41.5	41.5	41.4	41.4	41.3	41.3	41.2
漳浦县	Zhangpu	81.8	82.3	83.1	83.6	84.1	84.5	84.6	84.7	84.8
诏安县	Zhao'an	59.7	59.7	59.6	59.3	59.1	58.7	58.4	57.9	57.0
长泰县	Changtai	21.3	21.7	21.9	22.1	22.4	22.6	22.8	22.9	22.9
东山县	Dongshan	21.4	21.5	21.7	21.8	21.9	21.9	21.9	21.9	21.9
南靖县	Nanjing	33.3	32.9	32.9	32.7	32.5	32.2	31.9	31.5	31.1
平和县	Pinghe	49.6	49.3	49.0	48.8	48.5	48.0	47.6	46.9	46.2
华安县	Hua'an	15.9	15.5	15.3	15.1	14.9	14.5	14.4	14.1	13.7
南平市	**Nanping**	**266.0**	**265.0**	**264.0**	**266.0**	**268.0**	**268.0**	**269.0**	**268.0**	**268.0**
南平市辖区	District under Nanping	76.2	76.7	76.7	77.2	79.1	79.4	79.7	79.5	79.6
延平区	Yanping	47.1	47.4	47.4	47.6	47.8	48.0	47.9	47.2	46.9
建阳区	Jianyang	29.1				31.3	31.4	31.8	32.3	32.7
邵武市	Shaowu	27.7	29.3	29.3	29.6	27.7	27.7	27.8	27.7	27.6
武夷山市	Wuyishan	23.5	27.8	27.7	27.8	23.6	23.6	23.8	23.7	23.7
建瓯市	Jian'ou	45.5	23.2	23.2	23.5	45.7	45.6	45.7	45.4	45.3
顺昌县	Shunchang	19.2	19.0	18.9	19.0	19.1	19.1	19.2	19.1	19.1
浦城县	Pucheng	30.6	30.3	30.1	30.3	30.2	30.0	30.0	29.9	29.9
光泽县	Guangze	13.5	13.1	13.1	13.5	13.6	13.6	13.7	13.6	13.7
松溪县	Songxi	12.6	12.2	12.0	12.0	12.1	12.2	12.2	12.3	12.3
政和县	Zhenghe	17.2	16.9	16.7	16.8	16.9	16.8	16.9	16.8	16.8
龙岩市	**Longyan**	**258.0**	**261.0**	**263.0**	**265.0**	**268.0**	**269.0**	**270.0**	**270.0**	**271.0**
龙岩市辖区	District under Longyan	104.3	107.2	108.9	110.9	112.4	113.5	114.9	114.8	115.8
新罗区	Xinluo	68.5	71.8	73.8	76.3	77.9	79.3	81.3	81.6	82.8
永定区	Yongding	35.8				34.5	34.2	33.6	33.2	33.0
漳平市	Zhangping	24.2	24.4	24.4	24.5	24.9	24.9	25.0	25.1	25.3
长汀县	Changting	39.4	39.5	39.7	39.7	39.8	39.8	39.6	39.7	39.7
上杭县	Shanghang	37.4	37.4	37.5	37.4	37.7	37.8	37.7	37.6	37.4
武平县	Wuping	27.8	27.7	27.7	27.7	28.0	27.9	27.8	27.8	27.8
连城县	Liancheng	24.9	24.8	24.8	24.8	25.2	25.1	25.0	25.0	25.0
宁德市	**Ningde**	**288.0**	**291.0**	**293.0**	**297.0**	**301.0**	**303.0**	**307.0**	**309.0**	**312.0**
宁德市辖区	District under Ningde	46.5	48.0	48.8	50.8	52.7	54.3	57.1	58.5	60.5
蕉城区	Jiaocheng	46.5	48.0	48.8	50.8	52.7	54.3	57.1	58.5	60.5
福安市	Fu'an	57.2	57.7	58.0	58.6	59.2	59.5	59.9	60.2	60.7
福鼎市	Fuding	53.5	53.8	54.0	54.2	54.5	54.6	54.8	54.9	55.1
霞浦县	Xiapu	46.4	46.6	46.7	46.8	47.0	47.1	47.3	47.4	47.5
古田县	Gutian	32.7	33.0	33.2	33.5	33.7	33.2	32.9	32.6	32.5
屏南县	Pingnan	13.8	13.8	13.8	13.8	13.9	13.9	13.9	14.0	14.0
寿宁县	Shouning	17.6	17.6	17.6	17.6	17.7	17.7	17.8	17.8	17.8
周宁县	Zhouning	11.4	11.5	11.9	12.6	13.2	13.6	14.1	14.4	14.7
柘荣县	Zherong	8.9	9.0	9.0	9.1	9.1	9.1	9.2	9.2	9.2

21-6 年末常住人口城镇化率（2011-2019年）

Urbanization rate of Total Population at Year-end(2011-2019)

单位：万人 (10000 persons)

地区	Area	2011	2012	2013	2014	2015	2016	2017	2018	2019
全　省	**Fujian**	**58.1**	**59.3**	**60.8**	**62.0**	**63.2**	**64.4**	**65.8**	**67.0**	**67.9**
福州市	**Fuzhou**	**63.1**	**64.1**	**65.6**	**66.7**	**68.0**	**69.0**	**70.3**	**71.4**	**71.8**
福州市辖区	District under Fuzhou	86.5	87.0	87.8	88.3	88.9	89.3	90.0	90.5	90.6
鼓楼区	Gulou	100.0	100.0	100.0	100.0	100.0	100.0	100.0	100.0	100.0
台江区	Taijiang	100.0	100.0	100.0	100.0	100.0	100.0	100.0	100.0	100.0
仓山区	Cangshan	100.0	100.0	100.0	100.0	100.0	100.0	100.0	100.0	100.0
马尾区	Mawei	69.1	71.5	75.3	77.9	80.3	82.2	85.0	86.9	87.1
晋安区	Jin'an	97.4	97.4	97.4	97.4	97.4	97.4	97.4	97.4	97.4
长乐区	Changle	42.6	44.6	47.5	49.6	51.8	53.6	56.0	57.9	58.8
福清市	Fuqing	39.7	41.3	43.8	45.5	47.4	48.7	50.7	52.1	52.6
闽侯县	Minhou	46.1	47.8	50.5	51.8	54.2	55.8	57.5	58.9	59.3
连江县	Lianjiang	36.8	38.4	40.7	42.5	44.3	45.7	47.6	49.1	49.7
罗源县	Luoyuan	39.6	42.6	46.6	50.1	53.7	57.2	61.4	65.2	67.9
闽清县	Minqing	31.9	33.3	35.3	36.8	38.1	39.2	41.1	42.6	43.0
永泰县	Yongtai	33.1	34.3	36.4	37.6	38.9	40.0	41.3	42.4	42.8
平潭县	Pingtan	37.7	38.8	40.5	42.5	44.5	46.7	48.9	51.0	52.5
厦门市	**Xiamen**	**88.5**	**88.6**	**88.7**	**88.8**	**88.9**	**89.0**	**89.1**	**89.1**	**89.2**
厦门市辖区	District under Xiamen	88.5	88.6	88.7	88.8	88.9	89.0	89.1	89.1	89.2
思明区	Siming	100.0	100.0	100.0	100.0	100.0	100.0	100.0	100.0	100.0
海沧区	Haicang	91.7	92.8	93.8	94.7	95.2	95.7	96.2	96.8	97.1
湖里区	Huli	100.0	100.0	100.0	100.0	100.0	100.0	100.0	100.0	100.0
集美区	Jimei	85.4	85.6	85.9	86.9	87.6	88.2	88.9	89.3	89.8
同安区	Tong'an	69.4	70.6	71.1	72.2	72.9	73.5	73.9	74.3	74.9
翔安区	Xiang'an	56.9	57.7	58.2	59.1	59.7	60.4	61.0	61.3	61.8
莆田市	**Putian**	**50.9**	**51.8**	**53.6**	**55.3**	**56.6**	**58.1**	**59.6**	**61.0**	**61.7**
莆田市辖区	District under Putian	66.6	67.4	67.8	68.0	68.2	68.5	68.6	68.7	68.8
城厢区	Chengxiang	66.9	67.2	67.2	67.3	68.8	70.0	70.5	70.8	71.0
涵江区	Hanjiang	78.2	78.2	78.2	78.2	78.3	78.5	78.6	78.6	78.6
荔城区	Licheng	65.8	68.7	68.7	69.1	70.4	71.6	72.8	73.2	73.8
秀屿区	Xiuyu	23.4	24.4	30.8	36.5	37.8	39.3	40.5	41.9	43.1
仙游县	Xianyou	37.0	37.0	38.5	39.8	41.4	43.7	46.7	49.9	50.8
三明市	**Sanming**	**51.6**	**52.3**	**53.7**	**55.2**	**56.6**	**58.0**	**59.6**	**61.0**	**61.9**
三明市辖区	District under Sanming	88.3	88.7	89.3	90.0	90.3	90.7	91.8	92.0	92.3
梅列区	Meilie	95.2	95.3	96.3	97.0	97.0	97.0	97.1	97.3	97.3
三元区	Sanyuan	82.0	82.6	82.6	83.1	83.6	84.2	86.0	86.0	86.5
永安市	Yong'an	62.4	62.5	63.4	65.1	66.7	67.5	69.5	71.1	71.6
明溪县	Mingxi	45.6	46.2	46.3	46.4	46.6	47.9	49.0	50.5	51.1
清流县	Qingliu	40.3	41.0	42.3	43.9	44.8	45.0	45.4	47.2	48.5
宁化县	Ninghua	30.7	31.8	33.6	36.1	39.2	42.2	45.0	45.6	46.3
大田县	Datian	43.0	44.0	45.0	46.8	48.5	49.4	50.8	52.8	53.6
尤溪县	Youxi	37.1	37.4	39.0	40.3	42.0	43.6	45.1	46.8	48.0
沙县	Shaxian	58.0	58.1	60.1	61.9	63.0	64.9	67.1	68.7	69.7
将乐县	Jiangle	47.3	47.8	49.4	51.0	52.0	53.2	54.9	55.6	56.4
泰宁县	Taining	43.6	44.6	45.3	46.0	46.5	48.6	49.3	51.1	52.1
建宁县	Jianning	35.2	35.9	37.9	39.8	41.0	42.8	44.8	46.2	47.0
泉州市	**Quanzhou**	**58.7**	**59.5**	**61.0**	**62.3**	**63.5**	**64.6**	**66.0**	**67.1**	**67.9**
泉州市辖区	District under Quanzhou	80.6	80.7	81.2	82.1	82.9	83.4	83.9	84.3	84.7
鲤城区	Licheng	100.0	100.0	100.0	100.0	100.0	100.0	100.0	100.0	100.0
丰泽区	Fengze	100.0	100.0	100.0	100.0	100.0	100.0	100.0	100.0	100.0
洛江区	Luojiang	49.5	50.0	51.6	53.1	54.7	56.4	57.6	58.3	58.5
泉港区	Quangang	41.2	42.0	43.5	45.8	48.0	49.7	51.6	52.6	54.1

注：2011-2019年数据根据第七次全国人口普查修订。
Note:The data from 2011 to 2019 are estimated on the basis of the seventh Population Census.

21-6 续表

Continued

单位：万人　(10000 persons)

地区	Area	2011	2012	2013	2014	2015	2016	2017	2018	2019
石狮市	Shishi	74.0	74.3	75.9	76.7	77.4	78.2	80.1	82.2	84.5
晋江市	Jinjiang	59.2	60.3	61.9	63.1	63.8	64.7	66.3	67.7	68.2
南安市	Nan'an	50.9	51.5	53.0	54.4	55.5	56.7	58.6	60.1	61.4
惠安县	Hui'an	49.6	50.2	51.8	53.1	54.8	56.2	56.8	56.8	56.7
安溪县	Anxi	34.8	35.9	37.8	40.3	42.5	44.6	46.5	47.4	49.0
永春县	Yongchun	53.0	53.6	55.5	56.4	57.4	58.3	59.1	60.2	60.6
德化县	Dehua	69.6	69.8	71.4	72.4	73.1	73.9	74.8	76.2	77.1
漳州市	**Zhangzhou**	**47.8**	**50.4**	**52.1**	**52.9**	**54.5**	**56.1**	**57.8**	**59.4**	**60.7**
漳州市辖区	District under Zhangzhou	87.2	87.2	87.5	87.7	88.0	88.5	89.0	89.5	89.9
芗城区	Xiangcheng	88.6	88.7	88.8	89.0	89.1	89.2	89.3	89.4	89.4
龙文区	Longwen	82.9	83.3	83.9	84.3	85.1	86.6	88.1	89.8	90.8
龙海市	Longhai	48.5	50.4	51.8	51.8	53.1	55.2	57.5	59.5	60.9
云霄县	Yunxiao	40.4	42.2	43.6	44.7	46.4	47.9	49.8	51.6	53.7
漳浦县	Zhangpu	38.8	42.9	45.0	45.7	47.6	49.5	51.2	52.7	54.4
诏安县	Zhao'an	34.3	37.6	39.2	39.8	41.2	42.6	43.9	45.2	45.6
长泰县	Changtai	42.3	46.2	48.7	49.8	51.1	52.7	54.0	55.1	57.5
东山县	Dongshan	49.4	51.1	53.0	53.7	54.6	56.0	57.4	58.6	61.1
南靖县	Nanjing	41.3	43.6	45.5	46.9	48.2	49.4	50.6	51.7	52.7
平和县	Pinghe	33.5	36.4	38.6	40.0	41.9	43.4	45.5	46.7	47.2
华安县	Hua'an	38.5	41.1	44.2	46.7	49.0	50.8	51.9	52.6	53.3
南平市	**Nanping**	**51.2**	**51.8**	**52.6**	**53.4**	**54.4**	**55.3**	**56.5**	**57.5**	**58.5**
南平市辖区	District under Nanping	60.4	60.9	61.3	61.8	62.5	63.4	64.5	65.6	66.6
延平区	Yanping	65.2	65.7	65.8	66.1	67.0	67.9	68.9	69.3	70.2
建阳区	Jianyang	52.5				55.7	56.6	58.0	60.1	61.5
邵武市	Shaowu	66.9	53.1	54.1	54.9	68.0	68.5	69.1	72.1	76.3
武夷山市	Wuyishan	52.9	67.2	67.5	67.5	55.9	56.7	58.0	59.0	60.1
建瓯市	Jian'ou	43.0	53.3	54.3	55.1	48.4	50.0	51.1	51.5	51.9
顺昌县	Shunchang	45.9	46.2	47.2	48.0	48.8	49.7	50.1	51.2	51.3
浦城县	Pucheng	42.8	43.3	44.3	45.1	45.8	46.7	47.7	47.9	48.1
光泽县	Guangze	42.0	42.3	43.3	44.1	45.3	46.1	47.0	48.0	48.9
松溪县	Songxi	41.3	42.0	43.0	43.8	44.5	45.4	47.4	48.4	48.9
政和县	Zhenghe	40.2	41.2	42.4	43.2	43.9	44.7	46.8	47.7	48.9
龙岩市	**Longyan**	**47.5**	**49.7**	**51.4**	**52.1**	**54.1**	**55.6**	**57.7**	**59.2**	**60.6**
龙岩市辖区	District under Longyan	59.4	60.4	61.1	61.7	65.1	66.3	68.0	70.4	72.7
新罗区	Xinluo	69.8	70.1	70.8	70.8	74.3	75.4	76.2	79.1	82.2
永定区	Yongding	39.5				44.3	45.3	48.1	48.8	48.9
漳平市	Zhangping	50.5	452.1	52.1	53.1	53.7	54.2	54.6	56.1	56.2
长汀县	Changting	44.6	46.0	46.0	46.1	46.3	48.4	51.4	52.4	52.6
上杭县	Shanghang	33.6	38.2	41.6	42.1	43.9	45.8	48.3	49.0	49.2
武平县	Wuping	32.6	36.0	42.0	44.1	45.7	47.4	48.5	49.1	51.2
连城县	Liancheng	37.2	38.9	41.9	42.1	42.6	43.2	47.6	48.4	48.6
宁德市	**Ningde**	**49.6**	**50.6**	**52.1**	**53.2**	**54.3**	**55.4**	**56.9**	**58.2**	**59.5**
宁德市辖区	District under Ningde	59.9	60.5	61.8	62.6	63.4	64.1	65.3	66.2	67.2
蕉城区	Jiaocheng	59.9	60.5	61.8	62.6	63.4	64.1	65.3	66.2	67.2
福安市	Fu'an	58.7	59.3	60.1	60.7	61.4	62.0	62.8	63.4	64.3
福鼎市	Fuding	51.9	53.0	54.5	55.6	56.8	57.9	59.3	60.7	62.0
霞浦县	Xiapu	40.7	42.4	45.1	47.2	49.1	51.0	53.6	55.8	58.2
古田县	Gutian	36.0	37.2	39.0	40.3	41.7	43.0	45.0	46.2	47.8
屏南县	Pingnan	38.1	39.1	40.6	41.7	42.8	43.9	45.5	46.5	47.9
寿宁县	Shouning	42.2	42.9	43.8	44.6	45.4	46.1	47.1	47.9	48.8
周宁县	Zhouning	44.7	45.4	46.5	47.3	48.1	48.9	49.6	50.8	51.8
柘荣县	Zherong	57.4	57.9	58.6	59.2	59.7	60.3	61.0	61.6	62.3

21-7 城镇非私营单位在岗职工（含劳务派遣人员）平均工资（2020年）

Average Annual Wages of Staff and Worker(including labor dispatch personnel) on the Job in Urban Areas(2020)

单位：元 (yuan)

地区	Area	在岗职工平均工资 Total Wages of Staff and Workers on the Job	在岗职工平均工资比上年增长(%) Ratio(%)
全　省	**Fujian**	**91072**	**7.9**
福州市	**Fuzhou**	**96478**	**8.5**
福州市辖区	District under Fuzhou		
鼓楼区	Gulou	105980	9.1
台江区	Taijiang	100592	6.9
仓山区	Cangshan	91477	8.8
马尾区	Mawei	98996	6.6
晋安区	Jin'an	100671	7.3
长乐区	Changle	85091	11.2
福清市	Fuqing	83487	9.7
闽侯县	Minhou	113445	10.9
连江县	Lianjiang	90557	9.5
罗源县	Luoyuan	75295	4.4
闽清县	Minqing	83834	6.9
永泰县	Yongtai	77711	9.1
平潭县	Pingtan	95400	6.4
厦门市	**Xiamen**	**108554**	**11.0**
厦门市辖区	District under Xiamen		
思明区	Siming	120880	12.9
海沧区	Haicang	93981	10.5
湖里区	Huli	123640	10.7
集美区	Jimei	95800	6.7
同安区	Tong'an	88484	5.6
翔安区	Xiang'an	92540	12.9
莆田市	**Putian**	**75316**	**7.3**
莆田市辖区	District under Putian		
城厢区	Chengxiang	73064	-14.2
涵江区	Hanjiang	72055	16.3
荔城区	Licheng	69633	6.8
秀屿区	Xiuyu	73557	-0.6
仙游县	Xianyou	69368	8.8
三明市	**Sanming**	**90508**	**4.6**
三明市辖区	District under Sanming		
梅列区	Meilie	107772	3.3
三元区	Sanyuan	85961	5.0
永安市	Yong'an	88950	8.3
明溪县	Mingxi	88334	4.6
清流县	Qingliu	85355	4.3
宁化县	Ninghua	97254	-3.4
大田县	Datian	77356	4.6
尤溪县	Youxi	86543	5.1
沙县	Shaxian	81031	7.4
将乐县	Jiangle	83221	6.5
泰宁县	Taining	95382	0.8
建宁县	Jianning	77421	2.7
泉州市	**Quanzhou**	**76330**	**5.5**
泉州市辖区	District under Quanzhou		
鲤城区	Licheng	82371	10.0
丰泽区	Fengze	103260	6.8

21-7 续表

Continued

单位：元　　(yuan)

地区	Area	在岗职工平均工资 Total Wages of Staff and Workers on the Job	在岗职工平均工资比上年增长(%) Ratio(%)
洛江区	Luojiang	65626	5.3
泉港区	Quangang	81487	6.1
石狮市	Shishi	75198	4.9
晋江市	Jinjiang	78327	6.5
南安市	Nan'an	75377	9.4
惠安县	Hui'an	65324	2.6
安溪县	Anxi	74985	6.4
永春县	Yongchun	65790	10.4
德化县	Dehua	67267	8.5
漳州市	**Zhangzhou**	**89060**	**6.8**
漳州市辖区	District under Zhangzhou		
芗城区	Xiangcheng	101323	13.9
龙文区	Longwen	86192	5.7
龙海市	Longhai	88067	-0.8
云霄县	Yunxiao	91135	23.0
漳浦县	Zhangpu	71888	-7.8
诏安县	Zhao'an	72242	4.5
长泰县	Changtai	78168	5.1
东山县	Dongshan	92319	3.6
南靖县	Nanjing	87119	3.7
平和县	Pinghe	85780	3.4
华安县	Hua'an	84488	3.5
南平市	**Nanping**	**82487**	**8.2**
南平市辖区	District under Nanping		
延平区	Yanping	86429	8.9
建阳区	Jianyang	88565	12.7
邵武市	Shaowu	77955	7.0
武夷山市	Wuyishan	81954	8.3
建瓯市	Jian’ou	78552	3.4
顺昌县	Shunchang	83676	9.4
浦城县	Pucheng	79473	6.2
光泽县	Guangze	85916	3.2
松溪县	Songxi	75057	10.1
政和县	Zhenghe	70381	7.7
龙岩市	**Longyan**	**82970**	**5.2**
龙岩市辖区	District under Longyan		
新罗区	Xinluo	95524	4.7
永定区	Yongding	82156	5.4
漳平市	Zhangping	64776	5.3
长汀县	Changting	72796	6.5
上杭县	Shanghang	85690	3.7
武平县	Wuping	76471	5.8
连城县	Liancheng	75169	4.7
宁德市	**Ningde**	**92223**	**11.1**
宁德市辖区	District under Ningde		
蕉城区	Jiaocheng	103715	10.7
福安市	Fu'an	93082	10.4
福鼎市	Fuding	81626	10.6
霞浦县	Xiapu	81364	9.7
古田县	Gutian	77628	10.7
屏南县	Pingnan	91405	8.6
寿宁县	Shouning	77600	9.8
周宁县	Zhouning	81241	8.9
柘荣县	Zherong	80993	10.6

21-8 城乡居民人均可支配收入（2020年）

Annual Per Capita Disposable Income of Urban and Rural Households(2020)

单位：元 (yuan)

项目	Item	城镇居民人均可支配收入 Annual Per Capita Disposable Income of Urban Households		农村居民人均可支配收入 Per Capita Net Income of Rural Residence	
		数值 Value	比上年增长（%） Ratio(%)	数值 Value	比上年增长（%） Ratio(%)
全　省	**Fujian**	**47160**	**3.4**	**20880**	**6.7**
福州市	**Fuzhou**	**49300**	**2.9**	**22669**	**6.3**
福州市辖区	District under Fuzhou				
鼓楼区	Gulou	58160	3.0		
台江区	Taijiang	53912	2.9		
仓山区	Cangshan	45916	3.2		
马尾区	Mawei	54653	2.9	29323	6.2
晋安区	Jin'an	49670	2.8	23184	6.4
长乐区	Changle	50670	2.9	25888	6.5
福清市	Fuqing	49967	2.9	26779	6.2
闽侯县	Minhou	46538	3.0	21693	6.2
连江县	Lianjiang	40563	3.5	20779	6.4
罗源县	Luoyuan	36790	2.9	17329	5.4
闽清县	Minqing	35151	2.7	17204	6.9
永泰县	Yongtai	34285	2.4	16808	6.0
平潭县	Pingtan	43278	3.9	18742	6.6
厦门市	**Xiamen**	**61331**	**3.9**	**26612**	**7.3**
厦门市辖区	District under Xiamen				
思明区	Siming	74012	4.0		
海沧区	Haicang	55989	3.8	32781	7.3
湖里区	Huli	60263	3.9		
集美区	Jimei	54960	3.7	32056	7.0
同安区	Tong'an	51775	3.9	24619	7.3
翔安区	Xiang'an	43816	4.4	24206	7.7
莆田市	**Putian**	**41007**	**2.4**	**20823**	**5.8**
莆田市辖区	District under Putian				
城厢区	Chengxiang	47081	2.7	23067	6.3
涵江区	Hanjiang	39059	2.6	20055	5.7
荔城区	Licheng	46074	2.9	23567	6.4
秀屿区	Xiuyu	34060	1.4	21735	5.7
仙游县	Xianyou	35338	2.4	18792	4.9
三明市	**Sanming**	**39259**	**3.5**	**19533**	**6.7**
三明市辖区	District under Sanming				
梅列区	Meilie	45261	2.8	21197	5.0
三元区	Sanyuan	42615	3.4	22268	6.0
永安市	Yong'an	40236	3.4	20784	5.7
明溪县	Mingxi	33206	1.9	18212	7.4
清流县	Qingliu	34586	4.0	18594	6.7
宁化县	Ninghua	31579	3.6	17904	6.7
大田县	Datian	39325	4.4	19682	7.5
尤溪县	Youxi	37824	3.8	20054	7.1
沙县	Shaxian	39981	3.3	21855	6.5
将乐县	Jiangle	37743	3.7	19763	7.4
泰宁县	Taining	35999	3.5	18474	6.7
建宁县	Jianning	32615	3.8	18321	7.3
泉州市	**Quanzhou**	**50968**	**2.8**	**23459**	**5.9**
泉州市辖区	District under Quanzhou				
鲤城区	Licheng	49217	3.1		
丰泽区	Fengze	60100	2.9		
洛江区	Luojiang	44706	3.3	19929	6.1
泉港区	Quangang	39011	2.8	22698	5.7
石狮市	Shishi	64830	3.1	29023	6.0

21-8 续表

Continued

单位：元 (yuan)

项目	Item	城镇居民人均可支配收入 Annual Per Capita Disposable Income of Urban Households		农村居民人均可支配收入 Per Capita Net Income of Rural Residence	
		数值 Value	比上年增长（%） Ratio(%)	数值 Value	比上年增长（%） Ratio(%)
晋江市	Jinjiang	54594	2.6	27344	5.3
南安市	Nan'an	50667	2.7	25094	5.9
惠安县	Hui'an	48007	2.7	24258	6.8
安溪县	Anxi	35548	2.8	19145	6.2
永春县	Yongchun	35077	1.8	18163	6.0
德化县	Dehua	37702	3.0	18105	6.6
漳州市	**Zhangzhou**	**40008**	**2.7**	**21103**	**6.1**
漳州市辖区	District under Zhangzhou				
芗城区	Xiangcheng	45163	3.3	21087	6.7
龙文区	Longwen	46019	3.6	22874	7.0
龙海市	Longhai	41054	2.5	22191	6.0
云霄县	Yunxiao	35484	2.3	19417	5.6
漳浦县	Zhangpu	40788	3.4	23111	6.5
诏安县	Zhao'an	32992	2.7	18798	6.0
长泰县	Changtai	41660	3.5	22228	6.1
东山县	Dongshan	39823	2.3	24141	7.6
南靖县	Nanjing	35816	1.1	20009	5.9
平和县	Pinghe	34940	1.5	20770	7.7
华安县	Hua'an	37289	2.7	20630	5.2
南平市	**Nanping**	**36492**	**3.8**	**18557**	**6.7**
南平市辖区	District under Nanping				
延平区	Yanping	37591	4.0	20386	6.4
建阳区	Jianyang	37425	4.5	18607	7.3
邵武市	Shaowu	38343	3.3	21200	6.0
武夷山市	Wuyishan	37405	3.1	19956	6.2
建瓯市	Jian’ou	36683	4.4	20134	5.8
顺昌县	Shunchang	33361	4.1	17725	6.9
浦城县	Pucheng	34340	3.5	17048	7.2
光泽县	Guangze	33093	3.9	16138	6.7
松溪县	Songxi	32074	3.5	14449	7.6
政和县	Zhenghe	32260	3.8	14662	6.1
龙岩市	**Longyan**	**40190**	**3.5**	**20150**	**6.8**
龙岩市辖区	District under Longyan				
新罗区	Xinluo	44519	2.6	23925	6.1
永定区	Yongding	42535	4.2	21062	6.1
漳平市	Zhangping	38053	3.0	20290	7.1
长汀县	Changting	28988	4.1	18149	7.5
上杭县	Shanghang	43768	3.5	19699	6.8
武平县	Wuping	37837	3.4	19244	6.7
连城县	Liancheng	34644	3.7	18331	7.0
宁德市	**Ningde**	**37121**	**3.4**	**19050**	**7.0**
宁德市辖区	District under Ningde				
蕉城区	Jiaocheng	38788	2.7	19271	6.9
福安市	Fu'an	39660	3.8	19851	7.2
福鼎市	Fuding	39610	3.4	19288	7.6
霞浦县	Xiapu	37118	4.3	19286	6.8
古田县	Gutian	35018	3.8	20262	7.2
屏南县	Pingnan	30976	3.2	17201	6.4
寿宁县	Shouning	28941	3.3	16536	7.7
周宁县	Zhouning	31917	3.6	17705	7.0
柘荣县	Zherong	30150	3.1	16797	6.4

21-9 地方一般公共预算收入（2020年）

Budgetary Revenue of Local Government(2020)

单位：万元 (10000 yuan)

地区	Area	地方一般公共预算收入 Budgetary Revenue of Local Government	#增值税 Value-added Tax	#企业所得税 Enterprises' Income Tax	#个人所得税 Individual Income Tax
全　省	**Fujian**	**30790374**	**8393601**	**3684936**	**1928130**
福州市	Fuzhou	6756083	1873846	801768	566043
福州市辖区	District under Fuzhou	4661600	1404587	552499	376611
鼓楼区	Gulou	308384	90274	77973	
台江区	Taijiang	161929	44443	29005	
仓山区	Cangshan	271630	86350	34905	
马尾区	Mawei	209996	57735	30359	1555
晋安区	Jin'an	228809	69052	25308	
长乐区	Changle	511680	175792	45054	44882
福清市	Fuqing	912635	252898	93666	149648
闽侯县	Minhou	781411	236258	76294	27534
连江县	Lianjiang	347596	112871	31783	37287
罗源县	Luoyuan	96769	23743	17514	3968
闽清县	Minqing	160106	93413	14051	9492
永泰县	Yongtai	124619	45253	19463	2605
平潭县	Pingtan	546036	116505	57124	99640
厦门市	**Xiamen**	**7839392**	**1945430**	**980104**	**857647**
厦门市辖区	District under Xiamen	2369218	591707	323852	395255
思明区	Siming	630119	154722	102555	147391
海沧区	Haicang	339814	89287	49484	13092
湖里区	Huli	510503	138851	72859	143288
集美区	Jimei	401568	79993	41989	27930
同安区	Tong'an	262568	78243	30325	34243
翔安区	Xiang'an	224646	50611	26640	29311
莆田市	**Putian**	**1471007**	**425631**	**148094**	**43838**
莆田市辖区	District under Putian	1279692	403917	133695	38580
城厢区	Chengxiang	250154	57406	18777	4497
涵江区	Hanjiang	236016	80700	32598	4331
荔城区	Licheng	275534	94412	27880	5664
秀屿区	Xiuyu	245568	99350	36996	2534
仙游县	Xianyou	272420	72049	17444	21554
三明市	**Sanming**	**1111556**	**317289**	**85193**	**55833**
三明市辖区	District under Sanming	857134	229801	70422	50640
梅列区	Meilie	77312	16159	3579	1927
三元区	Sanyuan	51374	16150	3880	961
永安市	Yong'an	189995	49845	18723	26186
明溪县	Mingxi	34713	11683	3340	1517
清流县	Qingliu	43495	13227	6241	991
宁化县	Ninghua	67315	15107	3789	1029
大田县	Datian	75617	23885	7974	1259
尤溪县	Youxi	83698	20465	5163	1976
沙县	Shaxian	104640	28394	6689	3942
将乐县	Jiangle	66380	17396	6569	9687
泰宁县	Taining	28596	8240	2050	555
建宁县	Jianning	33999	9250	2425	610
泉州市	**Quanzhou**	**4540421**	**1436218**	**512683**	**252639**
泉州市辖区	District under Quanzhou	3830602	1254494	431086	229909
鲤城区	Licheng	122752	41314	11976	3616
丰泽区	Fengze	160809	45183	21661	7115
洛江区	Luojiang	128161	48996	13022	2557

21-9 续表

Continued

单位：万元 (10000 yuan)

地区	Area	地方一般公共预算收入 Budgetary Revenue of Local Government	#增值税 Value-added Tax	#企业所得税 Enterprises' Income Tax	#个人所得税 Individual Income Tax
泉港区	Quangang	255767	120493	21557	3920
石狮市	Shishi	360278	103244	46172	13911
晋江市	Jinjiang	1392800	420630	167075	107686
南安市	Nan'an	530451	174381	51484	53708
惠安县	Hui'an	346232	157270	47606	10090
安溪县	Anxi	286542	70407	31975	13354
永春县	Yongchun	118184	31173	9160	10469
德化县	Dehua	128626	41403	9398	3483
漳州市	**Zhangzhou**	**2185588**	**642504**	**231784**	**44814**
漳州市辖区	District under Zhangzhou	1397995	409280	150768	29553
芗城区	Xiangcheng	154088	57037	17570	5785
龙文区	Longwen	114745	34581	11796	2759
龙海市	Longhai	248331	76322	43110	3893
云霄县	Yunxiao	68800	18935	7713	2200
漳浦县	Zhangpu	326714	57049	26216	4271
诏安县	Zhao'an	69212	22098	9431	1547
长泰县	Changtai	112015	49474	10581	2973
东山县	Dongshan	104685	31239	9205	1945
南靖县	Nanjing	82004	28055	6602	2520
平和县	Pinghe	63393	16530	4484	1088
华安县	Hua'an	54008	17960	4060	572
南平市	**Nanping**	**981767**	**246044**	**77727**	**30573**
南平市辖区	District under Nanping	773046	186456	53748	23880
延平区	Yanping	72557	21601	8615	1852
建阳区	Jianyang	133646	30225	8289	3185
邵武市	Shaowu	132057	26482	7947	2534
武夷山市	Wuyishan	93467	22528	3959	3836
建瓯市	Jian'ou	105758	21617	5862	3502
顺昌县	Shunchang	55718	19269	3170	2880
浦城县	Pucheng	67973	17539	4911	985
光泽县	Guangze	45564	9636	5833	3760
松溪县	Songxi	27494	6832	2035	710
政和县	Zhenghe	38812	10727	3127	636
龙岩市	**Longyan**	**1586125**	**435509**	**154818**	**39913**
龙岩市辖区	District under Longyan	995509	243406	109724	28705
新罗区	Xinluo	242907	61284	24764	5639
永定区	Yongding	103541	28924	13319	3746
漳平市	Zhangping	97393	33811	10388	2305
长汀县	Changting	97997	25016	11838	2667
上杭县	Shanghang	282121	55483	30097	8886
武平县	Wuping	101397	22161	13367	2062
连城县	Liancheng	70153	16727	5951	3400
宁德市	**Ningde**	**1377924**	**468283**	**228027**	**36822**
宁德市辖区	District under Ningde	1012521	359265	166318	25361
蕉城区	Jiaocheng	230416	74224	58098	10332
福安市	Fu'an	278833	131993	61450	3809
福鼎市	Fuding	181507	54392	24605	4724
霞浦县	Xiapu	107673	27383	6310	1774
古田县	Gutian	74769	21936	5330	1732
屏南县	Pingnan	39436	14256	3123	1044
寿宁县	Shouning	33617	11021	3381	1069
周宁县	Zhouning	39119	10079	2369	439
柘荣县	Zherong	27151	13981	1652	438

21-10 一般公共预算支出（2020年）

Budgetary Expenditures of Local Government(2020)

单位：万元 (10000 yuan)

地区	Area	一般公共预算支出 Budgetary Expenditure	#一般公共服务支出 Expenditure for General Public Service	#教育支出 Expenditure for Education	#科学技术支出 Expenditure for Science	#农林水事务支出 Expenditure for Agriculture Forestry and Water Conservancy
全　省	**Fujian**	**52160979**	**4675189**	**10315731**	**1494377**	**4500504**
福州市	Fuzhou	9514035	841006	1851895	432935	618302
福州市辖区	District under Fuzhou	7374219	678213	1453796	364105	565987
鼓楼区	Gulou	354892	45834	101475	14278	6475
台江区	Taijiang	224692	32542	63206	5773	5600
仓山区	Cangshan	361315	53462	100875	10162	11497
马尾区	Mawei	401156	48490	73797	17105	13774
晋安区	Jin'an	346721	32925	71193	8881	22278
长乐区	Changle	783332	60932	148427	24794	64100
福清市	Fuqing	1190642	81266	269253	19001	87086
闽侯县	Minhou	987956	79434	194008	37742	69182
连江县	Lianjiang	787115	57956	164616	7446	92069
罗源县	Luoyuan	281661	31969	51017	2196	57038
闽清县	Minqing	351683	28100	65668	1208	45203
永泰县	Yongtai	342520	36663	60680	1273	59391
平潭县	Pingtan	960534	88640	89581	214246	32294
厦门市	**Xiamen**	**9769054**	**881063**	**1599003**	**412243**	**251237**
厦门市辖区	District under Xiamen	4710353	390472	1136690	152380	147658
思明区	Siming	1097800	82492	256170	39035	1103
海沧区	Haicang	722945	73498	175625	21120	21722
湖里区	Huli	891574	70971	146787	4388	5551
集美区	Jimei	782300	55530	213221	27547	53317
同安区	Tong'an	717475	46759	201438	55112	40273
翔安区	Xiang'an	498259	61222	143449	5178	25692
莆田市	**Putian**	**2562741**	**301977**	**613030**	**31322**	**216853**
莆田市辖区	District under Putian	1922065	230303	516911	22230	194166
城厢区	Chengxiang	287440	25649	84470	4702	22730
涵江区	Hanjiang	315526	43182	80507	6884	29542
荔城区	Licheng	341611	32543	94429	4724	27044
秀屿区	Xiuyu	400895	90442	110160	2771	41242
仙游县	Xianyou	576593	38487	147345	3149	73608
三明市	**Sanming**	**3344425**	**278115**	**695659**	**24511**	**505873**
三明市辖区	District under Sanming	2772164	232876	600342	17508	477265
梅列区	Meilie	131080	11625	25308	419	14193
三元区	Sanyuan	115672	11490	34043	608	11892
永安市	Yong'an	337787	39465	72550	3313	48766
明溪县	Mingxi	174410	14829	33456	1354	37160
清流县	Qingliu	203249	16320	40848	1036	43917
宁化县	Ninghua	318960	26146	68255	4136	62707
大田县	Datian	300492	24544	84916	604	35576
尤溪县	Youxi	320830	20802	76362	830	62510
沙县	Shaxian	279755	19498	61223	929	45672
将乐县	Jiangle	226844	18974	42871	2607	36948
泰宁县	Taining	176438	15736	28458	915	35350
建宁县	Jianning	186647	13447	32052	757	42574
泉州市	**Quanzhou**	**7151369**	**553998**	**1624948**	**179534**	**670427**
泉州市辖区	District under Quanzhou	5887260	444204	1411979	149567	586381
鲤城区	Licheng	146419	15520	49564	3551	2636
丰泽区	Fengze	270333	23872	62763	10969	5864
洛江区	Luojiang	169800	22418	43900	4777	14171

21-10 续表

Continued

单位：万元 (10000 yuan)

地区	Area	一般公共预算支出 Budgetary Expenditure	#一般公共服务支出 Expenditure for General Public Service	#教育支出 Expenditure for Education	#科学技术支出 Expenditure for Science	#农林水事务支出 Expenditure for Agriculture Forestry and Water Conservancey
泉港区	Quangang	359112	28072	86352	21854	34338
石狮市	Shishi	615289	41087	96868	11766	53280
晋江市	Jinjiang	1509088	83028	342263	51604	141282
南安市	Nan'an	895042	66106	221647	19721	93636
惠安县	Hui'an	555520	41906	136117	10960	60544
安溪县	Anxi	685881	64463	209419	5655	75695
永春县	Yongchun	371395	30518	90657	3543	54270
德化县	Dehua	309381	27214	72429	5167	50665
漳州市	**Zhangzhou**	**4451211**	**443577**	**912685**	**36902**	**431694**
漳州市辖区	District under Zhangzhou	3340300	318588	711636	23598	395581
芗城区	Xiangcheng	270931	24453	52467	4659	11069
龙文区	Longwen	158341	20130	44514	5072	9288
龙海市	Longhai	437226	36735	95031	2579	45127
云霄县	Yunxiao	284228	21497	71129	1775	44939
漳浦县	Zhangpu	636329	56215	139582	2441	64573
诏安县	Zhao'an	328351	31838	66808	974	58343
长泰县	Changtai	237296	20956	52672	2822	23976
东山县	Dongshan	217493	34321	43536	646	24917
南靖县	Nanjing	287982	32130	60174	1307	36866
平和县	Pinghe	335089	23796	61956	839	55031
华安县	Hua'an	147034	16517	23767	484	21452
南平市	**Nanping**	**3335636**	**262931**	**576477**	**34304**	**525774**
南平市辖区	District under Nanping	2708445	201645	507224	27921	509859
延平区	Yanping	271744	19901	55302	3072	55545
建阳区	Jianyang	318329	26849	64880	4352	55616
邵武市	Shaowu	310303	18373	60323	1766	46513
武夷山市	Wuyishan	295957	22024	46163	3262	65783
建瓯市	Jian'ou	357177	25460	85265	4112	61934
顺昌县	Shunchang	249849	20208	39512	2166	38089
浦城县	Pucheng	336923	22238	61524	3133	67749
光泽县	Guangze	193527	16251	33790	1484	42989
松溪县	Songxi	170885	15378	29213	2363	28607
政和县	Zhenghe	203751	14963	31252	2211	47034
龙岩市	**Longyan**	**3332925**	**316088**	**733223**	**103218**	**476936**
龙岩市辖区	District under Longyan	2604061	230191	624104	95903	456222
新罗区	Xinluo	488687	51318	133816	12810	70282
永定区	Yongding	302563	25496	88455	2653	48169
漳平市	Zhangping	260477	24606	61645	6555	49141
长汀县	Changting	391409	25979	89727	17270	80219
上杭县	Shanghang	513188	45537	105964	41067	70593
武平县	Wuping	339690	29270	75886	6308	71015
连城县	Liancheng	308047	27985	68611	9240	66803
宁德市	**Ningde**	**3570698**	**366198**	**668582**	**117909**	**476829**
宁德市辖区	District under Ningde	2811889	282558	578574	76138	453576
蕉城区	Jiaocheng	433970	57398	98924	40541	59053
福安市	Fu'an	460951	61740	100777	22290	57251
福鼎市	Fuding	419015	30263	89071	1140	84845
霞浦县	Xiapu	410244	42157	87024	775	73160
古田县	Gutian	303618	24035	58689	973	48079
屏南县	Pingnan	200959	17594	44239	371	31995
寿宁县	Shouning	216448	16010	41215	666	37958
周宁县	Zhouning	217283	17994	32428	3248	35040
柘荣县	Zherong	149401	15367	26207	6134	26195

21-11 金融机构货币存贷款余额（2020年）

Deposits and Loans of Financial institutions by Country and City(2020)

单位：亿元 (100 million yuan)

地区	Area	金融机构人民币各项存款余额 RMB Deposits of National Banking System	#非金融企业存款 Non-Financial Enterprises	住户存款 Household Deposits	金融机构人民币各项贷款余额 RMB Loans of National Banking System	#短期贷款 Short-term Loans	#中长期贷款 Medium-term & Long-term Loans
全　省	**Fujian**	**55160.49**	**16604.36**	**24052.6**	**58589.49**	**17843.60**	**37789.18**
福州市	Fuzhou	17382.98	5475.23	6951.54	19308.02	4360.70	14391.80
福州市辖区	District under Fuzhou	11511.25	4258.14	3352.15	13749.45	2873.35	10396.98
鼓楼区	Gulou						
台江区	Taijiang						
仓山区	Cangshan						
马尾区	Mawei	890.15	216.02	486.38	818.67	180.30	615.33
晋安区	Jin'an						
长乐区	Changle	1059.11	267.17	594.07	1221.13	489.86	715.38
福清市	Fuqing	1563.30	276.06	1062.55	1192.18	294.13	884.18
闽侯县	Minhou	708.85	139.53	394	595.35	123.62	469.42
连江县	Lianjiang	510.50	65.46	359.25	555.32	97.22	457.47
罗源县	Luoyuan	166.51	26.76	110.38	213.15	57.52	154.80
闽清县	Minqing	200.66	27.01	152.29	114.50	39.49	74.22
永泰县	Yongtai	198.17	38.72	122.63	168.91	27.79	141.09
平潭县	Pingtan	574.48	160.36	317.84	679.35	177.42	482.94
厦门市	**Xiamen**	**12553.38**	**5129.81**	**3684.39**	**12687.99**	**4027.74**	**7780.45**
厦门市辖区	District under Xiamen	12553.38	5129.81	3684.39	12687.99	4027.74	7780.45
思明区	Siming						
海沧区	Haicang						
湖里区	Huli						
集美区	Jimei						
同安区	Tong'an						
翔安区	Xiang'an						
莆田市	**Putian**	**2297.85**	**374.3**	**1551.27**	**2204.53**	**589.71**	**1591.54**
莆田市辖区	District under Putian	1850.89	336.83	1192.67	1892.07	483.38	1385.51
城厢区	Chengxiang						
涵江区	Hanjiang						
荔城区	Licheng						
秀屿区	Xiuyu						
仙游县	Xianyou	446.95	37.47	358.6	312.46	106.33	206.02
三明市	**Sanming**	**2082.08**	**451.28**	**1200.14**	**1697.61**	**390.99**	**1236.13**
三明市辖区	District under Sanming	667.29	232.3	268.73	629.60	140.49	446.28
梅列区	Meilie						
三元区	Sanyuan						
永安市	Yong'an	247.57	46.92	166.16	239.94	75.80	161.87
明溪县	Mingxi	94.05	13.57	58.03	37.22	10.27	25.33
清流县	Qingliu	77.24	10.44	49.23	45.40	9.80	34.50
宁化县	Ninghua	176.02	23.11	106.76	103.34	15.93	84.75
大田县	Datian	138.09	18.91	94.35	112.50	24.91	86.03
尤溪县	Youxi	185.33	21.43	141.25	138.59	31.22	99.55
沙县	Shaxian	210.33	47.67	136.63	200.29	43.50	149.79
将乐县	Jiangle	104.74	15.8	71.29	79.32	15.45	62.79
泰宁县	Taining	83.17	9.98	50.98	54.87	9.87	43.51
建宁县	Jianning	98.25	11.15	56.72	56.55	13.74	41.73
泉州市	**Quanzhou**	**8711.65**	**2407.85**	**4793.8**	**8023.23**	**2785.78**	**4771.45**
泉州市辖区	District under Quanzhou	2795.11	904.56	1141.59	3043.03	877.96	1842.39
鲤城区	Licheng						
丰泽区	Fengze						
洛江区	Luojiang						
泉港区	Quangang						

21-11 续表

Continued

单位：亿元 (100 million yuan)

地区	Area	金融机构人民币各项存款余额 RMB Deposits of National Banking System	#非金融企业存款 Non-Financial Enterprises	住户存款 Household Deposits	金融机构人民币各项贷款余额 RMB Loans of National Banking System	#短期贷款 Short-term Loans	#中长期贷款 Medium-term & Long-term Loans
石狮市	Shishi	798.95	149.27	535.94	748.00	307.71	423.66
晋江市	Jinjiang	2107.86	696.79	1162.35	1672.56	675.37	943.79
南安市	Nan'an	1205.01	218.17	857.83	966.34	386.92	554.55
惠安县	Hui'an	743.78	245.86	410.56	598.12	228.14	331.02
安溪县	Anxi	562.73	122.14	374.43	560.33	156.00	401.17
永春县	Yongchun	259.78	25.52	186.97	174.36	55.03	115.14
德化县	Dehua	238.42	45.54	124.13	260.49	98.66	159.73
漳州市	**Zhangzhou**	**3460.36**	**876.41**	**2010.74**	**3438.79**	**995.93**	**2334.86**
漳州市辖区	District under Zhangzhou	1405.35	525.59	613.37	1475.59	476.01	906.91
芗城区	Xiangcheng						
龙文区	Longwen						
龙海市	Longhai	651.66	141.34	409.95	777.14	162.95	607.57
云霄县	Yunxiao	171.40	17.03	125.81	154.69	43.46	110.36
漳浦县	Zhangpu	386.25	92.23	244.9	420.74	76.30	343.13
诏安县	Zhao'an	153.63	12.47	119.69	116.37	48.84	67.34
长泰县	Changtai	164.84	31.2	101.91	120.44	44.04	74.91
东山县	Dongshan	120.11	16.87	88.67	136.33	35.13	101.12
南靖县	Nanjing	151.73	14.12	110.53	85.60	38.66	45.75
平和县	Pinghe	186.39	16.06	144.87	111.23	47.94	61.07
华安县	Hua'an	69.00	9.5	51.03	40.65	22.61	16.71
南平市	**Nanping**	**2265.22**	**393.01**	**1408.09**	**1673.14**	**458.48**	**1164.39**
南平市辖区	District under Nanping	611.91	119.68	306.82	524.54	127.13	368.07
延平区	Yanping						
建阳区	Jianyang	322.72	105.09	166.54	276.49	53.07	223.30
邵武市	Shaowu	216.82	29.87	148.81	165.19	46.40	116.87
武夷山市	Wuyishan	196.88	27.66	134.96	171.66	41.81	126.93
建瓯市	Jian'ou	276.01	31.09	205.55	171.25	47.83	121.44
顺昌县	Shunchang	138.04	14.21	98.03	88.98	30.10	51.70
浦城县	Pucheng	208.54	25.53	152.46	104.13	35.16	65.39
光泽县	Guangze	89.22	13.69	61.07	65.56	25.24	40.31
松溪县	Songxi	82.87	9.9	61.12	46.12	23.09	21.52
政和县	Zhenghe	122.20	16.28	72.73	59.22	28.64	28.85
龙岩市	**Longyan**	**2340.58**	**659.7**	**1241.33**	**2413.18**	**717.54**	**1645.06**
龙岩市辖区	District under Longyan	1147.40	392.63	519.11	1420.80	361.74	1025.88
新罗区	Xinluo						
永定区	Yongding	181.66	25.84	126.12	142.28	50.62	91.65
漳平市	Zhangping	145.71	22.14	100.95	129.93	43.71	86.20
长汀县	Changting	230.79	24.53	146.79	190.82	67.91	121.10
上杭县	Shanghang	370.68	153	169.13	277.75	102.02	160.20
武平县	Wuping	146.93	24.98	98.33	139.23	47.63	91.58
连城县	Liancheng	117.41	16.58	80.91	112.36	43.91	68.45
宁德市	**Ningde**	**2392.18**	**797.46**	**1164.77**	**2296.27**	**493.51**	**1683.73**
宁德市辖区	District under Ningde	1029.07	567.62	261.09	842.34	154.49	617.97
蕉城区	Jiaocheng						
福安市	Fu'an	326.47	79.93	204.4	306.55	63.82	202.83
福鼎市	Fuding	333.16	63.85	219.96	518.55	88.95	425.53
霞浦县	Xiapu	191.93	28.23	123.4	218.12	54.26	163.84
古田县	Gutian	204.51	23.17	148.09	167.55	51.55	115.98
屏南县	Pingnan	83.62	8.79	61.85	83.67	22.17	61.27
寿宁县	Shouning	87.41	9.24	63.14	57.95	27.60	28.29
周宁县	Zhouning	78.58	7.57	50.63	56.93	16.21	38.26
柘荣县	Zherong	57.43	9.06	32.2	44.62	14.45	29.76

21-12 主要农产品产量（2020年）

Output of Major Agricultural Products(2020)

单位：吨 (ton)

地区	Area	粮食 Grain Crops	油料 Oil-bearing	蔬菜 Vegetables	食用菌 Edible Fungus	茶叶 Tea	园林水果 Fruit	肉类 Meat	水产品 Aquatic Products
全　省	**Fujian**	**5023168**	**227326**	**14922973**	**1378814**	**461371**	**7170499**	**2593907**	**8303416**
福州市	**Fuzhou**	**485445**	**54331**	**4289749**	**257271**	**44694**	**899161**	**169834**	**2837470**
福州市辖区	District under Fuzhou	75310	1971	877998	8716	2338	57006	30632	349922
鼓楼区	Gulou								2000
台江区	Taijiang								
仓山区	Cangshan			39526					3248
马尾区	Mawei	1605	52	42215			10982	4370	152384
晋安区	Jin'an	4016		147683	599	2184	5555	7328	770
长乐区	Changle	69689	1919	648574	8117	154	40469	18934	555312
福清市	Fuqing	107069	32258	792436	3390	536	135629	40362	191520
闽侯县	Minhou	57996	2377	1192183	23174	1855	170136	31057	21726
连江县	Lianjiang	42026	806	119969	3794	12579	28474	15045	1222133
罗源县	Luoyuan	33977	311	139326	161108	8223	61610	12745	212618
闽清县	Minqing	53471	2969	499469	32134	3519	179472	14893	7320
永泰县	Yongtai	96651	6914	606555	24955	15644	263933	17127	11245
平潭县	Pingtan	18945	6725	61813			2901	7972	457194
厦门市	**Xiamen**	**25066**	**4342**	**562337**	**30710**	**1574**	**74197**	**29796**	**75870**
厦门市辖区	District under Xiamen	25066	4342	562337	30710	1574	74197	29796	75870
思明区	Siming								51744
海沧区	Haicang	401	46	30524			3336	876	729
湖里区	Huli								
集美区	Jimei	1205	252	48168	16	7	29844	1625	1951
同安区	Tong'an	12826	1301	256476	2888	1563	28831	13166	3196
翔安区	Xiang'an	10634	2743	227169	27806	4	12186	14128	18250
莆田市	**Putian**	**185286**	**39726**	**652037**	**37419**	**3862**	**202387**	**89664**	**995125**
莆田市辖区	District under Putian	101149	31367	528849	11700	813	82804	65712	979822
城厢区	Chengxiang	12171	2301	18771	3	40	22884	33570	57879
涵江区	Hanjiang	23193	2470	98456	11697	755	39999	11951	58535
荔城区	Licheng	23970	3482	339402		18	18919	5468	86108
秀屿区	Xiuyu	41815	23114	72220			1002	14723	777300
仙游县	Xianyou	84137	8359	123188	25719	3049	119583	23952	15303
三明市	**Sanming**	**945287**	**13830**	**1939662**	**148746**	**49011**	**914401**	**188463**	**114730**
三明市辖区	District under Sanming	19537	400	177288	2104	567	174372	21525	2601
梅列区	Meilie	4105	190	48406	606	20	47013	4607	1351
三元区	Sanyuan	15432	210	128882	1498	547	127359	16919	1250
永安市	Yong'an	65148	1233	308325	7004	2270	104899	23885	13490
明溪县	Mingxi	80817	1782	98215	8604	3525	62587	7711	7895
清流县	Qingliu	80285	2092	103546	3288	2380	76390	12297	26870
宁化县	Ninghua	177446	3123	174228	8674	5687	18984	16558	10620
大田县	Datian	88571	1089	496925	21622	13742	104206	22641	8355
尤溪县	Youxi	135033	882	227474	48321	13287	105157	28318	10360
沙县	Shaxian	74501	1286	172472	8670	4136	102675	26854	8563
将乐县	Jiangle	76794	918	71889	18217	769	31515	11657	5001
泰宁县	Taining	57723	726	26188	14527	908	1383	8753	13605
建宁县	Jianning	89432	299	83112	7715	1740	132233	8264	7370
泉州市	**Quanzhou**	**498320**	**46527**	**1012096**	**98427**	**90057**	**151117**	**179061**	**1049880**
泉州市辖区	District under Quanzhou	23096	5472	76672	169	556	7971	18293	103231
鲤城区	Licheng	203	38	10018	62		490	267	88
丰泽区	Fengze	231	75	5456	107	3	609	90	13211
洛江区	Luojiang	11672	2252	32464		94	3845	9656	1634
泉港区	Quangang	10990	3107	28734		459	3027	8281	88298

注：本表粮食产量中的稻谷产量为原报面积推算的抽样调查数，非稻谷部分产量为全面统计数，肉类产量中猪、禽产量全省为抽样调查数。

Note:The grain output in this table is calculated on spot check basis,including medium-pig production and poultry production.Part of rice production is comprehensive.

21-12 续表

Continued

单位：吨 (ton)

地区	Area	粮食 Grain Crops	油料 Oil-bearing	蔬菜 Vegetables	食用菌 Edible Fungus	茶叶 Tea	园林水果 Fruit	肉类 Meat	水产品 Aquatic Products
石狮市	Shishi	5039	557	26333	146		2425	25	395187
晋江市	Jinjiang	23407	6906	195726	9463		4485	6003	251463
南安市	Nan'an	153976	8587	125241	19108	1220	24697	68913	57368
惠安县	Hui'an	55226	20467	75854	885	40	2542	25314	238632
安溪县	Anxi	88100	3329	258644	1065	75613	16298	25697	1595
永春县	Yongchun	88990	589	136445	65739	11038	67911	18551	892
德化县	Dehua	60486	620	117181	1852	1590	24788	16264	1512
漳州市	**Zhangzhou**	**412467**	**32691**	**2416716**	**395841**	**58235**	**3579826**	**352201**	**2044716**
漳州市辖区	District under Zhangzhou	3496	577	85283	42520	494	60286	19712	19993
芗城区	Xiangcheng	3095	512	44166	41480	164	58759	15265	11823
龙文区	Longwen	401	65	41117	1040	330	1527	4447	8170
龙海市	Longhai	50992	1591	267333	165922	138	179157	42736	430650
云霄县	Yunxiao	48566	2809	181585	17177	1442	281459	16188	261700
漳浦县	Zhangpu	111735	13623	718684	47035	265	222973	52211	407868
诏安县	Zhao'an	70959	5514	291325	3245	13758	232905	23991	440078
长泰县	Changtai	38386	3032	152304	3814	2769	123693	16210	24475
东山县	Dongshan	8831	2348	72783			8257	4554	432056
南靖县	Nanjing	37097	1702	343499	86377	7524	310001	134198	17600
平和县	Pinghe	24691	325	195167	3592	12088	1973572	20236	6695
华安县	Hua'an	17714	1170	108753	26159	19757	187523	22167	3601
南平市	**Nanping**	**1178212**	**11339**	**1480160**	**153068**	**79346**	**381127**	**869128**	**88800**
南平市辖区	District under Nanping	266562	1680	402653	34344	6428	55234	78493	18600
延平区	Yanping	58108	760	191411	14813	261	12162	66094	9335
建阳区	Jianyang	208454	920	211242	19531	6167	43072	12399	9265
邵武市	Shaowu	180824	4278	107137	12580	9457	10914	16608	17148
武夷山市	Wuyishan	99154	1670	150937	11477	22482	19562	10850	6754
建瓯市	Jian'ou	212038	1194	317949	9722	17274	209018	27081	13268
顺昌县	Shunchang	46389	329	49195	66936	259	72725	14388	4661
浦城县	Pucheng	210282	1465	92766	3833	1944	1833	236822	10504
光泽县	Guangze	62139	385	78472	5323	1296	1509	406481	11033
松溪县	Songxi	51414	181	112619	7948	7777	4559	6226	5037
政和县	Zhenghe	49410	157	168432	905	12429	5773	72178	1795
龙岩市	**Longyan**	**820691**	**18033**	**1558452**	**51685**	**24240**	**430672**	**635206**	**61890**
龙岩市辖区	District under Longyan	149782	3608	271052	3688	2724	179371	258621	10679
新罗区	Xinluo	49832	2214	129898	1402	1097	16906	174864	6315
永定区	Yongding	99950	1394	141154	2286	1627	162465	83757	4364
漳平市	Zhangping	60559	1039	253668	25847	12994	54229	34080	6290
长汀县	Changting	171203	4879	259220	5579	1849	18708	76041	11968
上杭县	Shanghang	156891	3039	364680	4798	1803	98706	146932	8405
武平县	Wuping	154341	1241	174438	8661	3395	59973	70721	12714
连城县	Liancheng	127915	4227	235394	3112	1475	19685	48811	11834
宁德市	**Ningde**	**472394**	**6507**	**1011764**	**205647**	**110352**	**537611**	**80554**	**1034935**
宁德市辖区	District under Ningde	25919	1433	104455	335	9080	39539	11401	215842
蕉城区	Jiaocheng	25919	1433	104455	335	9080	39539	11401	215842
福安市	Fu'an	75478	1964	288547	6856	26399	220392	10665	101904
福鼎市	Fuding	63464	332	184032	17043	32448	41440	5076	225468
霞浦县	Xiapu	41799	1638	113721	6208	7273	71320	9014	464523
古田县	Gutian	115453	451	80004	132068	1004	104908	14198	18568
屏南县	Pingnan	46263		68790	22676	613	12415	16079	3068
寿宁县	Shouning	52846	132	101904	12073	20020	33912	5550	2261
周宁县	Zhouning	26841	341	44900	2418	7707	10442	5098	2061
柘荣县	Zherong	24331	216	25411	5970	5808	3243	3472	1240

21-13 农作物播种面积（2020年）

Sown Areas of Farm Crops(2020)

单位：千公顷 (1000 hectares)

项目	Item	农作物播种面积 Sown Areas of Farm Crops	粮食作物 Grain Crops	稻谷 Rice	薯类 Sweet Potato	豆类 Bean	非粮作物 Non-grain Crops
全　省	**Fujian**	**1682.00**	**834.43**	**601.72**	**152.86**	**42.40**	**847.57**
福州市	**Fuzhou**	**262.78**	**86.25**	**39.21**	**37.83**	**7.11**	**176.53**
福州市辖区	District under Fuzhou	43.39	12.39	5.57	6.73	0.07	31.00
鼓楼区	Gulou						
台江区	Taijiang						
仓山区	Cangshan	1.94					1.94
马尾区	Mawei	2.34	0.28	0.15	0.11	0.01	2.06
晋安区	Jin'an	6.49	0.59	0.12	0.45	0.01	5.90
长乐区	Changle	32.63	11.52	5.31	6.17	0.05	21.10
福清市	Fuqing	57.32	18.96	6.74	9.68	2.34	38.35
闽侯县	Minhou	52.19	11.00	4.98	4.34	1.19	41.19
连江县	Lianjiang	13.52	7.21	4.28	2.24	0.63	6.32
罗源县	Luoyuan	14.57	6.22	3.10	2.46	0.62	8.35
闽清县	Minqing	29.03	9.54	6.37	2.11	0.96	19.48
永泰县	Yongtai	43.17	17.25	8.17	6.76	1.15	25.92
平潭县	Pingtan	9.59	3.68	0.01	3.51	0.16	5.92
厦门市	**Xiamen**	**22.50**	**4.09**	**1.91**	**1.81**	**0.12**	**18.41**
厦门市辖区	District under Xiamen	22.50	4.09	1.91	1.81	0.12	18.41
思明区	Siming						
海沧区	Haicang	1.28	0.07	0.05	0.02	0.01	1.20
湖里区	Huli						
集美区	Jimei	2.77	0.20	0.14	0.05	0.01	2.57
同安区	Tong'an	9.55	2.18	1.33	0.54	0.07	7.37
翔安区	Xiang'an	8.91	1.63	0.39	1.20	0.04	7.27
莆田市	**Putian**	**67.64**	**30.43**	**17.38**	**8.64**	**2.97**	**37.22**
莆田市辖区	District under Putian	45.91	16.84	7.08	7.16	1.88	29.06
城厢区	Chengxiang	3.34	1.93	1.02	0.47	0.23	1.41
涵江区	Hanjiang	8.97	3.77	2.80	0.66	0.25	5.20
荔城区	Licheng	16.13	4.01	2.32	1.17	0.45	12.11
秀屿区	Xiuyu	17.47	7.12	0.94	4.86	0.95	10.34
仙游县	Xianyou	21.74	13.58	10.30	1.48	1.09	8.15
三明市	**Sanming**	**303.44**	**161.27**	**119.44**	**19.29**	**11.10**	**142.17**
三明市辖区	District under Sanming	9.68	3.08	2.19	0.40	0.26	6.61
梅列区	Meilie	3.49	0.71	0.39	0.15	0.08	2.78
三元区	Sanyuan	6.19	2.36	1.80	0.26	0.19	3.83
永安市	Yong'an	23.50	10.81	8.28	0.84	0.69	12.69
明溪县	Mingxi	25.50	14.34	9.09	1.64	2.56	11.16
清流县	Qingliu	41.16	14.85	9.38	2.37	1.56	26.31
宁化县	Ninghua	52.03	31.81	21.17	3.16	3.79	20.22
大田县	Datian	38.86	16.52	9.89	4.58	1.02	22.35
尤溪县	Youxi	34.90	22.39	17.49	3.78	0.45	12.51
沙县	Shaxian	21.66	11.71	9.83	1.03	0.20	9.96
将乐县	Jiangle	19.13	12.13	10.67	0.70	0.22	7.00
泰宁县	Taining	14.50	9.65	8.20	0.52	0.12	4.85
建宁县	Jianning	22.51	13.99	13.25	0.26	0.23	8.53
泉州市	**Quanzhou**	**163.29**	**86.89**	**55.51**	**28.38**	**1.31**	**76.40**
泉州市辖区	District under Quanzhou	9.24	3.92	1.50	1.89	0.12	5.32
鲤城区	Licheng	0.43	0.04	0.01	0.02	0.01	0.40
丰泽区	Fengze	0.51	0.05	0.01	0.04		0.46
洛江区	Luojiang	4.10	1.91	0.84	0.72	0.05	2.18

21-13 续表

Continued

单位：千公顷 (1000 hectares)

项目	Item	农作物播种面积 Sown Areas of Farm Crops	粮食作物 Grain Crops	稻谷 Rice	薯类 Sweet Potato	豆类 Bean	非粮作物 Non-grain Crops
泉港区	Quangang	4.20	1.92	0.64	1.11	0.06	2.28
石狮市	Shishi	2.96	1.10	0.11	0.91	0.05	1.85
晋江市	Jinjiang	15.69	3.47	0.56	2.57	0.16	12.22
南安市	Nan'an	37.65	25.96	22.40	3.26	0.14	11.69
惠安县	Hui'an	21.26	10.79	3.15	6.74	0.49	10.46
安溪县	Anxi	34.57	17.94	9.46	8.00	0.26	16.63
永春县	Yongchun	25.15	14.44	11.63	2.65	0.06	10.71
德化县	Dehua	16.77	9.25	6.69	2.36	0.04	7.52
漳州市	**Zhangzhou**	**175.10**	**61.44**	**47.13**	**8.41**	**2.86**	**113.66**
漳州市辖区	District under Zhangzhou	4.94	0.65	0.27	0.17	0.22	4.29
芗城区	Xiangcheng	2.97	0.59	0.27	0.11	0.21	2.38
龙文区	Longwen	1.97	0.06		0.05	...	1.91
龙海市	Longhai	22.06	7.48	5.85	1.18	0.14	14.58
云霄县	Yunxiao	17.31	7.10	6.19	0.68	0.20	10.22
漳浦县	Zhangpu	50.11	15.90	11.69	2.93	0.89	34.21
诏安县	Zhao'an	22.82	10.38	8.83	1.05	0.39	12.44
长泰县	Changtai	12.57	5.96	3.07	0.34	0.60	6.61
东山县	Dongshan	4.97	1.37	0.05	1.27	0.05	3.60
南靖县	Nanjing	21.15	5.85	5.44	0.15	0.22	15.29
平和县	Pinghe	10.36	4.16	3.65	0.25	0.09	6.21
华安县	Hua'an	8.81	2.59	2.07	0.40	0.06	6.22
南平市	**Nanping**	**300.37**	**187.31**	**150.75**	**13.11**	**9.24**	**113.06**
南平市辖区	District under Nanping	68.06	41.47	35.92	2.33	1.01	26.59
延平区	Yanping	20.83	9.87	7.98	0.70	0.58	10.95
建阳区	Jianyang	47.23	31.60	27.94	1.63	0.43	15.63
邵武市	Shaowu	46.16	31.57	22.48	3.57	2.18	14.59
武夷山市	Wuyishan	26.59	14.99	12.59	0.86	0.73	11.60
建瓯市	Jian'ou	50.77	33.59	22.45	3.47	3.97	17.18
顺昌县	Shunchang	12.66	8.01	6.85	0.30	0.42	4.65
浦城县	Pucheng	42.99	31.75	28.31	0.93	0.58	11.24
光泽县	Guangze	19.56	10.05	9.28	0.18	0.25	9.51
松溪县	Songxi	14.75	7.84	6.74	0.25	0.02	6.91
政和县	Zhenghe	18.84	8.04	6.13	1.22	0.08	10.80
龙岩市	**Longyan**	**216.37**	**127.05**	**112.31**	**10.38**	**2.49**	**89.31**
龙岩市辖区	District under Longyan	39.91	23.73	21.81	0.91	0.12	16.18
新罗区	Xinluo	14.30	7.79	6.62	0.33	0.06	6.51
永定区	Yongding	25.61	15.94	15.19	0.59	0.06	9.67
漳平市	Zhangping	21.75	9.34	8.37	0.75	0.10	12.41
长汀县	Changting	41.50	25.44	21.74	2.58	0.73	16.06
上杭县	Shanghang	45.40	24.21	21.62	1.58	0.71	21.19
武平县	Wuping	34.48	23.99	23.25	0.41	0.27	10.49
连城县	Liancheng	33.33	20.34	15.52	4.14	0.56	12.99
宁德市	**Ningde**	**170.51**	**89.70**	**58.07**	**25.01**	**5.20**	**80.81**
宁德市辖区	District under Ningde	11.47	5.28	3.17	1.71	0.26	6.20
蕉城区	Jiaocheng	11.47	5.28	3.17	1.71	0.26	6.20
福安市	Fu'an	35.98	15.92	7.54	6.78	1.53	20.05
福鼎市	Fuding	30.88	13.06	5.62	5.47	1.75	17.82
霞浦县	Xiapu	17.53	8.28	4.00	3.67	0.49	9.26
古田县	Gutian	25.97	19.98	17.70	2.00	0.17	5.99
屏南县	Pingnan	12.69	7.87	6.80	0.71	0.12	4.83
寿宁县	Shouning	17.54	10.17	5.89	3.29	0.64	7.37
周宁县	Zhouning	8.68	4.72	3.57	0.86	0.18	3.95
柘荣县	Zherong	9.77	4.42	3.77	0.52	0.06	5.35

21-14 规模以上工业增加值增速（2020年）
Growth Rate of Value-added of Industrial Enterprises above Designated Size(2020)

单位：% (%)

地区	Area	工业增加值比上年增长 Ratio	轻工业 Light Industy	重工业 Heavy Industry
全 省	**Fujian**	**2.0**	**-0.2**	**4.3**
福州市	**Fuzhou**	**5.3**	**7.8**	**3.1**
福州市辖区	District under Fuzhou	6.9	8.8	6.1
鼓楼区	Gulou	2.5	2.7	1.1
台江区	Taijiang	3.9	18.8	-12.0
仓山区	Cangshan	5.3	9.8	3.3
马尾区	Mawei	6.2	6.5	5.9
晋安区	Jin'an	5.3	7.1	4.4
长乐区	Changle	8.3	11.1	7.5
福清市	Fuqing	8.4	8.2	8.8
闽侯县	Minhou	3.5	6.8	-1.1
连江县	Lianjiang	-9.5	-6.6	-13.5
罗源县	Luoyuan	7.6	8.5	-2.5
闽清县	Minqing	5.3	1.9	25.3
永泰县	Yongtai	5.2	2.1	7.2
平潭县	Pingtan	-23.8	-30.2	-23.2
厦门市	**Xiamen**	**6.0**	**10.2**	**3.7**
厦门市辖区	District under Xiamen	6.0	10.2	3.7
思明区	Siming	4.4	-9.6	7.6
海沧区	Haicang	8.4	13.2	1.3
湖里区	Huli	1.3	-11.6	3.0
集美区	Jimei	6.9	2.1	9.9
同安区	Tong'an	8.5	12.4	2.5
翔安区	Xiang'an	6.9	24.4	3.3
莆田市	**Putian**	**2.2**	**0.2**	**6.5**
莆田市辖区	District under Putian	3.1	持平	9.5
城厢区	Chengxiang	3.6	4.8	0.2
涵江区	Hanjiang	3.3	-2.3	14.5
荔城区	Licheng	3.3	2.7	7.6
秀屿区	Xiuyu	1.0	-6.5	7.1
仙游县	Xianyou	-0.3	2.3	-6.7
三明市	**Sanming**	**3.1**	**6.1**	**1.8**
三明市辖区	District under Sanming	1.7	4.7	1.2
梅列区	Meilie	0.5	4.3	0.4
三元区	Sanyuan	3.3	4.8	2.6
永安市	Yong'an	2.9	5.5	1.9
明溪县	Mingxi	3.6	8.2	1.3
清流县	Qingliu	3.2	-8.5	8.2
宁化县	Ninghua	3.8	0.6	8.1
大田县	Datian	4.0	-2.1	5.6
尤溪县	Youxi	4.1	4.3	3.6
沙县	Shaxian	3.0	5.3	1.7
将乐县	Jiangle	3.9	0.5	6.5
泰宁县	Taining	2.8	3.8	1.5
建宁县	Jianning	3.5	1.9	4.9
泉州市	**Quanzhou**	**3.0**	**-0.8**	**8.8**
泉州市辖区	District under Quanzhou	0.7	-16.9	17.0
鲤城区	Licheng	-8.0	-7.9	-8.1
丰泽区	Fengze	-4.3	-11.8	3.8
洛江区	Luojiang	3.4	5.4	-2.5

21-14 续表

Continued

单位：%　　(%)

地区	Area	工业增加值比上年增长 Ratio	轻工业 Light Industy	重工业 Heavy Industry
泉港区	Quangang	5.1	-58.4	23.3
石狮市	Shishi	3.0	2.4	4.2
晋江市	Jinjiang	5.0	5.9	2.1
南安市	Nan'an	6.2	0.7	9.2
惠安县	Hui'an	-1.2	-9.0	6.1
安溪县	Anxi	4.5	3.4	6.8
永春县	Yongchun	3.3	3.2	3.8
德化县	Dehua	5.0	5.3	4.1
漳州市	**Zhangzhou**	**-13.5**	**-16.2**	**-10.7**
漳州市辖区	District under Zhangzhou	-15.6	-7.7	-23.5
芗城区	Xiangcheng	-12.2	1.8	-20.5
龙文区	Longwen	-23.8	-14.6	-39.7
龙海市	Longhai	3.8	2.6	16.5
云霄县	Yunxiao	-20.0	-14.0	-26.2
漳浦县	Zhangpu	-25.7	-49.4	-14.8
诏安县	Zhao'an	1.7	9.0	-24.2
长泰县	Changtai	-13.1	-14.6	-11.8
东山县	Dongshan	-56.5	-65.0	-2.7
南靖县	Nanjing	-15.0	-20.4	-10.9
平和县	Pinghe	-28.8	-38.2	-24.1
华安县	Hua'an	-6.0	-26.3	3.7
南平市	**Nanping**	**-9.5**	**-9.2**	**-10.5**
南平市辖区	District under Nanping	-5.1	-6.3	-4.5
延平区	Yanping	-6.8	-8.5	-6.8
建阳区	Jianyang	-1.9	-2.8	-0.8
邵武市	Shaowu	-7.4	-11.2	-1.1
武夷山市	Wuyishan	-18.1	-18.9	-6.0
建瓯市	Jian’ou	-18.8	-16.3	-22.5
顺昌县	Shunchang	-21.0	-17.7	-23.0
浦城县	Pucheng	-2.7	-2.6	-3.2
光泽县	Guangze	3.0	5.3	-22.5
松溪县	Songxi	-18.1	-17.4	-19.6
政和县	Zhenghe	-7.3	-1.4	-18.2
龙岩市	**Longyan**	**5.1**	**6.7**	**4.1**
龙岩市辖区	District under Longyan	4.4	7.6	1.5
新罗区	Xinluo	4.5	6.2	2.8
永定区	Yongding	3.3	41.7	-7.8
漳平市	Zhangping	6.1	4.0	7.4
长汀县	Changting	5.5	7.1	4.2
上杭县	Shanghang	7.3	-28.1	8.4
武平县	Wuping	4.4	13.9	-0.2
连城县	Liancheng	6.6	6.0	7.4
宁德市	**Ningde**	**7.4**	**6.3**	**8.4**
宁德市辖区	District under Ningde	18.4	15.9	32.1
蕉城区	Jiaocheng	21.0	16.1	37.4
福安市	Fu'an	5.8	-26.6	6.9
福鼎市	Fuding	-7.5	-20.9	1.0
霞浦县	Xiapu	-16.0	-21.8	-3.2
古田县	Gutian	0.2	-18.6	55.1
屏南县	Pingnan	-32.1	-13.8	-41.4
寿宁县	Shouning	-2.9	-5.7	-1.4
周宁县	Zhouning	-13.4	-13.5	-13.4
柘荣县	Zherong	-7.0	-11.9	-0.2

21-15 规模以上工业企业主要财务指标（2020年）

Financial Indicators of Industrial Enterprises above Designated Size(2020)

单位：亿元 (100 million)

地区	Area	固定资产净额 Total Value of Fixed Assets	流动资产合计 Circulating Funds	营业收入 Sale of Products	利润总额 Total Profits	利税总额 Total Pre-tax Profits
全　省	**Fujian**	**11263.71**	**21136.44**	**55280.85**	**3949.87**	**5137.88**
福州市	**Fuzhou**	**3312.75**	**3676.80**	**11073.15**	**526.79**	**692.89**
福州市辖区	District under Fuzhou	1748.83	1862.05	6535.28	264.21	347.52
鼓楼区	Gulou	1056.72	192.08	1250.23	16.30	37.41
台江区	Taijiang	1.71	6.21	5.18	-0.08	0.10
仓山区	Cangshan	57.86	326.88	992.45	36.44	53.94
马尾区	Mawei	115.01	420.17	793.15	37.04	48.03
晋安区	Jin'an	42.20	144.27	596.10	15.28	25.27
长乐区	Changle	475.32	772.44	2898.17	159.23	182.76
福清市	Fuqing	940.71	910.40	1987.30	104.57	134.17
闽侯县	Minhou	155.22	403.49	1143.42	58.03	89.46
连江县	Lianjiang	206.80	205.74	575.31	66.26	75.15
罗源县	Luoyuan	150.09	176.40	497.58	10.24	14.83
闽清县	Minqing	67.66	65.22	242.42	22.55	29.00
永泰县	Yongtai	27.13	33.98	72.11	1.38	2.50
平潭县	Pingtan	16.31	19.51	19.73	-0.45	0.25
厦门市	**Xiamen**	**1297.53**	**4394.74**	**6164.88**	**464.95**	**658.60**
厦门市辖区	District under Xiamen	1297.53	4394.74	6164.88	464.95	658.60
思明区	Siming	83.23	284.11	279.43	27.51	33.91
海沧区	Haicang	275.07	1064.91	1455.11	159.28	269.46
湖里区	Huli	140.51	822.87	1359.87	79.02	93.49
集美区	Jimei	172.95	780.43	929.62	76.28	94.57
同安区	Tong'an	204.56	665.94	972.50	64.84	85.22
翔安区	Xiang'an	421.22	776.49	1168.35	58.02	81.95
莆田市	**Putian**	**683.20**	**1051.30**	**3665.26**	**304.76**	**343.45**
莆田市辖区	District under Putian	548.29	845.56	2991.86	253.34	284.02
城厢区	Chengxiang	24.80	90.86	399.67	28.00	32.40
涵江区	Hanjiang	177.70	224.98	1101.83	112.36	122.20
荔城区	Licheng	44.13	219.97	733.98	30.65	40.18
秀屿区	Xiuyu	301.66	309.75	756.37	82.34	89.25
仙游县	Xianyou	134.91	205.74	673.40	51.42	59.43
三明市	**Sanming**	**607.04**	**773.84**	**4835.45**	**156.91**	**204.04**
三明市辖区	District under Sanming	234.98	211.78	1055.29	56.14	73.47
梅列区	Meilie	99.98	142.47	557.59	22.18	32.18
三元区	Sanyuan	134.99	69.31	497.70	33.96	41.28
永安市	Yong'an	107.39	169.18	997.99	23.03	31.27
明溪县	Mingxi	16.47	19.11	144.87	7.25	9.00
清流县	Qingliu	17.77	21.25	152.51	14.86	16.92
宁化县	Ninghua	23.63	18.23	163.18	5.10	6.86
大田县	Datian	53.55	59.91	519.18	6.49	11.47
尤溪县	Youxi	28.77	68.46	364.17	4.71	6.52
沙县	Shaxian	49.58	123.24	891.55	24.04	28.94
将乐县	Jiangle	40.62	46.67	224.53	4.86	7.44
泰宁县	Taining	17.00	15.99	120.66	2.85	3.70
建宁县	Jianning	17.28	20.01	201.51	7.57	8.45
泉州市	**Quanzhou**	**2538.98**	**5184.55**	**16235.01**	**1373.33**	**1762.82**
泉州市辖区	District under Quanzhou	414.11	917.67	2947.27	257.30	368.61
鲤城区	Licheng	71.01	389.42	567.06	60.57	72.84
丰泽区	Fengze	21.83	85.13	156.02	23.25	26.62
洛江区	Luojiang	64.85	117.80	627.00	68.19	72.98
泉港区	Quangang	256.42	325.32	1597.19	105.29	196.18
石狮市	Shishi	201.40	386.79	1102.70	75.99	90.82

21-15 续表

Continued

单位：亿元　　(100 million)

地区	Area	固定资产净额 Total Value of Fixed Assets	流动资产合计 Circulating Funds	营业收入 Sale of Products	利润总额 Total Profits	利税总额 Total Pre-tax Profits
晋江市	Jinjiang	479.49	2051.85	5199.73	338.36	429.93
南安市	Nan'an	256.55	848.90	2706.28	247.96	293.90
惠安县	Hui'an	854.76	612.57	2231.25	236.96	328.00
安溪县	Anxi	251.37	192.66	915.57	113.99	132.50
永春县	Yongchun	44.63	115.77	827.90	89.62	98.15
德化县	Dehua	36.68	58.33	304.31	13.16	20.92
漳州市	**Zhangzhou**	**922.60**	**2145.55**	**5269.86**	**478.07**	**579.66**
漳州市辖区	District under Zhangzhou	112.39	422.29	940.37	109.89	130.86
芗城区	Xiangcheng	74.67	315.40	710.29	92.30	107.70
龙文区	Longwen	37.71	106.89	230.09	17.58	23.16
龙海市	Longhai	306.86	622.84	1700.86	163.06	193.03
云霄县	Yunxiao	21.34	73.25	250.15	16.93	20.38
漳浦县	Zhangpu	207.71	329.95	453.87	2.43	16.89
诏安县	Zhao'an	39.48	97.47	381.64	42.41	46.78
长泰县	Changtai	92.82	194.73	542.36	52.53	65.80
东山县	Dongshan	31.97	95.40	144.06	9.07	13.72
南靖县	Nanjing	49.26	195.39	471.39	42.43	47.96
平和县	Pinghe	19.89	35.81	156.53	12.77	14.92
华安县	Hua'an	40.88	78.42	228.63	26.56	29.32
南平市	**Nanping**	**383.69**	**507.06**	**1464.84**	**94.54**	**121.39**
南平市辖区	District under Nanping	103.30	199.88	486.45	29.03	40.02
延平区	Yanping	73.41	121.72	268.64	16.89	23.49
建阳区	Jianyang	29.89	78.16	217.81	12.14	16.53
邵武市	Shaowu	78.82	80.30	211.10	13.12	17.35
武夷山市	Wuyishan	17.53	22.67	99.37	3.96	4.93
建瓯市	Jian’ou	21.36	45.40	178.18	9.58	12.97
顺昌县	Shunchang	16.87	24.26	82.11	2.15	3.15
浦城县	Pucheng	50.24	41.38	133.71	11.17	13.72
光泽县	Guangze	59.08	49.90	137.74	14.68	15.29
松溪县	Songxi	8.23	19.07	66.75	5.51	7.25
政和县	Zhenghe	28.26	24.19	69.43	5.35	6.69
龙岩市	**Longyan**	**456.44**	**1152.54**	**3160.06**	**183.94**	**351.43**
龙岩市辖区	District under Longyan	215.99	623.39	1222.86	77.33	220.84
新罗区	Xinluo	165.44	552.90	1067.39	65.67	204.22
永定区	Yongding	50.55	70.50	155.47	11.66	16.62
漳平市	Zhangping	59.82	77.45	234.64	19.19	24.61
长汀县	Changting	32.05	63.75	255.65	25.47	27.84
上杭县	Shanghang	92.15	287.17	1009.02	27.60	36.99
武平县	Wuping	33.64	54.83	192.38	18.32	23.37
连城县	Liancheng	22.80	45.95	245.52	16.03	17.78
宁德市	**Ningde**	**1061.47**	**2250.05**	**3412.34**	**366.58**	**423.60**
宁德市辖区	District under Ningde	355.97	1381.85	1266.55	169.15	186.41
蕉城区	Jiaocheng	355.97	1381.85	1266.55	169.15	186.41
福安市	Fu'an	167.60	525.71	1390.85	136.37	153.37
福鼎市	Fuding	456.96	207.17	488.83	47.46	65.08
霞浦县	Xiapu	31.37	56.13	86.41	4.23	5.88
古田县	Gutian	13.79	25.39	57.36	2.32	3.26
屏南县	Pingnan	11.29	15.94	9.03	-1.01	-0.60
寿宁县	Shouning	11.79	16.64	44.18	2.29	3.14
周宁县	Zhouning	3.85	6.61	15.26	0.55	0.92
柘荣县	Zherong	8.85	14.61	53.87	5.24	6.12

21-16 运输邮电基本情况（2020年）

Basic Indicators of Transportation and Post(2020)

单位：公里 (KM)

地区	Area	农村投递路线总长度 Rural Delivery Routes	公路通车里程 Length of Highways in Operation
全　省	**Fujian**	**117538**	**110118**
福州市	**Fuzhou**	**16929**	**12276**
福州市辖区	District under Fuzhou		1972
鼓楼区	Gulou		
台江区	Taijiang		
仓山区	Cangshan		98
马尾区	Mawei		227
晋安区	Jin'an		495
长乐区	Changle	1838	1152
福清市	Fuqing	3327	2174
闽侯县	Minhou	3457	1738
连江县	Lianjiang	1400	1256
罗源县	Luoyuan	1263	1010
闽清县	Minqing	1089	1535
永泰县	Yongtai	1804	1931
平潭县	Pingtan	1142	659
厦门市	**Xiamen**	**11029**	**2204**
厦门市辖区	District under Xiamen		2204
思明区	Siming		66
海沧区	Haicang		220
湖里区	Huli		63
集美区	Jimei		283
同安区	Tong'an		1047
翔安区	Xiang'an		526
莆田市	**Putian**	**5166**	**6428**
莆田市辖区	District under Putian		3788
城厢区	Chengxiang		680
涵江区	Hanjiang		1198
荔城区	Licheng		627
秀屿区	Xiuyu		1284
仙游县	Xianyou	1646	2640
三明市	**Sanming**	**10981**	**15395**
三明市辖区	District under Sanming		992
梅列区	Meilie		388
三元区	Sanyuan		604
永安市	Yong'an	1447	1772
明溪县	Mingxi	550	1128
清流县	Qingliu	804	932
宁化县	Ninghua	1006	1520
大田县	Datian	1503	1827
尤溪县	Youxi	1446	2674
沙县	Shaxian	1503	1259
将乐县	Jiangle	802	1215
泰宁县	Taining	531	953
建宁县	Jianning	847	1123
泉州市	**Quanzhou**	**30879**	**18147**
泉州市辖区	District under Quanzhou		1527
鲤城区	Licheng		185
丰泽区	Fengze		313
洛江区	Luojiang		518
泉港区	Quangang		511
石狮市	Shishi	1162	539
晋江市	Jinjiang	9678	2050
南安市	Nan'an	8278	3391
惠安县	Hui'an	3078	1189
安溪县	Anxi	1996	4449
永春县	Yongchun	1623	2701
德化县	Dehua	1124	2300
漳州市	**Zhangzhou**	**12696**	**12905**
漳州市辖区	District under Zhangzhou		623
芗城区	Xiangcheng		332
龙文区	Longwen		291
龙海市	Longhai	2785	1520
云霄县	Yunxiao	563	824
漳浦县	Zhangpu	2274	2014
诏安县	Zhao'an	984	1226
长泰县	Changtai	524	1096
东山县	Dongshan	806	437
南靖县	Nanjing	1181	2051
平和县	Pinghe	787	1721
华安县	Hua'an	473	1393
南平市	**Nanping**	**9991**	**15984**
南平市辖区	District under Nanping		3753
延平区	Yanping		2220
建阳区	Jianyang	1324	1533
邵武市	Shaowu	898	1726
武夷山市	Wuyishan	842	1362
建瓯市	Jian'ou	1204	2615
顺昌县	Shunchang	868	1247
浦城县	Pucheng	1221	1965
光泽县	Guangze	627	1084
松溪县	Songxi	421	825
政和县	Zhenghe	1291	1408
龙岩市	**Longyan**	**8753**	**14702**
龙岩市辖区	District under Longyan		4139
新罗区	Xinluo		2221
永定区	Yongding	966	1917
漳平市	Zhangping	1376	2134
长汀县	Changting	1271	2531
上杭县	Shanghang	1173	2172
武平县	Wuping	1524	1742
连城县	Liancheng	1083	1984
宁德市	**Ningde**	**11114**	**12077**
宁德市辖区	District under Ningde		1227
蕉城区	Jiaocheng		1227
福安市	Fu'an	2733	2089
福鼎市	Fuding	1191	1695
霞浦县	Xiapu	2037	1480
古田县	Gutian	1154	1654
屏南县	Pingnan	758	937
寿宁县	Shouning	924	1371
周宁县	Zhouning	722	935
柘荣县	Zherong	598	690

21-17 普通教育专任教师及在校学生数（2020年）

Number of Full-time Teachers and Students Enrollment in Regular Schools(2020)

单位：人 (person)

地区	Aera	专任教师数 Full-time Teachers			在校生数 Students Enrollment		
		普通高中 Regular Senior Secondary Schools	普通初中 Regular Junior Secondary Schools	小学 Primary Schools	普通高中 Regular Senior Secondary School	普通初中 Regular Junior Secondary Schools	小学 Primary Schools
全　省	**Fujian**	**52750**	**107931**	**182617**	**664046**	**1452519**	**3436133**
福州市	**Fuzhou**	**8868**	**18627**	**32771**	**117772**	**270955**	**628043**
福州市辖区	District under Fuzhou	4162	7738	14757	58190	126843	299847
鼓楼区	Gulou	1372	1827	3022	19132	30942	60476
台江区	Taijiang	442	716	1281	6804	11472	26994
仓山区	Cangshan	836	1938	4634	12328	32663	86894
马尾区	Mawei	365	650	963	4546	7578	17623
晋安区	Jin'an	406	975	1935	5380	19449	50991
长乐区	Changle	741	1632	2922	10000	24739	56869
福清市	Fuqing	1688	3749	6371	22893	55393	122623
闽侯县	Minhou	694	1732	2925	9157	25233	63864
连江县	Lianjiang	757	1818	3031	9326	22557	50942
罗源县	Luoyuan	243	665	1273	2893	7543	20217
闽清县	Minqing	378	938	1417	4061	9363	19480
永泰县	Yongtai	346	851	1197	4374	9800	20238
平潭县	Pingtan	600	1136	1800	6878	14223	30832
厦门市	**Xiamen**	**4316**	**9521**	**18997**	**56363**	**136780**	**365089**
厦门市辖区	District under Xiamen	4316	9521	18997	56363	136780	365089
思明区	Siming	1867	2635	4450	24224	38143	81213
海沧区	Haicang	291	1055	2222	3964	13981	41594
湖里区	Huli	122	1395	3292	1616	21251	60778
集美区	Jimei	891	1749	3391	10317	25441	68876
同安区	Tong'an	771	1847	3791	10506	25967	70952
翔安区	Xiang'an	374	840	1851	5736	11997	41676
莆田市	**Putian**	**5136**	**9070**	**15943**	**71550**	**127914**	**285040**
莆田市辖区	District under Putian	3598	6153	11468	49591	91383	206456
城厢区	Chengxiang	908	1571	2470	11159	21684	44590
涵江区	Hanjiang	698	1175	2145	10079	14572	35083
荔城区	Licheng	1180	1646	3262	15770	27941	66102
秀屿区	Xiuyu	812	1761	3591	12583	27186	60681
仙游县	Xianyou	1538	2917	4475	21959	36531	78584
三明市	**Sanming**	**3930**	**7774**	**12869**	**46797**	**90237**	**220658**
三明市辖区	District under Sanming	605	1023	1645	8457	13064	30796
梅列区	Meilie	251	569	906	3970	7465	17581
三元区	Sanyuan	354	454	739	4487	5599	13215
永安市	Yong'an	511	1011	1628	5613	11795	27853
明溪县	Mingxi	141	271	497	1320	2427	6022
清流县	Qingliu	194	340	684	2112	4512	10566
宁化县	Ninghua	478	821	1358	5457	10273	23862
大田县	Datian	427	1021	1957	4885	12171	36433
尤溪县	Youxi	542	1158	1642	6047	10101	28949
沙县	Shaxian	481	945	1379	6508	12094	24631
将乐县	Jiangle	241	498	795	2743	5890	13305
泰宁县	Taining	152	320	638	1807	3753	9041
建宁县	Jianning	158	366	646	1848	4157	9200
泉州市	**Quanzhou**	**11092**	**22694**	**37132**	**141189**	**334330**	**818225**
泉州市辖区	District under Quanzhou	2836	4919	8140	34042	69807	154046
鲤城区	Licheng	1328	1941	2920	15937	29450	52952
丰泽区	Fengze	582	1217	2371	7443	18995	45181
洛江区	Luojiang	391	629	1185	5145	8609	21079

21-17 续表

Continued

单位：人 (person)

地区	Aera	专任教师数 Full-time Teachers			在校生数 Students Enrollment		
		普通高中 Regular Senior Secondary Schools	普通初中 Regular Junior Secondary Schools	小学 Primary Schools	普通高中 Regular Senior Secondary School	普通初中 Regular Junior Secondary Schools	小学 Primary Schools
泉港区	Quangang	535	1132	1664	5517	12753	34834
石狮市	Shishi	782	1240	2225	11894	25999	67056
晋江市	Jinjiang	1966	3997	6857	29033	69950	189050
南安市	Nan'an	1827	3940	5897	21849	51796	139887
惠安县	Hui'an	1318	2869	4103	15097	32327	91274
安溪县	Anxi	1266	3384	6149	16046	56871	108818
永春县	Yongchun	667	1462	2261	7682	16192	38760
德化县	Dehua	430	883	1500	5546	11388	29334
漳州市	**Zhangzhou**	**7192**	**14504**	**22325**	**84666**	**182166**	**398238**
漳州市辖区	District under Zhangzhou	1615	2524	4007	20533	39710	75256
芗城区	Xiangcheng	1334	1951	2599	17219	31167	49466
龙文区	Longwen	281	573	1408	3314	8543	25790
龙海市	Longhai	1458	2576	4217	16200	31969	74976
云霄县	Yunxiao	595	1329	2105	7434	16276	31638
漳浦县	Zhangpu	993	2571	3295	12802	31056	69614
诏安县	Zhao'an	625	1519	2415	7418	20099	47681
长泰县	Changtai	249	602	884	2396	5957	17735
东山县	Dongshan	305	538	929	2782	6163	16541
南靖县	Nanjing	428	848	1315	4464	9029	20240
平和县	Pinghe	660	1588	2409	7937	16285	34671
华安县	Hua'an	264	409	749	2700	5622	9886
南平市	**Nanping**	**3727**	**8229**	**13104**	**45527**	**104512**	**199612**
南平市辖区	District under Nanping	1045	2310	3887	12592	30441	58313
延平区	Yanping	616	1393	2204	7163	17022	32445
建阳区	Jianyang	429	917	1683	5429	13419	25868
邵武市	Shaowu	337	860	1201	3887	9168	19086
武夷山市	Wuyishan	269	701	1148	3502	8786	18551
建瓯市	Jian'ou	549	1316	2108	7250	18985	34587
顺昌县	Shunchang	438	707	848	5493	5689	10931
浦城县	Pucheng	441	1044	1523	5847	13708	20864
光泽县	Guangze	222	410	807	2560	5343	9230
松溪县	Songxi	188	369	632	1931	5093	11449
政和县	Zhenghe	238	512	950	2465	7299	16601
龙岩市	**Longyan**	**4292**	**8624**	**14533**	**47116**	**92028**	**247191**
龙岩市辖区	District under Longyan	1626	3316	6243	18996	38439	103541
新罗区	Xinluo	1008	1993	4139	12505	25830	71136
永定区	Yongding	618	1323	2104	6491	12609	32405
漳平市	Zhangping	324	833	1380	4365	8386	23170
长汀县	Changting	714	1299	2410	8356	15947	42018
上杭县	Shanghang	721	1259	1755	6566	12324	33512
武平县	Wuping	453	957	1482	4685	8991	23332
连城县	Liancheng	454	960	1263	4148	7941	21618
宁德市	**Ningde**	**4197**	**8888**	**14943**	**53066**	**113597**	**274037**
宁德市辖区	District under Ningde	777	1536	3025	9275	21300	56443
蕉城区	Jiaocheng	777	1536	3025	9275	21300	56443
福安市	Fu'an	948	1755	2866	12353	26353	55743
福鼎市	Fuding	636	1401	2248	8895	18677	48403
霞浦县	Xiapu	531	1224	2135	7354	16610	45594
古田县	Gutian	401	1066	1505	4906	9575	22881
屏南县	Pingnan	214	491	802	2245	4540	11202
寿宁县	Shouning	293	662	960	3676	7368	12695
周宁县	Zhouning	253	495	834	2730	5497	12198
柘荣县	Zherong	144	258	568	1632	3677	8878

21-18 卫生主要指标（2020年）

Main Indicators of Sanitation(2020)

地区	Area	卫生机构数（个）Number of Health Institutions (unit)	卫生机构床位数（张）Number of Beds in Health Institutions (set)	卫生技术人员数（人）Medical Technical Personnel (person)	执业（助理）医师 Medical practitioner	#注册护士 Registered Nurse
全　省	**Fujian**	**28152**	**216753**	**278397**	**105546**	**122476**
福州市	**Fuzhou**	**4965**	**42613**	**68049**	**26275**	**29831**
福州市辖区	District under Fuzhou	2117	28092	48429	19079	21361
鼓楼区	Gulou	423	10979	19510	7724	8645
台江区	Taijiang	261	4740	9732	3847	4443
仓山区	Cangshan	477	5160	8395	3309	3671
马尾区	Mawei	129	548	1132	462	489
晋安区	Jin'an	436	4148	6235	2416	2767
长乐区	Changle	391	2517	3425	1321	1346
福清市	Fuqing	785	4659	6714	2537	3001
闽侯县	Minhou	498	1939	3400	1312	1345
连江县	Lianjiang	424	1901	2795	1089	1127
罗源县	Luoyuan	245	1608	1342	442	583
闽清县	Minqing	319	1566	1603	495	748
永泰县	Yongtai	273	1337	1334	508	570
平潭县	Pingtan	304	1511	2432	813	1096
厦门市	**Xiamen**	**2171**	**19470**	**38540**	**16121**	**16866**
厦门市辖区	District under Xiamen	2171	19470	38540	16121	16866
思明区	Siming	572	8145	15396	6325	6962
海沧区	Haicang	294	1686	3811	1646	1558
湖里区	Huli	203	1623	3318	1353	1487
集美区	Jimei	390	4422	9226	3828	4048
同安区	Tong'an	444	1695	3595	1570	1480
翔安区	Xiang'an	268	1899	3194	1399	1331
莆田市	**Putian**	**1400**	**15922**	**17527**	**6618**	**8022**
莆田市辖区	District under Putian	1006	11852	13363	5089	6063
城厢区	Chengxiang	210	3106	4000	1550	1961
涵江区	Hanjiang	279	4857	5515	1988	2555
荔城区	Licheng	247	1717	2111	841	855
秀屿区	Xiuyu	270	2172	1737	710	692
仙游县	Xianyou	394	4070	4164	1529	1959
三明市	**Sanming**	**2621**	**16134**	**18390**	**6662**	**8030**
三明市辖区	District under Sanming	285	3848	4764	1756	2143
梅列区	Meilie	151	2041	3104	1168	1394
三元区	Sanyuan	134	1807	1660	588	749
永安市	Yong'an	356	2671	3016	1128	1398
明溪县	Mingxi	108	494	655	211	246
清流县	Qingliu	134	675	815	271	357
宁化县	Ninghua	285	1420	1608	585	716
大田县	Datian	442	1682	1475	481	670
尤溪县	Youxi	364	1889	2006	787	820
沙县	Shaxian	250	1363	1535	601	665
将乐县	Jiangle	153	875	1051	350	429
泰宁县	Taining	127	713	824	302	327
建宁县	Jianning	117	504	641	190	259
泉州市	**Quanzhou**	**5214**	**43286**	**46789**	**18421**	**20190**
泉州市辖区	District under Quanzhou	809	13158	18004	6635	8371
鲤城区	Licheng	192	7098	9087	3073	4580
丰泽区	Fengze	277	3575	6415	2527	2769
洛江区	Luojiang	153	835	907	387	351
泉港区	Quangang	187	1650	1595	648	671
石狮市	Shishi	377	2299	3206	1438	1329

21-18 续表

Continued

地区	Area	卫生机构数（个） Number of Health Institutions (unit)	卫生机构床位数（张） Number of Beds in Health Institutions (set)	卫生技术人员数（人） Medical Technical Personnel (person)	执业（助理）医师 Medical practitioner	#注册护士 Registered Nurse
晋江市	Jinjiang	1106	6444	7725	3259	2965
南安市	Nan'an	1022	6841	5245	2275	2081
惠安县	Hui'an	506	4735	4304	1767	1751
安溪县	Anxi	696	5311	4544	1621	2069
永春县	Yongchun	385	2771	2106	782	893
德化县	Dehua	313	1727	1655	644	731
漳州市	**Zhangzhou**	**3980**	**28834**	**31504**	**11171**	**13421**
漳州市辖区	District under Zhangzhou	578	9592	11629	4239	5318
芗城区	Xiangcheng	365	8382	9660	3485	4456
龙文区	Longwen	213	1210	1969	754	862
龙海市	Longhai	913	4510	4723	1804	2213
云霄县	Yunxiao	281	1996	1923	584	959
漳浦县	Zhangpu	693	3419	3906	1422	1675
诏安县	Zhao'an	401	2600	2404	885	839
长泰县	Changtai	158	1046	1086	395	466
东山县	Dongshan	162	1160	1334	358	467
南靖县	Nanjing	345	1347	1785	780	546
平和县	Pinghe	291	2390	2083	503	730
华安县	Hua'an	158	774	631	201	208
南平市	**Nanping**	**2180**	**16097**	**17910**	**6287**	**8082**
南平市辖区	District under Nanping	549	5848	6813	2293	3250
延平区	Yanping	309	3696	4270	1503	1987
建阳区	Jianyang	240	2152	2543	790	1263
邵武市	Shaowu	184	1943	1993	699	943
武夷山市	Wuyishan	227	1153	1307	514	526
建瓯市	Jian’ou	329	2582	2582	907	1173
顺昌县	Shunchang	180	652	956	369	413
浦城县	Pucheng	291	1719	1622	573	643
光泽县	Guangze	151	726	796	289	349
松溪县	Songxi	146	628	816	275	354
政和县	Zhenghe	123	846	1025	368	431
龙岩市	**Longyan**	**2766**	**19550**	**20871**	**7470**	**9601**
龙岩市辖区	District under Longyan	901	9848	11018	4050	5218
新罗区	Xinluo	611	7728	9142	3307	4448
永定区	Yongding	290	2120	1876	743	770
漳平市	Zhangping	290	1049	1353	500	584
长汀县	Changting	432	2909	2566	782	1200
上杭县	Shanghang	492	2045	2249	910	879
武平县	Wuping	402	1966	1895	651	853
连城县	Liancheng	249	1733	1790	577	867
宁德市	**Ningde**	**2855**	**14847**	**18817**	**6521**	**8433**
宁德市辖区	District under Ningde	526	3386	5013	1775	2406
蕉城区	Jiaocheng	526	3386	5013	1775	2406
福安市	Fu'an	498	2463	3308	1254	1498
福鼎市	Fuding	463	2261	3516	1098	1690
霞浦县	Xiapu	310	2054	2459	819	1013
古田县	Gutian	414	1467	1603	597	667
屏南县	Pingnan	175	755	698	232	302
寿宁县	Shouning	204	1001	947	322	383
周宁县	Zhouning	155	957	779	226	294
柘荣县	Zherong	110	503	494	198	180

21-19 社会消费品零售总额（2020年）

Total Retail Sales of Consumer Goods(2020)

单位：万元　　　　(10000 yuan)

地区	Area	社会消费品零售总额 Total Retail Sales of Consumer Goods 数量 Value	比上年增长(%) Ratio(%)
全　省	**Fujian**	**186264501**	**-1.4**
福州市	**Fuzhou**	**42256054**	**0.6**
福州市辖区	District under Fuzhou	32870158	1.1
鼓楼区	Gulou	13050714	1.9
台江区	Taijiang	2453216	3.5
仓山区	Cangshan	4887906	
马尾区	Mawei	1827604	-3.4
晋安区	Jin'an	9065109	1.3
长乐区	Changle	1585609	-0.9
福清市	Fuqing	3180779	3.3
闽侯县	Minhou	2972032	-3.9
连江县	Lianjiang	1273625	-1.8
罗源县	Luoyuan	513063	5.0
闽清县	Minqing	454980	3.6
永泰县	Yongtai	403260	-5.7
平潭县	Pingtan	588158	-10.8
厦门市	**Xiamen**	**22938702**	**1.6**
厦门市辖区	District under Xiamen	22938702	1.6
思明区	Siming	8236833	0.7
海沧区	Haicang	2892921	-1.6
湖里区	Huli	4729376	0.2
集美区	Jimei	1928215	1.4
同安区	Tong'an	3946416	8.1
翔安区	Xiang'an	1204941	1.6
莆田市	**Putian**	**16122648**	**-0.8**
莆田市辖区	District under Putian	12633410	
城厢区	Chengxiang	5451448	5.2
涵江区	Hanjiang	1630204	-5.9
荔城区	Licheng	4386086	-2.5
秀屿区	Xiuyu	1165672	-4.6
仙游县	Xianyou	3489238	-3.6
三明市	**Sanming**	**7817132**	**-0.3**
三明市辖区	District under Sanming	1873259	-2.6
梅列区	Meilie	1108120	-0.6
三元区	Sanyuan	765140	-5.3
永安市	Yong'an	1281163	2.0
明溪县	Mingxi	235980	-1.6
清流县	Qingliu	488151	0.2
宁化县	Ninghua	604673	-1.2
大田县	Datian	545726	2.4
尤溪县	Youxi	644089	-1.7
沙县	Shaxian	951798	0.4
将乐县	Jiangle	528242	2.8
泰宁县	Taining	304180	-2.5
建宁县	Jianning	359870	-0.3
泉州市	**Quanzhou**	**52288729**	**-2.3**
泉州市辖区	District under Quanzhou	10658295	-5.1
鲤城区	Licheng	3397741	-7.8
丰泽区	Fengze	5239187	-1.0
洛江区	Luojiang	682666	3.7
泉港区	Quangang	1338702	-15.7
石狮市	Shishi	5434006	-2.9
晋江市	Jinjiang	15135428	0.1
南安市	Nan'an	7383970	-4.5
惠安县	Hui'an	5052932	-2.9
安溪县	Anxi	5684176	0.9
永春县	Yongchun	1683210	-3.0
德化县	Dehua	1256711	-1.8
漳州市	**Zhangzhou**	**16971489**	**-5.0**
漳州市辖区	District under Zhangzhou	5175947	-5.4
芗城区	Xiangcheng	2964609	-5.3
龙文区	Longwen	2211338	-5.5
龙海市	Longhai	2476063	-0.9
云霄县	Yunxiao	1134291	-14.4
漳浦县	Zhangpu	2437758	-2.1
诏安县	Zhao'an	995793	-5.7
长泰县	Changtai	866061	-3.2
东山县	Dongshan	827428	-5.2
南靖县	Nanjing	1038237	-8.4
平和县	Pinghe	995804	-6.5
华安县	Hua'an	411765	-5.6
南平市	**Nanping**	**7023732**	**-3.9**
南平市辖区	District under Nanping	1918447	-4.7
延平区	Yanping	1026520	-5.8
建阳区	Jianyang	891928	-3.4
邵武市	Shaowu	1154432	-1.9
武夷山市	Wuyishan	657131	-1.7
建瓯市	Jian'ou	1456807	-4.6
顺昌县	Shunchang	316999	-3.4
浦城县	Pucheng	415963	-6.6
光泽县	Guangze	201697	-7.2
松溪县	Songxi	341065	-3.3
政和县	Zhenghe	561190	-2.7
龙岩市	**Longyan**	**12592060**	**-4.1**
龙岩市辖区	District under Longyan	5881172	-6.7
新罗区	Xinluo	4629491	-7.2
永定区	Yongding	1251681	-4.6
漳平市	Zhangping	1038156	-0.2
长汀县	Changting	1541017	-1.7
上杭县	Shanghang	1527573	-5.7
武平县	Wuping	1390012	0.7
连城县	Liancheng	1214131	-0.5
宁德市	**Ningde**	**8253955**	**-2.7**
宁德市辖区	District under Ningde	1597766	-7.8
蕉城区	Jiaocheng	1597766	-7.8
福安市	Fu'an	1496106	2.4
福鼎市	Fuding	1969638	-3.5
霞浦县	Xiapu	979959	-1.3
古田县	Gutian	880814	-6.7
屏南县	Pingnan	388609	1.2
寿宁县	Shouning	320233	2.1
周宁县	Zhouning	277095	0.1
柘荣县	Zherong	343734	1.2

21-20 社会保险和低保情况（2020年）

Statistics of People in Social Insurance and Subsistence(2020)

单位：万人 (10000 persons)

地区	Area	期末参加基本养老保险职工人数 People Participated in Basic Pension Insurance at the Year-end	期末参加城乡居民社会养老保险人数 People Participated in Residents of Social Endowment Insurance in Urban and Rural Areas	期末参加基本医疗保险人数 People Participated in Basic Medical Insurance at the Year-end	城镇居民最低生活保障人数 People Receiving Minimum Living Allowance in Urban Areas	农村居民最低生活保障人数 People Receiving Minimum Living Allowance in Rural Areas
全　省	**Fujian**	**991.60**	**1588.16**	**3840.48**	**6.24**	**45.24**
福州市	**Fuzhou**	**172.65**	**249.47**	**684.86**	**0.81**	**5.52**
福州市辖区	District under Fuzhou	127.41	55.47	297.18	0.49	0.98
鼓楼区	Gulou		1.29	63.52	0.04	
台江区	Taijiang		1.26	36.53	0.14	
仓山区	Cangshan		6.02	62.97	0.14	0.14
马尾区	Mawei	9.90	5.17	21.23	0.06	0.12
晋安区	Jin'an		4.72	41.94	0.07	0.08
长乐区	Changle	7.54	37.00	70.99	0.04	0.65
福清市	Fuqing	15.47	69.38	130.02	0.03	0.81
闽侯县	Minhou	9.92	30.48	73.98	0.03	0.78
连江县	Lianjiang	5.25	30.83	57.38	0.03	0.52
罗源县	Luoyuan	3.05	11.25	24.28	0.03	0.45
闽清县	Minqing	3.87	14.79	28.75	0.06	0.57
永泰县	Yongtai	3.16	17.46	33.15	0.04	0.58
平潭县	Pingtan	4.51	19.82	40.12	0.09	0.85
厦门市	**Xiamen**	**281.41**	**26.87**	**445.21**	**0.76**	**0.40**
厦门市辖区	District under Xiamen	281.41	26.87	445.21	0.76	0.40
思明区	Siming	81.11	1.42		0.20	
海沧区	Haicang	68.55	0.85		0.05	0.03
湖里区	Huli	28.03	2.51		0.09	
集美区	Jimei	19.95	12.09		0.06	0.03
同安区	Tong'an	38.07	1.53		0.13	0.26
翔安区	Xiang'an	31.46	8.46		0.24	0.07
莆田市	**Putian**	**39.87**	**170.88**	**323.29**	**0.18**	**4.71**
莆田市辖区	District under Putian	32.07	113.95	221.06	0.16	2.82
城厢区	Chengxiang	0.75	18.84	36.49	0.03	0.40
涵江区	Hanjiang	7.78	22.23	41.32	0.07	0.50
荔城区	Licheng	0.85	22.44	52.23	0.05	0.52
秀屿区	Xiuyu	3.75	50.44	84.10		1.39
仙游县	Xianyou	7.80	56.93	102.23	0.03	1.89
三明市	**Sanming**	**44.59**	**125.35**	**263.83**	**0.47**	**3.67**
三明市辖区	District under Sanming	13.05	5.00	30.66	0.09	0.08
梅列区	Meilie	3.65	1.39		0.03	0.02
三元区	Sanyuan	2.67	3.61		0.06	0.06
永安市	Yong'an	7.42	12.07	30.85	0.03	0.19
明溪县	Mingxi	1.61	5.91	10.92	0.02	0.26
清流县	Qingliu	1.89	6.98	13.67	0.04	0.56
宁化县	Ninghua	2.70	17.09	31.80	0.02	0.61
大田县	Datian	4.05	19.00	35.87	0.03	0.68
尤溪县	Youxi	3.48	22.86	40.18	0.06	0.29
沙县	Shaxian	4.84	12.17	25.84	0.03	0.24
将乐县	Jiangle	2.37	9.42	17.08	0.03	0.21
泰宁县	Taining	1.69	7.01	12.98	0.03	0.33
建宁县	Jianning	1.50	7.84	13.99	0.08	0.24
泉州市	**Quanzhou**	**160.58**	**373.96**	**709.59**	**0.86**	**6.78**
泉州市辖区	District under Quanzhou	57.33	41.50	125.08	0.29	0.88
鲤城区	Licheng	11.02	4.37	19.27	0.08	
丰泽区	Fengze	17.11	6.11	29.26	0.09	
洛江区	Luojiang	4.96	9.23	20.34	0.02	0.18
泉港区	Quangang	4.40	21.80	36.54	0.10	0.70

注：1.期末参加基本养老保险职工人数及期末参加基本医疗保险人数中，全省总数含省本级，市辖区总数含市本级；2.期末参加基本养老保险职工人数不含离退休。

Note:a)In number of People Participated in Basic Pension Insurance at the year-end,the entire province total including provincial level, the entire city total including city level.b)Number of People Participated in Basic Pension Insurance at the year-end exclude Retirees.

21-20 续表

Continued

单位：万人 (10000 persons)

地区	Area	期末参加基本养老保险职工人数 People Participated in Basic Pension Insurance at the Year-end	期末参加城乡居民社会养老保险人数 People Participated in Residents of Social Endowment Insurance in Urban and Rural Areas	期末参加基本医疗保险人数 People Participated in Basic Medical Insurance at the Year-end	城镇居民最低生活保障人数 People Receiving Minimum Living Allowance in Urban Areas	农村居民最低生活保障人数 People Receiving Minimum Living Allowance in Rural Areas
石狮市	Shishi	11.54	19.04	35.40	0.06	0.99
晋江市	Jinjiang	41.07	60.77	117.82	0.04	1.43
南安市	Nan'an	17.13	86.97	146.88	0.03	0.71
惠安县	Hui'an	13.56	57.60	97.92	0.02	0.42
安溪县	Anxi	8.56	61.70	100.95	0.17	
永春县	Yongchun	6.18	30.34	52.73	0.23	0.70
德化县	Dehua	5.23	16.05	32.81	0.04	1.65
漳州市	**Zhangzhou**	**90.06**	**224.90**	**482.61**	**1.30**	**7.68**
漳州市辖区	District under Zhangzhou	34.82	18.51	68.22	0.39	0.27
芗城区	Xiangcheng	11.15	10.87	24.94	0.24	0.22
龙文区	Longwen	0.30	7.64	12.52	0.14	0.05
龙海市	Longhai	12.26	43.92	80.53	0.11	0.89
云霄县	Yunxiao	5.27	20.09	42.23	0.14	1.35
漳浦县	Zhangpu	10.35	42.08	86.23	0.13	1.41
诏安县	Zhao'an	4.27	27.03	61.40	0.03	0.36
长泰县	Changtai	5.86	8.59	21.05	0.10	0.24
东山县	Dongshan	4.44	9.51	20.41	0.05	0.53
南靖县	Nanjing	5.12	17.58	32.59	0.08	1.10
平和县	Pinghe	5.44	28.70	54.30	0.02	0.26
华安县	Hua'an	2.23	8.88	15.67	0.27	1.26
南平市	**Nanping**	**50.06**	**137.46**	**287.32**	**0.80**	**4.90**
南平市辖区	District under Nanping	21.66	33.64	79.04	0.24	1.01
延平区	Yanping	7.49	17.15	37.48	0.18	0.58
建阳区	Jianyang	5.87	16.50	33.05	0.06	0.43
邵武市	Shaowu	5.57	12.70	28.08	0.08	0.36
武夷山市	Wuyishan	3.86	10.64	22.72	0.06	0.71
建瓯市	Jian’ou	4.71	24.04	49.04	0.06	0.30
顺昌县	Shunchang	3.63	10.36	20.38	0.03	0.34
浦城县	Pucheng	4.32	19.91	38.45	0.06	0.53
光泽县	Guangze	2.72	7.46	14.74	0.11	0.46
松溪县	Songxi	1.73	7.96	14.46	0.05	0.31
政和县	Zhenghe	1.87	10.76	20.42	0.11	0.87
龙岩市	**Longyan**	**50.02**	**140.33**	**281.41**	**0.32**	**5.14**
龙岩市辖区	District under Longyan	27.32	41.38	100.47	0.09	1.26
新罗区	Xinluo	14.09	17.94	48.07	0.07	0.33
永定区	Yongding	5.03	23.44	40.33	0.01	0.93
漳平市	Zhangping	3.57	14.63	26.27	0.10	0.85
长汀县	Changting	4.87	24.51	46.50	0.04	1.02
上杭县	Shanghang	6.58	24.89	45.62	0.02	0.82
武平县	Wuping	4.25	19.76	33.98	0.02	0.64
连城县	Liancheng	3.43	15.15	28.56	0.05	0.56
宁德市	**Ningde**	**64.82**	**138.95**	**324.26**	**0.74**	**6.43**
宁德市辖区	District under Ningde	27.31	16.65	54.67	0.10	0.56
蕉城区	Jiaocheng	11.32	16.65	47.28	0.10	0.56
福安市	Fu'an	12.32	27.25	59.25	0.13	0.90
福鼎市	Fuding	9.42	24.80	57.30	0.07	0.58
霞浦县	Xiapu	4.67	21.64	48.35	0.02	0.50
古田县	Gutian	3.79	17.06	36.90	0.07	0.76
屏南县	Pingnan	1.62	8.55	16.78	0.03	0.58
寿宁县	Shouning	2.54	9.81	22.85	0.09	0.38
周宁县	Zhouning	1.51	8.83	17.95	0.14	1.29
柘荣县	Zherong	1.65	4.36	10.22	0.09	0.89